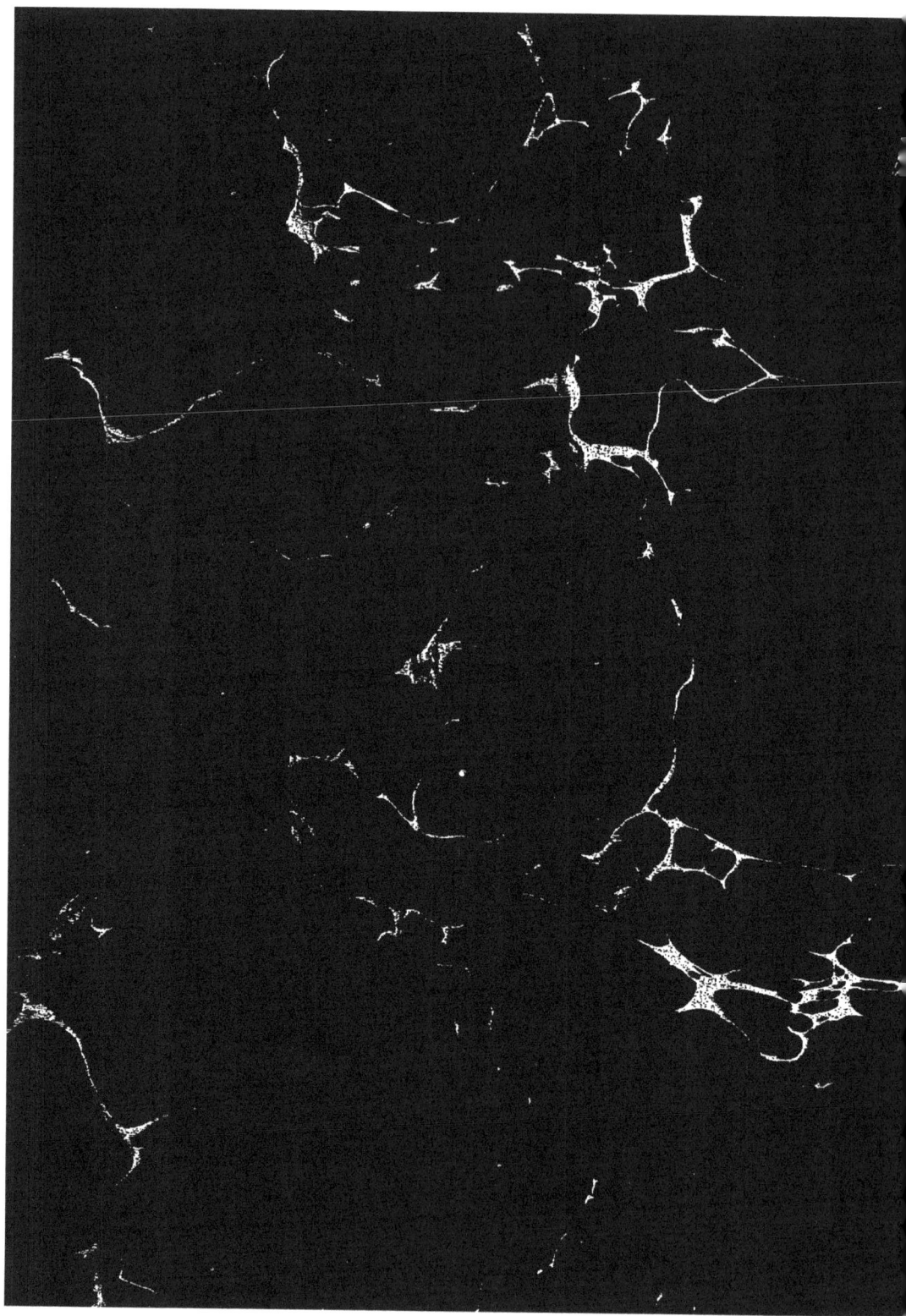

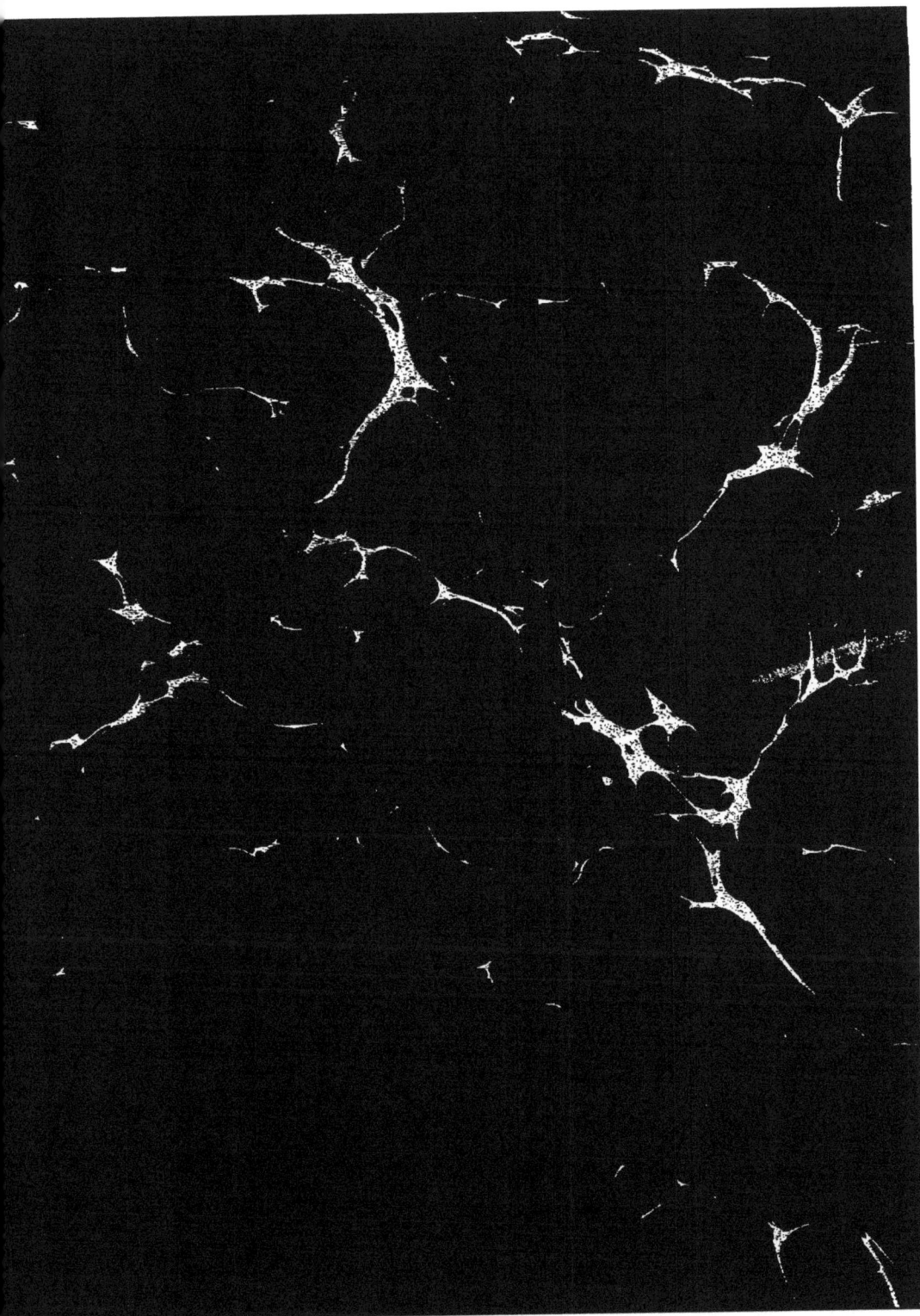

DE LA PROPRIÉTÉ DES MINES

ET

DE SES CONSÉQUENCES.

Chalon-sur-Saône, Imprimerie de J. DEJUSSIEU.

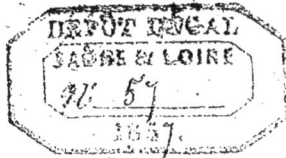

DE LA

PROPRIÉTÉ DES MINES

ET DE

SES CONSÉQUENCES,

D'APRÈS LES PRINCIPES DE LA LOI DU 21 AVRIL 1810,

Par P. REY, ancien Avoué,

Suppléant du Juge de paix à Chalon-sur-Saône,

Directeur du Contentieux des Établissements de Blanzy, du Creusot, de Montchanin, etc.

> « Il est pour les Empires des époques mémorables où
> » le progrès des lumières, les besoins de la société, le
> » changement des mœurs, etc..., commandent une recons-
> » truction entière de l'édifice des lois nationales. »
>
> **REGNAULT de St-Jean-d'Angély,**
> *sur le projet de la loi de 1810.*

TOME SECOND.

PARIS,

CHEZ VICTOR DALMONT, LIBRAIRE-ÉDITEUR,

QUAI DES AUGUSTINS, n° 49.

CHALON-SUR-SAONE, CHEZ L'AUTEUR.

1857.

AVANT-PROPOS.

En écrivant le premier volume de cet ouvrage, nous étions guidé seulement par la raison et l'équité ; aujourd'hui nos idées sont moins timides, car notre force s'est accrue par de nouvelles recherches et par une étude plus approfondie de la loi ; son texte même nous a fourni la justification des doctrines que nous avons soutenues.

L'intention du législateur, sa pensée, ne sont plus un problème pour nous ; le secret de la loi de 1810 nous est révélé, ses dispositions sont à nos yeux claires et précises sur tous les points, et, malgré les incessantes critiques dont cette loi est l'objet, elle reste pour nous digne du génie qui a présidé à sa rédaction.

Après de longues années d'expérience pratique, après des méditations sérieuses *sur une matière aussi difficile* que la législation des mines, il est permis d'opposer, sans crainte de blâme, une opinion personnelle à des arrêts de la justice que l'on croit en contradiction avec l'esprit de la loi.

Aussi, malgré les échecs que notre première publication sur la propriété des mines a éprouvés devant plusieurs Cours impériales et devant la Cour de cassation, nous n'en persistons pas moins dans nos idées, parce que nous croyons vrais et justes les résultats de nos travaux, et que nous avons toute la confiance que donne une conviction sincère.

Dans les nouvelles discussions que nous venons soutenir sur les questions si controversées qui touchent à la législation des mines, nous nous présentons avec des théories neuves, n'acceptant aucune des idées reçues et sur bien des points sollicitant de complètes réformes.

Hâtons-nous de dire que nous n'abandonnons ainsi les sentiers battus de l'opinion générale qu'après avoir reconnu qu'ils sont inextricables et sans issue, et que nous ne cherchons jamais à séduire les esprits par des nouveautés aux dépens des vrais principes d'équité et de justice.

On verra d'ailleurs que nous n'avançons rien sans être fort de preuves, et que tous nos arguments reposent sur des raisons solides ; nous marchons pour ainsi dire pas à pas, disputant le terrain avec persévérance et n'abandonnant la lutte sur un point que lorsque nous nous croyons certain d'être victorieux.

Nous ne craignons pas que nos idées soient des illusions, comme on nous le dit un jour ; condamnées sur quelques points, critiquées même solennellement (1), elles ne sont cependant pas repoussées par tous; d'éminents esprits les comprennent et les approuvent.

Nous n'en voulons pour preuve que ces lettres, choisies parmi tant d'autres aussi bienveillantes, qui nous furent adressées par des magistrats de Cours impériales, après la publication du premier volume de notre travail.

Un avocat général nous écrivait :

« Votre ouvrage a sur ses devanciers un avantage incontestable : *celui d'avoir porté* LA LUMIÈRE *sur les décisions éparses de la jurisprudence*, de les avoir coordonnées en les ramenant à leur sujet et de les avoir réunies *dans une critique aussi forte que juste*. Par là vous avez bien mérité de la science du droit EN SIMPLIFIANT L'ŒUVRE DE LA JUSTICE.

» Vous avez encore mieux fait, car votre livre renferme une exposition raisonnée et claire des principes, sans lesquels *nos opinions flottent* INCERTAINES, et par lesquels elles sont ramenées à l'unité dans la vérité. »

Au sujet d'une affaire à laquelle nous avions été mêlé, un éminent magistrat nous dit :

« Si la Cour impériale de.... a pu, dans un de ses arrêts, PARTAGER VOTRE OPINION sur la législation des mines, il ne faut lui en savoir aucun gré, car elle n'a cédé à aucune autre influence que celle de ses convictions et de ses devoirs, et n'a voulu le triomphe que de ce qu'elle a considéré comme le bon droit et la vérité. »

Enfin, un conseiller nous exprima ainsi son opinion sur notre ouvrage :

« Votre livre est un traité complet sur la matière, et qui annonce de votre part autant d'investigations laborieuses et de talent que de connaissances pratiques. Vous avez eu le rare mérite de préparer à la jurisprudence *des voies nouvelles dans lesquelles elle s'est résolument engagée.*

» C'est là, Monsieur, *un beau succès* qui vous garantit celui de votre

(1) Un procureur impérial, en pleine audience, a fait une critique violente de notre ouvrage.

livre, devenu désormais indispensable à tous ceux qu'intéresse cette partie *aujourd'hui si* IMPORTANTE *et si peu* APPROFONDIE de notre législation. »

Quoique ces éclatantes approbations nous attribuent à succès quelques changements survenus dernièrement dans la jurisprudence, il n'en faut pas moins une conviction bien arrêtée pour déclarer guerre ouverte à toutes les doctrines admises et entrer en lutte avec la plupart des magistrats et des jurisconsultes.

Mais les questions que nous traitons sont importantes et intéressent au plus haut degré la prospérité publique, et quand, par nos études sérieuses, nous avons conquis des idées justes et fécondes, nous estimons que ce serait manquer à un devoir que de nous taire.

Cette partie de la loi que nous méditons chaque jour depuis bien des années, n'a point reçu jusqu'ici une interprétation vraie et définitive; elle est encore l'objet de discussions incertaines, et la pensée du législateur est presque une énigme pour tous.

Il est des questions que chacun croit connaître et sur lesquelles personne n'a sérieusement réfléchi.

Pour bien les comprendre et en saisir toute l'importance, il faudrait qu'on se souvînt toujours des paroles que M. Regnault de Saint-Jean-d'Angély prononça devant le Corps législatif en lui présentant le projet de la loi de 1810 (1).

_____

(1) Voir, page 464, 3me alinéa et suivants.

On parle souvent de la propriété des mines, de la propriété de la surface, et pourtant plus d'un jurisconsulte demeurera interdit à ces simples questions :

Qu'est-ce que la propriété des mines?

Qu'est-ce que la propriété de la surface?

Quels sont les droits inhérents à ces deux propriétés?

. Et enfin quelle est celle qui a des droits perpétuels sur l'autre?

Nous ne prétendons pas que ce soit chose facile que d'y répondre immédiatement et sans hésitation ; cependant on ne peut interpréter sagement la loi de 1810 sans *résoudre ces questions.*

Les législateurs eux-mêmes ont éprouvé un grand embarras et n'ont pas indiqué, en définitive, la solution du problème.

« *Soyons prudents*, dirent-ils, *abstenons-nous de toute définition, n'insérons dans la loi que des articles d'exécution.* »

Ces paroles remarquables auraient dû éveiller l'attention et l'exciter à d'intéressantes recherches, puisque, de l'aveu même des auteurs de la loi, il est laissé à la sagesse des jurisconsultes le soin de trouver l'ordre logique et l'enchaînement des dispositions et de les coordonner de façon à en faire ressortir les définitions premières, qui les complètent et les expliquent.

Loin de là, personne ne s'est préoccupé de trouver

cette pensée cachée de la loi ; on n'a point songé qu'il y avait un *problème* à résoudre d'où dépendait l'existence de la propriété des mines, et de là sont venus tous les embarras.

Outre les questions principales que nous venons de poser, il en est d'autres accessoires et en grand nombre qui sont encore généralement inconnues ; aussi peut-on dire qu'une question de mines n'a jamais été bien approfondie jusqu'ici, ni dans un débat judiciaire, ni dans un traité (1).

Elles ne sont du reste qu'imparfaitement examinées dans l'enseignement ; les jurisconsultes avouent eux-mêmes leur impuissance au premier mot, et ce n'est que très-superficiellement qu'ils complètent leur instruction sur ces questions quand la nécessité les y oblige.

Les tribunaux marchent en ce moment sans guide et presque au hasard, ne trouvant nulle part la lumière et la véritable voie ; leur conscience et l'inspiration du moment dictent seules les arrêts qu'on leur demande.

Il résulte de là des décisions contradictoires dont nulle ne résout les difficultés et ne peut être prise pour règle à l'avenir ; ainsi, sur un seul article de la loi, sur l'article 11, nous avons rencontré jusqu'à *huit modes* de jurisprudence (2).

(1) Voir, page 200 ; n° 2.
(2) Voir, pages 104, 4ᵉ alinéa.

Il existe même des divergences d'opinion jusque dans le sein du Conseil d'État et de la Cour de cassation (1), et il y a un tel désaccord entre la Cour de cassation et les Cours impériales, que déjà deux décisions contraires ont été rendues solennellement de part et d'autre.

Deux fois, la Cour suprême, réunie en audience solennelle, a cassé des arrêts solennels de la Cour impériale de Dijon (2), rendus après cassation de deux autres arrêts de la Cour impériale de Lyon, sans que d'un côté ou de l'autre on paraisse disposé à abandonner les doctrines soutenues.

Au contraire, la Cour impériale de Lyon, qui sur un point avait tracé la voie dans laquelle s'est engagée après elle la Cour de cassation, a depuis peu changé de route en réformant elle-même sa propre jurisprudence.

De part et d'autre on était loin alors de soupçonner que la loi de 1810 est une loi d'expropriation pour cause d'utilité publique, et que la concession d'une mine c'est la concession du terrain minéral, *sous certaines restrictions* édictées en faveur du propriétaire exproprié.

Depuis, la Cour impériale de Dijon, par arrêt du 29 mars 1854, et le tribunal d'Alais, par jugement du 1er avril 1857, ont reconnu que la concession

(1) Voir, page 352 et 353, § 1er et 2.
(2) Voir, pages 89 et 368.

d'une mine opère une séparation entre la propriété *du dessous* et celle *du dessus*, d'après les principes posés par l'article 552 du code Napoléon.

D'autre part, il s'est élevé une lutte, d'abord, entre les tribunaux de première instance, puis entre les Cours impériales et enfin entre la Cour de cassation et la Cour impériale de Dijon, sur l'interprétation des articles 43 et 44 de la loi de 1810 ; la Cour de Dijon, après avoir inspiré sa propre jurisprudence à la Cour de cassation, a abandonné cette jurisprudence et la combat aujourd'hui contre la Cour suprême.

A ce sujet nous ferons remarquer que le tribunal d'Autun vient d'abandonner sa propre jurisprudence et résiste à la Cour de Dijon dont il relève, pour suivre la jurisprudence de la Cour de cassation et de la Cour de Nismes, tandis que le tribunal d'Alais résiste à la Cour de Nismes dont il relève, pour suivre la jurisprudence de la Cour de Dijon, quoique opposée à celle de la Cour de cassation (1).

La question qui les divise est celle-ci :

Les articles 43 et 44 *ne doivent-ils étre appliqués* que lorsqu'il s'agit de régler le prix de la surface ou du terrain entier, surface et tréfonds ?

En lisant avec attention ces deux articles, on sera convaincu que non-seulement ils ne règlent que le prix des *terrains concédés* et *occupés*, mais qu'ils

_____

(1) Voir, pages 594, 5e alinéa, et 596, dernier alinéa.

établissent encore que le propriétaire de la surface n'a plus, *en dehors des lieux réservés*, qu'un droit de culture (1).

Disons enfin que, comme on n'a pas cru jusqu'ici à la concession d'*une véritable propriété*, le Gouvernement, la Cour de cassation et le Conseil d'État, sur la disposition de l'article 44, qui renvoie à la loi de 1807 pour l'*évaluation des terrains concédés*, se sont contredits de telle façon que cette disposition n'a jamais été exécutée. Les auteurs et les jurisconsultes ont ensuite déclaré que cette disposition *est une inadvertance* du législateur et qu'elle doit être réputée non écrite (2).

Si l'on considère ces luttes stériles de nos jurisconsultes, ces contradictions éclatantes des premiers magistrats de l'Empire et leurs vains efforts à régler l'application de la loi, n'est-on pas amené à croire que l'œuvre de Napoléon Ier n'a jamais été bien comprise et que la législation des mines doit être transformée pour répondre à sa pensée.

Quels moyens de conciliation pourrait-on, en effet, proposer entre des décisions et des avis si opposés et si divers? Où peut-on distinguer la vérité de l'erreur, et au milieu de ce conflit quel parti prendre qui défende la meilleure cause?

Longtemps nous avons flotté incertain, ne sachant

---

(1) Voir, page 215, n° 3.
(2) Voir, page 554, 1er alinéa et suivants.

à quelle opinion nous arrêter. Enfin, abandonnant tous les systèmes et ne prenant d'autres guides que notre conscience et la volonté du législateur, nous sommes arrivé à dissiper les ténèbres qu'avaient jetées dans notre esprit les incertitudes et les erreurs des interprètes de la loi.

Nous nous sommes promis dès-lors d'apporter la lumière sur toutes ces questions et de déplacer complètement la jurisprudence des tribunaux.

Tâche périlleuse et grave! car il nous a fallu combattre l'opinion d'hommes éminents et de célèbres jurisconsultes, et prétendre contre la plupart que les vrais principes de la loi sont méconnus ; on vient de voir pourtant que notre entreprise a déjà été couronnée de quelques succès.

Notre témérité a été plus grande encore : poursuivant le développement de nos idées et prenant confiance en l'heureux résultat de leur application, nous avons osé écrire que le Gouvernement résoudrait sans peine les difficultés de la situation présente en s'engageant dans la voie nouvelle qui lui est par nous offerte.

Nous avons appelé sa sollicitude sur l'enseignement du droit dans les écoles, prétendant que la loi de 1810 sur les mines devait être regardée comme le complément du code Napoléon sur la propriété et qu'elle devait être étudiée aussi sérieusement que son extrême importance l'exige.

Qu'on ne se hâte pas d'accuser la forme hardie de nos propositions; nous ne sommes plus seul à les soutenir, et d'autres que nous expriment les mêmes désirs (1). Tout-à-l'heure nous avons laissé parler quelques-uns de ceux-là, pensant que leur voix, plus forte que la nôtre, serait mieux entendue.

On la jugera aussi moins prévenue, car, nous le devons dire, bien des gens nous croient dévoué *quand même* aux intérêts des exploitants de mines et ne reçoivent qu'avec une extrême défiance toutes les idées que nous mettons au jour.

Que ceux-là sachent donc que nous sommes dévoué avant tout *à la cause du bien public*, et que si, dans nos discussions, nous plaidons souvent en faveur des exploitants, c'est que presque toujours leurs droits sont imprudemment sacrifiés.

Mais nos idées heurtent tellement toutes celles reçues jusqu'ici, qu'au premier abord elles sont repoussées, et nous désespérerions de les voir triompher un jour, si nous n'avions vu tout récemment deux Cours impériales, l'une sur l'article 11, l'autre sur les articles 43 et 44, réformer leurs propres arrêts, quoiqu'ils fussent approuvés par la Cour de cassation, et si l'une de ces Cours impériales, ainsi qu'un tribunal de 1re instance, n'eussent déjà admis notre système sur le partage *horizontal* de la terre (2).

(1) Voir, page 198, n° 1.
(2) Voir, pages 50, 6me et 7me alinéa, et 597, 2me, 3me et 4me alinéa.

Il est vrai que, sur le *statu-quo* à la surface, elles ont été condamnées ; peut-être les eussions-nous condamnées nous-même, parce qu'il ne nous semble pas équitable, en ce qui concerne cette loi si peu connue, de dire : *Nul en France n'est censé ignorer la loi*. Aussi sollicitons - nous une disposition législative donnant à la loi précitée sa véritable interprétation.

Maintenant il ne nous reste plus qu'à adjurer nos lecteurs de ne pas condamner le résultat de nos travaux avant d'avoir lu ce livre et de l'avoir médité dans toutes ses parties ; car il n'a point été écrit à la légère, et nous comprenons toute l'importance des discussions que nous y avons soulevées.

En terminant ces observations nous ferons remarquer que notre tâche était toute tracée, et qu'il nous fallait, pour réussir dans notre entreprise, attaquer les décisions des autorités les plus élevées.

Nous l'avons fait avec quelques scrupules, parce que nous tenons en estime profonde la magistrature de France, et que nous ne voudrions pas qu'on imputât à blâme ou dénigrement nos critiques respectueuses. Si parfois la forme en était trop vive, que le lecteur se souvienne de nos sentiments et ne nous condamne pas sur une expression échappée à notre plume.

Chalon-sur-Saône, le 4 Novembre 1857.

DE LA PROPRIÉTÉ DES MINES

ET DE SES CONSÉQUENCES.

TITRE SUPPLÉMENTAIRE.

INTERPRÉTATION DE L'ARTICLE 11 DE LA LOI DU 21 AVRIL 1810.

L'article 11 de la loi du 21 avril 1810 désigne les lieux *réservés* au propriétaire de la surface, desquels il ne peut être dépossédé sans son consentement formel, et qui sont *distraits* de la concession du terrain minier. — Cet article ne peut être appliqué aux établissements, enclos murés ou habitations *créés postérieurement à la concession* par le propriétaire de la surface. — Ce même article ne peut être invoqué que par le propriétaire de la surface *sur laquelle* les travaux de mines sont à faire ou à établir.

CHAPITRE Iᵉʳ.

L'ARTICLE 11 DE LA LOI DE 1810 DÉSIGNE LES LIEUX RÉSERVÉS AU PROPRIÉTAIRE DE LA SURFACE.

L'article 11 de la loi du 21 avril 1810 désigne les lieux *réservés* au propriétaire de la surface, desquels il ne peut être dépossédé sans son consentement formel, et qui sont *distraits* de la concession d'une mine.

Le concessionnaire devient plein propriétaire, en *fait* et en *droit*, non pas seulement d'une couche ou

1

d'un filon de mine, mais du terrain minier lui-même, et de là cette conséquence, que l'article 11 n'est qu'une exception à la concession.

Cet article porte, en effet, que nulle permission de recherches, ni concession de mines, *ne pourra donner* LE DROIT de faire des sondes, d'ouvrir des puits ou galeries, d'établir des machines ou magasins *dans les enclos murés, cours ou jardins, ni dans les terrains attenant* aux habitations ou clôtures murées, dans la distance de 100 mètres des habitations ou desdites clôtures, *sans le consentement formel du propriétaire de la surface.*

De cette désignation des lieux sur lesquels le concessionnaire n'a pas le droit de *faire* ou d'*établir* ses travaux sans le consentement formel du propriétaire de la surface, découle naturellement la preuve qu'il a ce droit partout où il ne lui est pas interdit, et qu'il peut, en dehors des enclos murés, cours ou jardins, au-delà de 100 mètres de la clôture, ouvrir des puits, des galeries, et, en conformité de l'article 8, établir *à demeure* des machines ou magasins, ainsi que des bâtiments.

Cette proposition une fois admise, plus d'erreur, plus de doute sur les droits concédés ; on arrive à reconnaître que le propriétaire du sol *cesse de l'être dans toute l'étendue de la concession* ; on verra bientôt que ces dernières expressions que nous rappelons textuellement, sont des paroles historiques auxquelles l'Empereur a donné une adhésion tacite dans le sein du Conseil d'État, séance du 9 janvier 1810.

Nous espérons, en justifiant, par la discussion qui va suivre, la proposition énoncée dans les lignes précédentes, démontrer que la Cour de cassation a commis une erreur dans l'interprétation qu'elle a faite de l'article 11 de la loi de 1810, par son arrêt solennel du 19 mai 1856.

Pour bien comprendre les conséquences d'une concession de mines et restituer à l'article 11 de la loi de 1810 son véritable caractère, il faut bien se pénétrer de cette vérité, que l'acte de concession d'une mine consacre une expropriation, transmet la propriété dont l'étendue et les limites sont déterminées par cet acte, et que cet article 11 n'a été édicté que pour indiquer ce qui est distrait ou excepté de la concession.

On peut dire que la concession *est la règle* et que l'article 11 de la loi de 1810 *est l'exception;* c'est là tout le secret de la loi, et ce sont là les deux points que nous avons à démontrer.

SECTION 1re.

La concession d'une mine entraîne la concession du terrain qui renferme la mine.

La concession d'une mine entraîne la concession du terrain qui renferme la mine, *à la surface comme au tréfonds,* moyennant deux sortes d'indemnités, quand l'expropriation est complète; c'est là un point sur lequel on ne saurait trop insister, afin de faire cesser toute controverse.

La concession du tréfonds *est définitive* moyennant une première indemnité qui se perçoit sur le produit de la mine; celle de la surface *est conditionnelle*, parce qu'elle est subordonnée au gisement de la mine : elle a lieu moyennant une seconde indemnité basée sur le double *du revenu* de la parcelle dont le propriétaire est dépossédé, payable *avant la prise de possession*.

Il y a donc concession de tout le terrain minier; mais l'ancien propriétaire reste en possession de son terrain pour en jouir *comme par le passé*, et s'il n'est plus propriétaire que de la surface, il n'en conserve pas moins perpétuellement sa propriété, si l'exploitation de la mine n'exige pas sa dépossession, ou s'il ne requiert pas l'achat de ce dont il est dépossédé.

Un *partage horizontal* de la terre s'accomplit ainsi au moment de la concession, par l'acte même qui concède la propriété; c'est là une des conséquences les plus ingénieuses de la concession d'une mine.

Mais on exagère à plaisir ces conséquences; on ne veut pas se reporter au moment de ce partage; on oublie que, sans la mine, la plupart de tous ces pays miniers seraient inconnus, ou au moins sans importance, et que la surface des terrains serait improductive.

On ne veut pas voir que sans la mine on ne songerait nullement à changer la nature de ces terres, et que c'est la mine qui, en créant toute une nouvelle population autour d'elle, crée en même temps la richesse de la contrée.

Et faut-il, à raison de la gêne qui résulte du partage horizontal de la terre, dénier les bienfaits qui résultent de l'exploitation d'une mine, de cette *mère nourricière du pays*, se montrer ingrat envers elle en multipliant les difficultés sous ses pas?

On se plaint de ce que les droits des propriétaires de la surface sont sacrifiés, quand le contraire est démontré; car, quand on leur enlève une partie de la jouissance qui leur est laissée, ils reçoivent le double de ce dont ils sont privés. Il suffit de consulter les articles 43 et 44 de la loi pour être convaincu de la vérité de ce fait.

On lit en effet dans le 2me § de l'article 43 et le 1er § de l'article 44 de la loi, que les propriétaires de la surface n'ont droit à une indemnité que lorsqu'ils sont *privés de la jouissance* qui leur est réservée, *privés du revenu* de leurs terrains, ou lorsque ces terrains *ne sont plus propres* A LA CULTURE; mais, dans tous les cas, ils reçoivent le double de ce qu'aurait *produit net* le terrain endommagé.

L'article 11 désigne les lieux réservés au propriétaire de la surface et desquels il ne peut être expulsé sans son consentement formel, et les articles 43 et 44 indiquent les droits qui lui sont laissés en dehors des lieux réservés.

Mais qu'on cesse de croire que le propriétaire de la surface soit placé dans la même position et qu'il ait tout autant de droit sur sa propriété après la concession de la mine qui est au-dessous de celle-ci; c'est là l'erreur des meilleurs esprits.

Cependant, nous devons dire que la Cour impériale de Dijon ainsi que la Cour de cassation ont déjà fait un grand pas vers nos idées, et qu'il ne s'agit plus que de déterminer les conséquences de leurs arrêts.

Si, dans notre manière de voir, la Cour de cassation s'est écartée des vrais principes dans l'arrêt solennel du 19 mai 1856, elle s'y était au contraire montrée fidèle dans cet autre arrêt solennel du 3 mars 1841 et dans l'arrêt de la Chambre civile du 18 juillet 1837, invoqué par le demandeur en cassation à l'audience du 19 mai 1856 (1).

On nous a fait souvent cette objection, que quand il existe une autre mine dans le terrain concédé, elle n'appartient pas au concessionnaire. Cela est vrai, pas plus qu'elle n'appartenait à l'ancien propriétaire ; mais, dans ce cas, voici comment les choses se passent :

Si dans un terrain *déjà concédé* gisent d'autres substances minérales, tous les motifs se réunissent, a dit M. de Girardin (2), pour en attribuer *exclusivement* la recherche au premier concessionnaire ; il a en sa faveur le droit de propriété.

Mais s'il n'use pas de son droit, il est tenu, comme tout propriétaire, de souffrir les travaux ordonnés ou permis par l'administration ; l'article 10 de la loi sur les mines lui est applicable comme à l'ancien propriétaire resté en possession de la surface.

Et si la concession de la nouvelle découverte est ensuite accordée à un tiers, même au propriétaire de

---

(1) Me de Saint-Malo, avocat, a dit avec raison qu'il n'était pas permis d'établir de nouvelles clôtures après la concession, ou tout au moins qu'elles n'étaient pas protégées par l'article 11.

(2) Voir au 2me § de la présente section.

la surface, le premier concessionnaire subit à son tour l'expropriation pour cause d'utilité publique, moyennant une juste indemnité, s'*il y a lieu.*

Dans ce cas, le tréfonds devient une propriété commune aux deux concessionnaires, et le second, comme le premier concessionnaire, est obligé d'indemniser le propriétaire de la surface de toute espèce de préjudice.

Quant à la concession du terrain, l'interprétation que nous donnons à la loi est conforme à la dernière disposition de l'article 12, portant interdiction de toutes recherches dans un terrain déjà concédé.

Déjà concédé, ces deux mots indiquent que le terrain qui renferme des mines peut devenir l'objet de plusieurs concessions et appartenir en commun à divers concessionnaires.

C'est ainsi qu'à l'article 25 des clauses générales de toutes concessions de mines de houille, le gouvernement stipule des réserves et dit : si des gîtes de minerais étrangers à la houille *sont exploités* LÉGALEMENT *par les propriétaires de la surface,* ou deviennent l'objet d'une concession particulière accordée à des tiers, le concessionnaire de la mine de bouille *sera tenu de souffrir les travaux,* moyennant indemnité, s'il y a lieu (1).

Cette obligation de souffrir les travaux du propriétaire de la surface *légalement autorisé,* indique évidemment que le concessionnaire de la mine de houille est propriétaire du terrain.

(1) Voir T. 1er, page 298, art. 25.

Nous avons encore d'autres preuves pour établir qu'il y a concession du terrain minier par la concession d'une mine, et ces preuves résultent :

1º Des extraits textuels de la discussion du projet de loi devant le Conseil d'État, séances des 10 octobre et 18 novembre 1809, 9 janvier et 13 février 1810 ;

2º Des extraits textuels de l'exposé des motifs et du rapport explicatif de la loi devant le Corps législatif, séances des 13 et 21 avril 1810 ;

3º Des dispositions des articles 1er, 5, 6, 7, 8, 10, 11, 12, 17, 18, 19, 29, 34, 42, 43 et 44 de la loi de 1810 ;

4º Des droits des créanciers hypothécaires des deux propriétaires, après la concession d'une mine ;

5º De la nouvelle jurisprudence de la Cour impériale de Dijon, arrêt du 29 mars 1854 ;

6º De l'opinion de plusieurs auteurs et jurisconsultes.

§ 1er.

Extraits textuels de la discussion devant le Conseil d'État sur la concession des terrains miniers.

Les extraits textuels de la discussion devant le Conseil d'État sur la concession des terrains miniers, séances des 10 octobre et 18 novembre 1809, 9 janvier et 13 février 1810, établissent clairement qu'il y a, par la concession d'une mine, concession du terrain qui renferme la mine.

Les questions et les observations qui ont été faites

dans la séance du 10 octobre 1809 sont précises sur ce point; M. Fourcroy, président de la section intérieure du Conseil d'État, a dit textuellement que *le système* de l'article du projet de loi, qui était alors en discussion, *laisse le propriétaire* JOUIR *du terrain, le* CULTIVER *et en* PRENDRE LA RÉCOLTE *suivant les règles du droit commun.*

Le procès-verbal de cette séance est formel et ne peut prêter à aucune équivoque sur les droits accordés à un concessionnaire de mines, du moment que ceux du propriétaire de la surface sont réduits à une simple jouissance. Suit la teneur de ce procès-verbal (1) :

« M. le comte FOURCROY fait lecture du titre II, de la *propriété* et de l'*exploitation* des mines, minières et carrières.

» La section 1ʳᵉ, *des mines*, est soumise à la discussion. L'article 5 est discuté. Il est ainsi conçu :

» ART. 5, *correspondant à l'art.* 5 *de la* 3ᵐᵉ *rédaction* (voyez VI, n° 10), *et à l'art.* 5 *de la loi :* Les mines sont *des propriétés* dont on ne peut jouir et user qu'en se conformant aux règles et aux conditions imposées par le gouvernement *pour leur exploitation.*

» M. le comte DEFERMON dit que ce n'est pas pour *la jouissance,* mais pour l'exploitation du terrain *qui renferme une mine,* que le propriétaire (de la mine) doit avoir besoin de concession.

» M. le comte FOURCROY répond que l'article est rédigé *dans ce système.* Il n'exige la concession que pour l'exploitation de la mine, et *laisse le propriétaire* JOUIR *du terrain, le* CULTIVER *et en* PRENDRE LA RÉCOLTE *suivant les règles du droit commun.*

» L'ARTICLE EST ADOPTÉ. »

(1) Voir LOCRÉ, *Législation des Mines*, page 184 et suiv.

Quoi de plus précis que cette réponse du rédacteur de la loi, dont on ne saurait trop peser les termes : « Il y a concession du terrain qui renferme la mine pour l'exploitation de celle-ci, et c'est *dans ce système* que l'article est rédigé ; la concession n'est exigée que pour l'exploitation de la mine ; elle laisse le propriétaire jouir du terrain, le cultiver et en prendre la récolte, *suivant les règles du droit commun.* »

L'article est ensuite adopté avec cette conséquence bien entendue et bien comprise par tout le monde, et d'ailleurs était-il possible de faire autrement, du moment qu'il s'agissait de faire deux propriétés dans un même carré de terrain : l'une *au-dessus* et l'autre *au-dessous ?*

Il fallait bien restreindre les droits du propriétaire du dessus, parce que la création d'une propriété particulière au-dessous de la sienne ne peut se comprendre autrement.

Néanmoins les idées flottent ; elles sont encore incertaines, et nous voyons, dans la séance du 18 novembre, présidée par l'Empereur, que tout semble remis en question. Suit la teneur du procès-verbal de cette séance (1) :

« M. le comte Fourcroy, d'après le renvoi fait à la section de l'intérieur, dans la séance du 11 novembre, présente une nouvelle rédaction du projet de loi sur *les mines.*

» Il fait lecture du titre Ier des mines, minières et carrières, qui est soumis à la discussion.

_____

(1) Voir Locré, page 233 et suiv.

» Les articles 1 , 2 , 3 et 4 qui le composent , sont adoptés sans discussion.

» On passe à la discussion du titre II , *de la propriété* et de l'exploitation des mines , minières et carrières.

» La section 1re des mines...

» L'EMPEREUR dit qu'il faut poser en principe que les mines sont des biens dont la propriété ne s'acquiert que par concession.

» M. l'ARCHICHANCELIER aimerait mieux qu'on déclarât le propriétaire de la surface propriétaire de la mine, à la charge de l'exploiter.

» L'EMPEREUR dit que ces idées sont trop métaphysiques. Au surplus, dans la pratique, ces deux systèmes ont le même résultat, puisque, par l'acte de concession, les droits du propriétaire sont assurés.

» Du reste, il y a un très-grand intérêt à imprimer aux mines le cachet de la propriété foncière. Si l'on n'en jouissait *que par concession*, en donnant à ce mot son acception ordinaire, il ne faudrait que rapporter le décret qui concède, pour dépouiller les exploitants.

» Au lieu que, *si ce sont des propriétés*, elles deviennent inviolables. L'Empereur lui-même, avec les nombreuses armées qui sont à sa disposition, ne pourrait néanmoins s'emparer d'un champ ; car, violer le droit de propriété dans un seul, c'est le violer dans tous.

» Le *secret* ici est donc de faire des mines de *véritables propriétés*, et de les rendre, *par là*, SACRÉES dans le *droit* et dans le *fait*. On doit regarder les mines comme des choses qui ne sont pas encore nées, qui n'existent qu'au moment où elles sont PURGÉES DE LA PROPRIÉTÉ DE LA SURFACE, et qui à ce moment même deviennent des propriétés *par l'effet* DE LA CONCESSION ; de ce moment aussi elles se confondent avec les autres propriétés.

» En un mot, l'*Empereur*, pour satisfaire aux principes, reconnaît un droit acquis dans le propriétaire de la surface, mais ce propriétaire ne peut exploiter au-dessous sans permission; et, s'il n'use pas de la préférence qui lui est due, on l'indemnise, et l'on accorde la mine à un autre, entre les mains duquel elle devient une propriété.

» M. le comte Defermon pense qu'on rendrait l'idée de l'*Empereur*, si l'on disait que les mines sont des propriétés publiques, qui ne deviennent des propriétés particulières que par la concession du gouvernement.

» L'Empereur dit que, avant la concession, les mines ne sont pas des propriétés, mais des biens.

» M. le comte Regnault de Saint-Jean-d'Angély dit que l'idée de M. *Defermon* rentre dans les rédactions de la loi de 1791, qui déclarait que les mines sont à la disposition du gouvernement.

» L'Empereur dit que la question n'a pas été traitée sous l'Assemblée constituante. Aujourd'hui *il faut l'approfondir.*

» Qu'est-ce d'abord *que le droit de propriété?*

» C'est non-seulement le droit d'user, mais encore d'abuser.

» Si donc le gouvernement oblige d'exploiter ou fixe la manière dont chacun exploitera, il n'y a plus de propriété. En France on est fidèle à ces principes. A la vérité on a des règlements sur les bois et sur les eaux, mais ce ne sont que des règlements de police.

» Il faudrait appliquer ces mêmes principes aux mines, si les mines étaient des propriétés; *mais jusqu'à ce qu'une mine existe* PAR L'EFFET D'UNE CONCESSION, ce n'est qu'un bien, qu'une chose à laquelle le propriétaire de la surface a un droit éventuel dans le cas où il s'agirait de l'exploiter.

» *Ce n'est donc qu'*APRÈS LA CONCESSION *que les mines* RENTRENT SOUS LA RÈGLE COMMUNE.

» L'Empereur renvoie les articles (en discussion) à une nouvelle rédaction. »

Rien n'était encore arrêté; on cherchait le moyen de faire des mines de *véritables propriétés*, sans imposer de trop lourdes charges aux concessionnaires, et c'était là le plus difficile.

Pour atteindre ce but on revint *au système* conçu dès l'origine et qui avait été soumis et interprété dans la séance du 10 octobre 1809, laissant au propriétaire la jouissance de son terrain au moyen d'un *partage horizontal* de la terre, tel qu'il est indiqué dans l'article 552 du code Napoléon.

En effet, dans la séance du 9 janvier 1810, la proposition en fut faite par M. le comte Jaubert. Suit la teneur du procès-verbal de cette séance (1) :

« On reprend la discussion de la cinquième rédaction du projet de loi *sur les mines*, présentée dans la séance du 18 novembre 1809.

» M. le comte Jaubert dit qu'on éprouvera toujours quelque embarras tant qu'on ne rattachera pas le projet à l'article 552 du code Napoléon.

» Cet article, en donnant au propriétaire de la surface le droit de tirer des fouilles qu'il fait sur son terrain tous les produits qu'elles peuvent fournir, ajoute : *sauf les modifications résultant des lois et règlements relatifs aux mines.*

» Il ne s'agit donc plus que de fixer ces MODIFICATIONS. »

Les modifications sont proposées en quatre articles dont la conclusion est que le concessionnaire *devient* PLEIN PROPRIÉTAIRE *de la mine*, qu'il a une propriété

---

(1) Voir Locré, page 242 et suivantes.

qui *se concède, se transmet et s'acquiert comme la propriété des autres biens.*

« M. le comte Regnault de Saint-Jean-d'Angély dit que M. *Jaubert* se reporte au premier point de la discussion.

» D'ailleurs *son système* aurait l'inconvénient de ruiner la propriété. Si, par exemple, on concédait le dessous de plusieurs lieues, les propriétaires de la surface cesseraient de l'être *dans toute cette étendue.*

» M. le comte Boulay *pense qu'il serait* prudent *de s'abstenir* de toute définition, *de n'insérer dans le projet que* les articles d'exécution.

» L'Empereur dit qu'il faut établir en principe que le propriétaire *du dessus* l'est aussi *du dessous,* à moins que le dessous ne soit concédé à un autre, auquel cas il reçoit une indemnité à raison de la privation *de la jouissance* du dessus.

» Au reste, il serait utile, *avant d'aller plus loin,* de savoir quelle est la législation des autres États de l'Europe.

» L'Empereur charge la section de l'intérieur de faire *un rapport* sur cet objet.

» Ajournement de la suite de la discussion. »

Si, d'un côté, M. le comte Jaubert propose de réaliser les modifications prévues et réservées dans la loi fondamentale de la propriété, article 552 du code Napoléon, de l'autre, on remarquera que M. le comte Regnault de Saint-Jean-d'Angély s'oppose à la proposition, en disant que M. Jaubert se reporte au premier point de la discussion.

Il dit que le système présenté serait la ruine de la propriété, parce que, par la séparation du tréfonds, le propriétaire de la surface *cesserait de l'être* dans toute l'étendue de la concession.

Ces conséquences sont avouées implicitement par M. le comte Boulay, lorsqu'il fait observer qu'il serait prudent de s'abstenir de toute définition (1).

Mais l'Empereur déclare que si, en principe, le propriétaire du dessus l'est aussi du dessous, cela n'empêche pas que le dessous ne soit concédé à un tiers, auquel cas le propriétaire reçoit une indemnité à raison de la privation *de la jouissance du dessus*.

Toutefois, reconnaissant la gravité du débat, et avant d'aller plus loin, l'Empereur ajourna la question, désirant savoir ce qui se pratiquait dans les autres États de l'Europe.

On s'occupa de satisfaire au désir du chef de l'État; un rapport fut fait dans la séance du 3 février 1810 par M. Regnault de Saint-Jean-d'Angély, et de ce rapport il résulte que dans les États de l'Allemagne, dans la Suède et dans presque toute l'Europe septentrionale, la législation des mines est à peu près la même; le souverain a sur les mines le droit régalien, c'est-à-dire celui d'accorder des concessions pour les exploiter.

La discussion sur le projet de loi fut ensuite reprise, et nous trouvons dans LOCRÉ, page 296, les observations qui suivent :

« L'EMPEREUR dit qu'il importe de se fixer avant tout sur la question principale :

» Si les mines sont des propriétés dont on use comme de toutes les autres, il ne faut pas de règles particulières.

---

(1) Dans la séance du 24 juin 1809, M. l'archichancelier avait déjà fait remarquer que *la surface deviendra d'une valeur* A PEU PRÈS NULLE *lorsqu'elle sera* SÉPARÉE DU TRÉFONDS.

» Si l'on ne peut pas leur donner pleinement ce caractère, il faut rentrer dans l'ancien système de concession.

» M. le comte Regnault de Saint-Jean-d'Angély pense qu'il doit toujours y avoir une concession, et que cette concession doit être perpétuelle.

» L'Empereur dit que personne ne prétend qu'il ne faille pas de concession; qu'on veut seulement que la mine concédée devienne une propriété libre et dont le propriétaire puisse user comme de tout autre bien. »

Une concession de mine, même perpétuelle, avant la loi de 1810, n'était pas une propriété immobilière, c'était une industrie sujette à patente, tandis qu'aujourd'hui c'est une véritable propriété, une propriété ordinaire soumise à l'impôt foncier comme les autres propriétés.

Mais on se range à l'observation de M. le comte Boulay; on évite de définir la propriété des mines et d'en déterminer les conséquences, quand il eût suffi de répéter les paroles que M. le comte Fourcroy avait prononcées, en l'absence de l'Empereur, dans la séance du 10 octobre 1809.

Il fallait dire que le propriétaire de la surface n'aura plus que la jouissance de sa propriété pour la cultiver et en prendre la récolte; ce sont bien là les conséquences de la loi de 1810, et c'était là aussi l'intention du législateur.

Toutefois, le propriétaire de la surface peut bien être dépossédé pour toujours de sa propriété de la surface, mais *en droit* il reste propriétaire; sa jouissance est convertie en une redevance annuelle *basée sur le double* de ce qu'il eût récolté net pendant tout le temps qu'il est privé du revenu de son terrain, s'il n'en exige pas l'achat (art. 43 et 44).

Il fallait cependant une solution, et l'on y arriva dans la séance du Conseil d'État du 13 février 1810. Suit la teneur du procès-verbal de cette séance (1).

« M. le comte REGNAULT de Saint-Jean-d'Angély, d'après le renvoi fait à la section de l'intérieur dans la séance du 3 présent mois, présente la sixième rédaction du projet de loi sur les mines (2).

» M. l'ARCHICHANCELIER demande si l'on perd *la propriété d'une mine* par la déchéance et par la suspension des travaux.

» M. le comte REGNAULT de Saint-Jean-d'Angély répond que, d'après les vues manifestées par l'Empereur, on a assimilé *les propriétés des mines* à celles de toute autre nature; qu'on ne peut en être dépouillé que par les jugements des tribunaux, rendus sur la poursuite des créanciers.

» M. le comte JAUBERT demande qu'à l'article 7 on change ces expressions : *l'acte de concession donne la propriété de la mine;* car, d'après le code Napoléon et d'après les principes reconnus dans le cours de la discussion actuelle, le propriétaire du dessus l'est en même temps du dessous.

» Lorsqu'il devient concessionnaire du droit d'exploiter, *l'acte de concession ne lui transfère pas une propriété,* mais lui accorde seulement l'autorisation d'extraire des substances dont l'exploitation ne peut se faire qu'après une permission du gouvernement, *mais non ce dont il était propriétaire.*

» L'EMPEREUR dit que le code Napoléon, en employant ces expressions : *le propriétaire* DU DESSUS *l'est aussi* DU DESSOUS,

(1) Voir LOCRÉ, page 310 et suivantes.
(2) M. Regnault de Saint-Jean-d'Angély succède à M. Fourcroy.

a voulu consacrer le principe qu'en France les terres ne sont sujettes à aucun droit régalien ou féodal, et laisser ainsi toute latitude au propriétaire; cependant le code excepte de cette disposition les fouilles des mines, parce que *la propriété* du sol et *de la mine* ne sont pas inhérentes.

» La concession forme une propriété nouvelle, et même, dans la main du propriétaire du sol, le droit d'exploitation est une richesse nouvelle.

» Dès-lors, il faut à son égard se servir *des mêmes expressions* qu'à l'égard de tout autre concessionnaire;

» Il lui faut aussi un acte qui lui confère ce droit et lui donne la propriété de la concession; cette mesure est dans son intérêt, car, propriétaire du sol et de la mine réunis, il peut cependant vouloir ne conserver qu'*une de ces* DEUX PROPRIÉTÉS; il peut vouloir les séparer, *en vendre* UNE.

» Il faut donc qu'il ait un titre qui réglera le sort de celui qui deviendra *propriétaire* DU SOL *ou* DE LA MINE.

» Par conséquent, lorsque le propriétaire du sol obtiendra la permission d'exploitation, l'acte de concession n'en devra pas moins déterminer la redevance imposée à la mine en faveur du sol; le propriétaire semble se payer à lui-même, et cela est vrai *tant qu'il réunit* LES DEUX OBJETS.

» Mais si on ne règle pas la redevance par l'acte de concession, si le propriétaire vend la mine, il faudra qu'il revienne au conseil obtenir ce règlement; son acte de concession resterait donc jusque-là incomplet, il serait empêché de vendre et peut-être exposé à remettre en discussion les conditions de la concession.

» M. le comte JAUBERT pense que le code Napoléon, en accordant la propriété du dessus et du dessous, n'astreint le propriétaire de la mine et du sol qu'à demander un acte qui règle son mode d'exploitation; par conséquent, les deux objets lui appartenaient (sol et tréfonds), et la richesse de la mine, quoiqu'elle ne fût point encore exploitée, a pu être envisagée par les créanciers du sol comme le gage de leur créance, de telle sorte qu'ils ont un droit déjà acquis, dont ils ne peuvent être privés par l'effet d'une concession faite à un tiers.

» L'EMPEREUR dit que les créanciers ont un droit tant que la mine n'est pas concédée; mais que, lorsqu'elle vient à l'être, ils n'ont plus de droit que sur la redevance, car la concession dépend de la volonté du gouvernement, et les créanciers ne peuvent le forcer à la donner.

» Ainsi se concilient les deux dispositions du code Napoléon, qui accordent au propriétaire du dessus la propriété du dessous, et font une modification à la généralité des conséquences de ce principe.

» Pour ce qui est relatif aux mines, le droit de prélever une redevance sur les produits de la mine dérive de la qualité de propriétaire du dessus; mais c'est à la redevance que se borne ce droit lorsqu'il s'agit d'une exploitation de mine, et cette restriction nous place dans la seconde disposition de l'article 552 du code Napoléon.

» M. le comte Regnault de Saint-Jean-d'Angély fait observer que le conseil a reconnu que le sol et la mine formaient, dans la main du propriétaire, deux propriétés tellement distinctes, qu'on lui accorde la faculté de constituer des hypothèques spéciales sur chacune; le bailleur de fonds, pour l'exploitation, aura la préférence sur le créancier qui aurait pour gage le sol AVANT L'OUVERTURE DE LA MINE, encore bien que le titre de ce dernier créancier fût antérieur au sien.

» M. le comte JAUBERT dit que les droits des créanciers du propriétaire du sol, sur la mine découverte, ne sont pas assez déterminés.

» M. le comte REGNAULT de Saint-Jean-d'Angély répond que si l'hypothèque accordée au créancier est spéciale, elle n'a pu être donnée que sur le sol, AVANT *la découverte de la mine*, puisque jusque-là la propriété, son existence, sa valeur, étaient incertaines ; ce créancier n'a donc pas d'hypothèques sur la mine, qui est une propriété nouvelle. Avait-il une hypothèque générale? Il ne peut y avoir que celles des femmes ou des mineurs ; le créancier a un droit sur la redevance, parce qu'*elle est représentative* DE LA PROPRIÉTÉ DU DESSUS.

» M. le comte PELET demande si le propriétaire de la surface, qui n'est pas concessionnaire de l'exploitation, et qui par conséquent n'a plus droit qu'à une redevance, pourra vendre séparément le sol et la redevance.

» M. le comte REGNAULT de Saint-Jean-d'Angély dit que, par l'article 22 (18 de la loi), la redevance est réunie à la propriété du terrain.

» M. l'ARCHICHANCELIER dit que la redevance devrait être considérée comme un service foncier ; la mine mise en œuvre est une propriété grevée d'une servitude au profit du propriétaire supérieur.

» M. le comte DEFERMON dit que la redevance est un paiement en argent ; qu'elle ne peut être qualifiée de servitude ; qu'on doit se borner à dire qu'elle appartient aux créanciers.

» M. le comte TREILHARD pense qu'on doit laisser au propriétaire le droit de vendre la redevance, sauf les droits des créanciers, et même laisser aux concessionnaires le droit de s'affranchir de la redevance en en remboursant le capital.

» L'EMPEREUR approuve l'opinion émise par M. *Treilhard*.

» Les deux articles sont adoptés avec cet amendement. »

Dans la séance du 24 février 1810, l'Empereur ordonna que le projet adopté fût communiqué au président de la commission intérieure du Corps législatif.

Des conférences s'établirent entre les membres de cette commission, présidée par M. de Girardin, et les membres de la commission du Conseil d'État, présidée par M. Regnault de Saint-Jean-d'Angély, et le 17 mars suivant le Corps législatif soumit ses observations sur le projet.

Enfin, dans la séance du Conseil d'État du 24 même mois, se termina la discussion qui durait depuis le 22 mars 1806.

La concession du terrain ressort non-seulement des paroles de l'Empereur, mais elle devient évidente quand on remarque l'observation de M. Jaubert, demandant qu'à l'article 7, ces expressions : « *L'acte de concession donne* LA PROPRIÉTÉ *de la mine,* » soient changées, parce que le propriétaire qui devient concessionnaire a déjà la propriété et n'a besoin que d'une autorisation pour exploiter la mine ; à ce sujet il dit :

« Lorsqu'il devient concessionnaire du droit d'exploiter, l'ACTE DE CONCESSION *ne lui transfère pas de propriété.* »

Et il insiste pour démontrer que le propriétaire n'a besoin que d'une autorisation, parce qu'on ne peut lui concéder une propriété qui lui appartient déjà, étant propriétaire du dessus et du dessous (1).

C'est alors que l'Empereur répond :

« La concession forme une propriété nouvelle, et même, dans la main du propriétaire du sol, le droit d'exploitation est une richesse nouvelle ; dès-lors il faut à son égard *se servir des mêmes expressions* qu'à l'égard de tout autre concessionnaire (2). »

----

(1) Voir ci-dessus, page 17, avant-dernier alinéa.
(2) Voir ci-dessus, page 18, 1er alinéa.

Mais il ne pouvait en être autrement, du moment que cette nouvelle propriété devait être *purgée* de tous droits antérieurs et *passer* VIERGE *entre les mains du concessionnaire*, selon ce qui a été dit par M. Regnault de Saint-Jean-d'Angély (1).

On voulait créer et l'on a en effet créé une propriété *considérée* comme nouvelle ; l'article 19 de la loi ne laisse aucun doute sur ce point, et l'article 17 est non moins positif, quand il dit que l'acte de concession, après l'accomplissement des formalités prescrites, PURGE *tous les droits des propriétaires de la surface.*

Vient ensuite l'article 18 qui règle les droits des créanciers inscrits, en déclarant que *les droits* PURGÉS *sont réunis à la valeur de la surface,* et que c'est à cette valeur et à la redevance imposée à la propriété de la mine que leur gage se trouve réduit.

Les articles 17, 18 et 19 semblent avoir été édictés principalement pour régler les droits des créanciers inscrits des propriétaires de la surface, après la concession du terrain minier ; c'est là ce que nous examinerons au § 4 de la présente section.

La discussion, l'observation précitée de M. Jaubert, ont eu pour résultat d'établir que la concession de la mine concède la propriété du terrain, même au propriétaire du sol qui obtient cette concession ; c'est une propriété nouvelle pour lui comme pour tout autre concessionnaire.

Si ensuite on se reporte à ce qui a été dit par M. Regnault de Saint-Jean-d'Angély, que le proprié-

---

(1) Voir ci-après, page 25, avant-dernier alinéa.

taire de la surface *cessera de l'être* dans toute l'étendue de la concession ; si l'on se rappelle les observations de M. Defermon et la réponse de M. Fourcroy, disant que le propriétaire de la surface n'aura que la jouissance de sa propriété pour la cultiver et en prendre la récolte, selon les règles du droit commun (1), la solution de la question de propriété que nous examinons devient facile.

Mais qu'on ne croie pas que toutes constructions soient interdites au propriétaire de la surface ; il conserve, quant à ce, une grande partie de ses anciens droits, lorsqu'ils n'ont pas pour résultat d'empêcher l'exploitation de la mine concédée, et sur ce point on doit admettre la jurisprudence solennelle de la Cour suprême, n'interdisant que les travaux nuisibles à l'exploitation dans l'étendue de la concession.

§ 2.

Extraits partiels et textuels de l'exposé des motifs et du rapport explicatif de la loi du 21 avril 1810.

Les extraits partiels et textuels de l'exposé des motifs et du rapport explicatif de la loi du 21 avril 1810 que nous rapportons, tendent à établir une fois de plus que la concession d'une mine comprend le terrain minier, qui en est inséparable.

Nous avons extrait de ces deux documents tout ce qui démontre que le législateur a entendu concéder le

_____

(1) Voir ci-dessus, page 9, 5e et 6e alinéa.

terrain qui renferme la mine, et que c'est ce terrain que la loi appelle la propriété de la mine.

Une mine doit s'épuiser et s'épuise en effet par l'extraction ; or, si la concession ne comprenait pas le terrain, cette concession ne serait et ne pourrait pas être perpétuelle, et ne serait pas non plus *une véritable propriété.*

Devant le Corps législatif, séance du 13 avril 1810, M. Regnault de Saint-Jean-d'Angély, comme commissaire du gouvernement, s'est exprimé en ces termes :

« Le conseil (d'État) a été amené à consacrer le principe de la *propriété incommutable* des mines dans les mains des concessionnaires, à leur imprimer le caractère de *biens patrimoniaux*, pour garantir la conservation, l'activité, le succès des exploitations diverses...

» Il faut que les mines cessent d'être des propriétés *précaires, incertaines, non définies*... Il faut en faire des propriétés auxquelles toutes les *définitions du code Napoléon* puissent s'appliquer.

» Il faut que ces masses de richesses, placées sous de nombreuses fractions de la superficie du territoire, AU LIEU DE RESTER DIVISÉES *comme cette superficie*, deviennent, par l'intervention du gouvernement et *en vertu d'un acte* SOLENNEL, un ensemble dont l'étendue sera réglée, qui soit distinct du sol, qui soit en quelque sorte *une création particulière.*

» Dans cette création, le droit du propriétaire de la surface ne doit pas être *méconnu ni oublié ;* il faut, au contraire, qu'il soit consacré *pour être* PURGÉ, RÉGLÉ, *pour être* ACQUITTÉ, afin que la propriété que l'acte du gouvernement *désigne, définit, limite et crée* en vertu de la loi, soit d'autant plus *invariable*, plus *sacrée*, qu'elle aura plus *strictement satisfait* à tous les droits, *désintéressé* même toutes les prétentions.

» Les mines seront désormais *une propriété* PERPÉTUELLE, disponible, transmissible..... La *vente*, la *donation*, la *succession* de cette partie considérable de la richesse territoriale et commerciale à la fois, deviennent soumises à des *règles communes à toutes les propriétés*.

» La loi sur les mines renvoyant au droit commun *sur toutes les règles des intérêts particuliers*, on est débarrassé, pour sa rédaction, de toutes les difficultés que présentaient les exceptions multipliées... Ce principe une fois découvert et établi, les conséquences en découlent sans effort, et le système entier de la loi se présente avec clarté.

» Concédées par un acte délibéré au Conseil d'État, les mines seront, comme je l'ai dit, des *propriétés* IMMOBILIÈRES nouvelles, associées à toute l'*inviolabilité*, toute la *sainteté* des anciennes. Tout ce qui sert à leur exploitation fera partie de *l'immeuble même*.

» Mais, avant que la concession puisse s'accorder, de nombreux préliminaires s'offrent à la pensée, et doivent être soumis à des règles.

» Rechercher les mines est un travail qui doit être encouragé; il le sera : qui doit être surveillé, et, en le permettant, l'ADMINISTRATION *ne le perdra pas de vue;* ELLE *écartera* les recherches des maisons, des enclos, *où le propriétaire* doit trouver *une liberté* entière et le *respect* pour l'asile de ses jouissances domestiques.

» *L'acte de concession donne la* PROPRIÉTÉ LIBRE, *et si je puis ainsi parler,* VIERGE, *au concessionnaire désigné.*

» L'exploitation des mines, considérée jusqu'ici comme un commerce, était sujet au droit de patente. Aucune redevance n'était due à l'État, selon la loi de 1791.

» Seulement, quelques droits domaniaux étaient payés à la régie de l'enregistrement dans les pays réunis, et même elle avait *donné à ferme*, par adjudication ou de gré à gré, l'exploitation des mines.

» Les mines seront soumises à deux redevances. L'une, *fixe*, sera de 10 francs par kilomètre carré de l'étendue de la concession. L'autre, proportionnelle...

» A cette charge de la concession envers l'État se joignent : 1° la rétribution au propriétaire de la surface sous le terrain duquel on exploite ; 2° les indemnités à ceux dont on est obligé de prendre la propriété pour creuser les puits, faire l'extraction (à ciel ouvert), déposer les matières.

» A compter d'aujourd'hui, les concessions deviennent des BIENS PATRIMONIAUX, *héréditaires, protégés par la loi commune,* et dont les tribunaux seuls peuvent prononcer l'expropriation.

Dans la séance du **21 avril 1810, M.** le comte Stanislas de Girardin, président de la commission intérieure du Corps législatif dont il était l'organe, et rapporteur du projet de loi, dit à son tour :

« L'opinion de ceux qui veulent consacrer en principe que les mines font partie de la propriété du sol, a été victorieusement réfutée par Mirabeau...

» Pour éclairer la question que nous discutons, il faut, avant tout, se faire une idée bien nette de ce qu'est une mine, et s'en mettre, si l'on peut s'exprimer ainsi, le plan sous les yeux par la pensée.

» Les mines sont des couches de combustibles ou des filons de substances métalliques qui se prolongent quelquefois sur une étendue de plusieurs myriamètres, et qui s'enfoncent diversement dans le sein de la terre jusqu'à des profondeurs indéfinies.

» Pour exploiter une mine avec avantage, d'une manière régulière et durable, *il faut la traiter en masse*, ou dans des sections d'une certaine étendue, réglée sur le gisement et les allures des couches ou des filons...

» Ce qu'il faut réunir de capitaux pour établir *des travaux réguliers,* EST CONSIDÉRABLE ; ce qu'il faut en dépenser *avant d'obtenir un produit*, EST IMMENSE. L'on assure que la Compagnie qui exploite les mines d'Anzin *a travaillé pendant* VINGT-DEUX ANS avant de parvenir à extraire du charbon, et *a dépensé plus de* SEIZE MILLIONS...

« Vous aurez sans doute saisi, Messieurs, la différence que nous venons d'établir entre une concession, *même perpétuelle*, et la propriété de la mine. La CONCESSION *n'est proprement qu'une* AUTORISATION, *un* BAIL, *un* PRIVILÈGE ; elle donne le droit d'appliquer son travail, ses capitaux, son industrie, à l'exploitation d'une mine *dont la propriété réside en d'autres mains...*

» Les mines concédées à *perpétuité* n'étaient donc pas de *véritables propriétés ;* mais, du moment où la loi proposée sera publiée, toutes les mines de l'Empire, exploitées légitimement, en vertu du droit acquis, deviennent, entre les mains de ceux qui les exploitent, *des propriétés* PERPÉTUELLES, et *protégées* et *garanties* par le code Napoléon...

» A l'instant donc où la loi sera publiée, les concessionnaires *deviennent propriétaires incommutables ;* leur propriété est entièrement détachée de la surface. *Une propriété séparée de la surface* EST UNE CONCEPTION *absolument neuve...*

» Le propriétaire peut faire des recherches dans son terrain, c'est un droit qui dérive de la propriété. Le gouvernement peut aussi, par un motif d'intérêt général, en accorder la permission à d'autres, à la charge d'une indemnité préalable en faveur du propriétaire, et dont les bases sont fixées par l'article 43 et suivant du projet.

» Cependant, ni cette permission de recherches, ni même la *propriété de la mine* acquise conformément à la présente loi, n'autorisent jamais à faire des fouilles, des travaux ou établissements d'exploitation, sans le consentement formel du propriétaire, *dans* SES *enclos murés, cours ou habitations, et dans* SES *terrains* ATTENANT *auxdites habitations ou clôtures murées,* dans un rayon de cent mètres.

» Vous jugerez sans doute, Messieurs, que le respect pour le domicile d'un citoyen commandait *cette restriction!*

» S'il existait, *dans un terrain* DÉJA CONCÉDÉ une mine inconnue, tous les motifs se réunissent pour en attribuer *exclusivement* la recherche au concessionnaire de la première.

» Les dispositions qui tracent les règles à suivre pour demander et obtenir une concession, cesseront de paraître minutieuses, si on réfléchit que, *dans une matière aussi importante,* il était nécessaire de prescrire aux demandeurs et aux autorités elles-mêmes une marche assurée qui servît de garantie contre les surprises et les autres abus...

» Toutes les questions d'indemnités ou d'achats dont il vient d'être parlé (articles 43 et 44), sont de la compétence des tribunaux et cours, puisque ce sont des contestations entre les *propriétaires voisins,* à raison de leurs *droits respectifs de propriété.*

» Les contestations auxquelles peuvent donner lieu des travaux autorisés par le gouvernement et antérieurs à l'acte de concession, sont de la compétence administrative, conformément à l'article 4 de la loi du 28 pluviose an VIII.

» La dernière partie de l'article 53 donne une nouvelle garantie que les articles 6 et 42 de la loi ne seront appliqués qu'aux concessions nouvelles. L'on ne pouvait y astreindre les anciens concessionnaires sans donner à la loi un effet rétroactif; mais ils auraient pu, sans injustice, y être assujettis à l'expiration de la durée de leurs concessions.

» Ils accueilleront donc avec reconnaissance les dispositions d'une loi libérale, qui, DE FERMIERS *qu'ils étaient*, les rend désormais *propriétaires*, et qui a voulu même les soustraire aux contestations dont la difficulté de fixer les sommes à payer aux propriétaires de la surface eût été l'inépuisable source...

» La propriété des mines *sera régie par le droit commun*, comme toutes les autres propriétés. »

Le lecteur remarquera cet accord entre le commissaire du gouvernement et le rapporteur du projet de loi, pour déclarer que la propriété des mines est une propriété immuable, un bien patrimonial garanti et protégé par le code Napoléon.

Les paroles du rapporteur, non contredites par le commissaire du gouvernement, deviennent propres à ce dernier, comme s'il les avait prononcées, et ce qui est dit par l'un ou par l'autre doit, en cas de doute, être considéré comme l'expression de la loi.

Où puiser la lumière sur le vœu de la loi, sur la véritable interprétation à lui donner, si ce n'est dans la discussion du projet, dans les paroles du commissaire du gouvernement qui a rédigé le projet adopté, et dans celles du rapporteur chargé d'expliquer la loi à ceux qui sont appelés à la voter?

Nous avons vu cependant dénier les paroles de M. de Girardin; on les a dit en opposition à celles de M. Regnault de Saint-Jean-d'Angély, quand au contraire elles n'en sont que le complément; nous le démontrerons au chapitre III du présent titre.

Ici, notre but est d'établir seulement que la concession d'une mine, c'est la concession du terrain qui renferme la mine, et que les concessionnaires, avant la loi de 1810, n'avaient qu'une jouissance précaire du terrain.

Enfin, on remarquera qu'il est formellement déclaré par les auteurs de la loi de 1810 que les concessions de mines, *même perpétuelles,* avant cette loi, n'étaient pas de véritables propriétés ; ce qui indique qu'on concède aujourd'hui la propriété qui renferme ou qui est présumée renfermer la mine concédée.

De *fermiers* du terrain qu'ils étaient, les concessionnaires en sont aujourd'hui *propriétaires,* et c'est ce terrain qui forme la propriété des mines ; le contester nous semble désormais impossible.

Il y a mieux : la loi ne devient intelligible qu'en partant de ce point, qu'il y a concession du terrain et que le propriétaire n'en conserve que la jouissance, *pour le cultiver et en percevoir le revenu.*

§ 3.

Dispositions de la loi servant à établir la concession du terrain minier.

Les dispositions de la loi de 1810, qui servent à établir que la concession d'une mine comprend la concession du terrain qui renferme la substance minérale concédée, sont inscrites aux articles 1er, 5, 6, 7, 8, 10, 11, 12, 15, 17, 18, 19, 29, 34, 42, 43 et 44, lesquels sont ainsi conçus :

« Art. 1er. Les masses de substances minérales ou fossiles renfermées *dans le sein de la terre* ou EXISTANTES A LA SURFACE, sont classées, relativement aux règles de chacune d'elles, sous les trois qualifications de mines, minières et carrières. »

« Art. 5. Les mines ne peuvent être exploitées qu'en vertu d'un acte de concession délibéré en conseil d'État. »

« Art. 6. L'acte de concession règle les droits des propriétaires de la surface sur le produit des mines concédées. »

« Art. 7. L'acte de concession donne la *propriété perpétuelle* de la mine, laquelle est dès-lors disponible et transmissible comme tous autres biens, et dont on ne peut être exproprié que dans les cas et selon les formes prescrites pour les autres propriétés, conformément au code Napoléon et au code de procédure civile. »

« Art. 8. Sont aussi immeubles les *bâtiments*, machines, puits, galeries et *autres travaux* ÉTABLIS A DEMEURE, conformément à l'article 524 du code Napoléon.

« Art. 10. Nul ne peut faire des recherches pour découvrir des mines, enfoncer des sondes ou tarières sur un terrain qui ne lui appartient pas, que du consentement du propriétaire de la surface, ou avec l'autorisation du gouvernement donnée après avoir consulté l'administration des mines, à la charge d'une préalable indemnité envers le propriétaire et après qu'il aura été entendu. »

« Art. 11. Nulle permission de recherches, ni concession de mines, NE POURRA, *sans le consentement formel du propriétaire de la surface*, DONNER LE DROIT de faire des sondes, d'ouvrir des puits ou galeries, ni celui d'établir des machines ou magasins *dans les enclos murés, cours ou jardins*, *ni dans les terrains* ATTENANT AUX HABITATIONS OU CLÔTURES MURÉES, dans la distance de 100 mètres desdites clôtures ou des habitations. »

« Art. 12. Le propriétaire pourra faire des recherches, sans formalité préalable, dans les lieux réservés par le précédent article, comme dans les autres parties de sa propriété ; mais il sera obligé d'obtenir une concession avant d'y établir une exploitation. Dans aucun cas, les recherches ne pourront être autorisées DANS UN TERRAIN DÉJA CONCÉDÉ. »

« Art. 15. L'exploitant doit aussi, le cas arrivant de travaux à faire sous des maisons ou lieux d'habitation, sous d'autres exploitations ou dans leur voisinage immédiat, *donner caution de payer toute indemnité* en cas d'accidents : les demandes ou oppositions des intéressés seront, en ce cas, portées *devant nos tribunaux et cours.* »

« Art. 17. L'acte de concession, fait après l'accomplissement des formalités prescrites, PURGE, en faveur du concessionnaire, tous les droits *des propriétaires de la surface* et des inventeurs ou de leur ayant droit, chacun dans leur ordre, *après qu'ils ont* ÉTÉ ENTENDUS ou APPELÉS LÉGALEMENT, ainsi qu'il sera ci-après réglé. »

« Art. 18. La valeur des droits résultant en faveur du propriétaire de la surface, en vertu de l'article 6 de la présente loi, DEMEURERA RÉUNIE *à la valeur de ladite surface*, et SERA *affectée* avec elle aux hypothèques prises par les créanciers du propriétaire. »

« Art. 19. Du moment où une mine sera concédée, même au propriétaire de la surface, *cette propriété* SERA DISTINGUÉE de celle de la surface, et *désormais* CONSIDÉRÉE *comme propriété* NOUVELLE sur laquelle de nouvelles hypothèques pourront être assises, sans préjudice de celles qui auraient été prises *sur la surface et* LA REDEVANCE, comme il est dit à l'article précédent.

» Si la concession est faite au propriétaire de la surface, *ladite redevance* SERA ÉVALUÉE *pour l'exécution dudit article.* »

« Art. 29. L'étendue de la concession sera déterminée par l'acte de concession : *elle sera limitée par* DES POINTS FIXES *pris à la surface* du sol, et passant par des plans verticaux menés de cette surface *dans l'intérieur de la terre* à une profondeur indéfinie. »

« Art. 34. La redevance fixe sera annnuelle et réglée d'*après l'*ÉTENDUE de celle-ci (de la concession) : elle sera de dix francs par kilomètre carré.

» La redevance proportionnelle sera une contribution annuelle à laquelle les mines seront assujetties sur leurs produits. »

« Art. 42. Le droit attribué par l'article 6 de la présente loi aux propriétaires de la surface sera réglé à une somme déterminée par l'acte de concession. »

« Art. 43. Les propriétaires de mines sont tenus de payer les indemnités dues au propriétaire de la surface sur le terrain duquel ils établissent leurs travaux.

» Si les travaux entrepris par les exploitants ou les propriétaires de mines *ne sont que passagers*, et si le sol où ils ont été faits peut être *mis en* CULTURE au bout d'un an, *comme il était auparavant*, l'indemnité sera réglée au double de ce qu'aurait PRODUIT NET *le terrain* endommagé. »

« Art. 44. *Lorsque l'*OCCUPATION des travaux, pour la recherche ou les travaux de mines, prive le propriétaire du sol DE LA JOUISSANCE DU REVENU au-delà du temps d'une année, ou lorsqu'après les travaux *les terrains ne sont plus* PROPRES A LA CULTURE, on peut exiger des propriétaires de mines l'acquisition des terrains à l'*usage de l'exploitation.* Si le propriétaire de la surface le requiert, les pièces de terre trop endommagées ou dégradées sur une trop grande partie de leur surface, devront être achetées en totalité par le propriétaire de la mine. »

« L'ÉVALUATION *du prix sera faite*, quant au mode, *suivant les règles établies* par la loi du 16 septembre 1807, sur le dessèchement des marais, etc., titre XI; mais le terrain à acquérir sera toujours estimé au double *de la valeur qu'il avait* AVANT L'EXPLOITATION DE LA MINE. »

Toutes ces dispositions ont pour point de départ, que, par la concession d'une mine, il y a concession du terrain minier lui-même, et que la surface de ce terrain est laissée à l'ancien propriétaire pour en jouir, la cultiver et en prendre la récolte.

Un seul article, l'article 5 de la loi de 1810, indique que les mines n'appartiennent point au propriétaire du terrain, et qu'elles sont à la disposition du gouvernement, puisqu'elles ne peuvent être exploitées qu'en vertu d'un acte de concession délibéré en Conseil d'État.

L'article 16 confirme l'article 5, lorsqu'il dit que le gouvernement juge les motifs ou considérations d'après lesquels la préférence doit être accordée aux divers demandeurs en concession, qu'ils soient propriétaires de la surface, inventeurs ou autres.

Quant aux recherches de mines, tout propriétaire peut, aux termes de l'article 552 du code Napoléon, les faire dans son terrain; c'est un droit qui dérive de la propriété, et ce droit est implicitement confirmé dans l'article 10, portant : « Que nul ne peut faire des recherches pour découvrir des mines, enfoncer des sondes ou tarières sur un terrain *qui ne lui appartient pas.* »

Les droits du propriétaire sont résumés dans l'article 12, *par trois dispositions spéciales :* il a d'abord un droit illimité sur toutes ses propriétés, en ce qui concerne les recherches, mais il ne peut exploiter les mines par lui découvertes sans une concession ; et s'il ne l'obtient pas, qu'elle soit accordée à un tiers, il cesse d'être propriétaire du terrain.

L'acte de concession, dit l'article 7, DONNE *la propriété perpétuelle* de la mine, laquelle est dès-lors *disponible* et *transmissible* comme tous autres biens, et dont on ne peut être exproprié que dans les cas et selon les formes prescrites pour les autres propriétés.

Il est dès-lors manifeste que le concessionnaire est mis aux lieu et place du propriétaire, et qu'il est subrogé dans tout ce qui a été fait ou commencé par celui-ci, moyennant les indemnités telles que de droit, réglées par l'acte de concession.

Les articles 17, 18 et 19 déclarent ensuite qu'après les formalités prescrites par la loi, l'acte de concession PURGE tous les droits du propriétaire de la surface ; que les indemnités allouées pour le tréfonds concédé sont réunies à la valeur de la surface, et que de ce moment il y a deux propriétés *distinctes et séparées* dans un même périmètre, l'une dans le tréfonds, *considérée comme propriété nouvelle,* et l'autre à la surface.

Celle du tréfonds passe immédiatement, par l'acte même de concession, entre les mains du concessionnaire, a dit la Cour impériale de Dijon dans son arrêt du 29 mars 1854, moyennant indemnités réglées conformément aux prescriptions des articles 6 et 42.

Celle de la surface arrive dans les mêmes mains, au fur et à mesure des besoins de l'exploitation de la mine, moyennant d'autres indemnités réglées d'après la base *fixée à forfait* par l'article 43 ou par l'article 44, selon, dit le même arrêt, que la dépossession du propriétaire de la surface est *temporaire* ou *définitive*.

L'article 43 accorde le double de ce qu'aurait *produit net le terrain* endommagé, quand les travaux entrepris ne sont que passagers et quand le sol où ils ont été faits *peut être mis* EN CULTURE au bout d'un an, *comme il l'était auparavant.*

L'article 44 dit ensuite que, si l'occupation se prolonge au-delà d'une année, si le propriétaire de la surface est privé *de la jouissance* DU REVENU du terrain au-delà de ce temps, ou si, après les travaux, le terrain endommagé n'*est plus propre* A LA CULTURE, le propriétaire de la mine peut être tenu d'en faire l'achat au double de sa valeur.

Arrêtons-nous sur ces deux articles, et que le lecteur nous permette de lui faire remarquer qu'ils sont en parfaite harmonie avec ce qui a été dit dans la séance du Conseil d'État du 10 octobre 1809, par MM. Defermon et Fourcroy (1).

En effet, dans ces deux articles, le propriétaire de la surface n'a rien à réclamer quand son terrain reste *en état de culture*, et il n'a droit à une indemnité que lorsqu'il est privé *de le cultiver et d'en prendre la récolte.*

D'où il suit que, si le propriétaire de la surface n'a rien à réclamer tant que son terrain est propre à la

(1) Voir ci-dessus, page 9.

culture, qu'il le cultive et qu'il en prend la récolte, c'est que son droit ne s'étend pas au-delà après la concession de la mine.

En dehors de ce droit et des réserves qui lui sont accordées par l'article 11, le propriétaire de la surface ne peut empêcher les travaux de mines *dans le voisinage* IMMÉDIAT *de son habitation*, ni *au-dessous de celle-ci;* l'article 15 lui permet seulement de demander une caution pour le paiement des dommages, en cas d'accidents.

L'article 11 réserve les droits du propriétaire de la surface et l'article 15 les protège; mais au-delà des lieux réservés et protégés, ce propriétaire n'a plus qu'une jouissance subordonnée au gisement de la mine concédée, parce que celle-ci peut, aux termes de l'article 1er de la loi de 1810, être exploitée à la surface comme dans le tréfonds.

La surface, comme le tréfonds, fait donc partie de la concession, et cela est si vrai que l'article 8 de la même loi déclare immeubles par destination *les bâtiments*, machines, puits, galeries et tous autres travaux établis sur la surface à *perpétuelle demeure*.

La loi ne dit rien sur le fond du droit de la propriété dont elle permet la transmission ou expropriation et qu'elle CONSIDÈRE *comme propriété nouvelle;* mais il est évident que la propriété territoriale est d'abord divisée au moyen d'un *partage horizontal*, et qu'elle est ensuite absorbée en totalité si la nécessité de l'exploitation des mines exige.

Quant à la propriété concédée, l'acte de concession

en détermine l'étendue ; l'article 29 de la loi dit qu'elle doit être limitée par des points fixes sur la surface, et l'article 34 la soumet à l'*impôt foncier* comme toutes les autres propriétés immobilières, selon son étendue et son revenu.

L'impôt de cette propriété est perçu comme en matière de *contributions directes ;* c'est ce qui a été décidé par deux arrêts du Conseil d'État, du 15 juillet 1853 et du 26 janvier 1854 (*Dalloz*, 1854, 3, p. 36 et 37).

Un autre arrêt du Conseil d'État, du 15 juillet 1853, a encore décidé que le concessionnaire doit l'impôt *sur l'étendue superficielle* de sa propriété, alors même qu'il n'exploite pas la mine, par les motifs :

« Qu'aucune disposition de lois ou règlements n'admet les propriétaires de mines à demander décharge de la redevance fixe pour cause de cessation de travaux. » (*Dalloz*, même vol., page 37.)

Le concessionnaire a donc une *véritable propriété,* puisqu'il en doit l'impôt lors même qu'il ne l'exploite pas, et que cet impôt est fixé d'après l'étendue superficielle de celle-ci.

§ 4.

Droits des créanciers hypothécaires des deux propriétaires après la concession d'une mine.

Les droits des créanciers hypothécaires des deux propriétaires d'un terrain qui, avant la concession d'une mine, ne formait qu'une seule propriété, sont déterminés aux articles 6 , 18 , 19 , 20 et 21 de la loi du 21 avril 1810.

Le gage, ou plutôt ce qui forme le gage de ces créanciers, doit, selon nous, servir à indiquer les droits de chacun des deux propriétaires sur ce terrain.

Rappelons d'abord que l'acte de concession d'une mine, fait après l'accomplissement des formalités prescrites, PURGE *tous les droits du propriétaire de la surface sur le tréfonds* du terrain, et que la propriété du tréfonds passe entre les mains du concessionnaire affranchie de toutes dettes ou hypothèques antérieures à la concession, du chef de l'ancien propriétaire.

Puis remettons sous les yeux du lecteur les articles précités :

« Art. 6. L'acte de concession règle les droits des propriétaires de la surface sur le produit des mines concédées.

» Art. 18. La *valeur des droits* résultant en faveur du propriétaire de la surface, en vertu de l'article 6 de la présente loi, DEMEURERA RÉUNIE *à la valeur de ladite surface*, et affectée avec elle aux hypothèques prises par les créanciers du propriétaire.

» Art. 19. Du moment où une mine sera concédée, même au propriétaire de la surface, cette propriété *sera distinguée* de celle de la surface et désormais CONSIDÉRÉE COMME PROPRIÉTÉ NOUVELLE, sur laquelle de nouvelles hypothèques pourront être assises, sans préjudice de celles qui auraient été ou seraient prises *sur la surface* et LA REDEVANCE, comme il est dit à l'article précédent.

» Art. 20. Une mine concédée pourra être affectée par privilège en faveur de ceux qui, par acte public et sans fraude, justifieraient avoir fourni les fonds pour les recherches de la mine, ainsi que pour les travaux de construction ou confection de machines nécessaires à son exploitation, à la charge de se conformer aux articles 2103 et autres du code civil, relatif aux privilèges.

» Art. 21. Les autres droits de privilège et d'hypothèque pourront être acquis sur la propriété de la mine, aux termes et en conformité du code Napoléon, COMME SUR LES AUTRES PROPRIÉTÉS IMMOBILIÈRES. »

L'indemnité ou redevance accordée au moment de
la séparation du tréfonds, est, aux termes de l'article 18,
réunie à la valeur de la propriété de la surface ; elle
est pour ainsi dire immobilisée avec cette surface,
comme l'était le tréfonds qu'elle remplace, et elle se
trouve affectée aux hypothèques prises par les créanciers du propriétaire de la surface en remplacement
du tréfonds.

Du jour de l'acte de concession du tréfonds ou de
la mine, de ce moment, dit l'article 19, cette propriété est séparée de celle de la surface, et elle est
CONSIDÉRÉE *comme propriété nouvelle*, sur laquelle de
nouvelles hypothèques peuvent être assises comme
sur la surface et la redevance qui est immobilisée.

La propriété d'une mine n'est pas nouvelle, elle
est seulement *réputée* ou *considérée* comme nouvelle ;
la découverte d'une mine crée, par une fiction de la
loi, une propriété qui ne peut exister qu'au moyen
d'un partage horizontal de la terre.

On a voulu par cette fiction purger tous les droits
antérieurs à la création de cette propriété, *afin de la
faire passer libre* entre les mains du concessionnaire.

D'après les articles 20 et 21, tous les principes en
matière hypothécaire s'appliquent à la propriété des
mines comme aux autres propriétés immobilières,
parce qu'elle est, comme celles-ci, une véritable
propriété, réelle, immuable, dont l'existence est certaine et impérissable.

Tandis que, si cette propriété ne se composait que
du filon ou de la couche de la mine, objet de la décou-

verte, la loi n'aurait pas pu lui donner ce caractère
d'immuabilité, ni lui appliquer toutes les règles du
droit commun.

Une mine ne se reproduit pas, c'est là un point
incontestable; mais quand est-elle épuisée? C'est là
ce qu'on ne sait pas, et c'est ce qui démontre qu'on
doit laisser au concessionnaire la plus grande liberté
de fouiller, de rechercher et d'exploiter dans toutes
les parties de la propriété qui lui a été concédée.

C'est donc cette propriété qui forme le gage des
créanciers hypothécaires du concessionnaire de mines,
comme la surface et la redevance immobilisée en
remplacement du tréfonds, forment celui des créanciers hypothécaires du propriétaire de la surface.

Et cette conséquence nous conduit à faire remarquer
que la redevance, résultant des droits accordés au
propriétaire de la surface sur les produits de la mine,
en vertu de l'article 6 de la loi de 1810, fait partie
intégrante de cette propriété.

Tant que cette redevance n'est pas détachée de la
surface dont elle est l'accessoire, par acte public ou
ayant date certaine, et que cet acte n'a pas été transcrit au bureau des hypothèques de la situation de
l'immeuble, elle reste inhérente à la propriété dont
elle remplace le tréfonds.

Elle ne peut dès-lors être l'objet d'une saisie, ni
d'une vente séparée de la propriété de la surface de
la part des créanciers; ils ne peuvent vendre le tréfonds sans la surface, ni la surface sans le tréfonds.

Mais le propriétaire de la surface est toujours libre

de vendre la redevance ou la surface séparément, sous réserve des droits de ses créanciers, et, dans ce cas, le prix de l'un ou de l'autre est mobilisé, ce n'est plus qu'une créance ordinaire.

Cette solution, qui nous paraît très-simple, a cependant donné lieu à de graves débats, même à des controverses devant la Cour impériale de Lyon et devant la Cour de cassation entre la Chambre des requêtes et la Chambre civile.

La Cour impériale de Lyon, par arrêt du 29 décembre 1846, avait décidé que la redevance, quand même elle est séparée de la surface, ne perd pas son caractère immobilier. Suivent les motifs de cette décision :

» Attendu que les mines sont immeubles, bien que leurs produits soient meubles, et qu'il en est de même du droit à la redevance ; que, par sa nature, ce droit n'est qu'une partie de la propriété du sol, partie que frappe l'hypothèque dont le sol est grevé.

» Attendu que ces principes ne cessent pas d'être applicables lorsque, par *vente*, *donation* ou *partage*, le droit à la redevance a été séparé du sol ; qu'en effet il ne résulte de cette séparation aucune modification essentielle, aucun changement dans la nature des choses.

» Que l'exploitation de la mine, seul moyen de mobilisation, n'en devient ni plus prochaine ni plus active, et qu'il n'y a aucune raison, dès-lors, pour attribuer au droit de redevance séparé de la propriété du sol un caractère différent de celui qu'on lui reconnaît avant cette séparation.

» Attendu que, dès-lors, la saisie réelle jetée par Flachat sur les droits de redevance appartenant à la veuve Chole, sa débitrice, a bien procédé. »

La Cour avait en conséquence maintenu les poursuites en saisie immobilière dirigées contre la veuve Chole sur des redevances séparées de la surface depuis la concession.

Mais, sur le pourvoi en cassation, l'arrêt de la

Cour de Lyon a été cassé par décision de la Chambre civile du 13 novembre 1848, par les motifs suivants :

« La Cour, — vu le titre X, livre V, du code de procédure civile, et les articles 529 et 530 du code Napoléon, 6 et 42 de la loi du 21 avril 1810;

» Attendu que la redevance payable annuellement par le concessionnaire d'une mine au propriétaire de la surface, est une rente, et que les rentes sont mises par les articles 529 et 530 du code Napoléon au rang des biens mobiliers.

» Que ces redevances ne sont susceptibles d'hypothèques, aux termes des articles 18 et 19 de la loi du 21 avril 1810, que lorsque, réunies à la valeur de la surface, *elles forment avec la surface* un tout resté indivis; *mais que, lorsqu'elles* en sont séparées après la concession de la mine, elles ne conservent que les effets distincts *attachés à leur nature propre de rente mobilière*, et se règlent, conformément à l'article 42 de la loi précitée, en la somme d'argent déterminée par l'acte de concession.

» Que le code de procédure civile, par le titre X, livre V, a réglé les formalités à suivre pour la saisie des rentes constituées sur particuliers ; et que l'arrêt attaqué, en jugeant que Flachat avait bien procédé et avait à bon droit pratiqué sur la redevance due à la veuve Chole une saisie immobilière, a formellement violé les lois précitées. — Casse. »

Avant cet arrêt, la Cour impériale de Lyon avait déjà, par décision du 9 février 1847, réformé sa jurisprudence sur la question ; elle avait reconnu que la redevance annuelle due par le concessionnaire d'une mine au propriétaire de la surface constitue, lorsqu'elle est séparée de cette surface, une rente mobilière, saisissable suivant les formes établies pour la saisie des rentes constituées.

Cette décision fut néanmoins l'objet d'un pourvoi en cassation, qui, *admis par la Chambre des requêtes*, fut ensuite rejeté par la Chambre civile, par arrêt du 24 juillet 1850, en ces termes :

« La Cour, — attendu que la redevance payable annuellement par le concessionnaire d'une mine au propriétaire de la surface est une rente, et que les rentes sont mises, par les articles 529 et 530 du code Napoléon, au rang des biens mobiliers ;

» Attendu que ces redevances ne sont susceptibles d'hypothèques, aux termes des articles 18 et 19 de la loi du 21 avril 1810, que lorsque, réunies à la valeur de la surface, *elles forment avec la surface* UN TOUT RESTÉ INDIVIS; *mais que, lorsqu'elles* EN SONT SÉPARÉES après la concession de la mine, elles ne conservent que les effets distincts attachés *à leur nature propre de rente mobilière*, et se règlent, conformément à l'article 42 de la loi précitée, en la somme d'argent déterminée par l'acte de concession ;

» Attendu que le code de procédure civile, par le titre X de son livre V, a réglé les formalités à suivre pour la saisie des rentes constituées sur particuliers, et que l'arrêt attaqué, en jugeant que les consorts de Rhins-Beaulieu avaient bien procédé et avaient à bon droit pratiqué ladite saisie sur la redevance due aux consorts de Rhins-Curnieux, n'a pas violé l'article 19 de la loi du 21 avril 1810, et a fait au contraire une juste application des dispositions contenues au titre X, livre V, du code de procédure civile. — REJETTE. »

La Chambre civile de la Cour suprême a fait dans cette circonstance une juste application des principes du droit commun, en décidant que la redevance, une fois séparée de la propriété de la surface, perd son caractère immobilier, parce qu'il en est de cette redevance comme de la surface elle-même; quand elle est vendue et convertie en une somme déterminée, ce n'est plus, nous l'avons dit, qu'une créance.

Mais la vente de la propriété de la surface sans réserve de la redevance, comprend cette redevance comme elle eût compris le tréfonds lui-même.

D'autre part, lorsque le propriétaire de la surface a été dépossédé de la jouissance qui lui est laissée par l'acte de concession ; qu'il est privé de son revenu ou lorsque son terrain n'est plus propre à la culture, et qu'il reçoit le double de ce qu'aurait produit net le terrain endommagé, plutôt que d'en exiger l'achat, ses créanciers peuvent, en exerçant ses droits et actions, en vertu de l'article 1166 du code Napoléon, requérir cet achat et s'en faire attribuer le prix, lui présent ou dûment appelé.

Dans ce cas il est inutile d'exercer des poursuites en saisie immobilière, ni sur la redevance, quoiqu'elle ne soit pas détachée de la surface, ni sur la propriété de la surface; l'exploitant ou propriétaire de la mine est tenu de payer le terrain *valeur avant l'exploitation de la mine*, c'est-à-dire le tréfonds et la surface.

On arrive ainsi à démontrer que la disposition du 2ᵐᵉ § de l'article 44, valeur avant l'exploitation de la mine, doit s'entendre de la valeur du terrain *avant la séparation du tréfonds*.

Nous reviendrons, au titre septième, sur cette disposition de la loi, valeur avant l'exploitation de la mine.

Maintenant, que résulte-t-il de toutes ces circonstances? C'est que, bien qu'il y ait vente du tréfonds par la concession de la mine, le prix du tréfonds, par suite de la purge qui s'opère à l'instant, est réuni à la valeur de la surface, sans qu'il soit besoin de faire notifier l'acte de concession aux créanciers hypothécaires, ni de le faire transcrire au bureau des hypothèques; la propriété *est considérée comme nouvelle*.

Il n'y en a pas moins complète séparation entre le dessus et le dessous de la terre; l'ancien propriétaire n'en a plus que le dessus, et le propriétaire de la mine en a le dessous, indépendamment de la concession conditionnelle de la surface.

Et c'est le gisement de la mine, en dehors des lieux

réservés par l'article 11 de la loi de 1810, qui sert
de règle pour l'exercice des droits accordés au concessionnaire sur la surface de sa propriété.

§ 5.

**Jurisprudence de la Cour impériale de Dijon sur les droits
accordés par la concession d'une mine.**

La jurisprudence de la Cour impériale de Dijon,
sur les droits accordés par la concession d'une mine,
était tout-à-fait opposée à nos idées, quand elle a
réformé ses propres arrêts sur la législation des mines
pour admettre des principes nouveaux.

Cette Cour décidait, et sa jurisprudence reposait
même sur un arrêt solennel rendu toutes Chambres
réunies, que la concession d'une mine ne donne que
le droit d'exploiter les substances minérales concédées,
et que le propriétaire de la surface, *même* APRÈS *l'acte
de concession*, a le droit de faire toutes les constructions
et les travaux qu'il juge à propos, creuser le sol pour
pratiquer des puits et des caves.

Elle apportait cependant une restriction à l'exercice
du droit qu'elle maintenait au propriétaire de la surface, nonobstant la concession de son terrain ; il
fallait que les constructions eussent *un but d'utilité
RÉELLE !*

Cette jurisprudence déférée à la Cour suprême n'a
pas été admise ; une décision solennelle des Chambres
réunies a déclaré que le concessionnaire d'une mine

ne peut être privé *même d'une partie de sa concession,*
à raison de la création d'un établissement nouveau.

Et elle a décidé en même temps que le propriétaire
de la surface, malgré l'*utilité réelle* de ses constructions, n'a pas le droit, après la concession, de pratiquer *des travaux nuisibles à l'exploitation de la mine*
dans l'étendue de son périmètre.

Ce sont là désormais deux points incontestables;
mais, ces deux points reconnus et admis, quels sont
les droits qui restent au propriétaire de la surface
après la concession de la mine qui est renfermée dans
son terrain?

C'est là une question qui restera insoluble tant
qu'on n'admettra pas cette vérité, que, partout où la
mine concédée gît, le terrain qui la renferme est
condamnée au *statu-quo*, et que le propriétaire de la
surface, *partout où la nécessité l'exige,* n'a plus qu'un
droit de culture sur sa propriété.

Nier cette conséquence de la concession d'une mine,
c'est nier la lumière et c'est dénier les paroles des
auteurs de la loi (1).

La force des choses, la raison et l'équité conduisent
à ce résultat; mais qu'on se garde bien de le déplorer;
les propriétés ainsi condamnées au *statu quo,* ne perdent
pas de leur valeur; s'il était besoin de le prouver, et
si la solution de la question dépendait de cette preuve,
les concessionnaires établiraient que ces mêmes propriétés, frappées d'une espèce d'interdit, doublent,
triplent et au-delà de valeur.

1) Voir ci-dessus, page 9.

Mais là n'est pas la question à résoudre, quoique cependant on doive se mettre en garde contre certaines impressions ; revenons au point de droit qui mérite le plus sérieux examen.

Nous l'avons dit, la Cour impériale de Dijon a complètement changé de jurisprudence sur les droits accordés par la concession d'une mine ; ce n'est plus un droit d'exploiter, c'est la propriété du terrain qui renferme la mine qui est concédée.

Elle a reconnu, comme le disait M. de Girardin, que les concessionnaires de mines, *de fermiers* qu'ils étaient, alors même qu'ils avaient une concession perpétuelle, *sont aujourd'hui propriétaires.*

Le 25 mai 1838, toutes Chambres réunies, elle avait en effet décidé que la concession d'une mine ne donne que le droit d'exploiter la substance minérale concédée, quand, le 29 mars 1854, elle a au contraire reconnu que la concession d'une mine comprend le terrain minier.

Suivent les motifs de l'arrêt du 25 mai 1838 :

« Considérant que la concession d'une mine, qui, aux termes des articles 7, 19 et 34 de la loi de 1810, crée au profit du concessionnaire une propriété nouvelle, perpétuelle, distincte de celle de la surface, et soumise à une double contribution, NE DONNE CEPENDANT QUE LE DROIT D'EXPLOITER *les substances minérales désignées dans l'acte de concession;*

» Que les droits inhérents à la propriété primitive de la surface *restent entiers,* sous les modifications portées aux articles 43 et 44, qui permettent aux concessionnaires d'occuper, moyennant l'indemnité qu'ils fixent, les terrains nécessaires pour l'établissement des travaux de recherche et d'exploitation ;

» Qu'en effet, aucune autre disposition de la loi n'ayant limité les droits du propriétaire du sol, on doit en conclure que ces droits restent tels qu'ils sont garantis par l'article 544 du code Napoléon ;

» Que, s'il en était autrement, on arriverait à cette conséquence, que tous les terrains compris dans le vaste périmètre d'une concession où se trouvent souvent situées plusieurs communes, SERAIENT FRAPPÉS D'INTERDICTION *par le seul effet du décret de concession;*

» Que les propriétaires du sol ne pourraient plus , sans s'exposer à des pertes presque certaines, *en augmenter la valeur* PAR DES CONSTRUCTIONS ;

» Qu'ainsi il y aurait une espèce d'expropriation prononcée contre eux sans aucune indemnité, car celle fixée par les articles 6 et 42 n'est que la représentation de la valeur des substances minérales dont ils sont privés ;

» Qu'il serait contraire à tous les principes de donner à une loi exceptionnelle une extension qui n'est pas exprimée, et que le législateur, en créant une propriété nouvelle et en l'environnant de toutes les garanties nécessaires à son existence, a constamment manifesté son respect pour la propriété du sol ; *et s'il a établi* UNE EXCEPTION *par les articles* 43 et 44, cette exception, qui était indispensable, confirmerait au besoin la règle générale.

» Qu'ainsi, en se pénétrant des dispositions de la loi du 21 avril 1810 et de l'esprit qui les a dictées, on doit arriver à cette conclusion, que, MÊME APRÈS L'ACTE DE CONCESSION D'UNE MINE, *les propriétaires de la surface peuvent y faire* TOUTES LES CONSTRUCTIONS et les travaux qui doivent en augmenter la valeur, CREUSER LE SOL *pour y pratiquer des puits et des caves ;*

» Que l'État conserve le droit d'établir les chemins et les canaux que réclament les besoins de l'industrie et de l'agriculture, et que ces NOUVELLES CONSTRUCTIONS *demeurent environnées,* comme les anciennes, de toutes les mesures de protection et de conservation prévues par les articles 11, 15, 47 et 50, à moins toutefois qu'il ne soit démontré que les travaux entrepris par des particuliers n'aient été faits, NON DANS UN BUT D'UTILITÉ RÉELLE, *mais seulement pourg êner l'exploitation de la mine et lui porter préjudice*: CE QUE LE JUGE DEVRAIT APPRÉCIER. »

Les principes consacrés par cet arrêt sont que la propriété des mines ne donne *que le droit d'exploiter* la substance minérale concédée ; qu'il ne faut voir d'autres modifications aux droits des propriétaires de la surface que celles qui résultent des articles 43 et 44 (1), et qu'autrement *ce serait frapper d'interdiction* tout le périmètre d'une concession.

La question du *statu-quo* avait été examinée sous toutes ses faces, et la Cour impériale de Dijon n'avait pu la résoudre en faveur des propriétaires de la surface qu'en décidant qu'ils ne pourraient bâtir que lorsque leurs constructions auraient *un but d'utilité réelle.*

On verra au chapitre II du présent titre que cette théorie fut soutenue par M. Dupin devant la Cour de cassation, sur le renvoi dirigé contre l'arrêt ci-dessus ;

(1) Les articles 43 et 44 ne modifient ni ne permettent rien ; ils fixent les bases de l'indemnité, quand le propriétaire de la surface est dépossédé, et c'est ce que la Cour de Dijon a reconnu elle-même dans son arrêt du 29 mars 1854.

mais que la Cour suprême, Chambres réunies, y a
mis une autre condition : celle *de ne pas nuire à
l'exploitation de la mine.*

Il y a eu débat solennel sur cette importante question,
et c'est chose jugée.

Il y a plus : un grand pas est fait en faveur d'une
thèse que nous avons soutenue avec timidité quand
nous ne pouvions l'appuyer que sur nos convictions
personnelles ; aujourd'hui, nous sommes assez heureux
pour pouvoir en proclamer la vérité et dire avec un
arrêt de la Cour impériale de Dijon, que le concessionnaire de mines *est propriétaire du terrain* dans
lequel il exploite.

Cette opinion, qui nous avait paru basée sur la raison, la justice et l'équité, a maintenant en outre pour
elle non-seulement la sanction d'une haute magistrature, mais encore les documents législatifs et la loi
elle-même ; voici l'arrêt prononcé par cette cour le
29 mars 1854 :

« Considérant qu'*il suffit de lire* AVEC ATTENTION la loi du
24 avril 1810 pour demeurer convaincu que le législateur a
entendu, en ce qui concerne les terrains renfermant des gisements métalliques, constituer DEUX *propriétés distinctes et
séparées :*

L'UNE, COMPOSÉE *de la surface,* continuant à reposer sur
la tête du propriétaire du sol ;

» L'AUTRE, COMPRENANT *le tréfonds,* passant entre les
mains du concessionnaire de la mine, moyennant indemnités
réglées conformément aux prescriptions des articles 6 et 42
de la loi précitée.

» Qu'en divisant, ainsi qu'il l'a fait, *ce qui* JUSQUE-LA

n'avait formé qu'une SEULE PROPRIÉTÉ, le législateur a dû prévoir et a réellement prévu que, pour l'exploitation de la mine, *le concessionnaire* SERAIT OBLIGÉ D'OCCUPER, soit *temporairement,* soit DÉFINITIVEMENT, une partie de la surface sur laquelle devaient s'étendre ses recherches, s'ouvrir ses puits et ses galeries, se former ses dépôts de mines et s'établir les chemins nécessaires à son exploitation (1).

» Qu'*en présence de* CETTE NÉCESSITÉ, et afin d'échapper aux lenteurs si préjudiciables *de l'expropriation* POUR CAUSE D'UTILITÉ PUBLIQUE, il a déterminé d'une manière fixe et pour tous les cas, quels qu'ils fussent, la règle d'après laquelle seraient évaluées, les indemnités dues au propriétaire de la surface, soit *pour occupation* TEMPORAIRE, soit *pour* PRISE *de possession* DÉFINITIVE ; que tel a été le but des articles 43 et 44 de la loi du 21 avril 1810. »

Lors de cet arrêt, la cour impériale de Dijon n'était appelée à juger ni la question de propriété des mines, ni celle relative au *statu-quo ;* mais on lui demandait de réformer sa jurisprudence sur un autre point.

On lui demandait de revenir elle-même sur ses propres arrêts, quoiqu'ils fussent approuvés par la Cour de cassation ; on lui disait : Une erreur a été commise jusqu'ici par l'opinion générale, réformez-la ; et c'est ce qu'elle a fait.

La position était grave ; la cour impériale de Dijon, après avoir tracé la voie suivie par la Cour de cassation sur le point qu'elle avait à examiner de nouveau, ne pouvait abdiquer sa jurisprudence sans poser des

(1) La Cour de Dijon eût pu dire aussi : POUR SON EXPLOITATION A CIEL OUVERT.

principes en rapport avec la décision qu'elle allait prononcer.

Elle n'avait pas la question de propriété à juger, mais elle n'en a pas moins résolu les principes d'une manière générale en faveur du concessionnaire.

§ 6.

Opinion des auteurs sur la concession d'une mine.

Les auteurs partagent l'erreur de l'opinion générale et de l'ancienne jurisprudence de la Cour impériale de Dijon; ils pensent, sur la concession d'une mine, que la propriété souterraine ne se compose que du filon ou de la couche de la substance minérale concédée.

Cependant, un seul, M. Proudhon, le célèbre doyen de la Faculté de Droit de Dijon, est d'un avis opposé; il a reconnu, dans son *Traité du Domaine de la Propriété* (1), que la redevance accordée au propriétaire de la surface sur les produits de la mine concédée, en vertu des articles 6 et 42 de la loi de 1810, *est une* SOULTE *du partage* qui s'est opéré dans la propriété.

Mais il déplore trop amèrement les conséquences de ce partage, lorsqu'il dit :

« La *propriété superficière* des fonds où les mines se découvrent doit communément souffrir une grande altération de valeur, car les concessions de mines ne se font pas en suivant

_____

(1) T. 2, page 469, n° 777 et suivants.

isolément le parcellaire et les limites des propriétés particulières dont l'ensemble renferme les masses de minerai, mais bien par étendue de cantons *dans lesquels* ON A RECONNU *le gisement*.

» En sorte que souvent une concession est faite de manière à être appliquée à un terrain de surface de plusieurs lieues carrées, dans l'enceinte desquelles sont inclus en masse un grand nombre d'héritages particuliers QUI TOUS SE TROUVENT FRAPPÉS DE L'INTERDIT.... »

Il reconnaît encore qu'*on ne pourrait pas dire* à ceux qui voudraient acheter le terrain qui renferme une mine concédée, qu'*on leur vend la propriété* DU DESSUS *et* DU DESSOUS ;

En ajoutant :

« On voit par là que si l'on peut dire que les pays à mines sont riches, on doit convenir aussi que ce genre de richesses appartient moins aux propriétaires du sol qu'à *l'industrie générale du commerce* qui y trouve son profit.

» Qu'ici l'actualité est tout, et que les *générations futures* N'AURONT QU'A GÉMIR *sur les richesses minières* dont on s'enorgueillit tant aujourd'hui.

» O PROVIDENCE INFINIE DU CRÉATEUR ! il n'appartient qu'à toi de parer à d'aussi *tristes prévisions :* reçois d'avance nos hommages sur les remèdes que tu sauras y apporter ! »

Si M. Proudhon avait visité comme nous tous les pays où l'on exploite des mines, il aurait vu que les exploitations ont créé toute une population ; que de nouveaux villages se sont improvisés là où il n'y avait que des terrains incultes, pour ainsi dire sans valeur, et qu'aujourd'hui ces terrains sont des terres très-fertiles, d'un revenu considérable.

L'extraction du charbon répand l'or sur la surface,

et , comme le disaient , dans un mémoire adressé au
Conseil d'État , les exploitants des mines de Jemmapes,
qu'on ne croie pas que c'est là une vague allégation.

« Les terres et les prairies , disaient-ils , qui sont à portée
des charbonnages, donnent des produits bien plus considérables,
uniquement à cause de ce voisinage; ce qui provient de plusieurs causes réunies, savoir : l'augmentation de la population,
des engrais , de la facilité de faire de la chaux , des cendres, et
enfin des jettises elles-mêmes , qui contribuent singulièrement
à *fertiliser le sol* (1).

Du reste , la surface d'une concession de mine , si
elle n'est pas envahie par les travaux de mines et si
elle n'est pas payée au double de son revenu , reste
ce qu'elle était au moment du partage horizontal ou
séparation du tréfonds , indépendamment des avantages que donne une exploitation de mines.

D'un autre côté , à quoi servirait donc cette redevance qui associe , pour ainsi dire , le propriétaire de
la surface à l'exploitation des mines , s'il pouvait
ensuite empêcher l'exécution du contrat convenu
entre lui et l'exploitant par l'intermédiaire du gouvernement?

Car l'acte de concession , ainsi que nous l'établirons
au titre sixième , chapitre II , est un contrat synallagmatique entre le propriétaire de la surface et le propriétaire de la mine ; chacune des parties est tenue de
l'exécuter , de le respecter , et le gouvernement protège et surveille l'exploitation des mines.

---

(1) Locré, page 257, avant-dernier alinéa.

Mais l'interdiction n'est pas absolue ; elle se borne à imposer le *statu-quo* au-dessus du gisement de la mine, et si ce gisement est présumé exister dans toute l'étendue de la concession, c'est au propriétaire de la surface à s'assurer que les travaux qu'il veut faire ou établir ne seront pas nuisibles à l'exploitation de la mine.

S'assurer notamment qu'ils ne paralyseront pas cette exploitation, soit directement, soit indirectement, et qu'ils n'en aggraveront pas les charges, parce que ce n'est qu'avec une extrême prudence que de nouveaux établissements peuvent s'établir dans le périmètre d'une concession de mine.

Du reste, la mine concédée ne gît pas dans toute l'étendue de ce périmètre, et il y a toujours possibilité de bâtir sans nuire à l'exploitation de celle-ci, ni la paralyser ou en aggraver les charges.

Nous renvoyons le lecteur à la section 7, chapitre IV du titre deuxième, page 519 du premier volume, pour consulter l'opinion de tous les auteurs.

SECTION 2.

Exception apportée à la concession du terrain minier.

L'exception apportée à la concession du terrain minier est inscrit dans l'article 11 de la loi de 1810 ; cet article n'est en effet qu'une restriction au droit accordé au concessionnaire de mines, lorsqu'il désigne les lieux qui sont exceptés de la concession et qui ne peuvent être occupés par les travaux de mines sans le consentement formel du propriétaire de la surface (1).

Dire d'un droit qu'il ne pourra être exercé dans tels ou tels lieux, c'est montrer l'exception à côté de la règle, et reconnaître que le droit pourra s'exercer partout ailleurs dans le périmètre de la concession.

Le but du législateur de 1810, en édictant l'art. 11 de la loi précitée, n'a pas été de *faire éloigner* d'une habitation ou d'une clôture murée un magasin ou un sondage, même l'ouverture d'un puits ou la pose d'une pompe; il n'a voulu qu'une chose : *réserver* au propriétaire de la surface certaines parties *de* SA *propriété,* par respect pour son domicile, les *attenances* ou *dépendances.*

Depuis plus de trente années il existe un désaccord général sur l'interprétation ou l'application de cet article 11 ; les cours impériales résistent à la jurisprudence de la cour de cassation, et ce désaccord se perpétuera si nos idées sur les conséquences d'une concession de mine ne sont pas admises.

L'arrêt solennel de la cour de cassation, rendu par les Chambres réunies le 19 mai 1856, doit convaincre les cours impériales de Dijon, Douai et Lyon

---

(1) « Art. 11. Nulle permission de recherches, ni concession de mines, NE POURRA, *sans le consentement formel du propriétaire de la surface,* DONNER LE DROIT de faire des sondes, d'ouvrir des puits ou galeries, ni celui d'établir des machines ou magasins *dans les enclos murés, cours ou jardins, ni dans les terrains* ATTENANT AUX HABITATIONS OU CLÔTURES MURÉES, dans la distance de 100 mètres desdites clôtures ou des habitations. »

qu'il ne suffit pas de soutenir et de démontrer que
l'article en question ne donne aucun droit au propriétaire d'une habitation ou d'une clôture murée sur la
propriété de ses voisins.

Il faut qu'elles déclarent que l'article 11, objet de
si grandes controverses, n'est qu'*une exception à la
concession*, dont le bénéfice ne peut être invoqué que
par le propriétaire des lieux *réservés* ou *exceptés*.

Mais il faut avant tout que les Cours impériales de
Douai et de Lyon reconnaissent avec la Cour impériale de Dijon qu'il y a concession du terrain
minier par la concession d'une mine, pour triompher
dans la résistance qu'elles apportent aux décisions
de la Cour suprême.

Du reste, il a fallu une grande conviction à la Cour
impériale de Lyon pour reconnaître elle-même son
erreur ; abdiquer sa propre jurisprudence, quoiqu'elle
fût d'accord avec celle de la Cour de cassation ; se placer en contradiction avec son passé, et combattre des
idées qu'elle avait elle-même inspirées.

Le lecteur doit se rappeler que c'est la Cour impériale de Lyon qui, par arrêt du 30 août 1820, a donné
l'élan à la jurisprudence adoptée par la Cour de cassation, et qu'elle a rompu l'accord qui existait entre
elles par décision du 7 décembre 1849, pour passer
du côté des Cours impériales qui résistent à cette
jurisprudence.

Cet état de choses démontre la gravité des difficultés sur l'interprétation de l'art. 11.

Espérons toutefois que la résistance des Cours impé-

riales et les lumières de discussions nouvelles amène-
ront la Cour suprême à réformer sa jurisprudence.
Sans cette réforme et l'adoption de l'opinion que l'article 11 n'est qu'une exception à la concession d'une
mine, une mesure législative deviendra nécessaire.

Toute loi contient des exceptions, et la loi sur les
mines du 21 avril 1810 n'a rien innové sur ce point;
elle avait besoin plus que toute autre d'apporter des
exceptions sur les droits concédés, afin de sauvegarder
des intérêts si opposés entre deux propriétaires d'une
même chose.

Il fallait bien *distraire* de la concession le domicile
du propriétaire de la surface et les lieux qui l'entourent
et qui forment ses jouissances domestiques, desquels
il ne peut être dépossédé sans son consentement
formel.

Il n'y aura plus de désaccord sur l'article 11 interprété ainsi, et tout le monde reconnaîtra qu'il ne crée
aucun droit nouveau entre les propriétaires de la surface; c'est ce que nous établirons au chapitre III du
présent titre.

En résumé, il faut trouver une autre solution à
l'article sur lequel on n'a pu s'entendre jusqu'à ce
jour; c'est une nécessité.

D'ailleurs nous allons démontrer :

1° Que le droit de la concession est établi par l'exception apportée par l'article 11 de loi de 1810.

2° Que, d'après la règle générale, les exceptions
sont de droit étroit.

§ 1er.

Droit de la concession établi par l'exception de l'article 11.

Le droit que donne la concession d'une mine est établi par l'exception qui est apportée à ce droit par l'article 11 de la loi de 1810 ; cet article énumère en grande partie tous les travaux que le concessionnaire peut faire ou établir avec ou sans le consentement du propriétaire de la surface.

En effet, lorsque l'article 11 dit que la concession NE POURRA, *sans le consentement formel du propriétaire de la surface*, DONNER LE DROIT de faire des sondes et d'ouvrir des puits ou galeries, ni celui d'établir des machines ou magasins dans les enclos murés, cours ou jardins, ni dans les terrains attenant aux habitations ou clôtures murées, dans la distance de 100 mètres des dites clôtures ou des habitations, *n'est-ce pas accorder implicitement ce droit en dehors des lieux réservés ou exceptés ?* N'est-ce pas reconnaître que ce droit existe partout où il n'est pas prohibé, et que le concessionnaire a le droit de faire des sondes et d'ouvrir des puits ou galeries, et celui d'établir des machines ou magasins EN DEHORS *des enclos murés, cours ou jardins, et au-delà des 100 mètres*, sans le consentement du propriétaire de la surface?

Ce droit est encore confirmé par l'article 8 de la même loi, qui déclare que *les bâtiments*, machines, puits, galeries et *autres travaux*, SONT IMMEUBLES quand ils ont été *établis à demeure*.

Et les articles 43 et 44, par les indemnités qu'ils allouent sur une base fixe à forfait, prévoient le cas d'une occupation temporaire ou d'une *prise de possession définitive* de la surface.

Quant au tréfonds, le prix en est réglé par l'acte de concession du *terrain minier*, conformément aux prescriptions des articles 6 et 42, et l'article 12 confirme cette concession par l'interdiction au propriétaire de faire des fouilles dans son terrain après la concession.

Mais pourquoi dire que le concessionnaire n'a pas le droit de faire des sondes, d'ouvrir des puits ou galeries, d'établir des machines ou magasins dans tels ou tels endroits, s'il ne lui est pas permis de les faire ou de les établir partout où ils ne lui sont pas interdits?

Pourquoi déclarer immeubles par destination les bâtiments, machines, puits ou galeries, et tous autres travaux, lorsqu'ils sont établis à demeure, s'il n'a pas le droit de les établir?

Pourquoi régler d'avance le prix du terrain de la surface, s'il n'a pas le droit de s'en emparer?

Et pourquoi régler le prix du tréfonds par l'acte de concession et défendre au propriétaire de la surface d'y faire des recherches, si le terrain n'appartient pas au concessionnaire?

La conclusion ou conséquence de tous les droits qu'on est obligé de reconnaître à un concessionnaire de mines, c'est qu'il devient propriétaire du terrain minier que l'on est convenu d'appeler propriété de la mine.

§ 2.

Règle générale sur les exceptions apportées à un droit.

La règle générale sur les exceptions apportées à un droit quelconque, est que les exceptions doivent être restreintes et limitées au cas prévu par la loi, et qu'elles ne peuvent être étendues d'un cas à un autre ou d'une chose à l'autre, quelle que soit l'analogie entre les deux cas ou les deux choses.

Aussi, lorsque la loi dit qu'un concessionnaire de mines ne pourra pas faire des sondes, ouvrir des puits ou galeries, ni établir des machines ou magasins dans les enclos murés, cours ou jardins, ni dans les terrains attenant aux habitations ou clôtures murées, dans la distance de 100 mètres desdites clôtures ou des habitations, sans le consentement du propriétaire de la surface, *on ne saurait admettre que ce propriétaire pût se créer de nouvelles réserves.*

Les exceptions sont de droit étroit; nul ne peut à son gré changer la position qui lui est faite par la loi, ni restreindre celle acquise à un tiers, et quand l'article 11 de la loi de 1810 apporte une exception à la concession d'une mine, cette exception ne peut être étendue indéfiniment.

La position d'un concessionnaire de mines n'aurait jamais rien de certain si les mesures restrictives de son droit de propriété s'étendaient aux édifices ou *établissements créés* depuis *la concession.*

On opposerait à tort que la loi de 1810 ne distingue pas, et qu'elle défend en général toute exploitation aux abords d'un édifice ou d'un établissement, d'une maison ; mais, disait un jurisconsulte distingué, c'est précisément parce que la loi ne parle pas d'établissements nouveaux à créer, que la disposition prohibitive d'exploiter ne peut profiter aux établissements nouveaux : cette prohibition est une dérogation au droit commun qui doit être *restreinte à l'exception* qu'elle crée.

Or, comme les articles 11, 15 et 50 ont été édictés dans le but de prévenir les dangers, il serait souverainement injuste qu'en créant ces dangers à cause d'une entreprise profitable au propriétaire de la surface, on pût ruiner ainsi le concessionnaire de la mine pour enrichir ce propriétaire.

La propriété des mines ne diffère sous aucun rapport des autres propriétés ; elle a droit à la même garantie, au même respect, et l'on ne saurait admettre qu'une position différente lui fût faite lorsqu'elle réclame cette garantie et ce respect des droits sacrés de la propriété.

Mais la question que nous examinons et les principes que nous soutenons ont déjà été examinés et soutenus devant la Cour de cassation, d'abord devant la Chambre civile et ensuite devant les Chambres réunies, et l'on peut dire que la question n'est pas neuve.

Au chapitre II qui suit, on verra qu'il a été décidé que l'exception ne peut être appliquée aux établissements *formés* APRÈS *la concession*.

CHAPITRE II.

L'ARTICLE 11 DE LA LOI DE 1810 NE PEUT ÊTRE APPLIQUÉ AUX
ÉTABLISSEMENTS FORMÉS APRÈS LA CONCESSION.

L'article 11 de la loi de 1810 ne peut être appliqué
aux établissements, enclos murés ou habitations, créés
postérieurement à la concession d'une mine par le
propriétaire de la surface : c'est là un point de droit
jugé et reconnu par la Cour de cassation, dans l'espèce suivante (1) :

Le gouvernement a concédé un chemin de fer de
Lyon à St-Etienne ; ce chemin traverse le périmètre
d'une concession de mine, et, pour cause de sûreté
publique, l'exploitation a été interdite *au-dessous* et
aux abords du chemin, par arrêté préfectoral, en
vertu de l'article 50 de la loi de 1810, ainsi conçu :

« Si l'exploitation compromet la sûreté publique, la conservation des puits, la solidité des travaux, la sûreté des ouvriers
mineurs ou des habitations de la surface, il y sera pourvu par
le préfet, ainsi qu'il est pratiqué en matière de grande voirie,
et selon les lois. »

Les concessionnaires de la mine, par suite de l'interdiction prononcée sur une partie du périmètre de
leur concession, ont intenté une action en dommages-
intérêts contre la Compagnie du chemin de fer.

Leur action fut accueillie par les premiers juges ;
mais elle fut repoussée par la Cour impériale de Lyon,
par arrêt du 12 août 1835, en ces termes :

» Attendu, en droit, que, depuis la loi du 24 avril 1810,

(1) Voir T. 1er, page 149 et suivantes.

conformément aux articles 7 et 8, les mines de houille, quoique
concédées à titre gratuit par le gouvernement, constituent bien
pour les concessionnaires une propriété perpétuelle et immobilière, mais qu'un titre spécial de cette même loi soumet
néanmoins ce genre de propriété à une surveillance continue
de la part de l'administration, surveillance telle, *suivant*
l'article 50, que si l'exploitation d'une mine compromet la
sûreté publique ou des habitations de la surface, il doit y
être pourvu par le préfet.

» Attendu d'ailleurs que, dans tout le territoire sous lequel
gisent les mines concédées par le gouvernement, celui-ci a
toujours le pouvoir incontestable d'*y établir telles voies pu-*
bliques qu'il juge nécessaires ou utiles... »

Sur le pourvoi en cassation qui fut dirigé contre cet
arrêt, le défendeur soutint que l'article 11 de la loi
de **1810** s'appliquait à une route comme à un enclos,
et que le préfet avait pu, en vertu de l'article 50,
interdire les travaux de mines.

« Il suit de là, disait M. Piet, avocat, que si, dans l'espèce,
un arrêté préfectoral a interdit l'exploitation de la mine jusqu'à
une certaine distance du chemin de fer, l'administration a fait
usage, par cet arrêté, d'un droit de police expressément
stipulé par la loi de 1810 ; usage qui, d'ailleurs, ne porte
aucune atteinte aux droits reconnus par cette loi aux concessionnaires de mines.

» Car cette loi (art. 11) réserve aux propriétaires de la
surface une zône de 100 mètres autour de leurs enclos, habitations, etc. Or, UNE ROUTE *peut certainement être* ASSIMILÉE
A UN ENCLOS, de telle sorte que l'exploitation de tout ou partie
de cette zône peut être interdite sans que le concessionnaire
puisse justement se plaindre. »

Les demandeurs en cassation, par Mᵉ Lacoste, leur

CHAPITRE II.

L'ARTICLE 11 DE LA LOI DE 1810 NE PEUT ÊTRE APPLIQUÉ AUX ÉTABLISSEMENTS FORMÉS APRÈS LA CONCESSION.

L'article 11 de la loi de 1810 ne peut être appliqué aux établissements, enclos murés ou habitations, créés par le propriétaire de la surface *postérieurement* à la concession d'une mine ; c'est là une question qui a donné lieu à un débat solennel devant la Cour de cassation et qui a été résolue d'une manière irrévocable.

Le débat s'était élevé au sujet de l'établissement d'un chemin de fer ; mais, dans la discussion, le droit de propriété a été examiné comme s'il se fût agi d'une construction ordinaire, d'un enclos ou d'une maison établie par le propriétaire de la surface.

On a *assimilé* de suite le chemin de fer à une route, et la route à un vaste enclos ou à une maison, et le chemin de fer n'a été que le prétexte du procès au milieu duquel est surgie la question de propriété en général.

Le droit de propriété du concessionnaire de mines fut d'abord reconnu par le tribunal de Saint-Étienne ; mais il fut ensuite méconnu par la Cour impériale de Lyon, dont l'arrêt a été réformé par la Cour de cassation.

La même question fut de nouveau soumise à la Cour impériale de Dijon, qui méconnut également le droit de propriété du concessionnaire de mines, et le débat fut enfin terminé par un arrêt solennel de toutes les Chambres réunies de la Cour suprême, lequel cassa celui de la Cour de Dijon.

Il résulte de cette grave et solennelle discussion, que le propriétaire de la surface *ne peut réclamer*, pour ses nouvelles constructions ou établissements nouveaux placés sur le massif de la mine ou au-dessus de la propriété de la mine, *les mesures de protection et de conservation prévues par les articles* 11 *et* 50 *de la loi de* 1810, et que le concessionnaire de la mine n'est pas obligé de subir la perte d'une partie de sa propriété *pour la création d'un établissement nouveau,* sans une juste indemnité.

Il en résulte enfin que le propriétaire de la surface n'a pas le droit de pratiquer des travaux nuisibles à l'exploitation de la mine *dans l'étendue de son périmètre.*

Mais les importantes décisions de la Cour de cassation, ainsi que les principes de la loi que nous avons reproduits au chapitre précédent, étant méconnus aujourd'hui par les Cours impériales de Lyon et Dijon (1), nous sommes dans la nécessité d'insister sur ce que nous avons dit dans le premier volume de notre ouvrage, et de démontrer que le droit de propriété du concessionnaire de mines a été consacré deux fois par la Cour suprême.

Les faits sur lesquels sont intervenues les décisions de la Cour de cassation sont très-simples : un arrêté

---

(1) Au moment où nous écrivons le présent chapitre, la Cour de Dijon, par arrêt du 21 août 1856, est revenue à la jurisprudence de celui qu'elle a rendu le 25 mai 1838. (*Voir*, page 45, § 5.)

préfectoral est venu interdire à un concessionnaire de mines d'exploiter au-dessous et aux abords d'un chemin de fer, comme il eût pu prononcer la même interdiction pour tout autre établissement ou édifice public, en un mot pour tout ce qui intéresse la sûreté publique ou celle des habitations de la surface.

Mais, par suite de cette interdiction d'exploiter, le concessionnaire, étant privé de sa propriété pour cause d'utilité publique, réclama une indemnité, et sa réclamation, repoussée par les Cours impériales de Lyon et de Dijon, a été admise deux fois par la Cour de cassation.

On comprend facilement que, par l'interdiction d'exploiter la mine au-dessous d'un chemin de fer ou de tout autre établissement, la privation ou la perte est la même pour le concessionnaire, et que la question a dû être examinée d'une manière générale et pour toutes les espèces.

Aussi M. le procureur - général Dupin, portant la parole devant les Chambres réunies de la Cour suprême, fit remarquer à la Cour que la cause qui lui était déférée *était importante sous plusieurs rapports,* comme intéressant à la fois la prospérité des mines et la *condition générale de la propriété.*

Du reste, les divers incidents de cette affaire et les points de droit qui y ont été discutés, ne permettent pas de douter que les décisions rendues par la Cour de cassation, à l'occasion du chemin de fer, ne soient applicables à toutes espèces de constructions; le lecteur pourra lui-même en juger.

L'action en indemnité du concessionnaire de la
mine, après avoir été accueillie par le tribunal de
Saint-Étienne, fut, comme nous l'avons dit, repoussée par la Cour impériale de Lyon, par arrêt du
12 août 1835, motivé ainsi :

« Attendu que l'interdiction faite aux concessionnaires des
mines de Couzon d'*exploiter* UNE PARTIE *du périmètre à eux
concédé*, interdiction qu'ils entendent faire considérer comme
une sorte d'EXPROPRIATION *pour cause d'utilité publique*, à
raison de laquelle la compagnie du chemin de fer, comme
subrogée au droit du gouvernement. devrait être tenue à une
juste indemnité.

» Attendu, en droit, que, depuis la loi du 21 avril 1810,
conformément aux articles 7 et 8, les mines de houille, quoique
concédées à titre gratuit par le gouvernement, constituent bien
pour les concessionnaires une propriété perpétuelle et immobilière, mais qu'un titre spécial de cette même loi soumet
néanmoins ce genre de propriété à une surveillance continue
de la part de l'administration, surveillance telle, *suivant
l'article* 50, que si l'exploitation d'une mine compromet la
sûreté publique ou des habitations de la surface, il doit y être
pourvu par le préfet.

» Attendu d'ailleurs que, dans tout le territoire sous lequel
gisent les mines concédées par le gouvernement, celui-ci a
toujours le pouvoir incontestable d'*y établir telles voies publiques qu'il juge nécessaires ou utiles...* »

Le débat, devant la Cour de Lyon, porta sur ce
que le gouvernement, ayant donné la mine, avait le
droit de la reprendre ; mais un pourvoi en cassation
fut dirigé contre l'arrêt de cette Cour, et les concessionnaires de la mine, invoquant leur droit de

propriété, soutinrent qu'aux termes de l'article 7
de la loi de 1810 ils ne pouvaient en être privés,
même pour cause d'utilité publique, sans une juste
indemnité.

Le droit des concessionnaires de la mine étant incontestable, la compagnie du chemin de fer changea
de système de défense, et dit qu'un chemin, qu'une
route, peuvent être *assimilés* à un enclos, à une
maison, et que les mesures de protection et de conservation, édictées aux articles 11 et 50 de la même
loi, s'appliquent aux nouvelles constructions comme
aux anciennes.

Me PIET, *avocat* de la compagnie du chemin de
fer, devant la Chambre civile de la Cour de cassation,
se résuma en ces termes :

« Il suit de là, que si, dans l'espèce, un arrêté préfectoral
a interdit l'exploitation de la mine jusqu'à une certaine distance du chemin de fer, l'administration a fait usage, par cet
arrêté, d'un droit de police expressément stipulé par l'article
50 de la loi de 1810 ; usage qui, d'ailleurs, ne porte aucune
atteinte aux droits reconnus par cette loi aux concessionnaires
de mines, car cette loi réserve aux propriétaires de la surface
une zône de 100 mètres autour de leurs enclos, habitations, etc.
Or, UNE ROUTE *peut certainement être* ASSIMILÉE A UN ENCLOS,
de telle sorte que l'exploitation de tout ou partie de cette zône
peut être interdite sans que le concessionnaire puisse justement se plaindre.

» D'un autre côté, le législateur, par un esprit d'équité
bien naturel, *a dû* ASSERVIR LA MINE *à la surface*, et NON
LE SOL A LA MINE ; car c'était bien assez que, dans un intérêt
public, *on privât* le propriétaire du dessus DE LA PROPRIÉTÉ

DU DESSOUS, sans qu'on le grevât d'une servitude *non œdificandi* au profit de la propriété qu'on lui enlevait, ou qu'on l'exposât *à ne pouvoir* CONSTRUIRE sans les dangers de trouble que prévoit l'article 11 de la loi de 1810. »

Devant la Cour de cassation, le droit du gouvernement fut complètement mis de côté : il ne fut plus question ni de chemin de fer, ni de route, et le débat ne porta que sur le droit de propriété des concessionnaires de la mine.

Me LACOSTE, *avocat* de ces derniers, répondit :

« Les mesures de police, quelles qu'elles soient, *n'ont jamais d'autre but que celui d'empêcher* UN DANGER ; *elles* N'AFFECTENT *le fond du droit* EN AUCUNE FAÇON ; et, sous ce rapport, les mines ont cela de commun avec toutes les propriétés en général, à l'égard desquelles la police est toujours plus ou moins en état de surveillance.

» Si des règlements administratifs défendent aux concessionnaires de mines de pousser leurs fouilles trop près des habitations et des grandes routes, *ces mesures ne sont* RESTRICTIVES *du droit de propriété* (de la mine) qu'à l'égard *de ce qui* EXISTAIT *lors de la concession.*

» On conçoit, en effet, que le concessionnaire n'ait pas à se plaindre de cette limitation de son droit, puisqu'elle fait la condition de la concession ; mais il ne peut en être ainsi à l'*égard* DES ÉDIFICES *ou établissements créés* DEPUIS LA CONCESSION, parce que la position du concessionnaire n'aurait jamais rien de certain. »

Les questions qu'avait à résoudre la Cour de cassation étaient celles-ci :

1° Les droits qui sont conférés à un concessionnaire de mines par l'article 7 de la loi de 1810 peuvent-ils

être soumis au bon plaisir du propriétaire de la surface
ou dépendre des besoins de sa propriété ?

2º Le droit de surveillance réservé à l'autorité
administrative sur l'exploitation des mines, en vertu
des articles 47 et 50 de la loi de 1810, peut-il imposer
au concessionnaire de mines l'obligation de *subir la
perte* d'une partie de sa concession *à raison de la*
CRÉATION d'*un établissement* NOUVEAU ?

3º L'article 11 de la même loi, qui oblige l'exploitant de mines d'éloigner ses travaux à 100 mètres de
distance des enclos murés et des habitations, peut-il
être appliqué aux établissements *créés* APRÈS *la concession de la mine* ?

La Cour suprême, par arrêt du 18 juillet 1837, a
statué sur ces trois questions, en ces termes :

« Vu les articles 7 et 50 de la loi du 21 avril 1810, l'article
543 du code Napoléon et 9 de la charte ;

» Attendu que la loi du 21 avril 1810 déclare que les concessions de mines en confèrent la propriété perpétuelle, disponible et transmissible comme les autres biens immeubles,
dont les concessionnaires ne peuvent être expropriés que dans
les cas et selon les formes prescrites relativement aux autres
propriétés.

» Attendu que *tout propriétaire* a droit à une juste indemnité, non-seulement lorsqu'il est obligé de subir l'éviction
entière et absolue de sa propriété, mais aussi lorsqu'il est
privé de sa jouissance et de ses produits pour cause d'utilité
publique.

» Attendu que la concession d'une mine a pour objet l'exploitation de la matière minérale qu'elle renferme ; que le
concessionnaire auquel cette exploitation est interdite *sur une*

partie du périmètre de la mine pour un temps indéterminé, est privé des produits de sa propriété et *éprouve une véritable éviction* dont il doit être indemnisé.

» Attendu que le droit de surveillance réservé par l'article 50 de la loi de 1810 à l'autorité administrative sur l'exploitation des mines, n'altère en rien le droit du concessionnaire et ne lui impose pas l'obligation de *subir la perte* d'une partie de sa concession *pour la* CRÉATION *d'un établissement* NOUVEAU, sans une juste indemnité.

» Attendu, en fait, qu'il est reconnu et constaté par l'arrêt attaqué que la concession de Couzon *est* ANTÉRIEURE *à celle du chemin de fer*, et qu'elle ne contient aucune clause qui oblige les demandeurs A CÉDER UNE PARTIE DU TERRAIN COMPRIS DANS LE PÉRIMÈTRE DE LA MINE pour établir le chemin de fer, sans indemnité.

» Attendu que l'arrêté du 29 novembre 1829, provoqué par les défendeurs, a été nécessité par la création du chemin de fer; que ses dispositions n'auraient pas été portées si cette voie nouvelle et souterraine n'avait pas été établie dans la mine; qu'ainsi il n'*est pas un acte de police* relatif à l'exploitation de la mine, *mais une* MESURE *d'administration* prise dans l'intérêt du chemin de fer, et uniquement relative à sa consolidation;

» Attendu que l'article 11 de la loi de 1810 ne peut être appliqué *aux établissements* FORMÉS APRÈS *la concession*, et NOTAMMENT *aux routes souterraines* pratiquées dans le périmètre de la mine.

» Attendu que les concessionnaires du chemin de fer de Saint-Étienne sont substitués tant aux droits qu'aux obligations de l'État et sont passibles de l'indemnité due à raison de l'éviction dont ils profitent.

» Attendu que le traité qu'ils ont passé le 1er avril 1828 avec la dame Du Roseil, propriétaire de la surface, n'a pu leur conférer aucun droit *sur la propriété* de la mine ;

» Que l'arrêt attaqué, en refusant aux demandeurs toute indemnité pour les causes rappelées dans leur demande du 12 mars 1830, a violé les. lois précitées ; — CASSE... »

Les droits du concessionnaire de mines sont nettement défini par cet arrêt : il a une propriété déclarée *perpétuelle*, et s'il est tenu, *comme tout propriétaire*, d'abandonner pour cause d'utilité publique cette propriété ou seulement ses produits, il a droit à une indemnité.

Quant au droit de surveillance réservé à l'autorité administrative, *quel qu'il soit*, il n'altère en rien le droit du concessionnaire et ne lui impose pas l'obligation de subir la perte d'une partie de sa concession pour la création d'un établissement nouveau sans une juste indemnité.

Un arrêté préfectoral qui interdit l'exploitation de la mine au-dessous ou aux abords d'un établissement ou édifice nouveau, n'est pas un acte de police relatif à cette exploitation, mais une mesure d'administration prise dans l'intérêt de l'établissement ou de l'édifice, et uniquement dans l'intérêt de sa solidité.

Enfin, l'article 11 de la loi de 1810, qui désigne les lieux réservés au propriétaire de la surface et qui oblige l'exploitant de mines d'éloigner ses travaux à 100 mètres de distance des enclos ou des habitations, ne s'applique qu'*à ce qui* EXISTAIT *au jour de la concession* et non aux établissements *formés* APRÈS *la concession*.

Aussi la Cour de cassation a-t-elle eu soin de constater, *en fait*, que la concession de la mine *est
antérieure* au nouvel établissement, et qu'elle ne
contient aucune clause qui oblige le concessionnaire
à céder *une partie* DU TERRAIN *compris dans le périmètre de la mine.*

Cette constatation établit encore qu'une distinction
doit être faite entre les établissements formés *avant*
ou *après* la concession de la propriété d'une mine ou
séparation de la propriété du dessous.

Tous débats semblaient terminés sur ce point,
lorsque, devant les Chambres réunies de la Cour
impériale de Dijon, on fit intervenir le propriétaire
de la surface, qui soutint que, par la concession d'une
mine, il n'est privé que de la substance minérale
concédée, et que tout ce qui n'est pas la mine
demeure sa propriété.

Il soutint encore que, *même* APRÈS *la concession de
la mine*, il conserve le droit de bâtir et de faire tous
les travaux qui doivent augmenter la valeur de sa
propriété, qu'il peut creuser le sol pour y pratiquer
des puits et des caves, et que les nouvelles constructions profitent, comme les anciennes, de toutes les
mesures de protection et de conservation prévues
par les articles 11, 15, 47 et 50 de la loi de 1810.

Autrement, disait-il, tous les terrains compris dans
le vaste périmètre d'une concession de mines où se
trouvent situées plusieurs communes, *seraient frappés
d'interdiction.*

En résumé, les droits des deux propriétaires, celui

du *dessus* et celui du *dessous*, furent mis dans la balance, et la question à examiner fut celle-ci :

Le propriétaire de la surface, APRÈS LA CONCESSION DE LA MINE QUI EST RENFERMÉE DANS SON TERRAIN, *conserve-t-il le droit de bâtir* AU-DESSUS DE LA MINE, *de placer des établissements nouveaux* SUR LE MASSIF MÊME DE LA MINE, *et peut-il réclamer ensuite pour les nouvelles constructions*, COMME POUR LES ANCIENNES, *les mesures de protection et de conservation prévues par les articles 11 et 50 de la loi de 1810* ?

La Cour de cassation avait résolu cette question négativement ; mais la Cour impériale de Dijon entra en lutte avec la jurisprudence de la Cour suprême, et, par arrêt du 25 mai 1838, elle se prononça pour l'affirmative, par les motifs qui suivent :

« Que la concession d'une mine NE DONNE QUE LE DROIT D'EXPLOITER les substances minérales désignées dans l'acte de concession ; que les *droits inhérents* à la propriété de la surface *restent entiers*, et que s'il en était autrement, tous les terrains compris dans le vaste périmètre d'une concession où se trouvent situées plusieurs communes, *seraient frappés d'interdiction*.

» Que les propriétaires du sol ne pourraient plus en augmenter la valeur par des constructions ; qu'il y aurait *une espèce d'expropriation* prononcée contre eux sans aucune indemnité, car celle fixée par les articles 6 et 42 n'est que la représentation de la valeur des substances minérales dont ils sont privés, et qu'il serait contraire à tous les principes de donner à une loi exceptionnelle *une extension qui n'est pas exprimée*.

» Qu'ainsi, en se pénétrant bien des dispositions de la loi du

21 avril 1810, on doit arriver à cette conclusion que, *même*
APRÈS *l'acte de concession d'une mine*, les propriétaires de la
surface peuvent y faire *toutes les constructions et les travaux*
qui doivent en augmenter la valeur, *creuser le sol* pour y
pratiquer des puits et des caves.

» Que les nouvelles constructions demeurent environnées,
comme les anciennes, *de toutes les mesures de protection et
de conservation* prévues par les articles 11, 15, 47 et 50,
à moins toutefois que les travaux n'aient pas été faits dans *un
but d'utilité* RÉELLE : *ce que le juge devrait apprécier.*

» Que la compagnie du chemin de fer, devenue propriétaire
de tout le terrain que son chemin doit parcourir, COMME
SUBROGÉE AUX PROPRIÉTAIRES DE LA SURFACE, *a eu le* DROIT
DE LE COUVRIR DE CONSTRUCTIONS.

» Et que, bien qu'il résulte de l'article 15 de la loi que
l'exploitation d'une mine peut être poussée sous les maisons et
lieux d'habitation, néanmoins le préfet, averti *conformément
à l'article 47*, DOIT, *au terme de l'article* 50, PRENDRE *des
mesures* pour empêcher que l'exploitation ne compromette la
sûreté publique, la *conservation* des puits, la *solidité* des
travaux, la *sûreté des ouvriers mineurs* OU DES HABITATIONS
DE LA SURFACE.

» Qu'on ne rencontre dans la loi aucune disposition qui
rende le propriétaire de la surface passible de dommages-
intérêts pour avoir établi des constructions sur sa propriété.

» Qu'une condamnation de cette espèce contre le propriétaire
du sol consacrerait, dans ce cas, une véritable expropriation,
puisque celui qui n'aurait fait qu'user d'un droit consacré par
la loi, serait obligé de payer une indemnité.

» Que les adjudicataires du chemin de fer *devant être*
ASSIMILÉS *à tous propriétaires* DE LA SURFACE, il n'y a pas
de motifs pour les condamner à payer les indemnités qu'on ne

pourrait réclamer *au propriétaire d'une* HABITATION *ou de toute autre* CONSTRUCTION dont la sûreté aurait été garantie par un arrêté administratif (en vertu de l'article 50) (1). »

Cet arrêt, que le lecteur le remarque bien, n'est point un arrêt d'espèce ; il décide pour tous les cas et il n'admet aucune modification dans les droits du propriétaire de la surface, par la concession d'une mine.

Ainsi, d'après la Cour impériale de Dijon, la concession d'une mine *ne modifie en rien* le droit de propriété de la surface ; elle soutient que les articles 11, 15, 47 et 50 protègent les nouvelles constructions comme les anciennes, sans s'apercevoir que la Cour de cassation s'est déjà prononcée contre une telle application des articles 11 et 50.

Au milieu de ce conflit, un nouveau pourvoi en cassation fut dirigé contre l'arrêt de la Cour impériale de Dijon, par les mêmes motifs de celui qui avait été dirigé contre l'arrêt de la Cour impériale de Lyon.

L'admission de ce second pourvoi ne souffrit pas de difficulté, comme cela devait être ; mais, devant les Chambres réunies de la Cour suprême, M. le procureur-général Dupin prit la défense de l'arrêt de la Cour impériale de Dijon et fit une vive opposition au pourvoi.

Ainsi que nous l'avons dit plus haut, ce magistrat fit remarquer d'abord que la cause sur laquelle la Cour était appelée à statuer, *était importante sous plusieurs rapports*, en ce qu'elle se rattachait à de graves questions.

1) REY, T. 1er, page 166 et suivantes.

Puis, après avoir fait l'historique de la législation des mines et de la propriété en général, il combattit la jurisprudence de la Cour de cassation et dit :

« La première condition imposée à la mine EST DE SUPPORTER LE SOL et de ne rien faire qui puisse compromettre la sûreté *de tous les édifices* ÉTABLIS *à la surface*, art. 47 et 50.

» Avant la concession d'une mine, le propriétaire du sol était propriétaire du dessus et du dessous, du fond et tréfonds à toute profondeur; il avait dès-lors LE DROIT de *bâtir*, de *creuser*, d'*extraire* des pierres; LE DROIT d'*amonceler* les terres sur un point ou de les ravaler et de les aplanir; LE DROIT de faire des *irrigations*, des ÉTANGS...

» Le propriétaire primitif du sol conserve tous les droits qu'il avait avant la concession de la mine. Il ne faut pas se demander si quelque droit lui est accordé, il les avait tous; il faut seulement voir ce qui lui est strictement enlevé et se dire qu'il conserve le surplus.

» En conséquence, il faut dire qu'il conserve non-seulement le droit de maintenir toutes les constructions établies à la surface au jour de la concession, mais le droit d'en établir de nouvelles ; c'est là le droit de la surface, le droit essentiel de ceux qui l'habitent, le droit consacré par le code Napoléon, dans ses articles 544 et 552.

» Il suffit qu'il n'attaque pas la mine, seul objet de la concession, seul objet distrait de son tréfonds, seul objet qu'il soit tenu de respecter. Si un seul des autres droits du propriétaire *de la surface* lui était enlevé, il ne serait plus seulement privé de la mine, seule chose qu'on ait distraite de son fonds.

» Si telle était la conséquence d'une concession de mine, qu'elle imposât le *statu-quo* à la surperficie, il n'en résulterait pas seulement un dommage privé par l'*interdiction* DE BATIR, mais tout le périmètre, souvent très-étendu, d'une concession de mine, *serait frappé de la même* INTERDICTION !

» Les habitations ne pourraient plus se multiplier et s'agglomérer : on défendrait de construire une église, *parce que le clocher chargerait trop la mine ;* d'établir des cimetières pour y ensevelir les morts, *parce qu'il faudrait creuser le terrain ;* l'État serait destitué du droit de sillonner ce territoire par des routes nouvelles ; *ce serait en un mot* LE DÉSERT imposé dans tout le périmètre de la concession, à moins que pour chaque œuvre nouvelle les particuliers et l'État ne vinssent demander à prix d'argent le consentement du concessionnaire de la mine.

» Mais la principale obligation des concessionnaires vis-à-vis du sol *est de* SUPPORTER *ce qu'on peut appeler à bon droit* LE TOIT *de la mine ;* parce que la condition inhérente à la concession de la mine *a été de* SUPPORTER *la surface* et de ne jamais en compromettre la solidité.

» Le caractère des réserves exprimées dans les articles 11, 15, 47 et 50, étant général, absolu, d'ordre public, il est dans leur nature d'être perpétuelles ; elles ne sont donc pas limitées aux édifices et aux chemins existant au jour de la concession.

» Elles s'étendent providentiellement à tous les besoins publics, à toutes les survenances, et pourquoi ? Parce que ces survenances sont l'exercice du droit propre de la surface, qui n'est pas asservie à la mine, tandis que la mine est assujettie à la surface, ELLE LUI DOIT SUPPORT (1). »

Oui, sans contredit, le concessionnaire de la mine *doit le support*, d'abord aux lieux réservés par l'article 11, et ensuite à tout ce qui *existait au jour de sa*

_____

(1) REY, T. Ier, page 171 et suivantes.

concession, sous peine de réparer le dommage causé ; ce sont là des principes incontestés et incontestables.

Mais il ne peut en être ainsi pour les nouvelles constructions ou les nouveaux établissements, du moment qu'ils ne sont pas protégés par les dispositions de l'article 11.

Toutefois, que le lecteur le remarque encore, le droit de propriété de la surface a été examiné sur tous les points par M. le procureur-général Dupin, et sa doctrine du *toit de la mine* ou *support de la surface* a été longuement exposée ; mais on verra que la Cour de cassation y a répondu péremptoirement et de manière à ce qu'on ne revienne plus sur cette question, et qu'un support ne soit plus réclamé désormais pour de nouvelles constructions ou de nouveaux établissements, parce qu'il n'est dû qu'à ce qui existait avant la concession ou séparation du tréfonds.

Pour démontrer l'erreur qu'a commise M. le procureur-général, il suffit de rappeler, qu'aux termes de l'article 1er de la loi de 1810, le concessionnaire de la mine a droit au gîte entier de la substance minérale concédée, *à la surface comme dans le sein de la terre*, en un mot partout où elle se trouve.

Il n'y a d'autre restriction à son droit que celle édictée dans l'article 11, et en dehors des restrictions posées par la loi, moyennant les indemnités *fixées à forfait* dans les articles 43 et 44, il établit ses travaux là où gît la mine, sans que le propriétaire de la surface puisse s'y opposer pour une cause quelconque.

Deux modes d'extraction sont employés pour ex-

ploiter ; on exploite la mine *par tranchées à ciel
ouvert*, et *par puits et galeries souterraines.*

Dans les deux modes il faut sans doute prévenir les
dangers ; mais cela ne peut autoriser le propriétaire
de la surface à créer de nouvelles causes de dangers,
ni à priver le concessionnaire d'une partie de sa
concession pour la création d'un établissement nouveau ; il n'en a le droit que si l'intérêt public l'exige,
et il faut alors qu'une indemnité soit accordée.

Pour une exploitation *à ciel ouvert*, comme pour
l'établissement des travaux à la surface, si l'on
exploite par puits et galeries souterraines, il faut un
emplacement vaste, et si la surface, après la concession d'une mine, pouvait être couverte de nouvelles constructions, il serait impossible d'exploiter
la mine.

Accorder à un propriétaire de la surface le droit de
bâtir une maison ou de former un nouvel enclos, *c'est
l'accorder à tous*, et c'est autoriser à couvrir la surface de toute espèce de nouvelles constructions.

Si ce droit était accordé au propriétaire de la surface, le concessionnaire serait exposé à perdre la
totalité ou partie de sa concession et serait privé à
chaque instant d'une partie de son minerai exploitable.

Aussi c'est en vain que la Cour impériale de Dijon
a dit que tous les terrains compris dans le vaste
périmètre d'une concession de mines, où se trouvent
situées plusieurs communes, seraient, dans cette
hypothèse, *frappés d'interdiction !*

C'est en vain que M. le procureur-général Dupin
dit ensuite que, s'il était vrai que la concession d'une
mine *imposât le* STATU-QUO *à la surface*, il n'en
résulterait pas seulement un dommage privé par
l'interdiction de bâtir, mais que tout le périmètre,
souvent très-étendu, *serait frappé de la même interdiction*, et que ce serait en un mot LE DÉSERT !

La Cour suprême, toutes Chambres réunies, fut
inflexible comme la loi ; elle ne se laissa pas influen-
cer, et persista dans sa jurisprudence, par arrêt du
3 mars 1841 ; elle s'exprime en ces termes :

« Vu l'article 545 du code Napoléon, relatif à l'indemnité
due à ceux qui sont dépossédés de leur propriété pour cause
d'utilité publique ;

» Vu aussi l'article 1382 du même code ;

» Vu enfin l'article 7 de la loi du 21 avril 1810 sur les
mines ;

» Attendu que, *par dérogation à l'article* 552 *du code
Napoléon*, cet article 7 déclare que les concessions de mines
EN CONFÈRENT *la propriété perpétuelle* ;

» Que cette propriété est disponible et transmissible comme
les autres immeubles, *dont nul ne peut être exproprié* que dans
les cas et selon les formes prescrites pour les autres propriétés,
conformément au code Napoléon, c'est-à-dire sans indemnité ;

» Attendu que *tout propriétaire* a droit à cette indemnité,
non-seulement lorsqu'il est obligé de subir l'éviction entière de
sa propriété mais aussi lorsqu'il est privé de sa jouissance et
de ses produits pour cause d'utilité publique ; que seulement,
dans ce cas, l'indemnité n'est pas préalable ;

» Attendu que la *concession d'une mine* a pour objet l'exploitation de la *matière minérale qu'elle* RENFERME ; que

le concessionnaire auquel cette exploitation est interdite, pour un fait à lui étranger, sur une partie du périmètre de la mine, est privé des produits de sa propriété et éprouve une véritable éviction dont il doit être indemnisé;

» Attendu qu'à la vérité l'article 50 de la loi du 21 avril 1810 confère à l'autorité administrative le droit de pourvoir par des mesures de sûreté publique à la conservation des puits, à la solidité des travaux de la concession et à la sûreté des habitations de la surface; MAIS *que cette disposition n'altère en rien* LE DROIT DE PROPRIÉTÉ du concessionnaire, et ne lui impose pas l'obligation de subir la perte d'une partie de sa concession, *à raison* DE LA CRÉATION *d'un établissement* NOUVEAU, sans une juste indemnité;

» Attendu que si, nonobstant la concession de la mine, les droits inhérents à la propriété de la surface restent entiers, conformément à l'article 544 du code Napoléon, il ne s'ensuit pas que le propriétaire de la surface ait le droit de pratiquer *des travaux* NUISIBLES *à l'exploitation de la mine* dans l'étendue de son périmètre;

» Et attendu qu'il n'est pas dénié en fait par l'arrêt attaqué que la compagnie du chemin de fer, dont la concession d'ailleurs *est* POSTÉRIEURE à l'établissement de la mine, a poussé ses travaux dans le périmètre de la mine sans que cette concession ait été soumise à aucune réserve en faveur du parcours du chemin de fer; que, dès-lors, cette compagnie aurait porté atteinte directe à l'exploitation de la mine; qu'elle se serait donc rendue passible d'une indemnité à évaluer à raison d'une éviction dont elle profiterait et d'une interdiction qui n'aurait pas été prononcée par l'autorité administrative, si cette nouvelle voie n'avait pas été établie;

» Que, néanmoins, l'arrêt attaqué a refusé aux demandeurs toute action en indemnité au sujet des interdictions prononcées par l'arrêté préfectoral du 25 novembre 1829;

» Qu'en le jugeant ainsi, cet arrêt a FAUSSEMENT *appliqué* *l'article* 552 *du code Napoléon*, MAL INTERPRÉTÉ *l'article* 50 *et* FORMELLEMENT VIOLÉ *l'article* 7 *de la loi du* 21 *avril* 1810, ainsi que les articles 545 et 1382 du code Napoléon et l'article 9 de la charte constitutionnelle ;

» Par tous ces motifs, la Cour CASSE et ANNULE... »

Dans cet arrêt il ne fut plus question du chemin de fer, ni de voie souterraine ; le débat s'établit sur les droits réciproques des deux propriétaires, celui du dessus et celui du dessous, et, tout en confirmant les dispositions de son arrêt du 18 juillet 1837, la Cour suprême repoussa la doctrine du *toit de la mine* ou *support de la surface*, parce que l'article 50 de la loi de 1810 n'a été édicté que comme mesure de police.

Ainsi qu'on vient de le voir, il a été décidé par toutes les Chambres réunies de la Cour de cassation :

1° Que l'article 7 de la loi de 1810 *déroge* au droit de propriété conféré par l'article 552 du code Napoléon.

2° Que le concessionnaire de mines a droit, comme tout propriétaire, à une indemnité, non-seulement lorsqu'il est obligé de subir l'éviction entière de sa propriété, mais aussi lorsqu'il est privé de sa jouissance et de ses produits *pour cause d'utilité publique ;* que seulement, dans ce cas, l'indemnité n'est pas préalable.

3° Que la concession d'une mine a pour objet l'exploitation de la matière minérale qu'elle renferme ; que le concessionnaire auquel cette exploitation est interdite, *par un fait à lui étranger*, sur une partie du périmètre de la mine, est privé des produits de sa propriété et éprouve une éviction véritable, dont il doit être indemnisé.

4º Qu'à *la vérité* l'article 50 de la loi du 21 avril 1810 confère à l'autorité administrative le droit de pourvoir par des mesures de sûreté publique à la conservation des puits, à la solidité des travaux de la concession *et à la sûreté des habitations de la surface;*

MAIS *que cette disposition n'altère en rien le droit de propriété du concessionnaire et ne lui impose pas l'obligation de subir la perte d'une partie de sa concession à raison* DE LA CRÉATION D'UN ÉTABLISSEMENT NOUVEAU, *sans une juste indemnité.*

5º Que *si*, nonobstant la concession de la mine, les droits inhérents à la propriété de la surface restent entiers (dans tous les cas), il ne s'ensuit pas que le propriétaire de cette surface *ait le droit de pratiquer* DES TRAVAUX NUISIBLES A L'EXPLOITATION DE LA MINE, *dans l'étendue de son périmètre.*

Puis, comme il n'était pas dénié *en fait* que le chemin de fer ne traversât les terrains de la mine, dont la concession *est antérieure,* elle dit qu'une indemnité est due au concessionnaire à raison de l'impossibilité d'exploiter *au-dessous* du chemin de fer.

Elle a déclaré en outre que la Cour impériale de Dijon *a faussement* appliqué l'article 552 du code Napoléon, *mal interprété* l'article 50 et *formellement violé* l'article 7 de la loi du 21 avril 1810, ainsi que les articles 545 et 1382 du code Napoléon, et l'article 9 de la charte constitutionnelle.

On devait croire le débat clos par cette seconde décision, mais on a argumenté sur la forme conditionnelle du cinquième *attendu* de ce dernier arrêt portant : « *que* SI, *nonobstant la concession d'une mine, les droits inhérents à la propriété restent entiers*, » et la Cour impériale de Dijon, dans un arrêt du 21 août 1856, vient, en adoptant les motifs d'un jugement du tribunal d'Autun, de décider que la Cour de cassation a *littéralement proclamé* que les droits du propriétaire de la surface restent entiers, nonobstant la concession d'une mine.

On n'a pas voulu voir que, d'après les motifs qui précèdent et qui suivent, la Cour de cassation n'a dit et ne pouvait que dire : *en admettant même* que les droits inhérents à la propriété de la surface restent entiers, *néanmoins* il ne s'ensuit pas que le propriétaire de cette surface ait le droit de pratiquer des travaux nuisibles à l'exploitation de la mine dans l'étendue de son périmètre.

On ne voit pas aussi que l'article 11 de la loi de 1810 fixe d'une manière invariable les droits du propriétaire de la surface et du propriétaire de la mine ; que du jour où la concession est faite, le propriétaire de la surface ne peut se créer de nouvelles réserves, ni apporter de nouvelles restrictions aux droits du propriétaire de la mine, et que les droits du propriétaire de la surface subissent une *modification grave* par la dérogation apportée à l'article 552 du code Napoléon.

On ne voit pas, disons-nous, que cet article forme l'une des conditions principales de toute concession de mines, et qu'il est manifeste qu'en dehors des restrictions édictées dans cet article, il n'y a plus ni toit ni plafond de la mine à conserver.

Tel est tout le secret de la loi de 1810, et tel est aussi l'objet de l'article 11 qui a donné lieu jusqu'ici aux plus grandes controverses entre la Cour de cassation et les Cours impériales de Dijon, de Douai et de Lyon.

Aussi suffirait-il, ainsi que nous le démontrerous au chapitre III du présent titre, de reconnaître que cet article 11 désigne simplement les lieux réservés au propriétaire de la surface, pour donner à la loi de 1810 toute sa clarté, la rendre d'une application facile et mettre fin à toutes controverses.

Il faut remarquer encore et ne pas oublier que M. le procureur-général Dupin a prétendu sans succès que l'exploitant doit soutenir le toit de la mine et maintenir la solidité de la surface pour supporter les nouvelles constructions comme les anciennes, et que, devant les Chambres réunies de la Cour impériale de Dijon, le débat s'étendit au droit de propriété en général, *même aux cas ordinaires de* CONSTRUCTIONS.

Du reste, il suffit de lire les plaidoiries des avocats devant la Chambre civile, l'arrêt de la Cour de Dijon, le réquisitoire de M. Dupin et les arrêts de la Cour suprême, pour demeurer convaincu que la question de propriété, après la concession d'une mine, a été discutée d'une manière générale, et qu'il a été irrévocablement décidé que la loi de 1810 modifie les droits accordés par l'article 545 du code Napoléon, et que le concessionnaire de mines a une propriété inviolable.

D'où la conséquence, que le propriétaire de la surface ne peut *bâtir* ni créer tout autre établissement nouveau *sur la mine;* et ce n'est que pour cause d'utilité publique, et moyennant une juste indemnité, qu'il peut être interdit au propriétaire de la mine d'exploiter au-dessous ou aux abords des nouvelles constructions ou des nouveaux établissements.

Tout était donc jugé et définitivement jugé, quand un auteur, M. Peyret-Lallier, avocat à Saint-Étienne, est venu tout remettre en question dans l'ouvrage qu'il a publié en 1842, sur la législation des mines. Voici ce qu'il dit sous la rubrique de l'article 15 de la loi de 1810 :

« La responsabilité du concessionnaire exploitant s'applique non-seulement aux édifices existant lors de la concession, mais encore à ceux qui ont été construits postérieurement.

» *On a prétendu* que si, au premier cas, le concessionnaire est responsable des dégradations survenues aux édifices par suite de son exploitation, il ne l'est pas au second, s'il a exploité suivant les règles de l'art, parce que la propriété de la mine emporte le droit d'exploiter, et que le propriétaire de la surface ne peut y mettre obstacle par des constructions intempestives. »

M. Peyret-Lallier ne dit pas que ce point de droit a été jugé deux fois par la Cour de cassation, dans les arrêts des 18 juillet 1837 et 3 mars 1841 ; il se borne à dire : *on a prétendu*, au lieu de désigner l'adversaire qu'il combat, et il ajoute plus bas :

« La loi, en distinguant deux propriétés distinctes, l'une

souterraine, l'autre superficielle, y a mis cette condition qui tient à la nature des choses et à la priorité du droit, que le propriétaire des substances minérales respectera la surface et tout ce qui est établi pour le besoin des hommes.

» La plus ancienne des deux propriétés, non sous le rapport géologique, mais sous celui de la possession, est sans doute la surface : elle a été donnée à l'homme pour la cultiver, l'habiter, la sillonner de routes, comme la nature l'a ramifiée par les cours d'eau.

» Si l'intérêt général de la société commande l'exploitation des richesses souterraines, cet intérêt ne passe qu'après les besoins des populations, la sûreté des hommes, la solidité des habitations et la nécessité des voies de communication. »

Tout cela est plus spécieux que solide, parce que la loi, par la concession d'une mine, crée une propriété réelle dont les droits ne peuvent être effacés par la volonté ou selon les besoins du propriétaire voisin.

Du jour où il y a concession, deux propriétés existent dans le même périmètre : l'une *au-dessus* et l'autre *au-dessous*, par suite d'une *séparation horizontale* de ces deux propriétés ou partage horizontal de la terre, qui s'opère par l'acte de concession de la propriété du dessous.

Mais M. Peyret-Lallier se prévaut de l'arrêt solennel de la Cour impériale de Dijon, du 25 mai 1838, dont il a soin de rapporter les motifs sans faire suivre l'arrêt solennel de la Cour suprême du 3 mars 1841, et il dit :

« M. Dupin, procureur-général à la Cour de cassation, a partagé les principes de la Cour de Dijon dans les conclusions qu'il a prononcées le 3 mars 1841, sur le pourvoi élevé contre l'arrêt de la Cour de Dijon.

» Si la Cour de cassation, ajoute-t-il, n'a pas adopté les conclusions de M. Dupin dans l'espèce d'un chemin de fer autorisé après la concession de la mine, *elle n'a pas repoussé l'application des principes posés* AUX CAS ORDINAIRES DE CONSTRUCTIONS. »

C'est là une grave erreur; M. Peyret-Lallier eût dû rapporter le texte des arrêts de la Cour de cassation, comme il a fait de l'arrêt de la Cour de Dijon et des conclusions de M. Dupin : il eût ainsi mis le lecteur en état d'apprécier par lui-même les décisions de la Cour suprême.

Loin de là, il ne dit pas un mot de l'arrêt du 18 juillet 1837, et il continue ainsi :

« Aux raisons qui justifient la responsabilité de l'exploitant, *même quant aux maisons nouvellement construites*, je puis ajouter que tel est l'esprit de la loi révélé par la discussion du projet au Conseil d'État.

» Dans la séance du 10 octobre 1809, à l'occasion de l'article 17 de la quatrième rédaction (article 11 de la loi), l'archichancelier annonça que dans des observations qui lui avaient été soumises, on demandait que la disposition ne fût pas étendue aux enclos *construits* DEPUIS *l'exploitation commencée*.

» Mais après les observations sur les inconvénients d'une telle restriction, l'article fut maintenu sans amendement. Il résulte de là que, quelle que soit la date de la construction, les concessionnaires sont responsables des dommages qu'ils occasionnent par leurs travaux aux édifices que le propriétaire y élève. »

Nous adressons encore un reproche à M. Peyret-Lallier : puisqu'il rendait compte de ce qui s'est passé dans la séance du Conseil d'État du 10 octobre 1809,

il aurait dû ne rien omettre et rapporter même le
procès-verbal de cette séance. Nous allons combler
cette lacune :

« M. l'ARCHICHANCELIER dit que, dans des observations qui
lui ont été remises, on demande que la disposition ne soit pas
étendue aux enclos *construits* DEPUIS *l'exploitation commencée*.

» M. le comte DE SÉGUR objecte que cette limitation empê-
cherait de clore dans l'étendue de six lieues carrées.

» M. le comte REGNAULT de Saint-Jean-d'Angély ajoute
qu'elle permettrait aux concessionnaires de placer UN PUITS *au
milieu d'un parc nouvellement clos*, s'ils y trouvaient plus
de commodité pour les déblais et sans qu'il y eût nécessité
absolue.

» M. l'ARCHICHANCELIER dit qu'il n'entend pas défendre
l'observation, qu'il se borne à la rappeler.

» M. le comte REGNAULT de Saint-Jean-d'Angély fait observer
que les inconvénients seraient d'autant plus grands que les
concessions sont perpétuelles.

» M. l'ARCHICHANCELIER dit que, si le système de la loi
de 1791 est plus favorable à la propriété, on ferait bien de
s'y arrêter; mais on lui reproche qu'il resserre une branche
considérable de cette richesse nationale. »

Puis, faisant allusion à l'opposition de M. le comte
de Ségur, motivée sur ce que la limitation pourrait
empêcher de clore dans l'étendue de six lieues carrées,
M. l'archichancelier ajouta :

« Faut-il donc tout sacrifier à cette considération ? Qu'arri-
vera-t-il si le *nouveau système ne marche pas ?* On élaguera
par des *décisions*, des *instructions*, des *avis*, toutes les
dispositions qui gênent, c'est-à-dire toutes celles qui sont en
faveur de la propriété; ainsi la propriété sera ruinée, précisément pour avoir été trop protégée. »

Il n'y eut pas de rejet ; la discussion finit parce que rien n'était encore décidé sur les droits qui devaient être conférés au concessionnaire, et ce n'est qu'à partir du 18 novembre 1809, en présence de l'Empereur, d'après ses inspirations ou son adhésion, que le *nouveau système marcha*.

Mais on a vu que le législateur de 1810 s'est abstenu de définir la propriété des mines et de déterminer les modifications qu'elle apportait à la propriété de la surface, et que la Cour de cassation a décidé, d'une part, que l'article 11 de la loi de 1810 ne peut être appliqué aux établissements *formés* APRÈS *la concession*, et, d'autre part, que les dispositions de l'article 50 de la même loi N'ALTÈRENT *en rien* le droit de propriété du concessionnaire.

Elle ajouta, que le droit de surveillance réservé à l'autorité administrative ne peut, à cause de la création d'un établissement nouveau, imposer au concessionnaire l'obligation de subir, sans une juste indemnité, la perte d'une partie de sa concession.

C'est en rapportant les deux arrêts de la Cour de cassation, sous la rubrique des articles 43 et 44, que M. Peyret-Lallier a dit que ces arrêts ne sont pas contraires au droit qu'a tout propriétaire du sol d'élever des édifices, *même* APRÈS *l'acte de concession de la mine* (1).

Il dit ensuite :

« Il n'y a pas lieu à indemnité dans le cas où l'autorité administrative, *en conformité de l'article* 50, pourvoit, par des

---

(1) PEYRET-LALLIER, T. 1ᵉʳ. page 537, dernier alinéa.

mesures de sûreté publique, à la conservation des puits, à la solidité des travaux et à la sûreté des habitations de la surface, *sans distinguer l'époque de leur construction.*

» Il faut sans doute, dit-il encore, distinguer les travaux auxquels se livre le propriétaire de la surface, *en vertu de son droit préexistant*, de ceux qui sont exécutés *en vertu d'un droit nouveau!* »

« **En vertu** d'un *droit nouveau*, » M. Peyret-Lallier, en établissant une distinction entre le droit nouveau et le droit ancien du propriétaire du sol, prétend que les nouvelles constructions de ce propriétaire sont protégées par le droit ancien.

Dès-lors, quelque nuisibles que soient ces nouvelles constructions, elles ne sont pas, selon M. Peyret-Lallier, nuisibles dans le sens qu'implique l'arrêt de la Cour suprême, bien que celle-ci ait déclaré que le propriétaire de la surface n'a pas le droit *de pratiquer des travaux nuisibles* à l'exploitation de la mine dans l'étendue de son périmètre.

Mais, récemment, les Cours impériales de Dijon et de Lyon ont été plus loin ; elles ont autorisé les propriétaires de la surface à bâtir au-dessus des exploitations souterraines, même au-dessus des excavations, et ont rendu les exploitants responsables des dégâts causés aux nouvelles constructions ou établissements nouveaux, par cette raison que les propriétaires de mines doivent le *support de la surface* et de tous les édifices sans distinction de l'époque où ils ont été construits.

La Cour impériale de Dijon, en revenant à la jurisprudence de son arrêt du 25 août 1838 et aux théories de M. Dupin, sur le *toit de la mine*, a décidé le 21 août 1856 :

« Que l'exercice du droit de bâtir ne devient abusif que lorsqu'il se manifeste par des travaux nuisibles à l'exploitation de la mine ; mais qu'on ne peut réputer travaux nuisibles que ceux qui, en portant une atteinte directe à l'exploitation de la mine, tendent à faire subir au concessionnaire la perte d'une partie de sa concession ou à lui enlever une partie de son minerai exploitable. »

Cela est parfaitement juste ; que le propriétaire de la surface ne gêne pas l'exploitation de la mine et ne fasse pas subir au concessionnaire la perte d'une partie de sa concession, ou ne le prive pas d'une partie de son minerai exploitable, tout sera pour le mieux ; mais la Cour de Dijon détruit à l'instant tout l'effet de cette première disposition, en ajoutant :

« Que tous autres travaux *de construction* ne constituent qu'un usage naturel du sol, *et se trouvent dès-lors protégés,* SANS DISTINCTION D'ÉPOQUE, par les dispositions qui, dans un intérêt de sécurité publique, imposent au concessionnaire, comme *condition première* de son exploitation, le *devoir perpétuel et absolu* DE MAINTENIR LA SOLIDITÉ DU TOIT DE LA MINE et de prévenir *les affaissements* DU SOL. »

C'était là, en effet, le système de la Cour impériale de Dijon, dans son arrêt du 25 mai 1838, et celui de M. Dupin devant la Cour de cassation, Chambres réunies, le 3 mars 1841 ; système que la Cour impériale de Lyon avait déjà rétabli dans un arrêt du 23 mai 1856, en ces termes :

« Attendu que le premier devoir du concessionnaire de la mine est de pourvoir à la solidité de ses travaux, DE SOUTENIR

PAR CONSÉQUENT **LE TOIT DE LA MINE** et d'empêcher *les affaissements* DU SOL ;

« Que cette obligation élémentaire de toute exploitation minérale ressort expressément de l'article 50 de la loi du 21 avril 1810, confirmé et sanctionné par le décret du 3 janvier 1813 et par l'ordonnance du 26 mars 1843 ;

» Que ces dispositions qui obligent le concessionnaire à prendre et autorisent l'administration à lui imposer toutes les mesures nécessaires pour la conservation du sol et des habitations de la surface, *ne distinguent pas et ne doivent pas distinguer* ENTRE LES CONSTRUCTIONS **ANTÉRIEURES** ET LES CONSTRUCTIONS **POSTÉRIEURES** à l'acte de concession. »

Il suffit de recourir à l'arrêt de la Cour impériale du 25 mai 1838 (1) et au réquisitoire de M. Dupin (2), pour être convaincu que ce sont là les moyens dont on s'est servi devant la Cour suprême, et qu'elle a deux fois repoussés, en ces termes :

« Attendu, *à la vérité*, que l'article 50 de la loi du 21 avril 1810 confère à l'autorité administrative le droit de pourvoir par des mesures de sûreté publique à la conservation des puits, à la solidité des travaux de la concession *et à la sûreté* DES HABITATIONS *de la surface ;* MAIS *que cette disposition* N'ALTÈRE EN RIEN LE DROIT DE PROPRIÉTÉ du concessionnaire de la mine et ne lui impose pas l'obligation de subir la perte d'une partie de sa concession, *à raison de la* CRÉATION D'UN ÉTABLISSEMENT NOUVEAU, sans une juste indemnité. »

C'est, ainsi qu'on le voit, une lutte perpétuelle entre les Cours impériales de Dijon et de Lyon, d'un côté, et la Cour de cassation, de l'autre ; lutte qui se

(1) Voir page 73, 3ᵉ alinéa et pages suivantes.
(2) Voir page 76, 2ᵉ alinéa et pages suivantes.

renouvelle malgré les décisions uniformes de la Cour
de cassation sur ce point de droit ; car, indépendamment des deux arrêts des 18 juillet 1837 et 3 mars 1841,
la Cour de cassation a encore décidé, le 20 juillet 1842,
que la propriété de la surface *reçoit par la concession
d'une mine* UNE MODIFICATION GRAVE.

Dans la cause jugée par ce dernier arrêt il s'agissait
de la réparation d'un dommage causé à ce qui *existait
au jour de la séparation* des deux propriétés. Le concessionnaire soutenait qu'aux termes de l'article 544
du code Napoléon, il avait un droit absolu sur sa propriété, et qu'il ne pouvait être responsable des dégâts
causés à celle de la surface que lorsqu'il y avait faute
de sa part.

Et comme le concessionnaire invoquait encore à
l'appui de son droit la redevance payée au propriétaire
de la surface, sur les produits de la mine, aux termes
des articles 6 et 42 de la loi de 1810, le Tribunal de
Saint-Étienne, par jugement du 18 décembre 1838,
repoussa le moyen et dit :

« Que cette redevance n'est qu'*une indemnité accordée* au
propriétaire du sol, POUR LA PERTE DU TRÉFONDS CONCÉDÉ
PAR L'ÉTAT..... »

La Cour impériale de Lyon adopta ces motifs par
arrêt du 26 février 1841, et sur le pourvoi en cassation, l'action en réparation du dommage causé à la
surface fut maintenue par arrêt de la Cour de cassation
du 20 juillet 1842, en ces termes :

« Attendu que la propriété de la mine est sans doute la propriété du concessionnaire, mais que c'est une propriété *modifiée*

par sa relation immédiate AVEC LA SURFACE, *dont la propriété a elle-même reçu une* MODIFICATION GRAVE *par la concession de la mine.*

» Attendu que l'obligation première et principale du concessionnaire de la mine envers le propriétaire de la surface est de supporter et maintenir LE TOIT DE LA MINE ; *que c'est une condition naturelle, absolue, perpétuelle* (1), qu'il est inutile d'imposer ; que, lorsque les moyens ordinaires ne suffisent pas pour soutenir le sol, le concessionnaire doit en employer d'extraordinaires, *même faire* UNE VOUTE, SI CELA EST INDISPENSABLE ; d'où il résulte en fait et en droit que, DANS L'ESPÈCE, *la faute est présumée...* »

Ce qu'il y a de remarquable dans cet arrêt, c'est qu'il y est déclaré que, si la propriété de la mine *est modifiée* par sa relation immédiate *avec la surface*, celle-ci reçoit elle-même *une modification grave* par la concession de la mine ; et l'on doit se souvenir qu'il a été rendu peu de temps après l'arrêt solennel du 3 mars 1841, qui a refusé *le toit de la mine* ou *support de la surface* pour les établissements nouveaux.

Quant à la concession ou séparation du tréfonds, reconnue par la Cour impériale de Lyon, la Cour impériale de Dijon, par arrêt du 29 mars 1854, n'a point hésité à déclarer que le législateur, par la concession d'une mine, a entendu constituer deux propriétés distinctes et séparées :

« L'une, *composée de la surface*, continuant à reposer sur la tête du propriétaire du sol ;

» L'autre, COMPRENANT LE TRÉFONDS, passant entre les

(1) Pour tout ce qui *existait au jour* de la séparation du tréfonds, et c'est là l'espèce de l'arrêt.

7

mains du concessionnaire de la mine, moyennant indemnités réglées d'après les articles 6 et 42 de la loi de 1810. »

La Cour impériale de Nismes, par arrêt du 30 juillet 1838, a également reconnu que, par la concession d'une mine, il y a *dérogation à la règle commune* qui accorde au propriétaire du sol la propriété du dessous ; puis elle a ajouté :

« Que, si le législateur a cru devoir *séparer la propriété des mines* de celle de la surface, la nature des choses et *la position respective* de ces deux propriétés établissent entre elles des rapports nécessaires *qui doivent* FORCÉMENT MODIFIER *le droit* ABSOLU *de la propriété* POUR LES DEUX PROPRIÉTAIRES. »

Passant à l'examen des droits des deux propriétaires, celui du dessus et celui du dessous, la Cour de Nismes dit encore :

« Ce qui, dans l'UN et l'AUTRE cas, *atteste une* MODIFICATION AU DROIT ABSOLU de propriété, de l'*un* et de l'*autre propriétaires*, dont le but *est de concilier* autant que possible *leurs intérêts* RESPECTIFS. »

La Cour impériale d'Angers n'est pas moins explicite sur les modifications apportées aux droits du propriétaire de la surface par la concession de la mine ; par arrêt du 5 mars 1847, en adoptant les motifs d'un jugement du tribunal de La Flèche, elle a dit :

« Que si, aux termes de l'article 544 du code Napoléon, le propriétaire a le droit de disposer de sa chose de la manière la plus absolue, le même article ajoute : *pourvu qu'il n'en fasse pas un usage prohibé par les lois ou par les règlements.*

» Que si, d'un autre côté et d'après l'article 552 du même

code, la propriété du sol comporte celle *du dessus* et *du dessous*, et si le propriétaire peut faire au-dessous toutes les constructions et fouilles qu'il juge à propos, il doit tenir compte des lois et règlements relatifs aux mines, et que, sous ce rapport, *les droits de la propriété se trouvent* RESTREINTS *et* LIMITÉS. »

Ainsi, en présence des arrêts de la Cour de cassation, rendus soit par la Chambre des requêtes, soit par la Chambre civile, soit par les Chambres réunies ; en présence de ceux des Cours impériales de Nismes et d'Angers, et même de ceux des Cours impériales de Lyon et de Dijon, qui déclarent qu'il y a séparation du tréfonds par la concession d'une mine, il n'était plus possible de contester que, par cette concession, la propriété de la surface ne subisse des *dérogations, modifications* et *restrictions*.

Cependant les deux Cours impériales de Lyon et de Dijon, bien qu'elles eussent reconnu, dans leurs arrêts du 26 février 1841 et du 29 mars 1854, qu'il y a, par la concession de la mine, séparation entre le dessus et le dessous *de la même propriété*, ont refusé de maintenir les *dérogations, modifications* et *restrictions* qui résultent naturellement de cette séparation, et ont déclaré que les droits de la propriété du dessus restent entiers.

La Cour impériale de Dijon, dans son arrêt du 21 août 1856, a dit sur ce point :

« Que, lors même qu'il serait constant que l'exploitation *aurait eu lieu* AVANT LA CONSTRUCTION *des bâtiments* du propriétaire de la surface, il n'en résulterait pas que la com-

pagnie (concessionnaire) ne serait pas en faute si elle n'a pas consolidé les galeries d'exploitation. »

D'après cet arrêt, il serait interdit d'exploiter la mine toutes les fois que les droits de la propriété devraient être par là restreints, parce que le propriétaire de la surface, *pour le présent comme pour l'avenir*, aurait toujours le droit de bâtir et de réclamer une indemnité pour tout dommage causé aux constructions établies sur les excavations souterraines.

Il faudrait, d'après la Cour de Dijon, faire des voûtes dans les galeries souterraines.

La Cour de Lyon, dans l'arrêt qu'elle a rendu le 23 mai 1856, a dit également sur le même point :

« Que l'*usage même* ABUSIF que le propriétaire de la surface *aurait fait* DE SON DROIT ne saurait en aucun cas dispenser le concessionnaire *de l'obligation* INCESSANTE *d'assurer la solidité de ses travaux*, et l'affranchir par conséquent de la responsabilité des accidents et dommages survenus à la surface par le fait de son exploitation. »

Ainsi la propriété des mines n'est plus qu'une simple tolérance qui ne prive le propriétaire de la surface d'aucun de ses droits, et quand la mine est à la surface il n'est plus permis à son propriétaire de l'exploiter !

Pour l'exploitation souterraine, il faudra que le propriétaire de la mine prévoie le cas de nouvelles constructions sur toute l'étendue du périmètre de sa concession, et qu'il abandonne sa propriété, *à cause de la* CRÉATION *d'établissements nouveaux*, toutes les fois que la mine ne sera pas à une profondeur telle qu'on puisse bâtir, faire des réservoirs ou créer des étangs et des puits !

C'est appliquer l'article 11 de la loi de 1810 aux établissements *formés* APRÈS *la concession de la mine*, et c'est enfin interdire toute exploitation *à ciel ouvert!*

Telles sont les conséquences de la jurisprudence adoptée en dernier lieu par les Cours impériales de Lyon et de Dijon; ces deux Cours sont revenues aux principes *repoussés deux fois* par la Cour suprême, en persistant à soutenir que, malgré la concession d'une mine, le propriétaire de la surface conserve tous ses anciens droits, et elles dénient même aujourd'hui que par cette concession il y ait séparation du tréfonds; il ne reste plus au concessionnaire qu'un droit d'exploiter, subordonné à tous les besoins du propriétaire *du fonds* et *du tréfonds*.

Les Cours impériales de Lyon et de Dijon n'admettent pas que le propriétaire *de la surface* n'ait que la propriété *de la surface*; non que ce ne soit écrit dans la loi, mais parce que la loi ne donne que la mine au concessionnaire, et que celui-ci ne doit porter aucune atteinte à la propriété de la surface.

Il faut le reconnaître, un arrêt de la Chambre des requêtes, du 16 novembre 1852, est venu jeter le trouble dans la jurisprudence antérieure de la Cour de cassation; voici dans quelles circonstances:

Une compagnie d'éclairage au gaz a placé, dans l'intérieur des terrains compris dans le périmètre d'une concession de mines, des tuyaux pour la distribution du gaz; les excavations souterraines ont occasionné un mouvement du sol, et ce mouvement a causé la rupture des tuyaux.

De là, action en réparation du dommage causé ; nomination d'experts ; rapport qui constate que les accidents doivent être attribués aux travaux de mines ; jugement qui adjuge des dommages-intérêts, et arrêt de la Cour impériale de Lyon, du **20** mars 18**52**, qui confirme.

Cet arrêt, nous dit M. Dalloz (1), porte en substance :

« Que la concession d'une mine ne dépossède le propriétaire du fonds que de la mine elle-même ; que cette dépossession forcée ne peut être étendue au-delà des exigences qu'elle a à satisfaire ; qu'aussi toute l'étendue et toute la profondeur du terrain qui n'est pas la mine et qui n'est pas assujetti aux travaux et aux besoins de l'exploitation de la mine, demeurent la propriété libre du maître du fonds, et que le concessionnaire doit lui laisser la jouissance intacte et sans dommage de la propriété qui lui reste ;

» Qu'il n'y a pas lieu de distinguer si ce dommage a été causé à la *superficie* ou à l'*intérieur* du terrain réservé au propriétaire, si les travaux ont été faits suivant les règles de l'art, si enfin l'établissement qui a souffert a été posé AVANT ou DEPUIS *la concession,* AVANT ou DEPUIS l'EXPLOITATION. »

Il ne paraît pas que la question de propriété de la mine ait été traitée ; car le placement des tuyaux ou bourneaux pour l'éclairage au gaz rentrait dans l'espèce du chemin de fer ou de tout autre établissement, et néanmoins le pourvoi en cassation dirigé contre l'arrêt de la Cour impériale de Lyon a été rejeté par la Chambre des requêtes, le **16** novembre 18**52**, en ces termes :

« Attendu que l'arrêt attaqué constate, *en fait,* que le

(1) T. 1853. 1. page 189.

dommage dont la réparation a été demandée était réel ; que pour rechercher la cause de ce dommage, des experts ont été nommés par le Tribunal de Saint-Étienne ;

» Attendu que la Cour impériale de Lyon *a reconnu et déclaré* qu'il résultait des expertises rapportées que la rupture des bourneaux, placés dans l'intérieur du sol pour la distribution du gaz, avait été causée par un affaissement du terrain qui a été produit lui-même par le *fléchissement* DU TOIT DE LA MINE ;

» Attendu que, *de ce fait* qu'il lui appartenait de constater, la Cour impériale a justement conclu que la compagnie concessionnaire de mines était responsable du dommage éprouvé par la compagnie de l'éclairage au gaz. »

Quels que soient *les faits* reconnus et constatés par la Cour impériale de Lyon, la question de propriété qui était à examiner, était de savoir si, à l'occasion de la création d'un nouvel établissement dans le sein de la terre ou à la surface, par le placement de bourneaux, le propriétaire de la mine devait s'abstenir d'exploiter au-dessous et aux abords de ce nouvel établissement ?

Or, on a vu qu'il a été interdit d'exploiter la mine au-dessous et aux abords du chemin de fer de Saint-Étienne à Lyon, et qu'à raison de cet empêchement la compagnie des mines a reçu une indemnité, parce que la Cour de cassation, Chambre civile et toutes Chambres réunies, a décidé qu'il n'y avait ni *toit de mine* ni *support* à conserver ou à maintenir à raison des nouveaux établissements formés après la concession de la mine.

Pour l'établissement de l'éclairage au gaz et le placement des bourneaux dans l'intérieur du sol, il n'y a pas eu d'interdiction d'exploiter la mine au-dessous ni aux abords de ce nouvel établissement, et la compagnie des mines n'a pas eu d'indemnité à réclamer; mais pour avoir exploité et n'avoir pas prévenu *un fléchissement au toit de la mine*, elle a été condamnée à payer une indemnité.

Un autre arrêt de la Chambre des requêtes, du 22 décembre 1852, semble également contraire à la jurisprudence solennelle de la Cour suprême, du 3 mars 1841, en décidant que la disposition du 2me § de l'article 44 de la loi de 1810, portant que le terrain à acquérir par l'exploitant de mines doit être payé valeur avant l'exploitation de la mine, doit s'entendre de la valeur au moment du dommage, ce qui, selon nous, est une erreur.

Mais cet arrêt peut être interprété ainsi que nous l'avons fait au § 4, page 37 et suivantes, notamment à la page 44, 2me alinéa.

Nous nous proposons d'établir au titre septième, que payer un terrain avant l'exploitation, veut dire valeur *avant la séparation du tréfonds*.

La Chambre des requêtes de la Cour de cassation, dans son arrêt du 16 novembre 1852, a évité, ainsi qu'on vient de le voir, la question de propriété et ne s'est prononcée que *sur les faits* reconnus et constatés par l'arrêt de la Cour impériale de Lyon, qui a jugé cette question de propriété contrairement à la jurisprudence solennelle des Chambres réunies de la Cour suprême.

De telle sorte qu'il règne une confusion extrême dans la jurisprudence des tribunaux sur les questions de mines, et il y a aujourd'hui nécessité de se reporter à l'origine de cette jurisprudence, afin de montrer que les Cours impériales de Lyon et de Dijon méconnaissent l'arrêt solennel de la Cour de cassation du 3 mars 1841, et font une fausse application des principes consacrés par l'arrêt de la Chambre des requêtes du 20 juillet 1842; car décider autrement, c'est, ainsi qu'il est dit dans l'arrêt du 3 mars 1841, *faussement appliquer* l'article 552 du code Napoléon, *mal interpréter* l'article 50 et *formellement violer* l'article 7 de la loi de 1810, ainsi que l'article 545 du code Napoléon; c'est encore faussement appliquer l'article 1382 du même code.

Les propriétaires de mines, invoquant l'article 545 du code Napoléon, et s'appuyant sur deux arrêts de la Cour impériale du 21 août 1828 et du 17 janvier 1833, ont longtemps soutenu que lorsqu'ils avaient exploité selon les règles de l'art, n'ayant fait que ce qu'ils avaient le droit de faire, ils ne pouvaient être responsables des suites de l'exploitation de leur propriété.

Ce système de défense a été renversé, et l'on a dit avec raison que *le droit absolu de propriété* ne pouvait être invoqué que dans les cas ordinaires, alors que chaque propriétaire a la propriété du dessus et du dessous; mais qu'il est inapplicable quand l'un a LE DESSUS et l'autre LE DESSOUS *de la même propriété.*

Dans ce cas, on apporte aux droits des deux pro-

priétaires des *modifications réciproques*, et l'on a
décidé que le propriétaire du dessous, dût-il être
obligé de faire une voûte, devait le support à la propriété du dessus et maintenir l'intégrité de tout ce qui
existait au moment de la séparation entre le dessus et
le dessous du terrain minier.

Mais la jurisprudence des Cours impériales de Lyon
et de Dijon est arrivée à ce point, que les propriétaires de la surface peuvent bâtir au-dessus des
excavations souterraines, exiger que des travaux de
consolidation soient faits dans les galeries souterraines
et faire supporter aux propriétaires de la mine toutes
les conséquences de leurs imprudentes constructions.

Enfin, la propriété des mines, son inviolabilité,
tout cela n'est plus que vaines paroles, et bientôt, si
la jurisprudence de ces Cours ne revient aux vrais
principes de la loi, l'exploitation des mines sera un
délit passible des peines correctionnelles.

Nous allons mettre nos lecteurs à même d'apprécier
l'état de la jurisprudence sur ces questions et leur
faire voir combien de variations elle a subies.

On peut, dans les divers sens qui ont été donnés à
la loi, reconnaître jusqu'à huit modes d'interprétation
distincts :

1º Celui qui oblige le propriétaire de mines d'éloigner ses travaux à 100 mètres de distance de toute
clôture murée ou habitation ;

2º Celui qui refuse la réparation des dommages
causés à la surface par les travaux souterrains ;

3º Celui qui protège tout ce qui existait à la surface

ou dans le sein de la terre au moment de la concession de la mine ;

4o Celui qui établit une distinction entre les nouveaux et les anciens établissements ou édifices de la surface ou du tréfonds ;

5o Celui qui n'admet de distinction entre les nouveaux et les anciens établissements que pour ceux créés dans le tréfonds ;

6o Celui qui rejette toute distinction entre les nouveaux et les anciens établissements ou édifices ;

7o Celui qui rend les exploitants responsables des constructions établies au-dessus ou dans le voisinage des excavations souterraines ;

8o Enfin , celui qui prescrit des travaux de maçonnerie dans les galeries souterraines pour soutenir les nouvelles constructions.

SECTION Ire.

Jurisprudence qui prescrit d'éloigner les travaux de mines à 100 mètres des habitations ou des clôtures.

La jurisprudence qui prescrit au propriétaire de mines d'éloigner ses travaux de recherches ou d'exploitation à 100 mètres de distance d'une habitation ou clôture murée , et qui interdit même un sondage ou la construction d'un magasin à moins de 100 mètres , sans le consentement du propriétaire de l'*habitation* ou de la *clôture*, est celle de la Cour de cassation toute entière , de la Chambre des requêtes , de la Chambre civile et de toutes les Chambres réunies.

D'après cette jurisprudence, le propriétaire de mines ne peut, même avec le consentement du propriétaire *de la surface* nécessaire à un sondage ou à la construction d'un magasin, faire ce sondage ni établir ce magasin ou tous autres travaux désignés aux articles 8 et 11 de la loi de 1810, si une habitation ou une clôture voisine est à moins de 100 mètres.

Il lui faut, dans ce cas, le consentement du voisin *ou de tous les voisins,* propriétaires d'habitations ou de clôtures voisines du terrain propre aux recherches ou à l'établissement d'un champ d'exploitation, si ce terrain se trouve entouré de toutes parts de clôtures ou d'habitations; et, s'il n'obtient ce consentement, il faudra qu'il renonce à exploiter la mine partout où il rencontrera de tels obstacles.

Voici ce que dit la loi de 1810, article 11 :

« Nulle permission de recherches, ni concession de mines NE POURRA, *sans le consentement formel du propriétaire de la surface,* DONNER LE DROIT de faire des SONDES et d'ouvrir des puits ou galeries, ni celui d'établir des machines ou MAGASINS dans les *enclos murés, cours* ou *jardins,* ni dans les *terrains attenant* aux habitations ou clôtures murées, *dans la distance de* 100 *mètres desdites clôtures ou des habitations.* »

Tous les lieux désignés dans cet article sont *réservés* au propriétaire de la surface du périmètre concédé, et sont dès-lors *exceptés* de la concession; mais cette réserve, cette exception peut-elle s'étendre au gré du propriétaire de la surface?

Non, a dit la Cour de cassation; l'article 11 de la

loi de 1810 ne peut être appliqué aux établissements *formés* APRÈS *la concession*.

La réponse est précise, et comme elle ne peut prêter à aucune équivoque, les opposants, forcés de se soumettre, sont venus dire : Soit, les établissements nouveaux ne jouiront pas de la protection accordée aux anciens par l'article 11 de la loi de 1810, mais ils seront protégés par l'article 15 de la même loi et par l'article 1382 du code Napoléon.

Ils prétendent encore que le propriétaire de mines doit laisser un support dans les galeries souterraines, pour soutenir le toit de la mine et le sol sur lequel reposent les nouvelles constructions, et que le support est dû aux nouvelles constructions comme aux anciennes.

Mais ils ne s'aperçoivent pas qu'ils arrivent ainsi au même résultat pour les établissements nouveaux ou anciens, et qu'une maison, un clos, un parc, un étang, un cours d'eau, moulin, manufacture, etc., placés sur la mine, n'étant point un obstacle, aux termes de la loi, ne le seront pas moins de fait, *s'ils ont été légalement établis.*

Car, si tous ces travaux ou établissements nouveaux ont été légalement établis, ils doivent être respectés autant que les anciens, et ils augmenteront ainsi les réserves du propriétaire de la surface, en même temps qu'ils restreindront les droits du propriétaire de la mine ; on ne peut donner à l'un sans ôter à l'autre.

Si au contraire les établissements nouveaux ne sont pas protégés par l'article 11, et s'ils ne peuvent priver

le propriétaire de la mine du minerai exploitable , ou
lui faire subir la perte d'une partie de sa concession ,
c'est qu'ils auront été créés sans droit, et par suite illégalement.

Or, tout ce qui est établi sans droit ou illégalement
doit être supprimé , surtout lorsque la chose établie
devient nuisible , et , en matière de mines , tout ce qui
peut paralyser l'exploitation est nuisible.

Mais il suffit de rappeler la jurisprudence solennelle
de la Cour de cassation, qui , d'après l'article 11 , prescrit au propriétaire de la mine d'éloigner ses travaux ,
même un simple sondage ou un magasin , à 100 mètres
de distance *de toute habitation ou clôture*, pour être
convaincu que cette jurisprudence ne peut être appliquée aux nouvelles clôtures ou habitations.

Et que faut-il de plus quand on voit la même Cour,
adoptant une autre jurisprudence , déclarer par arrêt
de la Chambre des requêtes , de la Chambre civile et
des Chambres réunies , que les dispositions protectrices de l'article 11 ne peuvent être, appliquées aux
établissements *formés* APRÈS *la concession*, et que ces
établissements ne peuvent priver le concessionnaire
d'une partie de sa propriété?

Déjà , il faut qu'on s'en souvienne , l'article 11 a été
interprété *deux fois* par toutes les Chambres de la Cour
de cassation.

Faudra-t-il qu'une troisième jurisprudence *solennelle*
de la Cour suprême , sur ce même article , vienne
dire que ces mêmes établissements ne sont protégés
contre les travaux de mines ni par l'article 15 de

la loi de 1810 , ni par l'article 1382 du code Napoléon, soit directement, soit indirectement ?

Il n'y a que deux alternatives : ou les nouveaux établissements sont protégés par l'article 11 de la loi de 1810 , ou ils ne le sont pas.

S'ils le sont, il faut que le propriétaire de mines éloigne ses travaux à 100 mètres de distance, et, en cas d'accidents ou de dommages causés à la surface, il doit une réparation.

Si, au contraire, ils ne le sont pas, il n'y a plus de distance à observer , *en fait* comme *en droit,* et le propriétaire de mines peut demander la suppression des constructions établies sur le roc de la mine ou dans l'intérieur de la mine, parce qu'il ne peut être privé de sa propriété , *à raison de la création d'un établissement nouveau,* sans une juste indemnité.

Si l'on ne voulait pas admettre cette dernière hypothèse , ce serait supprimer les dispositions de l'article 7 de la loi de 1810 , qui déclarent que la propriété des mines est perpétuelle et que le concessionnaire ne peut en être privé ou exproprié que dans les cas déterminés par la loi pour les autres immeubles.

SECTION 2.

Jurisprudence qui refuse la réparation des dommages causés à ce qui existait sur la surface au jour de la concession.

La jurisprudence qui refuse la réparation des dommages ou dégâts causés à ce qui existait sur la surface au jour de la concession d'une mine, a été consacrée par deux arrêts de la Cour impériale de Lyon, du 21 août 1828 et du 17 janvier 1833.

Les motifs de ces deux arrêts, nous dit M. Peyret-Lallier, T. II, page 522, sont :

« Que le propriétaire d'un terrain sur lequel sont élevés des bâtiments, qui reçoit *sans condition ni réserve* la redevance sur le produit des extractions des houilles faites sous son terrain, est censé s'être soumis à supporter sans indemnité les dommages que peut éprouver sa maison, *pourvu que l'exploitation ait été régulièrement faite.* »

Il s'agissait alors de maisons construites avant la séparation *du dessous* de la terre, c'est-à-dire avant la concession ou exploitation de la mine.

On disait avec Toullier, T. XI, page 149, nᵒ 118 et suivant :

« Si l'énonciation de l'article 1382 n'était pas limitée, elle serait fausse par trop de généralité, car il y a des faits de l'homme qui, quoique nuisibles à autrui, n'obligent point celui qui les a commis à réparer les dommages qu'il peut avoir causés ; mais les premières expressions de cet article, trop générales en apparence, sont sagement limitées par la disposition finale, qui n'oblige à réparer le dommage qu'autant qu'il y a faute de la part de celui qui l'a commise.

» Que faut-il entendre ici par faute ? Ce n'est point le degré de culpabilité suivant lequel on distingue la faute du sol, la faute lourde de la faute légère ou très-légère, puisque l'article suivant soumet à la réparation du dommage causé, non-seulement par une faute, mais encore par une imprudence, par simple négligence. L'article 1382 entend donc ici par faute celle qu'on commet en faisant une chose qu'on n'avait pas le droit de faire, *quod non jure fit nullus videtur solo facere qui suo jure utitur.* 1. 55, §§ *de reg. ju.*

» Car on ne peut être en faute en faisant ce qu'on a le droit de faire ; pourvu qu'on n'excède pas les justes limites de son droit, et pourvu qu'il ne paraisse pas clairement qu'*entre plusieurs manières d'exercer son droit* on a choisi dans le dessein de nuire à un autre, celle qui pourrait lui être préjudiciable, ce serait le cas d'appliquer la maxime : *Malitiis non est indulgendum*....

» Celui qui ne fait que ce qu'il a réellement le droit de faire, celui qui n'use que de son droit, ne commet aucune faute ; s'il en résulte quelque dommage pour autrui, c'est un malheur que l'auteur du fait n'est pas tenu de réparer, et qu'il n'est pas aux yeux de la loi censé avoir causé.... »

On peut encore citer comme exemple, avec Toullier, les sources d'un puits taries par les fouilles du voisin ; les racines des arbres coupées par celui qui laboure son champ ; le détournement d'une source sur son fonds, etc. ; telle est, disons-nous toujours avec Toullier, la loi de la propriété.

Mais, nous l'avons déjà fait remarquer, ces principes sont justes dans les circonstances ordinaires de la propriété, alors que chaque propriétaire, chaque voisin possède *le dessus* et *le dessous* de sa propriété ; mais ils ne peuvent pas être appliqués quand l'un est simple propriétaire *du dessous* et qu'un autre a la propriété *du dessus*.

Du jour où un acte du gouvernement déclare, en vertu de la loi de 1810, *que le* DESSOUS *du sol forme une propriété particulière* et qu'il la concède aux conditions stipulées dans cet acte, cette propriété est désormais *distincte de celle de la surface*.

« Cette propriété, dit l'article 19 de la loi de 1810, sera

distinguée de celle de la surface et *désormais* CONSIDÉRÉE COMME PROPRIÉTÉ NOUVELLE, sur laquelle de nouvelles hypothèques pourront être assises, sans préjudice de celles qui auraient été ou *seraient prises* SUR LA SURFACE. »

Dès ce moment donc il y a deux propriétés dans un même périmètre, l'une *au-dessus* et l'autre *au-dessous*, et celle *du dessous* peut, aux termes des articles 43 et 44 de la même loi, absorber celle *du dessus*, si l'on se conforme aux prescriptions de l'article 11 qui désigne les lieux réservés au propriétaire de la surface et desquels celui-ci ne peut être dépossédé *sans son consentement formel.*

Mais en dehors des restrictions apportées à la concession par l'article 11, lorsque la dépossession du propriétaire de la surface est permise, des indemnités sont accordées à ce propriétaire, et outre ces indemnités on lui doit encore la réparation de toute espèce de préjudices que l'exploitation des mines peut lui causer.

D'où la conséquence que la doctrine de Toullier était inapplicable à l'exploitation des mines et que la Cour impériale de Lyon s'était trompée dans l'application des principes qu'elle avait consacrés par ses arrêts du 21 août 1828 et du 17 janvier 1833.

Aussi la jurisprudence de ces arrêts a-t-elle été abandonnée même par la Cour de Lyon, qui aujourd'hui *est arrivée à des conséquences extrêmes,* en autorisant le propriétaire de la surface à paralyser l'exploitation de la mine par toute espèce de travaux ou établissements formés après la concession.

SECTION 3.

*Jurisprudence qui protège tout ce qui existait à la surface
ou dans le sein de la terre au jour de la concession.*

La jurisprudence qui protège tout ce qui existait à
la surface ou dans le sein de la terre au jour de la
concession d'une mine ou séparation du tréfonds,
émane de deux arrêts rendus par les Cours impériales
de Nismes et de Lyon, et confirmés par deux arrêts
de la Chambre des requêtes de la Cour de cassation.

L'arrêt de la Cour de Nismes est du 30 juillet 1838,
et celui de la Cour de cassation, qui en a prononcé la
confirmation, est du 4 janvier 1841.

L'arrêt de la Cour de Lyon est du 26 février 1841,
et celui de la Cour de cassation, qui l'a maintenu, est
du 20 juillet 1842.

Voici l'espèce de la première affaire :

Un domaine fut, en 1787, donné à bail à locatairie
perpétuelle, avec réserve de la propriété des mines
d'antimoine que l'on supposait exister dans le domaine
loué.

Ce domaine, qui consiste principalement en prairies, était irrigué par les eaux d'une source abondante
qui jaillissait près de la maison d'habitation.

En 1816, le propriétaire obtint du gouvernement
l'autorisation d'exploiter ses mines ; il se mit à l'œuvre,
et il les exploita pendant 20 ans sans qu'il s'élevât des
difficultés entre lui et le propriétaire de la superficie.

En 1836, une galerie nouvelle ayant été ouverte
dans la direction du lieu où jaillissait la source, elle
disparut tout-à-coup et complètement.

Sur ce, une instance s'engage. Des experts sont nommés. Ils déclarent que la disparition des eaux de la source a été une conséquence nécessaire de l'ouverture de la nouvelle galerie. En conséquence, jugement du tribunal de Privas, en date du 25 janvier 1837, qui condamne l'exploitant à 2,500 francs de dommages-intérêts envers le propriétaire de la superficie.

Appel. Sur cet appel, l'on disait pour l'appelant qu'en ouvrant la nouvelle galerie d'exploitation il s'était conformé aux règles de l'art ; qu'il n'avait commis ni faute ni imprudence, et que, s'étant borné à user de son droit d'exploiter la mine, il ne pouvait être passible de *dommages-intérêts* envers celui auquel l'exercice légal de sa propriété avait pu porter préjudice.

Nonobstant cette défense qui avait pour appui les dispositions de l'article 1148 du code civil, la Cour impériale de Nismes, par arrêt du 30 juillet 1838, a confirmé le jugement du tribunal de Privas par les motifs qui suivent :

« Attendu qu'en principe général le propriétaire du sol est également propriétaire du dessous, et que c'est par une DÉROGATION *à cette règle commune* et dans un intérêt public que la loi du 21 avril 1810 a réservé au gouvernement le droit de concéder les mines, et a déclaré dans l'article 19 qu'elles formaient, du moment de la concession, une propriété nouvelle, distincte de la propriété de la surface ;

» Attendu que cette dérogation, qui dépossède le propriétaire du sol de sa propriété primitive, doit, comme toutes les *dérogations au droit commun,* être restreinte dans les limites les plus étroites et entendue dans le sens qui porte le moins atteinte aux droits du propriétaire de la surface ;

» Attendu que, si le législateur a cru devoir séparer la propriété des mines de celle de la surface, la nature des choses et *la position respective* de ces deux propriétés établissent entre elles des rapports nécessaires *qui doivent forcément modifier* LE DROIT ABSOLU DE LA PROPRIÉTÉ *pour les* DEUX PROPRIÉTAIRES *et les placer sous un* RÉGIME SPÉCIAL ; qu'ainsi, d'après les lois de la matière, d'une part, le propriétaire du sol est obligé de tolérer sur sa propriété des travaux ou des actes NÉCESSAIRES *pour l'exploitation des mines.*

» Que, d'un autre côté, le propriétaire de la mine est soumis à des règles dans son mode d'exploitation, non-seulement dans son propre intérêt ou dans un intérêt public, mais encore dans celui du propriétaire du sol, *ce qui dans l'un et l'autre cas* ATTESTE UNE MODIFICATION AU DROIT ABSOLU *de propriété de l'*UN *et de l'*AUTRE *propriétaires,* dont le but *est de concilier* autant que possible LEURS INTÉRÊTS RESPECTIFS ;

» Attendu que, dans le cas exprimé par la loi, où l'intérêt du propriétaire de la mine EXIGE *qu'il soit porté atteinte* AUX DROITS *du propriétaire de la surface,* cette ATTEINTE EST AUTORISÉE *en faveur du premier,* comme aussi le dernier reçoit une juste indemnité pour le dommage qu'il souffre ;

» Attendu que ce principe d'indemnité, fondé sur l'équité, ne saurait être restreint aux cas textuels prévus par la loi, qui ne contient d'ailleurs aucune *expression limitative,* et que, par l'effet de la règle *ubi eadem ratio, ibi idem jus,* il doit être étendu à tous les cas analogues où l'exploitation de la mine cause un dommage direct à la propriété de la surface ;

» Attendu qu'il résulte du rapport des experts que les travaux de la mine ont fait disparaître les eaux qui servaient à l'arrosage des propriétés du sieur Allègre et aux autres besoins de la maison, et qu'ils lui occasionnent par là un dommage considérable, dont il doit être indemnisé;

» Attendu d'*ailleurs* que, lors même que la loi n'autoriserait pas cette réclamation d'indemnité de la part d'Allègre contre Lavernède, il serait encore en droit de la former par suite du bail perpétuel de 1787... »

« *Sur le pourvoi* en cassation dirigé contre cette décision, M. DUPLAN, conseiller-rapporteur, dit M. DALLOZ, *Jurisprudence générale*, 1841, 1re partie, p. 65, a écarté d'abord l'application des lois romaines invoquées, en ce que, dans les espèces prévues par ces lois, il s'agit de travaux qu'un propriétaire exploite *sur son propre fonds,* tandis que, dans l'espèce de la cause, il s'agit du concessionnaire d'une mine qui l'exploite *sur la propriété d'autrui.*

» On invoque, dit ensuite M. le conseiller-rapporteur, la violation de l'article 552 du code civil et de l'article 19 de la loi du 21 avril 1810, en ce que l'un permet au propriétaire de faire de sa chose tout ce qu'il veut, et que l'autre érige la mine concédée en une propriété distincte de celle de la surface. Mais l'arrêt ne conteste pas au propriétaire concessionnaire le droit d'user et d'abuser de sa mine. Il dit seulement que si le propriétaire, dans le libre exercice de ses plus grands droits, cause un dommage par ses travaux souterrains, il devra le réparer.

» Maintenant, est-il vrai que cette obligation de réparer le préjudice causé par son propre fait, obligation de droit commun autant que de raison et d'équité, n'existe pas pour le concessionnaire extracteur de mines?

» On peut peut-être répondre que le principe de l'indemnité en faveur du propriétaire de la surface ressort clairement de l'ensemble des dispositions de la loi de 1810. Ce principe nous semble écrit: 1o dans l'article 6, qui règle les droits du propriétaire de la surface dans les produits de la mine; 2o dans l'article 10, qui n'autorise les travaux de recherches des mines qu'à la condition d'une préalable indemnité envers le propriétaire; 3o dans l'article 15, qui assujettit le concessionnaire à fournir un cautionnement dans le cas où ses travaux seraient poussés sous des bâtiments d'habitation : 4o dans les articles 43 et 44 sur lesquels j'appelle plus particulièrement votre attention.... »

M. le rapporteur, dit encore Dalloz, donne lecture de ces deux articles; il fait remarquer que l'article 43 accorde une indemnité à raison des terrains occupés par les travaux de la mine, et même une indemnité du double du produit. Si l'occupation se prolonge, l'article 44 dispose à son tour : 1° que, lorsque, après les travaux, les terrains ne sont plus propres à la culture, on peut exiger des concessionnaires l'acquisition des terrains à l'usage de l'exploitation ; 2° que, si le propriétaire de la surface le requiert, les pièces de terre trop endommagées ou dégradées sur une trop grande partie de leur surface, devront être achetées en totalité par le propriétaire de la mine ; 3° enfin, que le terrain à acquérir sera toujours estimé au double de la valeur qu'*il avait avant l'exploitation de la mine.*

« Ne doit-on pas, ajoute M. le rapporteur, trouver dans ces diverses dispositions le principe de l'indemnité et même d'une très-large indemnité pour toute espèce de dommages causés par les extracteurs ?

» Non, dit-on ; une fois l'indemnité fixée, le propriétaire de la surface n'a rien à réclamer pour le préjudice que pourraient lui causer les travaux, et la loi a posé le principe d'une indemnité raisonnable *pour toutes les conséquences nécessaires de l'exploitation.*

» Je ne puis, quant à moi, admettre ce système. L'indemnité de la loi dont on parle ici, c'est la redevance annuelle, et cette redevance a pour objet, suivant l'article 6, la part réservée au propriétaire dans le produit des mines concédées.

» *Mais, dit M. le rapporteur, tout autre chose* EST *l'indemnité résultant des travaux de l'occupation,* DE LA DÉGRADATION OU DE LA DESTRUCTION DES TERRAINS.

» La loi avait une base pour fixer la redevance, c'est le produit de la mine ; mais elle n'en avait point et ne pouvait point en avoir pour apprécier les dommages causés par les travaux, toujours variables suivant l'étendue, les accidents de l'exploitation et les localités... Le demandeur s'efforce d'établir entre *le dessus* et *le dessous* de la propriété une indépendance, un affranchissement d'obligations respectives dont il n'a peut-être pas mesuré toutes les conséquences... »

Ici M. le rapporteur, dit toujours M. Dalloz, fait observer que, si le concessionnaire pouvait faire dans sa mine tout ce qu'il veut et détourner les sources au préjudice du propriétaire de la surface, celui-ci, par la même raison, pourrait conduire ses eaux extérieures jusqu'à l'ouverture du puits, de manière à inonder la mine, ou bien creuser sur son fonds des excavations qui, atteignant la voûte des galeries souterraines, y causeraient des éboulements.

Le rapport de M. le conseiller Duplan a été suivi d'un arrêt de rejet motivé, sur la question des dommages-intérêts, ainsi qu'il suit :

« Attendu que l'arrêt attaqué, pour admettre l'action en dommages-intérêts résultant de la privation des eaux causée par les travaux de la mine, s'est fondé sur les conventions passées entre les auteurs des parties, ce qui suffirait pour le mettre à couvert des contraventions qu'on lui reprochait ;

» Attendu que le principe d'indemnité que l'arrêt attaqué a puisé dans la loi du 21 avril 1810, ressort évidemment de l'esprit comme du texte et de l'ensemble des dispositions de cette loi, notamment de la combinaison de l'article 6 avec les articles 10, 11, 15, 43 et 45, dans tous lesquels on voit les intérêts du propriétaire de la surface protégés contre les entreprises du propriétaire de la mine ;

» Attendu, d'ailleurs, que l'article 6 déclare expressément que l'acte de concession ne règle que les droits du propriétaire de la surface *sur le produit des mines concédées*, et qu'il suit de là qu'on ne saurait admettre, surtout en présence des cas d'indemnités prévus par les articles subséquents, que la redevance attribuée au propriétaire de la superficie ait eu pour objet d'affranchir les concessionnaires de toutes les conséquences de l'exploitation ; — REJETTE. »

Ce rejet était inévitable après le lumineux rapport qui avait été soumis à la Cour, et dans lequel il importe de remarquer que M. le conseiller DUPLAN établit une distinction entre l'OCCUPATION *des terrains et leur* DESTRUCTION *ou dégradation*, et signale le respect qui est dû à chacune des deux propriétés.

Mais ce qu'il faut surtout remarquer, ce sont les motifs de l'arrêt de la Cour impériale de Nismes, déclarant que la nature des choses et la position respective des deux propriétés, celle *du dessus* et celle *du dessous*, établissent entre elles des rapports qui *modifient* LE DROIT ABSOLU *des deux propriétaires* et placent ces deux propriétés *sous un régime spécial.*

Elle ajoute que cette modification *a pour but de concilier* autant que possible *les intérêts respectifs* des deux propriétaires.

L'espèce de la seconde affaire est celle-ci :

En 1808 et 1811, une société fut formée entre Fornas, Étienne et Charrin, pour l'exploitation de diverses mines situées dans le territoire dit la *Grand'Croix*, commune de Saint-Paul-en-Jarret.

L'article 5 de l'acte social règle l'indemnité à allouer, pour la propriété de la surface, à ceux qui possèdent des propriétés foncières dans le périmètre de la concession demandée.

Les choses étaient en cet état, lorsqu'en 1814, les époux Charrin, membres de la société en question, vendirent à un sieur Guillemin UN PRÉ *à eux appartenant,* avec une prise d'eau destinée à l'irrigation.

Les vendeurs se réservèrent la propriété des mines de charbon qui existaient sous le pré.

Le 6 janvier 1825, la concession des mines de houille de la *Grand'Croix* fut accordée par le gouvernement.

Le pré vendu par les mariés Charrin, s'étant trouvé compris dans le périmètre de la concession, *fut exploité comme* LES AUTRES TERRAINS *en dépendant ;* l'exploitation de la mine et l'enlèvement du charbon produisirent, dans plusieurs parties de ce pré, des crevasses et des affaissements.

Le sieur Guillemin, acquéreur, fit assigner les

concessionnaires de la *Grand'Croix* et les époux
Charrin, pour se voir condamner à lui payer les dommages causés à la surface du pré et à rétablir la disposition des eaux, etc.

Le 18 décembre 1838, après expertise, le tribunal
de Saint-Étienne prononça un jugement dans les
termes suivants :

« Attendu qu'il résulte du rapport des experts que des crevasses et des affaissements se sont manifestés dans la prairie
de Guillemin, laquelle, par suite de ces mouvements, est
privée, dans une partie, de moyens d'irrigation, dans l'autre,
de moyens d'écoulement ;

» Attendu qu'il est constaté par le même rapport que les
mouvements et dommages reconnus ont pour cause les travaux
souterrains des concessionnaires de la *Grand'Croix* ;

» Attendu que les concessionnaires et exploitants de mines
sont tenus d'indemniser les propriétaires du dommage que
l'exploitation cause au sol ;

» Attendu que la redevance accordée par l'article 6 de la
loi du 21 avril 1810 au propriétaire n'a pas pour principe
l'éventualité des dommages que les travaux d'exploitation
peuvent occasionner à la surface ; *que cette redevance n'est
qu'*une indemnité *accordée au propriétaire du sol* pour la
perte DU TRÉFONDS concédé par l'État, qui ne peut,
conséquemment, priver ce propriétaire d'obtenir les dommages
que l'exploitation opérée par les concessionnaires a pu faire
à la surface de sa propriété ;

» Attendu que, si les mariés Charrin se sont réservé, par
l'acte de vente faite à Guillemin, les mines de charbon qui
existaient sous le fonds vendu, il est certain, il est constant
qu'ils ne se sont livrés personnellement à aucuns travaux d'extraction dans le fonds dont il s'agit ; que ces travaux ont été
exécutés par la compagnie exploitante de la Grand'Croix ;

» Condamne la compagnie concessionnaire à payer les dommages estimés par experts. »

Appel. Arrêt de la Cour impériale de Lyon du 26 février 1841, qui, en adoptant les motifs des premiers juges, confirmé le jugement.

Pourvoi en cassation. Sur ce pourvoi on a soutenu que la Cour de Lyon a fait une fausse application des articles 1382, 1383 du code Napoléon, ainsi que des articles 6, 10, 11, 15, 43 et 45 de la loi du 21 avril 1810, en ce qu'il ne suffit pas qu'un dommage ait été causé pour qu'il y ait lieu à une demande en indemnité; il faut en outre qu'il y ait eu faute ou négligence de la part de celui qui l'a occasionné.

Or, dans le cas particulier, l'exploitation de la mine ayant été régulière, conforme à toutes les règles de l'art, et tous les travaux ayant été dirigés d'après les indications des ingénieurs et sous la surveillance continuelle de l'administration, la base du droit à une indemnité, pour le propriétaire de la surface, manque complètement.

En effet, disait-on, de ce principe que la mine constitue une propriété véritable, tout-à-fait distincte de la propriété de la surface, il suit que le concessionnaire, comme le propriétaire de la surface, jouit du droit de disposer à son gré de sa propriété, pourvu qu'il se conforme aux règles de l'art relatives à l'exploitation.

Ce système de défense reposait toujours sur l'*indépendance des deux propriétés*, et l'on ne voulait pas voir que si la mine forme une propriété distincte de celle de la surface, ses droits sont modifiés par sa relation immédiate avec la surface, dont les droits reçoivent eux-mêmes une *grave atteinte* par la concession d'une mine.

Aussi la Cour de cassation, par arrêt du 20 juillet 1842, a-t-elle rejeté le pourvoi en ces termes :

« Attendu que les sieur et dame Charrin, propriétaires d'un terrain houiller, n'ont pas prévu, en vendant le droit d'exploiter la houille, que l'exploitation pourrait produire des affaissements du sol, des altérations de nature à en diminuer le produit ; il n'y a pas de stipulations, mais point de dérogations ni aux principes généraux du droit, ni au droit spécial des mines ;

» Attendu que la propriété de la mine est sans doute la propriété du concessionnaire, *mais que c'est une propriété* MODIFIÉE *par sa relation immédiate* AVEC LA SURFACE *dont la propriété a elle-même reçu* UNE MODIFICATION GRAVE *par la concession de la mine ;*

» Attendu que l'obligation première et principale du concessionnaire de la mine envers le propriétaire du sol *est de supporter et maintenir* LE TOIT DE LA MINE ; que c'est une condition naturelle, absolue, perpétuelle, qu'il est inutile d'imposer ;

» Que lorsque les moyens ordinaires ne suffisent pas *pour soutenir* LE SOL, le concessionnaire doit en employer d'extraordinaires, *même faire* UNE VOUTE, *si cela est indispensable ;* d'où il résulte en fait et en droit que, DANS L'ESPÈCE, la faute est présumée d'après l'événement, sans qu'il soit besoin d'autre vérification, et qu'il été fait *à la cause* une juste application des articles 1382 et 1383 du code Napoléon ;

» Attendu enfin que, loin de déroger aux conséquences qui résultent de la nature des choses et des principes généraux du droit, la loi du 21 avril 1810 a littéralement consacré le principe d'indemnité en faveur du propriétaire de la surface pour tous les préjudices que lui cause l'exploitation de la mine; que ce principe ressort évidemment du texte, de l'esprit et de l'ensemble de la loi, notamment de la combinaison de l'article 6 avec les articles 10, 11, 15, 43 et 45; — REJETTE. »

Par les dispositions énergiques de cet arrêt la Cour de cassation a mis fin au refus que faisaient les exploitants de payer les dégâts causés à la propriété de la surface par les travaux souterrains.

Mais elle a déclaré en même temps que *la propriété de la surface reçoit une* MODIFICATION GRAVE *par la concession d'une mine.*

SECTION 4.

Jurisprudence qui établit une distinction entre les nouveaux et les anciens établissements.

La jurisprudence qui établit une distinction entre les nouveaux et les anciens établissements, et qui interdit les nouveaux lorsqu'ils sont nuisibles à l'exploitation de la mine, a été consacrée solennellement par toutes les Chambres réunies de la Cour suprême, dans un arrêt du 3 mars 1841, confirmant un autre arrêt de la Chambre civile du 18 juillet 1837 (1).

On a vu dans l'exposé du présent chapitre que cette jurisprudence a été adoptée après cassation de deux décisions des Cours impériales de Lyon et de Dijon, et que la Cour suprême s'est appuyée sur ce *point de fait,* que l'établissement, objet de la difficulté, *était de* CRÉATION POSTÉRIEURE *à la concession de la mine* (2).

(1) Voir, pages 69 et 80, les deux arrêts.
(2) Voir page 70, 2me alinéa, et page 81, 3me alinéa.

La Cour de cassation, par un autre arrêt de la Chambre des requêtes, du 20 juillet 1842, a dit encore que la propriété de la surface *reçoit une* MODIFICATION GRAVE *par la concession d'une mine* (1).

Et la Cour impériale d'Angers, par arrêt du 5 mars 1847, en adoptant la jurisprudence de la Cour suprême, a décidé :

« Que si, aux termes de l'article 544 du code Napoléon, le propriétaire a le droit de disposer de sa chose de la manière la plus absolue, le même article ajoute : POURVU *qu'il n'en fasse pas* UN USAGE PROHIBÉ *par les lois ou par les règlements.*

» Que si, d'un autre côté et d'après l'article 552, la propriété du sol comporte *celle* DU DESSUS *et celle* DU DESSOUS, et si le propriétaire peut faire au-dessous toutes les constructions et fouilles .qu'il jugera à propos, il doit tenir compte des lois et règlements *relatifs aux mines,* et que, sous ce rapport, les droits de la propriété *se trouvent* RESTREINTS *et* LIMITÉS.

» Qu'en vertu de la concession faite par le gouvernement et aux termes de la loi du 21 avril 1810, la mine devient une propriété *distincte* DE LA SUPERFICIE, propriété perpétuelle, disponible, transmissible et susceptible d'hypothèques.

» Que le concessionnaire peut dès-lors invoquer, *comme tout autre propriétaire,* LES LOIS PROTECTRICES DE LA PROPRIÉTÉ; que si un dommage lui a été causé, il peut, en vertu de l'article 1382 du code Napoléon, en demander la réparation *au propriétaire de la superficie*, aussi bien qu'à tout autre.

» Que si le législateur de 1810, préoccupé des idées d'intérêt général, n'a pas suffisamment défendu les droits du propriétaire de la superficie, celui-ci ne peut *s'en faire* UN MOYEN *contre le concessionnaire* QUI AGIT EN VERTU DE LA LOI : *dura lex, sed lex.* »

_____

(1) Voir page 122, 3ᵐᵉ alinéa.

On pouvait croire que la jurisprudence était définitivement fixée sur les *modifications, dérogations* et *restrictions* qui sont apportées à la propriété de la surface par la concession d'une mine, et que toutes constructions ou établissements *postérieurs à la concession,* non-seulement n'étaient pas protégés contre les travaux de mines, mais qu'ils devaient être supprimés s'ils nuisaient à l'exploitation du concessionnaire.

On pouvait croire, disons-nous, qu'après une jurisprudence aussi solennelle, adoptée par la Chambre des requêtes, par la Chambre civile et par les Chambres réunies de la Cour suprême, les droits des concessionnaires de mines ne seraient plus contestés, et que leur propriété ne serait plus placée dans une condition inférieure à celle de la propriété de la surface.

Mais la résistance des Cours impériales de Lyon et de Dijon, malgré la cassation de leurs arrêts du 12 août 1835 et du 25 mai 1838, semble remettre en question tous les points de droit qui ont été examinés et jugés par la Cour suprême.

Ces deux Cours impériales, contrairement à la Cour de cassation toute entière et aux Cours impériales de Nismes et d'Angers, soutiennent, comme elles l'avaient fait dans leurs arrêts précités, que les droits de la propriété de la surface *ne reçoivent aucune atteinte* par la concession d'une mine; que le propriétaire de la surface conserve le droit de bâtir au-dessus des excavations souterraines, et qu'il doit être indemnisé pour tout dommage causé aux constructions nouvelles ou anciennes.

Par suite de ce renversement de tout droit de propriété des concessionnaires de mines, nous avons à démontrer :

1° Que la concession d'une mine *déroge au droit de propriété* conféré par l'article 552 du code Napoléon, et apporte une *modification grave* à la propriété de la surface ;

2° Que par la concession d'une mine il s'opère une séparation *fictive et réelle* des droits du propriétaire de la surface ;

3° Que l'exploitation des mines se fait par deux modes : par tranchées *à ciel ouvert* et par puits et *galeries souterraines ;*

4° Que l'article 11 de la loi de 1810 ne protège pas les *nouveaux établissements ;*

5° Que le toit de la mine ou support de la surface n'est imposé qu'au-dessous des lieux *exceptés de la concession.*

6° Que le propriétaire de mines a droit, comme tout autre propriétaire, *à une indemnité*, lorsque pour cause d'utilité il est privé de sa propriété ou des produits de celle-ci ;

7° Que la surveillance de l'administration et les mesures de sûreté, autorisées par l'article 50 de la loi de 1810, n'altèrent en rien le droit de propriété du concessionnaire de la mine et ne peuvent lui imposer l'obligation de subir la perte d'une partie de sa propriété *par la création d'un établissement nouveau ;*

8° Que le propriétaire de la surface n'a pas le droit de pratiquer des *travaux nuisibles* à l'exploitation de la mine dans l'étendue de son périmètre ;

9º Que les idées *préconçues sont hostiles* aux droits des concessionnaires de mines ;

10º Que la concession d'une mine *est un bienfait* pour la propriété de la surface ;

11º Que les droits du propriétaire de la surface *sont implicitement indiqués* dans les articles 11 , 43 et 44 de la loi de 1810 ;

12º Que la propriété des mines *est une réalité* ;

13º Que le terrain minier concédé peut être l'objet *de plusieurs concessions ;*

14º Que l'hypothèque générale du créancier du propriétaire de la mine *porte sur la surface* comme sur le tréfonds du périmètre concédé ;

15º Que le résumé de chacune des conséquences d'une concession de mines *conduit à l'expropriation* du terrain minier , dont le prix n'est payable qu'à la prise de possession.

L'examen de ces diverses propositions servira à justifier la jurisprudence qui établit une distinction entre les nouveaux et les anciens établissements et à combattre les arrêts de la justice qui sont contraires.

§ Ier.

Dérogation à l'article 552 du code Napoléon, et modification grave apportée à la propriété de la surface.

La *dérogation* au droit de propriété conféré par l'article 552 du code Napoléon et la *modification grave* apportée à la propriété de la surface par la concession d'une mine , ont été formellement reconnues et constatées par deux arrêts de la Cour suprême, rendus, l'un par les Chambres réunies, le 3 mars 1841, et l'autre par la Chambre des requêtes, le 20 juillet 1842.

L'arrêt solennel des Chambres réunies de la Cour suprême s'exprime ainsi sur ce point :

« Attendu que, par DÉROGATION *à l'article* 552 *du code Napoléon,* l'article 7 de la loi de 1810 déclare que les concessions de mines en confèrent la propriété perpétuelle (1). »

La Chambre des requêtes a dit ensuite :

« Que la propriété de la mine est modifiée par sa relation immédiate AVEC LA SURFACE, *qui a elle-même reçu une* MODIFICATION GRAVE par la concession de la mine (2). »

La Cour de Nismes, par arrêt du 30 juillet 1838, avait devancé la Cour suprême et avait dit :

« Que, si le législateur a cru devoir SÉPARER *la propriété des mines* DE CELLE DE LA SURFACE, la nature des choses et la position respective de ces deux propriétés établissent entre elles des rapports nécessaires qui doivent FORCÉMENT MODIFIER LE DROIT ABSOLU *de la propriété pour les* DEUX PROPRIÉTAIRES (3). »

La Cour d'Angers, par arrêt du 5 mars 1847, après avoir établi qu'il est dérogé aux articles 544 et 552 du code Napoléon par la concession d'une mine, déclare :

« Que si le législateur de 1810, préoccupé des idées d'intérêt général, n'a pas suffisamment défendu les droits du propriétaire de la surface, celui-ci ne peut s'en faire un moyen contre le

(1) Voir page 80, 6me alinéa.
(2) Voir page 122, 3me alinéa.
(3) Voir page 115, 1er alinéa.

concessionnaire *qui agit en vertu* DE LA LOI : *dura lex, sed lex* (1). »

Pour justifier la dérogation au droit de propriété et les modifications reconnues et constatées d'abord par la Cour impériale de Nismes et ensuite par la Cour de cassation et par la Cour impériale d'Angers, nous prouverons que la propriété des mines, c'est d'abord le tréfonds *entièrement* DÉTACHÉ *de la surface,* et ensuite la surface elle-même, quand la mine est à la surface.

Les anciennes concessions, a dit M. de Girardin, n'étaient à proprement parler qu'une *autorisation,* un *bail,* un *privilège,* dont la propriété résidait en d'autres mains. Voici comment il s'est exprimé devant le Corps législatif :

« Vous aurez sans doute saisi, Messieurs, *la différence* que nous venons d'établir entre une concession, MÊME PERPÉTUELLE, et la propriété de la mine. La CONCESSION *n'est proprement qu'une* AUTORISATION, *un* BAIL, *un* PRIVILÈGE ; elle donne le droit à l'exploitation d'une mine dont la propriété réside en d'autres mains.

» Les mines CONCÉDÉES A PERPÉTUITÉ n'étaient donc pas *de véritables* PROPRIÉTÉS ; mais, du moment où la loi proposée sera publiée, toutes les mines *deviennent des propriétés* PERPÉTUELLES.....

» Les concessionnaires deviennent des propriétaires incommutables ; leur propriété *est entièrement* DÉTACHÉE *de la surface.* Une propriété SÉPARÉE *de la surface* EST UNE CONCEPTION *absolument* NEUVE !...

» De FERMIERS qu'ils étaient, *ils seront désormais* PROPRIÉTAIRES. »

(1) Voir page 124, dernier alinéa.

De semblables paroles n'ont pas besoin d'être interprétées pour qu'il en ressorte que cette propriété, qui *est entièrement détachée de la surface*, n'est et ne peut être que la propriété inférieure, celle du tréfonds, puisqu'une propriété séparée de la surface *est une conception* absolument neuve.

Mais on récuse les paroles du rapporteur de la loi, et l'on soutient que la concession d'une mine ne donne que la propriété de la substance minérale concédée ou qu'un droit perpétuel à l'exploitation d'une mine; l'on ne tient aucun compte du grave débat qui eut lieu au Conseil d'État, entre les créateurs de la loi de 1810, et l'on ne fait aucune différence entre la législation des mines antérieure à la loi de 1810 et celle édictée par cette loi.

Cependant il suffit de consulter la discussion du projet de la loi de 1810 devant le Conseil d'État, séance du 8 avril 1809, pour être convaincu que c'est la propriété du terrain minier qu'il s'agissait de concéder moyennant une redevance perçue sur le produit de la mine.

Dans cette séance, l'EMPEREUR disait:

« Si le propriétaire *du dessus* ne l'est pas aussi *du dessous*, il ne lui est absolument rien dû; que s'il l'est, il faut lui donner UNE PART SÉRIEUSE dans les bénéfices et la fixer par l'acte de concession. »

M. le comte de SÉGUR fit observer:

« Que l'Assemblée constituante n'avait accordé qu'une indemnité au propriétaire chez qui l'on ouvrait la mine, et non une part dans les bénéfices : *elle ne le considérait que comme* PROPRIÉTAIRE DE LA SUPERFICIE. »

L'EMPEREUR répondit :

« *Dans ce système*, il faudrait du moins déterminer *à quelle profondeur* CESSE CETTE PROPRIÉTÉ DE LA SUPERFICIE. »

M. le comte DEFERMON, toujours dans le même *système*, dit encore :

« Il serait indispensable de décider *à quelle profondeur* CESSE CETTE PROPRIÉTÉ PRIVÉE. »

M. le comte BERLIER, revenant à la redevance, dit :

« On pourrait attribuer une redevance proportionnelle au propriétaire, sans établir entre lui et le concessionnaire UNE ASSOCIATION FORCÉE, ce qui serait contre les principes. Mais ce n'est pas là ce qu'on propose ; il ne s'agit que d'établir une REDEVANCE FIXE, *qui sera déterminée par l'acte de concession.*

» Or, cette redevance ne saurait être refusée ; car certainement le propriétaire du dessus l'est aussi du dessous et ne doit pas être dépouillé des fruits du dessous sans recevoir une indemnité. »

L'EMPEREUR fait observer qu'il faut d'abord se bien fixer *sur le caractère d'une concession* et dit :

« On trouve dans une instruction donnée par le ministre de l'intérieur, le....., des définitions et des règles sur la fouille des mines, qui conduiraient à reconnaître *le propriétaire* DU DESSOUS *pour propriétaire* DU DESSUS... »

Plus loin l'Empereur ajoute :

« Plus on y réfléchit, plus on trouve exacte la définition qui qualifie les mines de propriété nouvelle : il faut que l'acte de concession PURGE *toutes les propriétés* ANTÉRIEURES.... »

Mais la séparation entre le dessus et le dessous de la terre était tellement dans les idées des législateurs, que, dans la séance du 24 juin 1809, M. Jaubert fit observer que *la section* distingue deux sortes de propriétés, *celle du* DESSUS *et celle du* DESSOUS, et demanda si l'indemnité accordée en échange du tréfonds appartiendrait aux créanciers inscrits du propriétaire de la surface?

M. l'archichancelier répondit :

« Il faut prendre garde qu'un débiteur de mauvaise foi qui voudra frauder ses créanciers, *leur soustraira* LE TREFONDS, en obtenant une concession !... »

Puis, *dans ce système* de séparation du tréfonds, on arriva à établir que le concessionnaire de la mine aurait tout le terrain à sa disposition pour l'exploitation de sa propriété.·

En effet, dans la séance du 10 octobre 1809, M. le comte Defermon dit :

« Ce n'est pas pour la jouissance, mais pour l'exploitation DU TERRAIN QUI RENFERME UNE MINE que le concessionnaire doit avoir besoin de concession. »

A cette observation M. le comte Fourcroy répondit que l'article proposé était rédigé *dans ce système*, et dit aussi :

« Il n'exige la concession que pour l'exploitation de la mine, et laisse le propriétaire JOUIR *du terrain*, LE CULTIVER *et en prendre* LA RÉCOLTE *suivant les règles du droit commun.* »

Ici, en effet, est tout le système de la loi ; il y a concession du terrain minier, non pour la jouissance, mais pour l'exploitation de la mine *qu'il renferme*, et le propriétaire est laissé dans cette jouissance pour cultiver le terrain et en prendre la *récolte selon les règles du droit commun.*

Selon les règles du droit commun, c'est-à-dire *comme un usufruitier*, jusqu'à ce que les besoins de l'exploitation nécessitent sa dépossession.

La concession d'une mine confère *une véritable propriété* en fait et en droit; c'est là une vérité qu'il faudra reconnaître, et c'est là le secret cherché pendant quatre années.

On oublie que, dans la discussion du projet de la loi de 1810, séance du 18 novembre 1809, l'Empereur disait :

« Le SECRET ici est donc de faire des mines *de* VÉRITABLES PROPRIÉTÉS, et de les rendre *par là* SACRÉES *dans* LE DROIT *et dans* LE FAIT !.... PURGÉES *de la propriété* DE LA SURFACE. »

S'il ne se fût agi que de concéder la mine, et si l'on n'eût pas voulu constituer *une véritable propriété,* PURGÉE *de celle de la surface,* il n'y eût pas eu de *secret* à découvrir; il eût suffi de déclarer que la concession donnait un *droit perpétuel* à l'exploitation de la mine concédée et que le système des anciennes concessions était conservé.

Mais, puisque la nouvelle propriété n'est purgée que de la propriété de la surface et non du tréfonds, c'est que le tréfonds forme ou constitue la propriété des mines.

Dans toute la discussion devant le Conseil d'État on a toujours distingué deux sortes de propriétés, celle *du dessus* et celle *du dessous;* et, en dernier lieu, on a fini par rattacher le projet de la loi de 1810 à l'article 552 du code Napoléon, qui établit le principe de deux propriétés superposées.

On redoutait les conséquences de la séparation de ces deux propriétés ; car ces conséquences avaient été développées dans la séance du 10 octobre 1809, et l'on cherchait un autre système, quand, dans la séance du 9 janvier 1810, M. le comte Jaubert dit :

« On éprouvera toujours quelque embarras tant qu'on ne RATTACHERA *pas le projet* à l'article 552 du code Napoléon. »

M. le comte Regnault de Saint-Jean-d'Angély répondit que M. Jaubert se reportait *au premier point* de la discussion, et que d'ailleurs *son système* aurait l'inconvénient de ruiner la propriété ; puis il ajouta :

« Si, par exemple, *on concédait* LE DESSOUS de plusieurs lieues, les propriétaires *de la surface* CESSERAIENT DE L'ÊTRE dans toute cette étendue. »

Il est donc manifeste que, par la concession du dessous, le propriétaire de la surface n'a plus qu'une jouissance subordonnée au besoin de l'exploitation de la mine, dont la concession comprend le dessus comme le dessous, selon le gisement de la mine et selon que l'exploitation se fait par tranchées à ciel ouvert ou par galeries souterraines.

C'est alors que M. le comte Boulay fit observer qu'il serait PRUDENT *de s'abstenir de définir la propriété des mines,* et que l'Empereur dit :

« Il faut établir en principe que le propriétaire *du dessus* l'est aussi *du dessous,* à moins que LE DESSOUS NE SOIT CONCÉDÉ *à un* AUTRE !... »

A moins que LE DESSOUS *ne soit concédé à un autre !* on voit donc bien qu'il peut être concédé à un autre. Dans ce cas, le principe cesse d'être applicable, et le propriétaire du dessus et du dessous de la terre n'a plus que la propriété du dessus.

Il est désormais acquis qu'on est revenu *au premier point* de la discussion, et il n'est pas moins certain qu'on a voulu éviter de définir ce qui constituerait la propriété des mines et de déterminer les conséquences *de la séparation du tréfonds*, en ce qui concerne le propriétaire de la surface.

D'ailleurs, la concession du terrain par la concession de la mine ne peut plus être contestée, si l'on se reporte aux débats qui eurent lieu dans la séance du Conseil d'État du 13 février 1810 :

« M. le comte JAUBERT demande qu'à l'article 7 on change ces expressions : *l'acte de concession donne la propriété de la mine ;* car, d'après le code Napoléon, le propriétaire *du dessus* l'est en même temps *du dessous*.

» Lorsqu'il devient *concessionnaire* DU DROIT D'EXPLOITER, *l'acte de concession* NE LUI TRANSFÈRE PAS UNE PROPRIÉTÉ, mais lui accorde seulement une autorisation et non *ce dont il était propriétaire.* »

Or, comme le propriétaire *du dessus* n'a aucun droit sur la mine, et que ce dont il a la propriété avant la concession, c'est le dessous qui, comme l'a dit la Cour impériale de Dijon dans un arrêt du 29 mars 1854, *passe entre les mains du concessionnaire de la mine,* il en résulte encore que la concession de la mine comprend le tréfonds et ne laisse au propriétaire du terrain que la surface, pour en *jouir*, la *cultiver* et en *prendre la récolte* selon les règles du droit commun ; ainsi l'a établi M. le comte Fourcroy, *président de la commission qui a rédigé la loi.*

Toutefois, nous ferons remarquer dès-à-présent que la séparation entre le dessus et le dessous n'est que fictive ou conditionnelle ; elle impose le *statu-quo* à la propriété du dessus, non-seulement par respect pour la propriété du dessous, mais par nécessité, parce que l'exploitation du terrain minier deviendrait impossible, et que la propriété de la mine se trouverait ainsi révoquée par le fait.

En effet, un enclos de l'étendue d'un ou de deux hectares paralyserait l'exploitation sur une surface de dix à douze hectares, et de même pour tous autres enclos ou constructions de toutes sortes établies dans le périmètre concédé (1).

Au changement demandé par M. Jaubert, l'Empereur répondit :

« Le code Napoléon, en employant ces expressions : *le propriétaire* DU DESSUS *l'est aussi* DU DESSOUS, a voulu consacrer le principe qu'en France les terres ne sont sujettes à aucun droit régalien ou féodal....

» La concession forme une propriété nouvelle, et même, dans la main du propriétaire du sol, le droit d'exploitation est une richesse nouvelle. Dès-lors, il faut à son égard *se servir des mêmes* EXPRESSIONS qu'à l'égard de tout autre concessionnaire. »

En terminant la discussion sur la concession de la propriété *du dessous*, l'Empereur ajouta :

« Ainsi se concilient les deux dispositions du code Napoléon (art. 552), qui accordent au propriétaire *du dessus* la propriété

_____

(1) Voir ci-après, § 3 de la présente section.

du dessous et font une MODIFICATION *à la généralité des conséquences de ce principe.*

» Pour ce qui est relatif aux mines, le droit de prélever une redevance sur les produits de la mine dérive de la qualité de *propriétaire* DU DESSUS.

» Mais c'est à la redevance que se borne ce droit lorsqu'il s'agit d'une exploitation de mine, et cette RESTRICTION *nous place dans la seconde disposition de l'article* 552 *du code Napoléon.* »

Modification et *restriction* pour la propriété *du dessus,* telles sont les conséquences de la concession qu'énonça l'Empereur, après avoir posé les principes de la propriété et dit qu'il y a concession *du dessous* pour le propriétaire *du dessus,* comme pour tout autre concessionnaire de la mine.

C'est à la redevance que se borne le droit du propriétaire du dessus *sur la propriété du dessous,* quand le terrain est concédé pour une exploitation de mines, et cette *restriction,* a dit l'Empereur, nous place dans la seconde disposition de l'article 552 du code Napoléon.

Les paroles de l'Empereur sont précises sur la séparation du tréfonds ; *le droit de propriété* du propriétaire du dessus *sur le dessous* SE RÉDUIT, par la concession, *à une simple redevance* sur la mine concédée.

Maintenant les dispositions de la loi de 1810, articles 17, 18 et 19, sont-elles moins explicites sur la concession de la propriété du dessous?

Quelle que soit la prudence que le législateur ait apportée dans la définition de la propriété des mines, il a maintenu le principe de deux propriétés distinctes et séparées qu'il a qualifiées de propriété *de la surface* et de propriété *de la mine*.

Ces deux propriétés appartiennent à deux propriétaires : à l'un *la surface*, à l'autre *la mine*, et l'article 17 de la loi de 1810 porte :

« L'acte de concession fait après l'accomplissement des formalités prescrites, PURGE, en faveur du concessionnaire, *tous les droits du propriétaire* DE LA SURFACE. »

La mine n'ayant jamais fait partie de la propriété du sol, et son propriétaire n'ayant pas même un droit de préférence à la concession de la mine, il est manifeste que *la purge* s'opère sur le tréfonds, qui devient propriété nouvelle et qui forme la propriété de la mine, moyennant indemnités, conformément aux prescriptions des articles 6 et 42.

D'autre part, l'article 18 déclare que l'indemnité du tréfonds accordée au propriétaire de la surface, est immobilisée avec cette surface, et cette indemnité forme le gage des créanciers inscrits en remplacement du tréfonds (1).

Cet article est ainsi conçu :

« La valeur des droits résultant en faveur du propriétaire de la surface, en vertu de l'article 6 de la présente loi, DEMEURERA RÉUNIE *à la valeur de ladite surface*, et sera affectée avec elle aux hypothèques prises par les créanciers du propriétaire. »

Le tréfonds forme donc la propriété de la mine, puisque l'indemnité n'est réunie qu'à la surface, et

_____

(1) Voir page 37, § 4 et pages suivantes.

que l'article 19 qui vient ensuite ne peut désigner que le tréfonds, lorsqu'il dit :

« Cette propriété est distinguée de celle de la surface, et *désormais* CONSIDÉRÉE *comme propriété* NOUVELLE, sur laquelle de NOUVELLES *hypothèques* pourront être assises, sans préjudice de celles qui *auraient été* ou seraient prises *sur la surface et la redevance*, comme il est dit à l'article précédent. »

Par cet article 19, il est encore dit que le tréfonds sera *désormais considéré* comme propriété nouvelle, sur laquelle des hypothèques séparées pourront être assises, et que celles prises précédemment sur le fonds ne frappent plus que sur la surface et l'indemnité qui remplace le tréfonds.

· La Cour impériale de Lyon, adoptant les motifs d'un jugement du tribunal de Saint-Étienne, a déclaré, par arrêt du 26 février 1841, que la redevance accordée par l'article 6 de la loi de 1810 est une indemnité en faveur du propriétaire de la surface pour le dommage de *la perte du tréfonds concédé par l'État*. Voici comment elle s'est exprimée :

« Que cette redevance n'est qu'une indemnité accordée au propriétaire du sol *pour la perte du* TRÉFONDS CONCÉDÉ PAR L'ÉTAT. »

Enfin, la Cour impériale de Dijon, par arrêt du 29 mars 1854, a dit, répétons-le encore, qu'il suffit de *lire avec attention* la loi du 21 avril 1810, pour demeurer convaincu que le législateur a entendu, par la concession d'une mine, *constituer deux propriétés* distinctes et séparées :

« L'une, *composée de la surface*, continuant à reposer sur la tête du propriétaire du sol ;

» L'autre, COMPRENANT LE TRÉFONDS, *passant entre les
mains du concessionnaire de la mine*, moyennant indemnités
réglées conformément aux prescriptions des articles 6 et 42 de
la loi précitée. »

C'était, on le voit, un point définitivement établi
que, par la concession d'une mine, LE TRÉFONDS
passe entre les mains du concessionnaire, quand les
deux Cours impériales de Lyon et de Dijon ont implicitement décidé le contraire par arrêts des 23 mai
et 21 août 1856 (1), en disant que le propriétaire de
la surface n'est privé d'aucun de ses droits par la concession de la mine.

En présence de tous ces documents et de la jurisprudence des arrêts de la Cour de cassation, ainsi
que des arrêts des Cours impériales de Nismes et d'Angers, soutenir que les droits de l'ancien propriétaire
du terrain minier restent entiers après la concession
d'une mine, c'est pour les Cours impériales de Lyon
et de Dijon désavouer leurs propres arrêts, se mettre
en contradiction avec la loi, et c'est, selon nous,
nier l'évidence.

Mais nier que le tréfonds devienne au moment de
la concession la propriété de la mine, c'est méconnaître tout le système de la loi de 1810 et c'est
rentrer dans l'ancienne législation des mines, parce
qu'une couche ou un filon de mine à exploiter ne
peut être une *propriété immobilière perpétuelle*.

On ne pourrait pas grever d'hypothèques cette
couche ou ce filon de mine, pas plus que les fruits

_____

(1) Voir ces deux arrêts à la *septième section* du présent chapitre.

d'un champ de la surface, et les concessionnaires ne seraient toujours que des *fermiers*.

Me Sénard, avocat à la Cour impériale de Paris, pleinement convaincu de la séparation du tréfonds, aborde, dans une consultation, la question en ces termes :

« Personne ne nie et ne peut nier que les mines constituent une propriété immobilière parfaitement distincte de la propriété du dessus; mais, faute de pouvoir contester le droit, on en conteste les éléments et l'étendue. On équivoque sur les mots concessionnaire et concession, malgré les explications précises du rapporteur de la loi de 1810 (Locré, p. 422 et 423), et si l'on se décide à prononcer le mot de propriétaire, c'est pour en limiter l'application aux substances minérales et au filon qui les contient.

» Cette restriction qui sert constamment de point de départ au système que nous combattons, est en opposition directe avec l'esprit comme avec les textes de la loi du 21 avril 1810.

» Il suffit de lire les rapports et les conférences qui ont préparé la loi, pour reconnaître que ses auteurs n'ont pas plus voulu réduire la propriété de la mine aux substances minérales que le droit du mineur à une simple exploitation. La pensée qui se révèle dans toute la discussion est celle d'une séparation du dessus et du dessous, par une sorte de section horizontale supposée faite à une profondeur qui peut varier, mais qui se trouve légalement et nécessairement déterminée par la situation du gisement.

» La propriété inférieure n'est donc pas moins complètement constituée que la propriété supérieure. Comme elle, elle forme un corps et une masse. Elle contient et elle embrasse les terres, les roches, les matières au milieu desquelles sont les substances qui ont déterminé la concession, de même qu'elle réunit toutes les conditions, tous les attributs légaux de la propriété.

» Si les rédacteurs de la loi ont admis, après d'assez longues controverses, que la propriété du sol a primitivement impliqué et contenu la propriété du dessous, ils ont déclaré en même temps que la concession et les actes qui l'accompagnent consomment l'expropriation, et que les droits originaires du propriétaire du dessus se trouvent, suivant l'énergique expression de la loi, définitivement purgés.

» Nul doute donc sur la division absolue et nul doute aussi sur ce point, qu'à compter du jour où cette division est réalisée il y a deux propriétés superposées, dont la constitution est parfaitement distincte et dont les droits sont parfaitement égaux.

» Elles se trouvent, l'une par rapport à l'autre, dans une condition analogue à celle qui est faite aux divers étages d'une maison, quand ils appartiennent à plusieurs propriétaires, ou plus exactement encore, aux divers lots d'un héritage dont le partage aurait été fait de manière à attribuer à l'un des ayant-droit une maison avec des caves s'étendant sous le terrain du lot voisin, et avec la faculté de prolonger ces caves sous ce terrain selon les besoins de l'exploitation.

» Dans ce dernier cas, il est bien clair qu'en l'absence de toute autre stipulation l'état de choses constaté au moment du partage demeurerait la loi de tous, et que, de même que le propriétaire des caves ne pourrait pas les prolonger sous les bâtiments qui existaient alors, à peine de supporter l'indemnité des dégâts et des destructions qu'il occasionnerait, de même le propriétaire du terrain ne pourrait pas, en le couvrant de constructions nouvelles, rendre impraticable ou excessivement dispendieux l'exercice du droit attribué à son co-partageant.

» Comment ce qui est l'évidence quand il s'agit de propriétés ordinaires peut-il être controversé pour les mines, lorsqu'on voit exprimée, à chaque ligne des travaux préparatoires de la loi de 1810, la volonté du législateur que cette propriété qu'il constitue et qu'il organise soit, quant à ses rapports avec les autres et quant à tous les intérêts privés qui s'y rattacheront, entièrement régie par le droit commun.

» Reconnaissons-le donc : après le démembrement de la propriété primitive, l'exploitation de chacune de ses parties se subordonne à la condition d'éviter ou de réparer tout dommage pour l'autre, et se règle par l'état des choses existant au moment de la séparation. C'est à la fois la solution du droit et de la raison, et la réponse à toutes les déclamations sur la mise en interdit du sol est écrite à l'avance dans l'expression de *servitude réciproque* par laquelle le rapporteur de la loi caractérisait la relation légale des deux propriétés et dans la défense d'aggravation des servitudes que le code Napoléon a empruntée au droit romain.

» La Cour de cassation a été appelée à proclamer les conséquences de cette situation dans une espèce où un acte, déterminé autant par un grand intérêt public que par l'intérêt des propriétaires du sol, avait porté une atteinte directe au droit des propriétaires d'une mine. Il n'est pas un des moyens invoqués aujourd'hui pour les propriétaires du sol qui n'ait été alors produit et soutenu avec énergie par M. le procureur-général Dupin. Il en a été fait justice par deux arrêts des 18 juillet 1837 et 3 mars 1841.

» C'est aux principes posés dans ces deux décisions, dont les arrêtistes ont parfaitement compris et déterminé toute la portée, qu'il faut résolument s'attacher.

» Mais peut-on faire indirectement ce qu'on ne pourrait pas faire directement, et l'exercice du droit du propriétaire de la mine est-il moins entravé par des puits qui rompent le filon, ou par des édifices dont l'établissement *paralysera* l'exploitation à ciel ouvert et dont le poids *interdira* toute exploitation souterraine, que par un arrêté qui lui défendrait d'exploiter !

» Encore une observation dans le même ordre d'idées :

» Si, sans fraude et sans volonté de nuire, mais faute de s'être renseigné sur l'état des travaux, le propriétaire du fonds supérieur s'avisait de construire, au-dessus d'une galerie dès longtemps ouverte et pratiquée, des édifices d'un poids tel, que, malgré toutes les précautions et tous les efforts possibles, ils dussent nécessairement écraser le toit de la mine et se détruire en effondrant les galeries et les travaux, personne ne contestera que le constructeur, loin de pouvoir réclamer des dommages-intérêts, serait obligé d'en payer au propriétaire de la mine (1).

» Comment pourrait-il en être autrement quand la construction est faite avant l'ouverture des galeries, mais après la concession et sur un terrain compris dans son périmètre ? L'aggravation de la condition de la propriété inférieure n'est-elle pas la même ? l'imprudence du propriétaire supérieur est-elle moindre, et dès-lors ce qu'il a fait ne doit-il pas, de même, demeurer à ses risques et périls ? Est-ce qu'au moment où il a construit ainsi à l'aventure il ne savait pas que la loi ne permet au mineur ni de dévier, ni de laisser de côté quoi que ce soit de la matière exploitable ; qu'elle l'oblige par là même à suivre, avec ses galeries, la direction du filon, et enfin que l'intérêt public a armé l'autorité administrative du droit de le contraindre à exécuter à tout prix l'œuvre entière qu'il a entreprise !

» Qu'il soit tenu, au cours de cette exécution, de payer les édifices qui existaient lors de la concession, c'est justice : car il les a vus et il a pu se rendre compte des risques et des dépenses que leur présence pourrait faire peser sur lui. Mais

(1) La Cour impériale de Dijon, dans un arrêt du 21 août 1856, vient de décider le contraire (voir à la 7e section).

qu'on l'oblige à payer des édifices construits depuis la conces-·
sion ; qu'on le mette à la discrétion des propriétaires du sol,
qui pourraient, malgré le démembrement qu'a subi leur propriété, changer à volonté l'état des choses, substituer une
ville à des champs, et porter ainsi à des millions les minimes
indemnités en vue desquelles le propriétaire de la mine avait
contracté, c'est là une prétention intolérable, non moins
contraire au droit commun qu'aux principes spéciaux de la
matière. »

M. Sénard démontre par de fortes raisons la séparation des deux propriétés ; mais il ne voit qu'*une
servitude* pour la propriété de la mine sur la propriété
de la surface, sans remarquer qu'il y a concession du
terrain minier, à la surface comme au tréfonds, pour
tout ce qui est en dehors des lieux réservés ou distraits
par l'article 11 de la loi de 1810, et que la séparation
horizontale n'existe que pour le règlement des indemnités à payer au propriétaire du terrain exproprié.

D'ailleurs, droit de *servitude* ou droit de *propriété*,
peu importe, si la surface doit rester libre de tout
obstacle pour qu'on puisse exploiter la mine et y
arriver sans dommages considérables.

§ 2.

Séparation fictive et réelle des deux propriétés après la concession d'une mine.

La séparation *fictive* des deux propriétés après la
concession d'une mine est celle qui laisse au propriétaire de la surface les revenus de la propriété superficielle, au moyen d'un partage horizontal entre le

dessus et le dessous de la terre , et la séparation *réelle* est celle qui fixe la limite des droits du concessionnaire de la mine.

Tout le terrain *qui renferme la mine* (1) , à la surface comme dans le tréfonds, *est concédé*, sauf l'*unique exception* qui résulte de l'article 11 de la loi de 1810, qui désigne les lieux qui ne font pas partie de la concession et *sur lesquels elle ne donne aucun droit.*

Par la concession de la mine, et c'est là ce qu'il faut bien comprendre, tout le terrain minier non réservé ou non excepté est livré à l'exploration ou à l'exploitation, et la surface est condamnée au *statu-quo.*

La concession du terrain minier est inscrite *dans la dernière disposition* de l'article 12 de la loi de 1810, qui interdit toutes recherches *dans un terrain déjà* CONCÉDÉ.

Les droits qui restent au propriétaire de la surface, *en dehors des lieux réservés par l'article* 11 , sont inscrits aux articles 43 et 44, qui ne laissent à celui-ci qu'une propriété subordonnée aux besoins de l'exploitation de la mine et ne lui accordent une indemnité que lorsqu'il est privé *du produit ou de la récolte* du terrain concédé, ou que lorsque ce terrain n'est plus *propre à la culture.*

La dernière disposition de l'article 12 et les dispositions tout entières des articles 43 et 44 sont à remarquer ; elles démontrent qu'il y a concession du

(1) Voir, page 9 , 5e et 6e alinéa.

terrain minier et que le propriétaire de la surface n'a plus qu'un droit de culture.

Ceux qui soutiennent que la mine est soumise à la surface commettent donc une grave erreur, car c'est au contraire la surface qui est soumise à la mine dans toute l'étendue qui n'a pas été exceptée de la concession par l'article 11.

Leur erreur les conduit à sacrifier la propriété de la mine, quand c'est la propriété de la surface qui est absorbée ou sacrifiée au profit de la prospérité des mines pour tout ce qui n'a pas été exclu de la concession ou réservé au propriétaire de la surface.

Aujourd'hui il faut changer de langage et faire une plus juste application de la loi, en reconnaissant la préférence que le législateur a voulu accorder à la propriété de la mine, et disons avec l'arrêt de la Cour impériale d'Angers, du 5 mars 1847, que si la loi de 1810 est dure, c'est la loi, et qu'il faut la respecter.

D'ailleurs la loi de 1810 n'est point dure; nous soutiendrons au contraire qu'elle est un bienfait (1) pour tous les pays où l'on exploite les mines, car la propriété de la surface double de valeur, et c'est à quoi on ne songe pas assez quand on se plaint de la gêne ou des inconvénients qui résultent de la concession (2).

Quant à la séparation des droits du propriétaire de la surface, nous allons établir qu'elle est tantôt

---

(1) Voir, page ci-après, § 10 de la présente section.
(2) REY, T. Ier, page 558 et suivantes.

fictive, tantôt réelle, selon les besoins et la nécessité de l'exploitation de la mine, et que les droits du concessionnaire ne s'arrêtent que devant les lieux exceptés de la concession par l'article 11 ; pour plus de clarté, nous examinerons successivement les deux cas.

1° *Séparation fictive ou conditionnelle.*

La séparation fictive ou conditionnelle entre la propriété de la surface et la propriété de la mine est subordonnée au gisement de la mine, selon qu'elle est à la surface ou dans le sein de la terre.

Par la concession d'une mine il y a de suite une séparation entre le dessus et le dessous du terrain qui renferme la mine, au moyen d'un *partage horizontal* établi pour le règlement des indemnités d'expropriation à payer au propriétaire, d'abord pour *le dessous*, en vertu des articles 6 et 42 de la loi de 1810, et ensuite pour *le dessus,* en vertu des articles 43 et 44 de la même loi.

Mais cette séparation, ce partage cesse à mesure qu'augmentent les besoins de l'exploitation ou que s'étendent les recherches de la mine ; dans ce cas la propriété de la surface disparaît complètement en dehors des lieux réservés.

Il n'y a de partage que conditionnellement ; toute la surface du périmètre concédé fait partie de la concession de la mine ; partout où la nécessité oblige d'établir des travaux, c'est un droit acquis au concessionnaire, du jour où il obtient sa concession, de pouvoir les établir moyennant deux prix ou deux sortes d'indemnités.

Tandis, l'un des deux propriétaires jouit de la surface pour la cultiver et en prendre la récolte; l'autre a le tréfonds, moyennant les indemnités prescrites aux articles 6 et 42, avec la faculté d'occuper toute la surface *non distraite de sa concession*, pour l'exploitation ou l'exploration de la mine, moyennant d'autres indemnités à régler d'après la base fixée aux articles 43 et 44.

Mais la séparation *fictive* entre le dessus ou propriété de la surface et le dessous ou propriété de la mine se perpétue indéfiniment si les besoins de l'exploitation ne nécessitent pas la dépossession du propriétaire de la surface, et elle se perpétue même à tout jamais si le propriétaire de la surface ne veut pas aliéner sa propriété.

Il a bien le droit, aux termes de l'article 44, d'exiger l'achat de son terrain quand il est privé pendant plus d'un an de ses récoltes, ou quand ce terrain n'est plus propre à la culture, mais rien ne peut l'obliger à le vendre; il reçoit le double de ce qu'il eût produit net pendant toute la durée de sa dépossession, et à la fin des travaux il a droit à la même indemnité, tant que son terrain n'est pas mis en culture comme il l'était auparavant.

Il n'y a jamais que *suspension des travaux*, puisqu'ils peuvent être repris à une *profondeur plus considérable*, et l'indemnité est due même pendant cette suspension; c'est ce que nous nous proposons de démontrer aux titres sixième et septième, en nous occupant de la concession, des impôts envers l'État et des indemnités envers les propriétaires de la surface.

2º *Séparation réelle ou limite fixée par la loi.*

La séparation *réelle* entre les deux propriétés est celle qui est fixée par l'article 11 de la loi de 1810; c'est dans cet article que les droits du concessionnaire de la mine sont *limités* ou restreints.

Cet article 11 a donné lieu jusqu'ici aux plus grandes controverses, parce qu'on n'en a pas compris toute la portée ni toute l'importance; on ne voit pas qu'il est le seul dans la loi qui désigne les lieux dont le propriétaire *ne peut être dépossédé* sans son consentement formel.

Il pose une limite aux droits concédés, en ces termes:

« La concession de la mine NE POURRA, *sans le consentement formel du propriétaire de la surface,* DONNER LE DROIT de faire des sondes et d'ouvrir des puits ou galeries, ni celui d'établir des machines ou magasins *dans les enclos murés, cours ou jardins, ni dans les terrains attenant aux habitations ou clôtures murées,* dans la distance de 100 mètres desdites clôtures ou des habitations. »

Depuis plus de trente années il y a désaccord entre la Cour de cassation et les Cours impériales sur l'interprétation de cet article, parce que la Cour de cassation elle-même n'est pas encore bien fixée sur les droits qui sont conférés à un concessionnaire de mines.

Il est temps cependant de mettre fin à une lutte qu'on ne saurait trop déplorer, et l'on n'y arrivera qu'en reconnaissant que la concession d'une mine comprend la concession du terrain qui renferme la mine.

En désignant les lieux sur lesquels la concession de la mine *ne donne pas le droit* d'établir des travaux sans le consentement du propriétaire de la surface, n'est-ce pas dire et reconnaître que ce droit est donné partout ailleurs ?

Au-delà de cette séparation, de cette limite, il y a concession d'une véritable propriété *en fait et en droit* (1), concession du terrain *qui renferme la mine*, a dit M. le comte Defermon dans la séance du Conseil d'État du 10 octobre 1809 (2).

Et quant au droit qui reste au propriétaire de la surface en dehors de la limite fixée par l'article 11, M. le comte Fourcroy, *président de la commission de rédaction du projet de la loi de* 1810, en confirmant l'observation de M. Defermon, dit que *la concession du terrain* n'a lieu que pour l'exploitation de la mine, et que le propriétaire est laissé en jouissance de son terrain *pour le cultiver et en prendre la récolte* suivant les règles du droit commun (3).

Quoique les paroles des auteurs de la loi aient été reproduites dans la dernière disposition de l'article 12 et dans deux dispositions des articles 43 et 44, on soutient néanmoins qu'il n'y a pas *concession du terrain minier* et que les droits du propriétaire de la surface, en dehors des lieux réservés, ne sont pas réduits *à la simple culture de son terrain*.

Une telle idée jette l'épouvante dans tous les esprits ; on met de côté la loi de 1810, et l'on arrive à dire

(1) Voir page 133, 4me alinéa.
(2 et 3) Voir page 132, 5me et 7me alinéa.

que les droits de la propriété de la surface restent
entiers après la concession de la mine, et que cette
propriété ne doit rien à la propriété de la mine.

On veut au contraire, et c'est là le système adopté
par les Cours impériales de Lyon et de Dijon, dans
leurs arrêts des 23 mai et 21 août 1856 (1), que la
propriété de la mine soit subordonnée aux besoins
de celle de la surface.

Cependant, quant à la concession du terrain minier,
voici ce que nous lisons dans la dernière disposition
de l'article 12 de la loi de 1810 :

« Dans aucun cas, les recherches (de mines) ne pourront
être autorisées DANS UN TERRAIN DÉJA CONCÉDÉ. »

Déjà concédé, ce qui indique qu'un terrain peut
être l'objet de plusieurs concessions, s'il s'y rencontre
d'autres mines concédées à un autre : c'est là un point
que nous examinerons au § 13 de la présente section.

Puis, quant au droit qui reste au propriétaire de la
surface *sur le terrain concédé,* voici ce que portent
les articles 43 et 44 de la même loi :

« Si les travaux ne sont que passagers, et si LE SOL où
ils ont été faits PEUT ÊTRE MIS EN CULTURE au bout d'un an,
comme il l'était auparavant, l'indemnité sera réglée au double
de ce qu'aurait PRODUIT NET *le terrain endommagé.*

» Lorsque l'occupation des terrains prive le propriétaire de
la surface DE LA JOUISSANCE DU REVENU *au-delà du temps*
*d'*UNE ANNÉE, ou lorsqu'après les travaux *les terrains* NE
SONT PLUS PROPRES A LA CULTURE, on peut exiger des propriétaires des mines l'acquisition des terrains *à l'usage de*

_____

(1) Voir ces deux arrêts à la septième section du présent chapitre.

l'exploitation. Si le propriétaire de la surface le requiert, les pièces de terre trop endommagées ou dégradées *sur une trop grande partie* DE LEUR SURFACE, devront être achetées en totalité par le propriétaire de la mine. »

Si LE SOL occupé par les travaux *est mis* EN CULTURE comme il l'était auparavant, tout est dit ; le propriétaire de la surface n'a aucune plainte à formuler, ni rien à réclamer à raison des excavations qui ont été pratiquées au-dessous.

Et ce n'est que lorsque son terrain *lui est rendu* IMPROPRE *à la culture* ou que lorsqu'il est privé de son revenu pendant plus d'un an, qu'il peut contraindre l'exploitant de mines à en faire l'achat.

Enfin, on a vu que l'article 11, en exceptant telle partie du périmètre concédé, désigne celle qui est livrée à l'exploitation de la mine, et l'on vient de voir que les articles 43 et 44 indiquent non-seulement que le propriétaire de la surface n'a plus qu'un *droit de culture* sur les terrains compris dans la concession, mais que ce droit cesse moyennant les indemnités réglées d'avance sur une *base à forfait* applicable à tous les terrains miniers.

§ 3.

Exploitation des mines par tranchées à ciel ouvert ou par puits et galeries souterraines.

L'exploitation des mines se fait par tranchées à ciel ouvert ou par puits et galeries souterraines, selon le gisement de la substance minérale ; elle s'étend à tous les lieux où la mine se trouve à la surface ou dans le sein de la terre, et n'a d'autres limites que celles données à la concession, d'autres restrictions que celles stipulées dans l'article 11.

Pour les deux modes d'exploitation il faut, avant la dépossession du propriétaire de la surface, se faire autoriser par un arrêté préfectoral et régler d'avance l'indemnité telle qu'elle est *fixée à forfait* dans l'article 43.

Tous les travaux devant être éloignés à 100 mètres de toute habitation ou de toute clôture murée, il en résulte que, *dans le périmètre d'une concession de* DIX HECTARES, rien ne serait plus facile que de paralyser toute exploitation en y établissant des constructions ou une simple clôture.

En effet, dans un périmètre de *dix hectares,* un seul enclos d'un hectare, augmenté de la surface réservée tout autour, jusqu'à 100 mètres de distance, forme *une surface de* NEUF HECTARES *environ,* dont l'exploitation à ciel ouvert ou l'occupation pour les travaux souterrains serait interdite au concessionnaire de la mine, et si d'autres enclos ou constructions venaient à s'établir, il n'y aurait plus d'exploitation possible.

D'autre part, l'indemnité à payer au propriétaire de la surface étant basée sur le double *de ce qu'aurait produit net le terrain endommagé,* il en résulte encore que la prise de possession du concessionnaire de la mine doit toujours avoir lieu en dehors des enclos et des cours ou jardins et à une distance de 100 mètres des habitations et des clôtures murées, de manière à ne

payer que l'indemnité réglée par la loi , ce qui indique
que le *statu-quo* doit être imposé à la surface d'une
concession de mines.

Pour se rendre compte de la nécessité d'imposer
le *statu-quo* à la surface, il convient de faire remarquer que les concessions de mines, *quant à leur étendue*, sont comme les autres propriétés : que si quel-
ques-unes ont un vaste périmètre, d'autres, et ce sont
les plus nombreuses, surtout dans le département de
la Loire, n'ont qu'une étendue très-restreinte.

D'après la carte topographique *du terrain houiller*
de Saint-Étienne et de Rive-de-Gier, dressée par
M. J. Nublat, *géomètre-topographe*, sur *soixante-une*
concessions, *trente-deux* n'ont qu'un périmètre de 10
à 98 hectares et au total une surface de 1724 hectares ; en voici le tableau :

			Hectares.
1° Concession des Verchères *Féloin* d'un périmètre de			10
2° Id.	des Verchères *Fleurdelix*.	id. de	13
3° Id.	de Trémolin.	id. de	24
4° Id.	de Couloux.	id. de	27
5° Id.	de la Catonnière. . .	id. de	28
6° Id.	de Ronzy.	id. de	28
7° Id.	de la Verrerie. . . .	id. de	32
8° Id.	de Gourdmarin. . . .	id. de	32
9° Id.	de Frigerin.	id. de	35
10° Id.	de Corbeyre. . . .	id. de	37
11° Id.	de la Barallière. . .	id. de	38
12° Id.	de la Roche. . . .	id. de	38

Total à reporter. . . . 342ʰ.

				Hectares.
	Report. . . .			342
13° Concession de Reveux, d'un périmètre		de	44
14° Id.	du Martoret. . . .	id.	de	48
15° Id.	des Grandes Flaches.	id.	de	50
16° Id.	de Montbressieux. .	id.	de	50
17° Id.	de Couzon. . . .	id.	de	50
18° Id.	des Combes Égarandes	id.	de	59
19° Id.	du Mouillon. . . .	id.	de	60
20° Id.	de Bérard.. . . .	id.	de	65
21° Id.	de la Côte Thiollière.	id.	de	69
22° Id.	du Lapon.	id.	de	70
23° Id.	du Ban.	id.	de	70
24° Id.	de Mouthier. . . .	id.	de	71
25° Id.	de Crozague. . . .	id.	de	76
26° Id.	de la Montagne de feu	id.	de	79
27° Id.	de la Peyronnière. .	id.	de	79
28° Id.	de Sardon.	id.	de	79
29° Id,	de la Cappe. . . .	id.	de	82
30° Id.	de Gravenand. . . .	id.	de	91
31° Id.	de Collenon. . . .	id.	de	92
32° Id.	de la Combe Plaine. .	id.	de	98

SURFACE TOTALE DES PÉRIMÈTRES. . . . 1724h.

Nous avons pensé qu'il ne serait peut-être pas inutile de reproduire ce tableau, *dont l'authenticité est incontestable*, afin de montrer que s'il y a des concessions très-étendues, il en est d'autres qui n'ont que quelques hectares de surface, et que cette surface pourrait être absorbée par un nouvel enclos ou par une nouvelle habitation, si le *statu-quo* n'était pas imposé au-dessus de la mine.

Car, ainsi que nous le démontrerons au § 4 qui

suit, les 100 mètres réservés ou distraits de la concession tout autour d'un enclos muré ou d'une habitation, s'appliquent, selon nous, plus spécialement
à la distance souterraine qu'à la surface, et c'est cette
distance ou épaisseur de 100 mètres qu'on appelle
vulgairement *toit de la mine.*

C'est là un point que nous nous proposons de démontrer aussi au § 5 ci-après.

Nous allons maintenant définir les deux modes
employés pour l'exploitation des mines.

1° *Exploitation par tranchées à ciel ouvert.*

L'exploitation par tranchées à ciel ouvert est imposée par la nécessité, toutes les fois que la mine gît
à la surface ou qu'elle en est tellement proche qu'il y
a impossibilité de pratiquer des galeries souterraines.

Ce premier mode d'exploiter les mines est simple;
il s'exécute en suivant successivement toute la surface
du périmètre concédé, soit de l'*est* à l'*ouest* ou soit du
nord au *midi*, sans autre interruption que celle prévue
à l'article 11 de la loi de **1810.**

On comprend que ce mode d'exploitation exige une
surface libre de tout obstacle, et qu'il serait par trop
facile d'empêcher toute exploitation par tranchées à
ciel ouvert, s'il était permis au propriétaire de la surface d'établir à son gré de nouvelles constructions ou
de créer de nouveaux enclos sur le massif même de la
mine ou au-dessus du gîte de celle-ci.

La nécessité, autant que le respect dû à la propriété
des mines, impose donc le *statu-quo* à la propriété
de la surface, et cette nécessité confirme les disposi-

tions des articles 43 et 44 qui ne laissent au propriétaire de la surface qu'un droit de culture ; c'est-à-dire
le droit de jouir de sa propriété pour en percevoir les
revenus comme par le passé.

Admettons, en effet, qu'il soit permis au propriétaire de la surface d'établir de nouvelles constructions
ou de nouvelles clôtures au-dessus de la mine concédée,
on vient de voir qu'un simple enclos d'une étendue
d'un hectare, augmenté de 100 mètres tout autour,
frappe d'interdit une surface de neuf hectares.

Il est facile de se rendre compte par là que deux
ou trois enclos ou tous autres établissements occupant
une surface, seulement de *cinquante ares* chacun,
auraient pour résultat d'empêcher toute exploitation
par tranchées à ciel ouvert dans le périmètre de certaines concessions, si la surface de ces concessions
ne devait pas rester libre de tout obstacle.

Le *statu-quo* imposé à la surface n'est pas une interdiction ; tandis qu'autoriser de nouvelles constructions,
c'est frapper d'interdit l'exploitation de la mine, et
c'est l'anéantissement des droits du concessionnaire
ou de fait la révocation de sa concession.

La Cour de cassation a déclaré deux fois, dont une
en audience solennelle, que le concessionnaire d'une
mine ne doit pas *subir la perte d'*UNE PARTIE *de sa
concession* par la création d'un établissement nouveau
sans juste indemnité (1) ; une telle déclaration n'a pas
besoin de commentaire.

_____

(1) Voir, page 70, 1er alinéa, et page 81, 1er alinéa.

2° *Exploitation par puits et galeries souterraines.*

L'exploitation par puits et galeries souterraines est également imposée par la nécessité ; il y a impossibilité d'extraire autrement la mine lorsqu'elle gît à une très-grande profondeur.

Pour une exploitation par puits et galeries souterraines il est indispensable que la surface de la concession soit, comme pour l'exploitation à ciel ouvert, libre de tout obstacle, parce qu'un sondage, un puits ou une galerie, une machine ou un magasin, doivent être éloignés de 100 mètres de toute habitation ou de toute clôture, et, si cette distance ne peut être observée, il en est de l'exploitation souterraine comme de celle à ciel ouvert, elle est complètement impossible.

Un enclos muré d'un hectare ne paralyse pas seulement une surface de *neuf hectares ;* car un massif de mine ou de terrain de cette étendue, sur 100 mètres de profondeur, produit *neuf millions de mètres cubes* de mine ou de terrain.

Ainsi, quand la surface d'une concession est couverte par des constructions ou par des enclos murés, toute exploitation peut être impossible, et, dans tous les cas chaque établissement occupant une surface d'un hectare empêche tous travaux de mine sur une étendue de *neuf hectares* et dans un carré de *neuf millions* de mètres cubes de mine ou de terrain.

Indépendamment de cette perte et de la nécessité de descendre à 100 mètres de profondeur, l'exploitant est encore obligé de fournir un *cautionnement* et de *payer les dommages* causés aux édifices ou établis-

sements de la surface, et, après avoir établi ses travaux à cette profondeur, il ne peut les poursuivre
indéfiniment dans les entrailles de la terre qu'à ces
deux conditions.

Une mine est inépuisable et la propriété en est perpétuelle ; le concessionnaire peut bien y renoncer,
mais la propriété de la mine ne retourne pas au propriétaire de la surface.

La circulaire du 3 août 1810 rappelle en quelque
sorte les dispositions des articles 16, 17 et 18 de la
loi de 1791 restés en vigueur, et dit :

« Lorsque le propriétaire d'une mine ou d'une minière concédée en abandonnera l'exploitation pour quelque cause que
ce soit, il est extrêmement important que l'état de la mine ou
minière et celui des travaux restent constatés par des plans et
des descriptions exactes.

» Sans cette précaution, il serait, dans tous les temps,
plus difficile et plus dangereux de reprendre l'exploitation, et
il est utile pour celui-même qui l'abandonne que d'autres
puissent en tenter la reprise et l'indemniser de la valeur des
travaux et machines qu'il y aurait laissés.

» Cela est intéressant, d'ailleurs, pour les propriétaires des
terrains, à raison des droits qui pourraient leur avoir été attribués *en vertu de l'*ARTICLE SIX *de la loi*, et à raison de la
sécurité qu'ils ont droit de réclamer pour la conservation de
leur propriété.

» C'est donc une mesure d'ordre public que d'exiger d'un
propriétaire de mine ou minière qu'il prévienne l'administration des mines *au moins trois mois d'avance*, LORSQU'IL SERA
DÉTERMINÉ A ABANDONNER L'EXPLOITATION.

» Dans tout état de choses, une expédition du procès-verbal

de description et du plan, avant l'abandon de l'exploitation, doit être déposée aux archives de la préfecture, et une autre à celle de l'administration des mines, pour y avoir recours au besoin.

» *L'exploitation abandonnée* RESTERA *à la disposition du gouvernement* COMME BIEN VACANT. »

Une concession de mine abandonnée devient un *bien vacant*, et elle tombe sous l'application de l'article 539 du code Napoléon, lequel est ainsi conçu :

« Tous les biens vacants et sans maître, ceux des personnes qui décèdent sans héritiers, ou dont les successions sont abandonnées, appartiennent au droit public. »

La propriété des mines est donc une réalité, un bien ordinaire sur lequel le propriétaire de la surface ne conserve qu'un droit de culture, qui peut être assimilé à un *usufruit rachetable*.

§ 4.

Protection de l'article 11 de la loi de 1810.

La protection de l'article 11 de la loi de 1810 ne peut être appliquée qu'à ce qui existait au moment de la concession ; cet article forme l'une des clauses principales de tout acte de concession, et il en est de cette clause comme de toutes celles qui forment la loi des parties.

Quand on concède ou qu'on vend une propriété, et qu'on excepte de la concession ou de la vente les enclos murés, les cours ou jardins, ainsi que les terrains attenant aux enclos ou aux habitations, jusqu'à 100 mètres de distance, il est de toute évidence que cette clause ne s'applique et ne peut s'appliquer qu'à ce qui existait au moment de l'acte ou de la convention des parties.

Il est inutile de stipuler que celui qui concède ou qui vend ne pourra restreindre les droits concédés, ni se créer de nouvelles réserves en établissant plus tard des habitations ou des clôtures murées, et il n'est jamais venu à l'idée de personne de contester que l'acte de concession d'une mine ne fût un contrat ordinaire, une obligation pour le propriétaire de la surface comme pour le propriétaire de la mine.

Seulement on n'admet pas que la concession soit un acte d'expropriation pour cause d'utilité publique, moyennant deux prix ou deux sortes d'indemnités envers le propriétaire exproprié.

D'autre part, la protection de l'article 11 est mal appliquée; on ne voit pas que, lorsque cet article oblige l'exploitant de mines d'éloigner ses travaux à 100 mètres des enclos murés et des habitations, ou de tous autres établissements, cette distance *doit être observée plutôt* AU-DESSOUS qu'*autour des enclos et des habitations*, quand des accidents sont à craindre à la surface.

C'est du tréfonds creusé *au-dessous des établissements ou édifices de la surface* que vient le véritable danger, et de ce côté les plus grandes précautions doivent être prises; il est absolument nécessaire qu'*un massif* solide, qu'*une base* suffisante soit laissée comme support des lieux réservés ou exceptés de la conces-

-sion, et c'est la prescription de cette mesure de sûreté qui est le but principal de l'article 11.

Car, malgré toutes précautions, les affaissements, résultat inévitable des excavations souterraines, se font sentir souvent jusqu'à la surface et y causent des dégâts ; mais le législateur, dans sa haute prévoyance, a imposé à l'exploitant de mine un cautionnement, quand ses travaux arrivent *sous les maisons ou lieux d'habitation, ou dans leur voisinage immédiat.*

Nous lisons, en effet, dans la loi de 1810, l'article 15 ainsi conçu :

« L'exploitant doit aussi, le cas arrivant de travaux à faire SOUS DES MAISONS OU LIEUX D'HABITATION ou dans leur VOISINAGE *immédiat*, donner caution de payer toute indemnité *en cas d'accident.* »

Si de cet article il résulte que les travaux de mines peuvent arriver sous les lieux d'habitation, on ne saurait admettre que des excavations souterraines pussent être pratiquées au-dessous de ces habitations, à une distance moindre de 100 mètres des fondations des maisons, et que la même règle ne fût observée au-dessous de la surface des lieux réservés.

Autrement la protection de l'article 11 deviendrait illusoire : pourvu que le propriétaire de la mine éloignât à 100 mètres l'ouverture de ses puits ou galeries, qu'il fournît un cautionnement et payât les dommages, il lui serait ensuite permis de venir *par voie souterraine* fouiller le sol en tous sens et d'exploiter dans les enclos, cours ou jardins et dans les terrains attenant aux enclos ou habitations.

Il lui serait inutile ainsi d'obtenir du propriétaire

de la surface le consentement *formel* qu'exige l'article 11 , et s'il pouvait exploiter, pratiquer des excavations souterraines jusque contre *le dessous des fondations* de la demeure du propriétaire de la surface, ces excavations pourraient devenir le tombeau de ce propriétaire et de sa famille, surtout lorsque la couche de la mine est d'une épaisseur notable.

De là on doit donc conclure que la distance de 100 mètres s'applique plus spécialement *au-dessous* qu'*autour* des habitations ou des enclos murés, parce qu'il y aurait non-seulement danger perpétuel pour les habitations de la surface, mais abrogation complète des dispositions de l'article 11.

Devant la Cour de cassation , lors du débat solennel qui a précédé l'arrêt du 18 juillet 1837 , après avoir établi l'utilité , même la nécessité des dispositions de l'article 11 , Me Piet , avocat , disait:

« La preuve que les constructions faites *à une certaine* PROFONDEUR sont comprises dans l'article 11 , ainsi que celles qui se trouvent à la superficie, c'est qu'il ne viendrait certainement à l'idée de personne d'en contester l'*application à des caves* , QUEL QU'EN FUT L'ABAISSEMENT. »

En effet, personne ne contestait et ne pouvait contester l'application de ces principes aux établissements *formés* AVANT *la concession;* mais on contestait l'application de l'article 11 aux constructions et aux établissements *formés* APRÈS *la concession*, et la Cour de cassation s'est prononcée sur ce point, en disant :

« Que l'article 11 de la loi de 1810 ne peut être appliqué *aux établissements* FORMÉS APRÈS LA CONCESSION... »

C'est là un principe admis par un arrêt de la Chambre civile, confirmé par les Chambres réunies, et contre lequel nul ne réclame; mais on soutient que *les dommages* causés aux établissements *formés* APRÈS *la concession* par les travaux de mines doivent être réparés par l'exploitant.

On s'accorde à reconnaître que la protection de l'article 11 ne s'étend pas aux *nouvelles* constructions ni aux *nouvelles* clôtures, et que le propriétaire de la mine n'est pas tenu de s'en éloigner à 100 mètres; mais on dit que s'il s'en approche ou que, si de près ou de loin il leur cause des dégâts, il en doit la réparation.

On ne réclame plus le bénéfice de l'article 11, puisque la Cour de cassation ne l'a point accordé; mais on prétend que le propriétaire de la mine est, aux termes de l'article 15, obligé de garantir toutes les constructions, sans distinction d'époque où elles ont été établies, *après* ou *avant* la concession, comme *après* ou *avant* les excavations souterraines.

Tel est l'esprit des arrêts rendus par les Cours impériales de Lyon et de Dijon, les 23 mai et 21 août 1856 (1), et telle est aussi l'opinion de M. Peyret-Lallier (2).

Pour démontrer leur erreur, nous allons établir que les constructions élevées dans le périmètre d'une concession de mines l'ont été sans droit, qu'elles doivent être supprimées, et qu'elles ne peuvent donner lieu à aucune indemnité.

(1) Voir ces arrêts à la *septième section* ci-après.
(2) Voir, page 86, 2ᵐᵉ alinéa et pages suivantes.

1º *Constructions établies sans droit.*

Les constructions établies sans droit sont celles qui ne sont pas protégées par la loi et dont la suppression ou la démolition peut être ordonnée par les tribunaux.

En matière de mines, les constructions ou les établissements qui ne sont pas protégés par l'article 11 de la loi de 1810, ou qui ne sont pas autorisés pour cause d'utilité publique, moyennant indemnité envers le propriétaire de la mine, sont établis sans droit, et la suppression peut en être exigée s'ils sont nuisibles à l'exploitation de la mine.

Or, on vient de voir que la Cour de cassation a décidé, et que chacun reconnaît que les établissements formés après la concession d'une mine ne sont pas protégés par l'article 11 ; il en découle cette conséquence qu'ils ont été formés sans droit, et tout ce qui ne repose pas sur le droit peut être détruit.

Il nous semble donc que la conséquence que nous tirons des arrêts de la Cour suprême, ainsi que de l'opinion générale, est irréfutable, et que nous ne devrions rencontrer aucune objection sérieuse.

Cependant nous avons à combattre deux arrêts des Cours impériales de Lyon et de Dijon, et nous nous trouvons dans la nécessité, dans une cause d'un aussi grand intérêt, de revenir sans cesse aux arguments qui font notre force et de les reproduire à chaque pas sous une autre forme.

2º *Constructions qui doivent être supprimées.*

Les constructions qui doivent être supprimées sont celles qui ont été établies dans le périmètre d'une concession de mine et qui imposent au concessionnaire l'obligation de subir la perte d'une partie de sa propriété sans indemnité.

On invoquait devant la Cour de cassation non-seulement la protection de l'article 11, mais encore les articles 15 et 50 ; on a vu la réponse faite à l'article 11, et voici celle qu'on fit à l'article 50, qui se confond avec l'article 15 :

« Attendu que le droit de surveillance réservé par l'article 50 de la loi de 1810 à l'autorité administrative sur l'exploitation des mines, n'ALTÈRE EN RIEN LE DROIT DE PROPRIÉTÉ du concessionnaire et ne lui impose pas l'obligation de subir la perte d'une partie de sa concession PAR LA CRÉATION D'UN ÉTABLISSEMENT NOUVEAU, *sans une juste indemnité.* »

La Cour impériale de Dijon résista à cette jurisprudence, et son arrêt fut défendu par M. le procureur-général, qui soutint que la condition inhérente à la concession de la mine est de supporter la surface et de ne jamais en compromettre la solidité ; il ajouta :

« Le caractère des réserves exprimées à cet égard dans les articles 11, 15, 47 et 50, étant général, absolu, d'ordre public, il est dans leur nature d'être perpétuelles ; elles ne sont pas limitées aux édifices et aux chemins existant au jour de la concession ; elles s'étendent providentiellement à tous les besoins publics, à toutes les survenances. »

La Cour suprême n'adopta point cet avis, et, par arrêt solennel du 3 mars 1841, elle confirma sa jurisprudence en reproduisant les mêmes motifs :

« Attendu, à la vérité, que l'article 50 de la loi du 21 avril 1810 confère à l'autorité administrative le droit de pourvoir par des mesures de sûreté publique à la conservation des puits, à la solidité des travaux de la concession et à *la sûreté* DES HABITATIONS *de la surface;* MAIS *que cette disposition* N'ALTÈRE EN RIEN LE DROIT DE PROPRIÉTÉ du concessionnaire et ne lui impose pas l'obligation de subir la perte d'une partie de sa concession, A RAISON DE LA CRÉATION D'UN ÉTABLISSE- MENT NOUVEAU, *sans une juste indemnité.* »

Elle ajouta cette fois que, quels que soient les droits du propriétaire de la surface, il ne s'ensuit pas qu'il ait celui :

« De pratiquer DES TRAVAUX NUISIBLES à l'exploitation de la mine *dans l'étendue de son périmètre.* ».

On doit conclure de ces importantes décisions que, si le droit de propriété du concessionnaire *ne peut être altéré* par les mesures de sûreté, si celui-ci ne doit pas *subir la perte* d'nne partie de sa concession à raison de la création d'un établissement, et si enfin le propriétaire de la surface ne peut établir *des travaux nuisibles* à l'exploitation de la mine, tout établissement qui tend à faire subir une perte au concessionnaire ou à nuire à son exploitation, doit être supprimé ; autrement les arrêts de la Cour suprême n'ont plus de sanction.

Les Cours impériales de Lyon et de Dijon résistent néanmoins à ces arrêts ; elles soutiennent qu'on doit supprimer l'exploitation de la mine plutôt que les établissements nouveaux, et elles condamnent le pro- priétaire de la mine pour avoir exploité aux abords et au-dessous des constructions établies sans droit.

Protéger les établissements nouveaux ou les nou- velles constructions, c'est contraindre l'exploitant de mines à abandonner sa propriété ; c'est lui faire subir des pertes continuelles, et c'est frapper ainsi sa propriété d'interdit ou la révoquer.

Nous l'avons déjà dit, les nouvelles constructions sont ou non protégées comme les anciennes. *Si elles le sont*, le concessionnaire de la mine doit éloigner ses travaux à 100 mètres tout autour et au-dessous, et en garantir la sûreté. *Si elles ne le sont pas* et si elles sont nuisibles à l'exploitation de la mine, on doit les supprimer sans indemnité.

Sans se prononcer sur l'une ou l'autre de ces deux hypothèses, les Cours impériales de Lyon et de Dijon, à la suite d'une confusion des principes de la loi et donnant une fausse interprétation aux arrêts de la Cour suprême, frappent d'interdit la propriété des mines en maintenant les propriétaires de la surface dans tous les droits qu'ils avaient avant la concession de leurs terrains.

3° *Constructions qui ne donnent lieu à aucune indemnité.*

Les constructions qui ne donnent lieu à aucune indemnité en faveur du propriétaire de la surface sont celles qui ont été établies sans droit et qui doivent être supprimées quand elles empêchent ou paralysent l'exploitation de la mine.

Si, sans contester le droit du propriétaire de la surface et sans lui demander la suppression d'un établissement indûment formé après la concession, le propriétaire de la mine a essayé d'extraire la mine qui est au-dessous de cet établissement, il ne peut être responsable des dommages causés non à la propriété du sol, mais à l'établissement.

On a vu que l'article 11 forme la loi des parties : qu'il ne peut dépendre de l'une d'elles de *restreindre* les droits de l'autre ou d'*aggraver* sa position, et que si l'une a dépassé ses droits elle ne peut s'en faire un titre, surtout si les constructions ont été placées au-dessus d'excavations souterraines, après l'exploitation de la mine.

Sur la question d'indemnité, M. Reverchon, avocat au Conseil d'État et à la Cour de cassation, appelé à donner son avis, s'appuyant sur l'article 11 de la loi de 1810, s'est exprimé ainsi :

« On comprend assurément que cet article reçoive son application aux habitations ou constructions établies lors de la concession. Ces habitations ou constructions sont connues ; le demandeur en concession peut apprécier les entraves qui en résulteront pour son exploitation.

» Si ces entraves lui paraissent excessives, il s'abstiendra de poursuivre sa demande ; s'il croit pouvoir obtenir le consentement des propriétaires de la surface, il fera à l'avance, en pleine connaissance de cause, les propositions, les transactions que son intérêt pourra lui conseiller ; il en vérifiera la mesure, il en marquera les limites ; les deux parties se feront, dans toute leur liberté, leurs propres conditions, sans qu'aucune d'elles puisse, par son seul fait, aggraver celle de l'autre.

» Mais si, après la concession, le propriétaire de la surface peut élever des édifices ou des bâtiments nouveaux, et réclamer indéfiniment à cet égard le bénéfice de l'article 11, que devient la concession de la mine ? que devient la propriété du concessionnaire ? Évidemment, dans ce système, le propriétaire de la surface peut frapper d'interdit l'exploitation de la mine ; *il peut se rendre* MAITRE UNIQUE *et* ABSOLU *de cette exploitation.*

» Cette *conséquence* INCONTESTABLE, IRRÉCUSABLE, de la prétention qu'il s'agit ici d'apprécier, *élève déjà*, il faut en convenir, UN GRAVE PRÉJUGÉ contre le principe même sur lequel elle repose, et à moins qu'un tel principe ne soit formellement écrit dans la loi de 1810, ce seul aperçu doit déjà le faire écarter.

» Or, non-seulement aucun texte de la loi ne contient une telle disposition, mais cette loi y répugne dans ses bases fondamentales comme dans ses détails.

» La loi de 1810 a créé deux propriétés distinctes : celle du dessus ou de la surface, celle du dessous ou de la mine. Ces deux propriétés, par leur juxta-position, ont nécessairement des points de contact qui peuvent entraîner des conflits et qui obligent à rechercher et à opérer entre elles une conciliation.

» En ce qui touche l'article 11, cette conciliation est bien simple, si l'on restreint les prescriptions de cet article au cas d'établissements *formés* AVANT *la concession :* NUL *alors ne peut* SE PLAINDRE, NUL *n'est à la discrétion* DE SON VOISIN.

» Le propriétaire de la surface peut, il est vrai, se trouver empêché de faire de sa chose l'usage qu'il en ferait si elle ne recélait pas une mine dans son sein ; mais c'est pour cela qu'il reçoit du concessionnaire une indemnité qui, une fois fixée, ne doit subir aucune diminution, malgré la dépréciation possible du sol.

» D'où il suit qu'elle ne doit non plus donner lieu à aucune augmentation, et le tort qui consiste pour lui à ne pas améliorer sa situation, à ne pas s'enrichir, ne saurait être mis en balance avec le tort qui, dans le système contraire, *aboutirait* à LA RUINE *des concessionnaires,* à l'IMPOSSIBILITÉ *de l'exploitation de la mine !*

» La Cour de cassation, dans un arrêt du 18 juillet 1837, a décidé *que l'article 11 de la loi de 1810 ne peut être appliqué aux établissements formés après la concession, et notamment aux routes souterraines pratiquées dans le périmètre de la mine.*

» La doctrine de cet arrêt a du reste été maintenue, malgré les conclusions contraires de M. le procureur-général Dupin, par un arrêt solennel des Chambres réunies de la même Cour, en date du 3 mars 1841.

» En rapportant ce dernier arrêt (1841, 1, 165), M. Dalloz examine l'objection que faisait M. Dupin et qui consistait à soutenir que l'on ne pouvait pas admettre que tout le périmètre de la mine, embrassant peut-être plusieurs lieues, fût frappé d'une interdiction perpétuelle de bâtir. Il y répond de la manière suivante :

« Cette objection séduit au premier abord. Cependant,
» comme à sa faveur on réclame un droit qui n'irait à rien
» moins qu'à faire périr, au gré du superficiaire, le droit de
» propriété que la loi de 1810 a consacré au profit du conces-
» sionnaire de la mine, elle doit être écartée à cause de sa
» trop grande portée.

» En effet, supposez que celui-là conserve la faculté de bâtir
» à la surface, sans indemnité au profit de ceux-ci, et de
» frapper d'interdit l'exploitation de la mine dans toute l'éten-
» due de la zône que comportera l'existence des bâtiments, et
» vous arriverez aisément à reconnaître que cette exploitation
» sera exposée à subir toutes les entraves que le superficiaire
» voudra lui imposer, entraves qui seront toujours, on peut le
» supposer, en raison directe de la richesse de la mine.

» De sorte que, pour s'en affranchir, les concessionnaires,
» déjà grevés d'impôts envers l'État et d'indemnités envers le
» propriétaire du sol, devront s'attendre à payer encore à ce

» dernier de nouvelles et plus lourdes indemnités, car elles
» seront arbitraires et indéfinies.

» Et s'ils persistent à vouloir user du droit de bâtir qu'on
» réclame en leur faveur, et même de pousser des travaux
» jusque dans le sein de la mine, des exploitations vastes et
» dispendieuses, qui touchent si directement aux sources de
» la prospérité publique qu'on les regardait encore naguère
» comme un droit régalien, *pourront être paralysées, anéan-*
» *ties*, SUIVANT LE BON PLAISIR *du propriétaire du sol.*

» Or il suffit, ce semble, d'énoncer un pareil résultat pour
» faire sentir que le système de M. le procureur-général ne
» pouvait être accueilli par les Chambres réunies de la Cour. »

« Vainement on dit que la loi de 1810 n'a pas d'une manière expresse limité la disposition de son article 11, au cas
de constructions anciennes à la concession, et que l'interdiction de bâtir constitue une restriction au droit commun qui ne
peut être admise en l'absence d'un texte formel.

» Le droit commun de la propriété est écrit dans l'art. 544
du code Napoléon, qui permet, il est vrai, au propriétaire de
jouir et de disposer des choses de la manière la plus absolue,
mais *pourvu qu'il n'en fasse pas* UN USAGE PROHIBÉ *par les*
lois ou par les règlements.

» Or, il ne s'agit pas de supprimer le droit de bâtir; il
s'agit seulement de savoir si les constructions qu'élève le
propriétaire de la surface, en usant de son droit à cet égard,
l'autorisent à PARALYSER *le droit du propriétaire de la mine?*

» Il s'agit de savoir si la loi de 1810, en instituant la propriété de la mine, n'a pas confié à ce propriétaire le droit de
faire, *dans l'étendue de sa chose,* TOUS LES TRAVAUX
CONSTITUTIFS DE SON EXPLOITATION, sauf la réserve stipulée
par l'article 11, et si *cette réserve n'est pas* FORCÉMENT *et*
VIRTUELLEMENT *limitée aux habitations et enclos antérieurs*
à la concession ?

» La conciliation qui doit être admise ici entre deux droits se rencontre dans d'autres matières qui ne manquent pas d'analogie.

» Ainsi, pour ne citer qu'un exemple, tout individu qui, depuis la création régulièrement autorisée d'une usine ou manufacture insalubre et incommode, élève des constructions dans le voisinage, perd le droit de demander la suppression de cette usine. (Art. 9 du décret du 15 octobre 1810.)

» On pourrait dire, cependant, que le propriétaire qui a bâti sur son terrain n'a fait qu'user de son droit, et que lui interdire la faculté de se plaindre d'un voisinage incommode ou dangereux, c'est restreindre arbitrairement envers lui les règles ordinaires de la propriété.

» Le législateur ne s'est point arrêté, il a dû ne point s'arrêter à ces raisons que deux droits étaient en présence ; il a dû faire et il a fait à chacun d'eux sa part.

» Sans aucun doute, si le concessionnaire de la mine négligeait de prendre les précautions exigées par la prudence ou par les règles de l'art, s'il omettait de se conformer aux prescriptions que l'administration aurait pu lui imposer, et s'il causait ainsi des dommages à la propriété superficiaire, il serait tenu de la réparation de ce dommage, alors même qu'il s'agirait de constructions ou d'habitations élevées depuis la concession ; car il aurait alors commis une faute dont il devrait supporter la responsabilité.

» Mais, en dehors de ce cas, le propriétaire qui, à ses risques et périls, a établi des constructions ou habitations de cette nature, ne peut s'en prendre qu'à lui-même des dommages que *les travaux d'exploitation* RÉGULIÈREMENT POURSUIVIS *viennent lui causer.*

» Et le concessionnaire *a le droit de se* RETRANCHER, pour la réparation dont il est tenu, derrière les dispositions des articles 43 et 44 de la loi du 21 avril 1810. »

M. Reverchon n'hésite pas à dire que l'article 11 forme la loi des deux propriétaires sur la séparation de leurs *droits réels* de propriété, et que pour tout ce qui est en dehors des lieux réservés ou distraits par cet article, le concessionnaire de la mine a le droit de se retrancher, pour la réparation des dommages causés à la propriété de la surface, *derrière* les dispositions des articles 43 et 44 de la même loi.

C'est-à-dire qu'en dehors des lieux réservés, l'indemnité doit toujours, quoi qu'il arrive, être réglée d'après la base fixée à ces articles 43 et 44, sans s'élever au-delà, ce qui implique le *statu-quo* ou indique que le propriétaire de la surface ne peut bâtir qu'à ses risques et périls.

§ 5.

Toit de la mine et ses supports.

Le toit de la mine et ses supports sont imposés à l'exploitant qui veut s'affranchir de toute indemnité pour dégâts à la surface ou à celui qui exploite la mine au-dessous des lieux réservés par l'article 11 de la loi de 1810.

Nulle part il n'est question du toit de la mine, ni des supports de ce toit ou de la surface; ni la loi, ni les règlements administratifs n'en font mention.

Une distance de 100 mètres doit seulement être laissée entre les galeries souterraines et la surface des lieux réservés ou distraits de la concession, et des supports doivent naturellement être établis dans les galeries souterraines, au-dessous des lieux réservés, pour soutenir l'épaisseur de 100 mètres, qu'on appelle vulgairement toit de la mine.

C'est ainsi qu'on évite de produire des affaissements à la surface et de compromettre la solidité des édifices et la sûreté des habitations.

Mais, en dehors des lieux réservés par l'article 11 de la loi de 1810, au-delà des 100 mètres imposés au-dessous et tout autour des édifices ou habitations et des enclos murés, l'exploitant de mine a le droit, moyennant l'indemnité *réglée à forfait* par l'article 43 de la même loi, de s'emparer de la propriété de la surface pour tous les besoins de son exploitation.

Les 100 mètres d'épaisseur du sol, qu'on est convenu d'appeler toit de la mine, ne sont donc imposés qu'au-dessous et autour des édifices ou habitations et des autres lieux distraits de la concession, et il ne peut y avoir, qu'on le remarque bien, ni toit ni supports dans une exploitation par tranchées à ciel ouvert.

Deux obligations principales sont imposées à tout propriétaire de mine comme condition première de sa concession; il doit:

1° Respecter les lieux distraits de sa concession et réservés au propriétaire de la surface par l'article 11 de la loi de 1810;

2° Payer les indemnités accordées au propriétaire de la surface en vertu des articles 6, 42, 43 et 44 de la même loi.

A ces conditions il dispose en maître absolu de la propriété qui lui a été concédée, pourvu qu'il se conforme aux lois et aux règlements relatifs aux mines.

Le toit de la mine est *obligatoire*, *facultatif* ou *défendu*, selon que l'exploitation se fait en dedans ou en dehors des lieux réservés par l'article 11 de la loi de 1810 et selon que la mine est à la surface ou dans le sein de la terre.

1° *Toit obligatoire.*

Le toit de la mine et ses supports sont obligatoires et sont imposés par la nécessité au-dessous des lieux réservés ; c'est là une condition qu'on peut dire *naturelle*, *absolue*, *perpétuelle*, à laquelle le propriétaire de mines est soumis en vertu de l'article 11 précité.

2° *Toit facultatif.*

Le toit de la mine, en dehors des lieux réservés, est facultatif, en ce sens que, si l'exploitant peut, *sans manquer à ses obligations* (1), soutenir la propriété de la surface, il évite de payer les indemnités prévues aux articles 43 et 44 de la loi de 1810.

La Cour de cassation, par arrêt du 20 juillet 1842, a bien décidé que les propriétaires de mines étaient obligés envers le propriétaire du sol de *supporter et maintenir le toit de la mine ;* mais dans quelles circonstances ?

Des travaux d'exploitation par galeries souterraines avaient causé des affaissements et des crevasses au sol d'une prairie, dont une partie avait été privée des moyens d'irrigation.

L'exploitant soutenait qu'ayant usé de son droit selon les règles de l'art et sous la surveillance de l'administration, il ne pouvait être responsable des

---

(1) Voir au § 8, n° 2 de la présente section.

conséquences de l'usage de sa chose, et qu'ayant acquis le droit d'exploiter la mine moyennant une redevance perçue par le propriétaire de la surface, il ne pouvait être privé de l'exercice de ce droit.

C'était là le système qu'avait admis la Cour impériale de Lyon, dans ses arrêts du 21 août 1828 et du 17 janvier 1833.

La question à décider par la Cour de cassation, dans son arrêt du 20 juillet 1842, était donc de savoir si le propriétaire de la mine *pouvait impunément*, par ses travaux souterrains, causer des dommages à la propriété de la surface.

C'est alors que cette Cour a imposé à l'exploitant de mines l'obligation de supporter et maintenir le toit de la mine, en ces termes :

« Attendu que l'obligation première et principale du concessionnaire de la mine envers le propriétaire du sol *est de supporter et maintenir* LE TOIT *de la mine ;* que c'est une condition naturelle, absolue, perpétuelle, qu'il est inutile d'imposer ;

» Que lorsque *les moyens ordinaires* NE SUFFISENT PAS pour soutenir le sol, le concessionnaire doit *en employer d'extraordinaires,* MÊME FAIRE UNE VOUTE, si cela est indispensable ;

» Que les sieur et dame Charrin, propriétaires d'un terrain houiller, n'ont pas prévu, *en vendant le droit d'exploiter la houille,* que l'exploitation pourrait produire des affaissements du sol... »

Mais cette obligation première et principale ne fait que placer le propriétaire de la mine dans l'alternative *de supporter* et maintenir le toit de la mine ou *de payer* les dégâts causés à la propriété de la surface.

Elle ne peut s'étendre jusqu'à l'empêcher de remplir ses obligations envers la société, ni le priver du droit qu'il a d'exploiter la mine et d'exploiter par tranchées à ciel ouvert, quand la nécessité l'exige, moyennant les indemnités fixées par la loi.

3° *Toit défendu.*

Lorsque la mine gît à la surface il ne peut y avoir ni toit, ni supports; la loi impose au propriétaire de mines l'obligation, non de laisser un toit et de le maintenir, mais d'exploiter le gîte entier de la substance minérale concédée, *à la surface comme dans le sein de la terre.*

En pareil cas l'impossibilité de laisser un toit au-dessus de la mine est évidente, et le propriétaire de la mine voudrait en laisser un, qu'il ne le pourrait pas; il ne doit pas abandonner la mine exploitable.

Il ne faut pas, sous ce rapport, croire qu'il soit loisible au propriétaire de mines de faire ou de ne pas faire; il est surveillé par les ingénieurs des mines de l'État, qui rendent compte de la direction de ses travaux à l'administration.

On verra au § 7, n° 2, et au § 8, n° 2 de la présente section, qu'il ne peut pas dépendre de l'exploitant de laisser une épaisseur de 100 mètres de mines dans un lieu où elle ne lui est pas imposée.

§ 6.

Indemnité au propriétaire de la mine quand il est empêché d'exploiter sa propriété.

L'indemnité qui est due au propriétaire de la mine,

quand on l'empêche d'exploiter sa propriété, est incontestable; elle repose sur un principe invariable de justice et d'équité qu'on a vainement combattu deux fois devant la Cour suprême.

Ce principe a été consacré par la Chambre civile d'abord, puis par les Chambres réunies, en ces termes :

« Attendu que *tout propriétaire* a droit à une indemnité, non-seulement lorsqu'il est obligé de subir l'éviction entière de sa propriété, mais aussi lorsqu'il est privé de sa jouissance et de ses produits *pour cause d'utilité publique ;* que seulement, dans ce cas, l'INDEMNITÉ N'EST PAS PRÉALABLE ;

» Attendu que la concession d'une mine a pour objet l'exploitation de la matière *qu'elle renferme ;* que le concessionnaire auquel cette exploitation est interdite, *pour un fait à lui étranger,* SUR UNE PARTIE DU PÉRIMÈTRE *de la mine,* pour un temps indéterminé, est privé des produits de sa propriété et *éprouve* UNE ÉVICTION *véritable* DONT IL DOIT ÊTRE INDEMNISÉ (1). »

Le lecteur se rappellera que, dans l'espèce jugée d'une manière aussi solennelle, un établissement autorisé pour cause d'utilité publique a été formé dans le périmètre d'une propriété de mine, et qu'un arrêté préfectoral a interdit ou empêché l'exploitation de la mine au-dessous et aux abords de cet établissement.

Une indemnité a été demandée par le propriétaire de la mine, à raison de l'éviction que l'interdiction lui a fait éprouver, et c'est cette indemnité qui a été vainement contestée deux fois devant la Cour suprême.

---

(1) Voir, page 69, les deux derniers alinéa, et page 80, aussi les deux derniers alinéa.

La question à examiner aujourd'hui est celle-ci : si l'exploitation n'eût pas été interdite et si le propriétaire de la mine, *en usant de son droit de propriété*, eût causé des affaissements à la surface et endommagé l'établissement placé sur la mine, eût-il dû des indemnités au propriétaire de cet établissement?

La négative nous paraît évidente ; car s'il n'avait pas eu le droit d'exploiter la mine, on ne lui aurait pas accordé des indemnités pour qu'il n'usât pas de ce droit.

Ces déductions si logiques et si simples conduisent à démontrer que toute construction ou tout établissement élevé sur la mine après sa concession doit satisfaire à deux conditions pour être maintenu :

1º Autorisation ou expropriation de la mine pour cause d'utilité publique ;

2º Paiement de l'indemnité d'expropriation du propriétaire de la mine.

Seulement, a dit la Cour suprême, *l'indemnité* NE *doit pas être préalable* à l'expropriation de la propriété de la mine ; c'est là un complément ajouté dans l'arrêt solennel, pour repousser toutes les objections présentées contre l'indemnité d'expropriation du propriétaire de la mine.

D'où il résulte que, si la construction ou l'établissement *n'est pas autorisé,* qu'un arrêté préfectoral n'ait pas interdit l'exploitation de la mine au-dessous ou aux abords, et que l'article 11 de la loi de 1810 ne soit pas applicable aux établissements formés après la concession, *il doit être supprimé* lorsqu'il empêche

l'exploitation de la mine, ou au moins ne donner lieu
à aucune indemnité lorsque des dégâts y sont causés.

On ne comprendrait pas en effet qu'il fallût payer
une indemnité pour pouvoir maintenir sur la mine
un établissement *autorisé,* tandis que l'établissement
non autorisé pourrait jouir sans indemnité de la même
faveur et même d'une faveur plus grande.

Voici de quelle manière : quand il s'agit d'un établissement autorisé pour cause d'utilité publique ;
qu'un arrêté préfectoral a désigné l'étendue du massif
à laisser *au-dessous et aux abords* de cet établissement,
et que l'exploitant s'est conformé aux prescriptions
de l'autorité administrative, il n'est pas responsable
des dégâts causés à l'établissement par l'exploitation
de la mine.

La Cour impériale de Lyon a en effet décidé, par
arrêt du 11 juillet 1846, que, *si les prescriptions* de
l'autorité administrative à l'égard des établissements
nouveaux autorisés pour cause d'utilité publique *ont
été exécutées,* et qu'elles aient été insuffisantes pour
garantir un nouvel établissement autorisé, il n'y a ni
faute ni *imprudence* à reprocher à l'exploitant.

« Attendu, dit cet arrêt, que les concessionnaires de la
mine, en exploitant, ONT SATISFAIT *à toutes les précautions*
PRESCRITES, et se sont soumis *à toutes les interdictions*
PRONONCÉES par l'arrêté préfectoral ;

» Qu'ils n'ont pas touché *au massif* DE 50 MÈTRES établi
pour le chemin de fer, et que l'exploitation de la mine a
d'ailleurs eu lieu de la manière *usitée et suivant* TOUTES LES
RÈGLES DE L'ART ;

» Que, dès-lors, on ne saurait *imputer aux concessionnaires* AUCUNE IMPRUDENCE qui puisse donner lieu contre eux à la responsabilité dérivant des articles 1382 et suivants du code Napoléon, *ni motiver* sous ce rapport *la demande en dommages-intérêts* formée aux concessionnaires de la mine. »

Cet arrêt part de ce point, que les établissements formés *après* la concession de la mine ne sont pas protégés par l'article 11, qui prescrit une distance de 100 mètres entre les travaux de mines et les établissements qui existaient au jour de la concession du terrain minier.

S'appuyant sur ce point de droit, cet arrêt déclare que si la distance ou *le massif de 50 mètres* laissé pour soutenir le nouvel établissement autorisé est insuffisant, on ne saurait *imputer aucune imprudence* au concessionnaire de la mine pour ne pas avoir laissé un massif d'une étendue *plus considérable*, et c'est ce qu'ajoute le même arrêt de la manière la plus explicite :

« Attendu, dit-il, que les pertes que la mine a subies par l'effet des *prescriptions administratives* ont donné lieu à une indemnité que les propriétaires du chemin de fer ONT ÉTÉ CONDAMNÉS A PAYER !

» Que si, par l'EXPROPRIATION D'UN MASSIF PLUS CONSIDÉRABLE, ou par des *interdictions d'exploiter* PLUS ÉTENDUES, on eût alors assuré au chemin de fer une solidité plus inaltérable, *cette extension* dans les prohibitions imposées à la mine *aurait obligé* les propriétaires du chemin de fer A DES INDEMNITÉS PLUS FORTES. »

Ainsi, un établissement *autorisé* ne jouit que d'une protection *restreinte à l'indemnité payée*, et si par l'expropriation d'un massif *plus considérable* ou par des interdictions d'exploiter sur une surface *plus étendue*, on assure à cet établissement une solidité *plus inaltérable*, des indemnités *plus considérables* doivent être allouées au propriétaire de la mine.

Mais quand il s'agit d'une construction ou d'un établissement *non autorisé*, qu'il n'y a eu ni expropriation de la mine ou interdiction de l'exploiter, ni indemnité payée, le propriétaire de la mine n'est pas obligé de s'*exproprier* lui-même et de *subir la perte* de sa propriété à raison de la création de cet établissement.

C'est là ce qui a été décidé deux fois par la Cour suprême, le 18 juillet 1837 et le 3 mars 1841, contrairement aux arrêts des Cours impériales de Lyon, du 12 août 1835, et de Dijon, du 25 mai 1838.

La Cour impériale de Lyon s'était rangée à la jurisprudence de la Cour de cassation par l'arrêt dont nous venons de rapporter les motifs, et la Cour impériale de Dijon semblait avoir complété cette même jurisprudence par son arrêt du 29 mars 1854 (1), quand ces deux Cours sont revenues à leur ancienne jurisprudence, et ont décidé que l'exploitant de mine doit laisser en *tous temps et en tous lieux* un toit de 100 mètres, soutenu par des supports, pour recevoir les constructions du propriétaire de la surface.

Ainsi, une construction indûment établie jouirait des plus larges garanties et obligerait le concessionnaire de la mine d'une manière indéterminée ; tandis

_____

(1) Voir page 50, 4ᵐᵉ alinéa et les suiv.

que la construction régulièrement autorisée n'aurait qu'une garantie restreinte à la valeur de l'indemnité payée, c'est-à-dire au massif exproprié.

§ 7.

Inaltérabilité de la propriété des mines et des droits de la Société sur l'exploitation des mines.

L'inaltérabilité de la propriété des mines ou des droits du concessionnaire de cette propriété, a été également reconnue et consacrée deux fois par la Cour de cassation : la première par la Chambre civile, et la seconde par les Chambres réunies.

Rien ne peut, a-t-elle dit, altérer les droits de propriété du concessionnaire et ne doit l'obliger de céder une partie de sa concession, à raison de la création d'un établissement nouveau, sans une juste indemnité (1).

Cette indemnité n'est, il est vrai, que l'une des conditions secondaires de son expropriation, quoiqu'il ne doive, de même que tout autre propriétaire, subir une expropriation totale ou partielle de sa propriété que pour cause d'utilité publique.

La question décidée deux fois par la Cour de cassation était de savoir si, pour cause d'utilité publique, le propriétaire de la mine pouvait, en vertu d'un arrêté préfectoral lui interdisant d'exploiter, être privé d'une partie de sa concession *sans indemnité.*

Cette question a été résolue en faveur du propriétaire

(1) Voir page 70, 1er alinéa, et page 81, 1er alinéa.

de la mine ; une seule exception a été apportée à la
règle commune par la Cour suprême ; elle consiste en
ce que seulement, dans ce cas, l'*indemnité n'est pas
préalable* (1).

Le concessionnaire de mines est dans la position
d'un propriétaire ordinaire ; il n'est tenu de céder sa
propriété que pour cause d'utilité publique.

De plus, et c'est là l'une de ses principales obligations, il ne doit dans aucun cas *abandonner, suspendre*
ou *restreindre* son exploitation , sans y avoir été autorisé ou contraint par un acte administratif.

Deux intérêts distincts s'opposent à ce qu'il soit porté
atteinte à la propriété des mines ; celui du concessionnaire d'abord , qui n'est que très-secondaire aux yeux
du législateur de 1810, et celui de la société qui est de
majeure importance.

1° *Intérêt du concessionnaire de la mine.*

L'intérêt du concessionnaire de la mine doit être
protégé par la loi, comme celui de tout propriétaire ;
après la concession qui lui a été accordée, on ne doit
pas aggraver la condition de sa propriété , en rendant
l'exploitation de la mine plus difficile ou plus oné-
reuse, et le mettre à la merci du propriétaire de la
surface.

Du jour où la mine est concédée , la position du
concessionnaire est fixée ; dès ce moment, la propriété
de la surface n'est plus qu'une *propriété éventuelle,*
soumise, en dehors des lieux réservés, à tous les

_____

(1) Voir page 180, 2ᵐᵉ alinéa.

besoins de l'exploitation de la mine ; c'est là ce que la Cour de cassation a décidé, contrairement aux arrêts des Cours impériales de Dijon et de Lyon.

On résiste aux arrêts de la Cour de cassation, et cependant n'est-il pas évident que la propriété de la mine ne peut exister qu'au détriment de la propriété de la surface? Est-il raisonnable de croire qu'une seconde propriété puisse être créée dans la première sans restreindre les droits de celle-ci?

Il y a expropriation du propriétaire de la surface par la concession de son terrain ou de la mine renfermée dans ce terrain, et c'est afin d'échapper aux lenteurs si préjudiciables de l'*expropriation ordinaire* pour cause d'utilité publique, que le législateur a déterminé d'avance et pour tous les cas, quels qu'ils soient, l'*indemnité de dépossession* du propriétaire de la surface.

Ce sont là les *motifs textuels* d'un arrêt rendu par la Cour impériale de Dijon, le 29 mars 1854 (1) ; mais depuis, et par arrêt du 21 août 1856 (2), elle est revenue à la jurisprudence de son arrêt du 25 mai 1838, cassé par la Cour suprême.

2° *Intérêt de la société à l'exploitation des mines.*

L'exploitation des mines a pour cause première et principale l'intérêt de la société ; elle ne peut dépendre des besoins ou du caprice du propriétaire de la surface, ni d'un accord entre lui et le propriétaire des mines.

L'indemnité plus ou moins considérable payée par

(1) Voir page 51, 1er alinéa.
(2) Voir à la septième section du présent chapitre.

le propriétaire de la surface ne saurait autoriser le propriétaire des mines à faire l'abandon de ses droits ou à suspendre ou restreindre son exploitation.

Aussi le propriétaire des mines ne pourrait non plus se prévaloir des impossibilités créées par le propriétaire de la surface, avec ou sans indemnité, pour se soustraire aux obligations qui lui sont imposées par l'article 49 de la loi de 1810.

« Si *l'exploitation*, dit cet article, *est* RESTREINTE *ou* SUSPENDUE de manière à inquiéter la sûreté publique *ou les besoins* DES CONSOMMATEURS, les préfets, après avoir entendu les propriétaires, en rendront compte au ministre de l'intérieur (aujourd'hui des travaux publics) pour y être pourvu ainsi qu'il appartiendra. »

L'obligation d'exploiter a été sanctionnée par la loi des 27 avril, 4 mai 1838, qui autorise *la révocation* de la concession si le concessionnaire ne remplit la condition moyennant laquelle il l'a obtenue.

Devant la Chambre des Députés, lors de la discussion de cette loi, M. SAUZET, *comme rapporteur*, disait :

« Le principe fondamental est posé : le concessionnaire *doit exploiter* DANS L'INTÉRÊT PUBLIC, et si l'intérêt public est compromis, le gouvernement le protège *par des mesures* dont l'opportunité et la nature sont déterminées par lui...

» Le concessionnaire *a reçu un dépôt*, IL DOIT LE FÉCONDER, et l'État qui le lui confia, veille toujours pour l'y contraindre. *Il ne reste plus qu'à savoir* QUEL DOIT EN ÊTRE LE MOYEN.

» La loi *ne conseille pas*, ELLE ORDONNE ; mais elle n'ordonne rien en vain. La plus déplorable des lois serait une loi impuissante, et ce serait un étrange anachronisme que de supposer un esprit d'impuissance aux lois de 1810.

» Cela posé, dit-il, il a paru impossible à votre commission DE TROUVER AILLEURS *que dans la* DÉPOSSESSION *du concessionnaire récalcitrant* UN MOYEN D'EXÉCUTION EFFICACE. »

Ainsi, tout concessionnaire qui n'exploite pas, n'importe pour quelle cause, si elle n'est pas approuvée, doit être puni *par la révocation* de sa concession.

Devant la Chambre des Pairs, M. d'ARGOUT, *comme rapporteur*, dit à son tour :

« L'EXPLOITATION *pour cause d'utilité publique* S'EXERCE sur un propriétaire *qui* JOUIT *conformément* A SON TITRE, et elle ne s'exerce que *pour* CHANGER LA NATURE *de la propriété* ET POUR L'AFFECTER A UN USAGE PUBLIC.

Arrêtons-nous ici pour faire remarquer que le législateur déclare que l'exploitation des mines *change la nature* de la propriété concédée et que cette propriété est affectée *à un usage public.*

« Or, dit M. d'Argout, qu'est-ce qu'une concession ?

» Un contrat par lequel le gouvernement CONFÈRE *gratuitement* à certains particuliers DES BIENS d'une valeur souvent très-considérable, mais *sous la condition formelle de les exploiter* DANS L'INTÉRÊT GÉNÉRAL DE LA SOCIÉTÉ.

» Cette obligation *d'une exploitation* NON INTERROMPUE *au bénéfice* DES CONSOMMATEURS est le prix d'acquisition ; elle constitue *une rente à* SERVIR *perpétuellement* AU PUBLIC, *sous peine de* PERDRE SA PROPRIÉTÉ, car le concessionnaire ne peut prétendre à garder la chose *sans en acquitter le prix.*

» Ce n'est donc pas parce que les mines sont des propriétés d'une *nature particulière* qu'elles sont susceptibles de révocation, c'est au contraire parce que la loi de 1810 LES A RANGÉES PARMI LES PROPRIÉTÉS ORDINAIRES. »

La Cour de cassation, dans un arrêt du 20 décem-

bre 1837, avait déjà dit avant M. d'Argout que
la propriété des mines est un bien *rangé parmi les
propriétés* ORDINAIRES, parce que c'est le terrain lui-
même qui est concédé.

Toutefois, et qu'on le remarque bien, l'*intérêt* de
la société et la *révocation* qui *menace* le propriétaire
de mines imposent à celui-ci l'obligation d'exploiter,
sans s'arrêter devant les entraves ou les obstacles
qui peuvent être apportés par le propriétaire de la
surface.

La loi, en désignant les lieux réservés au propriétaire de la surface ou exclus de la concession, ne
permet pas de douter que tout le surplus de la propriété concédée ne doive être exploité d'après les
modes indiqués par les règlements, soit par puits
et galeries souterraines, soit par tranchées à ciel
ouvert, selon le gisement de la mine.

Mais alors il n'y a ni toit ni support à conserver ;
toute la mine doit être exploitée à la surface ou au
tréfonds de la terre, et défense est faite au propriétaire de mines de *céder* ou d'*abandonner* une partie
de sa concession sans y être autorisé.

La création d'un établissement nouveau, s'il n'est
autorisé pour cause d'utilité publique, comme un
chemin de fer ou tout autre établissement d'un intérêt
général, ne saurait mettre obstacle à l'exercice des
droits de la société, ni compromettre ses intérêts,
et le concessionnaire doit exploiter *quand même* ; il ne
peut ainsi aliéner indirectement les droits de la société
sur l'exploitation des mines.

Il ne s'agit pas seulement du préjudice qui peut en résulter pour lui, il s'agit surtout de l'intérêt de la société, qui ne peut être aliéné ou compromis moyennant telle ou telle indemnité; il faut qu'il exploite toute la mine qui est en dehors des lieux réservés.

L'*obligation* de laisser un toit de 100 mètres d'é-. paisseur n'est imposée qu'*au-dessous des lieux réservés*; et s'il est *facultatif* pour le propriétaire de mines de laisser un toit en dehors de la réserve, c'est à condition de ne pas sacrifier les intérêts de la société en abandonnant la mine exploitable.

Mais il lui est expressément *défendu de laisser un toit* en dehors des lieux réservés, quand la mine gît à la surface et qu'il y a nécessité d'établir une exploitation par tranchées à ciel ouvert.

§ 8.

Travaux interdits au propriétaire de la surface.

Les travaux interdits au propriétaire de la surface sont ceux qui sont nuisibles à l'exploitation de la mine *dans l'étendue de son périmètre*, a dit la Cour suprême dans son arrêt solennel du 3 mars 1841.

Voici comment elle s'est exprimée sur ce point :

« Si, nonobstant la concession de la mine, les droits inhérents à la propriété de la surface restent entiers, conformément à l'article 544 du code Napoléon, *il ne s'ensuit pas que le propriétaire de la surface* AIT LE DROIT *de pratiquer* DES TRAVAUX NUISIBLES à l'exploitation de la mine DANS L'ÉTENDUE DE SON PÉRIMÈTRE. »

La forme conditionnelle de cette disposition a été

13

mal interprétée par la Cour impériale de Dijon, dans un arrêt du 21 août 1856; elle n'a pas vu que c'était là une supposition par laquelle la Cour de cassation voulait dire : en admettant que les droits inhérents à la propriété de la surface restassent entiers, il ne s'ensuivrait pas que le propriétaire de la surface eût le droit de pratiquer *des travaux nuisibles* à l'exploitation de la mine dans l'étendue de son périmètre.

Mais la Cour impériale de Dijon, sans avoir égard à la défense expresse qui est faite au propriétaire de la surface de pratiquer des travaux nuisibles à l'exploitation de la mine, dit :

« Tout ce qui n'est pas la mine, au tréfonds comme à la superficie, *ou ce qui n'est pas nécessairement* OCCUPÉ *par les travaux* d'exploitation de la mine, demeure la propriété libre du maître de la surface, et qu'ainsi, *nonobstant la concession de la mine,* les droits inhérents à la propriété superficielle restent entiers, *suivant ce qui a été littéralement proclamé* par la Cour suprême dans son arrêt du 3 mars 1841. »

Par cet arrêt du 21 août 1856, on laisse au propriétaire de mines toute la mine et tout ce qui *est occupé* par les travaux qui existent; mais on ne laisse rien pour une *occupation ultérieure*, ni pour de nouveaux travaux, et l'on pourrait, d'après la Cour de Dijon, envelopper la mine par des constructions sans que son propriétaire pût se plaindre.

Du reste, pour interpréter judicieusement la défense qui est faite au propriétaire de la surface, il faut consulter tous les motifs de l'arrêt solennel de la Cour suprême, notamment celui par lequel elle déclare *qu'il y a dérogation*, par l'article 7 de la loi de 1810, à l'article 552 du code Napoléon (1).

Un an plus tard, le 20 juillet 1842, la Cour de cassation déclarait encore que, par la concession d'une mine, la propriété de la surface *recevait une modification grave* (2).

D'ailleurs, la défense de nuire à l'exploitation de la mine dans l'étendue de son périmètre est fondée sur le *respect* qui est dû à toute propriété et sur ce qu'il y a *obligation* pour le concessionnaire d'exploiter.

1° *Respect dû à la propriété des mines.*

Le respect pour la propriété des mines doit être le même que pour toutes les autres propriétés ; la propriété d'une mine est comme celle d'une carrière, et l'article 598 du code Napoléon n'établit aucune différence entre l'usufruitier de l'une ou de l'autre.

Le nu-propriétaire de la carrière ne pourrait pas bâtir au-dessus, parce qu'il en paralyserait l'usufruit, et son droit de propriété *de la surface de la carrière* ne pourrait l'autoriser davantage à bâtir ou à placer tout autre établissement nuisible à l'exploitation de l'usufruitier.

Pourquoi en serait-il autrement du propriétaire des mines, lui qui a une propriété perpétuelle et auquel on impose l'obligation incessante d'exploiter ?

Le propriétaire de la surface d'une mine ne peut pas avoir plus de droits que le propriétaire de la surface

(1) Voir page 127, § 1er.
(2) Voir page 128, 4e alinéa.

d'une carrière : l'un comme l'autre ne peut pas grever l'exploitation de la mine ou de la carrière.

2º *Obligation incessante d'exploiter la mine.*

Cette obligation, on l'a vu au § 7 qui précède, est imposée dans un intérêt public, et tout acte de concession (art. 12) contient cette clause principale :

« Dans le cas prévu par l'article 49 de la loi du 21 avril 1810, où l'exploitation *serait* RESTREINTE *ou* SUSPENDUE *sans cause reconnue légitime,* le préfet assignera au concessionnaire un délai de rigueur qui ne pourra excéder six mois, et, faute par ledit concessionnaire de justifier, dans ce délai, de la reprise d'une exploitation régulière et des moyens de la continuer, il en sera rendu compte, conformément audit article 49, à notre ministre du commerce et des travaux publics, qui nous proposera, s'il y a lieu, dans les formes des règlements d'administration publique, la RÉVOCATION *de la présente concession,* SOUS TOUTES RÉSERVES DES DROITS DES TIERS. »

Sous toutes réserves des droits des tiers ; c'est-à-dire sous réserves des droits d'hypothèques et des droits des autres créanciers sur la propriété des mines, qui devient un bien vacant (1), conformément à l'article 539 du code Napoléon.

Quant au retrait de la concession et à l'adjudication de la propriété des mines, l'article 10 de la loi du 27 avril—4 mai 1838, renvoie à l'article 6 de la même loi et dit :

« Dans tous les cas prévus par l'article 49 de la loi du 21 avril 1810 (2), le retrait de la concession et l'adjudication

(1) Voir, page 160, 1er alinéa, et page suivante.
(2) Voir page 188, 2me alinéa.

de la mine ne pourront avoir lieu que suivant les formes prescrites par l'article 6 de la présente loi. »

Il ne peut donc dépendre du propriétaire de la surface de rendre illusoires toutes les dispositions de la
loi par des travaux qui viendraient paralyser les droits
du propriétaire de mines et qui lui empêcheraient de
remplir ses obligations envers la société et les conditions de sa concession envers l'État.

§ 9.

Idées préconçues, hostiles aux droits des propriétaires de mines et fausses idées sur la loi de 1810.

Les idées qui prévalent actuellement dans l'opinion
générale sont tellement hostiles aux droits des propriétaires de mines, qu'on ne veut rien entendre en
leur faveur ; on nie l'évidence et l'on résiste aux
conséquences naturelles et logiques *de la propriété
des mines*.

On ne tient aucun compte de ce long et solennel
débat, où rien ne fut omis sur ce point.

Néanmoins, par les mêmes motifs qu'alors, les
deux Cours impériales de Lyon et de Dijon reviennent
à leur jurisprudence, cassée deux fois par la Cour de
cassation, une fois en audience solennelle.

Elles ne veulent pas reconnaître que la propriété
des mines est *inviolable* et *sacrée*, ni voir dans la
concession d'une mine une dérogation au droit de
propriété conféré au propriétaire du sol par l'article
552 du code Napoléon, malgré les termes formels de

l'arrêt solennel du 3 mars 1841 (1), et elles soutiennent, contrairement à un autre arrêt de la Cour de cassation du 20 juillet 1842 et à deux arrêts des Cours impériales de Nismes et d'Angers, que la concession d'une mine ne modifie en rien la propriété de la surface (2).

La question que nous soulevons de nouveau est de savoir quelle est celle des deux propriétés, de la mine ou de la surface, qui est soumise à l'autre.

C'est là une question grave et importante, mais dont la solution ne devrait pas être douteuse, puisque la propriété des mines exerce tous ses droits sur la propriété de la surface.

Le doute n'est pas permis en présence des articles 6, 11, 15, 42, 43 et 44 de la loi de 1810, et 545 du code Napoléon, réglant les conditions d'après lesquelles la propriété de la surface sera envahie ou pourra l'être par les travaux d'exploration ou d'exploitation des mines.

Les droits des propriétaires de mines sont implicitement écrits dans ces différents articles ; en réglant les indemnités, c'est accorder ou reconnaître le droit qui donne lieu à ces indemnités, et il suffit de mettre de côté certaines préoccupations, certaines idées, pour voir dans la concession d'une mine la concession du terrain qui renferme la mine.

Nier cette conséquence, c'est nier tout le système

(1) Voir, page 80, 1er *attendu* de l'arrêt.
(2) Voir page 127, § 1er, et page suiv.

de la loi de 1810 , et se renfermer dans les prescriptions de la loi de 1791 ou de la législation antérieure
sur les mines.

Mais les idées hostiles aux droits des propriétaires
de mines triomphent, et elles triompheront tant qu'un
doute restera dans les esprits ; il existe une prévention
qu'il faut vaincre.

Ne pas pouvoir bâtir sur la surface d'une concession
de mines paraît une défense exorbitante , quand cette
défense n'est après tout que l'application de principes
équitables.

On ne doit pas ignorer que toutes constructions ou
tous autres établissements , placés *sur le roc* même de
la mine *ou au-dessus ,* sont un obstacle à l'extraction
de celle-ci et sont évidemment nuisibles aux droits du
concessionnaire , et c'est dès-lors justice que de les
interdire en pareil cas.

Enfin, on ne veut pas réfléchir aux avantages d'une
concession de mines, ni se rappeler qu'avant cette
concession la plupart des terrains concédés ne rappor-
taient rien et qu'ils étaient pour ainsi dire sans valeur.

Il faut donc voir les choses au point de vue de
l'équité ; les connaître afin de les apprécier , et ne pas
se prononcer sur la propriété des mines sans un
examen approfondi de la loi de 1810.

Mais, nous devons le dire à regret, cette loi , qui
est une *des plus importantes* du pays, n'est pas étudiée ;
on s'en fait généralement une fausse idée , et nous soutenons qu'il y a une lacune dans l'enseignement du
droit sur ce point.

Parmi les traités qui ont été publiés jusqu'ici sur la législation des mines on ne s'est pas occupé de la propriété des mines et des conséquences qui résultent de sa concession ; on ne croit pas à l'expropriation du propriétaire du sol.

En l'état des choses, il importerait de s'occuper d'une manière sérieuse de la législation des mines et de reconnaître la *nécessité* d'en faire une étude spéciale et l'*utilité* de faire un traité complet sur la matière.

1° *Nécessité d'une étude spéciale de la loi de* 1810.

La nécessité d'une étude spéciale et pratique de la loi de 1810 ne saurait être contestée en présence des difficultés qui surgissent à chaque instant dans la jurisprudence des tribunaux.

Nous avons déjà signalé la lacune qui, selon nous, existe dans l'enseignement du droit ; nos observations ont été entendues.

En parlant de la publication du premier volume de notre travail, on nous a dit :

« Des ordres seront donnés *pour que ce livre* SOIT EXAMINÉ *avec le* SÉRIEUX INTÉRÊT *qu'il comporte,* et il sera apprécié notamment s'il n'y aurait pas lieu d'appeler l'attention de M. le ministre de l'instruction publique SUR LA LACUNE que vous croyez exister *dans l'enseignement* DU DROIT en cette matière. »

Un grand dignitaire de l'Empire n'a point hésité à reconnaître avec nous que la loi de 1810 complète le code Napoléon sur la propriété , et nous a écrit de son côté :

« L'ÉTUDE de la loi de 1810 est, comme vous le dites, *le complément* DE L'ÉTUDE *du code Napoléon* SUR LA PROPRIÉTÉ, et le conseil d'État ne peut qu'accueillir avec intérêt tous les travaux qui ont pour objet cette GRAVE et DIFFICILE *matière.*

Un président d'une Cour impériale a bien voulu nous exprimer aussi son opinion :

« Vous avez bien fait *ressortir l'*IMPORTANCE de la matière que vous avez traitée et la NÉCESSITÉ *d'en faire l'objet d'*UNE ÉTUDE *spéciale.* »

Un autre magistrat de la même Cour impériale reconnait également cette nécessité :

« Comme magistrat j'ai eu à m'occuper des questions que vous agitez dans votre traité ; j'ai vu avec plaisir que *mes idées* s'étaient plus d'une fois rencontrées avec les vôtres, et j'ai profité de votre science pour rectifier *celles qui provenaient d'*UNE ETUDE INCOMPLÈTE. »

Un ingénieur des mines de l'État insiste sur la nécessité de faire une étude spéciale de la législation des mines :

« En France, les mines viennent de naître, pour ainsi dire : *les questions légales* que soulève leur existence ONT ÉTÉ PEU ÉTUDIÉES ; cependant leur prospérité importe beaucoup au pays tout entier, et *elles ne peuvent prospérer que si* LEURS DROITS SONT BIEN DÉFINIS.

» Aussi les hommes qui, comme vous, tendent à ce but, rendent à notre pays des services inestimables. »

Un membre *du Conseil général des mines* nous semble encore de cet avis dans ces simples paroles :

« J'ÉTUDIERAI avec le plus vif intérêt cette première partie de l'IMPORTANT OUVRAGE *que vous avez entrepris.* »

Une étude spéciale de la législation des mines est donc indispensable pour décider sagement sur ces questions reconnues *graves* et *difficiles* par tout le monde : cette étude éviterait à l'avenir le retour de beaucoup d'erreurs commises dans le passé.

2° *Utilité d'un traité sur la législation des mines.*

L'utilité d'un pareil traité se fait sentir aussi dans tous les rangs de la haute magistrature ; voici ce qui nous a été écrit au sujet de notre travail :

Par un conseiller de la Cour de *cassation :*

« Je me borne en ce moment à vous féliciter de l'avoir entrepris et à vous engager très-vivement à le terminer. Vous aurez rendu un véritable service *à la science* DU DROIT *dans l'une de ses branches* LES PLUS IMPORTANTES *et* LES MOINS CULTIVÉES. »

Par un président de la Cour impériale de *Riom :*

« Un TRAITÉ COMPLET sur cette matière *manquait* EN FRANCE. Le vôtre, s'il se termine, comblera *très-utilement* CETTE LACUNE. »

Par un conseiller de la Cour impériale de *Dijon :*

« Vous avez eu le rare mérite, EN ÉTUDIANT *avec persévérance* la loi de 1810, de préparer à la jurisprudence *des voies* NOUVELLES. »

Enfin, par un avocat général de la Cour impériale de *Lyon :*

» C'est là un traité qui, *déjà* ESSAYÉ *bien souvent* , n'avait point, à proprement parler, ENCORE ÉTÉ FAIT. »

Cet accord unanime n'est-il pas un indice certain que la loi de 1810 n'est pas bien comprise, et ne démontre-t-il pas l'*utilité d'un travail approfondi* sur la législation des mines ?

Le nôtre ne paraît pas jusqu'ici avoir répondu au désir général ; on ne veut pas admettre qu'en dehors des lieux réservés, la propriété du dessous l'*emporte sur celle* DU DESSUS (1), et l'on condamne nos idées sans examen.

Cependant, *un des plus éminents magistrats* de l'ordre judiciaire nous a prédit l'avenir de notre travail par ces paroles bienveillantes :

« Cet ouvrage ; Monsieur, *est destiné à avoir* TOUT LE SUCCÈS que vous deviez vous promettre en l'écrivant : l'*étendue* des matières, la *supériorité* avec laquelle elles sont traitées, la *judicieuse* explication du texte de la loi par la jurisprudence, en font un livre tout-à-fait *doctrinal*, en même-temps que d'application *pratique*, DONT L'IMPORTANCE ne peut manquer d'être appréciée, *et qui sera de la plus* GRANDE UTILITÉ. »

Un *président*, un *conseiller* et un *avocat-général* de plusieurs Cours impériales ont exprimé la même pensée :

Le premier :

« Je ne doute pas que votre publication ne contribue efficacement *à modifier* CERTAINES IDÉES et asseoir la jurisprudence *sur des bases* PLUS SOLIDES *et* PLUS LOGIQUES. »

Le second :

« Je demeure convaincu que ce travail, *fruit de* LONGUES *et* CONSCIENCIEUSES ÉTUDES, fera PRÉVALOIR les véritables principes de la loi de 1810. »

Le troisième :

« Des aperçus ingénieux, *des routes* NOUVELLES *indiquées* A LA JURISPRUDENCE, et par-dessus tout *une discussion* APPROFONDIE *des difficultés* que soulève notre législation

(1) Voir les paroles de l'Empereur, page 131, 8me alinéa, et voir le § 12 de la présente section.

sur les mines, tels sont les caractères principaux de votre
CONSCIENCIEUX OUVRAGE.

» Il serait bien à désirer que, *pour chaque branche* DU
DROIT, tous les hommes spéciaux suivissent votre exemple. »

Nous sommes encore honoré du suffrage d'un autre
président d'une Cour impériale, qui nous a adressé
cet encouragement :

« Je vous félicite, Monsieur, de vous être attaché à traiter *cette
partie* SI IMPORTANTE *de notre législation.* Je ne doute pas
que vos travaux et votre expérience n'y répandent de nouvelles
lumières, et je suis charmé surtout qu'*un de nos plus*
IMPORTANTS ARRÊTS sur cette matière ait trouvé dans votre
adhésion un appui *que la jurisprudence* CONFIRMERA TÔT OU
TARD. »

Le barreau nous a également donné des marques
de sympathie ; plusieurs journaux (1) ont rendu
compte de notre travail, et les bâtonniers de l'ordre
des avocats près des tribunaux du centre des plus
grandes exploitations de France, nous ont écrit :

L'un d'eux :

« Votre livre a ce mérite d'*amener* soit la jurisprudence,
soit les jurisconsultes, *à reviser*, ou pour mieux dire *à examiner*
DES PROBLÈMES qui jusqu'alors avaient été résolus, sans trop

---

(1) Voir le journal *des Mines* du 27 décembre 1855 ; le journal l'*Union*,
le *Moniteur* judiciaire de Lyon, le *Droit* et le *Courrier* de Saône-et-
Loire des 14, 15 et 20 janvier, et 2 février 1856, où MM. MATHIEU-
BODET et LURO, avocats au Conseil d'État et à la Cour de cassation ;
MAUNOURY, avocat à la Cour impériale de Paris ; LE ROYER, avocat à
la Cour impériale de Lyon, et BENOIST, avocat à Chalon-sur-Saône,
ont, en rendant compte de cet ouvrage, admis les principes posés par
l'auteur sur la *propriété des mines et ses conséquences.*

savoir pourquoi ni comment, au profit de la surface, *et en raison de* JE NE SAIS QUEL DROIT *de préférence.* »

Un autre :

« L'IMPORTANT SUJET que vous traitez *avec une si* ENTIÈRE CONVICTION n'a jamais été aussi approfondi qu'il l'est dans votre excellent ouvrage.

» Chez vous, l'étude froide et *consciencieuse* du cabinet s'était presque toujours éclairée et mûrie aux vives discussions du barreau que souvent vous aviez préparées.

» J'*espère que la jurisprudence* SANCTIONNERA *la doctrine* que vous avez su exposer avec tant de *force* et de *netteté.* »

Enfin, pour établir que généralement les avis ont été les mêmes, nous ferons connaître un des documents qui nous sont venus de l'industrie des mines, dans lequel on nous a dit :

« La situation *exceptionnelle* faite aux mines du bassin de la Loire, dans l'application des articles 6 et 42 de la loi de 1810, ajoute, surtout en ces contrées, une force particulière à votre argumentation si lucide et *généralement* SI NEUVE.

» L'industrie des mines vous doit de la reconnaissance pour le talent et la persévérance que vous mettez au service d'une cause aussi digne *de l'attention* DES HOMMES ÉCLAIRÉS.»

Nous devons être sincère et, en terminant sur ce point, donner connaissance de la seule lettre qui ne témoigne pas une adhésion complète à nos idées; elle est d'un conseiller d'État, et ainsi conçue :

« Si je ne partage pas toutes vos opinions sur la matière que vous avez abordée, j'acquitte au moins un besoin de mon esprit en vous félicitant sincèrement SUR LES IDÉES NOUVELLES *que vous exprimez* et sur l'importance des travaux qui vous ont conduit à les produire.

» Quelques aperçus m'ont paru ingénieux, quelques autres trop hardis ; mais en somme j'ai lu avec intérêt et avec fruit la première partie de votre ouvrage, et j'ATTENDS *avec impatience* la fin de l'œuvre. »

Si nous multiplions de la sorte ces extraits si favorables à notre travail, ce n'est point pour satisfaire à une puérile vanité d'auteur ; nous faisons même une large part à une bienveillante urbanité pour les éloges si flatteurs qu'ils renferment.

Nous avons voulu montrer que nous ne sommes pas seul à désirer d'importantes réformes, et que nos efforts à poursuivre l'élaboration de questions si intéressantes sont encouragés de toute part.

En effet, bien des magistrats éminents, des hommes d'un profond savoir, reconnaissent avec nous tous les résultats heureux qu'amèneraient *une étude* approfondie, *un traité* sérieux sur cette matière.

Nous avons pensé d'ailleurs qu'il ne serait pas inutile de rapporter ces documents, puisque nous avons à combattre les décisions de la Cour de cassation et des Cours impériales de Lyon et de Dijon, qui, par de récents arrêts, ont repoussé les principes exposés dans le premier volume de cet ouvrage.

Et chose extraordinaire, on le remarquera, nous combattons sur un point AVEC *la Cour de cassation* contre les Cours impériales de Lyon et de Dijon, et, sur l'autre, avec ces mêmes Cours impériales et celle de Douai CONTRE *la Cour de cassation ;* il y a donc au milieu de ce conflit une fausse interprétation de la loi.

Dans cette lutte si déplorable, deux arrêts solennels ont déjà été rendus de part et d'autre ; deux fois, sur un seul article de la loi de 1810, la Cour de cassation s'est réunie en audience solennelle et a cassé deux arrêts solennels de la Cour de Dijon, après cassation de deux autres arrêts de la Cour de Lyon (1), sans que d'un côté ou de l'autre on soit disposé à renoncer à ses idées.

C'est dans l'espoir de concourir à mettre fin à ce débat que nous avons cédé au désir d'y consacrer les réflexions que nous ont suggérées vingt années d'étude et d'expérience spéciales. Quand plusieurs éminents magistrats nous ont prédit le succès de nos idées, il doit bien nous être permis de l'espérer.

§ 10.

Bienfaits de la propriété des mines.

Les avantages qui résultent de la propriété des mines pour la propriété de la surface ne peuvent être contestés, puisque, après la concession de cette propriété, au milieu de contrées inhabitées surgissent des villes ou des villages (2).

Il arrive presque toujours que les concessions de mines sont accordées dans des contrées où les terres sont pour la plupart incultes et de peu de valeur, à cause de leur éloignement des centres de population.

(1) Voir page 63, chapitre II, et voir ensuite au chapitre III ci-après.

(2) Les concessions des mines de *Blanzy*, du *Creusot* et de *Montchanin*, dans le département de Saône-et-Loire, ont donné lieu à trois nouvelles communes considérables, notamment au Creusot.

Mais après la concession, dès que la mine est exploitée, que les efforts du concessionnaire ont été couronnés par le succès de son entreprise, le siège de l'exploitation devient le centre d'une population nouvelle qui s'établit aux alentours et s'enrichit des bienfaits de la concession.

Dès ce moment, la propriété de la surface acquiert une valeur plus grande ; toute la surface de la concession est mise en culture, et l'on voit cette valeur doubler, tripler, malgré l'inconvénient de ne pouvoir bâtir sur le gisement de la mine.

Au sujet des avantages qui résultent de l'exploitation des mines, nous rappellerons que les exploitants du département de Jemmapes, dans une pétition adressée au gouvernement pendant la discussion du projet de la loi de 1810, disaient :

« Les terres et les prairies qui sont à portée des charbonnages *donnent des produits bien plus considérables*, UNIQUEMENT A CAUSE DE CE VOISINAGE, ce qui provient de plusieurs causes réunies, savoir : de l'augmentation de la population, des engrais, de la facilité de faire de la chaux, des cendres, et enfin des *jettises* elles-mêmes, *qui contribuent singulièrement à* FERTILISER LE SOL.

» Ce n'est pas ici une allégation vague ; *le prix vénal* des terres à portée des charbonnages EST ORDINAIREMENT DOUBLE de celui des terres de même qualité qui en sont éloignées (1).»

Les avantages de la propriété des mines pour la propriété de la surface sont d'une telle évidence, et ils étaient tellement dans la pensée du législateur que

_____

(1) LOCRÉ, page 257, les deux derniers alinéa.

M. de Girardin, en parlant de l'exploitation des mines, s'exprimait ainsi :

« Elles multiplient les matières premières, augmentent la masse des richesses en circulation ; elles emploient une infinité d'ouvriers, elles *apportent* l'ABONDANCE et *couvrent* DE POPULATIONS *nombreuses* DES LIEUX *que la nature paraissait avoir* DESTINÉS A ÊTRE INHABITÉS (1). Ces BIENFAITS *envers la société* sont le résultat des anciennes exploitations ; *ne pas le reconnaître*, C'EUT ÉTÉ MANQUER DE GÉNÉROSITÉ. »

D'un autre côté, un magistrat distingué d'une Cour impériale, en parlant de la loi de 1810, nous a dit :

« Cette loi, BIEN *comprise*, SAINEMENT *appliquée*, EST UN VÉRITABLE BIENFAIT, puisqu'elle sauvegarde, par la *perpétuité* et l'*indivisibilité* de la concession, cette richesse tréfoncière sans laquelle il n'eût pas été possible de donner à l'*industrie* de notre pays cet IMMENSE DÉVELOPPEMENT *qui porte* le BIEN-ÊTRE dans toutes les classes de la société. »

Pour avoir une idée juste *des bienfaits* qui résultent de la concession et de l'exploitation de la propriété concédée, il faut remonter au jour de la concession et mettre en balance les *avantages* et les *inconvénients*.

Mais on oublie ce point de départ ; on nie tous les résultats avantageux, tant les esprits s'effraient du *statu-quo* qui n'est imposé *que par la nécessité*, parce qu'il y aurait impossibilité non-seulement d'établir un champ d'exploitation, puits, machines, magasins, chemins et autres travaux, *mais d'exploiter la mine à ciel ouvert*, si la surface de la propriété concédée n'était pas libre de tout obstacle.

(1) On ne peut bâtir qu'en dehors du périmètre concédé ou sur les lieux réservés.

14

Le passé et les bienfaits sont acquis ; on voudrait pour les nouvelles constructions le même *privilège* que pour les anciennes , avoir l'indemnité de tréfonds et jouir encore du tréfonds.

1° *Privilège des lieux habités.*

Les lieux habités et les dépendances , enclos murés , cours ou jardins , sont protégés jusqu'à 100 mètres de distance de tous les côtés, *au-dessous* comme aux *alentours.*

De telle sorte, qu'une habitation qui comprend avec les dépendances *un hectare* de surface , paralyse l'exploitation des mines , ainsi que nous l'avons déjà fait remarquer , sur une étendue de *neuf hectares* et sur un massif de *neuf millions* de mètres cubes de mines ou de terrain (1) , selon que la mine gît à la surface ou qu'elle est au-delà de 100 mètres de profondeur.

Par le tableau que nous avons rapporté (2) , on a vu que dans le département de la Loire la concession des VERCHÈRES - *Féloin* n'a qu'un périmètre de *dix hectares ,* qu'une autre n'a que *treize hectares ,* et que trente-deux concessions ne comprennent qu'une surface totale de 1724 hectares ; ce qui donne pour chacune une surface moyenne d'environ *cinquante hectares.*

Or si , dans le périmètre de ces diverses concessions, les propriétaires de la surface pouvaient établir des constructions, enclos murés, châteaux , parcs, étangs ou canaux , toute exploitation de mines à ciel ouvert

(1) Voir page 159 et suiv.
(2) Voir page 155.

ou par galeries souterraines deviendrait impossible,
et les bienfaits de la concession de la mine seraient
perdus pour tout le monde.

2° *Indemnité de tréfonds payée au propriétaire
de la surface.*

L'indemnité de tréfonds payée au propriétaire de
la surface, en vertu des articles 6 et 42 de la loi
de 1810, est immobilisée avec la propriété de la
surface, et cette indemnité forme le prix du tréfonds
qui est séparé de la surface, ainsi que les Cours impériales de Lyon et de Dijon l'ont décidé par arrêts du
26 février 1841 et du 29 mars 1854 (1).

L'immobilisation de cette indemnité est écrite dans
l'article 18 de la même loi ; elle est frappée à l'instant
même par les hypothèques des créanciers inscrits qui
grèvent la propriété au moment de la séparation du
tréfonds, et elle devient le gage de ces créanciers (2).

Elle est pour ainsi dire le prix (3) du partage qui
s'opère *réellement* au-dessous des lieux réservés et
fictivement en dehors de la réserve (4), et le propriétaire de la surface, indépendamment des avantages
que nous avons signalés, utilise ainsi le tréfonds sans
nuire à son revenu de la surface.

La concession d'une mine devient ainsi pour lui un
immense bienfait, puisqu'il en ressort des avantages
incontestables de toutes parts.

(1) Voir page 139, 3me et 5me alinéa, et pag. suiv.
(2) Voir page 37, § 4, et pag. suiv.
(3) Voir page 52, § 6, et pag. suiv.
(4) Voir page 145, § 2, et pag. suiv.

§ 11.

Droits du propriétaire de la surface après la concession d'une mine.

Les droits du propriétaire de la surface après la concession d'une mine sont inscrits aux articles 6, 11, 15, 42, 43 et 44 de la loi de 1810, et 545 du code Napoléon; tous ces articles sont censés rappelés littéralement dans tout acte de concession et forment les clauses principales de la convention qui règle les droits et les obligations réciproques des deux propriétaires.

L'une des principales clauses est toujours celle qui résulte de l'article 11, par laquelle la loi exclut de la concession les enclos murés, cours ou jardins et les terrains *attenant* aux habitations ou enclos, jusqu'à 100 mètres de distance, tant *au - dessous* qu'aux *alentours*. Les maisons ou lieux habités sont en outre garantis par l'article 15.

Le propriétaire de la surface, en dehors de la réserve qui lui est accordée par l'article 11, conserve la jouissance des terrains concédés; mais il n'a plus sur ces terrains qu'un droit de culture; il en perçoit les revenus comme par le passé, jusqu'à ce que les besoins de l'exploitation de la mine nécessitent sa dépossession.

Dans le premier cas, indépendamment des revenus ordinaires des terrains dont il conserve la jouissance, il reçoit sur les produits de la mine, en vertu de l'article 6, *une redevance annuelle* qui est réglée par l'acte de concession, en exécution de l'article 42.

Dans le second cas, c'est-à-dire quand il est dépossédé de la surface comme du tréfonds de sa propriété, il reçoit, en vertu de l'article 43, une indemnité basée sur le double de ce qu'eût produit net chaque année sa propriété de la surface, laquelle est payable d'avance, aux termes de l'article 545 du code Napoléon.

Et lorsque son terrain n'est plus propre *à la culture,* ou lorsque sa dépossession dure *plus d'une année,* il a le droit d'en exiger l'achat au double de la valeur, ainsi qu'il est dit à l'article 44.

Ces simples déductions, conformes à l'esprit et au texte de la loi, établissent que le propriétaire de la surface ne conserve *en toute propriété* que les lieux qui lui sont réservés par l'article 11, jusqu'à 100 mètres de profondeur, et sur lesquels il peut édifier ou bâtir.

Partout ailleurs il n'a plus qu'*un droit de culture* et une jouissance subordonnés au gisement de la mine et à l'exploitation qui est la conséquence de la concession ; il ne peut bâtir en dehors des lieux réservés que par *une sorte de tolérance,* et il ne peut transmettre, en cas de vente de sa propriété, plus de droits qu'il n'en a lui-même.

L'article 11 n'a été édicté qu'en faveur du propriétaire *qui peut disposer* de la propriété réservée et qui peut, sous certaines restrictions, y élever des constructions ou former tous autres établissements.

1° *Propriété réservée au propriétaire de la surface.*

La propriété réservée au propriétaire de la surface est celle sur laquelle la concession d'une mine *ne donne aucun droit* et dont *le véritable* propriétaire ne peut être dépossédé *sans son consentement formel.*

Cela résulte clairement et virtuellement de l'article 11 de la loi de 1810.

« Nulle permission de recherches, *ni concession de mines,* NE POURRA, sans le consentement formel du propriétaire de la surface, DONNER LE DROIT de *faire* des sondes, d'*ouvrir* des puits ou galeries, ni CELUI d'*établir* des machines ou MAGASINS dans les *enclos* murés, *cours* ou *jardins,* ni dans les *terrains* ATTENANT *aux habitations ou clôtures murées,* dans la distance de 100 mètres desdites clôtures ou habitations. »

Ne pourra DONNER LE DROIT ; remarquons ces mots : ce droit que la loi refuse au concessionnaire dans les endroits réservés, elle l'accorde nécessairement pour tout ce qui est en dehors de cette réserve, et quand la loi ajoute : *sans le consentement du propriétaire de la surface*, c'est que le propriétaire de la surface des terrains ou des enclos réservés peut donner ce consentement.

Mais ce propriétaire ne peut se prévaloir de l'article 11 que lorsque la propriété *qui lui est réservée* n'est pas respectée par le concessionnaire de la mine, et que lorsque celui-ci veut le déposséder sans son consentement.

Toutefois, et qu'on le remarque bien, il ne s'agit ni du voisinage des travaux, ni d'incommodité résultant d'un *sondage* ou d'un *magasin* ; la loi sauvegarde seulement la propriété que le concessionnaire de la mine *ne peut violer* et dont il ne peut s'emparer sans le consentement formel du propriétaire *de la surface.*

La propriété réservée ne peut être violée, et le concessionnaire de la mine ne peut y établir *même un chemin* sans le consentement de celui *qui peut renoncer* à la réserve accordée par l'article 11.

Nous reviendrons sur ce point au chapitre III du présent titre, et nous chercherons à établir, contrairement à la jurisprudence de la Cour de cassation, que l'article 11 ne peut être invoqué que par le propriétaire de la surface *de la propriété réservée* (1).

2° *Droit de bâtir sous certaines restrictions.*

Le droit de bâtir et de former de nouveaux établissements, sous certaines restrictions, est accordé au propriétaire *de la surface réservée* par l'article 11 de la loi de 1810.

Le propriétaire de cette surface conserve le droit de réédifier ses bâtiments, d'en construire d'autres, d'étendre ses enclos murés, cours ou jardins, et de former tous autres établissements dans la zône de 100 mètres qui lui est réservée, mais il ne peut néanmoins établir ses nouvelles constructions ou placer ses nouveaux établissements jusque sur la limite de la zône.

Il faut qu'il laisse une certaine distance commandée par la prudence, sachant qu'une exploitation par tranchées à ciel ouvert ou par puits et galeries pourra être établie contre cette même limite.

_____

(1) Nous sommes sur ce point avec les Cours impériales de Dijon, Douai et Lyon, CONTRE *la Cour de cassation.*

Si les restrictions prévues par l'article 674 du code Napoléon n'étaient pas observées, la surcharge occasionnerait infailliblement des éboulements dans les travaux et entraînerait la chute des établissements placés à côté d'excavations autorisées au-delà de la zône réservée.

C'est donc au propriétaire *de la surface réservée* à n'user de son droit de bâtir qu'en observant lui-même la distance qui est imposée à l'exploitant par le susdit article 674 ; il ne peut agir qu'à ses risques et périls, et, en cas d'accident, il serait sans recours si l'exploitant de mines a respecté la zône et s'est conformé *aux prescriptions de la loi* (1).

La Cour de cassation, au lieu de voir dans l'article 11 une exception à la concession, au profit du propriétaire *de la surface réservée,* y voit une protection de voisinage, en autorisant le propriétaire d'*un enclos* à frapper d'interdit la propriété de son voisin (2).

Telle n'a pas été l'intention du législateur ; il a voulu que le propriétaire d'une habitation ou d'un enclos pût étendre ses constructions *tout autour,* jusqu'à 100 mètres de distance ; mais cette faculté ne lui donne et ne peut lui donner aucun droit sur la propriété de ses voisins.

La première condition pour user de la réserve

---

(1) Voir page 182, 3ᵐᵉ alinéa et suiv., et au chapitre III du présent titre, où nous nous occuperons *des restrictions* prévues par l'article 674 du code Napoléon.

(2) Voir au chapitre III du présent titre l'arrêt solennel rendu par les Chambres réunies de la Cour de cassation, le 19 mai 1856.

est d'être propriétaire des lieux réservés, parce que l'article 11 de la loi de 1810 ne déroge en rien au droit commun *entre propriétaires voisins*, et cette réserve doit suffire à tous les besoins du propriétaire de la surface qui a établi son domicile ou sa propriété d'agrément avant la concession.

Mais il ne peut rien faire de nuisible à l'exploitation des mines, ni rien qui puisse restreindre les droits concédés au propriétaire de mines.

3° *Droit de culture laissé au propriétaire de la surface.*

Le droit de culture laissé au propriétaire du terrain dans lequel la mine concédée *est renfermée*, est écrit dans les articles 43 et 44 de la loi de 1810, qui n'accordent une indemnité ou le droit d'exiger l'achat de ce terrain que lorsque ce propriétaire est privé de son droit de culture.

« Les propriétaires de mines, dit l'article 43, sont tenus de payer les indemnités dues au propriétaire de la surface sur laquelle ils établissent leurs travaux.

» Si les travaux entrepris *ne sont que passagers,* et si le sol où ils ont été faits *peut être mis* EN CULTURE au bout d'un an *comme il l'était* AUPARAVANT, l'indemnité sera réglée *au double* de ce qu'aurait produit net le terrain endommagé. »

« Lorsque l'OCCUPATION *des terrains*, ajoute l'article 44, prive le propriétaire du sol DE LA JOUISSANCE DU REVENU au-delà du temps d'une année, ou lorsqu'après les travaux les terrains *ne sont plus* PROPRES A LA CULTURE, on peut exiger des propriétaires de mines l'acquisition des terrains à l'*usage de l'exploitation.* »

Ces deux articles sont, du reste, d'accord avec les paroles des auteurs de la loi, quand ils ont formellement déclaré que le propriétaire de la surface n'aurait plus, en dehors de la propriété qui lui est réservée, qu'un droit de culture *sur les terrains concédés* pour l'exploitation de la mine (1).

Mais, quant à l'indemnité et quant au prix, la loi fixe une base, et il y a pour ainsi dire accord sur *la chose* et sur *le prix* quand le propriétaire de la surface est dépossédé ou privé de son droit de culture par l'exploitation de la mine.

Telle est l'heureuse disposition de la loi de 1810, qui accorde *terme et délai* au concessionnaire du terrain pour payer le prix de sa concession.

4° *Constructions établies à titre de tolérance.*

Les constructions que le propriétaire de la surface établit par *tolérance* sont celles qu'il place sur la mine, en dehors des lieux qui lui sont réservés par l'article 11 de la loi de 1810 et auxquelles la Cour de cassation refuse la protection édictée dans cet article (2).

Toutefois, la suppression de ces constructions ne peut être demandée ou ordonnée que lorsqu'elles *sont nuisibles* à l'exploitation de la mine, c'est-à-dire lorsque le propriétaire de la mine a un besoin indispensable de la surface occupée par elles.

Pour demander cette suppression, il faut que la nécessité soit reconnue et qu'il y ait entrave ou obstacle absolu à l'exploitation de la mine concédée;

(1) Voir pages 132 et suivantes.

(2) Voir page 70, 4ᵐᵉ alinéa. Sur ce point nous combattons contre la jurisprudence des Cours impériales à l'aide des arrêts de la Cour suprême.

alors le droit du concessionnaire devient manifeste; il ne doit pas subir la perte d'une partie de sa concession, à moins d'y être autorisé ou contraint, et sans une juste indemnité.

Il faut qu'un intérêt plus puissant que celui de l'exploitation des mines soit en présence, et alors le propriétaire des mines doit être indemnisé.

Mais que les propriétaires de la surface se rassurent; les mines ne gisent pas dans toute l'étendue du terrain concédé, et, le plus souvent, elles sont à une profondeur telle, que les nouvelles constructions, quoique indûment établies, ne peuvent être endommagées par les fouilles ou excavations souterraines.

Aussi est-ce une raison de plus pour que le propriétaire de la surface ne vienne pas bâtir *sur le roc* de la mine ou à quelques mètres *au-dessus*, quand la mine gît *en dehors des lieux réservés*, ni au-dessus des excavations souterraines, quand les excavations *sont en dehors de la réserve*.

C'est à lui à s'assurer qu'il n'y a ni mine, ni excavations au-dessous de la surface sur laquelle il n'a plus qu'un droit *de culture* et sur laquelle il voudrait établir des bâtiments de ferme ou autres constructions.

5° *Vente de la propriété de la surface.*

La vente de la propriété de la surface ne peut donner aucun droit sur le tréfonds qui est au-dessous, si cette propriété est située dans le périmètre d'une concession de mines et si elle est en dehors des lieux réservés.

Nul ne peut transmettre plus de droits qu'il n'en a;

et le propriétaire de la surface d'une concession de mines, après s'être enrichi des bienfaits de cette concession, ne peut vendre le fonds et tréfonds de son ancienne propriété.

Le savant doyen de la Faculté de Droit de Dijon, M. Proudhon, nous dit qu'on ne peut vendre le *dessus* et le *dessous* à ceux qui achètent une propriété dans le périmètre d'une concession de mines (1).

Il est vrai que l'acquéreur paie, en pareil cas, tous les avantages qui résultent du nouvel état de choses, et que le vendeur a spéculé sur ses terrains.

Mais qu'importe au concessionnaire les mutations? C'est à l'acquéreur à songer qu'on ne lui vend point *le tréfonds* avec la superficie; le propriétaire de la surface ne pouvant vendre que la propriété qui lui est réservée par la loi.

C'est là un point sur lequel on n'a jamais réfléchi, et qui ne manque pas d'importance à cause de la difficulté qu'éprouverait le vendeur de livrer à l'acquéreur *le dessous* DÉJA CONCÉDÉ à un autre, moyennant une indemnité qu'il a pu se réserver : ce serait vendre deux fois la même chose.

Dans le département de la Loire, où les indemnités de tréfonds sont considérables, la plupart des propriétaires de la surface, en vendant leur propriété, se réservent ces indemnités (2).

Par cette réserve, ils sont présumés séparer le

(1) Voir page 52, § 6, et pag. suiv.

(2) Voir page 40, dernier alinéa, et page suiv.

tréfonds ou sa valeur et ne vendre que la surface ; il y a contradiction quand ils vendent le fonds et *tréfonds,* en même temps qu'ils se réservent le prix du tréfonds vendu ou concédé à un autre.

C'est là un éclaircissement que nous croyons devoir donner, afin de prévenir toutes les difficultés qui pourront surgir sur ce point quand la loi de 1810 sera bien comprise.

§ 12.

Réalité de la propriété des mines et fiction de la propriété de la surface.

La propriété des mines *existe en réalité ;* celle de la surface n'existe que par une *sorte de fiction,* puisque, en dehors des lieux réservés au propriétaire de la surface, ce propriétaire n'a plus qu'une jouissance subordonnée au gisement de la mine.

Deux *propriétés réelles* ne peuvent exister dans un même carré de terrain ; l'une doit absorber l'autre, tout le monde est d'accord sur ce point ; mais on ne voit pas que c'est à la surface à satisfaire à la mine, et que c'est celle-ci qui absorbe l'autre en dehors des lieux réservés.

A combien d'erreurs n'est-on pas entraîné quand on décide le contraire et qu'on n'accorde à la propriété des mines qu'une existence précaire, soumise à toutes les exigences de la propriété de la surface.

Tel est cependant l'état de choses que nous combattons et que nous avons vainement combattu ; mais, quoi qu'on dise, nous ne conservons pas moins nos

convictions, et notre persévérance est soutenue
d'ailleurs par l'approbation d'hommes éminents.

Un des plus savants magistrats, président d'une
Cour impériale, s'arrêtant un instant au titre donné
à notre ouvrage, nous dit :

« Le TITRE seul *de l'ouvrage* auquel vous avez consacré
votre longue expérience ne peut manquer d'*exciter* vivement
l'intérêt des *propriétaires*, des *hommes d'industrie*, des
magistrats et des *jurisconsultes*... »

Ce magistrat a compris de suite tout l'intérêt qui
devait s'attacher à ces simples mots : *de la propriété
des mines et de ses conséquences*, et n'a-t-il pas voulu
dire que les *propriétaires*, les *hommes d'industrie*,
les *magistrats* et les *jurisconsultes* n'avaient point
regardé la concession d'une mine comme une *véritable
propriété*, ni prévu les conséquences qui résultent de
cette concession.

La propriété des mines est une propriété *réelle et
perpétuelle* qui donne les mêmes droits que les autres
immeubles, et ses *produits sont déclarés meubles* par
la loi de 1810.

C'est un bien patrimonial (1) qui s'acquiert, se
transmet et s'hypothèque comme un immeuble ordinaire, dont le propriétaire ne peut être privé ou
exproprié que dans les cas déterminés par la loi et
selon les formes prescrites pour les autres propriétés (2).

On ne peut donc, en présence de toutes ces déductions, contester qu'il n'y ait, *par la création* d'une

(1) Voir page 24, 3me alinéa.
(2) Voir page 69, 5me alinéa.

propriété nouvelle, *expropriation réelle* de la propriété qui renferme les mines.

« Dans cette CRÉATION, disait M. Regnault de Saint-Jean-d'Angély, LE DROIT du propriétaire de la surface *ne doit pas être méconnu* ni *oublié ;* il faut au contraire qu'il soit CONSACRÉ pour être *purgé, réglé,* pour être ACQUITTÉ, afin que la PROPRIÉTÉ *que* L'ACTE *du gouvernement* DÉSIGNE, DÉFINIT, LIMITE et CRÉE, *en vertu* DE LA LOI, soit d'autant plus *inviolable,* plus *sacrée !...*

» Concédées par un acte délibéré au Conseil, les mines seront, comme je l'ai dit, DES PROPRIÉTÉS IMMOBILIÈRES *nouvelles,* associées à toute l'*inviolabilité,* toute la *sainteté* des anciennes. »

M. de Girardin, dans son rapport explicatif de la loi de 1810, section 2, titre III, vint après et dit :

« Pour saisir l'esprit des autres articles de la section du projet que nous discutons, *il faut* SE REPORTER *à l'article* 552 *du code Napoléon ;* la loi proposée, réalisant *les modifications* PRÉVUES par cet article même, fait de la mine une propriété *distincte* DE CELLE DE LA SURFACE. »

L'Empereur, dans la séance du Conseil d'État du 8 avril 1809, avait déjà dit :

« On trouve dans une instruction donnée par le ministre de l'intérieur, le..., des définitions et des règles *sur la fouille des mines,* qui conduiraient à reconnaître le propriétaire DU DESSOUS pour propriétaire DU DESSUS. »

Et c'est alors qu'il ajouta :

« Il faut que L'ACTE *de concession* PURGE *toutes les propriétés* ANTÉRIEURES. »

L'acte de concession PURGE *toutes les propriétés* ANTÉRIEURES ! Ces paroles remarquables ont passé tout entières dans l'article 17 de la loi de 1810, portant :

« L'ACTE *de concession*, fait après l'accomplissement des formalités prescrites, PURGE, *en faveur du concessionnaire*, TOUS LES DROITS du propriétaire de la surface... »

On peut donc les invoquer non-seulement comme donnant la meilleure interprétation à la loi, mais comme un texte précis écartant tous commentaires.

Dans la séance du Conseil d'État du 18 novembre 1809, l'Empereur disait encore :

« LE SECRET ici est donc de faire des mines de VÉRITABLES PROPRIÉTÉS, et de les rendre par là SACRÉES dans le *droit* et dans le *fait*. »

En *fait* comme en *droit*, la concession d'une mine accorde une *véritable propriété* immobilière, qu'un acte du gouvernement *désigne*, *définit*, *limite* et *crée* EN VERTU DE LA LOI, et cette propriété est *inviolable* et *sacrée*.

D'autre part, il suffit de se reporter aux procès-verbaux des séances du Conseil d'État, pour avoir la conviction qu'il s'agissait de concéder la propriété dans laquelle gît la mine (1).

Et quand on sait que la mine n'appartient pas au propriétaire du sol ; que la mine *proprement dite* n'est que le *revenu*, l'*usufruit* de la propriété concédée (2), et que le concessionnaire ou l'usufruitier a le droit, *en payant les indemnités prévues par la loi*, d'exploiter la mine tant à la surface que dans le

(1) Voir page 9, 6me et 7me alinéa.
(2) Voir ci-après, § 14 de la présente section.

tréfonds, peut-on douter de la réalité de la propriété des mines, et que celle de la surface ne soit qu'une sorte de fiction?

On résiste, parce qu'il s'agit d'une chose grave et importante, et qu'on doit mûrement réfléchir avant de renverser une doctrine qui a longtemps prévalu et de décider sur une question qui touche au droit de propriété en général.

Les droits des concessionnaires de mines ont été à peu près ignorés jusqu'ici ; nous en trouvons encore la preuve dans une lettre d'un conseiller d'une Cour impériale, qui nous dit :

« Quelle que soit l'opinion que l'on puisse se former sur les questions que vous avez traitées avec un remarquable talent, votre livre est de ceux qui forcent à réfléchir nécessairement, en montrant combien *il importerait de* SONGER *à la* RÉVISION DE LA LÉGISLATION sur une matière dans laquelle, depuis la loi de 1810, *ont surgi* TANT DE QUESTIONS *et* TANT DE BESOINS *nouveaux.* »

Nous remercions cet honorable magistrat pour ce qui nous est personnel ; quant à la *révision* qu'il demande, il suffit d'étudier la loi de 1810 pour reconnaître qu'elle est impossible.

La loi de 1810 ne peut être revisée ; elle doit être maintenue ou rapportée dans son entier, et chacun partagera notre opinion quand on sera bien convaincu que par la concession d'une mine il y a expropriation du propriétaire du sol et concession de la propriété dans laquelle gît la mine.

La réalité de la propriété des mines ressort encore

15

de cette circonstance, que l'impôt foncier est dû d'après l'étendue de la propriété concédée, lors même que la mine a été ou n'est pas exploitée (1).

Il faut établir une distinction entre la *nue-propriété* et l'*usufruit*; la mine proprement dite, *avant* l'extraction, doit être considérée comme *un fruit* pendant par les racines, et qui, *après*, devient *meuble*, aux termes de l'article 9 de la loi de 1810 (2).

On peut saisir immobilièrement la propriété d'une mine; mais on ne peut atteindre par cette saisie la mine qui sera extraite pendant les poursuites de vente; il faut en faire prononcer l'immobilisation, conformément aux articles 688 et 689 du code de procédure civile (3).

Enfin, la propriété d'une mine est comme la propriété d'une carrière; il faut être propriétaire de l'une comme de l'autre pour extraire la substance concédée, et il faut dès-lors qu'il y ait concession ou vente de la propriété dans laquelle gît la mine ou la pierre; il est impossible de résister à cette conséquence.

Tout démontre donc que la propriété des mines, c'est le terrain *qui renferme* dans son sein les mines concédées, et que la mine n'en est que le produit, comme tous autres produits qui germent naturellement dans la terre.

Mais la propriété des mines ne peut être une réalité sans l'expropriation des propriétaires de la surface; une restriction est apportée à cette expropriation en

(1) Voir page 36, dernier alinéa, et pag. suiv.
(2-3) Voir ci-après, § 14 de la présente section.

faveur du domicile, des *attenances* et dépendances, jusqu'à 100 mètres de distance de tous les côtés, *au dessous* comme *aux alentours*, et une distinction est à faire entre l'expropriation du dessous des lieux réservés et l'expropriation du dessus et du dessous en dehors de la réserve.

Si quelques concessions de mines ont une étendue de plus d'un myriamètre carré, un très-grand nombre n'ont qu'une surface de *dix à cent hectares*.

Et ce qui importe le plus, c'est d'établir la différence qui existe entre la *propriété* et l'*exploitation* des mines, parce que la loi qui régit la propriété ne régit pas l'exploitation, et réciproquement, et que les tribunaux qui s'immiscent dans les affaires d'exploitation de mines font abus de pouvoir.

Avant tout il faut qu'on sache bien que l'exploitation des mines doit être favorisée dans tous ses rapports avec la propriété de la surface, et qu'il y a expropriation réelle du terrain qui renferme la mine, sous la seule exception édictée dans l'article 11 de la loi de 1810.

1° *Faveur accordée à l'exploitation des mines.*

L'exploitation des mines doit être l'objet d'une faveur toute particulière; l'Empereur le disait lui-même dans la séance du Conseil d'État du 18 février 1810 :

« La loi sur les mines doit avoir pour objet *de favoriser les exploitants....*, car l'intention DU CHEF *du gouvernement* EST DE FAVORISER *les mineurs* et non de gêner leurs travaux.

» La législation doit toujours être EN FAVEUR *du concessionnaire;* il faut qu'il ait du bénéfice dans ses exploitations, parce que, sans cela, il abandonnera ses entreprises. »

Lorsque l'Empereur formulait aussi nettement une pensée, on doit croire qu'elle a prévalu et qu'elle a inspiré les rédacteurs de la loi.

2° *Cause de la faveur accordée à l'exploitation des mines.*

L'exploitation des mines est particulièrement favorisée, parce qu'elles sont une source de prospérité pour le pays, et là où elles se trouvent, la surface doit leur être soumise, puisqu'on n'en rencontre pas en toutes contrées.

M. de Girardin, dans son rapport devant le Corps législatif, s'exprima ainsi :

« L'exploitation des mines doit être encouragée, car leurs productions sont incontestablement une richesse de plus pour la nation et une dépense de moins, puisqu'il faudrait acheter de l'Étranger de quoi subvenir aux besoins de la société et des manufactures.

» Il faut donc diriger l'industrie et les capitaux vers la fabrication du fer, et, pour y parvenir, IL FAUT FAVORISER *l'exploitation du charbon de terre.* »

C'est en vain qu'on oppose l'intérêt de l'agriculture et qu'on soutient que la surface doit l'emporter sur la mine, puisque c'est elle qui produit la subsistance de l'homme.

Mais on ne remarque pas qu'en tous lieux et chaque année on peut demander des récoltes à la terre; tandis que les mines, dispersées en rares filons, sont un produit dont la formation ne se renouvelle plus et dont il faut s'emparer là où on est assez heureux pour les découvrir.

C'est bien assez d'abandonner ces richesses souterraines quand elles sont enfouies au-dessous des lieux
habités, des enclos et attenances ; il ne faut pas laisser
au propriétaire de la surface le pouvoir d'augmenter
le sacrifice qu'impose la loi par respect pour le
domicile.

Ce qui démontre d'ailleurs que les intérêts de
l'agriculture n'ont pas été autant négligés qu'on
pourrait le croire, c'est que cette disposition de la
loi qui favorise le propriétaire de mines, en le dis-
pensant de faire l'acquisition immédiate de la surface
au double de sa valeur, favorise en même temps le
propriétaire de la surface qui reste en possession de
ses champs, les améliore, les cultive et en prend la
récolte jusqu'au moment où sa dépossession est devenue
nécessaire.

3o *Expropriation réelle du terrain minier.*

Il est tellement vrai de dire que l'expropriation du
terrain minier est réelle, que la loi de 1810 désigne
par l'article 11 les lieux qui sont exceptés de la concession et détermine, aux articles 6, 42, 43 et 44,
le mode de paiement, tant du tréfonds que de la
surface.

Tout acte de concession règle, en conformité des
articles 6 et 42, le prix de la concession du tréfonds,
qui est payé au propriétaire de la surface, mais qui,
aux termes de l'article 18 de la même loi, est immobilisé avec la propriété de la surface en remplacement
du tréfonds.

La séparation du tréfonds est à un tel point vraie,

que l'Empereur, dans la séance du Conseil d'État du
13 février 1810, fit une observation à l'égard du
propriétaire du sol qui devient concessionnaire de la
mine et dit :

« Lorsque le propriétaire du sol obtiendra le droit d'exploiter,
l'*acte de concession* n'en devra pas moins déterminer la
redevance *imposée à la mine en faveur du sol ;* le propriétaire
semble se la payer à lui-même, et cela est vrai *tant qu'il
réunit les* DEUX *objets.*

» Mais si on ne règle pas la redevance par l'acte de concession, SI LE PROPRIÉTAIRE VEND LA MINE, il faudra qu'il
revienne au Conseil obtenir ce règlement: SON ACTE DE
CONCESSION *resterait donc jusque-là* INCOMPLET; *il serait*
EMPÊCHÉ DE VENDRE et peut-être exposé à voir remettre en
discussion les conditions de sa concession. »

Ainsi, pour tout concessionnaire, même pour le
propriétaire du sol, l'acte de concession doit régler
le prix du tréfonds dans lequel gît la mine, et ce prix
est immobilisé avec la surface.

Le règlement du prix de la surface ne pouvait être
fait par l'acte de concession ; la loi a posé seulement
une *base invariable :* c'est le double du revenu ou
produit net du terrain *au moment de la dépossession,*
ou le double du prix.

Les articles 11, 43 et 44 s'inscrivent d'eux-mêmes
dans l'acte de concession pour désigner les lieux
réservés au propriétaire de la surface et pour régler
le prix de la surface quand il y a lieu d'établir une
exploitation à ciel ouvert ou que les besoins de
l'exploitation souterraine en nécessitent l'occupation.

Mais, une chose à remarquer, c'est qu'au moment

de la dépossession du propriétaire de la surface, l'indemnité que l'on doit régler d'avance n'est que *pour une année seulement*, basée sur le double de la valeur de la récolte ou de ce que ce terrain eût produit net au propriétaire, s'il n'eût été dépossédé.

4º *Expropriation du dessous des lieux réservés.*

L'expropriation ou concession du dessous des lieux réservés est implicitement écrite dans l'article 15 de la loi de 1810, et confirmée par la discussion du projet de cette loi devant le Conseil d'État.

Dans la séance du 13 février 1810, présidée par l'Empereur, une discussion s'engagea sur l'article 17 du projet écrit au sujet de l'article 11 de la loi. Voici, d'après M. Locré, le procès-verbal de cette séance :

« L'article 17, correspondant à l'article 11 de la loi, est discuté.

» M. le comte RÉAL demande si la prohibition de former des ouvertures à une certaine distance *des lieux clos* ou *des maisons*, empêche de poursuivre la recherche SOUS CES LIEUX, lorsque l'ouverture a été pratiquée à la distance prescrite par la loi (100 mètres).

» M. le comte REGNAULT de Saint-Jean-d'Angély pense qu'il doit être *permis de suivre le filon* DANS TOUTE SA DIRECTION ; les règlements ne l'ont jamais prohibé : LES ACCIDENTS *sont peu à redouter*, parce que les galeries sont à une grande profondeur (à 100 mètres).

» C'est dans de pareilles circonstances que la surveillance des ingénieurs des mines est nécessaire ; on a cru devoir interdire les ouvertures des puits à une distance des maisons, mais on n'a pas voulu défendre *de suivre la fouille* DANS TOUS LES SENS.

» M. le comte DEFERMON dit que cette question est d'une grande importance pour les mines de houille, dont souvent les *substances sont à la surface du sol*, et qui n'exigent pas d'excavations.

» L'EMPEREUR dit que, pour prévenir toute entreprise *nuisible* AUX VOISINS (du dessus), on pourrait astreindre l'exploitant à donner caution des dommages que son entreprise peut occasionner, toutes les fois qu'un *propriétaire* VOISIN *craindrait que les fouilles ne vinssent* ÉBRANLER LES FONDEMENTS DE SES ÉDIFICES, tarir les eaux dont il a l'usage ou lui causer quelque tort... »

C'est cette discussion qui provoqua les dispositions de l'article 15 de la loi, lequel résume le débat en ces termes :

« L'exploitant doit aussi, le cas arrivant de travaux *à faire* sous *des maisons* ou lieux d'habitation ou dans le VOISINAGE IMMÉDIAT, donner caution de payer toutes indemnités en cas d'accident... »

A ces conditions on peut exploiter la mine *au-dessous des maisons* ou lieux d'habitation et dans leur *voisinage immédiat*, et c'est là ce qu'il faut bien remarquer quand il s'agit d'interpréter ou d'appliquer les dispositions de l'article 11 de la loi de 1810.

M. Regnault de Saint-Jean-d'Angély, devant le Corps législatif, en parlant des devoirs de l'administration, s'exprimait ainsi :

« ELLE écartera les recherches des maisons, des enclos où le propriétaire *doit trouver* UNE LIBERTÉ ENTIÈRE et le RESPECT *pour l'asile* de ses jouissances domestiques. »

Mais au-delà de sa propriété, *de chez lui*, le propriétaire des maisons et des enclos n'a plus droit à aucune *liberté*, ni à aucun *respect*; il ne peut rien empêcher sur les propriétés qui avoisinent la sienne.

Dans la zône de 100 mètres réservée à chaque propriétaire autour de son habitation ou de son enclos, il existe réellement deux propriétés, l'une *au-dessus* et l'autre *au-dessous*, à 100 mètres de profondeur.

Le propriétaire du tréfonds est tenu, dans toute l'étendue de la zône réservée, de laisser *une épaisseur de 100 mètres* au-dessus de sa propriété et d'établir des supports pour soutenir ce qu'on *appelle le toit de la mine*.

5° *Expropriation du dessus et du dessous du terrain minier*.

L'expropriation ou concession du dessus et du dessous du terrain minier, en dehors des lieux ou de la zône réservée, est implicitement écrite dans l'article 11 de la loi de 1810 qui désigne les lieux *distraits de la concession*.

En effet, lorsqu'on lit dans cet article que la concession ne donne aucun droit dans tels et tels lieux, jusqu'à 100 mètres de distance, n'en doit-on pas tirer naturellement cette conséquence que la concession accorde ce droit en tous lieux du périmètre concédé où il n'est pas prohibé.

La propriété de la surface, en dehors de la réserve ou de la distraction, n'existe plus que par une sorte de fiction ; la concession du dessus et du dessous résulte d'ailleurs de la discussion du projet de la loi de 1810 devant le Conseil d'État.

On se rappelle que, dans la séance du 10 octobre

1809, M. Defermon *disait* que ce n'est pas pour la jouissance, *mais pour l'exploitation du terrain* qui renferme la mine, que le concessionnaire doit avoir besoin de concessions ; M. Fourcroy *ajoutait* que le propriétaire de la surface est laissé en jouissance du terrain *pour le cultiver et en prendre la récolte*, selon les règles du droit commun (1).

M. Regnault de Saint-Jean-d'Angély, dans la séance du 9 janvier 1810, fit observer que, *par la concession du dessous*, le propriétaire de la surface *cesse de l'être dans toute l'étendue de la concession* (2).

Mais alors qu'il s'agissait d'apporter une restriction à la concession, on vient de voir que M. Defermon disait encore que c'était là *une question d'une grande importance* pour les mines de houille dont souvent *les substances sont à la surface du sol.*

En dehors des restrictions ou des réserves accordées au propriétaire de la surface, tout le surplus du terrain minier est à la disposition du concessionnaire de la mine comme chose nécessaire à son exploitation.

La concession du dessus et du dessous du terrain minier ressort aussi des articles 43 et 44 de la loi de 1810, qui n'accordent des indemnités au propriétaire de la surface que pour privation de jouissance de son revenu ou de son droit de culture.

Elle ressort surtout de l'article 12 de la même loi, qui interdit au propriétaire de la surface toutes recherches dans *un terrain déjà concédé.*

---

(1) Voir page 132, 5ᵐᵉ et 7ᵐᵉ alinéa.
(2) Voir page 14, 2ᵐᵉ alinéa.

Et enfin de la jurisprudence solennelle de la Cour suprême, qui déclare que l'article 7 de la loi précitée déroge au droit de propriété conféré par l'article 552 du code Napoléon (1).

6° *Prix d'expropriation du tréfonds.*

Le prix d'expropriation du tréfonds est réglé par une redevance annuelle, qui est immobilisée avec la propriété de la surface en remplacement du tréfonds, à partir du jour de l'acte de concession.

Cette redevance est basée sur le produit brut des mines concédées ou elle est déterminée à une somme fixe par hectare carré du terrain concédé dans le tréfonds, en vertu des articles 6 et 42 de la loi de 1810.

L'article 18 de la même loi déclare de la manière la plus explicite que la redevance ou indemnité de tréfonds *est réunie* à la propriété de la surface *pour être affectée* avec elle aux hypothèques prises par les créanciers du propriétaire de la surface.

Deux arrêts des Cours impériales, l'un de la Cour de Lyon, du 26 février 1841, l'autre de la Cour de Dijon, du 29 mars 1854, ont décidé que l'indemnité ou redevance accordée en conformité des prescriptions des articles 6 et 42 de la loi de 1810, forme le prix du *tréfonds concédé par l'État,* et que le tréfonds devient une propriété *distincte et séparée de la surface* (2).

Deux autres arrêts de la Cour de cassation, l'un de la Chambre civile, du 13 novembre 1848, l'autre de

---

(1) Voir page 127, tout le § 1er.

(2) Voir page 94, 2me et 3me alinéa, et page 95, 3me, 4me et 5me alinéa.

la Chambre des requêtes, du 24 juillet 1850, ont déclaré que la redevance précitée ne perd *son caractère immobilier* que lorsque, après la concession de la mine, elle a été séparée de la surface, et que jusqu'à sa séparation *elle forme un tout indivis* avec la propriété de la surface (1).

La redevance, au moment de la concession de la mine, est donc affectée aux hypothèques qui existent sur la propriété concédée, *en remplacement du tréfonds*.

7° *Prix d'expropriation de la surface.*

Ce prix n'est d'abord qu'une simple indemnité, basée sur le double de ce qu'aurait *produit net le terrain* sur lequel les travaux de mines ont été autorisés par une décision administrative, et cette indemnité doit être préalable à la dépossession du propriétaire de la surface (2).

Mais lorsque l'occupation des travaux dure au-delà d'une année, ou si, après les travaux, le terrain est impropre à la culture, le propriétaire peut exiger qu'il lui soit acheté.

Dans ce cas, l'indemnité ou redevance du tréfonds cesse d'être payée, et le prix du terrain est fixé au double de la valeur qu'il avait ou aurait eu *avant l'exploitation de la mine ;* c'est-à-dire *avant les excavations souterraines* produites par l'extraction de la mine.

Valeur *avant l'exploitation de la mine* ou *avant les excavations souterraines* ou la séparation du

_____

(1) Voir page 42, 3ᵐᵉ alinéa, et page 43, 1ᵉʳ alinéa.
(2) Art. 10 et 43 de la loi de 1810, et 545 du code Napoléon.

tréfonds, c'est là un point qui demande quelques développements pour établir qu'il s'agit de la valeur *du sol* et *du tréfonds;* nous y reviendrons au titre VII, en traitant des indemnités.

Mais qu'on le remarque bien, l'indemnité préalable à l'occupation du terrain ne consiste que dans la réparation du dommage *causé aux fruits ou récoltes du champ à occuper*, et l'indemnité est censée réglée *pour une année seulement.*

En dehors de la zône réservée, la loi, aux articles 43 et 44, a établi *une base invariable* pour l'indemnité à payer, et, en posant cette base, elle interdit implicitement de changer l'état des lieux et empêche que le propriétaire de mines ne soit exposé à payer des indemnités *basées sur une appréciation arbitraire.*

En effet, en prohibant les travaux de mines à moins de 100 mètres de distance *au-dessous* des lieux réservés, c'est-à-dire au-dessous des enclos, cours ou jardins, des habitations et des terrains *attenants*, la loi n'avait à fixer l'indemnité que du terrain vague ou en culture, c'est-à-dire éloigné des *attenances* des habitations ou des enclos murés, et elle a établi la base sur la valeur du double de la récolte ou produit net de la parcelle au moment du dommage.

De là nous tirons cette nouvelle preuve que le propriétaire de la surface ne peut bâtir qu'à ses risques et périls en dehors de la zône réservée, c'est-à-dire sur le terrain concédé, puisque l'indemnité à payer par l'exploitant *est invariablement fixée par la loi*, s'il ne commet aucune infraction aux règlements.

Mais il faut que l'exploitation de la mine par galeries souterraines soit faite d'après les règles de l'art et qu'il n'y ait ni faute ni imprudence à reprocher à l'exploitant ; c'est-à-dire qu'il n'ait *agi qu'en vertu de la loi* et qu'il n'ait *contrevenu à aucune de ses dispositions.*

Si l'exploitation doit au contraire avoir lieu *par tranchées à ciel ouvert*, l'interdiction de bâtir sur la mine devient plus évidente ; le droit du propriétaire de la mine et l'intérêt de la société l'emportent sur ceux du propriétaire de la surface, *qui légalement n'a plus qu'un droit de culture.*

Concluons donc encore de cette discussion que le *statu-quo* doit être forcément imposé sur la surface comme dans le tréfonds du terrain concédé ou exproprié.

8° *Petites concessions de mines.*

Les plus petites concessions de mines, à notre connaissance, sont celles des VERCHÈRES-*Féloin* et des VERCHÈRES-*Fleurdelix*, qui n'ont qu'une surface, l'une de *dix hectares* et l'autre de *treize hectares* (1).

Le périmètre de ces deux concessions pourrait facilement être entouré d'une clôture murée, ou la surface couverte de nouvelles constructions, étangs, écluses, canaux et autres établissements, si la faculté en était réservée au propriétaire de la surface ; dans ce cas la concession ne serait plus qu'un vain titre.

La défense de former des établissements nouveaux

_____

(1) Voir page 155, tout le tableau.

dans le périmètre d'une concession de mines nous semble résulter de l'arrêt de la Chambre civile de la Cour de cassation, qui refuse la protection de l'article 11 de la loi de 1810 à ces établissements (1).

On a vu que ces concessions de dix et de treize hectares, et au-dessous de cent hectares, sont assez nombreuses ; qu'il en existe un grand nombre dans le département de la Loire, et que si le *statu-quo* n'était pas imposé dans le périmètre des petites concessions, l'exploitation *par tranchées à ciel ouvert* serait non-seulement interdite, mais il y aurait impossibilité d'établir sur la surface des travaux pour l'exploitation souterraine.

Le *statu-quo* est donc imposé de toute nécessité ; autrement toute exploitation serait paralysée ou pourrait l'être selon le caprice ou l'intérêt du propriétaire de la surface.

9° *Grandes concessions de mines.*

Les grandes concessions de mines, les concessions d'un ou de plusieurs myriamètres sont rares ; mais, en admettant qu'elles fussent en plus grand nombre, on ne pourrait établir aucune distinction entre elles et celles de moindre étendue.

La loi et les règlements administratifs s'appliquent aux unes comme aux autres, et le concessionnaire d'une vaste étendue de terrain ne peut avoir moins de droit que son voisin qui jouit seulement d'une petite concession.

(1) Voir page 161, § 4, notamment page 164, dernier alinéa.

Il arrive seulement que dans le périmètre d'une grande concession la mine ne gît pas partout, et que, dans certaines parties, les propriétaires de la surface peuvent bâtir sans crainte de gêner ou de nuire à l'exploitation de la mine.

Aussi la Cour de cassation, par une heureuse idée de conciliation entre deux droits opposés, n'interdit que les travaux ou les constructions nuisibles à l'exploitation de la mine dans l'étendue de son périmètre (1).

Mais elle a déclaré deux fois, dont une en audience solennelle, que rien ne peut altérer le droit de propriété du concessionnaire de la mine, et qu'il ne peut être privé d'une partie de sa concession ou d'une partie de la mine exploitable, *à raison de la création d'un établissement nouveau,* sans une juste indemnité (2).

Toutefois, nous l'avons déjà dit, si l'établissement nouveau n'a pas été autorisé pour cause d'utilité publique, et s'il est nuisible à l'exploitation de la mine, il doit être supprimé, lors même qu'une indemnité serait offerte au concessionnaire.

Le propriétaire de la mine ne doit pas et ne peut pas s'arrêter devant l'obstacle, il faut qu'il exploite *quand même;* c'est à la fois pour lui un droit et un devoir (3).

Tout établissement et toute construction placés *en dehors de la zone réservée* au propriétaire de la surface, n'étant pas protégés par l'article 11 de la loi de 1810,

(1) Voir page 166, nᵒˢ 1, 2 et 3, et page 191, tout le § 8.
(2) Voir page 185, tout le § 7.
(3) Voir 187, le nᵒ 2.

n'ont pu être créés qu'aux risques et périls du propriétaire de la surface.

10° *Distinction à faire entre la propriété et l'exploitation des mines.*

Selon nous, la distinction qui est à faire entre *la
propriété* et *l'exploitation* des mines a échappé jusqu'ici à l'attention des magistrats ; on les a toujours
confondues, et de là viennent les erreurs que nous
avons signalées.

Il est cependant nécessaire, indispensable même
d'établir cette distinction, à cause de la différence
énorme qui existe entre le droit qui régit la propriété
et celui qui régit l'exploitation.

11° *Droit qui régit la propriété des mines.*

La loi sur les mines du 28 juillet 1791 renvoyait
déjà au droit commun sur toutes demandes en règlement d'indemnités pour dommages causés aux champs,
fruits et récoltes par les travaux de mines.

La loi nouvelle a adopté le même principe et d'une
manière plus explicite encore. Cette proposition résulte
des discours des orateurs lors des discussions de la
loi de 1810, et même du texte formel de la loi.

Écoutons d'abord M. Regnault de St-Jean-d'Angély
et M. de Girardin.

M. Regnault de Saint-Jean-d'Angély :

« Il faut faire des mines des propriétés AUXQUELLES TOUTES
LES DÉFINITIONS *du code Napoléon* PUISSENT S'APPLIQUER.

» La loi sur les mines renvoyant au droit commun sur toutes

les règles des intérêts particuliers, *on est débarrassé* POUR SA RÉDACTION *de toutes les difficultés* que présentaient LES EXCEPTIONS *multipliées....*

» Ce principe une fois admis, les conséquences en découlent sans efforts, et le système de la loi se présente avec clarté. »

M. de Girardin :

« Les concessionnaires s'attacheront d'autant plus à multiplier les produits de cette propriété, qu'*ils seront délivrés de l'inquiétude d'être* TROUBLÉS *dans leur jouissance ;* ils perfectionneront des travaux dont ils sont appelés à recueillir les fruits et à transmettre *les avantages à leurs héritiers.*

» LA PROPRIÉTÉ DES MINES SERA RÉGIE PAR LE DROIT COMMUN, *comme* TOUTES *les autres propriétés!* »

Du reste, les dispositions de la loi de 1810, article 7, sont des plus explicites sur ce point :

« La propriété des mines est perpétuelle, disponible et transmissible comme tous autres biens, et dont on ne peut être exproprié que dans les cas et selon les formes prescrites pour les autres propriétés, *conformément au code* NAPOLÉON *et au code de* PROCÉDURE CIVILE. »

12° *Dérogation au code Napoléon et au code de procédure civile.*

L'article 7 de la loi de 1810, après avoir déclaré que la propriété des mines sera régie par le code Napoléon et par le code de procédure civile, comme les autres propriétés, apporte néanmoins une dérogation au code Napoléon, aux titres de la vente par lots et du partage, en ces termes :

« Toutefois, une mine ne peut être *vendue par lots* ou *partagée* sans une autorisation préalable du gouvernement, donnée dans la même forme que la concession. »

C'est là une dérogation manifeste, une exception au droit commun ; mais l'exception confirme la règle, et là conséquence, c'est que toutes autres dispositions du code Napoléon s'appliquent à cette propriété.

Quant à l'ordre de juridiction, un seul changement a été apporté par la loi de 1810 à la juridiction des tribunaux ordinaires, en plaçant dans la compétence des Conseils de préfectures toutes les questions d'indemnité pour recherches ou travaux ANTÉRIEURS à *l'acte de concession*.

Cette compétence est déterminée par l'article 46, portant :

« Toutes les questions d'indemnité à payer par les propriétaires de mines, à raison des recherches ou travaux ANTÉRIEURS à *l'acte de concession*, seront décidées conformément à l'article 4 de la loi du 28 pluviôse an VIII. »

Cette dérogation, limitée aux dommages causés *antérieurement* à la concession, confirme implicitement la compétence des juges de paix pour les dommages *postérieurs*.

13° *Règlement des indemnités par les Conseils de préfectures.*

Le règlement des indemnités pour dommages causés aux champs, fruits et récoltes par les travaux de mines ANTÉRIEURS à *l'acte de concession*, doit être porté devant les Conseils de préfectures ; nous n'avons pas besoin d'insister sur ce point, les dispositions de l'art. 46 de la loi de 1810 sont formelles, et ce que nous avons dit au n° précédent suffit, avec ce peu de lignes, à justifier la proposition.

14° *Règlement des indemnités par les juges de paix.*

Le règlement des indemnités pour dommages causés aux champs, fruits et récoltes par les travaux de mines POSTÉRIEURS *à l'acte de concession*, doit être porté devant le juge de paix dont le cercle de juridiction comprend l'immeuble endommagé.

Les dispositions combinées des lois de 1790, 1791 et 1838 ne permettent pas de doute à cet égard.

En effet, selon l'article 10 de la loi de 1790,

« Le juge de paix connaîtra, sans appel jusqu'à la valeur de 50 livres, *et à charge d'appel jusqu'à* QUELQUE VALEUR *que la demande puisse monter :* 1° des actions pour dommages faits, soit par les hommes, soit par les animaux, *aux champs, fruits et récoltes.* »

L'article 27 de la loi de 1791 :

« Toutes contestations relatives aux mines, demandes en règlement d'indemnités, et toutes autres sur l'exécution du présent décret, *seront portées* PAR-DEVANT LES JUGES DE PAIX *ou les tribunaux de districts,* SUIVANT L'ORDRE DE COMPÉTENCE et d'après les formalités prescrites par les décrets sur l'ordre judiciaire.... »

Puis est venue la loi de 1838 qui a étendu les pouvoirs des juges de paix dans son article 5, dont voici la teneur :

« Les juges de paix connaissent, sans appel jusqu'à la valeur de 100 francs, *et à charge d'appel* A QUELQUE VALEUR *que la demande puisse s'élever :* 1° des actions pour dommages faits *aux* CHAMPS, FRUITS *et* RÉCOLTES, soit par l'homme, soit par les animaux.... »

Les termes des deux articles des lois de 1790 et

de 1838 sont généraux : « *dommages faits aux champs, fruits et récoltes.* »

La loi de 1791, en renvoyant devant les juges de paix ou les tribunaux de districts *toutes demandes en règlement d'indemnité*, dans les limites de leurs compétences respectives, ne pouvait avoir en vue que les dommages causés aux champs, fruits et récoltes par les travaux de mines, et ce renvoi n'a point été abrogé par la loi de 1810.

Au contraire, les dispositions de l'article 27 de la loi de 1791 sont restées en vigueur et ont été maintenues implicitement par l'article 7 de la loi de 1810, et même par l'article 46 qui limite la dérogation en faveur de la compétence des Conseils de préfectures.

On n'a jamais eu recours jusqu'ici à la juridiction des juges de paix en matière de mines, et cela sans raison ; la Cour impériale de Dijon, par arrêt du 28 janvier 1856, n'a pas voulu reconnaître cette juridiction, malgré les termes formels de l'article 27 de la loi de 1791 (1).

Elle a vu dans les articles 87, 88 et 89 de la loi de 1810 une dérogation au droit commun ; nous allons essayer de démontrer qu'en cela elle a commis une erreur.

L'article 87 est ainsi conçu :

« Dans tous les cas prévus par la présente et autres naissant des circonstances où il y aura lieu à expertise, les dispositions du titre XIV du code de procédure civile, *articles* 303 à 323, *seront exécutées.* »

(1) Voir cet arrêt au titre XI, chapitre III.

Les dispositions des articles 303 *à* 323 *seront exécutées,* et le législateur a pris soin d'écarter du renvoi l'article 302 du titre XIV qui porte :

« Lorsqu'il y aura lieu à un rapport d'expert, il *sera ordonné* PAR UN JUGEMENT, lequel énoncera clairement l'objet de l'expertise. »

Or, si le renvoi avait pour objet de saisir les tribunaux de première instance du règlement de toutes les indemnités, il n'exclurait pas l'article 302, qui veut qu'une expertise *soit ordonnée par un jugement.*

Il suffit d'ailleurs de recourir à la discussion qui a eu lieu devant le Conseil d'État, sur les articles 87, 88 et 89 de la loi de 1810, séances des 8 avril, 19 juillet et 11 novembre 1809, et de remarquer que ces trois articles font partie du titre : *des expertises,* pour être convaincu que le législateur a simplement renvoyé au droit commun *pour les expertises.*

Mais il est manifeste que l'article 87 n'a rien changé à la compétence des tribunaux administratifs ou judiciaires ; quant à l'article 88, il ne concerne que le choix des experts, et l'article 89 dit que le procureur impérial sera entendu sur le rapport des experts.

L'article 83 du code de procédure civile dit aussi que le procureur impérial sera entendu dans un grand nombre de causes ; on n'a néanmoins jamais eu l'idée de dire que cet article fût une dérogation aux affaires qui sont de la compétence des juges de paix.

La Cour impériale de Douai, par arrêt du 27 février 1856, a également refusé d'admettre la juridiction des juges de paix sur le règlement des dommages faits aux champs, fruits et récoltes; mais ses motifs sont autres que ceux de la Cour de Dijon.

Elle s'est appuyée sur ce que la réparation des dommages causés par l'exploitation des mines porte sur l'*essence* même de la propriété, et sur ce qu'il y a détérioration du sol et atteinte à sa valeur *vénale* et *productive* (1).

Tout dommage causé à un champ est une véritable atteinte à sa valeur *vénale* et *productive;* il porte naturellement sur l'essence de la propriété, et le préjudice à réparer n'a et ne peut avoir d'autre objet que la différence qui existe entre la valeur qu'il avait *avant* et celle qu'il a *après* le dommage.

La loi de 1838, en étendant la compétence des juges de paix, n'a rien dérogé à leur *compétence illimitée pour dommages aux champs, fruits et récoltes,* et n'en a pas exclu les dommages causés par les travaux de mines.

D'ailleurs, par le renvoi au droit commun pour la réparation des dommages, la loi de 1791 a eu soin de désigner la compétence des juges de paix comme celle des tribunaux de districts.

Ce renvoi n'a pour but que les dommages *causés par l'exploitation des mines,* et sous l'empire de la loi de 1791, comme sous celui de la loi de 1810, le préjudice à réparer est le même.

Il ne s'agit toujours que du dommage causé par l'ouverture d'un puits d'extraction ou d'aérage, pour l'établissement des machines, magasins et chemins

_____

(1) Voir cet arrêt au titre XI, chapitre III.

nécessaires à l'exploitation, et souvent il ne s'agit que d'un chemin ou d'un fossé pour une fuite d'eau.

Mais ces divers travaux sont quelquefois établis sur des terrains appartenant à plusieurs propriétaires, et l'indemnité à payer ne consiste que dans la valeur de la récolte endommagée, qui ne s'élève jamais au-delà de 20 à 50 francs, puisque l'indemnité à payer ne porte que sur *quelques bottes de foin* ou *gerbes de blé.*

C'est seulement à la fin des travaux ou de l'occupation, si durant cette occupation il n'en a pas exigé l'achat, et quand le terrain employé à l'usage de l'exploitation *est devenu impropre à la culture*, que le propriétaire de la surface a le droit d'exiger la réparation du dommage *causé* par les travaux, s'il préfère conserver son terrain endommagé.

En définitive, l'indemnité à payer au moment de la prise de possession ne consiste jamais que dans *le prix de la récolte* du champ endommagé, et cette indemnité se renouvelle tout le temps que dure les travaux, si l'achat du terrain n'est pas exigé après une année d'occupation.

La compétence des juges de paix est encore confirmée par M. Carré, professeur de Droit à la Faculté de Rennes, et par MM. Carou, ancien juge au tribunal civil de Saint-Brieux, juge de paix à Nantes, et Bioche, docteur en droit, avocat à la Cour impériale de Paris.

M. CARRÉ (1), après avoir rapporté les articles 27 de la loi de 1791 et 46 de la loi de 1810, dit :

_____

(1) *Traité du Droit français* dans ses rapports avec la juridiction des juges de paix, T. 3, pages 81 et 82.

« Nous pensons qu'il résulte du rapprochement de ces deux articles que la compétence accordée aux juges de paix par la loi de 1791 se trouve limitée par celle de 1810 *aux indemnités dues* POUR TRAVAUX POSTÉRIEURS *aux actes de concession ;* en sorte qu'ils ont conservé le droit de connaître de toutes demandes formées par quiconque aurait éprouvé, à raison de ces travaux, *un dommage* QUELCONQUE.

» Au surplus, cette loi n'existât-elle pas, la compétence ne pourrait être déniée aux juges de paix, puisqu'il s'agit ici d'actions personnelles.... »

MM. CAROU et BIOCHE (1) ne sont pas moins affirmatifs sur ce point, au titre : *Indemnités dues au propriétaire du sol en cas d'exploitation de mines dans leurs terrains*, lorsqu'ils disent :

« Toutes les actions qui peuvent naître de l'exécution du décret des 12-28 juillet 1791, ou de la loi du 21 avril 1810, ne paraissent être que des actions personnelles ou mobilières ; elles devaient donc, *à ce seul titre*, être de la compétence des juges de paix, conformément au principe général de l'art. 9 du titre III de la loi de 1790.

» Cela paraît certain en tant qu'il s'agit de l'indemnité résultant de l'exploitation ; puisque, dans ce cas, le propriétaire conserve sa chose et reçoit seulement une somme d'argent *à titre d'indemnité pour non* JOUISSANCE *de sa chose* ou POUR DÉTÉRIORATION *que l'exploitation lui fait éprouver.*

« Lorsque le propriétaire, en vertu du droit que lui donne la loi, exige le prix entier de sa propriété, il y a, dans ce cas, dépossession, expropriation, il y a vente enfin... »

Dans ce cas, un doute semble s'élever dans l'esprit

(1) *Traité de la Juridiction civile des juges de paix*, 2me édition, pages 263, 265 et 266.

de ces auteurs, et néanmoins ils pensent que le juge de paix est encore compétent, même quand l'achat du terrain est exigé, en disant :

» Donc, en cette matière, le juge de paix a une compétence générale et exclusive. »

Cependant on ne peut admettre avec MM. Carou et Bioche la compétence des juges de paix quand il s'agit du règlement du prix du terrain dont l'achat est exigé.

15° *Règlement du prix d'achat par les Conseils de préfectures.*

Le règlement du prix d'achat des terrains occupés ou endommagés par les travaux d'exploration ou d'exploitation *antérieurs à l'acte de concession*, ne peut être exigé des explorateurs ; l'article 44 de la loi de 1810 né permet de l'exiger que des propriétaires de mines.

Ce règlement est déféré aux Conseils de préfectures, en vertu de l'article 46 de la même loi ; mais devant ces Conseils comme devant les justices de paix, le procureur impérial ne peut être entendu sur le rapport des experts, s'il y a eu expertise.

Il n'est entendu que lorsque son audition est possible, et l'on ne saurait enlever aux Conseils de préfectures ni aux juges de paix les affaires qui leur sont déférées par la loi sous prétexte que le procureur impérial ne siège ni dans l'une ni dans l'autre de ces juridictions.

16° *Règlement du prix d'achat par les tribunaux civils.*

Le règlement du prix d'achat des terrains endommagés par l'occupation des travaux d'exploitation *postérieurs à l'acte de concession* doit être déféré aux tribunaux civils, remplaçant les tribunaux de districts.

Il s'agit ici d'une question de propriété qui excède la compétence des juges de paix, et dans ce cas nul ne conteste celle des tribunaux civils; on est même disposé à leur soumettre toutes les difficultés qui s'élèvent à l'occasion de l'exploitation des mines.

On enlève ainsi aux juges de paix et à l'administration toutes les affaires qui sont de leurs ressorts, et à chaque instant la loi est violée sur ce point.

17° *Quasi-délits commis par les exploitants de mines.*

Les dégâts ou dommages causés aux champs, fruits et récoltes *sur des points* où les travaux n'ont pas été autorisés par une décision de l'autorité administrative, *sont des quasi-délits* et doivent être déférés de droit à la juridiction des juges de paix, qui statuent sur le préjudice causé, *à quelque somme qu'il puisse s'élever.*

Dans ce cas, le dommage causé par des fissures ou des affaissements au terrain dont l'occupation n'a pas été autorisée, doit être réparé d'après le droit commun, parce que la loi de 1810 ne prévoit pas cette sorte de dommage et ne fixe ainsi aucune base pour le règlement des indemnités.

La Cour impériale de Dijon, par deux arrêts, l'un de la première Chambre, du 29 mars 1854, l'autre de la deuxième Chambre, du 21 août 1856, a décidé que les dommages causés aux champs, fruits et récoltes par les fissures ou les affaissements, *doivent être réparés d'après le droit commun.*

L'arrêt du 28 janvier 1856, qui a refusé de reconnaître la compétence des juges de paix pour la réparation de ces sortes de dommages, a été rendu par la deuxième Chambre de la Cour impériale de Dijon avant qu'elle ait réformé sa jurisprudence sur le règlement des dommages causés sans occupation à la surface, et décidé qu'ils doivent être réglés d'après le droit commun.

Si c'est d'après le droit commun, il faut donc renvoyer le règlement des indemnités devant la juridiction des juges de paix.

18° *Droit qui régit l'exploitation des mines.*

L'exploitation des mines est régie par la loi de 1810, complétée ou interprétée sous le rapport de la surveillance des mines par les décrets du 18 novembre 1810 et du 3 janvier 1813, et par l'ordonnance du 26 mars 1843.

En effet, cette exploitation est placée sous la surveillance immédiate de l'administration, qui *autorise* ou *interdit* tous les travaux de mines en vertu des articles 47, 48, 49 et 50 de la loi précitée, ainsi conçus :

« Art. 47. Les ingénieurs des mines exercent, sous les ordres du *ministre de l'intérieur* (aujourd'hui des travaux publics) et *des préfets*, une surveillance de police pour la *conservation* des édifices *et la* sureté du sol.

» Art. 48. Ils observeront la manière *dont l'exploitation* sera faite, soit pour éclairer les propriétaires sur ses inconvénients ou son amélioration, soit pour avertir *l'administration* des vices, abus ou dangers qui s'y trouveraient.

» Art. 49. Si l'exploitation est restreinte ou suspendue, de manière à inquiéter la sûreté publique ou le besoin des consommateurs, les

PRÉFETS, après avoir entendu les propriétaires, en rendront compte au ministre de l'intérieur, pour y être pourvu ainsi qu'il appartiendra.

» Art. 50. Si l'exploitation COMPROMET *la sûreté publique*, la conservation des puits, la solidité des travaux, la sûreté des ouvriers mineurs ou des HABITATIONS DE LA SURFACE, il y sera POURVU PAR LE PRÉFET, *ainsi qu'il est pratiqué en matière* DE GRANDE VOIRIE. »

Ces dispositions n'ont pas besoin d'être commentées pour démontrer que l'administration est seule compétente en ce qui touche *directement* ou *indirectement* à l'exploitation des mines, et que les tribunaux ordinaires ne peuvent, sous aucun prétexte, empêcher ou autoriser des travaux dans les mines.

19° *Abus de pouvoir des tribunaux en matière de mines.*

Les tribunaux font abus de pouvoir lorsqu'ils s'immiscent dans les questions relatives aux travaux de mines, soit pour en ordonner la vérification, soit pour les interdire ou les autoriser, soit pour prescrire des mesures de sûreté.

Pourtant, nous sommes obligé de le dire, la Cour de cassation, dans un arrêt solennel, rendu toutes Chambres réunies, le 19 mai 1856, a *ordonné la suppression* d'un puits d'extraction de mines dont l'ouverture avait été *autorisée par une décision* de M. le préfet de la Loire (1).

C'est là, du reste, une jurisprudence adoptée par la Chambre civile de cette Cour, contrairement à un arrêt de la Chambre des requêtes du 5 juin 1828, rendu sous la présidence de M. Henrion de Pansey, et confirmant un arrêt de la Cour impériale de Dijon du 3 mai 1826 (2).

(1) Voir à la section 3ᵐᵉ, chapitre III.
(2) Voir ci-après, section 3 du chapitre III du présent titre.

La Cour impériale de Dijon elle-même, à notre grand étonnement, est allée plus loin que la Cour suprême; elle a, dans un arrêt du 21 août 1856, nommé des experts pour visiter les galeries souterraines d'une exploitation de mines et indiquer les travaux à faire dans ces galeries, afin de consolider la propriété de la surface et prévenir les affaissements du sol qui supporte des bâtiments nouvellement construits au-dessus des excavations (1).

Cet arrêt n'est au surplus que la conséquence des principes que la Cour de Dijon oppose sur un autre point à la jurisprudence de la Cour suprême, en décidant que le propriétaire de la surface conserve, malgré la concession de la mine, le droit de bâtir *avant, pendant* ou *après* l'exploitation, *dans toute l'étendue du périmètre concédé.*

Nous savons quel respect on doit aux décisions de la justice, mais notre conviction ne peut s'arrêter ici devant aucun scrupule, et nous oserons dire que la première Cour, en interdisant des travaux *autorisés par l'administration*, a, selon nous, violé les lois qui fixent la séparation entre les pouvoirs administratifs et judiciaires.

L'autre, en ordonnant la vérification de travaux *dont la surveillance est réservée à l'autorité administrative*, nous semble avoir violé les articles 47, 48, 49 et 50 de la loi de 1810, ainsi que les décrets de 1810 et de 1813, et l'ordonnance de 1843.

_____

(1) Voir à la section 8 du présent chapitre.

20° *Observations sur les propositions examinées dans ce paragraphe.*

En établissant que la propriété des mines est celle dans laquelle gisent les mines concédées, et que cette propriété ne peut être *une réalité* qu'à cette condition, nous avons pensé qu'il convenait de démontrer qu'elle reste sous l'empire du droit commun.

Nous avons voulu surtout constater qu'il y a expropriation du propriétaire du sol ; que la propriété concédée est soumise à la compétence des tribunaux ordinaires, s'il n'y a été formellement dérogé.

Nous avons traité le plus succinctement possible la question de la compétence des autorités administratives et judiciaires ; mais nous nous proposons d'y revenir en suivant l'ordre que nous avons indiqué pour les parties principales de notre travail.

Nous espérons que le lecteur ne sera pas fatigué par une seconde exposition de nos doctrines, présentées après de nouvelles discussions devant les tribunaux, qui permettront de les offrir sous un nouveau jour.

Tandis, nous avons cru utile de réunir tous les arguments propres à établir que la propriété des mines est régie par la règle commune, et que *la législation exceptionnelle* ne s'applique qu'à l'exploitation.

§ 13.

Concessibilité du terrain minier à plusieurs.

Un terrain minier peut être l'objet d'une seconde et

même d'une troisième concession, lorsqu'il renferme d'autres substances minérales concessibles.

Mais le premier concessionnaire a droit à la préférence que lui donne sa position de propriétaire du terrain concédé, et ce n'est que lorsqu'il n'use pas de cette préférence qu'il subit à son tour l'expropriation pour cause d'utilité publique, moyennant indemnité, s'il en résulte un préjudice pour lui.

Quant à l'ancien propriétaire, toutes recherches lui sont interdites après la concession de son terrain ; son titre d'ancien propriétaire ou de propriétaire de la surface ne lui donne aucun droit.

L'article 12 de la loi de 1810 résume les droits du propriétaire du sol sur le terrain minier *avant* et *après* la concession de la mine.

Il a un droit de *recherche absolu* dans toutes ses propriétés avant la concession ; mais il ne peut exploiter la substance minérale par lui découverte sans une concession, et il ne peut plus faire de recherches quand son terrain est concédé.

« Le PROPRIÉTAIRE, dit cet article, POURRA *faire des recherches*, sans formalité préalable, *dans les lieux réservés par l'article* 11, COMME DANS LES AUTRES PARTIES DE SA PROPRIÉTÉ ; mais il sera obligé d'obtenir une concession avant d'y établir une exploitation. Dans aucun cas, les recherches ne pourront être autorisées *dans un terrain* DÉJA CONCÉDÉ. »

En s'appuyant des dispositions de cet article, on arrive à déposséder le propriétaire du sol de tous ses droits sur sa propriété : avant la concession il est propriétaire du terrain, et, comme tel, il fait tout ce qu'il veut, pourvu qu'il n'exploite pas les mines sans concession ; mais, après la concession, il n'a plus aucun droit de recherches ou de fouilles sur le terrain minier concédé.

M. de Girardin, interprétant l'article 12, disait :

« La dernière disposition de l'article 12 *interdit* TOUTES RECHERCHES dans un terrain *déjà concédé*....

» S'il existait *dans un terrain* DÉJA CONCÉDÉ une mine inconnue, *tous les motifs* se réunissent pour en attribuer EXCLUSIVEMENT LA RECHERCHE *au concessionnaire* DE LA PREMIÈRE. »

Ce qu'il y a de remarquable dans les paroles de M. de Girardin, c'est qu'à deux reprises il emploie ces expressions : *dans un terrain* DÉJA CONCÉDÉ, pour interdire les recherches d'une autre mine à toute personne autre que le concessionnaire de la première, auquel ce droit de recherche est attribué par *exclusion* même du propriétaire de la surface.

Mais rien dans la loi ne prévoit le cas d'une seconde concession de mines, et néanmoins nous en admettons la possibilité.

Les règlements administratifs prévoient seuls cette possibilité, et le gouvernement, lorsqu'il accorde une concession de houille, ne manque jamais de faire des réserves en faveur de minerais étrangers : ce qui démontre qu'*il concède le terrain à exploiter*.

Le cahier des charges de toute concession de houille, article 25, contient les conditions suivantes :

« Si des gîtes de minerais étrangers à la houille, et spécialement des gîtes de fer carbonaté lithoïde, SONT EXPLOITÉS

17

LÉGALEMENT *par les propriétaires du sol*, ou deviennent
l'objet d'une concession particulière accordée à des tiers, le
concessionnaire de mine de houille *sera tenu* DE SOUFFRIR *les
travaux* que l'administration reconnaîtrait utiles à l'exploitation desdits minerais, ou même, si cela est nécessaire, le passage dans ses propres travaux;

« Le tout, s'il y a lieu, moyennant indemnité qui sera,
selon le cas, réglée de gré à gré ou à dire d'experts, ou
renvoyée au jugement du conseil de préfecture, en exécution
de l'article 46 de la loi du 21 avril 1810. »

Cette disposition supplée à la loi : elle forme une des
conditions de la concession, et elle oblige le premier
concessionnaire du terrain ou *de la mine* à souffrir les
travaux d'extraction de minerais de fer du propriétaire de la surface, s'ils sont *légalement autorisés*,
s'ils deviennent l'objet d'une concession particulière
accordée à des tiers.

Mais il est tellement vrai qu'il y a concession du
terrain et dessaisissement du propriétaire de la surface
par la concession d'une mine, que le concessionnaire
n'est tenu *de souffrir* les travaux de ce propriétaire
que s'ils sont légalement autorisés et moyennant une
juste indemnité.

La concession du même terrain à plusieurs est donc
possible, si ce terrain renferme plusieurs sortes de
substances minérales concessibles ; mais le droit de
recherche n'appartient plus à l'ancien propriétaire
du terrain, *il fouillerait la propriété d'autrui*, et
c'est pourquoi ce droit est *exclusivement* réservé au
concessionnaire de la première mine découverte.

Le propriétaire de la surface, quel qu'il soit, reçoit

toujours les indemnités prévues aux articles 6 et 42 de la loi de 1810, et, au fur et à mesure de sa dépossession de la surface, il a le droit d'exiger l'achat de son terrain au double de sa valeur.

Puis, quand il a exigé du concessionnaire ou des concessionnaires de mines l'achat de son terrain, *valeur avant l'exploitation de la mine* ou séparation du tréfonds, en vertu de l'article 44 de la loi précitée il n'a plus aucun droit ; tout est fini pour lui.

Ces simples explications démontrent que l'objection relative aux autres substances minérales que peut renfermer un terrain houiller concédé, est facile à renverser et que rien n'empêche que ce terrain ne devienne la propriété commune à deux concessionnaires, moyennant indemnité envers le premier, *s'il y a lieu*.

C'est, du reste, la seule manière d'interpréter soit l'article 12 de la loi de 1810, lorsqu'il parle d'*un terrain* DÉJA CONCÉDÉ, soit les articles 43 et 44 de la même loi, qui n'accordent une indemnité au propriétaire de la surface ou le droit d'exiger l'achat de son terrain que lorsqu'il est privé de son *droit de culture*.

L'unique question qui reste à résoudre est celle-ci : quand l'un des deux concessionnaires a acheté la propriété de la surface, *valeur avant la séparation du tréfonds* ou exploitation des mines concédées, a-t-il droit à l'indemnité de tréfonds que payait son copropriétaire de mines au propriétaire de la surface ?

Il nous semble que l'affirmative n'est pas douteuse, parce que les indemnités du tréfonds sont immobilisées avec la propriété de la surface, et que le propriétaire de celle-ci, en exigeant l'achat de son terrain, valeur avant la séparation du tréfonds ou l'exploitation des mines, ne peut vendre le terrain à un prix double et conserver encore le prix du tréfonds.

D'un autre côté, il est rare, surtout quand une concession n'a qu'un périmètre de 10 à 50 hectares, qu'il s'y rencontre plusieurs mines et que le premier concessionnaire n'ait pas obtenu la concession de la seconde découverte, puisqu'il a le privilège de la recherche.

§ 14.

Hypothèques sur la nue-propriété des mines et sur l'usufruit de cette propriété.

La propriété des mines a, comme les autres immeubles, sa *nue-propriété* et *son usufruit*, et la nue-propriété et l'usufruit, formant deux propriétés distinctes, peuvent être vendus ou hypothéqués par le nu-propriétaire et par l'usufruitier, chacun séparément.

Les hypothèques sur la *nue-propriété* et sur l'*usufruit* sont, comme sur les autres biens immobiliers, légales, judiciaires ou conventionnelles, indépendamment des autres droits de privilège prévus aux articles 2103 et autres du code Napoléon; le tout conformément à l'article 2133 du même code.

La propriété des mines étant une propriété ordinaire, *une véritable* propriété, on ne pouvait pas l'exclure du droit commun; aussi l'article 7 de la loi de 1810 déclare-t-il que toutes les dispositions du code Napoléon et du code de procédure civile s'appliquent à la propriété des mines comme aux autres propriétés.

Les articles 20 et 21 de la même loi accordent sur la *propriété des mines* les mêmes droits de privilège et d'hypothèque que sur les autres *propriétés immobilières;* rien n'est changé quant aux privilèges et aux hypothèques, parce que ces propriétés sont de même nature ; elles ne diffèrent que par les produits.

Les dispositions des articles 20 et 21 sont ainsi conçues :

« Art. 20. Une mine concédée POURRA *être affectée* PAR PRIVILÈGE en faveur de ceux qui, par acte public et sans fraude, justifieraient avoir fourni les fonds pour les recherches de la mine, ainsi que pour les travaux de construction ou de confection des machines nécessaires à son exploitation, *à la charge* DE SE CONFORMER *aux articles* 2103 *et autres du code Napoléon*, relatifs aux privilèges.

« Art. 21. Les autres droits de privilège et d'hypothèque pourront être acquis SUR LA **PROPRIÉTÉ** DES MINES, aux termes et en conformité du code Napoléon, *comme sur les autres* PROPRIÉTÉS IMMOBILIÈRES. »

Sur la propriété des mines comme sur les autres propriétés IMMOBILIÈRES ; c'est-à-dire, comme sur la propriété d'une *carrière*, d'un *champ* ou d'une *maison*, et la minière comme la carrière peut être l'objet d'un usufruit, ainsi qu'il résulte des dispositions de l'article 598 du code Napoléon, dont la teneur suit :

« L'*usufruitier* JOUIT de la même manière que le propriétaire, DES MINES *et* DES CARRIÈRES qui sont en exploitation *à l'ouverture* DE L'USUFRUIT... »

D'un autre côté, et aux termes de l'article 621 du code Napoléon, la vente de la nue-propriété n'apporte aucun changement dans les droits de l'usufruitier.

« La vente, dit cet article, de la chose sujette à usufruit, ne fait *aucun changement* DANS LE DROIT *de l'usufruitier ;* il continue de jouir de son usufruit, s'il n'y a formellement renoncé. »

Enfin, aux termes de l'article **2118** du même code, tout usufruit peut être grevé d'hypothèque, séparément de la nue-propriété des mines, comme la nue-propriété de tout autre immeuble.

1° *Nue-propriété des mines.*

La nue-propriété d'une mine est incontestablement le terrain dans lequel gît la substance concédée, puisque les mines sont assimilées *aux fruits pendant par les racines* des autres propriétés immobilières.

Les hypothèques consenties sur la propriété des mines ne portent pas sur une *couche*, un *amas* ou un *filon* de mine, qui disparaissent par l'extraction ; elles frappent seulement sur la propriété *immuable* qui renferme la mine, qu'on appelle avec raison *propriété des mines.*

On ne peut pas hypothéquer la mine *proprement dite*, pas plus que *la pierre* d'une carrière ou les fruits pendant par les racines de tout autre immeuble, qui deviennent meubles quand ils sont récoltés.

En cas de saisie immobilière, pratiquée *sur la propriété* d'une mine, pour immobiliser les fruits ou produits de cette propriété, il faut, comme pour les autres propriétés, remplir les formalités prescrites aux articles 688 et 689 du code de procédure civile, ainsi conçus :

« Art. 688. *Si les immeubles saisis* NE SONT PAS LOUÉS OU AFFERMÉS, le saisi en restera en possession jusqu'à la vente, comme séquestre judiciaire, à moins qu'il ne soit autrement ordonné par le juge, sur la réclamation d'un ou plusieurs créanciers. Les créanciers pourront néanmoins *faire faire la coupe et la vente*, en tout ou partie, des FRUITS PENDANT PAR LES RACINES.

» Art. 689. *Les fruits échus* depuis la dénonciation au saisi SERONT IMMOBILISÉS, *pour être distribués* avec le prix de l'immeuble *par ordre d'hypothèque.* »

Sans l'accomplissement de cette formalité, toute la mine extraite pendant les poursuites de vente sur saisie de *la propriété des mines* devient le gage commun des créanciers ; ce qui démontre qu'une distinction doit être faite entre la mine *proprement dite* et la propriété de la mine.

2° *Usufruit de la propriété des mines.*

L'usufruit de la propriété des mines c'est la jouissance de cette propriété ; c'est le droit d'extraire la mine qui est considérée comme *les fruits pendant par les racines* des autres propriétés, et c'est le droit de disposer des produits de la propriété des mines aux mêmes conditions que le propriétaire.

D'après l'article 598 du code Napoléon, l'usufruitier jouit des mines concédées de la même manière que le propriétaire ; il peut vendre son usufruit, et la vente comprend toute la mine, même jusqu'à épuisement du champ en exploitation.

Mais, à la fin de l'usufruit, la propriété des mines retourne au *nu-propriétaire*, qui, à ce moment, peut faire de nouvelles explorations *à côté* ou *au-dessous* de l'ancien champ d'exploitation épuisé par l'usufruitier ou par son acquéreur.

La propriété des mines consiste donc dans la propriété du terrain concédé qui est en dehors des lieux réservés par l'article 11, et la mine à extraire n'en est que l'usufruit, *comme la pierre d'une carrière.*

§ 15.

Résumé des conséquences d'une concession de mines.

En résumant les conséquences d'une concession de mines, on arrive forcément à reconnaître qu'une distinction est à faire entre la propriété *réservée* et la propriété *concédée.*

Sur l'une, le propriétaire de la surface conserve tous ses droits, tandis que sur l'autre il n'a plus qu'un droit de culture : c'est là ce qu'il faut remarquer.

La propriété de la surface n'est *réelle* que dans la zône réservée par l'article 11 de la loi de 1810 ; là, le propriétaire de la surface conserve le droit perpétuel de bâtir et de former tous établissements *sur le toit* de la mine, même *après* les excavations.

Mais, dans ce cas, c'est au propriétaire de la surface d'observer la distance prévue dans l'article 674 du code Napoléon.

Au-dessous des lieux réservés le toit de la mine et les supports sont *obligatoires,* tandis qu'en dehors des lieux réservés ils ne sont que *facultatifs* quand la mine peut être extraite par puits et galeries souterraines, et ils sont *défendus* si la mine gît à la surface.

C'est là encore une distinction essentielle à remarquer, afin d'éviter les erreurs et les contradictions assez fréquentes qui, selon nous, se présentent dans les décisions des tribunaux.

Et si, en dehors des réserves, la propriété de la surface survit à la concession du terrain minier, cela tient à cette circonstance que *le prix de ce terrain n'est exigible qu'à la prise de possession de la surface.*

Mais, nous l'avons déjà dit, il y a accord sur *la chose* et sur *le prix*; nulle difficulté à cet égard ne peut avoir lieu, parce qu'*il n'y a plus qu'à constater l'étendue de la surface* OCCUPÉE et à consulter, pour l'occupation momentanée, le *taux des mercuriales,* ou, pour l'occupation définitive, *le prix vénal des terrains dans la localité,* et l'on double ce prix.

On admet généralement qu'il ne peut y avoir sur un même carré de terrain deux maîtres dont les droits soient égaux; il faut de toute nécessité que le droit de l'un s'efface devant celui de l'autre, *pour éviter qu'ils ne s'anéantissent l'un par l'autre,* lorsqu'ils sont en contact.

On s'écarte du vrai quand on donne la préférence au droit du propriétaire de la surface : l'exploitation des mines, selon l'expression de l'empereur Napoléon Ier, doit être favorisée (1) et l'emporter *sur le droit de culture laissé momentanément* à ce propriétaire sur la surface du terrain concédé.

Sous l'égide de cette pensée fondamentale de l'homme de génie qui a été le véritable inspirateur de la loi de 1810, nous venons, en cherchant à faire partager nos convictions au grand nombre de personnes qui ont eu jusqu'ici des opinions opposées, diriger tous

---

(1) Voir page 225, 4me alinéa.

nos efforts vers la démonstration de l'erreur dont ces opinions nous semblent entachées, et en demander en conséquence l'abandon.

Nous venons tenter le dégagement sérieux du véritable caractère des concessions de mines et l'application des principes de la loi, lesquels, à notre sens, ont été méconnus.

Nous venons enfin demander qu'en adoptant une solution rationnelle des difficultés de la matière, on termine une lutte qui a compromis et peut compromettre encore tant d'intérêts divers.

On a peine à comprendre ces décisions qui viennent contredire ouvertement les principes de la loi ; principes si nettement posés par la Cour suprême, Chambre civile, le **18** juillet **1837** (1), Chambres réunies, le 3 mars **1841** (2), et Chambre des requêtes, le 20 juillet **1842**, déclarant que les nouveaux établissements ne sont pas protégés par la loi, et qu'il y a *dérogation* et *modification graves* aux droits de la propriété de la surface par la concession de la mine (3).

Comment les Cours impériales de Lyon et Dijon, après cassation de leurs arrêts du **12** août **1835** (4) et du **25** mai **1838** (5), résistent-elles aux décisions de la Cour suprême, et comment expliquer la contradiction manifeste par cette résistance avec leurs propres arrêts du **26** février **1841** (6) et du **29** mars

---

(1-2-3) Voir pages 69, 3me alinéa ; 80, 2me alinéa, et 122, 3me alinéa.
(4-5) Voir pages 66, 1er alinéa, et 73, 2me alinéa.
(6) Voir page 120, 5me alinéa.

1854, où elles ont reconnu la *séparation complète du tréfonds* par la concession de la mine (1)?

Nous invoquerons encore les motifs de l'arrêt rendu par la Cour impériale de Nismes le 30 juillet 1838 (2), et nous dirons avec la Cour impériale d'Angers, du 5 mars 1847 (3), que si la loi de 1810 est dure, *c'est la loi*!

SECTION 5.

Jurisprudence qui fait une distinction entre les anciens et les nouveaux établissements créés dans le tréfonds.

Cette jurisprudence a été celle d'un arrêt rendu dans une circonstance particulière par la Cour impériale de Lyon le 11 juillet 1846, réformant un jugement du tribunal civil de la même ville, qui avait résisté à la jurisprudence de la Cour de cassation.

Il s'agissait encore du chemin de fer de Lyon à Saint-Étienne qui traverse le périmètre de la propriété des mines de Couzon; mais cette fois c'était la compagnie du chemin de fer qui réclamait une indemnité.

La Cour impériale de Lyon comprit qu'on ne pouvait, sous une autre forme, condamner les propriétaires de la mine à restituer l'indemnité qu'ils avaient reçue, et même les rendre passibles de plus forts dommages, alors qu'ils s'étaient conformés aux prescriptions de l'autorité.

Les faits sont, du reste, consignés dans les motifs du jugement et de l'arrêt.

(1-2-3) Voir pages 50, avant-dernier alinéa; 114, 4me alinéa, et 124, 2me alinéa.

« Attendu, dit le jugement, qu'il n'est point contesté que la compagnie du chemin de fer, par le percement dudit chemin dans le périmètre de la mine de Couzon, a été subrogée aux droits du propriétaire de la surface, et jouit des droits et privilèges attachés à cette dernière qualité ;

» Qu'il suit de là qu'*on ne doit pas s'arrêter* dans la cause à cette circonstance que l'obtention de la concession de la mine dont s'agit EST ANTÉRIEURE à l'établissement du chemin de fer, mais que l'on doit examiner *si la mine* EST SOUMISE *envers ledit chemin*, à raison de la partie souterraine qu'il parcourt, *à la même* RESPONSABILITÉ qu'à raison des travaux édifiés et DES CONSTRUCTIONS *pratiquées à la surface* ;

» ATTENDU qu'en principe général, et d'après les dispositions combinées des articles 544 et 552 du code Napoléon, 11, 15, 44, 47 et 50 de la loi du 21 avril 1810, l'obligation des concessionnaires EST DE SUPPORTER TOUS LES TRAVAUX ET CONSTRUCTIONS du propriétaire de la surface, ET D'ÊTRE PERPÉTUELLEMENT SOUMIS A TOUTES *les éventualités*, à TOUTES *les survenances*, à TOUS LES BESOINS DE LA SURFACE ;

» Qu'il suit de là d'une manière *générale* et *absolue* que toutes les fois qu'il y a perturbation *dans les travaux édifiés* ou CONSTRUCTIONS *du propriétaire du sol*, et que la cause est justement attribuée aux excavations de la mine, cette dernière doit indemnité, soit qu'elle ait ou n'ait pas pratiqué son extraction d'après les règles de l'art ;

» Qu'on opposerait vainement qu'il ne s'agit plus de travaux de surface effectués par le chemin de fer ; que ce dernier a perdu le privilège attaché à la qualité du propriétaire du sol, en s'enfonçant lui-même dans les entrailles de la terre ;

» ATTENDU que l'article 552 du code Napoléon accorde au propriétaire de la surface la propriété DU DESSUS et du DESSOUS, et le droit D'USER et d'ABUSER DE SA CHOSE ; qu'il ne peut sans doute, soit en perçant un aqueduc, en ouvrant une tranchée ou un tunnel pour un chemin, en creusant un puits ou une carrière, enlever à la mine une portion de son minerai exploitable, sans être soumis à l'indemniser, conformément à la jurisprudence établie par arrêt de la Cour de cassation rendu entre les parties le 3 mars 1841 ; mais par cela même qu'il a été ainsi tenu de satisfaire aux exigences de la mine, il doit être admis, à son tour, à exciper du préjudice causé à ses propres travaux, lorsqu'il ne les a entrepris qu'EN VERTU DE SON DROIT DE PROPRIÉTAIRE ;

» Qu'en effet, aucune autre disposition de la loi n'ayant limité les droits du propriétaire du sol, *on doit en conclure que* CES DROITS *restent tels qu'ils sont garantis* par l'article 544 du code Napoléon ;

» ATTENDU que la loi de 1810 est une loi exceptionnelle qui ne saurait recevoir une extension qui n'y est pas exprimée, et que toutes les dispositions qu'elle renferme témoignent du respect du législateur pour la propriété du sol ;

ATTENDU, en effet, que le concessionnaire n'est propriétaire que de la mine ; que la masse, qui n'est pas mine *et qui n'est pas immédiatement* NÉCESSAIRE AUX TRAVAUX DE LA MINE, reste attachée à la propriété du sol, qu'elle soit AU-DESSUS, AU-DESSOUS ou A CÔTÉ *de la mine* ;

» Que cette masse est seulement grevée de la servitude de souffrir les travaux nécessaires à l'extraction du minerai ; mais si le propriétaire du sol peut, de cette masse, tirer un parti quelconque, *pourvu qu'il n'agisse point dans la seule* INTENTION DE NUIRE, il doit être admis à y faire les travaux et percements utiles et productifs, sans que le concessionnaire puisse, en présence de l'article 552 du code Napoléon, s'y opposer ;

» ATTENDU qu'on ne saurait, sans porter atteinte à ce droit sacré et le restreindre dans ses développements et ses besoins les plus légitimes, INTERDIRE *au propriétaire de la surface* LA FACULTÉ DE CREUSER un *canal*, un *chemin*, une *carrière*, un *puits*, les FONDATIONS D'UNE MAISON, sous prétexte que de pareils travaux, étant passés DANS LE VOISINAGE PLUS OU MOINS RAPPROCHÉ DES GALERIES D'UNE MINE, ne peuvent être pratiqués qu'aux risques et périls de ce même propriétaire du sol... »

La question posée dans le 2me alinéa de ce jugement est nettement tranchée ; le propriétaire de mines, d'après le tribunal civil de Lyon, n'aurait qu'une *propriété éventuelle ;* il serait tenu de supporter tous les travaux et toutes les constructions du propriétaire de la surface et serait *perpétuellement soumis* à TOUTES *les éventualités,* à TOUTES *les survenances,* à TOUS *les besoins de la surface.*

L'arrêt rendu, du 25 mai 1838, par la Cour impériale de Dijon (1), cassé ensuite par la Cour suprême, n'était pas allé aussi loin; néanmoins, la Cour impériale de Lyon, tout en réformant le jugement du tribunal de la même ville, a admis les mêmes principes, mais en déclarant qu'ils ne s'appliquaient pas *aux travaux souterrains*.

« ATTENDU, dit-elle, qu'il résulte, soit du rapport d'experts, soit des divers documents du procès, que les concessionnaires de la mine de Couzon, en exploitant cette mine, ont satisfait à toutes les précautions prescrites, et se sont soumis à toutes les interdictions prononcées par l'arrêté préfectoral, rendu le 25 novembre 1829, à l'occasion et dans l'intérêt du chemin de fer souterrain pratiqué sous le monticule de Couzon;

» ATTENDU qu'ils n'ont point touché au massif de 50 mètres établi pour ledit chemin, et que l'exploitation de la mine a, d'ailleurs, eu lieu de la manière usitée et suivant toutes les règles de l'art;

» Que, dès-lors, on ne saurait imputer aux concessionnaires aucune imprudence qui puisse donner lieu contre eux à la responsabilité dérivant des articles 1382 et suivants du code Napoléon, ni motiver, sous ce rapport, la demande en dommages-intérêts formée par la compagnie du chemin de fer aux concessionnaires de la mine;

» ATTENDU à la vérité que, si l'action exercée *avait pour cause des dommages* ÉPROUVÉS A LA SURFACE, les concessionnaires de la mine, dont l'exploitation aurait causé ces dommages, *seraient tenus de les réparer*, LORS MÊME QU'ILS AURAIENT AGI *avec les précautions ordinaires*;

Qu'en effet le droit d'utiliser le sol et d'y faire toutes clôtures, plantations et constructions, *est un droit primitif* ANTÉRIEUR *à toute concession et exploitation de mines*, et qui constitue, à l'égard de celle-ci, une servitude naturelle et légale;

» Mais que cette règle, qui résulte d'ailleurs des articles 47, 50, et de l'esprit général de la loi de 1810, cesse d'être applicable LORSQU'IL S'AGIT, *non plus de la surface*, MAIS D'UN CHEMIN DE FER SOUTERRAIN *autorisé et établi depuis la concession de la mine*;

» Qu'une telle œuvre, tout exceptionnelle, qui n'existe pas à la surface, qui ne constitue point un usage naturel du sol, ne peut imposer à la mine, dont elle traverse le périmètre, des pertes ni des

_____

(1) Voir cet arrêt, page 73, 3ᵐᵉ alinéa et suiv.

dépenses que celle-ci n'aurait point éprouvées si le tunnel n'avait pas été créé après la concession ;

» ATTENDU que les pertes que la mine a subies par l'effet des prescriptions administratives de 1829 ont donné lieu à une indemnité que les propriétaires du chemin de fer ont été condamnés à payer ;

» Que si, par l'expropriation d'un massif plus considérable, ou par des interdictions d'exploiter plus étendues, on eût alors assuré au chemin de fer une solidité plus inaltérable, cette extension, dans les prohibitions imposées à la mine, aurait obligé les propriétaires du chemin de fer à des indemnités plus fortes ;

» Que les travaux d'entretien ou de consolidation, qui arrivent au même but, doivent suivre la même règle, et, par conséquent, être à la charge du chemin de fer souterrain pour lequel ils ont été faits ;

» ATTENDU que ce serait en quelque sorte *détruire l'effet des décisions judiciaires* ANTÉRIEUREMENT *rendues entre les parties*, que d'obliger, dans l'intérêt exclusif du tunnel, les concessionnaires de la mine à des travaux et à des frais extraordinaires qui pourraient dépasser, et en tout cas absorberaient, en tout ou en partie, l'indemnité que les propriétaires du chemin de fer ont été condamnés à leur payer. »

La Cour impériale de Lyon confirma, comme on le voit, *les motifs* du tribunal civil de la même ville sur les droits du propriétaire de la surface, et ne réforma la décision des premiers juges que parce qu'il s'agissait *de travaux souterrains*, et que d'autre part il y avait chose jugée entre les parties.

Mais on verra à la *sixième section* qui suit, que la Cour de Lyon ne s'est arrêtée que devant *la chose jugée*, et que plus tard elle a fini par adopter et suivre tous les principes posés par le tribunal de Lyon.

SECTION 6.

Jurisprudence qui rejette toute distinction entre les nouveaux et les anciens établissements.

La jurisprudence qui rejette toute distinction entre les nouveaux et les anciens établissements ou édifices créés à la surface ou dans le sein de la terre, émane de la Cour impériale de Lyon et résulte de deux arrêts du 9 janvier 1845 et du 20 mars 1852.

Le premier arrêt aurait dû être déféré à la censure de la Cour de cassation, et il l'eût été sans une circonstance particulière ; quant au second, comme il s'agissait d'un *terrain réservé* au propriétaire de la surface, on eût dû s'abstenir du pourvoi dont il a été l'objet.

Première espèce. La compagnie du canal de Givors, ayant été autorisée à prolonger ce canal au-delà de Rive-de-Gier, établit, pour l'exécution de ce prolongement, de nouveaux biefs dans le périmètre de la propriété des mines des *Verchères* (1).

Des infiltrations se manifestèrent après la mise en eau de ces biefs, et les propriétaires des mines des Verchères actionnèrent la compagnie en réparation de ce préjudice ; sur cette action le tribunal de Saint-Étienne statua en ces termes :

« Attendu qu'aux termes des articles 544 et 552 du code Napoléon, et des dispositions de la loi du 21 avril 1810, les concessionnaires des mines sont tenus de subir *toutes les conséquences* DES CONSTRUCTIONS *de la surface,* pourvu que les travaux *aient été faits* DANS UN BUT UTILE et non point dans l'intention de nuire ;

» Attendu qu'un canal est un des travaux utiles auxquels le propriétaire de la surface peut se livrer sans que le concessionnaire puisse se plaindre des infiltrations d'eau qui

_____

(1) Voir page 105, n° 1, la concession des Verchères n'a que *dix hectares.*

peuvent résulter pour la mine de l'affluence des eaux à la surface, lorsque le constructeur de ce canal a observé les règles de l'art et solidifié, autant qu'il était en lui, le sol sur lequel il assied son canal ;

» Qu'ainsi l'*on doit décider d'une manière* ABSOLUE que, dans l'espèce, la compagnie du canal ne doit aucune indemnité aux propriétaires de mines des Verchères, *par cela seul qu'elle a établi un canal* AU-DESSUS DE LÀ MINE... »

Dans ce jugement, le tribunal de Saint-Étienne adopte les principes du tribunal de Lyon, en décidant que les concessionnaires *sont tenus de subir toutes les conséquences des constructions* que le propriétaire de la surface veut établir, *si les travaux ont un but utile,* et que, dans ce cas, quelque nuisibles que soient ces travaux, le concessionnaire ne peut se plaindre.

En ajoutant qu'on doit décider d'une manière absolue qu'il n'est dû aucune indemnité à un propriétaire de mines, par cela seul qu'un établissement nouveau *a été placé sur la mine.*

Tous ces principes ont été admis par la Cour impériale de Lyon dans un arrêt du 9 janvier 1845, et depuis les mêmes principes ont constamment été appliqués par cette Cour (1), même dans l'arrêt du 23 mai 1856 (2).

Mais, qu'on le remarque bien, dans l'espèce jugée par l'arrêt du 9 janvier 1845 il s'agissait d'*un canal autorisé,* et dans celle qui a donné lieu au débat solennel devant la Cour suprême, il s'agissait d'*un*

(1) Voir page 268, 4me et 5me alinéa.
(2) Voir ci-après page 278, 3me alinéa.

chemin de fer autorisé; analogie complète entre ces deux espèces, et la Cour de Lyon adopte néanmoins des principes repoussés par la Cour suprême.

La Cour impériale de Dijon, dans son arrêt du 25 mai 1838, avait décidé que la compagnie du chemin de fer ne devait pas d'indemnité, parce que ce chemin avait *un but* D'UTILITÉ RÉELLE (1), et la Cour suprême, *en cassant cet arrêt,* a dit qu'il fallait que les travaux entrepris sur la surface *ne fussent pas* NUISIBLES à l'exploitation de la mine (2).

Il y a pour ainsi dire chose jugée *sur ce point de droit,* et il faudrait au moins des motifs sérieux, battant en brèche ceux de la Cour suprême, pour éviter la chose jugée.

Nous recommandons du reste au lecteur de lire avec attention toute la *quatrième section* du présent chapitre.

Deuxième espèce. La compagnie de l'éclairage au gaz de la ville de Rive de-Gier a placé, dans l'*intérieur du sol* du périmètre de la concession des mines de la Loire, des bourneaux pour la distribution du gaz.

Des affaissements s'étant produits au-dessous des bourneaux, par suite *des excavations* souterraines causées par l'extraction de la mine, il en est résulté une rupture dans les bourneaux, et la compagnie de l'éclairage dirigea une action en dommages-intérêts contre les propriétaires de la mine.

On nomma des experts, qui constatèrent que les accidents allégués devaient être attribués aux tra-

(1-2) Voir pages 74, 1er alinéa, et page 81, 2me alinéa.

vaux de mines, mais que néanmoins ces travaux avaient été faits régulièrement et d'après les méthodes communes.

Un jugement du tribunal de Saint-Étienne condamna les propriétaires des mines de la Loire à des dommages-intérêts fixés à 1600 francs ; puis un arrêt de la Cour impériale de Lyon, du 20 mars 1852, éleva ces dommages à 2600 francs.

Cet arrêt, d'après M. Dalloz (1), porte en substance :

« Que la concession d'une mine ne dépossède le propriétaire du fonds que de la mine elle-même (2) ; que cette dépossession forcée ne peut être étendue au-delà des exigences qu'elle a à satisfaire.

» Qu'aussi toute l'étendue et toute la profondeur du terrain, qui n'est pas la mine, demeurent la propriété libre du maître du fonds, et que le concessionnaire doit lui laisser la jouissance intacte et sans dommage *de la propriété qui lui reste.*

» Qu'il n'y a pas lieu *de distinguer* si ce dommage a été causé à la *superficie* ou à l'*intérieur* DU TERRAIN RÉSERVÉ AU PROPRIÉTAIRE ; si les travaux ont été faits suivant les règles de l'art, et si enfin l'établissement qui a souffert a été posé *avant* ou *depuis* la concession, *avant* ou *depuis* l'exploitation. »

Pourvoi en cassation. Arrêtons-nous pour dire qu'à une première lecture de cet arrêt nous n'avions pas remarqué que les bourneaux ont été placés dans le *terrain exclu de la concession* et réservé au propriétaire de la surface par l'article 11 de la loi de 1810, qui oblige l'exploitant à laisser un toit de 100 mètres

(1) T. 1853, 1ʳᵉ P., page 189.
(2) Voir page 139, 3ᵐᵉ alinéa.

d'épaisseur au-dessus de son exploitation et à empêcher tout fléchissement de ce toit.

Et, sous ce rapport, l'arrêt de la Cour impériale de Lyon du 20 mars 1852 était à l'abri de la censure de la Cour de cassation, et le pourvoi dont il a été l'objet devait être rejeté ainsi qu'il l'a été par arrêt de la Chambre des requêtes du 16 novembre 1852.

On comprend en effet que, lorsqu'il s'agit de la propriété réservée par l'article 11, il n'y ait pas lieu de distinguer si le dommage a été causé *avant* ou *depuis* la concession, *avant* ou *depuis* l'exploitation; dans ce cas, l'exploitant doit empêcher *le fléchissement* DU TOIT DE LA MINE.

Une seule chose est à regretter, c'est que les principes de la loi ne soient pas rappelés dans cet arrêt et que les faits seuls aient servi de base au rejet. Voici les motifs de ce rejet :

« ATTENDU que l'arrêt attaqué constate, *en fait*, que le dommage dont la compagnie de l'éclairage au gaz pour la ville de Rive-de-Gier a demandé la réparation, *était réel*;

» ATTENDU que la Cour d'appel de Lyon *a reconnu et déclaré* qu'il résultait des exceptions rapportées que la rupture des bourneaux placés dans l'intérieur du sol pour la distribution du gaz, avait été causée par un affaissement du terrain qui a été produit lui-même *par le fléchissement* DU TOIT DE LA MINE;

» ATTENDU que *de ce fait* qu'il lui appartenait de constater, la Cour d'appel a justement conclu que la compagnie des mines était responsable du dommage éprouvé par la compagnie de l'éclairage au gaz de la ville de Rive-de-Gier;

» ATTENDU que LA CIRCONSTANCE *que les travaux ont été faits suivant les règles de l'art* NE SAURAIT AFFRANCHIR la compagnie des mines DE LA RESPONSABILITÉ par elle encourue; que cette responsabilité existe par cela seul qu'un dommage a été éprouvé, et que ce dommage est la conséquence des travaux ou de l'omission de certaines précautions;

» ATTENDU que les articles 1382 et 1383 du code Napoléon reçoivent leur application toutes les fois qu'un fait quelconque a causé à autrui un dommage, ou lorsque la négligence ou l'imprudence a été la cause du dommage;

ATTENDU, dès-lors, que la Cour d'appel, en faisant application des articles 1382 et 1383 du code Napoléon AUX FAITS PAR ELLE RECONNUS CONSTANTS, s'est conformée aux principes de la matière, et n'a commis aucune violation de la loi; — REJETTE. »

Dès qu'il était constaté que les bourneaux avaient été placés *dans le terrain* RÉSERVÉ *au propriétaire de la surface*, et qu'il était reconnu que la rupture des bourneaux avait été causée par le *fléchissement du toit de la mine*, la faute était évidente, et le pourvoi devait être rejeté.

C'est donc à tort que les propriétaires de la surface voient dans la décision de la Cour suprême du 16 novembre 1852 un changement de jurisprudence, et que nous-même, en parlant précédemment de cette décision, nous en avons fait la critique (1); nous ne remarquions pas qu'elle ne repose que sur les faits consignés dans l'arrêt qui a été attaqué, et que cet arrêt déclare qu'il s'agissait d'un terrain réservé.

D'ailleurs, les bourneaux pour la distribution de l'éclairage n'ont pu être placés que sur la voie publique,

_____

(1) Voir page 99, 4me alinéa.

dans l'intérieur du sol d'une rue ou d'une place, ou autres lieux réservés par les règlements auxquels le support est dû, et qu'ainsi il est évident qu'il s'agissait de lieux réservés.

On ne peut certainement pas contester que, quand il s'agit de lieux ou de terrains RÉSERVÉS *au propriétaire de la surface*, il n'y ait pas lieu de distinguer si les constructions ont été élevées *avant* ou *depuis* la concession, *avant* ou *depuis* l'exploitation ; jusqu'à preuve contraire l'exploitant est présumé en faute.

Mais, en dehors des lieux et des terrains réservés, *tous travaux nuisibles* à l'exploitation de la mine sont prohibés *dans toute l'étendue du terrain concédé;* voilà ce qu'il faut bien remarquer, afin d'éviter les erreurs et les contradictions qu'on rencontre fréquemment dans les arrêts de la justice.

SECTION 7.

Jurisprudence qui rend les exploitants de mines responsables des constructions élevées dans le voisinage ou au-dessus des excavations souterraines.

La jurisprudence qui oblige les exploitants de mines à payer les dégâts causés aux constructions imprudemment élevées au-dessus ou dans le voisinage des travaux souterrains ou des excavations anciennes, est celle des Cours impériales de Lyon et de Dijon, qui persistent à rejeter les principes si solennellement consacrés par la Cour de cassation.

Dans deux décisions rendues les 23 mai et 21 août

1856, ces deux Cours impériales sont allées plus loin encore que dans les arrêts qu'elles ont prononcés le 12 août 1835 et le 25 mai 1838 (1), quoique ceux-ci aient été cassés par la Cour suprême, l'un par la Chambre civile, le 18 juillet 1837, et l'autre par les Chambres réunies, le 3 mars 1841 (2).

Les Cours impériales de Lyon et de Dijon ont persisté dans leur jurisprudence contraire à celle de la Cour de cassation, parce qu'elles ont cru voir un changement dans les arrêts de la Chambre des requêtes du 20 juillet 1842 et du 16 novembre 1852 (3), dont elles ont fait une fausse interprétation.

Elles n'ont pas vu que le *toit de la mine*, dont parlent les deux arrêts de la Chambre des requêtes, n'a été imposé par celui du 20 juillet 1842 que parce que l'exploitant de mines ne voulait pas payer les dégâts causés à une prairie sous laquelle il avait exploité, et par celui du 16 novembre 1852, parce qu'il s'agissait d'un *terrain* RÉSERVÉ *au propriétaire*.

Il faut que tous dégâts *soient réparés*, et il faut aussi que la propriété réservée par l'article 11 *soit respectée;* ce sont là des points incontestables, dont il faut bien se pénétrer, afin d'éviter toute confusion entre la propriété *qui ne peut être envahie* et celle *qui est livrée à l'exploitation des mines.*

Mais dans les deux espèces des arrêts rendus par les Cours impériales de Lyon et de Dijon les 23 mai

(1) Voir page 66, 1er alinéa, et page 73, 2me alinéa.
(2) Voir page 69, 3me alinéa, et page 80, 2me alinéa.
(3) Voir page 94, 4me alinéa, et page 100, 5me alinéa.

et 21 août 1856, il ne s'agissait ni de constructions anciennes, ni de la propriété réservée; il s'agissait de la propriété *livrée à l'exploitation des mines*, et les exploitants offraient de payer les dommages causés au sol.

La question à examiner était de savoir si le propriétaire de la surface, *en dehors des lieux réservés*, peut élever de nouvelles constructions au-dessus ou *dans le voisinage* d'excavations souterraines et en rendre responsables les exploitants de mines?

Les exploitants soutenaient qu'ils n'ont fait qu'user de leur droit et qu'ils ont exploité la propriété à eux concédée suivant les règles de l'art, *sans faute* ni *contravention*, et qu'ils ne peuvent être responsables des constructions placées *sur un terrain miné*.

1° *Arrêt du 23 mai 1856 de la Cour impériale de Lyon.*

« Attendu que la coexistence et la superposition des deux propriétés de la mine et de la surface, résultant de l'acte de concession de la mine, créent *pour les* DEUX *propriétaires* VOISINS les obligations *qui sont la conséquence* NATURELLE DE LEUR SITUATION RESPECTIVE ;

» Attendu que LE PREMIER DEVOIR du concessionnaire de la mine est de pourvoir à la solidité de ses travaux, *de soutenir par conséquent* LE TOIT DE LA MINE *et d'empêcher les affaissements du sol ;*

» Que cette obligation élémentaire de toute exploitation minérale ressort expressément de l'article 50 de la loi du 21 avril 1810, confirmée et sanctionnée sur ce point par le décret impérial du 3 janvier 1813 et par l'ordonnance royale du 26 mars 1843 ;

» Que ces dispositions législatives et réglementaires, qui obligent le concessionnaire à prendre et autorisent l'administration à lui imposer toutes les mesures nécessaires pour la conservation du sol et des habitations de la surface, ne distinguent pas et ne doivent pas distinguer entre les constructions antérieures et les constructions postérieures à l'acte de concession, les unes et les autres ayant dû appeler à un égal degré la sollicitude du gouvernement ;

» Attendu qu'en détachant du fonds les substances minérales contenues dans son sein pour en constituer une propriété à part, la loi du 21 avril 1810 a limité la portée de cette expropriation partielle ; qu'elle n'a point frappé le propriétaire de la surface de l'interdiction d'améliorer son fonds et d'y faire les changements, plantations et constructions destinés à en augmenter la valeur ou l'agrément ; qu'un pareil asservissement de la propriété superficiaire n'est ni dans le texte, ni dans l'esprit de la loi précitée ;

» Que, sans doute, *le droit du propriétaire de la surface* N'EST PAS ABSOLU ; qu'il trouve ses limites dans l'obligation pour le propriétaire superficiaire DE RESPECTER *la propriété de la mine*, comme le concessionnaire est tenu de respecter la propriété de la surface ;

» MAIS QUE L'USAGE MÊME ABUSIF *que le propriétaire superficiaire* AURAIT FAIT DE SON DROIT ne saurait en aucun cas dispenser le concessionnaire de *l'obligation incessante d'assurer* LA SOLIDITÉ DE SES TRAVAUX, et l'affranchir, par conséquent, de la responsabilité des accidents et dommages *survenus à la surface* PAR LE FAIT DE SON EXPLOITATION. »

D'après cet arrêt, le propriétaire de la mine ne doit pas exploiter à *ciel ouvert*, et il faut par conséquent que dans tout le périmètre concédé il soutienne le sol ou le toit de la mine pour empêcher les affaissements.

Et si le droit du propriétaire de la surface n'est pas absolu, il peut néanmoins, selon la Cour de Lyon, faire *un usage abusif* de sa propriété, sans que le propriétaire de la mine soit dispensé de l'obligation incessante d'assurer la solidité des nouvelles constructions ou autres établissements placés au-dessus des excavations souterraines ou sur le massif de la mine.

Mais pour légitimer l'*usage abusif* permis au propriétaire de la surface, la Cour impériale de Lyon dit qu'il ne lui est point *interdit d'améliorer son fonds et d'y faire les changements, plantations ou constructions destinés à en augmenter la valeur ou l'agrément.*

Non, il n'est point interdit au propriétaire d'améliorer son fonds; mais il ne faut pas que les changements, plantations et constructions soient un obstacle à l'exploitation de la mine par *tranchées à ciel ouvert* ou par *galeries souterraines* (1).

2° *Arrêt du 21 août 1856 de la Cour impériale de Dijon.*

« Attendu que Tremeau est propriétaire d'un corps de bâtiment situé sur le périmètre de la concession houillère de Blanzy, et construit dans le courant des années 1814 et 1845; que ce corps de bâtiment a été atteint, dégradé et fissuré par suite des travaux d'exploitation de la mine; que Tremeau demande aux concessionnaires la réparation de ce préjudice, mais que ceux-ci, tout en offrant de lui payer une indemnité représentative de l'évaluation du dommage occasionné au sol, se refusent à l'indemniser de la dégradation des bâtiments, par la raison qu'ils ont été établis sans droit, étant postérieurs à la concession, et que, dès-lors, ils sont demeurés aux risques et périls dudit Tremeau;

» Attendu que la théorie qui tend à frapper d'interdit, après la concession, toute la surface du périmètre concédé, est exorbitante et répugne aux principes généraux du droit; qu'il ne lui suffit pas de s'affirmer elle-même par des raisonnements plus spécieux que solides; qu'elle devrait résulter d'une disposition formelle et précise de la loi du 21 avril 1810, et que rien dans le texte ou dans l'esprit de cette loi n'autorise à l'admettre;

» Attendu que la concession d'une mine ne donne au concessionnaire que la PROPRIÉTÉ *de la mine*, c'est-à-dire de la SUBSTANCE MINÉRALE exploitable; que les seuls droits purgés par elle sont les droits à la richesse minérale concédée; qu'elle n'attribue point au concessionnaire la propriété absolue du tréfonds, puisque, s'il y rencontre une richesse minérale autre que celle à lui concédée, il reste sans droit devant elle (2);

» QUE TOUT CE QUI N'EST PAS LA MINE, AU TRÉFONDS *comme à la* SUPERFICIE, ou ce qui n'est pas nécessairement *occupé par les travaux* d'exploitation de la mine, DEMEURE LA PROPRIÉTÉ LIBRE DU MAÎTRE DE LA SURFACE, et qu'ainsi, *nonobstant la concession de la mine*, LES DROITS inhérents à la propriété superficielle RESTENT ENTIERS, *suivant ce qui a été* LITTÉRALEMENT PROCLAMÉ *par la cour suprême* dans son arrêt du 3 mars 1841. »

La Cour de Dijon a cependant décidé, par arrêt du

(1) Voir pages 210, tout le 11ᵐᵉ §, et 238, 1ᵉʳ alinéa et suiv.
(2) Voir page 253, tout le § 13, et notamment 256, 2°, 3° et 4° alinéa.

29 mars 1854, que, par la concession de la mine, *il y a concession* DU TRÉFONDS (1), et dans cet arrêt elle dit le contraire, puisqu'elle n'admet plus la séparation du tréfonds; cependant elle ajoute :

« Attendu que l'exercice de ces droits, notamment *du droit de bâtir*, NE DEVIENT ABUSIF *que lorsqu'il se manifeste par des* TRAVAUX NUISIBLES A L'EXPLOITATION DE LA MINE, qu'on ne peut réputer travaux nuisibles que ceux qui, en portant une atteinte directe à l'exploitation de la mine, tendent à faire subir au concessionnaire la perte d'une partie de sa concession, ou à lui enlever une partie de son minerai exploitable. »

Arrêtons-nous encore pour faire remarquer que dans ce dernier paragraphe les véritables principes sont posés, et qu'on ne saurait invoquer d'autres motifs pour faire annuler le dispositif de la Cour de Dijon.

Oui, tout est permis au propriétaire de la surface, s'il ne porte aucune atteinte directe à l'exploitation de la mine, et si ses travaux ne tendent pas à faire subir au concessionnaire la perte d'*une partie de sa concession ou de son minerai exploitable.*

Mais le paragraphe suivant détruit tout aussitôt celui qui précède, en disant :

« *Que* TOUS AUTRES *travaux de construction* ne constituent qu'un usage naturel du sol et se trouvent dès-lors protégés, sans distinction d'époque, par les dispositions qui, dans un intérêt de sécurité publique, IMPOSENT *au concessionnaire*, comme condition première de son exploitation, *le devoir* PERPÉTUEL *et* ABSOLU *de maintenir la solidité* DU TOIT DE LA MINE *et de prévenir* LES AFFAISSEMENTS DU SOL;

» D'où il suit que, lorsque des dégradations se manifestent dans un édifice de la surface, et que la cause en peut être justement attribuée aux excavations de la mine, le concessionnaire doit réparation de ces dommages, sans qu'il y ait lieu de distinguer si l'édifice ainsi détérioré

---

(1) Voir page 50, 6ᵐᵉ alinéa.

a été construit AVANT *ou* APRÈS *la concession*, puisque, en le construisant, le maître du sol n'a fait, dans tous les cas, qu'*user d'un droit inhérent à la propriété superficielle;*

» Que cette conséquence, qui résulte de la nature des choses et des principes généraux du droit, ressort également du texte, de l'esprit et de l'ensemble de la loi de 1810, notamment de la combinaison de l'article 6 avec les articles 10, 11, 15, 43 et 47; et que d'ailleurs, y eût-il doute sur le véritable sens des dispositions de cette loi exceptionnelle, le juge devrait se déterminer par l'interprétation qui tend à maintenir la liberté des héritages et qui blesse le moins gravement les principes du droit commun;

» Attendu, le droit de Tremeau à une juste réparation une fois reconnu, que le tribunal n'est point à même de déterminer dès à présent quelle doit être la nature ou la valeur de cette réparation :

» Par ces motifs, le tribunal, jugeant en matière ordinaire et en premier ressort, déclare Tremeau bien fondé dans sa demande en indemnité contre Jules Chagot, Perret-Morin et compagnie, ès noms, à raison des dommages occasionnés à ses bâtiments du Goulet par les travaux d'exploitation de la mine, et, sans s'arrêter aux conclusions des défendeurs, ordonne, avant faire droit au fond, que par experts convenus entre les parties, dans le délai de la loi, sinon par les sieurs Édouard Estaunier, ingénieur ordinaire des mines à Chalon, Regnier et Roidot-Barrot, ARCHITECTES A AUTUN, experts nommés d'office, qui prêteront serment devant M. le président du tribunal, et pourront, en cas de refus ou empêchement, être remplacés par lui sur simple requête de la partie la plus diligente, il sera procédé à la visite des lieux, à l'effet : 1o de constater l'état et la valeur des bâtiments dont s'agit et des terrains en dépendant ; 2o de désigner ceux des bâtiments qui doivent être reconstruits en entier, et ceux qui peuvent être conservés à l'aide de travaux confortatifs; 3o d'évaluer le montant des reconstructions ou réparations à faire auxdits bâtiments ; 4o *d'indiquer* LES TRAVAUX A FAIRE DANS LES GALERIES SOUTERRAINES POUR SOUTENIR LE TOIT DE LA MINE et le sol qui porte les bâtiments dont s'agit, *de manière à prévenir* TOUT NOUVEL AFFAISSEMENT DE TERRAIN ; réserve les dépens. »

La Cour impériale de Dijon reproduit dans cet arrêt les mêmes expressions de devoir *perpétuel* et *absolu* de maintenir la solidité du *toit de la mine* dont M. Dupin s'est servi sans succès (1), alors qu'il défen-

_____

(1) Voir page 77, 2e, 3e et 4e alinéa, et les observations qui suivent.

dait l'arrêt solennel de cette Cour du 25 mai 1838 devant la Cour suprême, toutes Chambres réunies, le 3 mars 1841.

En somme, cette nouvelle décision de la Cour de Dijon repose sur ce que le propriétaire de la mine ne doit pas exploiter par tranchées à ciel ouvert, ni même par galeries souterraines, *si la mine n'est pas à une profondeur qui permette de bâtir* au-dessus des excavations ou sur la mine.

Et soit la Cour impériale de Lyon, soit celle de Dijon, restreignent la concession à la mine proprement dite, et n'en permettent l'exploitation qu'autant que le propriétaire de la surface conservera après la concession les mêmes droits qu'il avait avant.

La Cour impériale de Dijon, dans son arrêt, n'a fait, il est vrai, qu'adopter les motifs que nous venons de transcrire et qui sont ceux du tribunal d'Autun ; mais, à sa barre, des conclusions subsidiaires avaient été prises pour établir qu'avant les constructions du sieur Tremeau, des excavations *existaient au-dessous* et *dans le voisinage du terrain* sur lequel elles ont été élevées.

Les conclusions tendantes à cette preuve n'ont pas été contestées, les faits ont même été reconnus ; mais on soutenait que ces conclusions *étaient non recevables*, et la Cour a statué sur l'exception et sur le fond, en ces termes :

« Considérant que les débats d'un procès ne sont clos que lorsque le ministère public a pris la parole ou lorsqu'il a été ordonné qu'il allait en être délibéré ;

» Considérant qu'il est admis en principe que pendant les débats chacune des parties peut modifier ses conclusions ou en prendre des nouvelles, qu'*il n'existe dès-lors pas* DE FIN DE NON-RECEVOIR;

» Considérant que, lors même qu'elles seraient vérifiées et qu'il serait constant que l'exploitation AURAIT EU LIEU AVANT la construction des bâtiments de Tremeau, il n'en résulterait pas que la compagnie *ne serait pas en faute*, SI ELLE N'A PAS CONSOLIDÉ LES GALERIES D'EXPLOITATION!... »

Il ne faut pas s'étonner si la Cour impériale de Dijon est arrivée à de telles conséquences, puisqu'elle admettait les principes posés par le tribunal d'Autun; mais en admettant de pareils principes il n'y a plus de propriété de mines.

En effet, si cette jurisprudence pouvait jamais prévaloir, il y aurait obligation de n'exploiter les mines qu'*à la condition* DE CONSOLIDER *les galeries d'exploitation*, pour recevoir ou pour soutenir tous les édifices et tous les établissements que le propriétaire voudrait créer au-dessus de la mine ou des excavations.

De plus, *interdiction d'exploiter* partout où les galeries souterraines ne pourront pas être consolidées, et partant interdiction de toute exploitation *par tranchées à ciel ouvert.*

Il n'y aurait plus de propriété de mines, pas même *un droit certain* à l'exploitation de la substance concédée; mais cette jurisprudence, qui ne repose d'ailleurs que sur cette *fausse théorie du toit de la mine*, n'est en définitive, de la part des Cours impériales de Lyon et de Dijon, qu'une nouvelle résistance aux principes que la Cour suprême a fait prévaloir d'une manière solennelle dans ses arrêts des 18 juillet 1837 et 3 mars 1841.

En effet, si l'on consulte les deux arrêts qui furent cassés à cette époque, notamment les conclusions de M. Dupin (1), on voit que les arrêts rendus par ces deux Cours impériales, les 23 mai et 21 août 1856, consacrent les mêmes théories.

SECTION 8.

Jurisprudence qui prescrit des travaux dans les galeries pour supporter les nouvelles constructions.

La jurisprudence qui prescrit des travaux dans les galeries souterraines d'une exploitation de mines est *une immixtion* de la part des tribunaux dans des travaux dont la surveillance *est exclusivement réservée* à l'autorité administrative.

Le tribunal d'Autun, et après lui la Cour impériale de Dijon, ont, ainsi qu'on vient de le voir à la section qui précède, nommé trois experts, dont deux architectes, à l'effet de procéder à la visite des galeries souterraines d'une exploitation de mines et d'indiquer les travaux à y faire pour consolider le sol qui supporte les nouvelles constructions établies au-dessus des excavations.

En fait, des travaux souterrains existaient dans le voisinage et au-dessous du sol sur lequel des bâtiments

(1) Voir page 75, dernier alinéa, et pages suivantes, ainsi que les arrêts, pages 69 et 80.

ont été construits; des affaissements, suite naturelle des excavations pratiquées pour l'extraction de la mine, se sont produits, et les bâtiments imprudemment placés en dehors de la zône réservée ont été endommagés.

Une action en dommages-intérêts a été dirigée contre les exploitants de la part du propriétaire des bâtiments; il a conclu à ce qu'il plût au tribunal :

« Commettre *trois experts*, DONT DEUX ARCHITECTES et un ingénieur des mines, *lesquels seront chargés* DE VISITER LES LIEUX, constater l'état des bâtiments et du terrain en dépendant, ainsi que les dégâts causés par les défendeurs, indiquer les travaux de consolidation et CEUX A FAIRE DANS LES GALERIES SOUTERRAINES *pour soutenir la voûte de la mine et du terrain qui la couvre, de manière à prévenir pour l'avenir toute crainte de nouvel accident: condamner les défendeurs à faire les travaux qui seront indiqués par les experts.* »

La double fin de non-recevoir opposée par les exploitants de mines, résultant de l'imprudence du propriétaire des bâtiments et de l'incompétence de l'autorité judiciaire sur les travaux de mines, a été rejetée, et le tribunal d'Autun a statué en ces termes :

« Ordonne, avant faire droit au fond, que par les sieurs Édouard Estaunier, ingénieur des mines à Chalon, Regnier et Roidot-Barrot, ARCHITECTES à Autun, *experts nommés d'office*, il sera procédé à la visite des lieux, à l'effet: 1° etc.; 2° etc.; 3° etc...;

4° D'indiquer les travaux à faire dans les galeries souterraines POUR SOUTENIR LE TOIT DE LA MINE ET LE SOL qui porte les bâtiments dont s'agit, de manière à PRÉVENIR TOUT NOUVEL AFFAISSEMENT DE TERRAIN... ! »

Pour démontrer combien la législation des mines est peu connue des jurisconsultes, et combien le tribunal d'Autun et, après lui, la Cour impériale de Dijon n'ont pas, selon nous, fait une juste interprétation de la loi ; il suffira pour le démontrer de rapporter ici les articles 47 et 50 de la loi de 1810.

« Art. 47. Les ingénieurs des mines exercent, SOUS LES ORDRES DU MINISTRE *de l'intérieur* (aujourd'hui des travaux publics) et DES PRÉFETS, *une surveillance* DE POLICE pour la CONSERVATION DES ÉDIFICES et la SURETÉ DU SOL.

» Art. 50. Si l'exploitation COMPROMET LA SURETÉ PUBLIQUE, la conservation des puits, la solidité des travaux, LA SURETÉ DES HABITATIONS DE LA SURFACE, *il y sera pourvu* PAR LE PRÉFET, *ainsi qu'il est pratiqué en matière de grande voirie.* »

Aux tribunaux ordinaires appartient le droit de statuer sur le *règlement des indemnités* et sur les *contraventions* ou *infractions à la loi* ou aux règlements ; au-delà tout est réservé à l'administration, et la preuve en ressort encore des articles 48 et 49 de la même loi.

« Art. 48. Ils (*les ingénieurs*) OBSERVERONT *la manière dont l'exploitation* SERA FAITE, soit pour *éclairer* les propriétaires sur ses inconvénients ou son amélioration, soit pour AVERTIR l'ADMINISTRATION des *vices*, *abus* ou *dangers* qui s'y trouveraient.

» Art. 49. Si *l'exploitation* EST RESTREINTE OU SUSPENDUE de manière à inquiéter la sûreté publique ou LE BESOIN *des consommateurs*, LES PRÉFETS *en rendront compte* AU MINISTRE de l'intérieur (aujourd'hui des travaux publics), pour y être POURVU *ainsi qu'il appartiendra.* »

Or, quand un tribunal nomme des experts en leur donnant *un pouvoir illimité* à l'effet d'indiquer ce qui est à faire dans des travaux de mines *pour la* CONSERVATION *des édifices* et la SURETÉ *du sol*, et quand la loi dit que si l'exploitation *compromet la sûreté* DES HABITATIONS *de la surface* il y sera pourvu *par le préfet*, peut-on contester qu'il n'y ait violation de cette loi ?

19

D'autre part, quand on voit les pouvoirs qui sont donnés par la loi aux *ingénieurs* des mines, aux *préfets* et au *ministre,* et quand la mission donnée par un tribunal à des experts peut s'étendre jusqu'à *paralyser* l'exploitation ou l'*interdire*, peut-on nier qu'il n'y ait abus de pouvoir?

Mais, disons-le en terminant, ne doit-on pas s'étonner de ces huit modes de jurisprudence sur un seul article de la loi?

Toute entente sera impossible entre les tribunaux tant qu'ils ne seront pas d'accord sur les droits qui sont conférés par la concession d'une mine et qu'il ne sera pas généralement admis que *la mine* est une propriété ordinaire, une véritable propriété foncière, *en fait* et *en droit* (1).

Les Cours impériales de Lyon et de Dijon ont réformé leurs arrêts par lesquels elles ont déclaré que par la concession d'une mine il y a concession du terrain, du tréfonds qui renferme la mine (2), pour revenir à des théories repoussées deux fois par la Cour de cassation.

Mais avec leur jurisprudence telle qu'elle existe aujourd'hui, nous le répétons, il n'y a plus de propriété de mines, et toute exploitation est désormais impossible dans certains cas, et sera toujours précaire partout où l'exploitant sera assez heureux pour ne pas être arrêté dans ses travaux.

(1) Voir page 80, 6me alinéa.
(2) Voir page 139, 4me alinéa, et page 140, 1er alinéa.

CHAPITRE III.

L'ARTICLE 11 DE LA LOI DE 1810 NE PEUT ÊTRE INVOQUÉ QUE PAR LE PROPRIÉTAIRE DE LA SURFACE NÉCESSAIRE AUX TRAVAUX.

L'article 11 de la loi de 1810, en désignant les lieux réservés au propriétaire de la surface et desquels il ne peut être dépossédé sans son consentement formel, indique, selon nous, de la manière la plus évidente qu'il accorde protection au propriétaire de la surface du terrain sur lequel les travaux de mines sont interdits, et non pas au propriétaire voisin de ce terrain.

Cette proposition, si simple en apparence, est néanmoins l'objet des plus grandes controverses entre la Cour de cassation et les Cours impériales de Dijon, Douai et Lyon ; la question qui les divise est celle-ci :

Le consentement exigé par l'article 11 doit-il être donné par le propriétaire *de la surface du terrain* sur lequel les travaux de mines sont à établir, ou au contraire doit-il être donné par le propriétaire *de l'enclos voisin ?*

Les dispositions de l'article qu'il s'agit d'interpréter ne présentent point d'ambiguïtés ; elles portent que nulle permission de recherches ni concession de mines *ne peut donner le droit* de faire tels et tels travaux, dans tels et tels lieux, sans le consentement formel du propriétaire *de la surface.*

Le propriétaire *de la surface*, quel qu'il soit, doit avoir seul le droit de *renoncer* aux dispositions de cet article ou d'en profiter ; lui seul doit aussi avoir le droit de *permettre* ou de *refuser* l'entrée sur sa propriété, sans que le voisin, propriétaire d'un enclos ou d'une habitation, puisse s'y opposer ni empêcher un *sondage* ou un *magasin* sur un terrain qui ne lui appartient pas.

Tout propriétaire est maître de faire chez lui tout ce qui lui plaît, de *sonder* son terrain, *ouvrir* des puits, *poser* des machines ou *construire* des magasins, en se conformant toutefois aux dispositions du code Napoléon, *titres des servitudes ou services fonciers*, et principalement à l'article 674, portant :

« Celui qui fait *creuser* UN PUITS ou une fosse d'aisances *près d'un mur* MITOYEN ou NON est obligé *de laisser* LA DISTANCE prescrite par les règlements et usages particuliers sur ces objets, ou à faire les ouvrages prescrits par les mêmes règlements et usages *pour éviter de nuire* AU VOISIN. »

Les établissements *incommodes* ou *insalubres* sont régis par le décret du 15 octobre 1810 ; mais l'article 11 de la loi de 1810 n'a pour objet que de réserver au propriétaire de la surface certaines parties de sa propriété, desquelles il ne peut être exproprié ou dépossédé sans son consentement formel.

La loi de 1810, par les dispositions de l'article 11, n'a apporté aucune dérogation au droit commun entre les propriétaires de la surface ; chacun d'eux, vis-à-vis de l'autre, conserve tous ses droits actifs et passifs, et nul d'entre eux ne peut invoquer contre l'autre la loi de 1810 dans aucune de ses dispositions.

Cet article 11 veut que le propriétaire de la surface, malgré la concession de la mine ou la permission de recherches du gouvernement, ne puisse être expulsé de son domicile, de l'asile de ses jouissances domestiques, sans son consentement.

Pour faire une saine interprétation de cet article, objet de si grandes controverses, il ne faut pas le séparer des articles 10 et 12 qui l'accompagnent; ils forment à eux trois une même idée, résumant les droits du gouvernement et ceux des propriétaires du sol avant et après la concession de la mine.

« Art. 10. NUL *ne peut* faire des recherches pour découvrir des mines, enfoncer des sondes ou tarières sur un terrain qui ne lui appartient pas, *que du consentement du propriétaire de la surface*, ou avec la PERMISSION *du gouvernement*, à la charge d'une préalable indemnité *envers le propriétaire.*

» Art. 11. NULLE *permission* de recherches, *ni concession* de mines NE POURRA, sans le consentement formel du propriétaire de la surface DONNER LE DROIT de faire des sondes, d'ouvrir des puits ou galeries, ni celui d'établir des machines ou *magasins* dans les enclos murés, cours ou jardins, ni *dans les terrains attenant aux habitations ou clôtures murées*, dans la distance de 100 mètres desdites clôtures ou des habitations.

» Art. 12. Le propriétaire pourra faire des recherches sans formalité préalable dans les lieux réservés par l'article 11, comme dans les autres parties de sa propriété; mais *il sera obligé* d'obtenir une concession avant d'y établir une exploitation. *Dans aucun cas les recherches ne pourront être autorisées* DANS UN TERRAIN DÉJA CONCÉDÉ. »

D'après l'article 10, il n'y a que le propriétaire ou le PERMISSIONNAIRE *nommé par le gouvernement,* qui puisse faire des recherches..

Mais ni la *permission*, ni même la *concession* de la propriété de la mine *accordée par le gouvernement* NE PEUT DONNER LE DROIT d'établir des travaux de recherches ou d'exploitation dans les lieux réservés par l'article 11 sans le consentement formel du propriétaire de la surface réservée.

L'article 12, après avoir rappelé les droits de tout propriétaire, lui *défend* d'exploiter les mines sans une concession et de faire des recherches quand son terrain *est concédé*.

De telle sorte que l'article 11 ne restreint que la permission ou la concession *du gouvernement ;* la loi de 1810 pose dans cet article une limite *au droit* du gouvernement, en désignant les lieux dont le propriétaire de la surface ne peut être dépossédé sans son consentement.

Ce n'est ni l'éloignement des travaux ni la tranquillité du propriétaire voisin que le législateur a eus en vue dans l'article 11 ; nous en trouvons la preuve dans l'article 15, et aucun doute ne doit rester sur ce point, lorsqu'il dit :

« L'exploitant doit, LE CAS ARRIVANT de travaux à faire SOUS DES MAISONS *ou lieux d'habitation*, ou dans leur VOISINAGE IMMÉDIAT, *donner caution* de payer toute indemnité en cas d'accidents. »

L'obligation de donner caution est imposée non-seulement quand les travaux arrivent *au-dessous* des maisons ou des habitations, mais encore quand ils sont établis dans le *voisinage immédiat*.

Nous trouvons encore dans les articles 43 et 44 la preuve que l'article 11, en exigeant le consentement du propriétaire *de la surface,* n'exige pas celui du propriétaire *voisin*, et que par cette qualification de propriétaire de la surface la loi désigne le propriétaire de la surface *sur laquelle* les travaux sont établis.

« Art. 43. Les propriétaires de mines sont tenus de payer les indemnités dues au propriétaire DE LA SURFACE *sur laquelle* ILS ÉTABLIRONT *leurs travaux.*

» Si les travaux entrepris par les explorateurs ou par les propriétaires de mines ne sont que passagers, et si le sol *où ils ont ÉTÉ FAITS* peut être mis en culture au bout d'un an, *comme il l'était* AUPARAVANT, l'indemnité sera réglée au double de ce qu'aurait produit net le terrain endommagé.

» Art. 44. Lorsque l'OCCUPATION *des travaux* pour la recherche ou les travaux de mines prive le propriétaire DU SOL *de la jouissance du revenu* au-delà du temps d'une année, ou lorsqu'après les travaux les terrains ne sont plus propres à la culture, on peut exiger des *propriétaires de mines* l'acquisition des terrains à l'USAGE *de l'exploitation.*

» Si le *propriétaire* DE LA SURFACE *le requiert*, les pièces de terre trop endommagées ou dégradées sur une trop grande partie DE LEUR SURFACE, devront être achetées en totalité par le propriétaire de la mine. »

Mais pourquoi dans l'article 11 ces expressions : *propriétaire de la surface* n'auraient-elles pas la même signification que dans les articles 43 et 44, et ne désigneraient-elles pas le propriétaire *de la surface* sur laquelle les travaux sont établis?

Il nous semble que lorsque la loi exige le consentement du propriétaire *de la surface*, ou lorsqu'elle dit qu'une indemnité sera payée au propriétaire *de la surface,* ou enfin lorsqu'elle autorise ce propriétaire à requérir l'achat du terrain à l'*usage de l'exploitation,* elle ne peut désigner le propriétaire *voisin* du terrain employé à *cet usage.*

Cela nous paraît tellement clair, que nous ne comprenons pas les controverses qui existent sur ce point entre la première magistrature de l'Empire et les Cours impériales de Dijon, Douai et Lyon.

Cependant nous devons dire que les termes de l'article 11 avaient semblé au Corps législatif ne pas exprimer *assez clairement* que le propriétaire d'un enclos ou d'une habitation ne peut empêcher les travaux de mines sur les terrains joignant son enclos ou son habitation que lorsqu'il est propriétaire de la surface de ces terrains.

Dans les conférences qui eurent lieu à ce sujet entre la commission du Conseil d'État, présidée par M. Regnault de Saint-Jean-d'Angély, et la commission du Corps législatif, présidée par M. de Girardin, celle-ci proposa un changement de rédaction de l'article 11.

La commission du Corps législatif, dans sa proposition, demandait qu'il fût bien établi que le propriétaire d'un enclos ou d'une habitation doit être en même temps propriétaire *des terrains contigus* pour avoir le droit d'empêcher les travaux de mines sur ces mêmes terrains.

M. Regnault de Saint-Jean-d'Angély, au nom de la commission du Conseil d'État, répondit :

« Quand un article ne laisse pas de doute, *il serait* SUPERFLU, il y aurait de l'*inconvénient* de rechercher *une clarté* SURABONDANTE en multipliant les expressions. »

Voici du reste un document complet sur le résultat de la conférence sur ce point, tel qu'il est rapporté par M. Bayon, vice-président du tribunal de Saint-Étienne, dans une dissertation qu'il a publiée en 1852 :

« M. GENDEBIEN père, célèbre avocat de Mons, était membre du Corps législatif de France en 1810 ; il faisait partie de la commission d'administration intérieure de cette Chambre au moment où la dernière rédaction du projet de loi sur les mines fut soumis officieusement par le Conseil d'État à cette commission.

» Rapporteur de cette commission, il a conservé la note des délibérations qui ont eu lieu dans son sein et dans les conférences qu'elle a eues avec les commissions du Conseil d'État, et il en a confié l'extrait manuscrit à M. Delebecque.

» Mais M. Delebecque, en citant ce manuscrit, n'*en a pas reproduit* DANS SON ENTIER la partie concernant la question qui nous occupe, et *cette citation* INCOMPLÈTE dénature tout-à-fait le sens de ce passage. Je vais le transcrire *tel qu'il m'a été transmis* par M. Gendebien :

» La commission d'administration intérieure, présidée par M. de » Girardin, avait proposé au Conseil d'État la rédaction qui suit :

» Nulle permission de recherches ni concession de mines ne pourra, sans » le consentement du propriétaire de la surface, donner le droit de faire des » sondes, d'ouvrir des puits ou galeries, ni celui d'établir des machines ou » magasins dans les enclos murés, les habitations, cours ou jardins, ni dans les » terrains CONTIGUS *appartenant au propriétaire desdites habitations ou enclos* » *murés*, dans un rayon de 100 mètres.

» La commission avait motivé sa proposition en ces termes :

» La rédaction proposée semble exprimer *plus clairement* que, pour empêcher » les recherches ou travaux d'exploitation dans la distance de 100 mètres des » clôtures, il faut que les propriétaires des habitations soient aussi propriétaires » des 100 mètres.

» Dans les conférences qui eurent lieu, le changement proposé dans » l'article 11 n'a pas été adopté. M. le comte Regnault de Saint-Jean- » d'Angély a motivé le rejet en ces termes :

» Quand un article ne laisse pas de doute, *il serait* SUPERFLU, il y aurait » de l'*inconvénient* de rechercher *une clarté* SURABONDANTE en multipliant les » expressions. »

Cette réponse était une adhésion à l'interprétation donnée à l'article 11 ; mais cet article était tellement clair aux yeux de la commission du Conseil d'État, que le changement proposé fut déclaré *superflu*, et l'on voit que M. Regnault de Saint-Jean-d'Angély répondit qu'il y aurait l'inconvénient de multiplier les expressions.

Aussi, dans l'exposé des motifs de la loi devant le Corps législatif, M. Regnault de Saint-Jean-d'Angély se borna-t-il sur ce point à dire :

« L'administration surveillera... ELLE *écartera* les recherches des maisons, des enclos *où le* PROPRIÉTAIRE *doit trouver* UNE LIBERTÉ *entière* et le RESPECT *pour l'asile* de ses jouissances domestiques. »

Mais *au-delà* de sa propriété, *au-delà* de son enclos ou de son habitation, le propriétaire n'a droit à aucune *liberté* ni à aucun *respect,* et il ne peut empêcher un *sondage* ou un *magasin* sur la propriété d'autrui, et l'exploitation peut même, aux termes de l'article 15, arriver jusque dans le *voisinage immédiat* de son habitation.

M. de Girardin, comme rapporteur devant le Corps législatif du projet de loi, voulant prévenir toute erreur sur l'interprétation de l'article 11, dit *en présence* de M. Regnault de Saint-Jean-d'Angély :

« Le PROPRIÉTAIRE peut faire des recherches dans son terrain, c'est un droit *qui dérive de la propriété.* LE GOUVERNEMENT peut aussi, par un motif *d'intérêt* GÉNÉRAL, en accorder la permission à d'autres.

» Cependant ni cette permission de recherches, ni même *la propriété de la mine* ACQUISE *conformément* à la présente loi, N'AUTORISE *jamais* à faire des fouilles, des travaux ou établissement d'exploitation, *sans le* consentement formel du propriétaire, *dans* SES enclos murés, cours ou habitations, et *dans* SES terrains attenant auxdites habitations ou clôtures murées, dans un rayon de 100 mètres.

» Vous jugerez sans doute, Messieurs, que le respect pour le domicile d'un citoyen *commandait cette* RESTRICTION. »

On a cherché à établir une différence entre l'exposé des motifs de la loi fait par M. Regnault de Saint-Jean-d'Angély et le rapport de M. de Girardin, quoique M. Regnault de Saint-Jean-d'Angély *assistât au rapport* comme commissaire du gouvernement devant le Corps législatif.

On est allé jusqu'à donner à entendre que M. de Girardin s'est trompé!

Soit, mais qui a voté la loi et qui l'a interprétée ainsi, si ce n'est le Corps législatif? et l'on ne saurait aujourd'hui critiquer l'interprétation donnée à la loi *par le législateur* LUI-MÊME!

Mais il est impossible d'admettre que M. de Girardin se fût exprimé aussi catégoriquement sur l'interprétation de l'article 11 si cette interprétation n'eût été celle admise par le Conseil d'État, et M. Regnault de Saint-Jean-d'Angély n'eût-il pas arrêté l'orateur ou fourni quelques explications, s'il y eût eu erreur?

Néanmoins la Cour de cassation, depuis plus de trente années, et contrairement aux Cours impériales qui résistent à sa jurisprudence, décide que le propriétaire de la surface d'un terrain joignant un enclos ou une habitation est sans qualité ou sans intérêts pour donner le consentement exigé par l'article 11.

Elle ne voit pas que cet article est une *restriction* à la concession et qu'il n'interdit que la dépossession *du propriétaire*, et, par suite de son erreur, elle exige le consentement *du voisin* quand il s'agit de déposséder le propriétaire de la surface de terrains joignant un enclos ou une habitation.

Mais pourquoi, demanderons-nous encore, le propriétaire d'un enclos pourrait-il empêcher un sondage ou un magasin sur un terrain qui ne lui appartient pas?

Pourquoi exigerait-il que le sondage ou le magasin ne pût être établi à moins de 100 mètres de sa clôture, quand le propriétaire d'une habitation ne peut empêcher les travaux d'exploitation d'arriver *au-dessous* et jusque dans le *voisinage immédiat* de son habitation?

D'ailleurs, l'article 12 porte que le propriétaire peut faire des recherches dans les lieux réservés par l'article 11 comme dans les autres parties de sa propriété, et qu'après avoir obtenu une concession il pourra y établir une exploitation de mines.

Or, quelle différence peut-il exister entre le propriétaire d'un terrain devenu concessionnaire de mines et un concessionnaire de mines devenu propriétaire d'un terrain moyennant les indemnités fixées par les articles 43 et 44 ou acquis par les voies ordinaires?

La Cour impériale de Lyon, qui établissait autrefois une distinction, et qui sur ce point marchait d'accord avec la Cour de cassation, a, par arrêt du 7 décembre 1849, reconnu son erreur, et elle décide aujourd'hui, avec les Cours impériales de Dijon et de Douai, que le propriétaire d'un enclos ou d'une habitation ne peut invoquer l'article 11 au-delà de sa propriété.

Chose encore plus remarquable! c'est le 30 août 1820 que la Cour impériale de Lyon traça la voie dans laquelle s'est engagée la Cour de cassation par arrêt du 21 avril 1823.

Cette jurisprudence souleva de suite des réclamations en Belgique où la loi de 1810 est restée en vigueur, et les États de Liège demandèrent au gouvernement de fixer le sens des articles 11 et 12.

Après un examen sérieux de la question, le gouvernement de ce pays prit un arrêté, le 14 mars 1826, dont la solution est contraire à la jurisprudence de la Cour de cassation de France.

Voici cet arrêté :

« NOUS GUILLAUME, etc. ;

» Sur le rapport de notre ministre de l'intérieur, du 13 août dernier, par lequel il transmet une lettre des états-députés de Liège qui demandent l'interprétation des articles 11 et 12 de la loi du 21 avril 1810, spécialement à l'égard de la question suivante :

« Le propriétaire d'une habitation ou clôture murée *peut-il empêcher* » d'ouvrir des puits ou galeries dans la distance de 100 mètres autour » de sa propriété, même *quand il n'est point propriétaire des terrains* » COMPRIS DANS CE RAYON DE 100 MÈTRES ? »

» Le Conseil d'État entendu (avis du 22 octobre 1825) ;

» VU le rapport de notre ministre de la justice du 11 novembre suivant ;

» VU le rapport ultérieur de notre ministre de l'intérieur du 14 janvier dernier ;

» Le Conseil d'État de rechef entendu (avis du 3 mars 1826) ;

» Considérant que l'article 11 de la loi précitée exige le consentement préalable du *propriétaire* DE LA SURFACE pour pouvoir établir des travaux dans le rayon de 100 mètres ;

» Que si le consentement devait être accordé par le propriétaire de l'habitation ou clôture murée, la loi ne ferait pas mention du *propriétaire* DE LA SURFACE ;

» Qu'il résulte clairement du rapport explicatif, annexe à la présentation du projet de loi, que le législateur n'a point eu l'intention d'accorder au propriétaire de l'habitation ou clôture murée, indifféremment, qu'il soit propriétaire ou non de la surface, la faculté d'empêcher les travaux dans le rayon de 100 mètres ;

» Que l'article 11 ne parle *que des mines* SANS FAIRE MENTION DES MINIÈRES et CARRIÈRES, lesquelles peuvent toujours être exploitées par le *propriétaire* DE LA SURFACE, *même en dedans du rayon de* 100 mètres ;

» Qu'il n'existe aucun motif pour ne point appliquer le même principe aux *mines*, quand les terrains situés dans le rayon n'appartiennent pas au propriétaire de l'habitation ou clôture murée, d'autant plus que les articles 15, 47 et 50 de la loi garantissent les propriétaires de bâtiments contre tout dommage éventuel, et qu'il n'est point à présumer que dans les articles 11 et 12 le législateur ait encore eu en vue d'assurer *les intérêts* DES MÊMES PROPRIÉTAIRES ;

» Considérant, en outre, que si le propriétaire d'un bâtiment avait la faculté d'interdire l'établissement de travaux d'exploitation de mines dans un rayon de 100 mètres, même quand la surface comprise dans ce rayon appartient à un tiers, il en résulterait un grand détriment pour cette branche si importante de l'industrie nationale ;

» A CES CAUSES *et autant que de besoin*, INTERPRÉTANT LES DISPOSITIONS LÉGISLATIVES DONT IL S'AGIT, NOUS DÉCLARONS que le droit d'empêcher tous travaux dans un rayon de 100 mètres n'appartient au propriétaire d'une habitation ou clôture murée qu'*autant* QU'IL EST EN MÊME TEMPS PROPRIÉTAIRE DE LA SURFACE, et qu'il ne peut exercer aucun droit d'interdiction *sur les terrains qui ne font point partie* DE SA PROPRIÉTÉ ;

» Copie de la présente sera transmise à nos ministres de l'intérieur et de la justice et au Conseil d'État, pour information et direction. »

En Belgique les articles **11** et **12** de la loi de **1810** ont été, par cette disposition législative, interprétés de la même manière que par les Cours impériales de Dijon, Douai et Lyon, à savoir que le droit d'empêcher tous travaux dans un rayon de **100** mètres n'appartient au propriétaire d'une habitation ou clôtures murées qu'autant qu'il est en même temps propriétaire de la surface des terrains attenant à sa propriété.

Lorsque la loi dit : le propriétaire *de la surface*, c'est comme si elle disait : le propriétaire *du dessus* ou *au-dessus* de la mine, et il n'y a en général que le propriétaire qui puisse *refuser* ou *livrer* sa chose.

Car il faudrait admettre que le voisin peut livrer la chose d'autrui, si le consentement exigé par l'article 11 est celui du propriétaire *de la clôture voisine* et non du propriétaire *de la surface du terrain*.

Il faudrait aussi admettre que le voisin peut recevoir les indemnités prévues aux articles 6, 42, 43 et 44, si, lorsque la loi désigne le propriétaire *de la surface* on doit entendre le propriétaire *de la clôture voisine*.

On ne doit donc pas s'étonner que la Cour impériale de Lyon ait abandonné sa jurisprudence, et, en condamnant ses propres arrêts, qu'elle ait passé du côté des autres Cours impériales qui résistent à l'interprétation que la Cour de cassation donne à l'article 11.

Il est vrai que la nouvelle jurisprudence de la Cour impériale de Lyon n'a pas été approuvée par la Cour suprême, et que son arrêt du 7 décembre 1849 a été cassé par décision du 28 juillet 1852.

Mais la Cour impériale de Dijon, sur le renvoi qui lui a été fait, s'est prononcée, en audience solennelle, toutes Chambres réunies, en faveur de la nouvelle jurisprudence de la Cour de Lyon, par arrêt du 15 juillet 1853.

Cet arrêt, déféré à son tour à la censure de la Cour suprême, a été, nous l'avons déjà dit, cassé par décision solennelle rendue par les Chambres réunies, le 19 mai 1856.

La Cour de cassation n'a pas voulu imiter la Cour impériale de Lyon, ni céder aux justes observations de la Cour impériale de Dijon, quoiqu'elles fussent appuyées d'un arrêt de la Cour impériale de Douai ; elle a persisté à soutenir que le propriétaire de la surface désignée dans l'article 11 est celui de l'enclos voisin du terrain sur lequel était l'ouverture du puits dont la suppression était demandée par le propriétaire de l'enclos.

Ces Cours impériales ont bien raison de soutenir qu'il ne peut appartenir au propriétaire d'une clôture murée d'interdire chez son voisin, sur un terrain appartenant à celui-ci, un sondage, un magasin ou l'ouverture d'un puits.

Mais, nous sommes obligé de le dire, la loi de 1810 n'est pas bien comprise, ni par la Cour de cassation, ni par les Cours impériales, quoique celles-ci fassent une plus juste interprétation de l'article 11, et c'est là une des causes du désaccord qui existe entre elles.

Qu'il nous soit permis de chercher à dégager le vrai dans ce conflit et à le rendre sensible en réunissant tous les documents propres à établir que ce qu'on appelle *la mine* ou la propriété *de la mine*, c'est la propriété dans laquelle gît la substance minérale concédée.

Dans ce but, nous examinerons successivement dans huit sections :

1º Les déclarations des rédacteurs du projet de loi devant le Conseil d'État, notamment les observations de l'empereur Napoléon Ier ;

2º La propriété du terrain ou de la terre métallique ;

3º La distinction qui est à faire entre les mines et les minières ;

4º La qualification de propriétaire de la surface, si elle n'est pas *synonyme* de propriétaire du terrain ;

5º Le droit de l'autorité administrative sur l'exploitation des mines ;

6º Le système des Cours impériales de Dijon, Douai et Lyon, sur l'interprétation de l'article 11 de la loi de 1810 ;

7º Le système de la Cour de cassation sur la même interprétation.

8º Le système de la loi dans ce même article 11.

SECTION 1re.

Déclarations des rédacteurs de la loi de 1810 et observations de l'empereur Napoléon Ier.

Les déclarations des rédacteurs du projet de la loi de 1810 et les observations de l'empereur Napoléon Ier devant le Conseil d'État, sur la propriété des mines, sont les seuls documents qu'on puisse consulter pour interpréter sagement cette loi, et sous ce rapport ils sont d'une grande importance.

Nous les avons puisés dans les procès-verbaux des séances du Conseil d'État et fidèlement extraits de l'ouvrage de M. LOCRÉ *sur la législation des mines,* en suivant l'ordre de la discussion qui a eu lieu du 22 mars 1806 au 13 février 1810.

Quand un désaccord existe entre les tribunaux sur un article de la loi, il est évident qu'on doit recourir aux documents législatifs, parce que le doute doit cesser devant la volonté ou l'intention du législateur, et surtout en présence d'une opinion émise par lui sur les conséquences de la loi.

20

Dans les recherches auxquelles nous nous sommes livré, nous avons vu que l'embarras a été grand quand il s'est agi de concéder *la propriété* des mines sans imposer au concessionnaire l'obligation d'en payer le prix au moment de la concession.

C'était là, en effet, une chose des plus difficiles et qu'on a cherchée pendant de longues années ; le législateur a fini par rattacher le projet de la loi de 1810 à l'article 552 du code Napoléon, qui établit deux sortes de propriétés, celle du dessus et celle du dessous.

Ce point une fois admis, il a été décidé que le prix de la propriété concédée serait réglé pour le *dessous* par l'acte de concessson, et pour le *dessus*, au fur et à mesure des besoins de l'exploitation de la mine et au moment de la prise de possession.

Tout est réglé d'avance par la loi dont les dispositions s'inscrivent d'elles-mêmes dans l'acte de concession, soit pour le prix, soit pour les conditions, et l'on voit de suite le but de l'article 11 lorsqu'il désigne les lieux exceptés de la concession.

On comprend alors l'utilité de cet article par la nécessité de réserver au propriétaire de la surface d'une mine son domicile et l'asile de ses jouissances domestiques, où la mine ne peut être exploitée *sans son consentement formel.*

Mais on comprend aussi qu'il ne faut pas que ce propriétaire ait la faculté de se créer de nouvelles réserves, parce que l'article 11 ne peut s'appliquer qu'à ce qui existait au moment de la concession.

C'est là, du reste, un point de droit qui a été jugé deux fois par la Cour de cassation, dont une fois en audience solennelle (1), contrairement à la jurisprudence des Cours impériales de Lyon et de Dijon, ainsi que nous l'avons fait remarquer au chapitre II qui précède.

Examinons maintenant les déclarations des rédacteurs de la loi, surtout les observations de l'empereur Napoléon Ier, et voyons si, à l'aide de ces documents et d'un arrêt solennel de la Cour suprême, refusant d'appliquer l'article 11 aux nouveaux établissements, nous parviendrons à définir la propriété des mines et à établir que cet article a pour objet *de restreindre la concession d'une mine.*

Nous prions le lecteur de s'arrêter sur chacun des extraits du Conseil d'État et d'en bien peser les termes, pour s'assurer que *la mine*, c'est le terrain ; de voir ensuite si les articles de la loi ne s'appliquent pas à la concession du terrain lui-même.

Séance du 22 mars 1806.

L'EMPEREUR, après avoir dit que la *propriété* des mines, une fois concédée, doit rentrer entièrement dans le droit commun, ajouta :

« Il faut qu'on puisse les vendre, les donner, les hypothéquer d'après les mêmes règles qu'on aliène, qu'on engage un *immeuble quelconque.* »

Séance du 21 octobre 1808.

L'EMPEREUR fit observer que le projet de loi devait reposer sur les bases suivantes :

« Il faut d'abord poser clairement le principe que *la mine* fait partie de la *propriété* DE LA SURFACE... »

(1) Voir page 71, 4me alinéa, et page 80, l'arrêt tout entier.

Séance du 8 avril 1809.

L'EMPEREUR, examinant la question de *propriété*, dit :

« D'après le code Napoléon, la propriété du sol emporte la propriété *du dessus* et *du dessous*, et UNE MINE est de la même nature qu'UNE CARRIÈRE de pierre et un cours d'eau, lesquels appartiennent à celui dans le sol duquel ils se trouvent. »

Puis, sur les droits à la concession de l'explorateur et du propriétaire du terrain, il dit encore :

« Si, par exemple, après avoir fouillé une propriété d'une lieue, on trouve la mine dans un terrain d'un arpent, serait-il juste que le propriétaire de ce petit espace eût la préférence? »

M. le comte PELET ajouta :

« Il serait juste du moins d'obliger le concessionnaire à acheter cette petite propriété. »

M. le comte FOURCROY répondit :

« CETTE OBLIGATION LUI EST IMPOSÉE par un autre article. »

L'EMPEREUR, au milieu de la discussion, fit cette observation :

« Plus on y réfléchit, plus on trouve exacte la définition qui qualifie les mines de *propriété* NOUVELLE : il faut que l'acte de concession PURGE *toutes les propriétés antérieures.*

» Il faut que le concessionnaire et le propriétaire du sol *soient entendus* CONTRADICTOIREMENT ; que leurs intérêts soient BALANCÉS et CONCILIÉS, et que l'acte de concession LES DÉTERMINE. »

Séance du 24 juin 1809.

M. le comte JAUBERT dit :

« La section distingue deux sortes de propriétés, celle *du dessus* et celle *du dessous*, et elle suppose que LES DROITS du propriétaire *de la surface* pourront, à l'égard DU FONDS, SE RÉDUIRE A UNE SIMPLE INDEMNITÉ.

» Il demande quels seront CEUX *des créanciers* hypothécaires relativement à *cette indemnité?* »

M. l'ARCHICHANCELIER répondit :

· Il faut prendre garde qu'un débiteur de mauvaise foi, qui voudra frauder ses créanciers, ne vienne leur soustraire le tréfonds en obtenant une concession et ne réduise leurs hypothèques à la surface, qui deviendra d'une valeur à *peu près* NULLE *lorsqu'elle* SERA SÉPARÉE DU TRÉFONDS !

» Il faut donc avoir soin d'expliquer que, dans le cas où la concession *est accordée au propriétaire*, ses créanciers auront le droit de faire procéder cumulativement à l'adjudication *de la superficie* et à celle *du tréfonds*.

» Il faut prévenir les fraudes auxquelles peut donner *ouverture* LE SYSTÈME *qui ne fait* EXISTER *la propriété des mines* que depuis la découverte, et qui la SÉPARE *de la propriété de la superficie*. »

Séance du 8 juillet 1809.

M. le comte DEFERMON dit :

« Si la propriété des mines paie la contribution foncière, on ne peut pas l'assujettir en outre à une redevance annuelle. »

M. le comte Regnault de Saint-Jean-d'Angély fit observer :

« Qu'il y a deux objets très-distincts et dont chacun doit être imposé : la contribution foncière *est perçue* POUR LE TERRAIN, et la redevance annuelle pour l'usine (l'exploitation); cette redevance est le prix de la surveillance et de l'inspection que l'exploitation nécessite.

» Cependant, si l'on croit convenable de les affranchir de l'un des droits, CE SERAIT LA TERRE *une fois payée* qu'il faudrait retrancher, le droit annuel étant nécessaire pour les dépenses de l'administration. »

Séance du 10 octobre 1809.

M. le comte Fourcroy présente un article ainsi conçu :

« Les mines *sont* DES PROPRIÉTÉS dont on ne peut jouir et user qu'en se conformant aux règles et aux conditions imposées par le gouvernement pour leur exploitation. »

M. le comte DEFERMON fait observer :

« Que ce n'est pas pour *la jouissance*, mais pour l'*exploitation* DU TERRAIN QUI RENFERME LA MINE, que le propriétaire doit avoir besoin de concession. »

M. le comte FOURCROY ajoute :

« L'article est rédigé *dans ce système*. Il n'exige la concession que pour l'exploitation de la mine, et laisse le propriétaire JOUIR DU TERRAIN, le CULTIVER et en PRENDRE *la récolte* SUIVANT LES RÈGLES DU DROIT COMMUN. »

Séance du 9 janvier 1810.

M. le comte Jaubert commença par dire :

« On éprouvera toujours quelques embarras tant qu'on ne RATTACHERA pas *le projet à l'article* 552 *du code Napoléon.* »

Puis il présenta un projet par lequel le concessionnaire

« DEVIENT PLEIN PROPRIÉTAIRE *de la mine;* cette propriété se *concède*, se *transmet* et s'*acquiert* d'après les règles du code Napoléon, COMME LA PROPRIÉTÉ DES AUTRES BIENS. »

M. le comte Regnault de Saint-Jean-d'Angély, qui n'adoptait pas encore de tels principes, fit observer que le *système* de M. Jaubert aurait l'inconvénient de ruiner la propriété.

« Si, par exemple, on concédait *le dessous* de plusieurs lieues, les propriétaires *de la surface* CESSERAIENT DE L'ÊTRE *dans toute cette étendue.* »

M. le comte BOULAY, sans contester *les conséquences* de la concession *du dessous* et en les admettant au contraire tacitement, remarqua :

« Qu'il serait PRUDENT. *de s'abstenir* DE TOUTE DÉFINITION, *de* n'*insérer* dans le projet que LES ARTICLES D'EXÉCUTION. »

L'EMPEREUR adopta *le système* de M. Jaubert et donna son adhésion à la *prudente observation* de M. Boulay, en disant :

« Qu'il faut établir en principe que le PROPRIÉTAIRE *du dessus* l'est aussi *du dessous*, à moins que LE DESSOUS *ne soit concédé à* UN AUTRE, auquel cas IL REÇOIT une indemnité à raison *de la privation* DE LA JOUISSANCE DU DESSUS. »

M. le comte JAUBERT, auteur du *système*, qui était d'ailleurs d'accord avec tout ce qui avait été dit précédemment, notamment dans la séance du 10 octobre 1809, pour la concession *du terrain qui renferme la mine*, demanda que, lorsque la concession serait accordée au propriétaire du sol, on changeât dans l'article 7 ces expressions :

« L'acte de concession *donne* LA PROPRIÉTÉ *de la mine*; »

Il préférait :

« L'acte de concession *ne lui* TRANSFÈRE pas une propriété, mais lui accorde seulement l'*autorisation* d'extraire les substances. »

L'EMPEREUR combattit en ces termes le changement de rédaction demandé :

« La concession forme *une* PROPRIÉTÉ *nouvelle*, et même, dans la main du propriétaire du sol, le droit d'exploitation est une richesse nouvelle; dès-lors il faut, à son égard, *se servir* DES MÊMES EXPRESSIONS qu'à l'égard de *tout autre concessionnaire*.

» Il lui faut aussi un acte qui lui confère ce droit et lui donne LA PROPRIÉTÉ *de la concession*; cette mesure est dans son intérêt, car, propriétaire DU SOL et de LA MINE *réunis*, il peut cependant vouloir ne conserver qu'UNE des DEUX *propriétés*; il peut vouloir les séparer, *en vendre* UNE.

» Il faut donc qu'il ait un titre qui réglera le sort de celui qui deviendra *propriétaire* DU SOL OU DE LA MINE. »

Et, en terminant ses observations sur ce point, l'Empereur ajouta :

« Ainsi se concilient LES DEUX *dispositions* du code Napoléon (art. 552) qui accordent au propriétaire *du dessus* la propriété *du dessous*, et fait UNE MODIFICATION à *la généralité* DES CONSÉQUENCES *de ce principe*.

» Pour ce qui est relatif aux mines, le droit de prélever une redevance *sur les produits* DE LA MINE dérive de la qualité de propriétaire du dessus; mais c'est à la redevance que se borne ce droit lorsqu'il s'agit d'*une exploitation* DE MINE, et cette restriction *nous place* DANS LA SECONDE *disposition* du code Napoléon (art. 552). »

M. Regnault de Saint-Jean-d'Angély compléta les observations de l'Empereur en disant :

« Le Conseil a reconnu que LE SOL et LA MINE formaient, dans la main du propriétaire, DEUX *propriétés* TELLEMENT DISTINCTES, qu'on lui accorde la faculté de constituer des hypothèques spéciales *sur chacune*. »

Nous demanderons maintenant à tout lecteur qui aura sérieusement médité ces discussions, s'il n'en résulte pas qu'on a entendu concéder *la terre métallique*, la propriété du terrain qui contient la substance à exploiter.

Comment pourrait-on nier que la propriété de la mine ne soit la propriété du terrain, quand il a été formellement déclaré que le propriétaire ne conserve que la *jouissance* de son terrain, pour le *cultiver* et en *prendre la récolte* suivant les règles du droit commun ?

Qu'on lise avec attention tous les extraits que nous venons de rapporter, et qu'on recoure ensuite au résumé qui en a été fait dans la loi, tous les articles du *titre des mines* cesseront d'être un problème.

Dès qu'on sera d'accord avec nous sur ce point, la loi cessera d'être obscure, et les articles 5, 6, 7, 8, 9, 10, 11, 12, 15, 17, 18, 19, 29, 33, 34, 42, 43 et 44 se présenteront clairs et précis dans toutes les dispositions.

On peut même dire que ces différents articles définissent, *comme articles d'exécution*, la propriété des mines, en établissant que lorsque la loi dit *la mine*, elle sous-entend *la propriété* du terrain métallique, de même que lorsqu'elle dit : le propriétaire *de la surface*, elle désigne le propriétaire *auquel la jouissance du terrain est laissée.*

Voici ce que ces articles portent *en substance :*

« Art. 5. LES MINES ne peuvent être exploitées qu'EN VERTU D'UN ACTE DE CONCESSION DU GOUVERNEMENT.

» Art. 6. LA REDEVANCE payée aux propriétaires de la surface sur le produit des mines EST RÉGLÉE PAR L'ACTE DE CONCESSION.

» Art. 7. L'acte de concession DONNE LA PROPRIÉTÉ PERPÉTUELLE DE LA MINE, qui devient une propriété ordinaire et qui ne peut néanmoins être PARTAGÉE *ou vendue* PAR LOTS sans autorisation du gouvernement.

» Art. 8. LES BATIMENTS, machines, puits, galeries et autres travaux établis dans le périmètre DE LA PROPRIÉTÉ des mines sont immeubles.

» Art. 9. LES PRODUITS DE LA PROPRIÉTÉ DES MINES sont meubles.

» Art. 10 LE GOUVERNEMENT, *à défaut du propriétaire du terrain,* PEUT ACCORDER UNE PERMISSION de recherches.

» Art. 11. Ni *la permission,* ni même *la concession* DE LA PROPRIÉTÉ *de la mine* NE PEUT DONNER LE DROIT de faire un sondage, un puits ou magasin dans les enclos murés, cours ou jardins, ni dans les terrains attenant aux habitations ou aux enclos, *sans le consentement formel du propriétaire de la surface.*

» Art. 12. Toutes recherches sont interdites au propriétaire de la surface *après la concession* DE SON TERRAIN.

» Art. 14. Le demandeur en concession doit JUSTIFIER DES FACULTÉS *nécessaires* et DES MOYENS *de satisfaire* aux obligations qui lui seront imposées par l'acte de concession.

» Art. 15. L'exploitant de mines est tenu de donner caution quand ses travaux arrivent AU-DESSOUS ou dans le *voisinage* IMMÉDIAT d'une maison ou lieux d'habitation.

» Art. 17. L'acte de concession PURGE LA PROPRIÉTÉ DE LA MINE de tous droits du propriétaire de la surface.

» Art. 18. LA REDEVANCE accordée en vertu de l'article 6 EST RÉUNIE À LA VALEUR DE LA PROPRIÉTÉ DE LA SURFACE.

Art. 19. LA PROPRIÉTÉ DE LA MINE est séparée DE CELLE DE LA SURFACE, et toutes deux peuvent être grevées d'inscriptions.

» Art. 29. L'acte de concession détermine l'ÉTENDUE DE LA PROPRIÉTÉ CONCÉDÉE.

» Art. 33 et 34. La propriété des mines est imposée d'après son ÉTENDUE TERRITORIALE et d'après son REVENU.

» Art. 42. La redevance accordée par l'article 6 est déterminée à une somme par l'acte de concession.

Art. 43. Le propriétaire de la surface a droit à une indemnité lorsque l'exploitation de la mine est établie sur sa propriété, et cette indemnité *est basée* D'APRÈS LE REVENU dont il est privé.

» Art. 44. Lorsque le propriétaire de la surface *est privé* DE SON REVENU depuis plus d'une année, ou si son terrain lui *est rendu* IMPROPRE A LA CULTURE, il a droit d'en exiger l'achat.

Ces deux articles 43 et 44 indiquent de la manière la plus claire que le propriétaire de la surface, après la concession de la mine, n'a plus qu'une *jouissance précaire* de sa propriété, soit pour la cultiver, soit pour en prendre la récolte (1).

En effet, d'après l'article 43, lorsqu'il est dépossédé de sa propriété, il n'a droit à une indemnité qu'*à raison de la privation de sa jouissance ou de son revenu*, et, d'après l'article 44, il ne peut exiger l'achat du terrain que lorsque cette privation a duré plus d'une année ou lorsque le terrain lui *est rendu impropre à la culture !*

Mais ce que ces deux articles indiquent encore, c'est que le propriétaire de la mine a le droit, aux conditions qui y sont exprimées, d'établir ses travaux sur la propriété de la surface et de rendre cette propriété impropre à la culture.

Il a par conséquent le droit de s'emparer de tous les terrains *compris* dans le périmètre de sa concession (2), et d'en déposséder le propriétaire de la surface, *sous les restrictions portées à l'article 11,*

(1) Voir page 9, les deux derniers alinéa.
(2) Voir page 153, lire tout le § 3.

parce que la loi n'a pas voulu que ce propriétaire
pût être expulsé de son *domicile*, des *attenances* ou
dépendances, sans son consentement formel.

SECTION 2.
Propriété d'un terrain minéral ou d'une terre métallique.

La propriété d'un terrain minéral ou d'une terre
métallique est désignée par la loi de 1810 sous le nom
de mine; cette propriété est de même nature que celle
d'une carrière ou d'un bois, et quand la loi dit *la
mine*, c'est comme si elle disait *la carrière* ou *le bois*,
ou désignait tel autre immeuble par le produit.

La propriété d'une mine s'acquiert et se transmet
comme celle d'une carrière ou d'un bois, et le propriétaire en jouit et l'exploite comme une propriété
ordinaire, moyennant indemnité.

Le code Napoléon, art. 598, porte :

« *L'usufruitier* JOUIT de la même manière que le propriétaire DES
MINES *et* CARRIÈRES qui sont en exploitation à l'ouverture de son
usufruit.

» Il n'a aucun droit *aux* MINES *et* CARRIÈRES non encore ouvertes,
ni aux TOURBIÈRES dont l'exploitation n'est point commencée, ni *au*
TRÉSOR qui pourrait être découvert pendant l'usufruit. »

L'article 1403 du même code n'établit non plus
aucune distinction entre la propriété d'un bois et celle
d'une mine ou d'une carrière ; il assimile *la coupe*
d'un bois *au produit* des mines et des carrières.

« Les *coupes* DE BOIS et les *produits* DES CARRIÈRES *et* MINES
tombent dans la communauté pour tout ce qui est considéré comme
usufruit, d'après les règles expliquées au titre de *l'usufruit*, de *l'usage*
et de *l'habitation*.

» Si les *coupes* DE BOIS qui, suivant ces règles, pouvaient être faites durant la communauté, ne l'ont point été, il en sera dû récompense à l'époux non *propriétaire* DU FONDS ou à ses héritiers.

» Si les CARRIÈRES et MINES ont été ouvertes pendant le mariage, *les produits* n'en tombent pas dans la communauté que sauf récompense à celui des époux à qui elle pourra être due. »

On ne peut douter ici, lorsque le code Napoléon parle d'un bois ou des carrières et mines, qu'il ne s'agisse de la propriété elle-même, de la propriété sur laquelle on coupe *le bois* ou de laquelle on extrait *la pierre* ou *la mine*.

Pourquoi, dans la loi de 1810, les dispositions législatives, les expressions, les mots, auraient-ils une tout autre signification que dans le code Napoléon?

Disons-le, on est en défiance contre le droit que la loi de 1810 accorde au gouvernement; on ne croit pas que le décret de concession soit une expropriation pour cause d'utilité publique, et l'on ne s'explique pas le but de ces indemnités qui sont accordées en vertu des articles 6, 42, 43 et 44 de la loi précitée.

On ne croit pas à l'expropriation, et néanmoins chaque propriétaire de la surface la subit sans difficulté sur tous les terrains concédés en dehors des lieux réservés; il lui est même *interdit* par la Cour de cassation de se créer de nouvelles réserves (1).

C'est là encore un point qu'on ne comprend pas et qu'on ne pourra comprendre que lorsqu'on croira qu'il y a expropriation ou concession du terrain minéral ou de la terre métallique pour tout ce qui n'est pas distrait de la concession par l'article 11.

_____

(1) Voir page 70, 4me alinéa.

§ 1er.

Explication et développement sur la propriété des mines.

La commission de rédaction du projet de la loi de 1810 avait proposé divers articles qui devaient servir d'*explication* et de *développement* au texte de la loi sur la propriété des mines.

Ces articles, qui réglaient le mode d'affermage et de vente des mines, minières et carrières appartenant au gouvernement, furent présentés au Conseil d'État dans la séance du 8 avril 1809, présidée par l'Empereur; ils étaient ainsi conçus :

« Art. 116. Les *mines*, *minières* et *carrières* appartenant à l'État SONT CELLES QU'IL POSSÈDE et dont il jouit présentement, soit comme ANCIENNE *propriété*, soit comme *propriété* NOUVELLE, acquise à titre de domaine national, soit comme représentant les anciens souverains des pays réunis à la France, ou à tout autre titre.

» Art. 117. Les *mines*, *minières* et *carrières* appartenant à l'État, pourront être LOUÉES ou AFFERMÉES pour le temps et aux conditions qui seront arrêtés.

» Elles pourront être ALIÉNÉES A PERPÉTUITÉ, soit à la charge d'en payer le prix capital aux époques déterminées, soit à la charge de rentes en argent ou prestations en nature: le prix des ventes, celui des rentes et celui des prestations, seront réunis au fonds spécial des mines.

» Art. 118. L'administration publique fera exécuter tous les travaux qu'elle jugera convenables SUR LES MINES, *minières* et *carrières* appartenant à l'État. »

Une modification fut apportée à l'article 117, et, dans la séance du Conseil d'État du 15 juillet 1809, un nouvel article fut présenté; le voici :

« Les *mines*, *minières* et *carrières* appartenant à l'État, pourront être LOUÉES ou AFFERMÉES pour le temps et aux conditions qui seront arrêtés. En ce cas, le cahier des charges sera rédigé par l'administration des mines, et l'adjudication aura lieu par les préfets, sous la surveillance de l'administration des mines, l'autorité du ministre et avec l'approbation du gouvernement, comme pour les baux à longues années.

» Elles pourront être CONCÉDÉES à PERPÉTUITÉ, soit à la charge d'en payer le prix capital aux époques déterminées, soit à la charge de rente en argent ou prestations en nature : le prix des ventes, celui des rentes et celui des prestations seront réunis au fonds spécial des mines. »

M. Defermon s'opposa à ce que les articles en question fussent insérés dans la loi de 1810, disant qu'ils étaient inutiles, et M. Locré nous fait connaître les observations qui furent faites de part et d'autre :

« M. le comte DEFERMON ne pense pas que les dispositions contenues dans cette section soient nécessaires.

» M. le comte FOURCROY dit qu'on ne les a INSÉRÉES *dans le projet* QUE PAR FORME d'EXPLICATION *et de* DÉVELOPPEMENT.

» M. L'ARCHICHANCELIER dit que tout cela n'est pas du domaine de la loi. *La loi doit être* COURTE *et ne poser* QUE LES PRINCIPES; le reste est réglementaire, attendu qu'il rentre dans les attributions du gouvernement. »

Comme on le voit, M. Fourcroy, président de la Commission de rédaction du projet, n'insista pas, et reconnaissant au contraire la justesse des observations, dit, en parlant des articles proposés : « *On ne les a insérés dans le projet que par forme d'*EXPLICATION *et de* DÉVELOPPEMENT. »

Mais que le lecteur le remarque, l'État a aussi des propriétés comme un particulier, et il paraît qu'à cette époque, en 1809, il possédait des mines, des minières et des carrières, que les articles en question autorisaient à affermer ou à vendre suivant les formalités qui y étaient indiquées.

Dans le premier projet de l'article 117, comme dans le second, quand il s'agissait d'affermer les mines, minières et carrières, le législateur s'était servi de cette expression : *Louées* ou *affermées*.

Tandis que, lorsqu'il s'agissait de les vendre, dans le premier projet il était dit : ALIÉNÉ *à perpétuité*, et dans le second : CONCÉDÉES *à perpétuité*, ce qui démontre que les mots *aliéner* ou *concéder* furent employés comme synonymes, et que, pour *la vente* ou pour *le louage*, il s'agissait bien *de la propriété des mines, minières* et *carrières*.

Ainsi, quand le législateur parlait de vendre les mines de l'État ou de les aliéner, il disait :

« Elles pourront être CONCÉDÉES *à perpétuité*, soit à la charge d'en payer le prix capital aux époques déterminées, soit à la charge de RENTES EN ARGENT OU PRESTATIONS EN NATURE. »

Maintenant les mines des particuliers sont CONCÉDÉES *à perpétuité*, à la charge de *rentes en argent* ou de *prestations en nature* ; les propriétaires de la surface peuvent même exiger le capital, mais alors ils n'ont plus droit ni à la rente en argent, ni à la prestation en nature (1).

En somme, il résulte des articles qui avaient été insérés dans le projet de la loi de **1810**, sous forme d'*observation* et de *développement*, que lorsque cette loi parle des *mines, minières* et *carrières*, elle veut désigner la propriété ou le terrain minéral.

Il ne s'agit pas de minerai, de pierre ou de charbon ; le décret du gouvernement concède une propriété perpétuelle, inviolable comme toute propriété, et qui par conséquent ne peut disparaître.

(1) Voir page 257, 1er alinéa.

§ 2.

Projet de loi qui devait compléter celle de 1810.

Lors de la chute du premier Empire français, il a été discuté devant le Conseil d'État un projet de loi tendant à combler une lacune qu'on disait exister dans la loi de 1810. Voici dans quelle circonstance.

Peu de temps après l'édiction de la loi de 1810, un concessionnaire de mines déclara vouloir abandonner sa propriété pour être déchargé des obligations qui sont imposées à tout concessionnaire ou propriétaire de mines.

Le préfet accepta l'abandon et déchargea le concessionnaire de l'impôt foncier à partir du 1er janvier 1812; mais le ministre fut fort embarrassé quand il fallut approuver l'arrêté préfectoral, et crut devoir en référer à l'Empereur.

Un rapport fut rédigé et un projet de décret y fut joint; mais l'Empereur vit que la difficulté était grave, et M. Locré (1) nous dit :

« Le rapport et le projet ayant été renvoyés au Conseil d'État, la section de l'intérieur à laquelle on adjoignit dans la suite celle de législation, après avoir essayé plusieurs rédactions successives d'un *contre-projet*, présenta, dans la séance du 22 juin, celui qui suit. »

Après avoir transcrit le *contre-projet*, M. Locré ajoute :

« Le projet du ministre et le contre-projet des sections du Conseil d'État donnèrent lieu aux observations suivantes présentées par M. le comte CORVETTO. »

_____

(1) Voir *Législation des Mines*, pages 528 et suiv,

Viennent ensuite les observations, et M. Locré ajoute encore:

« Les événements militaires et politiques firent oublier pendant un temps tous ces projets. Enfin, le 23 novembre 1813, la section présenta une dernière rédaction, qui fut convertie en projet de loi et adoptée dans les termes suivants:

PROJET DE LOI.

TITRE PREMIER.

De l'abandon des mines par déclaration expresse.

« Art. 1er. Tout concessionnaire qui *voudra* RENONCER *à la* PROPRIÉTÉ DE LA MINE qui lui a été concédée, devra en faire la déclaration *expresse* et *formelle* par requête adressée au préfet, qui la fera enregistrer à sa date au secrétariat de la préfecture, au registre qui doit être tenu conformément à l'article 22 de la loi du 22 avril 1810.

» Art. 2. Cette pétition sera transmise par le préfet au ministre de l'intérieur: le préfet y joindra son avis et celui de l'ingénieur des mines.

» Art. 3. La renonciation sera acceptée par un arrêté du ministre de l'intérieur; si, par des motifs extraordinaires, le ministre ne jugeait pas convenable de l'accepter, il en sera fait par lui un rapport spécial.

» En cas d'acceptation, le concessionnaire demeure déchargé de toute redevance à dater de l'époque de la renonciation.

» Art. 4. La renonciation étant acceptée, et LA MINE ne se trouvant pas CHARGÉE *d'inscriptions hypothécaires ou privilèges*, le directeur général des mines fera procéder, dans les formes prescrites par la loi et par les décrets, *à la* PURGATION DES HYPOTHÈQUES LÉGALES.

» Si, après l'accomplissement de ces formes et dans les délais fixés, aucune inscription n'est prise sur LA MINE, le conservateur des hypothèques en délivrera certificat; et le gouvernement pourra disposer de la propriété de la mine, conformément à la loi du 21 avril 1810.

» Art. 5. Si LA MINE se trouve affectée par des hypothèques ou par des privilèges, le directeur général en provoquera et en fera poursuivre la vente en justice, dans les formes établies par le code de procédure civile pour la vente des biens dépendant de successions vacantes.

» Art. 6. LE PRIX RÉSULTANT DE LA VENTE, prélèvement fait des frais et des redevances qui pourraient être dues à l'État par l'ancien propriétaire, SERA DISTRIBUÉ AUX CRÉANCIERS *privilégiés* ou *hypothécaires*, suivant l'ordre de leur collocation respective.

21

» Art. 7. S'il ne se présente aucun acquéreur, il en sera dressé procès-verbal par le tribunal, lequel rendra un jugement motivé, en vertu duquel LA MINE RENTRERA, sans aucune charge, dans les mains du gouvernement, qui en pourra disposer comme dans le cas porté à l'art. 4. Le procès-verbal et le jugement seront transmis au directeur général des mines.

» Art. 8. Dans tous les cas où LA MINE RENTRERA libre et sans charges dans les mains du gouvernement, un arrêté du ministre de l'intérieur, sur le rapport du directeur général des mines, constatera ce fait en visant, suivant les cas, ou le certificat énoncé à l'article 4 de la présente loi, ou le procès-verbal et le jugement ci-dessus indiqués.

» Cet arrêté sera notifié, à la diligence du préfet du département dans lequel LA MINE SE TROUVERA SITUÉE, au conservateur des hypothèques, qui en fera la transcription sur ses registres.

TITRE II.

De l'abandon des mines par cessation de travaux.

» Art. 9. Dans le cas où les propriétaires des mines cesseraient pendant un an les travaux de leur exploitation sans causes reconnues légitimes par le directeur général des mines, le ministre de l'intérieur leur prescrira un délai qui ne pourra être moindre de six mois pour la reprise desdits travaux.

» Art. 10. La notification de l'arrêté du ministre, portant la fixation du délai, sera faite aux propriétaires, à la diligence du préfet du département, par acte extra-judiciaire.

» Art. 11. Si les propriétaires ne se conforment pas, dans le délai prescrit, à l'arrêté portant l'injonction de la reprise des travaux, le ministre de l'intérieur, sur le rapport du préfet et sur celui du directeur général des mines, fera poursuivre la vente en justice de LA MINE ABANDONNÉE, et les art. 4, 5, 6, 7 et 8 de la présente loi recevront dans ce cas la même application que dans le cas d'abandon par déclaration expresse.

TITRE III.

Dispositions générales.

» Art. 12. Toute contestation judiciaire autre que les poursuites pour la vente, qui pourrait s'élever dans les cas ci-dessus désignés, sera jugée sommairement et *dans les formes* DOMANIALES.

» Il avait été arrêté, dit M. Locré, que ce projet serait présenté au Corps législatif. Mais bientôt on ne put plus songer qu'à la défense du territoire, et la chute de l'Empereur, qui suivit de près, a tout arrêté. »

Une telle loi n'eût pas été sagement conçue, parce que l'engagement contracté par tout demandeur en concession de mines est sérieux, et il ne suffit pas de renoncer à la propriété concédée pour se soustraire aux obligations librement et volontairement contractées envers les propriétaires de la surface et envers l'État.

Il ne faut pas oublier que les dispositions de l'article 14 de la loi de 1810 exigent que le demandeur justifie d'une solvabilité suffisante, afin de remplir les engagements qu'il contracte et les obligations qui lui seront imposées par l'acte de concession.

Voici cet article :

« Le demandeur en concession *doit* JUSTIFIER DES FACULTÉS *nécessaires* pour entreprendre et conduire les travaux, et DES MOYENS *de satisfaire* AUX REDEVANCES, INDEMNITÉS *qui lui* SERONT *imposées* par l'acte de concession. »

D'autre part, tout acte de concession contient aux articles 4, 5 et 8 les obligations suivantes :

« Art. 4. LE DROIT attribué au propriétaire de la surface par l'article de la loi du 21 avril 1810 sur le produit des mines concédées, EST RÉGLÉ *à une* RENTE ANNUELLE de... par hectare DE TERRAIN COMPRIS DANS LA CONCESSION.

» Cette rétribution sera applicable toutes les fois qu'il n'existera pas à ce sujet de CONVENTION *antérieure* entre le concessionnaire et les propriétaires de la surface.

» Art. 5. Le concessionnaire paiera en outre au propriétaire de la surface les indemnités déterminées par les articles 43 et 44 de la loi du 21 avril 1810, pour dégâts et non-jouissance de terrains occasionnés par l'exploitation des mines.

» Art. 8. Le concessionnaire paiera à l'État les redevances FIXE et PROPORTIONNELLE établies par les articles 33 et 34 de la loi du 21 avril 1810 et conformément à ce qui est déterminé par le décret du 6 mai 1810. »

La loi qui est restée en projet et qui devait autoriser l'abandon de *la propriété* des mines ne pouvait donc pas, en aucun cas, libérer le concessionnaire de la redevance réglée par l'acte de concession en vertu des articles 6 et 42 de la loi de 1810, ni l'exempter de l'impôt foncier ou territorial (1).

Le concessionnaire doit rester propriétaire tant que le gouvernement n'invoque point contre lui l'article 49 de la loi de 1810 et la loi des 27 avril—4 mai 1838, sous réserves des droits des tiers (2).

Mais nous nous prévaudrons du projet pour appuyer cette opinion, que la concession d'une mine accorde une propriété ordinaire, et qu'on n'abandonne pas la *propriété* d'une mine comme on renonce à l'exploiter.

On peut bien renoncer à un droit, mais on ne peut pas se soustraire aux obligations qu'il impose, puisque la propriété concédée ne retourne pas aux propriétaires de la surface.

Il faut remarquer que le demandeur en concession contracte des obligations personnelles en se soumettant d'avance à toutes les clauses et charges qui lui seront imposées par l'État dans l'acte de concession.

SECTION 3.

Distinction qui est à faire entre la propriété des mines et la propriété des minières.

La propriété des mines, bien qu'elle soit de même nature que celle des minières, donnant le même

---

(1) Voir, page 37, 1er alinéa, les décisions du Conseil d'État.
(2) Voir, page 185, le § 7, et page 187, n° 2.

produit, s'il s'agit de minerai de fer, ne peut être exploitée qu'en vertu d'un acte de concession du gouvernement, tandis que la propriété des minières est exploitée en vertu d'une permission du préfet.

L'une est concessible et ne peut être exploitée que par le concessionnaire, tandis que l'autre ne change pas de maître et peut néanmoins être exploitée par un permissionnaire tout autre que le propriétaire.

La distinction que l'on doit faire entre l'une et l'autre de ces deux propriétés résulte des articles 5, 12, 57, 60 et 69.

« Art. 5. LES MINES ne peuvent être exploitées qu'en vertu d'un acte de concession délibéré au Conseil d'État.

» Art. 12. Le propriétaire (du terrain) pourra faire des recherches...; *mais il* SERA OBLIGÉ *d'obtenir une concession* avant d'y établir une exploitation.

» Art. 57. L'exploitation DES MINIÈRES est assujettie à des règles spéciales. Elle ne peut avoir lieu sans permission.

» Art. 60. Si le propriétaire n'exploite pas, les maîtres de forges auront la faculté d'exploiter à sa place, à la charge: 1° d'en prévenir le propriétaire....; 2° d'obtenir du préfet la permission...

» Art. 69. Il ne pourra être accordé aucune concession pour MINERAI d'alluvion, ou pour MINES en filons ou couches, que dans les cas suivants:

» 1° Si l'EXPLOITATION à ciel ouvert cesse d'être possible, et si l'établissement de puits, galeries et TRAVAUX D'ART EST NÉCESSAIRE.

» 2° Si l'EXPLOITATION, quoique possible encore, doit durer peu d'années, et rendre ensuite impossible l'exploitation avec puits et galeries. »

Ainsi, nous trouvons dans la loi de 1810 les causes qui nécessitent la concession du terrain minéral; c'*est l'établissement de puits, galeries et autres travaux d'art,* ainsi que *la durée des travaux,* et c'est ce qui explique les articles 7, 8 et 19:

« Art. 7. L'acte de concession DONNE LA PROPRIÉTÉ PERPÉTUELLE de la mine, laquelle est dès-lors disponible et transmissible comme tou_s autres biens, et dont on ne peut être EXPROPRIÉ QUE DANS LES CAS *et* SELON LES FORMES prescrites pour les autres propriétés, conformément au code Napoléon et au code de procédure civile.

» TOUTEFOIS, une mine ne peut être VENDUE PAR LOTS ou PARTAGÉE sans une autorisation préalable du gouvernement.

» Art. 8. Les mines sont immeubles. Sont aussi IMMEUBLES LES BATIMENTS, machines, puits, galeries et autres travaux établis à demeure, conformément à l'article 524 du code Napoléon.

» Sont aussi immeubles par destination les chevaux, agrès, outils et ustensiles servant à l'exploitation.

» Art. 19. Du moment où une mine sera concédée, même au propriétaire de la surface, CETTE PROPRIÉTÉ SERA DISTINGUÉE de celle de la surface et DÉSORMAIS CONSIDÉRÉE *comme propriété* NOUVELLE, sur laquelle de nouvelles hypothèques pourront être assises sans préjudice de celles qui auraient été ou seraient prises SUR LA SURFACE et la redevance. »

Comme on le voit, de l'ancienne propriété il ne reste au propriétaire que la surface : l'acte de concession, aux termes des articles **17** et **18**, purge les hypothèques qui existaient sur la propriété minérale, et ces hypothèques sont restreintes à la propriété de la surface et à la redevance qui forme le prix de la concession.

A partir du jour de la concession, les créanciers de l'ancien propriétaire du terrain minéral ne peuvent exercer leurs droits de poursuites que par la vente de la surface et de la redevance, qui est immobilisée avec la surface **(1)**.

Quant à la concession de la propriété elle-même, elle était tellement dans la pensée du législateur, que M. Regnault de Saint-Jean-d'Angély, en exposant les

_____

(1) Voir, page 37, tout le § 4.

motifs de la loi de **1810** devant le Corps législatif, disait :

« En établissant les principes de la propriété, le code Napoléon, article 552, avait, en quelque sorte, POSÉ LA PREMIÈRE PIERRE d'un autre monument législatif, sur lequel devait reposer le GRAND INTÉRÊT *de l'exploitation des mines.*

» On reconnut qu'attribuer LA PROPRIÉTÉ DE LA MINE à celui QUI POSSÈDE LE DESSUS, c'était lui reconnaître, d'après la définition de la loi, LE DROIT d'USER et d'ABUSER; DROIT DESTRUCTIF de tout moyen d'exploitation utile ; DROIT OPPOSÉ à l'intérêt de la société ; DROIT QUI SOUMETTAIT au caprice d'un seul la disposition de toutes les propriétés (de mines); DROIT QUI PARALYSERAIT tout autour et QUI FRAPPERAIT DE STÉRILITÉ toutes les parties de mines qui seraient DANS SON VOISINAGE. »

Quelles autres paroles plus significatives faut-il pour établir les motifs de la concession de la propriété minérale : « On a reconnu qu'attribuer *la propriété* de la mine à celui *qui possède le dessus*, c'était lui reconnaître, *d'après la définition de la loi*, le droit d'*user*, d'*abuser* et de *paralyser...* »

M. Dupin, alors procureur-général devant la Cour de cassation, en parlant du propriétaire de la surface, commit donc, selon nous, une grave erreur lorsqu'il dit :

« Il suffit qu'il n'attaque pas LA MINE, SEUL OBJET de la concession, SEUL OBJET distrait de son tréfonds, SEUL OBJET qu'il soit tenu de respecter (1)! »

Il ne voyait pas que *la mine* c'est le tréfonds duquel on distrait *la surface*, et, contrairement à ses conclusions, la Cour a décidé que l'article **11** de la loi de **1810** ne peut être appliqué aux établissements créés après la concession (2), et que le concession-

_____

(1) Voir, page 76, 6me alinéa.
(2) Voir, page 70, 1er alinéa, et page 81, 1er et 2me alinéa.

naire a le droit d'empêcher sur *la mine* tout établissement nouveau qui nuirait à l'exploitation.

Le tribunal de Saint-Étienne et, après lui, la Cour impériale de Lyon, par arrêt du 26 février 1841, ont reconnu que la concession de *la mine* c'est la concession du terrain minéral ou de la propriété métallique (1).

La Cour impériale de Dijon, dans un arrêt remarquable, rendu sous la présidence de M. le premier président Muteau, le 29 mars 1854, a déclaré qu'il suffit de lire avec attention la loi de 1810 pour demeurer convaincu que le législateur a entendu, en ce qui concerne *les terrains renfermant des gisements métalliques,* constituer deux propriétés distinctes et séparées:

« L'UNE, COMPOSÉE DE LA SURFACE, continuant à reposer sur la tête du propriétaire du sol ;

» L'AUTRE, COMPRENANT LE TRÉFONDS, passant entre les mains du CONCESSIONNAIRE *de la mine*, moyennant indemnités réglées conformément aux prescriptions des articles 6 et 42 de la loi précitée. »

Dans les motifs qui viennent après ceux-ci, la Cour de Dijon dit qu'il y a encore concession de la surface *pour éviter les lenteurs* de l'expropriation pour cause d'utilité publique, et que c'est dans ce but que les articles 43 et 44 de la même loi ont été édictés (2).

Mais, qu'on le remarque, d'après la Cour impériale de Dijon, ce n'est pas seulement la substance minérale qui est concédée, c'est la propriété elle-même tout entière, et quand la loi dit *la mine*, elle désigne la propriété tréfoncière.

_____

(1) Voir, page 120, 5ᵐᵉ alinéa.
(2) Voir, page 51, 1ᵉʳ alinéa.

Dans la propriété des mines, comme dans celle des minières, on exploite parfois la même substance ; avec cette différence que dans la propriété des mines l'exploitation se fait par puits et galeries qui nécessitent la concession de la propriété, tandis que dans celle des minières l'exploitation n'a lieu que par tranchées à ciel ouvert ou sur la surface même.

Sur ce point les dispositions de l'article 69 de la loi de 1810 (1) indiquent de la manière la plus claire et la plus précise la distinction qui est à faire entre une mine et une minière.

La propriété d'une mine passe entre les mains d'un nouveau titulaire, moyennant les indemnités à régler conformément aux prescriptions des articles 6, 42, 43 et 44 de la loi de 1810, et le propriétaire de la surface, en attendant sa complète dépossession, n'a plus que la surface de son ancienne propriété pour la cultiver et en prendre les récoltes.

La propriété d'une minière reste au contraire entre les mains du propriétaire, à la charge d'en extraire le minerai, sinon il est tenu de céder l'*exploitation* de sa propriété aux maîtres de forges, moyennant indemnités à régler conformément à l'article 66 de la loi précitée.

En définitive, peu importe le mode d'exploitation ou le mode de paiement de l'indemnité ; dans l'un et l'autre cas ce n'est pas la substance minérale qui change de nom, c'est la propriété.

_____

(1) Voir cet article page 323, 7me alinéa.

Et selon que cette propriété est ou non concédée, elle devient propriété *nouvelle* ou reste propriété *ancienne*; elle s'appelle *la mine* ou *la minière*.

Enfin, la propriété d'une mine ne peut être vendue *par lots* ou *partagée* sans une autorisation préalable du gouvernement, tandis que la propriété d'une minière peut au contraire être vendue par lots et partagée comme toute autre propriété.

§ 1er.

Propriété et exploitation des mines.

La propriété et l'exploitation des mines diffèrent essentiellement; l'une renferme des produits naturels qui sont extraits du sein de la terre concédée, tandis que l'autre n'est que le travail d'extraction surveillé par l'administration, et c'est là une distinction d'une haute importance, à cause du droit exceptionnel qui régit l'exploitation (1).

Dans la séance du Conseil d'État du 4 novembre 1809, M. Defermon dit :

« Que l'EXPLOITATION *des mines* est sans doute *indivisible*, mais que la PROPRIÉTÉ *ne l'est pas;* un concessionnaire ne pourrait pas vendre une partie de l'exploitation, tandis qu'il peut aliéner une portion de son droit de propriété. »

Dans celle du **18 novembre**, même mois, les rédacteurs du projet de la loi de **1810** présentèrent deux articles ainsi conçus :

« Un acte du gouvernement CONFÈRE LA CONCESSION ET LA PROPRIÉTÉ DES MINES aux particuliers qui l'obtiennent. Cet acte règle les droits des propriétaires de la surface SUR LE PRODUIT DES MINES.

(1) Voir, page 239, nos 40 et 44, et pages 250 à 252, nos 48, 49 et 20.

» Outre les clauses et conditions portées à l'ACTE *de concession*, LA PROPRIÉTÉ ET L'EXPLOITATION DES MINES sont soumises à des lois et à des règlements particuliers, indépendamment des règles générales SUR LA PROPRIÉTÉ *portées au code Napoléon.* »

Et dans celle du 3 février suivant, un autre article fut également présenté ; il portait :

« LA PROPRIÉTÉ ET l'EXPLOITATION D'UNE MINE sont indivises de leur nature : néanmoins elles pourront être adjugées par lots séparés, SOIT *par expropriation*, SOIT *par licitation*, SOIT *par conventions privées*, lorsque la division aura été préalablement consentie et prononcée. »

Ainsi qu'on le voit, les rédacteurs du projet de loi, en parlant de la *propriété* et de l'*exploitation* des mines, ont marqué la différence qui existe entre l'une et l'autre (1).

Mais lorsqu'on rédigea l'article 7 de la loi de 1810 on retrancha le mot *exploitation*, parce que de la concession de la propriété découle naturellement et nécessairement le droit d'exploiter la propriété concédée.

L'exploitation de la mine est non-seulement un droit, mais elle est obligatoire dans toute l'étendue du périmètre concédé (2) et soumise à la surveillance de l'administration, en vertu des articles 47, 48, 49 et 50 de la loi précitée.

Il ne faut donc pas confondre la propriété d'une mine avec l'exploitation ; d'abord, parce que l'une est perpétuelle, et ensuite, parce que l'autre peut être limitée et être l'objet d'un simple usufruit (3).

(1) Voir, page 315, tout le § 1er.
(2) Voir, page 187, 4me alinéa et tout le n° 2.
(3) Voir, page 258, tout le § 14.

D'ailleurs, comment admettre, s'il ne s'agissait pas
de la concession *de la propriété* minérale elle-même,
que le législateur eût exigé que toute demande en
concession fût *affichée* et *publiée* d'une manière aussi
solennelle que celle prescrite par la loi de 1810, aux
articles 23 et 24, dont la teneur suit :

» Art. 23. Les AFFICHES auront lieu PENDANT QUATRE MOIS, DANS
le chef-lieu du département, DANS *celui* de l'arrondissement où la mine
est située, DANS *le lieu* du domicile du demandeur et DANS *toutes les
communes* dans le territoire desquelles la concession peut s'étendre.
Elles seront insérées DANS *les journaux* du département.

Art. 24. Les PUBLICATIONS auront lieu DEVANT LA PORTE *de la maison*
commune et *des églises* paroissiales et consistoriales, à la diligence des
maires, à l'issue de l'office UN JOUR DE DIMANCHE, et au moins une
fois par mois PENDANT QUATRE MOIS. »

Viennent ensuite les articles 28 et 29 qui sont
ainsi conçus :

Art. 28. Il sera statué sur la demande en concession par un décret
délibéré au Conseil d'État. Jusqu'à l'émission du décret, TOUTE
OPPOSITION *sera admissible* devant le ministre des travaux publics ou
le secrétaire-général du Conseil d'État. Dans ce dernier cas, ELLE AURA
LIEU par une requête signée et présentée par un avocat au Conseil
d'État, comme il est pratiqué pour les affaires contentieuses ; et, dans
tous les cas, elle sera notifiée aux parties intéressées.

« Si l'opposition est motivée SUR LA PROPRIÉTÉ DE LA MINE *acquise
par concession ou autrement*, les parties seront renvoyées devant les
Tribunaux et Cours.

» Art. 29. L'ÉTENDUE DE LA CONCESSION sera déterminée par l'acte
de concession : elle sera limitée par des points fixes pris sur la
surface..... »

Les affiches et les publications *pendant quatre mois*
ont pour objet de mettre en demeure les propriétaires
de la surface de faire valoir leurs droits, soit pour
réclamer des indemnités, soit pour *demander d'autres
réserves* que celles accordées par l'article 11 de la
loi de 1810.

Mais après la concession de la propriété de la mine, et c'est là ce qui a été un problème jusqu'ici, le propriétaire de la surface, en dehors des lieux qui lui sont réservés, n'a plus que la jouissance de la propriété concédée.

Il n'a plus que le droit de cultiver sa propriété (1) et d'en user comme on en a usé depuis des siècles jusqu'à la concession qui accorde au concessionnaire la propriété absolue du terrain minéral, et la propriété de la surface n'existe que par une *sorte de fiction* (2).

A partir de la concession, le concessionnaire a le droit d'établir *des bâtiments*, machines, puits, galeries et autres travaux d'art dont parlent les articles 8 et 69 de la loi de 1810, et ce droit s'étend à tout le périmètre concédé, sous les restrictions portées en l'article 11 et les réserves accordées par l'acte de concession.

En résumé, la loi et l'équité veulent que le propriétaire de la surface ne puisse, après la concession de sa propriété, augmenter les réserves qui lui sont accordées par l'article 11 ou qui lui ont été accordées par l'acte de concession, en créant de nouveaux établissements (3), ni changer le règlement des indemnités en aggravant la position du concessionnaire.

Il faut qu'en dehors des lieux réservés les articles 43 et 44 puissent en tout temps recevoir leur application; c'est-à-dire qu'il faut, moyennant l'indemnité

(1) Voir, page 219, tout le § 11, et page 215, n° 3.
(2) Voir, page 219, tout le § 12.
(3) Voir, page 70, 1er alinéa, et page 81, 1er alinéa.

accordée par l'article 43, ou moyennant le double prix du terrain, réglé en conformité de l'article 44, que le concessionnaire puisse disposer de la propriété concédée *sans opposition directe ou indirecte* par de nouvelles constructions.

Qu'on ne perde jamais cela de vue et qu'on n'oublie pas les bienfaits que la concession apporte avec elle (1)!

§ 2.

Exploitation des mines, des minières, et interprétation de l'article 11 par l'article 80.

L'exploitation des mines ne peut avoir lieu qu'après la concession de la propriété et ne peut être dirigée que par le concessionnaire, tandis que l'exploitation des minières, qui a lieu sur une simple permission du préfet, est indifféremment confiée au propriétaire du terrain ou au porteur de la permission.

Les droits du propriétaire *de la surface* sur le produit de la propriété des mines sont réglés par l'acte de concession, tandis que les droits du propriétaire *du terrain* sur le produit des minières sont réglés de gré à gré ou par experts (2).

Mais exploiter *la mine* ou *la minière*, c'est exploiter la propriété elle-même pour en extraire la substance qu'elle renferme, et c'est là aussi ce qu'il faudrait bien comprendre pour faire une juste interprétation de la loi.

---

(1) Voir, page 205, tout le § 10.
(2) Voir ci-après, page 339, article 66.

Lorsque la loi parle de l'exploitation de la mine, elle sous-entend la propriété soumise à l'exploitation ; dans ce cas, la mine est synonyme du terrain ou du fonds.

En effet, au titre des mines, article 44, la loi dit l'exploitation *de la mine*, et, à l'article 45, les travaux d'exploitation *des mines*; tandis qu'au titre des minières, article 63, elle dit exploiter *le terrain*, et, à l'article 64, l'exploitation *dans un même fonds*.

D'autre part, comme les maîtres de forges, qui obtiennent la permission d'exploiter une minière, ne sont pas propriétaires du terrain ou du fonds à exploiter, qu'ils n'en ont pas la concession, ils ne pourraient établir des patouillets, lavoirs et chemins de charroi, s'ils n'y étaient autorisés par la loi.

Mais le législateur, par une sage prévoyance, autorise les maîtres de forges, à l'article 80 de la loi de 1810, à établir des patouillets, lavoirs et chemins de charroi sur la propriété d'autrui, à charge d'en prévenir le propriétaire un mois d'avance et moyennant une indemnité.

Voici ce que porte cet article 80 :

« Les impétrants sont aussi autorisés à *établir des patouillets*, LAVOIRS et CHEMINS DE CHARROI sur les terrains qui ne leur appartiennent pas, MAIS SOUS LES RESTRICTIONS PORTÉES EN L'ARTICLE 11 ; le tout à charge d'indemnité envers les propriétaires du sol. en les prévenant un mois d'avance. »

Sous les restrictions portées à l'article 11; c'est-à-dire que l'article 80 de la loi de 1810, pas plus que la concession de la propriété d'une mine, ne donne le droit d'établir un *chemin*, un *lavoir* ou un *patouillet* dans les lieux réservés par l'article 11, sans le consentement du propriétaire *du terrain* de la minière ou *de la surface* de la mine.

Quelle preuve plus forte que celle qui résulte de l'article 80 pour démontrer que l'article 11 n'a pas pour objet d'autoriser le propriétaire d'un enclos ou d'une habitation à interdire le chemin dont parle l'article 80, ou le magasin dont il est question dans l'article 11 ; que c'est seulement sa dépossession que la loi prohibe dans les lieux réservés, et que si c'était le chemin ou le magasin il faudrait interdire *les routes impériales* le long des enclos et des habitations !

De quel droit et pour quel motif, répétons-le sans cesse, le propriétaire d'une clôture ou d'une habitation voisine empêcherait-il qu'on établît *un chemin* ou *un magasin* sur un terrain qui ne lui appartient pas ?

Comment, en effet, admettre que la loi de 1810, loi qui porte une si grave atteinte à la propriété en général, ait voulu, par l'article 11, étendre les dispositions de l'article 674 du code Napoléon (1) contre le propriétaire de la mine, qu'elle arme d'un droit extraordinaire qui lui permet de s'emparer de la propriété de la surface ?

La Cour de cassation commet donc une erreur quand elle voit dans l'article 11 la création d'un droit nouveau ou une extension à l'article 674 dont nous venons de parler, et qu'elle autorise le propriétaire d'une clôture à s'opposer à l'établissement d'*un chemin*

_____

(1) Voir, page 290, 2ᵐᵉ alinéa.

ou *d'un magasin* sur un terrain voisin, par la raison seule qu'il est établi par un propriétaire ou concessionnaire de mines !

L'interprétation que cette Cour donne dans cette circonstance à l'article 11 est contraire à toutes les idées, et de là surgissent les controverses que nous avons signalées.

D'autre part, si l'article 80 autorise les exploitants de minières à établir *des chemins* de charroi sur les terrains permissionnés, *sous les restrictions portées à l'article* 11, aucune disposition de la loi n'autorise les exploitants de mine à établir *des magasins* sur les terrains concédés.

Mais le propriétaire n'a pas besoin d'autorisation pour occuper la propriété que le gouvernement lui concède, et nous demanderons où serait le droit du concessionnaire de mines, s'il n'était dans la concession de la propriété elle-même, concession que l'article 11 restreint en ces termes :

« La concession de la mine NE POURRA, *sans le consentement formel du propriétaire de la surface*, DONNER LE DROIT de faire des sondes et d'ouvrir des puits ou galeries, ni celui d'établir des machines ou MAGASINS dans les enclos murés, cours ou jardins, ni dans les terrains attenant aux habitations ou clôtures murées, dans la distance de 100 mètres desdites clôtures ou des habitations. »

Or, il est de toute évidence que l'intention du législateur n'a pas été d'éloigner à 100 mètres d'une clôture ou d'une habitation *le magasin* prohibé par l'article 11, ni *le chemin* autorisé par l'article 80.

La loi, disons-le encore, ne veut pas que le propriétaire des lieux réservés puisse être expulsé de

22

chez lui, de son domicile, des attenances ou dépendances, sans son consentement formel; mais elle ne lui accorde rien *chez les autres*.

SECTION 4.

Qualification de propriétaire de la surface.

Cette qualification indique d'elle-même un changement dans les droits et dans le titre de l'ancien propriétaire, qui réunissait sur sa tête, avant la concession, à la fois la propriété de la surface et du tréfonds, en vertu de l'article 552 du code Napoléon.

C'est ce qu'on n'a jamais remarqué, et cette modification devient évidente par l'emploi que fait la loi de 1810, au titre de la propriété des mines, de ces expressions: *propriétaire de la surface*, tandis qu'au titre de la propriété des minières, tourbières et carrières, elle se sert de celles-ci: *propriétaire du fonds ou du terrain.*

C'est que pour les minières, les tourbières et carrières la propriété reste indivisée ; pour les mines, au contraire, le législateur a voulu deux propriétés distinctes, et il l'a dit énergiquement, expressément, soit dans la discussion de la loi, soit dans le texte même de l'article 19 que nous trouverons au prochain paragraphe.

La mine et *la surface* sont *synonymes* de terrain ou de propriété du dessous et du dessus, et *le secret* de la loi de 1810 est dans la séparation de ces deux propriétés, qui se composent du même terrain, et qu'on appelle l'une *la mine* et l'autre *la surface.*

§ 1er.

Modification du titre de propriétaire du terrain.

Il y a modification du titre de propriétaire du terrain lorsque ce propriétaire n'est plus désigné que par le nom d'une partie de son ancienne propriété.

On ne s'aperçoit pas que la qualification de propriétaire *de la surface* comporte une modification dans les anciens droits du propriétaire *du terrain* (1), et que ce propriétaire n'a plus que la propriété de la surface *séparée du tréfonds* (2).

Cependant il faut bien se rendre à l'évidence, et l'on ne peut contester que la loi de 1810, au titre de la propriété des mines, articles 6, 11, 17, 18, 19, 42, 43 et 44, modifie, atténue la qualification de propriétaire du terrain concédé.

Dans ces divers articles, il est dit en substance :

Art. 6. L'acte de concession accorde des droits sur le produit des mines *au propriétaire* DE LA SURFACE.

Art. 11. L'acte de concession ne donne pas le droit d'établir des travaux dans les enclos murés, cours ou jardins, ni dans les terrains attenant aux habitations ou clôtures murées, dans la distance de 100 mètres, sans le consentement *du propriétaire* DE LA SURFACE.

Art. 17. L'acte de concession purge la propriété de la mine de tous les droits *du propriétaire* DE LA SURFACE.

Art. 18. Sont réunis à la valeur de la surface les droits accordés par l'article 6 *au propriétaire* DE LA SURFACE.

Art. 19. La propriété de la mine est distinguée de celle de la surface, quoique concédée *au propriétaire* DE LA SURFACE.

Art. 42. L'acte de concession règle à une somme déterminée les droits attribués par l'article 6 *au propriétaire* DE LA SURFACE.

---

(1) Voir, page 129, tout le § 1er.

(2) Voir, page 307, la réponse de M. l'archichancelier.

Art. 43. Les travaux établis sur la surface donnent lieu à une indemnité qui doit être payée *au propriétaire* DE LA SURFACE.

Art. 44. Lorsque les travaux ont duré plus d'une année ou lorsque les terrains occupés ne sont plus propres à la culture, l'acquisition peut en être exigée par *le propriétaire* DE LA SURFACE.

La loi, *au titre de la propriété des mines*, reconnaît donc, dans un même carré ou périmètre de terrain, deux propriétés : celle de *la mine* et celle de *la surface*.

Les minières, tourbières et carrières ne sont pas concessibles ; le propriétaire conserve non-seulement sa propriété, mais encore la qualification de propriétaire *du terrain* ou *du fonds* dans les articles 59, 61, 62, 63, 64, 66, 71, 80, 83 et 84, où il est dit :

Art. 59. Le minerai de fer d'alluvion doit être exploité en quantité suffisante, après autorisation du préfet, par le *propriétaire* DU FONDS.

Art. 61. Les fouilles des maîtres de forges ne peuvent être faites que dans LES TERRES incultes ou en jachères ou après la récolte.

Art. 62. Si le maître de forges ne fait pas usage, dans le mois, de la permission accordée par le préfet, elle ne peut être opposée au *propriétaire* DU TERRAIN.

Art. 63. Si LE TERRAIN EXPLOITÉ par un maître de forges n'est pas rendu propre à la culture, le propriétaire sera indemnisé quand ce maître de forges cessera d'*exploiter* LE TERRAIN.

Art. 64. Le préfet déterminera le partage entre plusieurs maîtres de forges, lorsqu'ils seront en concurrence pour l'*exploitation* DANS UN MÊME FONDS.

Art. 66. Lorsque les maîtres de forges auront fait extraire le minerai, ils en paieront le prix, avant l'enlèvement, au *propriétaire* DU FONDS.

Art. 71. L'*exploitation* DES TERRES pyriteuses et alumineuses est assujettie à des formalités, même lorsqu'elle a lieu par *le propriétaire* DU FONDS.

Art. 80. Les impétrants sont autorisés à établir des patouillets, lavoirs et chemins de charrois, *sous les* RESTRICTIONS portées en l'article 11, à charge d'indemniser le *propriétaire* DU SOL.

Art. 83. Les tourbes sont exploitées par le *propriétaire* DU TERRAIN.

Art. 84. L'exploitation des tourbes ne peut être commencée sans une autorisation, par le *propriétaire*, DANS SON TERRAIN.

Dans ces articles, la loi ne reconnaît qu'une seule

propriété et qu'un seul propriétaire, qu'elle maintient dans tous ses droits.

Le titre et les droits du propriétaire du terrain de la minière restent entiers, sauf la faculté d'exploitation par les maîtres de forges, tandis que le titre et les droits de l'ancien propriétaire du terrain de la mine concédée sont profondément modifiés.

D'autre part, dans l'article 44, on dit l'*exploitation de la mine*, et, dans l'article 45, les travaux d'*exploitation d'une mine*, parce que le terrain minéral, après la concession, *devient la mine*.

Il n'en est pas de même dans les articles 63 et 64; quand il s'agit des minières, on exploite *le terrain* ou *le fonds*, qui ne change ni de nom ni de propriétaire, et l'exploitation par un autre ne peut, aux termes de l'article 61, avoir lieu que dans les terres incultes ou après la récolte.

Quand il s'agit des mines, deux propriétés distinctes s'élèvent l'une à côté de l'autre, sur un immeuble cependant unique dans son périmètre; mais on ne saurait se dissimuler que par la force des choses on est invinciblement conduit à reconnaître que l'une de ces deux propriétés, celle du tréfonds, qui est celle du concessionnaire, l'emporte sur celle de la surface.

D'un moment à l'autre le tréfonds peut absorber, si les besoins de l'exploitation l'exigent, la totalité des terrains du périmètre, sauf ceux réservés par l'article 11 de la loi de 1810.

De sorte qu'en admettant avec la loi, d'après l'esprit

et le texte (art. 19), la coexistence de deux propriétés, l'une d'elles est subordonnée à l'autre et n'a
qu'une existence précaire, *conditionnelle*, s'effaçant
devant les besoins de l'exploitation.

La propriété de la mine est considérée comme propriété nouvelle, et, à cause des dettes ou charges dont
peut être grevé le terrain concédé, elle est séparée de
celle de la surface que la loi crée.

Nous lisons en effet dans l'article 19 de la loi de 1810 :

« Du moment où une mine SERA CONCÉDÉE, même au propriétaire de
la surface, cette propriété SERA DISTINGUÉE *de celle* DE LA SURFACE et
désormais CONSIDÉRÉE *comme propriété* NOUVELLE, sur laquelle de
nouvelles hypothèques *pourront être assises*, sans préjudice de celles
qui auraient été prises SUR LA SURFACE et LA REDEVANCE. »

Elle sera désormais *considérée* comme propriété
nouvelle, et *distinguée* de celle de la surface ; la mine
n'est donc pas *en réalité* une propriété nouvelle.

La propriété de la surface n'est pas non plus nouvelle et ne pouvait être considérée comme telle ; elle
reste grevée des hypothèques et des dettes, et le prix
du tréfonds, que la loi appelle *redevance*, est lui-même
frappé par les hypothèques et par les dettes qui existaient avant la séparation des deux propriétés (1).

D'où il résulte que la propriété de la mine *est purgée*
par l'acte de concession de toutes dettes ou hypothèques qui pouvaient exister du chef de l'ancien
propriétaire, ainsi qu'il est dit à l'article 17, lequel
porte :

« L'acte de concession, fait après l'accomplissement des formalités
prescrites, PURGE en faveur du concessionnaire TOUS LES DROITS des
propriétaires de la surface... »

(1) Voir, page 37, tout le § 4.

Rappelons qu'à ce sujet M. Regnault de Saint-Jean-d'Angély, disait :

« L'acte de concession donne LA PROPRIÉTÉ LIBRE, et si je puis ainsi parler, VIERGE, au concessionnaire désigné. »

Mais la loi ne purge la propriété de la mine qu'autant que les formalités de publication prescrites par la loi de 1810, aux articles 23 et 24, ont été remplies (1).

On ne voit pas que les formalités solennelles prescrites par ces deux articles ont pour but d'annoncer la demande en concession *de la propriété* dans laquelle une découverte a été faite.

On ne voit pas non plus que les propriétaires des terrains demandés sont tenus, dans les délais indiqués, de faire valoir leurs droits devant l'autorité compétente, soit pour demander certaines distractions, si celles accordées par l'article 11 sont insuffisantes, soit pour réclamer et faire liquider leurs indemnités, en conformité des articles 6 et 42 ; indépendamment du prix de la surface, en vertu des articles 43 et 44, quand il y a complète dépossession du propriétaire de la surface.

§ 2.

Secret de la loi de 1810.

Le secret de la loi de 1810 est dans la différence qui existe entre l'ancienne et la nouvelle législation sur les mines ; la loi de 1791 n'accordait qu'une concession ou *permission d'exploiter*, tandis que,

_____

(1) Voir ces deux articles page 330, 2me et 3me alinéa.

d'après la loi de 1810, l'acte de concession *donne la propriété* perpétuelle de la mine.

L'article 8 de la loi de 1791 est ainsi conçu :

« Toute CONCESSION ou PERMISSION D'EXPLOITER UNE MINE sera accordée par le département, sur l'avis du Directoire du district dans l'étendue duquel elle se trouvera située, et ladite PERMISSION ou CONCESSION ne sera exécutée qu'après avoir été approuvée par le roi. »

Tandis que les articles 5 et 7 de la loi de 1810 portent :

« Les mines ne peuvent être exploitées qu'en vertu d'un acte de concession délibéré en Conseil d'État.

« L'acte de concession DONNE LA PROPRIÉTÉ PERPÉTUELLE DE LA MINE, laquelle est dès-lors disponible et transmissible comme TOUS AUTRES BIENS, et dont on ne peut être exproprié que dans les cas et selon les formes prescrites pour les autres propriétés, conformément au code Napoléon et au code de procédure civile.

« Toutefois, UNE MINE ne peut être *vendue* PAR LOTS OU PARTAGÉE sans une autorisation du gouvernement. »

Il s'agit donc de savoir si *la mine* doit s'entendre de *la propriété minérale*, ou si elle ne comprend que la substance exploitable ?

Nous croyons avoir déjà démontré suffisamment que la concession comprend la propriété *minérale* elle-même ; nous nous sommes appuyé pour cela du texte de la loi et des documents législatifs (1); la preuve la plus convaincante nous paraît ressortir des paroles de M. Regnault de Saint-Jean-d'Angély et de M. de Girardin devant le Corps législatif.

M. Regnault de Saint-Jean-d'Angély disait :

« Les concessions deviennent DES BIENS PATRIMONIAUX, HÉRÉDITAIRES, protégés par la loi et dont les tribunaux seuls peuvent prononcer l'expropriation (2). »

(1) Voir, page 303, toute la première section.
(2) Voir, page 6, 4ᵐᵉ alinéa.

M. de Girardin :

« Vous aurez saisi la différence qui existe entre une CONCESSION MÊME PERPÉTUELLE et LA PROPRIÉTÉ *de la mine*. La concession n'est proprement qu'une AUTORISATION, un BAIL DE LA PROPRIÉTÉ QUI RÉSIDE EN D'AUTRES MAINS.

» Les mines concédées, *même à* PERPÉTUITÉ, n'étaient donc pas des propriétés ; mais, en vertu de la loi proposée, elles deviennent DES PROPRIÉTÉS *perpétuelles*, et les concessionnaires *sont propriétaires* INCOMMUTABLES; DE FERMIERS qu'ils étaient, la loi les rend *désormais* PROPRIÉTAIRES (1) ! »

Le secret de la loi de 1810 est donc dans la différence qui est signalée par M. de Girardin : de fermiers qu'étaient les anciens concessionnaires ils sont aujourd'hui propriétaires ; ils ne jouissaient qu'en vertu d'un bail perpétuel d'une propriété qui résidait en d'autres mains.

Ce secret est encore dans le droit que la loi donne au gouvernement, *sous certaines réserves ou restrictions* édictées dans l'article 11, de disposer de toutes ses propriétés pour les recherches et l'exploitation des mines.

Il y a expropriation du propriétaire ; mais on lui laisse la jouissance de la surface de la terre minérale, et l'on donne la *propriété* au concessionnaire de la mine, moyennant les indemnités prévues et réglées à cet effet par l'acte de concession et par la loi.

Aussi, en dehors des lieux réservés, nul ne conteste et ne peut contester que le propriétaire de la mine n'ait le droit de s'emparer sans opposition *de tout le périmètre* qui lui a été concédé aux conditions exprimées dans son acte et dans la loi.

(1) Voir, page 27, 3me, 4me et 5me alinéa, et page 29, 1er alinéa.

Or, permettre au propriétaire de la surface de former des établissements au-dessus d'une propriété qui ne lui appartient plus, c'est l'autoriser à bâtir sur la propriété d'autrui et à s'opposer directement à la prise de possession du concessionnaire de la mine.

Il faut donc reconnaître que la propriété de la surface, en dehors des lieux réservés, n'a qu'une existence précaire, subordonnée à l'exploitation de la mine.

Nous rappellerons ici ce que nous avons déjà dit en faveur de l'exploitation des mines, sur la nécessité de s'emparer de ces richesses souterraines, là où l'on est assez heureux pour les découvrir.

C'est en vain qu'on oppose l'intérêt de l'agriculture et qu'on soutient que la propriété de la surface doit l'emporter sur la propriété de la mine, parce que c'est elle qui produit *la subsistance de l'homme.*

D'abord, par la concession de la propriété de la mine, la jouissance de la surface est laissée à l'ancien propriétaire pour la cultiver et en prendre la récolte selon les règles du droit commun (1).

Ensuite, on ne remarque pas qu'en tous lieux et chaque année, on peut demander des récoltes à la terre, tandis que les mines sont dispersées en rares filons dont la formation ne se renouvelle pas, mais dont les recherches sont continuelles.

C'est bien assez d'abandonner les richesses souterraines quand elles sont enfouies dans les lieux

(1) Voir, page 9, 5me et 6me alinéa.

réservés, sans qu'on soit obligé d'accorder encore au propriétaire de la surface le droit d'augmenter *le sacrifice qu'impose la loi.*

Quoique la propriété de la surface ait doublé de valeur par la concession de la mine, le propriétaire se révolte contre l'idée qu'il ne pourra établir des constructions sans respecter la propriété de la mine.

Il ne veut pas être tenu de s'assurer que ses constructions ne reposeront pas sur une couche ou un filon de la substance à exploiter, et que l'extraction n'en sera pas empêchée.

Il veut, au contraire, avoir le droit d'*user* et d'*abuser* de la surface qui lui est laissée *en jouissance* et de s'opposer indirectement à la concession ou à son expropriation par de nouvelles constructions ou autres établissements.

Il prétend que l'en empêcher, c'est violer son droit de propriété, sans voir qu'un autre droit s'élève à côté, qui n'est ni moins sacré, ni moins légitime que le sien.

§ 3.

Articles d'exécution de la loi de 1810.

La loi de 1810 ne définit pas la propriété des mines ; elle ne contient que des articles d'exécution sur les droits respectifs du propriétaire de la mine et du propriétaire de la surface.

Le législateur a dit qu'*il était prudent* de s'abstenir de toute définition et de n'insérer dans la loi que les *articles d'exécution*, tant la difficulté était grande pour fixer les limites des droits nouveaux et en déterminer les conséquences (1).

Mais il suffit, a dit la Cour impériale de Dijon, *de lire avec attention la loi* pour demeurer convaincu que le législateur de 1810 a entendu constituer deux propriétés distinctes et séparées (2).

En droit, d'après les articles 6, 10, 11, 15, 42, 43 et 44, le propriétaire de la surface n'est propriétaire *définitif* que des lieux réservés jusqu'à 100 mètres de profondeur ; au-delà il peut être dépossédé de tout le surplus, moyennant les indemnités réglées par l'acte de concession et par la loi.

Les conditions de la dépossession du propriétaire de la surface sont réglées d'avance ; la loi met les parties d'accord *sur la chose* et *sur le prix*.

L'article 11 désigne les lieux qui sont distraits de la concession, et l'article 15 indique les circonstances qui autorisent le propriétaire de la surface à exiger une caution.

Les articles 6 et 42 veulent que le prix de la propriété de la mine soit réglé par l'acte de concession, et les articles 43 et 44 fixent d'avance, *sur une base à forfait* (3), le prix de la propriété de la surface.

D'autre part, l'article 7 déclare formellement que l'acte de concession *donne la propriété perpétuelle de*

(1) Voir, page 14, 3me alinéa.

(2) Voir, page 50, 4me alinéa.

(3) C'est ainsi que la Cour de Dijon s'est exprimée dans l'arrêt du 29 mars 1854.

la mine, en disant que cette propriété est de même nature que celle des autres biens, comme l'Empe-reur le disait dans la séance du Conseil d'État du 8 avril 1809 (1), et l'article 19 complète l'article 7, en laissant à l'ancien propriétaire la surface de la pro-priété concédée.

Mais la loi ne dit pas dans quelles occasions, ni d'après quel mode le propriétaire de la surface sera dépossédé de la propriété qui lui est laissée en jouis-sance.

§ 4.

Statu-quo fondé sur le droit de propriété.

Le statu-quo imposé sur la surface de la propriété d'une mine est fondé sur le droit de propriété qui est accordé au concessionnaire de la mine.

On a vu que ce n'est pas une permission ni un droit d'exploiter que la loi de 1810 autorise à concéder ; que c'est la propriété elle-même qui est concédée, et que de cette concession, découle naturellement le droit d'exploiter la propriété (2).

Or, le concessionnaire a une propriété *inviolable* et *sacrée*, de laquelle il ne peut être privé ou exproprié que dans les cas et selon les formes prescrites pour les autres propriétés, conformément au code Napoléon et au code de procédure civile (art. 7).

Un étang, un canal, *un chemin de fer*, une route

(1) Voir, page 306, 1er alinéa et suivant.

(2) Voir, page 342, la différence qui existe entre la législation de 1791 et celle de 1810.

impériale, un enclos muré, un château, une église, etc., auraient infailliblement pour résultat d'enlever au concessionnaire la propriété sur laquelle serait formé l'un de ces établissements.

Dans ce cas, le concessionnaire peut-il être ainsi privé de sa propriété ou d'une partie de celle-ci par la volonté seule du propriétaire de la surface ou de celui qu'il aura subrogé à ses droits? N'y a-t-il pas violation du droit de propriété conféré par l'article 7 de la loi de 1810, disant que le concessionnaire ne peut être privé de sa propriété que dans les cas et selon les formes prescrites pour les autres propriétés ; c'est-à-dire que pour cause d'utilité publique, moyennant indemnité?

La justice et l'équité démontrent que le propriétaire de la mine ne peut être mis hors la loi, et que sa propriété est chose sérieuse dont il ne peut être privé, répétons-le, que dans les cas et selon les formes prescrites par la loi.

Mais on dit que la loi n'interdit pas au propriétaire de la surface d'*user* et d'*abuser* de sa propriété, surtout d'en user selon ses besoins.

La réponse à cet argument, c'est qu'en dehors des lieux réservés le propriétaire de la surface n'a plus qu'une propriété *précaire*, qui lui est laissée en jouissance *pour la cultiver* et *pour en prendre les récoltes* selon les règles du droit commun, a dit M. Fourcroy, président de la commission de rédaction de la loi de 1810 (1).

_____

(1) Voir, page 9, avant-dernier alinéa.

D'autre part, il faut que le propriétaire de la mine exploite sa propriété ; il ne doit pas s'arrêter devant les obstacles, si ce n'est pour cause d'utilité publique (1), et c'est là un point irrévocablement jugé par la Cour suprême (2).

Du reste, le *statu-quo* à la surface n'enlève pas au propriétaire de la surface la jouissance de sa propriété, il n'est qu'une gêne ; tandis que permettre à ce propriétaire d'user et d'abuser de sa propriété, ce serait l'autoriser à frapper d'interdit la propriété de la mine.

SECTION 5.

Droit de l'autorité administrative sur l'exploitation
des mines.

La loi de 1810, titre V, de l'exercice de la surveillance sur les mines par l'administration, confère, aux articles 47, 48, 49 et 50, un pouvoir absolu à l'autorité administrative pour tout ce qui se rattache à l'exploitation des mines (3).

La loi du 27 avril 1838, en confirmant le même pouvoir, règle la compétence administrative ainsi qu'il suit :

« Art. 7. La suspension de tout ou partie des travaux pourra être prononcée *par le* PRÉFET, sauf recours *au* MINISTRE des travaux publics, et, s'il y a lieu, *au* CONSEIL D'ÉTAT.

» Art. 8. TOUT PUITS, TOUTE GALERIE ou TOUT AUTRE TRAVAIL d'exploitation OUVERT *en contravention* aux lois ou règlements sur les

(1) Voir, pages 145 à 169, § 2, 3 et 4, et pages 179 à 191, § 6 et 7.
(2) Voir pages 69 et 80.
(3) Voir page 250, n° 18.

mines, pourront aussi ÊTRE INTERDITS DANS LA FORME INDIQUÉE *par l'article précédent.* »

D'autre part, M. le directeur-général des mines, par sa circulaire du 6 septembre 1838, disait aux ingénieurs des mines :

« LE DROIT DU CONCESSIONNAIRE d'exécuter des travaux DANS TOUS LES TERRAINS que COMPREND son périmètre, *sauf les réserves portées à l'article* 11, DÉRIVE DE LA LOI et de L'ACTE DE CONCESSION.

« Mais, d'après les règles de la matière, *reproduites* dans les clauses des concessions, C'EST LE PRÉFET *qui autorise les divers travaux d'exploitation.* »

En effet, les articles 5 et 6 des clauses générales du cahier des charges de toute concession de mines, portent :

« Art. 5. Il ne pourra être procédé à l'OUVERTURE de PUITS ou GALERIES, *partant du jour*, pour être mis en communication avec des travaux existants, *sans une autorisation* DU PRÉFET, accordée sur la demande du concessionnaire et sur le rapport de l'ingénieur des mines. »

« Art. 6. Lorsque le concessionnaire voudra OUVRIR UN NOUVEAU CHAMP D'EXPLOITATION, il adressera à ce sujet AU PRÉFET *un plan* se rattachant au plan général DE LA CONCESSION, et un mémoire indiquant son projet de travaux. LE PRÉFET, sur le rapport des ingénieurs des mines, APPROUVERA OU MODIFIERA le projet. »

Telles sont les conditions imposées dans tous les cahiers de charges des concessions de mines ; mais toute demande adressée à ce sujet au préfet doit être dénoncée au propriétaire de la surface intéressé, et ce magistrat ne statue que parties présentes ou dûment appelées.

Sur cette formalité, voici ce que nous lisons :

1o Dans un arrêté de M. le préfet de Saône-et-Loire, du 2 mai 1849 :

« Considérant que les terrains dont il est question sont nécessaires soit pour assurer, etc., soit, etc., qu'ils ne se trouvent d'ailleurs *dans aucune* DES EXCEPTIONS PRÉVUES DANS L'ARTICLE 11 DE LA LOI DE 1810.

» Considérant que les PROPRIÉTAIRES INTÉRESSÉS n'*ont point formé d'opposition* contre le projet des concessionnaires, et que ce projet est suffisamment justifié,

» ARRÊTONS, etc... »

2° Dans un autre arrêté du même préfet, en date du 21 avril 1855 :

« Vu la demande des concessionnaires de mines, tendant à obtenir l'autorisation, d'occuper, pour une *exploitation à* CIEL OUVERT, deux parcelles de terrain situées...

» Vu l'acte extrajudiciaire par lequel la demande a été signifiée *aux propriétaires* DE CE TERRAIN ;

« Considérant que l'exploitation de la houille ne peut être faite *par travaux* SOUTERRAINS dans les parcelles dont il s'agit, et qu'il est, par conséquent, nécessaire que les concessionnaires puissent les occuper pour y établir *une exploitation à* CIEL OUVERT,

« ARRÊTONS, etc...

Et c'est en présence de telles décisions qu'on va demander aux tribunaux la suppression de travaux autorisés par l'administration !

N'est-il pas évident que lorsque le préfet a autorisé l'ouverture d'un puits ou une exploitation *à ciel ouvert,* il ne peut appartenir aux tribunaux d'infirmer ou de paralyser sa décision ?

Les travaux de mines entrepris illicitement *dans le périmètre d'une concession* ne peuvent même être supprimés qu'en vertu d'une décision administrative, ainsi qu'il résulte d'une instruction ministérielle du 29 décembre 1838, adressée aux préfets :

« Toutes les fois que des travaux sont entrepris ILLICITEMENT *dans une concession*, VOUS *êtes autorisé à les faire* FERMER D'OFFICE, sauf au procureur impérial à poursuivre ensuite, s'il y a lieu, les délinquants devant le tribunal de police correctionnelle. »

Dans ce cas, les tribunaux ordinaires ne sont compétents que pour réprimer les contraventions ou les délits, et que pour statuer sur la réparation des dommages.

Mais cette question de compétence n'a peut-être pas attiré suffisamment l'attention des magistrats et des jurisconsultes, de telle sorte qu'elle a été résolue tantôt dans un sens, tantôt dans l'autre, par la Cour de cassation d'abord, et par le Conseil d'État ensuite ; aujourd'hui il n'est plus personne qui s'en occupe.

§ 1er.

Jurisprudence pour et contre de la Cour de cassation sur la compétence des tribunaux.

La jurisprudence de la Cour de cassation sur la compétence des tribunaux ordinaires en matière de travaux de mines, a été *pour* et *contre* sur la même question.

Deux affaires lui furent déférées, dans lesquelles on avait soulevé l'exception d'incompétence des tribunaux sur des demandes en suppression de travaux autorisés par l'administration, et spécialement de l'ouverture d'un puits qui n'était pas à la distance de 100 mètres de la clôture du voisin.

Dans la première affaire, la Cour impériale de Lyon s'était déclarée incompétente ; sa décision a été cassée par arrêt de la Cour de cassation du 21 avril 1823, en ces termes :

« Attendu qu'il résulte évidemment des articles 15, 46 et 56 que les contestations élevées à raison DES TRAVAUX POSTÉRIEURS à la concession des mines, et *relatives à leur* EXPLOITATION, DOIVENT ÊTRE PORTÉES DEVANT LES TRIBUNAUX, et qu'il n'y a que les questions d'indemnités à payer à raison de recherches ou TRAVAUX ANTÉRIEURS à la concession qui, aux termes précis de l'article 46, SOIENT DE LA COMPÉTENCE *de l'autorité administrative.* »

On voit que c'est là une grave erreur, si l'on se reporte aux articles 47, 48, 49 et 50 de la loi de 1810; mais, plus tard, la Cour de cassation l'a reconnu elle-même.

Dans la deuxième affaire, la Cour impériale de Dijon s'était, comme celle de Lyon, déclarée incompétente; cette fois, la Cour de cassation, Chambre des requêtes, a confirmé la décision de la Cour de Dijon, par arrêt du 5 juin 1828, motivé ainsi :

« Considérant que l'action portée par Raclet et Lachaume devant le tribunal de Mâcon n'avait d'autre objet que de faire INTERDIRE PAR L'AUTORITÉ JUDICIAIRE, aux sieurs Mazoyer et Cadot, l'EXPLOITATION *d'une mine* sur leur terrain, AUTORISÉE PAR L'ADMINISTRATION, et que l'arrêt attaqué *s'est conformé aux principes sur la compétence judiciaire* EN S'ABSTENANT de connaître de l'action portée devant elle par Raclet et Lachaume. »

La Cour impériale de Dijon, par arrêt du **28 avril 1847**, s'est encore prononcée en faveur de la compétence de l'autorité administrative en ces termes :

« Considérant qu'un tribunal ne pourrait, SANS VIOLER LES LOIS qui ont fixé la limite des pouvoirs administratifs et judiciaires, ordonner la destruction d'un chemin de fer dont la construction a été autorisée par arrêté du préfet de Saône-et-Loire du 30 novembre 1846. »

On devait croire, après le retour de la Cour de cassation à une plus juste application des principes de la loi, que ce serait là un point définitivement jugé ; mais toutes les prévisions ont été trompées.

§ 2.

Jurisprudence pour et contre du Conseil d'État sur la compétence des tribunaux.

La jurisprudence du Conseil d'État sur la compétence des tribunaux en matière de travaux de mines autorisés par l'administration, a été *pour* et *contre* dans les mêmes circonstances.

Dans une première affaire, où il s'agissait aussi de l'ouverture d'un puits et qui comportait encore l'application de l'article 11, le tribunal d'Autun s'est déclaré compétent, contrairement à la jurisprudence de la Cour impériale de Dijon.

Malgré le conflit élevé par M. le préfet de Saône-et-Loire, le jugement du tribunal d'Autun a été maintenu par décision du Conseil d'État du 18 février 1846 ; entre autres motifs, nous rapporterons celui-ci :

« Considérant que les oppositions formées par des particuliers AUX TRAVAUX *des concessionnaires de mines*, EN VERTU DE L'ARTICLE 11 DE LA LOI DU 21 AVRIL 1810, doivent être portées devant l'autorité judiciaire, d'après LES RÈGLES GÉNÉRALES DE LA MATIÈRE et conformément à l'article 15 de la loi précitée. »

Dans une seconde affaire, le tribunal de Belfort s'est, comme celui d'Autun, déclaré compétent sur une demande en suppression de travaux ; mais, sur le conflit élevé par M. le préfet du Haut-Rhin, le Conseil d'État a annulé le jugement du tribunal de Belfort, par décision du 3 décembre 1846, en ces termes :

« Considérant que le concessionnaire des mines de Giromagny tenait, soit du décret de concession du 26 mars 1834, soit DES ACTES ADMINISTRATIFS intervenus en vertu dudit décret, LE DROIT D'OCCUPER, DANS LE PÉRIMÈTRE DE LA CONCESSION, LES TERRAINS NÉCESSAIRES à l'exploitation de ladite concession ;

» Que l'AUTORITÉ JUDICIAIRE *n'était appelée qu'à* RÉGLER, en exécution des articles 43 et 44 de la loi du 21 avril 1810, LE PRIX DES TERRAINS DONT L'ACQUISITION aurait pu être exigée du concessionnaire OU LES INDEMNITÉS auxquelles les propriétaires de la surface pouvaient avoir droit par suite DE TRAVAUX POSTÉRIEURS A LA CONCESSION. »

Cette décision, rendue sur le rapport de M. Reverchon, alors conseiller d'État, et aujourd'hui avocat au Conseil d'État et à la Cour de cassation, pose les véritables principes de la loi de **1810**, non-seulement *sur la séparation* des pouvoirs administratifs et judiciaires, mais encore *sur le droit* que donne une concession de mines.

Le **8 mars 1851**, le Conseil d'État a reconnu de nouveau la compétence administrative, en statuant sur le recours dirigé contre un arrêté de **M.** le préfet du Puy-de-Dôme, qui avait autorisé l'établissement d'un chemin en dehors du périmètre de la concession.

En résumé, la compétence administrative est incontestable, si l'on consulte la loi et tous les documents législatifs et judiciaires que nous avons rapportés dans la présente section.

§ 3.

Violation du pouvoir administratif par les tribunaux.

Il y a violation du pouvoir administratif par les tribunaux lorsqu'ils ordonnent la suppression ou la suspension de travaux de mines, et doublement violation, quand les travaux sont autorisés ou prescrits par l'autorité administrative.

Tous les travaux de mines sont placés par la loi de **1810**, articles **47, 48, 49** et **50**, sous la surveillance spéciale de l'administration, et tout acte de concession de mines interdit au concessionnaire d'établir des travaux sur la surface sans une autorisation du préfet (1).

(1) Voir, page 350, 4ᵐᵉ alinéa.

L'administration a un pouvoir souverain en matière de mines ; elle a le droit de régler et d'ordonner toutes les mesures de sûreté pour la conservation des édifices et la consolidation du sol, et la loi lui a donné les moyens d'exiger obéissance.

Les tribunaux ne doivent intervenir que pour régler les indemnités et pour réprimer les délits ou les contraventions à la loi et aux règlements administratifs ; mais, pour tout ce qui a rapport aux travaux, ils sont incompétents ; les connaissances pratiques leur manquent en matière de mines.

Si le propriétaire de la surface prétend s'opposer à l'établissement de travaux autorisés par l'administration, il doit d'abord adresser sa réclamation au préfet, puis au ministre des travaux publics, et enfin au Conseil d'État, s'il y a lieu.

Telle est la règle prescrite par l'article 7 de la loi des 27 avril — 4 mai 1838, quand il s'agit des travaux d'exploitation de mines (1).

Néanmoins, les tribunaux sont chaque jour appelés à statuer sur toutes les questions de travaux de mines ; on semble ignorer que ces travaux sont autorisés par l'administration.

Ajoutons que, sans s'attacher à la compétence, le barreau, cédant à une habitude pratique, soumet aux tribunaux ordinaires toutes les difficultés qui s'élèvent à l'occasion des travaux de mines, et la magistrature rend des arrêts conformément aux actions portées devant elle.

(1) Voir, page 349, 3me alinéa de la section 5.

SECTION 6.

Système des Cours impériales sur l'article 11.

Le système des Cours impériales de Dijon, Douai et Lyon, sur l'article 11 de la loi de 1810, est rationnel lorsqu'il refuse au propriétaire d'une clôture murée le droit d'empêcher ou d'autoriser *un chemin* ou *un magasin* sur un sol qui ne lui appartient pas.

Nous disons un chemin ou un magasin, parce que le chemin n'est autorisé par l'article 80 de la même loi que sous les restrictions portées en l'article 11.

On ne remarque pas assez que la loi interdit un chemin un magasin, tout comme un sondage ou l'ouverture d'un puits, et cette inattention fait méconnaître l'intention du législateur, qui a voulu seulement empêcher la dépossession du propriétaire des lieux réservés, même pour un chemin.

On ne s'aperçoit pas que le législateur a voulu que le domicile, les attenances et dépendances fussent respectés jusqu'à 100 mètres de distance de la clôture ou de l'habitation, à moins que le propriétaire de la surface des lieux réservés consentît lui-même à livrer sa propriété.

Voici le dernier état de la jurisprudence sur cette question.

L'ouverture d'un puits a été autorisée par un arrêté du préfet de la Loire sur un terrain appartenant à M. de Rochetailler, lequel est séparé du mur de clôture des consorts Nicolas par la route impériale de Lyon à Saint-Étienne.

Les consorts Nicolas ont demandé la suppression des travaux par le seul motif que l'ouverture du puits n'était pas à distance de 100 mètres de leur clôture.

Cette demande, quoique incompétemment portée devant le tribunal de Saint-Etienne, a été rejetée, et la décision des premiers juges a été confirmée par arrêt de la Cour impériale de Lyon du 7 décembre 1849.

Par cet arrêt, la Cour impériale de Lyon a changé sa jurisprudence ; elle a réformé ses propres arrêts, et elle a décidé, contrairement à ce qu'elle décidait précédemment, que le propriétaire d'une clôture est sans droit pour demander la suppression de l'ouverture d'un puits chez son voisin.

Pour ordonner la suppression de l'ouverture d'un puits, il faudrait aussi, nous venons de le faire remarquer, prohiber l'établissement d'un chemin ; la loi le comprenant dans la même prohibition, dans l'article 80.

N'importe, la Cour de cassation a persisté ; elle n'a point imité la Cour impériale de Lyon, et elle a cassé son arrêt par décision du 28 juillet 1852.

Mais la [Cour impériale de Dijon, saisie de cette affaire sur le renvoi qui lui en a été fait, a résisté à la jurisprudence de la Cour de cassation, et, dans un arrêt solennel, rendu, toutes Chambres réunies, le 15 juillet 1853, elle a statué en ces termes :

« Considérant que la question du procès est de SAVOIR SI la Compagnie concessionnaire des mines de houille de la Sibertière ayant obtenu de l'Administration l'AUTORISATION d'ouvrir un puits de recherches et d'exploitation sur un terrain appartenant à M. de Rochetailler, lequel n'y fait point d'opposition, LES CONSORTS NICOLAS ET DESCOURS, qui ne sont point *propriétaires de la surface* sur laquelle le puits est ouvert, PEUVENT *en demander la fermeture* comme étant établi à une distance moindre de 100 mètres de leurs clôtures voisines ?

» Considérant que les consorts Nicolas et Descours, invoquant à l'appui de leur prétention les dispositions de l'article 11 de la loi du 21 avril 1810 sur les mines, leur prétention SERAIT PARFAITEMENT FONDÉE SI, pour que les permissionnaires ou concessionnaires aient le droit de faire des sondes et d'ouvrir des puits dans les enclos murés, cours ou jardins, et dans les terrains attenant aux habitations ou clôtures murées, dans la distance de 100 mètres desdites clôtures et habitations, LEDIT ARTICLE 11 EXIGEAIT UN CONSENTEMENT AUTRE QUE CELUI DU PROPRIÉTAIRE DE LA SURFACE ;

» Considérant que des termes mêmes de l'article 11 *il résulte que le consentement* DU PROPRIÉTAIRE DE LA SURFACE EST LE SEUL *dont la condition* SOIT FORMELLEMENT IMPOSÉE aux permissionnaires ou concessionnaires ;

» Considérant que ces termes : « PROPRIÉTAIRE DE LA SURFACE » ne peuvent donner lieu à *aucune* ÉQUIVOQUE, et que LE SENS EN EST PRÉCISÉ d'ailleurs de la manière LA PLUS CONSTANTE et LA PLUS INVARIABLE par les articles 6, 10, 16, 17, 18, 19, 30, 42 et 43 de la même loi, qui, tous, n'appliquent incontestablement cette expression « PROPRIÉTAIRE DE LA SURFACE » qu'à celui *dont la* SURFACE est livrée aux travaux des permissionnaires ou concessionnaires ;

» D'où il suit que, en admettant exceptionnellement pour l'article 11 UNE DISTINCTION QUE LA LOI NE CONSACRE PAS, les tribunaux excéderaient leurs pouvoirs et VIOLERAIENT LA LOI elle-même s'ils substituaient *arbitrairement* à ces mots textuels de l'article 11 « SANS LE CONSENTEMENT FORMEL DU PROPRIÉTAIRE DE LA SURFACE » ceux-ci : *Sans le consentement des propriétaires* DES HABITATIONS OU ENCLOS MURÉS VOISINS, lesquels ne seraient pas en même temps *propriétaires de la surface* SUR LAQUELLE s'exercent ou prétendent s'exercer les travaux de recherches ou d'exploitation.

» Considérant que cette TRANSFORMATION *d'un texte* SI CLAIR *et* SI PRÉCIS serait d'autant plus périlleuse que, abstraction faite des entraves pouvant résulter fréquemment pour des exploitations qui sont d'intérêt général autant que d'intérêt privé, elle aboutirait à ce résultat exorbitant de créer, par simple voie d'interprétation, UNE VÉRITABLE SERVITUDE LÉGALE au profit de tous propriétaires d'*habitations* ou *clôtures murées,* VOISINES *de terrains* pouvant être recherchés ou exploités, encore même que ces propriétaires d'habitations ou clôtures murées ne soient point eux-mêmes propriétaires de la surface comprise dans le périmètre des recherches ou concessions, tandis que rien, dans toute l'économie de la loi du 21 avril 1810, n'indique que le législateur ait entendu réglementer, concilier et protéger d'autres intérêts que ceux soit de l'explorateur ou concessionnaire, soit du PROPRIÉTAIRE DES TERRAINS *soumis à l'exploration ou concession ;*

» Considérant que du rapprochement et de la combinaison de l'article 11 avec les articles 10 et 42 il résulte encore évidemment que les RESTRICTIONS *édictées par l'article* 11 ne sont point conçues dans l'esprit d'un règlement général de police et de sûreté publique, *intérêts protégés par l'article* 15, mais seulement en vue DE LA LIBERTÉ DU DOMICILE et DES JOUISSANCES ; *protections* et *restrictions* qui ne sauraient s'étendre au-delà DU DOMICILE et DE SES DÉPENDANCES sans en changer entièrement le caractère ;

» Que, s'il s'agissait en effet d'un règlement général, il n'y aurait nul motif à l'exception écrite dans l'article 12 en faveur du propriétaire qui se livre à des recherches SUR SON PROPRE TERRAIN ; d'autant que, dans le système de la loi (art. 19), LA PROPRIÉTÉ DE LA MINE, concédée même au propriétaire de la surface, doit constituer une propriété nouvelle, absolument *distincte* et *indépendante* DE LA PROPRIÉTÉ DE LA SURFACE ;

» Considérant, au surplus, que le même article 12, en déclarant que LE PROPRIÉTAIRE, *dont le consentement est formellement requis par l'article* 11, au regard des permissionnaires ou concessionnaires, POURRA *faire des recherches*, sans formalités préalables, *dans les lieux réservés par l'article* 11, COMME DANS LES AUTRES PARTIES DE SA PROPRIÉTÉ, indique forcément que les lieux réservés doivent également appartenir SOIT AU PROPRIÉTAIRE QUI VEUT USER DU DROIT DE PROHIBITION de l'article 11, SOIT AU PROPRIÉTAIRE QUI VEUT USER DE LA FACULTÉ DE L'ARTICLE 12 ; qu'ainsi, et dans l'un et l'autre cas, *il faut être* PROPRIÉTAIRE DE LA SURFACE *explorée* ou à *explorer* ;

» Considérant que si, pour détruire jusqu'à l'ombre d'un doute, on recherche l'intention du législateur, soit dans les organes officiels, soit dans la comparaison de la législation nouvelle avec la législation antérieure, on voit :

1° Que l'orateur de la commission du Corps législatif, M. Stanislas de Girardin, explique que :

« Ni la permission de recherches, ni même LA PROPRIÉTÉ DE LA » MINE ACQUISE conformément à la présente loi, N'AUTORISENT jamais à » faire des fouilles, travaux, etc., *sans le consentement* DU PROPRIÉTAIRE,

» dans SES enclos murés, cours ou habitations, et dans SES terrains
» *attenant* auxdites habitations ou clôtures murées, dans un rayon de
» 100 mètres. »

2° Que le mot ATTENANT avait déjà le même sens de *contiguïté* et de
propriété réunies dans la loi du 28 juillet 1791, dont l'article 23 est
ainsi conçu :

« Les concessionnaires ne' pourront ouvrir leurs fouilles dans les
» enclos murés, ni dans les cours, jardins, prés, vergers, vignes,
» ATTENANT aux habitations, dans la distance de deux cents toises,
» que du consentement DES PROPRIÉTAIRES DE CES FONDS. »

» Considérant, dès-lors, qu'entre le système des appelants, qui
n'appuie son interprétation de la volonté et de l'intention du législateur
que sur de simples affirmations, et cette même volonté, clairement
manifestée par le texte de la loi, par le législateur lui-même et par la
législation antérieure, il ne peut y avoir hésitation à maintenir que,
AU PROPRIÉTAIRE SEUL DE LA SURFACE *explorée* ou *exploitée*, appartient
le droit écrit dans l'article 11 de consentir ou de s'opposer aux travaux
de recherches ou d'exploitation;

» Considérant enfin et très-surabondamment qu'il est constant en
fait, dans l'espèce, que la propriété bâtie EST SÉPARÉE PAR UNE ROUTE
DE LA PROPRIÉTÉ EXPLOITÉE, et qu'ainsi même encore, dans le
système des appelants, l'ATTENANCE DIRECTE et MATÉRIELLE N'EXISTE
PAS. »

Cet arrêt établit bien que le propriétaire d'une
clôture ou d'une habitation ne peut interdire ni autoriser chez son voisin des travaux de mines, mais il ne
voit dans l'article 11 que l'*éloignement des travaux*, et
il ne s'explique pas sur les motifs qui ont fait édicter
cet article.

La Cour de Dijon n'a pas vu que cet article 11 n'est
qu'une exception apportée à la concession de la propriété, et qu'il ne restreint que la dépossession du
propriétaire de la surface.

Aussi la Cour de cassation, par décision solennelle,
rendue, toutes Chambres réunies, le 19 mai 1856, a
cassé l'arrêt de la Cour impériale de Dijon.

SECTION 7.

Système de la Cour de cassation sur l'article 11.

Le système que la Cour de cassation a adopté sur l'article 11 de la loi de 1810 est pour nous inexplicable, lorsqu'elle accorde à un voisin, propriétaire d'une clôture, le droit de s'opposer à l'ouverture d'un puits ou à l'établissement d'un chemin, si ce chemin ou l'ouverture du puits n'est pas à 100 mètres de distance de sa clôture.

Mais pourquoi empêcher chez autrui un chemin, un magasin ou l'ouverture d'un puits, même un sondage, un lavoir ou un patouillet? L'article 80 de la même loi permet bien aux maîtres de forges d'établir des chemins, lavoirs ou patouillets, *mais sous les restrictions portées en l'article* 11, et cet article les prohibe jusqu'à 100 mètres de distance d'une clôture ou d'une habitation.

Or, n'est-il pas évident que, pour empêcher ou prohiber un chemin, il faut être propriétaire du sol, et qu'il n'y a que le propriétaire qui puisse s'opposer à un chemin ou à l'ouverture d'un puits?

Dans l'affaire jugée par la Cour de cassation, dans son arrêt solennel du 19 mai 1856, il s'agissait, comme on l'a vu, de l'ouverture d'un puits, pratiquée sur un terrain qui n'appartient pas au propriétaire de la clôture, et qui en est même séparé par une route impériale qui longe cette clôture.

Mais lorsque l'ouverture du puits sera reportée à 100 mètres de distance de la clôture, qui est au-delà de la route, sera-t-il interdit à l'exploitant de mines d'établir un chemin *pour arriver à la route?*

Car, il faut qu'on le remarque bien, *un chemin* est tout autant prohibé que l'ouverture d'un puits; et si le propriétaire de la clôture peut empêcher l'ouverture du puits, il a le même droit pour le chemin.

C'est là ce qu'il faut bien comprendre, afin d'être convaincu que l'article 11 n'a pas pour objet d'interdire l'établissement d'un chemin ni l'ouverture d'un puits; il ne prohibe que *la dépossession* du propriétaire de la surface des lieux réservés.

Le système de la Cour de cassation, dans l'interprétation qu'elle fait de cet article, conduit à prohiber un chemin à moins de 100 mètres d'une clôture, si le propriétaire de la clôture l'exige, et avec ce même système il faudrait aussi interdire aux exploitants de mines l'*usage des chemins ou des routes* qui longent les clôtures ou les habitations; telles sont les conséquences extrêmes auxquelles on arrive forcément avec la jurisprudence de la Cour suprême.

Devant les Chambres réunies de cette Cour, M. le procureur-général, après l'exposé des faits et après avoir rappelé la jurisprudence de la Cour de cassation, et cité le texte de la loi, s'est exprimé ainsi :

« Les travaux qu'interdit l'article 11 DANS LE VOISINAGE *des habitations*, NE SONT PAS *les travaux souterrains* qui sont régis par l'article 15, mais les travaux superficiaires *qui peuvent troubler* l'ASPECT, la TRANQUILLITÉ ou la JOUISSANCE des habitations.

» C'est évidemment pour mieux distinguer cet ordre de prévisions, que la dernière rédaction de l'article 11 a substitué le *mot* SURFACE au *mot* SOL, exprimant ainsi que sa protection se restreignait à la surface du sol habité et des 100 mètres y attenant. »

Il nous suffira de rappeler les termes de l'article 15 pour convaincre le lecteur que cet article s'applique aux travaux de la surface comme à ceux souterrains.

« L'exploitant doit aussi, LE CAS ARRIVANT de travaux à faire SOUS *des maisons* ou *lieux d'habitation* ou dans leur VOISINAGE IMMÉDIAT, donner caution. »

D'autre part, M. le procureur-général n'a pas remarqué que l'article 11 prohibe non-seulement les travaux de mines, mais aussi les *chemins, magasins,* etc., et qu'un chemin ou un magasin ne peut troubler l'*aspect* ni la *tranquillité* ou la *jouissance* des habitations, puisqu'une habitation peut servir de magasin et qu'il faut un chemin pour arriver à cette habitation ; il dit ensuite :

« Mais il ne fallait pas qu'une disposition de protection pour les propriétaires d'habitation pût être invoquée contre eux-mêmes et que l'interdiction édictée en leur faveur pût leur être appliquée. C'est de cette pensée qu'est né l'article 12, qui autorise le propriétaire à faire, sans formalité, les recherches interdites à tout autre dans les lieux réservés par l'article 11. Il est bien entendu que ce droit ne lui est accordé qu'à titre de propriétaire et qu'il expire là où cesse la propriété.

» Si, hors de sa clôture, le propriétaire de l'habitation rencontre, dans le rayon des 100 mètres, un terrain qui ne lui appartient pas, il ne peut y pratiquer des recherches que dans les termes du droit commun et conformément aux règles tracées par l'article 10. Aucun doute ne saurait s'élever à cet égard. La distinction que n'admet pas l'article 11 est nécessaire et formelle dans l'article 12. »

Ces paroles, quel que soit notre respect pour l'éminent magistrat, nous devons dire qu'elles ne sont nullement en harmonie avec la législation des mines.

En effet, l'article 10 de la loi de 1810 porte que nul ne peut faire des recherches dans un terrain qui ne lui appartient pas *sans le consentement du propriétaire de la surface* ou sans une permission du gouver-

nement, et la dernière disposition de l'article 12
interdit toutes recherches *dans un terrain concédé* ;
interdiction qui s'applique spécialement à l'ancien
propriétaire du terrain.

Car, après la concession de la propriété minérale,
nul autre que le concessionnaire ne peut faire des
recherches dans un terrain concédé.

Alors comment admettre que, dans le périmètre
concédé, le propriétaire d'un enclos ou d'une habitation pût obtenir de faire des recherches chez ses
voisins, lui qui ne pourrait les faire dans sa propriété ?

Et d'ailleurs de quel droit le propriétaire d'un enclos
ou d'une habitation irait-il faire des recherches dans
un terrain où elles seraient interdites au propriétaire
de la surface ? Les dispositions de l'article 12 s'y opposent ; elles sont formelles sur ce point :

« DANS AUCUN CAS, dit cet article, les recherches ne pourront être
autorisées *dans un terrain* DÉJA CONCÉDÉ. »

La dialectique de M. le procureur-général, d'une
facilité si brillante, a néanmoins trahi un certain
embarras lorsqu'il a discuté un document législatif.

« On nous oppose, il est vrai, dit-il, le rapport de M. le comte de
Girardin au Corps législatif, et nous devons reconnaître que la doctrine
que nous combattons trouve là en effet un point d'appui dont il faut
discuter l'importance.

» S'expliquant sur l'article 11, M. de Girardin disait :

« Ni cette permission de recherche, ni même LA PROPRIÉTÉ DE LA MINE
» ACQUISE conformément à la présente loi, n'autorisent jamais à faire des
» fouilles, des travaux ou ÉTABLISSEMENTS D'EXPLOITATION, sans le consente-
» ment formel DU PROPRIÉTAIRE, dans SES enclos murés, cours ou habitations,
» et dans SES terrains attenant auxdites habitations ou clôtures murées, dans un
» rayon de 100 mètres. Vous jugerez, sans doute, Messieurs, que LE RESPECT
» pour le domicile d'un citoyen commandait cette RESTRICTION. »

« M. de Girardin reconnaît, comme l'exposé des motifs, que la
pensée qui inspire l'article 11 est le respect du domicile. Mais en

analysant la disposition de la loi, il suppose que le propriétaire de l'enclos muré est en même temps propriétaire des terrains réservés.

» Il ne prévoit qu'une hypothèse, tandis que deux sont possibles, et il ne se pose pas la question qui nous occupe. Permettez-moi, à ce propos, une réflexion qui reçoit son application dans plus d'une circonstance.

» L'article 11 de la loi du 21 avril 1810 a été voté tel qu'il est sorti du Conseil d'État. Où est la véritable pensée de la loi, sa pensée sûre et complète? dans l'exposé des motifs présenté au nom du gouvernement.

» S'il y a une CONTRADICTION entre l'EXPOSÉ DES MOTIFS et le RAPPORT de la commission du Corps législatif, en pareil cas la préférence est due au document émané de ceux qui ont conçu et présenté la loi telle qu'elle a été adoptée. L'esprit et la portée de cette loi, son application à venir, ne sauraient dépendre de l'appréciation plus ou moins exacte, du point de vue plus ou moins restreint qui président à un rapport. Mais il n'y a plus ici qu'une appréciation incomplète, corrigée et démentie par l'AFFIRMATION NETTE et PRÉCISE *de l'exposé des motifs.*

» L'opinion exprimée dans le rapport de M. de Girardin avait en effet préoccupé la commission du Corps législatif. Cette commission, qui comprenait bien que la rédaction de l'article 11 répondait à un autre ordre d'idées, avait proposé de modifier dans ces termes le dernier paragraphe de l'article 11 :

« Ni dans les terrains contigus appartenant au propriétaire desdites habitations » ou enclos murés, dans un rayon de 100 mètres. »

» Cette modification ne fut point acceptée. M. Delebecque, qui doit ce détail de la discussion aux souvenirs de M. Gendebien, député au Corps législatif en 1810, ajoute :

« Il doit être prouvé maintenant que, d'après la loi du 21 avril 1810, le proprié- » taire des maisons et enclos n'a pas besoin d'être propriétaire des 100 mètres y » attenant pour être en droit d'interdire des travaux superficiaires dans ce » rayon. »

« L'opinion de M. Delebecque est partagée par MM. Proudhon, Dufour, Dupont et Cotelle. »

Nous avons démontré autre part (1) qu'il n'y a nulle contradiction entre l'*exposé des motifs* et *le rapport,* et nous avons fait connaître l'accusation *de citation*

_____

(1) Voir, page 293, dernier alinéa et les suivants.

ncomplète portée par M. Bayon, vice-président du
*ri*bunal de Saint-Étienne (1), contre M. Delebecque,
*d*ont l'opinion est invoquée par M. le procureur-général.

Quant aux auteurs et aux jurisconsultes, si quelques-
*u*ns ont adopté la jurisprudence de la Cour de cassation,
*l*e plus grand nombre résiste encore (2).

Enfin, M. le procureur-général dit en terminant :

« La Belgique a, en ces matières, une autorité spéciale. Moins que
toute autre nation, elle pourrait être soupçonnée de méconnaître ou
d'entraver l'importance et le développement de la propriété des mines.
La loi de 1810 est en vigueur chez elle. La Cour de cassation de
Bruxelles, saisie de la question que vous avez à résoudre, l'a jugée
le 26 juin 1839, sur les conclusions de son procureur-général, dans le
sens que nous donnons à l'article 11, et que lui a jusqu'ici reconnu la
jurisprudence de vos Chambres civiles. »

Nous ne connaissons pas l'arrêt de la Cour de cassation de Bruxelles du 26 juin 1839; mais cet arrêt
a lieu de nous étonner, en présence de l'arrêté du
14 mars 1826 que nous avons fait connaître (3), et
nous ne comprendrions pas en effet que la première
magistrature de Belgique eût violé les lois de son pays.

Peut-être devons-nous croire que M. le procureur-
général a pu commettre une erreur, ou que l'arrêté
du 14 mars 1826 a été rapporté.

En effet, n'a-t-on pas vu que le gouvernement de

---

(1) Voir, page 294, 1er alinéa et suiv.

(2) MM. Bayon, vice-président du tribunal de Saint-Étienne; Peyret-
Lallier, avocat, ancien député; Richard, avocat, ancien sous-préfet;
Jousselin, avocat à la Cour de cassation; Pascalis, conseiller à la
Cour de cassation; Clerget-Vaucouleur, conseiller à la Cour impériale
de Dijon; Chifflot, avocat, ancien magistrat; Vernier, membre du
Corps législatif, ancien magistrat; Morcrette et Delachère, avocats.

(3) Voir, page 299, cet arrêté et nos observations.

Belgique a déclaré dans cet arrêté que le droit d'empêcher tous travaux dans un rayon de 100 mètres n'appartient au propriétaire d'une habitation ou d'une clôture murée qu'*autant qu'il est en même temps* propriétaire de la surface des terrains *attenant* à son habitation ou à sa clôture?

Quoi qu'il en soit, la Cour de cassation de France, toutes Chambres réunies, a, par arrêt du 19 mai 1856, statué en ces termes :

« Vu les articles 552, 544, 539 du code Napoléon, 11 de la loi du 21 avril 1810;

» Attendu que si l'article 11 de la loi du 21 avril 1810 interdit de faire des sondes, d'ouvrir des puits ou galeries, d'établir des machines ou MAGASINS, *dans les lieux qu'il spécifie*, SANS LE CONSENTEMENT FORMEL DU PROPRIÉTAIRE DE LA SURFACE, c'est à raison de l'usage auquel ces lieux sont destinés; mais que cette interdiction est étendue par le même article, d'une manière générale, aux terrains attenant aux habitations ou clôtures murées dans la distance de 100 mètres;

» Attendu que cette extension, fondée sur le respect dû à la paix et à la liberté du domicile, que la loi a eu pour but de protéger, n'admet aucune distinction tirée soit de l'usage ou de la destination des terrains compris dans le rayon interdit, soit de leurs rapports avec ceux qui les possèdent; que la distance des terrains aux habitations ou clôtures murées est la seule base comme la seule mesure de l'interdiction;

» Attendu que le propriétaire des terrains compris dans la distance de 100 mètres, qui n'est pas en même temps propriétaire de l'habitation ou de la clôture murée, n'a pas plus d'intérêt à s'opposer à l'ouverture d'un puits d'exploitation sur ces terrains que s'ils étaient situés à une grande distance et soumis, par suite, à la charge de l'occupation; que ce n'est donc pas à la condition absolue du consentement formel de ce propriétaire que l'article 11 a dû subordonner le droit de faire les travaux mentionnés audit article;

» Attendu, *au contraire*, que le PROPRIÉTAIRE DE LA SURFACE *où sont établies l'habitation ou les clôtures murées*, qu'il soit ou NON propriétaire DES TERRAINS attenants, *a un intérêt* TOUJOURS *égal à* L'ÉLOIGNEMENT DE CES TRAVAUX ET DES INCONVÉNIENTS qu'ils entraînent, *que son consentement a donc dû être également requis* DANS L'UN *et* L'AUTRE CAS;

» Attendu que si l'article 12, dans sa première partie, dispense expressément le propriétaire de l'habitation ou de la clôture murée de la formalité préalable aux recherches, cette disposition, qui doit recevoir son application dans toutes les parties de terrain appartenant à ce même propriétaire, *est suivie de dispositions* RESTRICTIVES *à son égard*, DU DROIT D'EXPLOITATION et DU DROIT DE RECHERCHES.

» Mais que toutes sont étrangères par leur objet au principe même de protection spéciale consacré par l'article 11 en faveur des habitations ou clôtures murées, et dont l'article 12 n'a nullement entendu restreindre la portée ;

» Attendu que l'article 11 de la loi du 21 avril 1810 n'est ainsi que l'exécution de l'article 552 du code Napoléon, une application des principes posés par les articles 544, 539, et une extension de l'article 674 du même code.

» Attendu, dès-lors, que l'arrêt attaqué, en renvoyant les défendeurs par le motif que le puits d'exploitation avait été ouvert par les défendeurs concessionnaires des mines de la Sibertière, sur un terrain qui n'appartenait pas aux demandeurs, et que le propriétaire dudit terrain n'avait élevé aucune réclamation, et encore par ce motif que ledit puits ouvert à moins de 100 mètres de l'habitation et de la clôture murée des demandeurs EN ÉTAIT SÉPARÉ PAR UNE ROUTE *impériale*, a faussement interprété, et, par suite, violé l'article 11 de la loi du 21 avril 1810,

» Casse et annule l'arrêt rendu le 15 juillet 1853 par la Cour impériale de Dijon. »

La Cour de cassation ne voit aussi dans l'article 11 qu'une question d'*éloignement* de travaux de mines à 100 mètres de la clôture du voisin, quand même cette clôture est séparée par une route impériale du terrain sur lequel sont établis les travaux, sans remarquer qu'en vertu de cet article elle interdirait un chemin ou un magasin au propriétaire *sur son terrain*.

Elle ne voit pas non plus que la disposition restrictive de l'article 12 est générale, qu'elle interdit au propriétaire, comme à tout autre, d'exploiter une

mine sans concession et lui défend de faire des recherches quand son terrain est concédé à un autre.

Mais cette même disposition autorise au contraire le
propriétaire des terrains attenant à une clôture d'y
exploiter la mine, après avoir *obtenu une concession*,
sans que le *propriétaire de la clôture* puisse former
opposition aux travaux.

Telle est la seule interprétation à donner à l'article 12, en présence des articles 5 et 10 ; mais en aucun
cas le voisin ne peut, *en cette qualité* et *en vertu de
l'article* 11, exercer un droit quelconque sur une
propriété qui ne lui appartient pas.

Du reste, si la jurisprudence de la Cour de cassation
était maintenue, ce serait l'interdiction de certaines
concessions (1) ; car il est tel concessionnaire qui ne
pourrait établir un puits ou d'autres travaux de mines
à 100 mètres de toutes les habitations et clôtures
murées environnantes, et tout concessionnaire serait
placé dans cette position s'il était loisible au propriétaire de la surface de bâtir dans le périmètre concédé.

SECTION 8.

Système de la loi de 1810 dans l'article 11.

Le système de la loi de 1810, dans l'article 11, n'a
été compris, il faut le dire, ni par les Cours impériales,
ni par la Cour de cassation ; nous n'en voulons d'autre

---

(1) Voir, page 153, le § 3. Dans ce § nous avons dû admettre la
jurisprudence de la Cour suprême sur l'art 11.

preuve que celle qui résulte du désaccord existant entre elles sur l'interprétation de cet article.

Notre opinion est d'ailleurs justifiée par les faits. La Cour de cassation condamne le système des Cours impériales, qui, à leur tour, condamnent celui de la Cour de cassation, et cette lutte dure depuis plus de trente années, sans qu'on puisse en prévoir la fin.

La Cour impériale de Lyon adopta, en 1820, une jurisprudence qui fut consacrée, en 1823, par la Chambre civile de la Cour de cassation ; mais, en 1849, elle a reconnu qu'elle était entrée dans une fausse voie, quoique la Cour de cassation s'y fût engagée après elle.

Il a fallu, disons-le encore, que la Cour impériale de Lyon eût une conviction bien profonde de son erreur, pour condamner ses propres arrêts et déclarer fausse une jurisprudence qu'elle avait inspirée à la Cour suprême.

Aussi, doit-on penser qu'elle ne peut plus revenir aux principes qu'elle a énergiquement combattus pour justifier sa courageuse résolution.

Toutefois, on ne saurait nier que cet état de choses est des plus funestes aux propriétaires de la surface, comme aux propriétaires de mines ; ils ne savent auquel des deux systèmes présentés par les tribunaux ils doivent s'arrêter.

D'un côté, ce sont les Cours impériales qui soutiennent que le système de la Cour de cassation est contraire à la loi ; elles se refusent à l'admettre.

De l'autre, c'est la Cour de cassation qui déclare que

le système des Cours impériales repose sur une fausse interprétation; par suite, elle casse leurs arrêts.

Tout accord entre elles étant désormais impossible, nous avons pu naturellement en conclure que la vérité n'était ni d'un côté ni de l'autre, et qu'il fallait chercher ailleurs pour sortir du labyrinthe inextricable dans lequel les tribunaux se sont engagés.

Mais, en cherchant la vérité ailleurs, nous avons adopté un système qui conduit à démontrer que la magistrature, les auteurs et les jurisconsultes *ont fait fausse route*; que la loi de 1810 a été incomprise par tous, et qu'elle est, de part et d'autre, faussement interprétée.

On n'a vu jusqu'ici dans l'article 11 qu'une question de voisinage, comme si *un chemin,* un magasin, même l'ouverture d'un puits, pouvaient être d'un voisinage incommode ou dangereux, et l'on a demandé à cet article quel est celui, *du voisin* ou *du propriétaire de la surface,* qui peut permettre ou empêcher l'établissement d'un chemin ou la construction d'un magasin *sur la surface d'une concession de mine?*

De là, grand débat judiciaire; la Cour de cassation donne la préférence *au voisin*, et les Cours impériales l'accordent *au propriétaire de la surface*; les auteurs et les jurisconsultes sont aussi divisés sur la même question.

C'est donc au milieu d'*une lutte générale* que nous présentons un système simple et logique, qui, s'il est admis, aura pour effet non-seulement de mettre l'accord entre les Cours impériales et la Cour suprême, mais encore de concilier de graves intérêts et de faire cesser les controverses *sur toutes les questions de mines.*

Ce système consiste à démontrer que la loi de **1810** *est une loi d'expropriation* pour cause d'utilité publique, qui autorise le gouvernement, *sous certaines réserves ou restrictions* édictées dans l'article 11, à concéder la propriété d'autrui pour les recherches et l'exploitation des mines.

La loi, on ne peut en disconvenir, n'est pas très-explicite sur ce point; mais si elle contient une lacune qui a pu égarer les esprits, on trouve cependant, en étudiant avec soin l'œuvre du législateur de 1810, dans les articles 7 et 19, combinés avec l'article 69, la preuve de l'expropriation du propriétaire du sol, et, dans les articles 6, 11, 15, 42, 43 et 44, les conditions et le prix de l'expropriation.

Récemment, le mot *expropriation* a été inscrit dans les arrêts de la justice : la Cour impériale de Lyon, d'abord, dans un arrêt du 23 mai 1856, et la Cour de cassation, ensuite, dans un autre du 3 février 1857, ont reconnu que, par la concession d'une mine, il y a *expropriation du tréfonds* du terrain minéral, moyennant les indemnités prévues aux articles 6 et 42.

Mais, chose étrange, elles ont refusé d'admettre les conséquences de cette *expropriation partielle*, qui ne laisse *au propriétaire exproprié*, en dehors des lieux qui lui sont réservés, qu'une propriété *précaire* dont il peut être dépossédé *à toute réquisition* moyennant les indemnités accordées aux articles 43 et 44.

D'autre part, la Cour impériale de Dijon, contrairement à son arrêt du 29 mars 1854, vient de décider, par autre arrêt du 21 août 1856, que la propriété immobilière et *perpétuelle* d'une mine ne se compose que de quelques *grains de minerai*, ou d'une *couche de mine* à exploiter çà et là, quoique l'article 69 de la loi de 1810 dise implicitement le contraire (1).

Par suite, elle veut que l'exploitation de la substance n'ait lieu que par galeries souterraines dont la solidité puisse permettre de bâtir au-dessus, et elle interdit ainsi toute exploitation *à ciel ouvert*.

De là, l'extraction de la mine n'est plus un droit; elle est tout au plus tolérée, à condition qu'elle ne sera pas un obstacle aux nouvelles entreprises du propriétaire de la surface, qui percevra des redevances sur les produit de la mine et qui pourra néanmoins se plaindre des excavations pratiquées au-dessous de sa propriété.

Toutes ces contradictions démontrent que les arrêts de la justice reposent sur une fausse base et justifient la vérité de notre système; car il faut de toute nécessité que l'un des trois systèmes l'emporte.

Il nous reste maintenant à rappeler que la séparation des lieux réservés est à 100 mètres de profondeur, à indiquer les devoirs du Corps impérial des mines, et à réunir toutes nos preuves pour en faire ressortir que la législation des mines est inconnue en France ; nous montrerons enfin qu'une disposition législative devrait faire cesser les désordres du passé, et nous dirons un dernier mot pour la justification de nos idées.

(1) Voir, page 323, 7me, 8me, 9me et 10me alinéa.

§ 1er.

Tréfonds réservé jusqu'à 100 mètres de profondeur.

Les constructions ou autres établissements qui existent au jour de la concession *dans le périmètre concédé*, sont protégés par l'article 11 de la loi de 1810, et la protection de cet article s'étend au-dessous, *jusqu'à* 100 *mètres de profondeur* (1).

C'est là un point qu'on n'a jamais examiné et qu'on ne saurait raisonnablement contester, parce qu'il est impossible d'admettre que le législateur, en éloignant des travaux à 100 mètres de distance *tout autour* d'une habitation ou d'un enclos muré, n'ait pas interdit ces mêmes travaux *au-dessous* dans la même distance.

Comment, en effet, oserait-on soutenir que le législateur, après avoir réservé au propriétaire de la surface *une zóne de* 100 *mètres autour de son habitation ou de son enclos*, ne lui ait rien laissé au-dessous, et que l'exploitant de mines puisse, à l'aide de galeries souterraines, venir *ruiner les fondements* d'un édifice et mettre ainsi en péril la vie du propriétaire *dans son habitation?*

Puisque le législateur exige le respect pour le domicile d'un citoyen, les *attenances* et dépendances de ce domicile, on ne peut penser qu'il ait mis les lieux réservés à la merci du propriétaire de la mine, et qu'il n'ait pas prescrit des limites à l'exploitation au-dessous des lieux qu'il protège.

(1) Voir, page 161, tout le § 4.

Il faut donc reconnaître que les dispositions de l'article 11 sont générales ; qu'elles s'appliquent *au-dessous* comme *aux alentours* des habitations et des enclos, et que les galeries souterraines, ainsi que l'extraction, sont interdites à moins de 100 mètres de profondeur (1).

Voilà ce qu'on ne sait pas et voilà aussi pourquoi on ne s'est pas *opposé jusqu'ici* à la création de nouveaux établissements, quoique *non autorisés pour cause d'utilité publique* ; mais s'est-on jamais rendu bien compte de l'article 11, objet de si grandes controverses ?

Il y a plus, lorsque la Cour de cassation, Chambre civile et Chambres réunies, *impose des indemnités* aux propriétaires de la surface qui créent des établissements *autorisés pour cause d'utilité publique* (2), la Cour de cassation, Chambre des requêtes, *permet, sans indemnités*, des établissements *non autorisés*, et ne voit pas que permettre de bâtir sur la mine, c'est permettre *de la frapper d'interdit* (3).

D'autre part, la Cour impériale de Lyon, par arrêt du 11 juillet 1846, voulant éviter *une résistance directe* à la jurisprudence de la Chambre civile et des Chambres réunies de la Cour suprême, réforma *pour un instant* la sienne, et fit alors une juste application de la loi ; mais, depuis, elle méconnaît les principes consacrés solennellement par la Cour de cassation.

---

(1) Voir, page 175, tout le § 5.

(2) Voir, pages 69, 6me et 7me alinéa, et 80, 7me, 8me et 9me alinéa.

(3) Voir ci-après, pages 389 et 393, les arrêts *pour* et *contre* sur le droit de former de nouveaux établissements sur la mine.

Nous avions pensé, en écrivant le premier volume de cet ouvrage et en commençant l'impression du titre supplémentaire de celui-ci, que la Cour impériale de Dijon avait aussi, dans un arrêt du 29 mars 1854, réformé sa jurisprudence sur les conséquences de la propriété des mines; mais, depuis, elle est revenue, comme la Cour de Lyon, aux principes condamnés par la Cour de cassation en audience solennelle.

A ce sujet, nous prions le lecteur de se reporter pages 49, § 5, et 179, § 6: puis de revenir page 276, section 7, et d'y remarquer que la propriété d'une mine n'existe plus aujourd'hui que par tolérance du propriétaire de la surface.

Les incertitudes sont les mêmes quand il s'agit de l'exploitation de cette propriété; les tribunaux vont jusqu'à s'immiscer dans les prescriptions de mesures de sûreté (1), et le Corps impérial des mines nous semble ne pas comprendre la mission qui lui est confiée par la loi et les règlements.

§ 2.

Autorité attribuée au Corps impérial des mines et aux gardes-mines.

L'autorité attribuée au Corps impérial des mines et aux gardes-mines, sur les exploitations des richesses souterraines, est incontestable; la loi, une instruction ministérielle, un décret, une ordonnance, un arrêté et une circulaire, réglementent cette autorité et soumettent les concessionnaires de mines ou directeurs

(1) Voir, page 285, la section 8.

de travaux, *quant aux mesures de sûreté*, à toutes les prescriptions de l'administration.

Les ingénieurs impériaux des mines et les gardes-mines exercent une surveillance de police de tous les instants, *éclairent* les exploitants, *dénoncent* à l'administration les vices, abus ou dangers, et *constatent* les infractions ou contraventions aux règlements.

Voici ce que dit la loi sur ce point :

« Art. 47. Les ingénieurs des mines EXERCERONT, sous les ordres du ministre de l'intérieur et des préfets, UNE SURVEILLANCE DE POLICE pour la conservation des édifices et la sûreté du sol.

» Art. 48. Ils OBSERVERONT LA MANIÈRE dont l'exploitation sera faite, SOIT POUR ÉCLAIRER les propriétaires sur ses inconvénients ou son amélioration, SOIT POUR AVERTIR l'administration des *vices*, *abus* ou *dangers* qui s'y trouveraient. »

La promulgation de la loi de 1810 fut suivie d'une instruction du ministre compétent, en date du 3 août 1810, dans laquelle, § 13, *de la surveillance administrative*, nous lisons :

« L'OBJET DE L'ADMINISTRATION DES MINES EST :

» 1º D'assurer l'exécution des lois, *tant sous* les rapports *de sûreté* publique et particulière *que sous* ceux des besoins *de la consommation* générale et ceux *de la conservation* des exploitations ;

» 2º D'acquérir la connaissance la plus complète possible des ressources que présente le territoire de l'Empire, relativement *aux richesses minérales;* de réunir tous les moyens qui peuvent concourir *au perfectionnement* DE L'ART, afin de compléter l'instruction et DE DONNER *à cette branche* IMPORTANTE *d'industrie nationale* LA DIRECTION LA PLUS UTILE, et qui tienne les exploitants *au niveau des connaissances* JOURNELLEMENT ACQUISES ;

» 3º De rendre compte au gouvernement de l'état des exploitations et de leurs produits ; lui proposer les moyens d'amélioration dépendant de l'autorité administrative, les secours et encouragements qu'il serait juste et utile d'accorder, les grands moyens d'art à appliquer aux besoins de plusieurs exploitations, et qu'un seul concessionnaire ne pourrait pas exécuter ; enfin la proposition de toutes les déterminations propres à faire obtenir des mines de l'Empire NON-SEULEMENT *les produits nécessaires pour la consommation intérieure*, MAIS AUSSI *ceux qui peuvent faire profiter l'État des avantages politiques* qui doivent en résulter.

» L'*administration* DIRIGE, sous l'autorité du ministre de l'intérieur, *des écoles établies* en vertu des décrets impériaux. Là, DES ÉLÈVES, SORTIS DE L'ÉCOLE POLYTECHNIQUE et DÉJA FORTS DANS DIVERSES PARTIES DE SCIENCES, sont instruits *dans la* THÉORIE et *dans la* PRATIQUE *de l'art des mines*, sous des professeurs habiles et des *praticiens* EXPÉRIMENTÉS.

» Les élèves ne sont admis au grade d'ingénieur qu'*après des examens* SÉVÈRES et la certitude acquise qu'ils ont *les connaissances* NÉCESSAIRES; ils sont alors employés, sous les ordres des inspecteurs-généraux et des ingénieurs en chef, d'abord aux établissements nationaux dépendant des écoles, ensuite ils sont répartis dans les divisions départementales pour le service de l'administration générale.

» Les ingénieurs des mines donnent leur avis aux préfets des départements dans l'instruction des affaires administratives qui ont trait aux mines, minières et carrières: ils soumettent à ces magistrats TOUTES LES MESURES *de sûreté* et *d'amélioration* qu'ils jugent utiles.

» Ils AVERTISSENT les propriétaires de mines et usines des défauts qui leur paraissent avoir lieu dans leurs opérations: ILS LEUR DÉMONTRENT *les inconvénients, les dangers* qui doivent en résulter, LEUR FONT CONNAÎTRE *les moyens de réforme* et *ceux de perfectionnement*; ils vérifient, au besoin, les plans et coupes de leurs travaux; ils rendent compte à l'administration de l'état des exploitations, provoquent les secours et encouragements à accorder, donnent leur avis sur les demandes en dégrèvement et sur les demandes d'abonnement pour les redevances.

» Les ingénieurs ONT LE DROIT, *il est même de leur* DEVOIR RIGOUREUX *de dénoncer*, tant aux autorités locales qu'aux préfets et aux procureurs près les Cours de justice, LES INFRACTIONS *et* CONTRAVENTIONS aux lois, les exploitations illicites, TOUT CE QUI COMPROMETTRAIT *la conservation des travaux*, CE QUI PORTERAIT OBSTACLE à *l'activité* DES EXPLOITATIONS *légitimes*, et toute action qui attenterait à la sûreté publique ou particulière, sous le rapport de l'exploitation des mines, usines et carrières.

» Ils adressent aussi à l'administration des mémoires détaillés sur la statistique minéralogique de leurs arrondissements, avec des cartes correspondantes, et envoient, à l'appui de leurs descriptions, les suites des minéraux qui peuvent compléter le tableau général de la France, par ordre de départements, déjà commencé et qui se continue au dépôt de l'administration.

» LES FONCTIONS *des ingénieurs* des mines et leurs rapports soit entre eux, soit avec l'administration, seront plus particulièrement établis dans le décret d'organisation du Corps impérial des mines. »

Le 7 du même mois d'août 1810, un décret nomma M. le comte Laumont, conseiller d'État, aux fonctions de directeur-général des mines, et, le 18 novembre suivant, un décret organisa le Corps impérial des ingénieurs des mines et *détermina les fonctions* des ingénieurs en chef et des ingénieurs ordinaires, ainsi que leur devoir dans la surveillance des mines, de la manière suivante :

« Art. 1er. Le Corps impérial des ingénieurs des mines sera divisé en grades de la manière suivante:

» Inspecteurs généraux, *inspecteurs* divisionnaires, *ingénieurs* en chef, *ingénieurs* ordinaires, *aspirants*, *élèves*.

» Art. 18. Les INGÉNIEURS *en chef* DÉNONCENT au *directeur-général,* aux *préfets*, aux *procureurs-généraux* et autres près les tribunaux, LES INFRACTIONS AUX LOIS, les exploitations ou entreprises illicites, et LES TRAVAUX QUI COMPROMETTRAIENT LA SURETÉ PUBLIQUE, ou les exploitations qui, *par la diminution successive des produits* ou PAR LA CESSATION *absolue des travaux*, donneraient des craintes *pour les besoins de la consommation.*

» Art. 19. Ils sont tenus de faire des tournées aux époques et de la manière qui seront réglées par le directeur-général, POUR INSPECTER LES TRAVAUX et SURVEILLER LES OBJETS qui peuvent intéresser le service.

» Art. 20. Ils SE FERONT RENDRE COMPTE des résultats DE LA SURVEILLANCE EXERCÉE par les ingénieurs ordinaires *sur toutes les exploitations* DE LEUR ARRONDISSEMENT.

» Art. 21. Ils pourront consulter les plans de toutes les concessions anciennes de mines, qui doivent être déposés dans les préfectures ; ils en prendront des copies qui resteront dans leurs bureaux, ainsi que des minutes de tous les plans et cartes relatifs aux concessions nouvelles qui auront été demandées ou obtenues.

» Art. 22. Ils veilleront à ce que les concessionnaires REMPLISSENT *les conditions* que la loi leur impose.

» Art. 28. Les INGÉNIEURS *ordinaires* NE POURRONT JAMAIS S'ÉLOIGNER sans autorisation de l'arrondissement de leurs exploitations ; ils visiteront, au moins une fois par an, chacune des exploitations qui y existent ; ILS EXAMINERONT SOIGNEUSEMENT LES TRAVAUX souterrains et observeront principalement tout ce qui pourrait COMPROMETTRE l'EXISTENCE de ceux déjà faits et RENDRE *les travaux ultérieurs* IMPOSSIBLES OU PLUS *difficiles.*

» Art. 29. Dès qu'une INFRACTION *aux lois* sera parvenue à leur connaissance, ILS SE RENDRONT SUR LES LIEUX et dresseront procès-verbal, qu'ils transmettront aux autorités compétentes et à l'ingénieur en chef.

» Art. 30. Si UNE EXPLOITATION EST CONDUITE de manière à COMPROMETTRE LA SURETÉ PUBLIQUE, la conservation des travaux, LA SURETÉ DES OUVRIERS ou celle *des habitations de la surface*, ils en feront rapport AU PRÉFET, et PROPOSERONT *les moyens* DE PRÉVENIR *les accidents* qui pourraient en résulter ou D'Y REMÉDIER ; ils donneront avis de ces procès-verbaux et rapports à l'ingénieur en chef.

» Art. 31. Lorsqu'une exploitation sera *restreinte* ou *suspendue* de manière à ne pouvoir plus satisfaire aux besoins des consommateurs, ILS FERONT LEUR RAPPORT A CE SUJET, pour qu'il soit pris des mesures par l'autorité administrative ou par l'autorité judiciaire, suivant l'exigence des cas.

» Art. 32. ILS PRÉVIENDRONT les propriétaires DES VICES OU DÉFECTUOSITÉS qu'ils auront remarqués dans leurs mines, usines ou machines ; ils pourront leur proposer des vues d'amélioration, et AIDER LES DIRECTEURS d'établissements de *leurs lumières* et de *leur expérience.* »

Le droit commun, ainsi que le constate le préambule du décret du 3 janvier 1813, n'étant pas applicable à l'exploitation des mines, et toutes les dispositions ci-dessus n'ayant point armé la loi, ce décret est venu réglementer les obligations des concessionnaires de mines ou directeurs des travaux et celles des ingénieurs impériaux des mines, ainsi qu'il suit :

« Art. 3. Lorsque la *sureté* des exploitations ou celle des ouvriers POURRA ÊTRE COMPROMISE PAR QUELQUE CAUSE QUE CE SOIT, les propriétaires SERONT TENUS D'AVERTIR *l'autorité locale de l'état* DE LA

MINE *qui serait* MENACÉE; et l'ingénieur des mines, aussitôt qu'il en aura connaissance, FERA SON RAPPORT AU PRÉFET, et PROPOSERA la mesure qu'il croira propre à faire cesser la cause du danger.

» Art. 4. Le préfet, après avoir entendu l'exploitant, ou ses ayant-cause dûment appelés, PRESCRIRA *les dispositions convenables* par un arrêté qui sera envoyé au directeur-général des mines, pour être approuvé, s'*il y a lieu*, par le ministre de l'intérieur.

» *En cas d'urgence*, l'ingénieur en fera mention spéciale dans son rapport, et le préfet pourra ordonner que son arrêté soit provisoirement exécuté.

» Art. 5. Lorsqu'un ingénieur, en visitant une exploitation, *reconnaîtra* UNE CAUSE DE DANGER *imminent*, IL FERA, sous sa responsabilité, les réquisitions nécessaires.

» Art. 6. Il sera tenu *sur chaque mine* UN REGISTRE *et* UN PLAN CONSTATANT l'*avancement* JOURNALIER *des travaux* et les circonstances de l'exploitation dont il sera utile de conserver le souvenir.

» L'INGÉNIEUR DES MINES DEVRA, *à chacune de ses tournées*, se FAIRE REPRÉSENTER CE REGISTRE et CE PLAN ; y INSÉRERA *le procès-verbal de visite et ses* OBSERVATIONS *sur la conduite des travaux.*

» Il LAISSERA *à l'exploitant*, dans tous les cas où il le jugera utile, UNE INSTRUCTION *écrite* SUR LE REGISTRE, contenant les mesures à prendre SUR LA SURETÉ *des hommes* et celle des choses.

Art. 10. Les actes administratifs concernant la police des mines et minières SERONT NOTIFIÉS *aux exploitants*, AFIN QU'ILS S'Y CONFORMENT *dans les délais prescrits ;* à défaut de quoi, les contraventions seront constatées par procès-verbaux des ingénieurs des mines, conducteurs, maires, officiers de police, gardes-mines : on se conformera à cet égard aux articles 93 et suivants (94 et 95) de la loi du 21 avril 1810, et les *dispositions* qui auront été prescrites SERONT EXÉCUTÉES d'OFFICE *aux frais de l'exploitant.*

» Art. 22. En cas d'accidents qui auraient occasionné la perte ou la mutilation d'un ou de plusieurs ouvriers, FAUTE DE S'ÊTRE CONFORMÉS *à ce qui est prescrit* PAR LE PRÉSENT RÈGLEMENT, les exploitants, propriétaires et directeurs, POURRONT ÊTRE TRADUITS devant les tribunaux, *pour l'application*, S'IL Y A LIEU, des dispositions des articles 319 et 320 du code pénal, indépendamment des dommages-intérêts qui pourraient être alloués à qui de droit.

» Art. 23. Indépendamment de leurs tournées annuelles, LES INGÉNIEURS DES MINES VISITERONT FRÉQUEMMENT *les exploitations* DANS LESQUELLES IL SERAIT ARRIVÉ UN ACCIDENT, ou qui EXIGERAIENT UNE SURVEILLANCE *particulière.*

» Art. 24. Les propriétaires de mines, exploitants et autres préposés, FOURNIRONT *aux ingénieurs* et *aux conducteurs* TOUS LES MOYENS DE PARCOURIR LES TRAVAUX, et notamment de pénétrer sur tous les points *qui pourraient* EXIGER UNE SURVEILLANCE SPÉCIALE.

» Ils *exhiberont* LE PLAN tant intérieur qu'extérieur, et les registres de l'avancement des travaux, ainsi que du contrôle des ouvriers.

» Ils leur *fourniront* TOUS LES RENSEIGNEMENTS sur l'état de l'exploitation, la police des mineurs et autres employés.

» Ils les *feront* ACCOMPAGNER par les directeurs et maîtres-mineurs, afin que ceux-ci puissent *satisfaire à* TOUTES LES INFORMATIONS qu'il serait utile de prendre *sous le rapport de* SURETÉ ET DE SALUBRITÉ.

» Art. 25. A l'avenir, NE POURRONT *être employés* en qualité de MAÎTRES-MINEURS OU CHEFS PARTICULIERS de travaux des mines et minières, sous quelque dénomination que ce soit, QUE DES INDIVIDUS QUI AURONT TRAVAILLÉ comme *mineurs, charpentiers, boiseurs* ou *mécaniciens*, DEPUIS AU MOINS TROIS ANNÉES CONSÉCUTIVES.

» Art. 31. LES CONTRAVENTIONS *aux dispositions de police* CI-DESSUS, lors même qu'elles n'auraient pas été suivies d'accidents, SERONT POURSUIVIES *et* JUGÉES conformément au titre X de la loi du 21 avril 1810. »

Après trente années d'expérience, l'article 3 du décret de 1813 n'ayant pas paru assez explicite, une ordonnance du 26 mars 1843 est venue compléter les dispositions concernant la police des mines :

« Art. 1er Dans les cas prévus par l'article 50 de la loi du 21 avril 1810, et généralement lorsque, *par une cause quelconque,* l'exploitation d'une mine COMPROMETTRA LA SURETÉ *publique ou celle des ouvriers*, LA SOLIDITÉ des travaux, LA CONSERVATION du sol ou des habitations de la surface, *les concessionnaires* SERONT TENUS D'EN DONNER *immédiatement* AVIS à l'ingénieur des mines et au maire de la commune où l'exploitation sera située.

» Art. 2. L'ingénieur des mines ou, à son défaut, le garde-mines, SE RENDRA *sur les lieux,* DRESSERA *procès-verbal* et le transmettra au préfet, *en y joignant l'indication* DES MESURES QU'IL JUGERA PROPRES *à faire cesser la cause du danger....*

» Art. 3. LE PRÉFET, après avoir entendu le concessionnaire, ORDONNERA *telles dispositions qu'il* APPARTIENDRA.

» Art. 4. Si le concessionnaire, SUR LA NOTIFICATION qui lui sera faite de l'arrêté du préfet, N'OBTEMPÈRE PAS à cet arrêté, il y sera POURVU D'OFFICE, à ses frais, PAR LES SOINS *des ingénieurs des mines.* »

25

Par sa circulaire du 10 mai 1843, M. le directeur général des mines, qui comprenait parfaitement alors les dispositions législatives sur la police des mines, disait à MM. les préfets :

« L'article 1ᵉʳ de l'ordonnance du 26 mars dernier ENJOINT à *tout exploitant* d'AVERTIR immédiatement l'ingénieur des mines et le maire de la commune, *lorsque quelque danger* SE MANIFESTE *dans les travaux.* L'article 3 du décret de 1810 n'était point ASSEZ EXPLICITE *à cet égard.*

» LA PRÉSENCE de *l'ingénieur* EST ESSENTIELLE pour INDIQUER et DIRIGER AU BESOIN les ouvrages à *effectuer....* BIEN DES MALHEURS *auraient* PU ÊTRE ÉVITÉS sans doute si l'ON N'EUT PAS NÉGLIGÉ DE LES AVERTIR lorsqu'il était temps encore de prévenir le danger....

» C'EST L'AUTORITÉ ADMINISTRATIVE *qui doit* PRESCRIRE *et faire* EXÉCUTER D'OFFICE LES MESURES nécessaires pour GARANTIR *la sûreté publique.* MAIS *si le danger* PROVIENT D'UNE CONTRAVENTION, *s'il y a eu* INFRACTION AUX RÈGLEMENTS, des poursuites doivent être exercées devant les tribunaux POUR LA RÉPARATION *des dommages* et LA RÉPRESSION *des délits.*

» C'est ainsi que la loi du 27 avril 1838 donne aux préfets la faculté d'interdire tout travail d'exploitation contraire aux règlements sur les mines. »

Pour suppléer aux ingénieurs impériaux des mines, M. le ministre des travaux publics, par arrêté du 18 février 1840, a institué des agents spéciaux, désignés sous le titre de *gardes-mines*, qui sont à demeure sur le lieu des exploitations et qui concourent avec leurs supérieurs à l'exécution des lois et des règlements, ayant mission :

« 1º De RECONNAÎTRE comment CHAQUE PARTIE de *l'exploitation* EST CONDUITE ;

» 2º De SIGNALER sur-le-champ TOUTES LES CAUSES de *dangers* QU'ILS DÉCOUVRENT dans l'exploitation ;

» 3º De CONSTATER par des procès-verbaux LES INFRACTIONS aux cahiers des charges et AUX RÈGLEMENTS DE POLICE SOUTERRAINE ;

4º De PRENDRE, en cas de péril imminent, TOUTES LES MESURES PROVISOIRES que comporte l'état des choses ;

» 5º De VÉRIFIER les plans produits par les exploitants, de LEVER ceux dont l'exécution est ordonnée d'office ; d'ASSEMBLER ceux des plans qui sont relatifs à *un même* GROUPE DE MINES ;

» 6º D'EXÉCUTER les opérations trigonométriques et les travaux de recherches qui sont entrepris pour définir les gîtes de minéraux utiles, etc. »

Ainsi, toute l'autorité, en ce qui concerne les mesures de sûreté, est attribuée aux ingénieurs impériaux et aux gardes-mines dont la présence est permanente sur les lieux.

Les ingénieurs sont chargés *de proposer* aux préfets toutes les mesures qu'ils croient propres à faire cesser une cause de danger ; ils doivent même *faire exécuter d'office* les prescriptions de l'administration, et, en cas de péril imminent, y *pourvoir sur-le-champ*.

Les gardes-mines ont aussi pour mission, si un danger se manifeste, de prendre *les mesures provisoires* que comporte l'état des choses, en attendant la présence des ingénieurs.

Quant aux exploitants ou directeurs de travaux, leur devoir, sous le rapport *de la sûreté publique*, consiste *à avertir* qui de droit d'un danger ou d'un accident et *à observer* fidèlement les prescriptions de la loi et des règlements ; et comme la loi ignore s'ils ont des connaissances assez approfondies dans l'art d'exploiter les mines, elle les place dans une position d'*obéissance passive*, presque en *tutelle*.

Ils sont tenus notamment de se conformer à ce qui est prescrit pour le choix des maîtres-mineurs, chefs particuliers des travaux et ouvriers, et la moindre infraction de leur part est punie sévèrement : car, en cas de récidive, la peine peut s'élever jusqu'à *cinq années d'emprisonnement !*

Mais, *comme directeurs*, ils ne peuvent jamais être poursuivis ou condamnés que pour infractions ou contraventions ; nulle part on n'indique qu'ils soient responsables. C'est ce que nous démontrerons au *titre dixième*, où nous aurons à témoigner nos regrets de condamnations, selon nous, injustes.

§ 3.

Preuves établissant que la législation des mines est inconnue en France.

Ces preuves surgissent de toutes parts. Nos lecteurs ont déjà pu les apprécier ; néanmoins, nous les leur mettons encore sous les yeux, mais cette fois réunies.

Nous leur ferons d'abord observer que la haute magistrature de l'Empire n'a point hésité à reconnaître que cette branche *si importante du droit* est la moins cultivée ; qu'un traité complet manque sur cette matière, et que, s'il a été essayé bien souvent, il n'a point à proprement parler encore été fait (1).

Nous dirons ensuite qu'on n'a jamais remarqué et qu'on ignore généralement la distinction qui est à faire entre la *propriété* et l'*exploitation* des mines ; que les travaux, notamment l'ouverture d'un puits, ne peuvent être entrepris *sans une autorisation spéciale* de l'administration, et que c'est *à elle seule* à faire l'application de l'article 11 de la loi de 1810.

(1) Voir, page 200, tout le n° 2.

La Cour de cassation l'ignore elle-même, puisque, dans un arrêt solennel, rendu par les Chambres réunies le 19 mai 1856, elle a ordonné la suppression d'un puits et la destruction de travaux *dûment autorisés par un arrêté administratif*, et, dans cette affaire portée devant tous les degrés de juridiction, nul ne s'est aperçu de l'incompétence des tribunaux.

D'autre part, on n'a jamais pensé que la propriété d'une mine fût de même nature que celle d'une carrière (1) et qu'elle n'en différât que par les produits, et son existence est encore aujourd'hui un problème, car nul ne saurait répondre à cette simple question : *Qu'est-ce que la propriété des mines* (2)?

Aussi est-on loin de voir que la propriété d'une mine *consiste dans le terrain minéral* ou terre métallique que le gouvernement concède en vertu de la loi de 1810, moyennant indemnités à régler conformément aux prescriptions des articles 6 et 42, ainsi que les Cours de Lyon et de Dijon l'ont décidé par arrêts du 26 février 1841 et du 29 mars 1854 (3).

On ne voit pas non plus que le propriétaire de la surface, en dehors des lieux qui lui sont réservés *au moment de la concession*, n'a plus qu'un droit de culture, et qu'il ne peut réclamer les indemnités pré-

(1) Voir, page 306, 1er alinéa et suiv.

(2) En effet, un président d'une Cour impériale, profond magistrat, nous a dit que *le titre seul* de notre ouvrage ne peut manquer d'exciter vivement l'intérêt des propriétaires, des hommes d'industrie, des *magistrats* et des *jurisconsultes*, voir, page 220, 1er alinéa et suivant.

(3) Voir, pages 50, avant-dernier alinéa, et 139, 3me et 5me alinéa, et page 280, un arrêt contraire du 21 août 1856.

vues aux articles 43 et 44 que lorsqu'il est privé *de la jouissance* de sa propriété ou que lorsqu'elle n'est plus propre à la culture (1).

Le *statu-quo* sur la surface est une nécessité et n'est en définitive qu'une gêne dont le propriétaire est amplement indemnisé (2); l'*interdiction d'exploiter* au-dessous et aux abords d'un édifice nouveau est une expropriation dont l'indemnité doit être réglée d'après la perte *qui résulte du massif* ou support que le concessionnaire est tenu de laisser (3).

Ce principe d'indemnité, *basé sur le massif* dont la perte est imposée par l'administration pour cause d'utilité publique, après avoir été consacré solennellement par la Cour suprême et adopté *momentanément* par la Cour de Lyon, est aujourd'hui méconnu par les tribunaux, qui, *sans cause d'utilité publique* et *sans indemnité* pour le concessionnaire, maintiennent les nouvelles constructions établies par le propriétaire de la surface sur un massif de mine déjà concédé.

On n'a jamais voulu prendre pour règle et pour guide, sur la question de propriété, l'article 7 de la loi de 1810, ni les importantes décisions rendues par la Cour suprême, après un débat solennel entre les plus éminents jurisconsultes (4), le 18 juillet 1837 et le 3 mars 1841.

Enfin, ces mêmes décisions ont été méconnues par

(1) Voir, page 215, tout le n° 3.
(2) Voir, page 205, tout le § 10.
(3) Voir, page 179, tout le § 6.
(4) Voir, pages 67, 2me alinéa; 66, 2me alinéa, et 75, 4me alinéa.

la Chambre des requêtes de la Cour de cassation dans un arrêt du 3 février 1857.

Le lecteur voudra bien se reporter à l'exposé des points de fait et de droit sur lesquels sont intervenues les deux décisions que nous venons de citer (1), cassant deux arrêts des Cours impériales de Lyon et de Dijon, par les motifs :

1° Que l'article 7 de la loi de 1810 confère au concessionnaire la PROPRIÉTÉ PERPÉTUELLE de la mine PAR DÉROGATION à l'article 552 du code Napoléon.

2° Que le concessionnaire de cette propriété NE PEUT EN ÊTRE PRIVÉ ou exproprié que pour cause d'utilité publique et moyennant une juste indemnité.

3° Que si, par UN FAIT A LUI ÉTRANGER, le concessionnaire EST EMPÊCHÉ ou s'il lui EST INTERDIT d'exploiter UNE PARTIE du périmètre de la mine, et s'il est par conséquent PRIVÉ DES PRODUITS de sa propriété, il a droit, COMME TOUT PROPRIÉTAIRE, à une indemnité.

4° Que la surveillance réservée à l'administration concernant la sûreté publique ou des habitations de la surface N'ALTÈRE en rien LE DROIT DE PROPRIÉTÉ du concessionnaire et ne lui impose pas l'obligation de SUBIR LA PERTE D'UNE PARTIE de sa concession, à raison de la CRÉATION d'un établissement NOUVEAU.

5° Qu'en aucun cas le propriétaire de la surface N'A PAS LE DROIT de pratiquer DES TRAVAUX NUISIBLES à l'exploitation de la mine DANS L'ÉTENDUE DE SON PÉRIMÈTRE (2).

6° Que l'article 11 de la loi de 1810 NE PEUT ÊTRE APPLIQUÉ AUX ÉTABLISSEMENTS FORMÉS APRÈS LA CONCESSION DE LA MINE (3).

7° Qu'il a été reconnu et constaté EN FAIT, d'abord par la Chambre civile, que la concession de la mine était ANTÉRIEURE à la création de l'établissement nouveau, et ensuite par les Chambres réunies, que cet établissement était POSTÉRIEUR A LA CONCESSION.

On le voit, la Cour de cassation, soit dans l'arrêt de la Chambre civile, soit dans celui des Chambres

_____

(1) Voir pages 63 et suivantes.
(2) Voir, pages 80 et 81, les motifs textuels de l'arrêt solennel.
(3) Voir, page 70, 4me alinéa.

réunies, s'est appuyée sur ce point de fait *unique*, que la concession de la mine était *antérieure* à l'établissement nouveau, et que cet établissement était *postérieur* à la concession.

Par cette double constatation *du point de fait* la Cour de cassation a voulu qu'une distinction fût établie entre les nouveaux et les anciens établissements, ou les nouvelles et les anciennes constructions (1).

Mais, qu'*on le remarque bien*, d'après la jurisprudence de la Chambre civile et des Chambres réunies de la Cour suprême, l'article 11 ne peut être appliqué aux établissements *formés après la concession;* les travaux nuisibles à l'exploitation de la mine sont interdits *dans l'étendue du périmètre concédé;* le concessionnaire ne peut être privé d'une partie de sa concession *à raison de la création d'un établissement nouveau*, et il y a DÉROGATION AU DROIT DE PROPRIÉTÉ conféré par l'article 552 du code Napoléon.

Tels sont les points de droit reconnus et consacrés par la Chambre civile et par les Chambres réunies.

Mais la Chambre des requêtes, par un simple arrêt de rejet, vient de renverser la jurisprudence de la Chambre civile et des Chambres réunies.

Voici les faits sur lesquels est intervenu l'arrêt de la Chambre des requêtes, du 3 février 1857 :

La Cour impériale de Lyon, dans son arrêt du 23 mai 1856, a décidé :

1º Qu'il y a obligation pour le concessionnaire de la mine d'empêcher les affaissements de la surface.

2º Que l'administration a le droit de lui imposer toutes les mesures

(1) Voir, pages 70, 2ᵐᵉ alinéa, et 81, 3ᵐᵉ alinéa.

nécessaires pour la sûreté des habitations de la surface, SANS DISTINGUER si les constructions SONT ANTÉRIEURES ou POSTÉRIEURES à l'acte de concession de la mine.

3° Que, par la concession de la propriété de la mine, CETTE EXPROPRIATION PARTIELLE n'a point frappé d'interdit la propriété de la surface.

4° Que l'USAGE, MÊME ABUSIF, que le propriétaire de la surface aurait fait DE SON DROIT, ne saurait en aucun cas dispenser le concessionnaire de l'obligation incessante d'assurer la solidité des travaux.

5° Que le concessionnaire ne saurait être affranchi des accidents et des dommages survenus à la surface par le fait de son exploitation.

Les quatre premiers points sont contraires à la jurisprudence de la Chambre civile et des Chambres réunies, mais, sur le cinquième point, la Cour de Lyon a commis une erreur, parce que le concessionnaire de la mine ne demandait pas à être affranchi de sa responsabilité pour *ce qui existait* au moment de la *concession* ou de l'*expropriation;* il soutenait seulement que le propriétaire de la surface n'avait pas le droit de le priver d'une partie de sa concession *en créant un établissement nouveau* au-dessus de la propriété concédée.

Toute la difficulté était donc dans cette simple question : Le propriétaire de la surface peut-il, par de nouvelles constructions ou de nouveaux travaux, empêcher l'exploitation de la mine? Nous croyons avoir démontré par d'assez fortes preuves qu'il n'en a pas le droit.

Néanmoins, la Cour impériale de Lyon, comme on vient de le voir, a décidé que, malgré la concession de la mine ou l'*expropriation partielle* du propriétaire de la surface, celui-ci conservait le droit d'user et d'abuser de sa propriété primitive, sans s'inquiéter s'il paralysait ou non la propriété de la mine et l'exploitation *à ciel ouvert* ou par galeries souterraines.

Mais la législation des mines est tellement peu étudiée, que, pour combattre le pourvoi en cassation dirigé contre l'arrêt de la Cour de Lyon, M. l'avocat-général a invoqué un rapport de M. Duplan et un arrêt du 4 janvier 1841, rendu au sujet d'une affaire dans laquelle l'exploitant de la mine se disait dispensé par sa concession de réparer les dégâts causés *à ce qui existait* sur la surface avant la concession (1).

M. l'avocat-général a encore soutenu que l'article 11 de la loi de 1810 ne s'applique qu'aux travaux de recherches, étant placé sous la rubrique du titre : *De la recherche et de la découverte des mines.*

Pour relever cette double erreur, Mᵉ Reverchon, avocat des demandeurs en cassation, a tout de suite fait passer à M. le conseiller-rapporteur une note dont voici la teneur :

« Dans l'affaire du 4 janvier 1841, au rapport de M. DUPLAN, il s'agissait de dommages causés par le concessionnaire de la mine à la surface, TELLE QU'ELLE EXISTAIT AVANT LA CONCESSION ; il est bien évident que, dans ce cas, ni le paiement de la redevance, ni l'exploitation la plus régulière, ne pouvait affranchir le concessionnaire de la responsabilité des dommages.

» L'article 11 de la loi de 1810 prévoit TEXTUELLEMENT LE CAS DE CONCESSION DE MINES. aussi bien que le cas de recherches ; il ne faut pas s'arrêter à la rubrique du titre III (2). »

Nous rapportons cette note afin qu'il soit bien établi que le pourvoi a été combattu par suite de deux erreurs.

Puis, si l'on se reporte à l'arrêt rendu dans cette

(1) Voir, page 116, le **rapport**, et 118, l'arrêt du 4 janvier 1841.
(2) Voir, page 335, 4ᵐᵉ alinéa.

circonstance et à celui qui fut rendu le 4 janvier 1841 , on verra que les *motifs sont les mêmes* , quoique les affaires n'eussent entre elles aucune analogie et que la question posée fût tout autre.

Suivent les motifs de l'arrêt, du **3 février 1857** :

« Attendu que la question nettement posée en appel par les demandeurs en cassation était celle de savoir si les concessionnaires d'une mine étaient tenus de réparer le dommage causé AUX BATIMENTS CONSTRUITS par le propriétaire de la superficie DEPUIS LA CONCESSION DE LA MINE ?

» Attendu qu'il est de principe de droit et d'équité que personne NE PEUT USER DE SON DROIT *qu'en respectant le droit d'autrui ;* que la propriété de la superficie et la propriété de la mine *ont chacune des droits* QUI DOIVENT ÊTRE RESPECTÉS , et que le propriétaire de la mine ne peut , sous le prétexte d'user pleinement et sans aucune limite de ses droits , restreindre l'*usage légitime et naturel* que le propriétaire de la surface ENTEND FAIRE DU SOL QU'IL A CONSERVÉ ;

» Qu'ainsi, tous travaux de mines qui mettent en péril les constructions élevées sur le sol, quelle que soit l'époque de leur édification, deviennent par cela même une atteinte portée à la propriété ;

» Que les principes généraux posés par l'article 1382 du code Napoléon ne trouvent ici aucune modification ; que le dommage causé à la propriété doit donc donner lieu à une réparation que la justice ordinaire doit apprécier, sans qu'il soit besoin de s'adresser préalablement à l'autorité administrative pour savoir si le concessionnaire de la mine a observé avec plus ou moins de régularité les prescriptions administratives ;

» Attendu que C'EST A TORT *qu'il est prétendu* que tout dommage causé à la propriété de la surface SERAIT A L'AVANCE PRÉVU et RÉPARÉ *par la fixation* DE LA REDEVANCE ALLOUÉE au propriétaire du sol *lors de la concession de la mine* (1) ;

» Qu'en effet, cette redevance n'est pas une indemnité pour un dommage inconnu , non apprécié , et qui ne se manifestera que plus tard , mais bien LE PRIX DE L'EXPROPRIATION PARTIELLE SUBIE *par le propriétaire* DU TRÉFONDS ;

(1) Une erreur a été commise ici , on ne refusait pas de payer les indemnités prévues aux articles 43 et 44, et l'on soutenait seulement ne pas devoir les dommages causés *aux constructions* IMPRUDEMMENT PLACÉES SUR LA MINE !

» Que cette limitation de la redevance, considérée seulement COMME
PRIX D'ABANDON et non comme réparation de dommages, résulte clairement de l'article 6 de la loi du 21 avril 1810, rapproché des articles 10,
15, 43 et 45 de la même loi (1);

» Qu'en ordonnant une expertise, et en préjugeant ainsi que, s'il y
avait dommage AUX PROPRIÉTÉS BATIES DEPUIS LA CONCESSION, ce
dommage, comme celui qui aurait été causé *aux propriétés bâties*
ANTÉRIEUREMENT, devait être réparé, l'arrêt attaqué s'est borné à faire
une juste application des principes qui régissent d'une manière générale
le droit de propriété, et n'a violé en aucun point les principes de la loi
du 21 avril 1810, laquelle régit spécialement les concessions et exploitations des mines. — REJETTE. »

Cet arrêt, après avoir posé la question du procès
dans le premier *attendu*, déclare dans le second que
nul ne peut user de son droit sans respecter celui
d'autrui, et néanmoins il autorise à bâtir sur la mine
et permet ainsi au propriétaire de la surface *de frapper
d'interdit* la propriété de la mine.

Les tribunaux en général ne se préoccupent que
d'une seule propriété ; ils ne voient pas que permettre
de nouvelles constructions sur la mine, c'est permettre
au propriétaire de la surface de se créer de nouvelles
réserves, et que c'est *restreindre le périmètre de la
propriété concédée*.

Dans son arrêt du 3 février 1857, la Chambre des
requêtes de la Cour de cassation maintient des constructions et les autorise sans remarquer qu'elles
frappent d'interdit l'exploitation d'une mine sur une
partie de son périmètre, quand la Chambre civile
et les Chambres réunies *prohibent au contraire* tous
travaux nuisibles à cette exploitation.

(1) Voir, page 118, 2ᵉ alinéa, les mêmes motifs, quoique les faits de
la cause n'aient aucune analogie.

La Chambre des requêtes reconnaît bien que, par la concession d'une mine, le propriétaire du sol *subit l'expropriation;* malgré cela, elle refuse d'admettre, avec la Chambre civile et les Chambres réunies, les conséquences de cette expropriation et de reconnaître que l'article 11 ne protège pas les établissements *formés après la concession* (1).

Elle veut que le propriétaire de la mine soit tenu d'éloigner ses travaux à 100 mètres des nouvelles constructions, et elle l'oblige ainsi à subir la perte d'une partie de sa concession *sans indemnité*, même pour des constructions *non autorisées*.

Dans cette circonstance elle a, selon nous, renversé les pouvoirs judiciaires. C'est là, disons-le en passant, le côté fâcheux de l'institution de cette Chambre qu'elle ait le droit de contredire la jurisprudence de la Chambre civile et des Chambres réunies.

Cependant, d'après la pensée du législateur, elle ne devait être qu'un *bureau d'examen* (2) sommaire des pourvois en cassation, destiné à écarter d'emblée ceux qui ne présenteraient que de simples questions d'appréciation de faits ou d'interprétations de la volonté des parties, *et à laisser arriver à l'épreuve du débat contradictoire* devant la Chambre civile tous ceux qui soulèvent des questions *de droit non encore tranchées* par une jurisprudence formelle, bien établie, de cette Chambre.

(1) Voir, page 389, 8me alinéa, n° 6.
(2) Ce sont là les termes de la loi qui a institué la Cour de cassation.

Mais, par la force des choses, bien plus que par la faute des hommes, la Chambre des requêtes s'est graduellement érigée en une Chambre parallèle ou plutôt rivale de la Chambre civile : elle a voulu avoir, elle aussi, sa jurisprudence propre ; à chaque instant elle décide seule les questions *les plus neuves et les plus délicates*, et, ce qui est plus grave encore, elle contredit souvent par ses arrêts ceux de la Chambre civile elle-même ; nous ne sommes pas seul à le faire remarquer (1).

La Chambre civile a incontestablement le droit de rejeter les pourvois admis par la Chambre des requêtes ; mais cette Chambre, en persistant dans une jurisprudence opposée, peut-elle à son tour rejeter les pourvois en cassation qui ont pour appui la jurisprudence de la Chambre civile ?

On a voulu éviter ces contradictions dans la jurisprudence en ne créant qu'une Chambre civile ; cependant, par le fait, il y en a deux, et l'une d'elles, la Chambre des requêtes, domine la Chambre civile en rejetant les pourvois sans consulter la jurisprudence de cette Chambre.

Mais, par sa décision du 3 février 1857, la Chambre des requêtes est allée plus loin, elle a rejeté un pourvoi qui avait pour appui la jurisprudence d'un arrêt solennel des Chambres réunies du 3 mars 1841, confirmant un arrêt de la Chambre civile.

On dit bien que les arrêts de la Chambre des

_____

(1) Voir le n° 2102 du journal de l'enregistrement et des domaines, 1857, page 157, dernier alinéa.

requêtes ne font pas jurisprudence : cela est vrai, puisque ses arrêts sont souvent contredits par la Chambre civile ; mais elle n'en est pas moins aujourd'hui devenue la plus puissante ; un remède devrait être apporté à cet état de choses.

Nous sortirions de notre sujet si nous donnions, pour justifier cette proposition, les développements qu'il ne serait que trop facile de lui donner ; mais nous ne saurions nous empêcher de faire remarquer que nous avons entendu M. l'avocat général, lors de cet arrêt du 3 février 1857, invoquer fort mal à propos l'arrêt de la Chambre des requêtes du 4 janvier 1841, qui n'a aucune analogie avec l'espèce de l'arrêt du 3 février 1857, au lieu de rappeler l'arrêt postérieur des Chambres réunies du 3 mars 1841.

C'était en effet dans ce dernier arrêt que l'analogie était complète ; de semblables erreurs sont à regretter.

§ 4.

Nécessité d'une disposition législative.

Si les vrais principes de la loi de 1810 sont un jour reconnus et triomphent enfin de la résistance des tribunaux, il faudra nécessairement régulariser la position des propriétaires de la surface, qui, croyant user d'un droit incontestable, ont créé des établissements *sur la propriété concédée.*

Si, comme nous croyons l'avoir démontré à l'aide du texte de la loi, des documents législatifs et de la jurisprudence de la Chambre civile et des Chambres

réunies de la Cour suprême, le propriétaire de la
surface n'a plus, en dehors des lieux qui lui sont
réservés, qu'un droit de culture, et s'il ne peut bâtir
que par tolérance, qu'à la condition de ne pas nuire
à l'exploitation de la mine, une disposition législative
devient indispensable pour statuer sur le passé.

Car, du jour où l'on admettra avec la Cour impériale de Lyon et la Chambre des requêtes de la Cour
de cassation qu'il y a, par la concession d'une mine,
expropriation du tréfonds (1), moyennant les indemnités prévues aux articles 6 et 42, et autorisation pour
le concessionnaire de s'emparer, pour ses travaux, de
la surface de la propriété concédée ou expropriée,
moyennant d'autres indemnités réglées en conformité
des articles 43 et 44, on arrivera forcément à reconnaître que les constructions ou les établissements postérieurs à la concession ont été créés sur la propriété
d'autrui.

On reconnaît déjà que tous travaux nuisibles à
l'exploitation *de la propriété concédée* sont formellement interdits au propriétaire de la surface; ce sont
là des principes qu'on n'ose même pas contredire (2),
tant ils paraissent justes et équitables, et ils ont été
consacrés par la Cour de cassation dans l'arrêt solennel
du 3 mars 1841.

Mais que doit-on entendre par travaux nuisibles?
Toute entreprise du propriétaire de la surface qui
gênera ou empêchera l'exploitation de la mine, en

(1) Voir, pages 391, 1er alinéa, et 393, dernier alinéa.
(2) Voir, page 281, 1er alinéa et suiv.

dehors des lieux réservés, sera-t-elle considérée comme nuisible, quand même elle aurait *un but d'utilité réelle*?

On a vu que cette question avait été résolue négativement par la Cour impériale de Dijon, toutes Chambres réunies ; mais que la Cour suprême, dans l'arrêt solennel dont nous venons de parler, a décidé le contraire, en interdisant tous travaux gênant ou paralysant l'exploitation de la mine.

La Cour de cassation a donné l'avantage au droit de propriété du concessionnaire et à l'intérêt de la société sur les droits du propriétaire de la surface, respectés toutefois dans les indemnités que la loi lui accorde aux articles 6, 42, 43 et 44.

Le même arrêt, en confirmant celui qui avait été rendu le 18 juillet 1837, décide encore que l'article 11 ne peut être appliqué aux établissements *formés après la concession*, et que le concessionnaire ne doit pas être privé d'une partie de sa concession à raison de la création d'établissements nouveaux (1).

A cela nous ajouterons avec la Cour impériale d'Angers, que, si la loi de 1810 est dure pour les propriétaires du sol, c'est la loi, *dura lex sed lex*, et qu'elle doit être exécutée (2).

De là découle la nécessité de décider qu'une maison, ou tout autre établissement créé sur la propriété concédée, doit être supprimé s'il est un obstacle à l'exploitation de la mine.

Ne pas ordonner la suppression de cette maison ou

---

(1) Voir, pages 63 à 82, le débat sur la question.
(2) Voir, page 124, dernier alinéa.

de cet établissement, ce serait subordonner la propriété de la mine aux besoins de la propriété de la surface et dire que l'article 7 de la loi de 1810, ainsi que les arrêts de la Cour suprême du 18 juillet 1837 et du 3 mars 1841, *sont lettre-morte.*

Dans ce cas, la propriété de la mine serait une propriété conditionnelle, pouvant à chaque instant être envahie et détruite sans dédommagement pour le propriétaire, tandis que le propriétaire de la surface ne peut être frustré de ses droits sans être doublement indemnisé, en vertu des articles 6, 42 et 43, ou sans recevoir le prix double de sa propriété, d'après l'article 44.

Cependant, la prévoyance du législateur de 1810, en réglant d'avance, aux articles 6, 42, 43 et 44, le prix du terrain concédé ou exproprié, tant du tréfonds que de la surface, et en désignant dans l'article 11 les lieux qui sont exclus de la concession ou de l'expropriation, ne marque-t-elle pas *la préférence* accordée à la mine sur la propriété de la surface : surtout quand rien ne prévoit la dépossession du concessionnaire et qu'elle ne peut être *autorisée* qu'en vertu de l'art. 545 du code Napoléon, pour cause d'utilité publique (1).

D'autre part, cette préférence est basée sur l'intérêt de la société, sur les conditions de prospérité qui résultent de l'exploitation des mines, et il n'est pas permis au concessionnaire de sacrifier sa propriété tout entière, ou une partie quelconque, et de renoncer à

_____

(1) Voir, page 80, avant-dernier alinéa.

l'exploiter par suite d'un accord avec le propriétaire de la surface (1).

Une mine n'est concédée qu'à la condition d'être en *exploitation permanente;* mais pour que le concessionnaire puisse remplir ses obligations il ne faut pas que ses travaux *soient entravés par le propriétaire de la surface* et qu'il s'arrête devant les obstacles apportés à son exploitation ; *il doit les surmonter* ou les faire disparaître ; c'est non-seulement *son droit,* mais *son devoir* (2).

C'est là un point qui n'est pas contesté et qu'on n'essaie même pas de contester, tant il est conforme aux principes de droit et d'équité ; néanmoins le propriétaire de la surface veut bâtir sur la mine et il ne considère pas ses constructions comme un obstacle.

Mais doit-on ordonner la démolition de tout édifice ou la suppression de tous travaux nuisibles à l'exploitation de la mine ou paralysant cette exploitation, *s'ils ont été créés sans opposition* de la part du concessionnaire, alors qu'on ignorait généralement les conséquences qu'entraîne la création de la propriété des mines?

Nous ne pensons pas qu'on puisse aller jusque-là ; mais, par une disposition législative, on devrait mettre fin à tous embarras, et déterminer le mode du règlement de l'indemnité à payer au concessionnaire qui a été dépouillé d'une partie de sa propriété.

Il faut justice pour tous : si les propriétaires de

(1) Voir, page 190, dernier alinéa.
(2) Voir, pages 185 à 195, les § 7 et 8.

mines sont privés d'une partie de leurs propriétés, ils ont droit, *comme tout propriétaire*, à une juste indemnité; la Cour de cassation l'a déclaré deux fois, dont une en audience solennelle (1).

Il faut que tous les droits soient respectés, et, lorsque deux parties sont en présence, que chacune d'elles a des droits à faire valoir, il ne suffit pas d'examiner quels sont ceux de l'une, sans voir quels sont ceux de l'autre; c'est ce qui arrive malheureusement quand le propriétaire de la mine est en présence du propriétaire de la surface.

C'est là une chose regrettable, parce que le propriétaire de la mine a des intérêts légitimes à défendre: les siens, d'abord, et ceux de la société ensuite, que le gouvernement lui a confiés en échange des indemnités accordées au propriétaire de la surface par l'acte de concession et par la loi (2), indépendamment des compensations ou des avantages de toute nature qui ressortent pour lui de l'exploitation de la mine (3).

Enfin, en nous résumant sur ces questions où la *fortune publique* et la *fortune privée* sont en jeu, nous devons faire observer que nous ne proposons de ratifier les indues entreprises des propriétaires de la surface que *comme une nécessité* et moyennant une juste indemnité envers les propriétaires de mines, s'il leur a été causé préjudice.

(1) Voir, pages 69, avant-dernier alinéa, et 80, dernier alinéa.
(2) Voir, page 188, 6me alinéa.
(3) Voir, page 205, tout le § 10.

§ 5.

Justification des idées émises par l'auteur.

La justification de nos idées résulte des accusations portées sans cesse contre la loi de 1810 et de l'impossibilité où l'on est de mettre l'accord parmi les magistrats sur l'interprétation de cette loi.

On en demande la révision (1) sans chercher à l'approfondir, sans bien voir si du texte qui paraît obscur ne ressortent pas de lumineuses vérités; que si parfois l'on consulte les documents législatifs, trop souvent négligés, on est interdit d'y trouver des principes formellement contraires aux idées reçues, et l'on ne veut pas y croire (2).

Il faudrait que l'on se souvînt toujours que la loi de 1810 fut l'œuvre longtemps méditée de Napoléon Ier et des grands législateurs de son règne. Bien des années furent employées à la préparer, et on la discuta longuement devant le Conseil d'État que présidait l'Empereur.

Même pour cette élite des magistrats de la France il fut difficile de régler la législation des mines et de définir les droits de la nouvelle propriété, et chacun dut s'appliquer de tous les efforts de son génie à résoudre le grand problème que Napoléon appelait un secret (3).

Aussi personne n'attaque directement la loi de 1810; chacun semble reconnaître son impuissance et se

(1) Voir, page 223, 3me alinéa.
(2) Voir, page 365, dernier alinéa et page suivante.
(3) Voir, page 11, dernier alinéa et ceux qui précèdent.

borne à la déclarer mauvaise. *On n'a rien proposé de plus sage.*

C'est que, selon nous, la loi est bonne et digne du respect que l'on doit au grand homme qui l'a faite. Pour le prouver, nous avons employé un système très-simple, et qui doit un jour mettre l'accord dans les arrêts de la justice.

Dernièrement, un homme d'un grand savoir, un ancien membre du Conseil d'État, auquel nous avons demandé son opinion sur notre théorie, nous a répondu :

« Je ne suis pas entièrement converti à votre système : je le trouve ingénieux, *je lui reconnais* L'AVANTAGE *d'éviter la* *plupart des difficultés* AUXQUELLES DONNE LIEU LE SYSTÈME CONTRAIRE *et de simplifier beaucoup l'application de la loi de 1810;* mais je ne suis pas convaincu que vous n'exagériez pas la portée de quelques expressions employées par les auteurs de cette loi.

» En somme, JE VOUDRAIS ARRIVER *à votre opinion* : je n'y suis pas encore. »

Ces paroles nous semblent une justification complète de nos idées : on n'y est pas encore arrivé! Mais l'on voudrait y arriver et l'on reconnaît que notre système aurait pour résultat d'*éviter la plupart des difficultés* auxquelles donne lieu le système contraire et de *simplifier beaucoup l'application de la loi.*

Le désir qui nous est exprimé dans cette lettre, d'être convaincu de nos idées, témoigne que nulle route autre que celle tracée par nous ne peut conduire hors du champ de luttes et de controverses, et montre en même temps la lassitude qu'éprouvent les esprits à chercher la vérité au milieu de systèmes contradictoires et impossibles.

On craint, il est vrai, nous dit-on, que, dans notre manière d'interpréter la loi, nous n'exagérions la portée de quelques expressions employées par les auteurs de la loi.

Cependant les déclarations des rédacteurs de la loi et les observations de Napoléon Ier sont précises et ne permettent aucune équivoque (1), et l'on n'a pas besoin d'exagérer la distinction qui a été faite, dans la séance du Conseil d'État du 8 avril 1809, entre *la vente ou l'aliénation* et *le louage ou l'affermage* de la propriété d'une mine (2), pour établir que la concession d'une mine comprend la propriété minérale elle-même.

Nous rappellerons encore que l'organe du législateur, M. de Girardin, rapporteur du projet de la loi de 1810, disait que les concessionnaires de mines, *de fermiers* qu'ils étaient sous l'ancienne législation, *sont aujourd'hui propriétaires* de la mine ou du terrain minéral.

Puis, quand on consulte le projet de loi qui fut arrêté au Conseil d'État le 23 novembre 1813, pour régler les formalités qui devaient précéder et suivre le retrait ou l'abandon de la propriété d'une mine, peut-on nier qu'il ne s'agisse d'une véritable propriété immobilière (3)?

(1) Voir, page 303, toute la section 1re.
(2) Voir, page 315, tout le § 1er.
(3) Voir, page 318, tout le § 2.

Si la loi était à faire aujourd'hui, s'y prendrait-on autrement pour concéder une véritable propriété *immobilière, perpétuelle*, disponible et transmissible comme tous autres biens immeubles.

Une seule dérogation a été apportée au droit commun quand il s'agit d'une propriété minérale ; elle ne peut être partagée ou vendue par lots sans une autorisation du gouvernement. Au-delà, a dit l'Empereur, la propriété des mines RENTRE *sous la règle commune* (1).

Pour repousser notre système, on fait cette seule objection, que s'il se trouve dans le périmètre concédé une autre substance minérale, le concessionnaire n'y a aucun droit ; c'est là une objection à laquelle nous avons déjà répondu (2).

Mais il résulte de l'article 12 de la loi de 1810 que, si le propriétaire du sol a le droit de faire des recherches dans toutes les parties de sa propriété, *après la concession de son terrain* toutes recherches lui sont interdites.

En effet, cet article, après avoir rappelé et défini les droits de ce propriétaire, quant *aux recherches* et à l'*exploitation* des mines, porte textuellement :

« *Dans aucun cas* les recherches ne pourront être autorisées DANS UN TERRAIN DÉJA CONCÉDÉ. »

D'autre part, M. de Girardin, organe du législateur, interprétant l'article 12, déclare implicitement que le propriétaire de la surface ne peut faire des recher-

---

(1) Voir, page 12 ; dernier alinéa.
2) Voir, page 253, le § 13.

ches dans son terrain après la concession, en disant de la manière la plus formelle que ce droit appartient *exclusivement* au concessionnaire de la première.

» La dernière disposition de l'article 12, dit-il, *interdit* toutes recherches DANS UN TERRAIN DÉJA CONCÉDÉ... »

En ajoutant :

« S'il *existait* DANS UN TERRAIN DÉJA CONCÉDÉ une mine inconnue, *tous les motifs se réunissent pour en attribuer* EXCLUSIVEMENT LA RECHERCHE *au concessionnaire* de la première. »

Enfin, l'instruction ministérielle du 3 août 1810 porte :

« DES RECHERCHES NE PEUVENT AVOIR LIEU dans l'étendue d'une concession *déjà obtenue* que par LE CONCESSIONNAIRE LUI-MÊME ou D'APRÈS SON CONSENTEMENT FORMEL. »

Or, quand la loi *interdit toutes recherches* DANS UN TERRAIN *déjà concédé*, que le législateur, interprétant la loi, dit que le droit de rechercher une mine *inconnue* appartient *exclusivement* au concessionnaire de la première, et que l'instruction de 1810 déclare que les recherches, dans l'étendue d'une concession, *ne peuvent avoir lieu* que par le concessionnaire ou *de son consentement formel*, il est évident que l'interdiction s'applique à l'ancien propriétaire *du terrain concédé*, et qu'on a voulu lui imposer par là le respect de la propriété du concessionnaire.

Au moment où la loi de 1810 venait d'être promulguée, le Conseil d'État, par décret du 21 février 1814, a décidé lui-même :

« Que si le ministre a recommandé par les instructions, de fixer, le plus possible, par des lignes droites, les limites des concessions, *il n'a pu et n'a entendu* Y ASSUJETTIR QUE LES TERRAINS à CONCÉDER, *et* nullement LES TERRAINS CONCÉDÉS (1). »

(1) Voir ci-après, *titre quatrième*, chap. IV.

Dès-lors on ne peut plus nier qu'il n'y ait *concession* DU TERRAIN *minéral* par la concession de la mine, puisque le Conseil d'État, par l'organe de ceux-là même qui ont rédigé la loi, a déclaré, le 21 février 1814, que les instructions ministérielles ne s'appliquent qu'*aux terrains à concéder*, et nullement *aux terrains déjà concédés*.

On arrive donc à cette vérité, que le concessionnaire *est propriétaire des terrains concédés*, puisqu'il a seul le droit de faire des recherches *dans sa propriété*, et ce droit n'est enlevé à l'ancien propriétaire des terrains que pour passer, *beaucoup plus étendu*, dans les mains du concessionnaire, qui peut fouiller tout le périmètre à lui concédé, en respectant seulement *les réserves accordées* par l'article 11.

Tel est le but de cet article 11, objet de si grandes controverses; interprété ainsi, le système de la loi de 1810 se présente avec clarté, et l'on rend au génie de Napoléon Ier toute la gloire de la conception de cette loi.

On verra *dans la partie pratique* qui nous reste à faire pour compléter notre travail, que nos idées se trouvent justifiées par leur application simple et facile, et font disparaître toutes difficultés. C'est là un dernier argument à invoquer, et peut-être le plus fort.

TRAITÉ PRATIQUE

SUR LES RECHERCHES

ET

SUR L'EXPLOITATION DES MINES.

Les difficultés que nous avons rencontrées dans l'application de la loi de 1810 viennent de ce que le législateur n'a pas défini la propriété des mines, ou n'a pas dit d'une manière assez explicite que la concession comprend le terrain qui, à ce moment, *est indivisible* de la substance minérale qu'il renferme, ainsi que la Cour impériale de Dijon l'a implicitement décidé le 29 mars 1854 (1), d'accord avec les rédacteurs de la loi (2).

Si l'on était d'accord sur la nature de la propriété concédée en vertu de l'article 7 de la loi de 1810 et sur les restrictions apportées à la concession dans

(1) Voir, page 50, 4me alinéa et suivants.
(2) Voir, page 9, 5me et 6me alinéa.

l'article 11, qu'on ne fût pas embarrassé à cette simple question : *qu'est-ce que la propriété des mines?* nous n'eussions fait ni le premier volume de cet ouvrage, ni le titre supplémentaire du second, et c'est ici qu'eût commencé notre travail.

Mais nous devions établir tout d'abord, avant de le dire, que l'ancien propriétaire du terrain minéral a deux propriétés après la concession d'une mine : *la surface,* dont une partie lui est laissée définitivement et l'autre conditionnellement, et *la redevance* qui lui est accordée par l'acte de concession ; que son droit sur le tréfonds, comme l'a dit l'Empereur, se borne à la redevance (1), et que ses droits de propriété, quand les besoins de l'exploitation de la mine l'exigent, se réduisent naturellement, *en dehors des lieux réservés,* à deux sortes d'indemnités ou au prix double de son terrain.

Partant, nous sommes arrivé à conclure que la concession d'une mine a pour conséquence logique l'*expropriation* entière de ce propriétaire au-delà des réserves et selon que le gisement de la substance à extraire *est à la surface* ou qu'il *est plus ou moins enfoui* dans les entrailles de la terre (2).

Désormais nous supposerons le lecteur comme nous convaincu que c'est le terrain lui-même qui est concédé moyennant une première indemnité pour le tréfonds et une seconde pour la surface, ou le prix

(1) Voir, page 19, 3me alinéa.
(2) Voir, page 227, nᵒ 3 et les suivants.

double en capital du terrain qui forme la propriété de la mine.

Nous interpréterons ainsi la loi telle que nous la comprenons, et l'application que nous en ferons sera naturelle, conforme au droit et résoudra les plus graves difficultés; c'est là un point qu'on reconnaît déjà (1).

Il suffit d'ailleurs d'avoir la patience de nous lire, et de nous lire sans prévention, pour apprécier la simplicité des déductions logiques que nous tirons *des articles d'exécution* de la loi, à défaut d'un texte clair et précis sur la définition de la propriété des mines et ses conséquences.

Dès maintenant nous écrivons la partie la plus utile et la plus intéressante de notre ouvrage; le lecteur y verra mises à l'épreuve d'un examen pratique les théories que nous avons soutenues.

Nous traiterons sommairement, dans l'ordre suivant:

1º De la recherche et de la découverte des mines;

2º De la demande en concession de la propriété d'une mine;

3º De la concession de la propriété d'une mine;

4º Des redevance et impôt foncier envers l'État et des redevance et indemnité envers le propriétaire exproprié;

5º Des preuves établissant que *la surface* d'une mine est une propriété *conditionnelle* régie par la loi de 1810;

6º De la nécessité de reconnaître qu'*une mine* est une propriété *ordinaire* régie par le droit commun;

(1) Voir, page 404, 3ᵐᵉ alinéa.

7º De la *distinction* qu'il faut faire entre la propriété d'une mine et l'exploitation des produits de cette propriété ;

8º De l'application du droit commun aux dommages causés par accidents à la suite des affaissements du sol ;

9º De la surveillance *sur l'exploitation* des mines par l'administration ;

10º De la responsabilité en cas d'accidents dans les mines ;

11º De la compétence administrative et judiciaire sur les mines ;

12º De la liquidation des dépens sur le règlement des indemnités ou du prix de la surface et des hypothèques judiciaires pour le même objet.

En reprenant le cours de notre travail, nous suivrons l'ordre tracé dans le premier volume et nous maintiendrons la recherche des mines au *titre quatrième*, comme suite des idées émises jusqu'ici, quoiqu'elle dût composer le titre premier du traité pratique que nous allons présenter au lecteur.

TITRE QUATRIÈME.

RECHERCHES ET DÉCOUVERTES DES MINES.

Les recherches de mines ne peuvent être faites que par le propriétaire du terrain à explorer, ou que de son consentement, ou en vertu d'une permission du gouvernement. — La permission de recherches du gouvernement comme la concession de la mine *subit des restrictions sur la surface* par respect pour le domicile et les jouissances domestiques du propriétaire du terrain à explorer ou concédé. — L'exploration du propriétaire comme celle du permissionnaire s'arrête devant la découverte de la substance; elle ne confère aucun droit sur la mine. — L'étendue du terrain minéral est constatée au moment de la découverte par un plan dressé en triple expédition et est indiquée par un tracé correspondant à des points fixes pris sur la surface.

CHAPITRE Ier.

DROIT DE RECHERCHES DU PROPRIÉTAIRE DANS SON TERRAIN.

Tout propriétaire a incontestablement le droit de faire des recherches chez lui, dans toutes les parties de sa propriété, sans s'inquiéter du voisin, si ce n'est cependant dans les limites du droit commun.

Le droit de faire des recherches est un droit naturel qui dérive de la propriété (1) et qui est écrit en termes

(1) Voir, page 27, dernier alinéa.

formels dans l'article 552 du code Napoléon, lequel porte :

> « La propriété du sol emporte la propriété *du* DESSUS et *du* DESSOUS.
> » Le propriétaire peut faire au-dessus....
> » Il peut faire AU-DESSOUS *toutes les constructions et* FOUILLES qu'il jugera à propos, et tirer de ces fouilles tous les produits qu'elles peuvent fournir, SAUF LES MODIFICATIONS *résultant des lois et règlements* RELATIFS AUX MINES et des lois et règlements de police. »

Sauf les modifications, c'est-à-dire que le droit de propriété n'est pas absolu, et que le droit de faire des constructions et des fouilles dans sa propriété, droit conféré au propriétaire par l'article 552 du code Napoléon, peut être modifié, non-seulement par les lois et règlements relatifs aux mines, mais encore par les lois et règlements de police.

Nul ne peut opposer le droit sacré de la propriété quand il s'agit des recherches et de l'exploitation des mines ; ce droit cède devant l'intérêt général attaché à la découverte et à l'exploitation des mines, et tout propriétaire est tenu de subir *les modifications* prévues par la loi commune et imposées par la loi de 1810, *sans qu'il puisse jamais s'en prévaloir*.

Mais ces modifications, étant toutes en faveur de l'exploration et de l'exploitation des mines, ne peuvent être invoquées que par les explorateurs ou les exploitateurs permissionnaires ou concessionnaires du gouvernement dans l'intérêt de leurs travaux.

Et quand il s'agit des mines, *trois époques* sont à remarquer dans l'article 12 : *avant* les recherches, *au moment* de la découverte et *après* la concession :

> « LE PROPRIÉTAIRE POURRA FAIRE DES RECHERCHES sans formalité

préalable dans les lieux réservés par l'article 11, *comme dans* LES AUTRES PARTIES *de sa propriété;*

» Mais il sera obligé d'obtenir une concession *avant d'y établir une exploitation.*

» Dans aucun cas les recherches *ne pourront être autorisées* DANS UN TERRAIN *déjà concédé.* »

D'où il suit que, si le propriétaire peut faire des recherches *dans toutes ses propriétés*, et s'il est obligé d'obtenir une concession avant d'y établir une exploitation, il a le droit d'*y exploiter les mines.*

Mais la défense de faire des recherches étant motivée sur la concession de son terrain, et l'article 552 ne lui permettant *les constructions et fouilles* que sauf les modifications résultant des lois et règlements relatifs aux mines, il est manifeste qu'elle s'applique aux constructions comme aux fouilles, et que le propriétaire de la surface ne peut établir de nouvelles constructions sur la mine concédée.

L'article 12, en résumant successivement les droits du propriétaire dans *trois dispositions* distinctes: *avant* les recherches de mines, *au moment* de la découverte et *après* la concession du terrain, nous semble apporter la lumière sur la question de propriété; nous allons chercher à l'établir.

SECTION 1re.

Avant les recherches des mines.

Avant les recherches des mines, quand le propriétaire n'est pas dépouillé du droit que lui accorde l'article 552 du code Napoléon, de faire des recherches, il peut les faire ou les permettre dans toutes les toutes les parties de sa propriété. Son droit est implicitement confirmé par l'article 10 de la loi de 1810, portant :

« NUL NE PEUT FAIRE des recherches pour découvrir des mines, enfoncer des sondes SUR UN TERRAIN QUI NE LUI APPARTIENT PAS, QUE DU CONSENTEMENT DU PROPRIÉTAIRE de la surface, ou avec l'autorisation du gouvernement, donnée après avoir consulté l'administration des mines, à la charge d'une préalable indemnité envers le propriétaire, et après qu'il aura été entendu. »

Le droit du propriétaire est encore implicitement reconnu par l'article 11 :

« NULLE *permission de recherches* NE POURRA, *sans le consentement formel* DU PROPRIÉTAIRE de la surface, DONNER LE DROIT DE FAIRE DES SONDES et d'ouvrir des puits ou galeries, ni celui d'établir des machines ou MAGASINS dans les enclos murés, cours ou jardins, ni dans les terrains... »

Vient ensuite l'article 12, qui déclare de la manière la plus formelle que le propriétaire peut faire des recherches dans toutes les parties de sa propriété.

« Le PROPRIÉTAIRE, dit-il, POURRA FAIRE DES RECHERCHES sans formalité préalable DANS LES LIEUX RÉSERVÉS par l'article 11, *comme dans* LES AUTRES PARTIES *de sa propriété.* »

On peut voir d'ailleurs que les dispositions de ces trois articles 10, 11 et 12 sont en parfaite harmonie avec l'article 552 du code Napoléon établissant les droits du propriétaire sur *le dessus* et *le dessous* de sa propriété.

« Il peut faire AU-DESSOUS *toutes les* CONSTRUCTIONS et FOUILLES qu'il jugera à propos, et tirer de ces fouilles TOUS LES PRODUITS *qu'elles peuvent fournir,* SAUF LES MODIFICATIONS résultant des lois et règlements RELATIFS AUX MINES.... »

Tous ces articles se complètent et s'interprètent les uns par les autres ; étudiés isolément, on ne peut en saisir l'esprit et le but.

D'autre part, on se rappelle les paroles de M. de Girardin (1) et les instructions de M. le ministre dans la circulaire du 3 août 1810, portant :

« TOUT PROPRIÉTAIRE a le droit de rechercher, sans permission préalable, *des mines, minières et carrières.* DANS SON TERRAIN ;

» Mais, comme tout autre, IL NE PEUT SUIVRE L'EXPLOITATION DES SUBSTANCES qu'il aura découvertes qu'en se conformant aux dispositions de la loi pour obtenir une CONCESSION ou une PERMISSION D'EXPLOITER, SUIVANT LES CAS ! »

Suivant les cas, c'est-à-dire que, si le terrain est déjà concédé, la concession d'une autre substance au concessionnaire du terrain n'est qu'*une permission d'exploiter* (2).

Puis, qu'on le remarque bien, le droit de recherches du propriétaire est absolu avant les modifications prévues et réservées dans l'art. 552 du code Napoléon, et ce droit ne lui est enlevé *que lorsqu'il est accordé à un autre.*

SECTION 2.

Au moment de la découverte d'une mine.

Au moment de la découverte d'une mine, cette propriété est placée sous la protection du gouvernement, qui, armé de la loi de 1810, règle, en vertu des articles 6 et 42, les droits du propriétaire de la surface sur le tréfonds, et dispose de la propriété minérale en renvoyant pour le règlement de la surface aux articles 43 et 44.

Le propriétaire a bien le droit de faire des recherches dans toutes les parties de sa propriété, mais il

(1) Voir, page 365, 5me alinéa.
(2) Voir, page 253, § 13, et pages suivantes.

ne peut exploiter la mine, objet de sa découverte, avant d'avoir obtenu une concession.

Les dispositions de l'article 12 sont précises sur ce point lorsque, les droits du propriétaire étant déterminés, il est dit :

« Mais il sera obligé d'obtenir une concession AVANT D'Y ÉTABLIR UNE EXPLOITATION. »

D'où il faut conclure que, si le propriétaire n'obtient pas la concession, qu'elle soit accordée à un autre, le concessionnaire préféré *est subrogé* dans tous les droits du propriétaire, moyennant les indemnités prévues aux articles 6, 42, 43 et 44.

De ce moment, à partir de la concession de la propriété minérale, il y a accord entre le propriétaire de la surface et le propriétaire de la mine, *sur la chose* et *sur le prix*, conformément aux dispositions de l'article 1583 du code Napoléon.

Seulement, le propriétaire conserve conditionnellement la propriété de la surface ; il en jouit jusqu'à ce que les besoins des travaux nécessitent sa complète dépossession, et en attendant il profite *des bienfaits* (1) résultant de l'exploitation de la mine pour la surface qui *double de valeur*, quoique séparée du tréfonds, indépendamment de l'indemnité de tréfonds qui est réunie à son revenu (2).

On ne réfléchit pas, quand on se plaint du *statu-quo* imposé au-dessus de la mine concédée, que, sans la concession, sans l'exploitation, les terrains resteraient en culture et ne doubleraient pas de valeur.

(1-2) Voir, pages 205, § 10, et 233, n° 6.

Section 3.

Après la concession du terrain minéral.

Après la concession du terrain minéral, le propriétaire de la surface ne peut plus faire de recherches dans une propriété qui appartient désormais à un autre, et nul doute ne devrait s'élever sur ce point en présence de l'article 12 de la loi de 1810.

En effet, cet article, après avoir résumé les droits du propriétaire, relativement aux recherches et à la défense d'exploiter une mine avant d'avoir obtenu une concession, lui interdit formellement en ces termes toutes recherches après la concession de son terrain :

« Dans aucun cas, les recherches NE POURRONT *être autorisées* DANS UN TERRAIN DÉJA CONCÉDÉ. »

La loi de 1810, ne contenant que des *articles d'exécution*, ne fait qu'interdire toutes recherches au propriétaire par l'article 12 ; mais la jurisprudence solennelle de la Cour suprême lui interdit encore *tous travaux nuisibles* à l'exploitation de la mine dans l'étendue de son périmètre (1).

La Cour de cassation, dans cette circonstance, a rendu un arrêt aussi prudent que la loi ; elle a évité de définir la propriété des mines, et s'est contentée d'*établir des règles*.

Mais qu'on ne dise plus que les droits du propriétaire restent entiers *après la concession de sa propriété*, à moins de rayer l'article 7 où il est dit :

» L'acte de concession DONNE LA PROPRIÉTÉ PERPÉTUELLE de la mine, laquelle est dès-lors *disponible* et *transmissible* comme tous

(1) Voir, page 81, 2ᵐᵉ alinéa.

autres biens et dont on NE PEUT ÊTRE EXPROPRIÉ QUE DANS LES CAS *et* SELON LES FORMES *prescrites pour* LES AUTRES PROPRIÉTÉS. »

En définitive, au jour de la concession apparaît un *droit nouveau*, droit inviolable et qui absorbe celui de l'ancien propriétaire, moyennant deux sortes d'indemnités ou le prix double du terrain.

CHAPITRE II.

DROIT DU GOUVERNEMENT SUR LES MINES.

Le gouvernement, pour un motif d'intérêt général, peut, en vertu de l'article 10 de la loi de 1810, accorder à un tiers la permission de rechercher des mines dans la propriété d'autrui, et il a seul le droit, après la découverte, de disposer de la propriété minérale, qui, aux termes de l'article 5, ne peut être exploitée qu'en vertu d'un acte de concession délibéré en Conseil d'État.

Mais, comme une permission de recherches ou une concession de la propriété d'une mine comprend souvent une étendue de plusieurs kilomètres, et que tous les terrains compris dans le périmètre concédé sont soumis aux recherches ou forment la propriété de la mine, il a fallu en distraire le domicile et l'asile des jouissances domestiques du propriétaire de la surface.

On ne pouvait expulser le propriétaire de son domicile et des lieux qu'il aime; il fallait limiter le droit accordé par le gouvernement, et c'est dans ce but que l'article 11 de la même loi a été édicté. Cet article porte en effet :

Nulle permission de recherches, ni concession de mines NE POURRA,

sans le consentement formel du propriétaire de la surface, DONNER LE
DROIT DE FAIRE des sondes et d'ouvrir des puits ou galeries, ni celui
d'établir des machines ou magasins dans les enclos murés.... ni dans
les terrains attenants.... »

Quoi de plus juste, de plus naturel que la loi, après
avoir autorisé le gouvernement à disposer de la propriété d'un citoyen, apporte des restrictions à ce droit
exorbitant et désigne les lieux dont le propriétaire de
la surface ne pourra être dépossédé sans son consentement formel.

Mais de ce que la loi désigne les lieux qui ne peuvent être envahis sans le consentement du propriétaire,
doit-on en conclure que cette restriction apportée aux
droits accordés pourra être invoquée par le propriétaire d'un enclos muré contre son voisin, propriétaire
des terrains attenant ou joignant l'enclos, et qu'il
pourra lui interdire d'y faire des recherches ou d'y
construire un magasin?

Nous croyons avoir suffisamment démontré au chapitre III du titre supplémentaire (1) que cette opinion
est inadmissible, et que l'article 11 ne restreint que la
dépossession du propriétaire.

SECTION UNIQUE.
Permission de recherches du gouvernement.

Outre les recherches du propriétaire ou celles
qu'il aurait permises, le gouvernement peut accorder
une permission à d'autres, ainsi qu'il a été décidé

(1) Voir page 289 et suivantes.

par trois ordonnances du 28 novembre 1837 et des
12 mars et 6 juillet 1839 (1).

L'article 12, en donnant au propriétaire le droit de
faire des recherches dans sa propriété, n'enlève pas
au gouvernement le droit de les permettre à d'autres
explorateurs, *si le terrain est assez vaste* pour que
plusieurs explorations y puissent être faites simulta-
nément.

§ 1er.

Formalités à remplir pour obtenir une permission de recherches.

Les formalités à remplir pour obtenir la permission
de rechercher des substances minérales dans la propriété d'autrui sont simples ; il faut :

1º Exposer la demande dans une requête ou pétition qui est adressée
au préfet du département de la situation *des terrains à fouiller*, et
désigner d'une manière précise l'objet de la recherche, *la nature
DES TERRAINS* et leur situation, les noms, prénoms, qualités et
domiciles des propriétaires ;

2º Joindre à cette demande le plan prescrit par l'article 30 de la loi
et tous autres documents à l'appui ;

3º Notifier aux propriétaires des terrains, par exploit d'huissier, la
demande en permission, afin qu'ils aient à déclarer s'ils entendent
faire eux-mêmes les recherches ou former opposition à la demande ou
se mettre en mesure de réclamer l'indemnité préalable.

§ 2.

Instruction de la demande en permission.

L'instruction de la demande en permission de recherches ne nécessite pas d'affiches ni de publications,
lorsque cette demande a été notifiée aux propriétaires
des terrains à fouiller ; voici comment on procède :

1º La demande est envoyée à l'ingénieur en chef par le préfet, pour

(1) *Annales des Mines*, T. 12, p. 679; 15, p. 713, et 16, p. 721.

avoir un rapport de l'ingénieur ordinaire et l'avis de l'ingénieur en chef;

2° L'ingénieur ordinaire fait les reconnaissances et les opérations nécessaires, soit pour la fixation des limites, soit pour se mettre à même de fournir des renseignements, indiquer le mode général des recherches et régler les conditions de la permission;

3° Le même ingénieur vérifie le plan et y appose son *visa;*

4° L'ingénieur en chef donne ensuite son avis après avoir visité lui-même les lieux, et renvoie les pièces au préfet avec le rapport et son avis;

5° Le préfet communique la demande au sous-préfet, qui, après avoir pris tous les renseignements, donne aussi son avis;

6° Lorsque le tout est terminé pour l'instruction, le préfet prend un arrêté par lequel il admet ou rejette la demande;

7° L'arrêté fixe l'étendue de la surface de la permission et la durée de cette permission, qui, d'après les anciens usages, est de deux années, sauf à être renouvelée;

8° Cet arrêté, indiquant l'accomplissement de toutes les formalités ci-dessus et l'opinion du préfet, est ensuite envoyé par ce magistrat, ainsi que les pièces de l'affaire, au ministre des travaux publics, qui renvoie le tout à l'administration des mines pour avoir son avis, et le ministre décide en accordant ou en refusant la permission;

9° Des experts sont ensuite nommés, si les avis sont favorables, un par les propriétaires, un par le demandeur et le troisième par le préfet, à l'effet d'estimer l'*indemnité* D'OCCUPATION *à la surface,* d'après l'étendue demandée;

10° L'estimation est remise au préfet, et l'indemnité est fixée par le Conseil de préfecture.

CHAPITRE III.

DÉCOUVERTE DE LA SUBSTANCE MINÉRALE.

La découverte d'une substance minérale ne donne aucun droit à la concession de la propriété de la mine; les recherches du propriétaire du terrain ou du permissionnaire du gouvernement s'arrêtent devant la découverte, et le gouvernement en dispose moyennant indemnités envers qui de droit.

La loi de 1810, à l'article 5, est très-explicite sur ce point et ne comporte pas d'exception :

« Les mines ne peuvent être exploitées qu'en vertu d'un acte de concession délibéré en Conseil d'État. »

L'article 12, après avoir consacré le droit de recherches du propriétaire dans toutes ses propriétés, ajoute :

« Mais il sera obligé d'obtenir une concession avant d'y établir une exploitation. »

Mais comme une propriété minérale ne peut être concédée qu'après la découverte de la substance qu'elle renferme, il faut que cette découverte soit reconnue et constatée par l'autorité, et, comme une mine n'est réputée découverte que lorsqu'on connaît l'*allure* et la *richesse du gîte minéral*, il convient donc d'extraire les matières pour continuer les recherches.

Néanmoins, les produits minéraux ne sont pas la propriété de celui qui a fait la découverte; il ne peut en disposer que lorsqu'il a une concession ou une autorisation provisoire de les vendre.

Des autorisations administratives peuvent être accordées à des explorateurs, soit avec permission, soit avec défense de vendre les produits. Dans le premier cas, l'autorisation impose l'obligation de payer au propriétaire de la surface la redevance prescrite par l'article 6 de la loi.

M. de Cheppe, qui a publié dans les Annales des Mines de nombreuses dissertations sur la jurisprudence des mines, fait ressortir le droit du gouvernement, en ce qui concerne les autorisations d'exploiter avec permission de vendre les produits, du décret du 6 mai 1811, qui indique les mesures à prendre relati-

vement aux exploitations que l'intérêt public fait
tolérer, lorsqu'il y a empêchement à la concession
immédiate.

Mais l'explorateur qui, sous prétexte de recherches,
se livrerait à une exploitation illicite, serait poursuivi
en conformité des articles 93 et suivants de la loi
de 1810.

D'autre part, ce qu'il importe de constater ici, c'est
qu'il y a presque toujours exploitation de la mine *avant
la concession*, et que lorsque la loi, dans la dernière
disposition de l'article 44, se reporte *avant l'exploitation de la mine*, elle entend l'exploitation qui précède ou qui suit la concession de la mine, parce que
la mine est en exploitation dès que l'extraction est
commencée sur un point de la propriété concédée,
ainsi que nous le démontrerons *au titre septième*,
chapitre II.

CHAPITRE IV.

ÉTENDUE ET TRACÉ DES LIMITES DES TERRAINS A CONCÉDER.

La propriété d'une mine étant une propriété territoriale et ne différant sous aucun rapport des autres
propriétés de cette nature, doit être désignée par son
étendue, et un tracé doit indiquer les limites des
terrains à concéder; à la surface, des points fixes sont
établis, qui plus tard servent à faire le bornage de la
propriété concédée, si des modifications ne sont pas
apportées aux limites par l'acte de concession.

Sur ce point l'article 29 ne laisse aucun doute:

« L'ÉTENDUE *de la concession* de la mine SERA DÉTERMINÉE *par
l'acte de concession*. Elle sera limitée par des points fixes pris à la

surface du sol, et passant par des plans verticaux MENÉS DE CETTE
SURFACE DANS L'INTÉRIEUR DE LA TERRE *à une profondeur* INDÉFINIE,
à moins que *les circonstances* et *les localités* NE NÉCESSITENT *un
autre* MODE *de limitation.* »

Les limites de la propriété d'une mine sont déterminées par des plans verticaux qu'on suppose pro-
longés dans l'intérieur de la terre à une profondeur
indéfinie ; c'est-à-dire qu'*elles partent de la surface* et
descendent verticalement dans les entrailles de la terre ;
l'article 7 porte :

« L'acte de concession DONNE LA PROPRIÉTÉ PERPÉTUELLE de la
mine, *laquelle est dès-lors* DISPONIBLE *et* TRANSMISSIBLE *comme tous
autres biens*, et dont on ne peut être EXPROPRIÉ QUE DANS LES CAS
et SELON LES FORMES *prescrites pour* LES AUTRES PROPRIÉTÉS, conformément au code Napoléon et au code de procédure civile.

» Toutefois UNE MINE (la propriété) ne peut être *vendue* PAR LOTS
OU PARTAGÉE sans une autorisation préalable du gouvernement, donnée
dans la même forme que la concession. »

La propriété d'*une mine* est donc une propriété
territoriale ordinaire, puisqu'elle peut être *partagée*
ou vendue *par lots* avec l'autorisation du gouvernement, et que, *concédée à perpétuité*, elle est disponible et transmissible comme tous autres biens dont
on ne peut être exproprié que dans les cas et selon
les formes prescrites pour les autres propriétés immobilières auxquelles s'applique la règle commune.

D'où il suit que lorsque la loi parle de l'*étendue* ou
des *limites* et du *plan de la mine* ou *d'une mine*, elle
veut désigner le terrain qui renferme la substance
minérale.

En voici la preuve : en 1812 une difficulté s'éleva
sur les limites de deux propriétés minérales contiguës ;
le Conseil d'État, appelé à statuer sur la difficulté, a

déclaré que limiter la concession d'une mine, c'est limiter le périmètre des *terrains à concéder* ou des *terrains concédés*, et a motivé le décret du 21 février 1814, ainsi qu'il suit :

« Considérant qu'il a été porté atteinte *aux droits* et à *la propriété* de la société de la Hestre EN CHANGEANT LES LIMITES DE SA CONCESSION, *pour faire passer* UNE PARTIE DE SON TERRITOIRE DANS LES LIMITES DES CONCESSIONS de Marimont et de Sarre-Long-Champ.

» Que si le ministre a recommandé, par les instructions, de fixer, le plus possible, PAR DES LIGNES DROITES LES LIMITES DES CONCESSIONS, il n'a pu et n'a entendu y assujettir que LES TERRAINS *à concéder*, et nullement LES TERRAINS *concédés*. »

De ce document résulte une preuve incontestable que concéder ou limiter une mine, c'est concéder ou limiter le terrain minéral, et lorsque l'Empereur établissait une distinction entre *le sol* et *la mine* (1) pour en faire deux propriétés séparées, il entendait que l'une se composerait de la surface et l'autre du terrain qui recèle la mine.

Mais dire que la propriété *perpétuelle* d'une mine ne se compose que de la substance minérale, c'est dire qu'on ne concède que *les produits* de cette propriété et que le concessionnaire d'une mine n'a que l'usufruit de la propriété minérale *qui lui est concédée !*

Dans ce système, l'article 7 de la loi de 1810 serait un mensonge; *on ne concéderait pas une propriété*, et les limites données à la concession n'auraient pour objet que de déterminer l'étendue de l'usufruit du concessionnaire.

Néanmoins il faudrait toujours laisser au concession-

(1) Voir, page 18, 4me alinéa.

naire la paisible jouissance de son *usufruit perpétuel,* et rien, *dans l'étendue* du périmètre donné à sa concession, ne devrait paralyser le libre exercice des droits qui lui ont été concédés.

Mais, quelle que soit la propriété concédée, le respect qu'on lui doit est le même ; on ne peut pas plus priver l'usufruitier de son usufruit que le fermier de ses récoltes ou le propriétaire de sa propriété.

Le concessionnaire d'une mine a des droits certains, positifs, qui ne peuvent dépendre du caprice ou des besoins réels du propriétaire de la surface; au contraire, ce sont les droits de ce propriétaire qui sont soumis à toutes les éventualités, à tous les besoins de propriété de la mine, moyennant les indemnités prévues par la loi.

Dans la pratique, les droits du concessionnaire ne sont pas contestés; il lui suffit de justifier des besoins de son exploitation, de se faire autoriser et de payer les indemnités pour prendre possession d'une propriété qui ne lui est jamais refusée; où serait ce droit, répétons-le, s'il n'était dans la concession de cette propriété?

La loi prévoit et règle d'avance la dépossession du propriétaire de la surface par les indemnités qu'elle lui accorde : tandis que rien n'est prévu pour la dépossession du propriétaire de la mine dont la propriété est régie par la règle commune.

TITRE CINQUIÈME.

DEMANDE EN CONCESSION DE LA PROPRIÉTÉ D'UNE MINE.

La demande en concession de la propriété d'une mine est une chose
sérieuse et de la plus haute importance ; par elle le demandeur
déclare se soumettre aux clauses, charges et conditions de la concession, et l'acte qui intervient ensuite *est un contrat synallagmatique* entre le demandeur, le gouvernement et le propriétaire de la
surface. — Le tracé de la propriété demandée en concession et la
demande sont affichés, publiés les dimanches pendant quatre mois,
dans toutes les communes dont le territoire ou une partie seulement
se trouve compris dans le périmètre demandé ; des insertions sont
faites à ce sujet dans les journaux du département. — La loi, n'accordant aucune préférence au premier demandeur en concession,
admet les demandes en concurrence, et le gouvernement choisit
entre les divers prétendants celui qui offre le plus de garantie et
dont l'exploitation sera la plus utile au pays. — Toute personne
intéressée à empêcher *sur quelques points* la concession demandée,
peut former opposition. — L'instruction d'une demande en concession peut, à la suite des affiches, publications et insertions dans
les journaux, être assimilée à une procédure en expropriation.

CHAPITRE Ier.

FORME DE LA DEMANDE EN CONCESSION DE LA PROPRIÉTÉ D'UNE MINE.

Toute demande en concession de la propriété d'une
mine doit être justifiée et appuyée de motifs graves,
établissant la nécessité de la concession des terrains
minéraux ; il faut démontrer les avantages qui doivent

en ressortir pour la prospérité générale, et le gouvernement, juge suprême, n'accorde la concession demandée que dans un but d'utilité publique.

Selon l'instruction ministérielle du 3 août 1810, les principaux motifs qui doivent déterminer le gouvernement à accéder à une demande en concession, sont :

« La certitude de moyens d'exploitation offerte par les localités, sans anéantir des établissements antérieurement en activité ;

» LA FACULTÉ D'ASSEOIR L'EXPLOITATION SUR UNE ÉTENDUE DE TERRAIN SUFFISANTE, pour qu'elle soit suivie *par les moyens* LES PLUS ÉCONOMIQUES ;

» La connaissance des débouchés qui doivent assurer la prospérité de l'entreprise ;

» Une intelligence active de la part des demandeurs, et la justification des moyens nécessaires pour satisfaire aux dépenses de l'entreprise. »

Nous ferons remarquer, d'après ce texte, qu'il faut que le concessionnaire ait la faculté d'asseoir l'exploitation *sur une étendue* DE TERRAIN *suffisante,* et que par suite cette étendue, après avoir été reconnue et accordée, ne peut *être restreinte* plus tard par le propriétaire de la surface après la concession.

La demande en concession doit être rédigée dans la forme d'une requête ou pétition adressée au préfet du département où gît la mine ; elle doit surtout contenir :

1º Les noms, prénoms, qualités et domiciles des demandeurs en concession.

Elle doit indiquer si les demandeurs en concession sont associés ; distinguer les noms, prénoms, qualités et domiciles de chacun d'eux, et énoncer l'acte de société, ainsi que les clauses de cet acte, afin que la propriété *des terrains à concéder* soit accordée dans les mêmes termes et que la société puisse en disposer à titre de propriétaire d'une manière régulière.

2° La désignation précise *des terrains demandés en concession*, leur situation, en se référant au plan annexé à la demande.

On ne peut demander la concession de terrains minéraux que lorsque la présence de la substance minérale a été constatée ; car si l'allure et la richesse du gîte minéral n'étaient pas reconnues, les recherches ou travaux de reconnaissance devraient être continués et la concession refusée.

3° L'étendue des terrains et leurs limites doivent être déterminées par des points fixes.

Il faut, en effet, désigner l'étendue des terrains dont la concession est demandée et indiquer les limites par des lignes droites partant de points fixes, afin de bien faire connaître toute la surface comprise dans le périmètre à concéder, sauf les restrictions de l'article 11 de la loi de 1810 ou les distractions qui peuvent être prononcées par l'acte de concession.

4° Les *indemnités offertes* aux propriétaires dont l'expropriation est demandée, et aux explorateurs, si la demande en concession est formée par un autre.

Ces indemnités sont accordées aux propriétaires des terrains en exécution de l'article 6 de la loi de 1810, et réglées en conformité de l'article 42, comme prix du tréfonds, indépendamment de celles à payer en vertu des articles 43 et 44, quand la dépossession des propriétaires est complète.

L'explorateur, quel qu'il soit, doit être remboursé de ses dépenses d'exploration, s'il ne demande ou n'obtient pas la concession ; les articles 16 et 18 prévoient ce cas.

5° Les lieux d'où l'on tirera les matières combustibles nécessaires, s'il s'agit de minerai de fer.

La prudence exige que l'on s'assure si les approvisionnements pourront se faire sans nuire aux consommations des pays voisins, et à cet effet l'administration consulte les ingénieurs et au besoin les conservateurs des forêts.

6° La déclaration de se conformer au mode d'ex-

28

ploitation qui sera déterminé par le gouvernement et d'*exécuter les conditions imposées.*

L'acte de concession étant un contrat synallagmatique par lequel les contractants, aux termes de l'article 1102 du code Napoléon, s'obligent réciproquement, il faut que les demandeurs en concession se soumettent d'avance aux clauses, charges et conditions qui leur seront imposées par cet acte, conformément à leur soumission.

Un plan des terrains, dressé en triple expédition, et un extrait du rôle des impôts payés par les demandeurs en concession doivent être joints à la demande.

Cette double précaution a pour objet d'éviter les erreurs quant aux terrains demandés ou qui seront concédés, et de s'assurer de la solvabilité des demandeurs.

Une demande en concession de mines est un acte par lequel le demandeur s'oblige d'une manière irrévocable non-seulement à exploiter la mine, mais encore à payer l'indemnité du tréfonds au propriétaire de la surface et l'impôt envers l'État.

Car le concessionnaire, lors même qu'il n'exploite pas sa propriété, n'en doit pas moins l'impôt (1) et le prix du tréfonds qui est réglé par l'acte de concession.

Jusqu'ici on n'a pas pris au sérieux une demande en concession, ni remarqué que le demandeur contracte une obligation perpétuelle envers la société, l'État et les propriétaires de la surface, et qu'il doit s'exécuter tant qu'on n'a pas fait prononcer contre lui la résolution du contrat.

Mais qu'on ne croie pas qu'il lui soit loisible de rompre ses engagements, pas plus qu'on ne pourrait lui reprendre la propriété qui lui a été concédée, en paralyser ou en gêner l'exploitation.

(1) Voir, page 37, 1er et 2me alinéa.

CHAPITRE II.

AFFICHES, PUBLICATIONS ET INSERTIONS DANS LES JOURNAUX
DE LA DEMANDE EN CONCESSION D'UNE MINE.

La loi, les décrets et les règlements veulent que les
formalités d'affiches, de publications et d'insertions
dans les journaux de la demande en concession
soient observées, sous peine de nullité de la concession
des terrains ou de la mine.

On avait demandé, lors de la discussion de la loi
de 1810 devant le Conseil d'État, qu'on appliquât
pour ces formalités les prescriptions du code de procédure civile pour l'*expropriation forcée* ou vente sur
saisie immobilière.

M. *Locré*, rendant compte de la séance du Conseil
d'État du 27 juin 1809, dans laquelle on avait examiné
les formalités d'affiches et de publications de la demande en concession, rapporte le procès-verbal où
nous lisons :

« M. le comte JAUBERT voudrait que l'on appliquât ici *les formes* de
publications *établies par le code de procédure civile* POUR LA VENTE
DES OBJETS SAISIS, et particulièrement la disposition qui ordonne
l'insertion dans les journaux. »

Mais on a décidé avec raison que *ces formes* seraient
insuffisantes pour prévenir les propriétaires des terrains,
auxquels il n'est fait aucune notification ou dénonciation à domicile de la demande en concession, comme
cela se pratique en matière de vente sur saisie immobilière, et le législateur a imposé des formes beaucoup
plus sévères que pour l'expropriation forcée.

Voici ce que prescrit la loi de 1810, aux articles 22, 23, 24, 25, 27 et 30 :

« Art. 22. La demande en concession sera faite *par voie de* SIMPLE PÉTITION *adressée au préfet*, qui sera tenu de la faire enregistrer, à sa date, sur un registre particulier et d'ordonner les publications et affiches dans les dix jours.

» Art. 23. LES AFFICHES auront lieu PENDANT QUATRE MOIS, dans le chef-lieu du département, dans celui de l'arrondissement où la mine est située, dans le lieu du domicile du demandeur, et dans toutes les communes DANS LE TERRITOIRE *desquelles* la concession peut s'étendre. Elles seront INSÉRÉES *dans les journaux* du département.

» Art. 24. LES PUBLICATIONS de demandes en concession de mines *auront lieu* DEVANT LA PORTE *de la Maison-Commune et des* églises paroissiales et consistoriales, A LA DILIGENCE DES MAIRES, *à l'issue de l'office un jour* DE DIMANCHE, *et au moins* une fois par mois *pendant la durée des affiches* (quatre mois). LES MAIRES SERONT TENUS DE CERTIFIER CES PUBLICATIONS.

» Art. 25. Le secrétaire-général de la préfecture délivrera au requérant un extrait certifié de l'enregistrement de la demande en concession.

Art. 27. A l'expiration du délai des affiches et publications, et SUR LA PREUVE DE L'ACCOMPLISSEMENT DES FORMALITÉS portées aux articles précédents, dans le mois qui suivra, au plus tard, le préfet du département, sur l'avis de l'ingénieur des mines, et après avoir pris des informations sur les droits et sur les facultés des demandeurs, donnera son avis et le transmettra au ministre de l'intérieur.

» Art. 30. UN PLAN RÉGULIER DE LA SURFACE, EN TRIPLE EXPÉDITION, et sur une échelle de *dix millimètres* pour *cent mètres*, sera annexé à la demande. Ce plan devra être dressé ou vérifié par l'ingénieur des mines, et certifié par le préfet du département. »

Ainsi, *pendant quatre mois*, les propriétaires des terrains demandés en concession sont avertis et mis en demeure de faire valoir leurs droits à des réserves pour bâtir ou créer des établisssements, ou à des indemnités plus fortes que celles offertes par le demandeur en concession ou proposées d'office par l'ingénieur.

Nous nous occuperons de ces oppositions au chapitre IV du présent titre.

CHAPITRE III.

DEMANDE EN CONCURRENCE A UNE DEMANDE PRIMITIVE.

La loi, n'accordant aucune préférence à une première demande en concession, admet les demandes en concurrence, afin que le gouvernement puisse choisir, parmi les divers prétendants, celui qui offrira le plus de garantie et qui exploitera le plus utilement pour le pays.

La demande en concurrence *doit contenir* non-seulement les motifs qui justifient la préférence réclamée sur la demande primitive, mais encore les *formalités, conditions* et *soumissions* qui sont imposées à toute demande en concession (1), et l'article 26 de la loi de 1810 porte :

« *Les demandes* EN CONCURRENCE et LES OPPOSITIONS *qui y seront formées* (à la demande primitive), seront admises devant le préfet *jusqu'au dernier jour* DU QUATRIÈME MOIS, à compter de la date de l'affiche.

» Elles seront notifiées, par acte extra-judiciaire, à la préfecture du département, où elles seront enregistrées sur le registre indiqué à l'article 22.

» Les oppositions seront notifiées aux parties intéressées, et le registre sera ouvert à tous ceux qui en demanderont communication. »

La loi est très-explicite dans cet article ; mais à l'article 28 elle ne prescrit rien sur les demandes en concurrence ; elle dit simplement que, jusqu'à l'émission du décret de concession, *toute opposition* sera admissible devant le ministre ou le secrétaire général du Conseil d'État ; que, dans ce dernier cas, l'opposition aura lieu par requête signée et déposée

(1) Voir page 430 et suiv.

par un avocat au Conseil, et que dans tous les cas elle doit être notifiée aux parties ; mais que, si l'opposition est motivée sur *la propriété* de la mine, les parties seront renvoyées devant les tribunaux.

Jusqu'à l'émission du décret impérial, toute opposition est rigoureusement admissible, et l'article 28 semble n'admettre que l'opposition, après l'expiration des quatre mois, devant le ministre ou le secrétaire-général du Conseil d'État.

Mais un arrêté du ministre de l'intérieur, en date du 27 octobre 1812, est venu assimiler les demandes en concurrence à une opposition :

« Art. 1er. Toutes *oppositions ou demandes en concurrence*, formées contre une demande en concession nouvelle, et notifiées dans les formes prescrites par l'article 26 de la loi de 1810 à la préfecture d'un département, après le dernier jour du quatrième mois de l'affiche de cette demande, ne pourront être admises par le préfet pour faire partie de l'instruction d'après laquelle il statuera sur la demande en concession, conformément à l'article 27 de la même loi, comme si ces *oppositions ou demandes* en concurrence n'avaient point eu lieu.

» Art. 2. Le préfet auquel ces *oppositions ou demandes* tardives auront été notifiées, les transmettra néanmoins séparément au ministre avec un arrêté constatant les motifs pour lesquels elles n'auront pas été comprises et discutées dans l'instruction principale sur la demande en concession, et son avis sur le mérite de ces oppositions.

» Art. 3. Les *oppositions ou demandes* en concurrence contre les demandes en concession, publiées et affichées sous le régime de la loi de 1791, survenues depuis la nouvelle publication et affiche de ces demandes, ayant pour objet la fixation des droits attribués aux propriétaires de la surface par les articles 6 et 42 de la loi, ne pourront également être admises par le préfet pour faire partie de l'instruction principale, lorsque ces oppositions ne seront point directement relatives à la fixation de ces droits, soit que ces *oppositions ou demandes* aient été introduites dans les quatre mois des nouvelles publications et affiches, soit qu'elles l'aient été postérieurement. Dans l'un ou l'autre cas, ces oppositions ou demandes seront transmises ainsi qu'il est dit en l'article précédent.

» Art. 4. Toutes les fois qu'une opposition à une demande en concession, notifiée à la préfecture dans le délai prescrit en l'article 26 de la loi, sera motivée sur la propriété de la mine acquise à l'opposant par concession ou autrement, et qu'ainsi la connaissance sera susceptible d'en appartenir aux tribunaux, d'après les dispositions de l'article 28 de la loi, le préfet ne pourra en ordonner le renvoi de son propre mouvement, mais il exprimera son avis sur la nature de cette opposition par un arrêté particulier et préparatoire qu'il transmettra, avec l'opposition et les pièces à l'appui, au ministre de l'intérieur, lequel statuera sur le renvoi aux tribunaux, s'il y a lieu. »

D'après cet arrêté, une demande en concurrence n'est qu'une opposition à la demande *primitive*.

Le 3 mai 1837, 25 ans après, un *avis* du Conseil d'État a décidé que la demande en concurrence est recevable comme l'opposition, mais qu'il doit être procédé à une nouvelle instruction si cette demande tardive est prise en considération, et qu'on doit surseoir à la demande primitive ; suivent les dispositions de cet avis :

« Le Conseil d'État qui, sur le renvoi ordonné par le ministre du commerce, a pris connaissance d'un rapport adressé à M. le directeur général des ponts et chaussées et des mines, sur la question de savoir :

» Si les demandes en concurrence pour des concessions de mines sont, comme les oppositions, admissibles après l'expiration du délai des affiches et jusqu'à ce qu'il ait été statué sur la concession. »

« Vu la loi du 21 avril 1810, et notamment les articles 26 et 28,

» Les instructions ministérielles du 3 août 1810 et du 3 novembre 1812 ;

» Considérant que les dispositions de la loi du 21 avril 1810, qui fixent un délai pour l'admission des oppositions et des demandes en concurrence, et qui autorisent l'administration à statuer à l'expiration du délai, n'ont pas pour objet de conférer nécessairement un droit exclusif aux demandeurs qui se sont pourvus dans les délais, et ne font pas obstacle à ce que l'administration, lorsqu'elle le juge conforme à l'*intérêt public*, surseoie à la concession ;

» Que toutefois le gouvernement ne peut statuer sur aucune nouvelle demande en concession que lorsqu'il aura été satisfait complètement à son égard aux formalités prescrites par le titre 4 de la loi du 21 avril 1810 ;

» *Est d'avis :*

› 1º Que, lorque les demandes en concession de mines ont été instruites conformément aux règles prescrites par la loi du 21 avril 1810,
le gouvernement peut accorder·la concession nonobstant une nouvelle
demande·qui serait présentée après les délais déterminés par la loi.

» 2º Que le gouvernement peut toujours aussi, si les demandes en
concurrence sont présentées après les délais et s'il le juge convenable ᵣ
surseoir à la concession.

» 3º Que, dans ce cas, avant de statuer sur les nouvelles demandes,
il est *indispensable* de procéder à une instruction complète, conformément aux prescriptions du titre 4 de la loi du 21 avril 1810. »

Le 29 septembre 1837, M. le directeur général des
mines, en adressant l'avis du Conseil d'État du 3 mai
précédent, a dit :

« Un droit n'est pas conféré aux demandeurs qui se sont pourvus
dans les délais indiqués par l'article 26 ; la priorité de la demande est
un titre que l'on peut faire valoir ; elle n'est point une cause d'exclusion
pour d'autres prétendants que des circonstances particulières, la découverte qu'ils auraient faite de nouvelles couches ou de nouveaux filons,
peuvent déterminer à solliciter une concession pour laquelle ils
n'avaient pas d'abord songé à se mettre sur les rangs.

» Le gouvernement est juge, d'après l'article 16, des motifs ou
considérations qui doivent décider de la préférence à accorder à tel ou
tel des demandeurs, et il importe à *l'intérêt public*, PREMIÈRE BASE
de la législation en fait de mines, qu'il puisse choisir parmi le plus
grand nombre possible de concurrents.

» Mais en même temps, par cela que les articles 27 et 28 autorisent
à statuer sur la concession à l'expiration du délai des affiches et publications, et après l'accomplissement des formalités prescrites aux
articles précédents, l'intervention de nouveaux concurrents, à ce degré
de l'instruction, ne saurait contraindre nécessairement à suspendre
la marche de l'affaire et à surseoir à la concession.

» De même que l'existence de demandes antérieures, présentées dans
les délais et complètement instruites, ne met pas cependant obstacle à
ce que l'administration, lorsqu'elle le juge conforme à l'intérêt général,
ajourne sa décision et ordonne l'instruction préalable des nouvelles
demandes ; de même, la production de ces dernières ne peut l'empêcher
de passer outre, si elle reconnaît que toutes les conditions désirables
se trouvent déjà réunies pour que la mine soit concédée.

» Ce qui est *indispensable*, c'est que la demande de celui que l'on choisira pour concessionnaire ait été soumise à toutes les formalités voulues par la loi. *On n'aurait pas le droit* D'ACCORDER LA CONCESSION *à l'un des concurrents dont la demande n'aurait point complètement subi ces formalités;* mais on n'est pas obligé de recommencer *indéfiniment*, au gré des nouveaux prétendants qui viendraient se présenter. *Autrement il n'y aurait point de terme aux affaires.*

» Les circonstances propres à chaque espèce et les considérations d'*utilité publique* doivent seules faire décider s'il est juste et convenable, suivant tel ou tel cas, de différer la concession ou de l'*instituer*.

» Tels sont les principes qui, à la suite d'un examen récent de ces questions, ont été reconnus par le *Conseil d'État*, SECTIONS RÉUNIES, devoir servir de règles en ces matières.

» C'est d'après ces règles, ajoute M. le directeur général, qu'il devra être procédé au sujet des concessions de mines que l'on aura *à instituer*. Ces points étaient importants à fixer. »

Les articles 26 et 28 avaient besoin d'être interprétés. Désormais l'article 28 complétera l'article 26, et les demandes en concurrence, ou demandes tardives, seront admises ou reçues comme les oppositions, jusqu'à l'émission du décret qui concède la mine et qui lui institue un propriétaire.

Celui qui prouve qu'il possède les ressources nécessaires à une exploitation, a le droit de demander et peut obtenir une concession de mines. Cette concession est donnée au concours par le gouvernement, qui est juge des motifs de préférence entre les divers demandeurs, et ne l'accorde que lorsque les formalités prescrites par les articles 22, 23, 24 et 25 ont été observées.

Mais est-il nécessaire, *indispensable*, de faire subir à la demande en concurrence toutes les formalités remplies sur la demande primitive, ainsi qu'il est dit dans la circulaire du 29 septembre 1837, et ainsi que semble le dire le n° 3 de l'avis du Conseil d'État du 3 mai précédent?

Non, assurément ; nous allons le démontrer dans les deux sections qui suivent.

SECTION 1re.

Complément de l'article 26 de la loi de 1810.

L'article 26 de la loi de 1810 admet les demandes en concurrence et les oppositions *devant le préfet*, pendant les quatre mois, jusqu'au dernier jour inclusivement où la demande primitive est affichée et publiée, et il est dit qu'elles seront notifiées par acte extra-judicaire, à la préfecture du département, où elles seront enregistrées sur le registre indiqué à l'article 22. *Les oppositions seront notifiées aux parties intéressées.*

Le délai de quatre mois expiré, et après l'accomplissement des formalités portées aux précédents articles, le préfet adresse les pièces au ministre ou au directeur général des mines.

Puis l'article 28 établit que, jusqu'à l'émission du décret, *toute opposition* sera admissible devant le ministre ou le secrétaire général du Conseil d'État.

La circulaire du 3 août 1810 dit encore que *toute opposition* est rigoureusement admissible jusqu'à l'émission du décret impérial ; mais qu'elle sera renvoyée, *s'il y a lieu*, à l'examen préalable des autorités locales, pour qu'elles donnent *un avis motivé*.

Cette expression collective : *toute opposition*, qui

se trouve dans l'article 28 et dans la circulaire, se rapporte, d'après l'avis du Conseil d'État, aussi bien aux demandes en concurrence qui, en définitive, ne sont que de véritables oppositions, qu'aux oppositions proprement dites.

La demande en concurrence s'oppose à ce que la concession soit accordée à la demande primitive ; elle dit au gouvernement : *ne donnez pas à d'autres qu'à moi*, je réclame la préférence.

L'opposition proprement dite tend à empêcher que la concession soit accordée, et elle ne réclame que contre la *modification* ou la *restriction* qui sera apportée au droit du propriétaire de la surface.

Du reste, cette interprétation est confirmée par les dispositions de l'article 28, où il est dit que, dans tous les cas, l'*opposition* SERA NOTIFIÉE *aux parties intéressées*, parce que la demande en concurrence doit être portée à la connaissance du premier demandeur aussi bien que l'opposition proprement dite, l'une et l'autre contestant ses droits.

La simple opposition ne concerne qu'un intérêt privé, tandis que la demande en concurrence a un intérêt général, en ce qu'elle permet au gouvernement de faire un choix entre la demande primitive et toutes celles qui peuvent venir après.

Les demandes en concurrence devraient donc être accueillies avec beaucoup plus de faveur que les simples oppositions.

Et si, dans l'article 28, le droit des demandes en concurrence n'a pas été expressément renouvelé, c'est qu'il est compris dans ces deux mots : *toute opposition*, parce que l'intérêt de la société n'a pu être oublié ni méconnu.

SECTION 2.

Inutilité des publications des demandes en concurrence.

L'article 26 de la loi de 1810 ne dit pas que les demandes en concurrence ou oppositions seront publiées : il établit seulement que les demandes en concurrence et les oppositions qui seront formées *à la demande en concession*, SERONT ADMISES *devant le préfet* JUSQU'AU DERNIER JOUR *du quatrième mois,* à compter de la date de l'affiche.

Jusqu'au dernier jour ; mais les demandes qui arrivent ce dernier jour ne sont ni affichées, ni publiées ; elles font partie du dossier, et le préfet, après avoir pris l'avis de l'ingénieur des mines, donne son opinion et transmet toutes les pièces au ministre ou au directeur général des mines, et ainsi qu'il est prescrit à l'article 27, mais sans nouvelles publications.

Dès-lors, sur la demande en concurrence qui arrive à la fin du quatrième mois, l'instruction n'est pas recommencée, et si, dans ce cas, cette demande ne retarde en aucune manière la clôture des délais accordés, quelle différence pourrait-il exister entre la demande en concurrence déposée à la préfecture et celle envoyée au ministre ou déposée au secrétariat du Conseil d'État ?

Une demande en concurrence n'est qu'*un nom de*

plus soumis au choix du gouvernement, rien de plus ; et si la préférence est accordée au concurrent, il n'y a qu'une *substitution de nom* à introduire dans la demande primitive.

Le gouvernement, dans la préférence qu'il accorde ou dans le choix qu'il fait, opère sous sa surveillance une mutation qui aurait pu être faite par les concessionnaires eux-mêmes, *sans publications ni affiches*, après la concession.

En effet, le concessionnaire ou propriétaire institué par la concession, en devenant propriétaire incommutable de la mine, peut la transmettre et en disposer comme de tout autre bien (art. 7), sans s'inquiéter des droits des propriétaires de la surface, ni même consulter le gouvernement, si l'acquéreur n'est pas propriétaire d'une autre concession.

Un décret du 23 octobre 1852 est venu interdire la remise d'une concession entre les mains de celui qui est déjà propriétaire d'une ou plusieurs concessions. Mais ce décret n'interdit pas la vente ou la donation de la concession au profit d'une autre personne.

Voici ce décret :

« LOUIS NAPOLÉON, Président de la République française,

» Sur le rapport du ministre des travaux publics ;

» Vu les nombreuses réclamations adressées au gouvernement contre les réunions des mines opérées sans autorisation administrative sur divers points du territoire ;

» Considérant que dans certains cas ces réunions sont de nature à porter un grave préjudice aux intérêts du commerce et de l'industrie ;

» Considérant dès-lors qu'il est du devoir de l'autorité publique de s'y opposer ;

» Vu la loi du 21 avril 1810 sur les mines ;

» Vu l'article 6 de la Constitution ;

» Sur le rapport du ministre des travaux publics, et de l'avis du Conseil des ministres,

» Décrète :

« Art. 1er. Défense est faite à tout concessionnaire de mines, de quelque nature qu'elles soient, de réunir sa ou ses concessions à d'autres concessions de même nature, par association ou acquisition, ou de toute autre manière, sans l'autorisation du gouvernement.

» Art. 2. Tous actes de réunion opérés en opposition à l'article précé dent, seront en conséquence considérés comme nuls et non avenus, et pourront donner lieu au retrait des concessions, sans préjudice des poursuites que les concessionnaires de mines réunies pourraient avoir encourues, en vertu des articles 414 et 419 du code pénal. »

La circulaire ministérielle du 20 novembre 1852 applique le décret aux locations, donations, etc.

Mais quant aux affiches et aux publications, objet de notre examen, elles ne doivent pas être recommencées sur les demandes en concurrence quand elles ont été faites sur la demande primitive et que les limites du périmètre demandé ne sont pas changées; elles ne feraient que publier les noms des concurrents soumis au choix du gouvernement; ces formalités deviennent donc complètement inutiles.

Il suffit que les demandes en concurrence, comme les oppositions proprement dites, soient notifiées aux parties intéressées, pour que celles-ci puissent y répondre et qu'il y soit ensuite statué *ce que de droit.*

L'utilité de nouvelles publications ne se ferait sentir que si la mutation d'une concession de mine ne devait être faite qu'après les mêmes publications; mais quand les droits des propriétaires sont assurés et garantis sur la demande en concurrence comme sur la demande primitive, ou comme sur la mutation volontaire ou forcée qui peut s'opérer après la concession, peu leur importe le nom de celui à qui la concession sera accordée.

Il en est autrement lorsqu'une demande en *concurrence* comprend une surface plus grande ou d'autres terrains en dehors des limites posées par la demande *primitive*, parce qu'on doit remarquer qu'elle est tout à la fois en concurrence et primitive.

Elle est primitive pour la surface supplémentaire et en concurrence pour la surface ou partie de la surface demandée.

Pour la surface supplémentaire un nouveau plan est nécessaire, un nouvel examen des lieux doit être fait par les ingénieurs, et de nouvelles publications sont indispensables; il faut, en un mot, une nouvelle instruction sur l'ensemble de la nouvelle demande.

Les propriétaires des terrains ajoutés dans la demande en concurrence doivent être avertis de cette demande et mis en demeure de faire valoir tous leurs droits d'opposition ou autres, comme ils ont pu le faire sur la demande primitive; mais, hors de ce cas, toutes publications sont inutiles.

CHAPITRE IV.

OPPOSITIONS PROPREMENT DITES A LA DEMANDE EN CONCESSION.

Toute personne ayant intérêt à empêcher la concession des terrains minéraux demandés, est recevable à former opposition à la demande; mais l'opposition doit être motivée et dénoncée au demandeur en concession.

Les propriétaires de mines, comme les propriétaires de la surface, sont recevables dans leurs oppositions, notamment dans les circonstances qui suivent :

Si les *terrains*, objet de la concession demandée, sont déjà concédés, et s'il s'agit de la même substance minérale, ou si les limites données aux terrains compris dans le périmètre à concéder empiètent sur la première concession, le concessionnaire de celle-ci a le droit de s'opposer à la demande.

Si, dans un but d'*utilité réelle*, le propriétaire des terrains demandés en concession a le projet, ou si déjà il a commencé d'établir des enclos murés ou des habitations, il a le droit de demander des réserves et de s'opposer à la concession des terrains dont il a besoin pour créer de nouveaux établissements auxquels s'appliquera la protection édictée dans l'article 11 de la loi de 1810.

Si les indemnités offertes par les demandeurs en concession ou proposées d'office par les ingénieurs des mines, comme prix du tréfonds des terrains, sont insuffisantes, le propriétaire du terrain a encore le droit de réclamer et de former opposition à la concession de son terrain.

SECTION 1re.

Opposition motivée sur une précédente concession.

L'opposition motivée sur une précédente concession des terrains demandés pour l'exploitation de la même substance minérale, ou motivée sur les limites données au périmètre qu'indique la seconde demande en concession, peut être formée par le premier concessionnaire; il a le droit de défendre sa propriété.

Son droit repose sur la règle commune, sur le respect qui est dû à toutes les propriétés, quoique la loi de 1810 ne dise rien à ce sujet, si ce n'est que toutes recherches sont interdites *dans un terrain déjà concédé.*

Le premier concessionnaire d'un terrain minéral est encore recevable dans son opposition quand il s'agit de concéder le même terrain pour l'exploitation d'une autre substance minérale; il a droit, *comme tout propriétaire,* à une indemnité, si de cette nouvelle exploitation il résulte un préjudice pour lui.

C'est là un principe d'équité qui a été consacré par la Cour de cassation (1) et pour l'exécution duquel il est même fait toute réserve au profit du premier concessionnaire dans tous les actes de concession (2).

Section 2.

Opposition pour demander la distraction d'une partie des terrains à concéder.

Lorsque, dans un but d'*utilité réelle,* les propriétaires des terrains minéraux demandés en concession ont commencé d'établir des enclos murés ou toutes autres constructions, ou même si ces établissements

(1) Voir, pages 69, 6ᵐᵉ alinéa, et 80, avant-dernier alinéa.
(2) Voir, page 255, 6ᵐᵉ alinéa et suiv.

ne sont encore qu'en projet, ils ont le droit de s'opposer à la concession des terrains dont ils ont besoin.

Ils peuvent, avant la concession, demander des réserves autres que celles édictées dans l'article 11 de la loi de 1810 et faire prononcer la distraction, le retranchement de telle partie des terrains demandés, *si l'utilité réelle* en est démontrée.

Mais, après la concession des terrains, ils n'ont plus droit qu'aux réserves édictées dans l'article 11 et ne peuvent plus jouir de leur propriété que comme par le passé, selon la destination que les terrains avaient avant la création du droit accordé au concessionnaire.

C'est avant la concession, avant de laisser consommer son expropriation, que le propriétaire des terrains doit demander des réserves et qu'il doit faire prononcer la distraction des terrains qui lui sont nécessaires pour créer d'autres enclos ou édifices protégés par l'article 11.

Après la concession, tout ce qui est en dehors des réserves est naturellement concédé et fait partie de la propriété du concessionnaire, pour être soumis à l'exploitation, et l'exploitant a le droit de disposer des terrains concédés comme le ferait tout propriétaire.

Mais on ignore généralement les conséquences de la concession de la propriété d'une mine ; le propriétaire de la surface ne voit pas son expropriation dans cette concession, et ne fait même pas attention aux affiches ni aux publications de la demande qui ont lieu pendant quatre mois.

Puis, quand la concession de son terrain est accordée, sans autres réserves que celles édictées dans l'article 11, il vient demander aux tribunaux la révocation implicite de cette concession, le maintien de son droit de propriété et le respect d'une chose qui ne lui appartient plus qu'*à la charge de respecter lui-même* les droits du concessionnaire.

L'acte de concession est un titre de propriété, un contrat sérieux qui doit être respecté, dont toutes les dispositions doivent être fidèlement exécutées et ne peuvent être modifiées au gré du propriétaire de la surface, même du consentement du propriétaire de la mine, sans l'intervention du gouvernement qui a stipulé au contrat *dans l'intérêt de la société*.

En somme, tous les terrains qui ne sont pas exceptés par l'acte de concession ou réservés par l'article 11, sont concédés moyennant les indemnités accordées par l'acte de concession, en vertu des articles 6 et 42, et à régler conformément aux prescriptions des articles 43 et 44, sans que le propriétaire de la surface puisse s'opposer à la prise de possession du concessionnaire.

§ 1er.

Terrains exceptés par l'acte de concession de la mine.

Lorsque la concession d'un terrain est demandée pour l'extraction de la substance minérale qu'il renferme, le propriétaire du terrain, ayant le droit de réclamer des réserves, peut donc obtenir qu'une partie de sa propriété soit exceptée de la concession.

La loi admet l'opposition du propriétaire devant le

préfet pendant quatre mois, à dater du jour des premières affiches et jusqu'à la concession.

Mais c'est avant la concession de son terrain que le propriétaire peut demander des réserves, outre celles qui lui sont accordées par l'article 11 de la loi de 1810 ; et s'il n'agit pas dans les délais, il est forclos.

Et alors le propriétaire qui a négligé de défendre ses intérêts, ne peut venir se plaindre; il doit supporter les suites de sa négligence.

D'autre part, le propriétaire qui a fait opposition à la concession et qui a obtenu les réserves ou a succombé dans sa demande, peut-il, après la concession, réclamer de nouvelles réserves, ou, au mépris du rejet de sa demande, former de nouveaux établissements sur le terrain concédé sans réserves?

Après la concession, *l'utilité réelle* de nouvelles constructions ne peut être invoquée par le propriétaire de la surface ; son intérêt personnel ne peut l'emporter sur celui du concessionnaire dont l'exploitation intéresse la prospérité du pays.

La Cour impériale de Dijon, dans son arrêt solennel du 25 mai 1838, avait bien décidé que le propriétaire de la surface, même après la concession de la mine, conservait le droit de créer de nouvelles constructions, si elles avaient *un but d'utilité réelle* (1) ; mais la Cour suprême, en audience solennelle, a déclaré que le concessionnaire ne peut être privé d'une partie de sa concession, si ce n'est *pour cause d'utilité publique* et moyennant une juste indemnité (2).

(1-2) Voir, pages 74, 2me alinéa, et 80, avant-dernier alinéa.

C'est en vain que M. le procureur général Dupin a dit que c'était imposer *le désert sur la surface* d'une concession de mine ; le respect dû à la propriété du concessionnaire a prévalu sur les inconvénients qui peuvent résulter du *statu-quo* (1).

§ 2.

Terrains réservés par l'article 11 de la loi de 1810.

Si, pendant le délai de quatre mois qui lui est accordé, et même jusqu'à la concession de son terrain, le propriétaire ne prévoit pas qu'une partie de sa propriété lui sera un jour indispensable pour des constructions ou autres établissements qui pourront être pour lui d'une utilité réelle, il ne peut plus, après la concession, demander des réserves, ni obtenir la distraction d'une portion quelconque d'un terrain dont il n'a plus que la jouissance.

La loi réserve seulement au propriétaire négligent les bâtiments, cours ou jardins et enclos murés, et les terrains attenant à ses bâtiments ou à son enclos muré, jusqu'à 100 mètres de distance.

Mais, au-delà de cette réserve, tout le périmètre concédé est abandonné à l'exploitation du concessionnaire, et la propriété minérale est définitivement et irrévocablement acquise au concessionnaire, sous les seules restrictions portées par l'article 11 de la loi de 1810 et moyennant les indemnités imposées par l'acte de concession et par les articles 43 et 44.

(1) Voir, page 76, dernier alinéa.

Les restrictions édictées dans l'article 11 sont déjà considérables, puisqu'elles paralysent *une surface de 100 mètres* autour de l'habitation ou de l'enclos muré de tout propriétaire, sur laquelle *même un chemin* est interdit au concessionnaire (1).

Aussi on comprendra que les propriétaires de vastes terrains pourraient facilement interdire au concessionnaire toute exploitation, s'il leur était permis d'élever de nouvelles constructions ou de former de nouveaux enclos, et si ce dernier était obligé de s'éloigner à 100 mètres des nouveaux bâtiments ou enclos comme des anciens.

A l'instant même toute exploitation serait matériellement et physiquement impossible ; aussi la Cour de cassation a-t-elle décidé que cet article ne peut être appliqué aux établissements *formés après la concession* (2).

C'est là ce qui a été décidé d'abord par la Chambre des requêtes admettant le pourvoi contre l'arrêt qui avait décidé le contraire, ensuite par la Chambre civile cassant ce même arrêt, enfin par les Chambres réunies confirmant la jurisprudence de la Chambre civile (3).

Mais la Chambre des requêtes, elle seule, vient de décider, en confirmant un arrêt de la Cour de Dijon, que le propriétaire de la surface peut bâtir au-dessus d'un *terrain miné* et rendre le propriétaire de la mine responsable des constructions (4).

(1) Voir, pages 159, 3me alinéa et suiv., et 335, 2me alinéa.
(2) Voir, page 70, 4me alinéa.
(3) Voir, page 80, l'arrêt solennel.
(4) Voir, ci-après, chapitre III du présent titre.

Cependant, quand le propriétaire de la mine a usé et non abusé de son droit, qu'il a extrait la substance minérale de la propriété qui lui a été concédée, et que des excavations ont été faites sous le sol, il est manifeste que le propriétaire de la surface ne peut établir des constructions au-dessus de ces excavations qu'à ses risques et périls.

SECTION 3.

Opposition pour réclamer contre l'indemnité du tréfonds.

Nous l'avons déjà dit, si les indemnités offertes par les demandeurs en concession ou proposées d'office par les ingénieurs des mines, en exécution des articles 6 et 42 de la loi de 1810, sont insuffisantes comme prix du tréfonds des *terrains à concéder*, les propriétaires de ces terrains ont le droit de réclamer et de former opposition à la concession.

Mais, comme les propriétaires des *terrains à concéder* ne voient, au moment de la concession, que des avantages réels pour eux dans l'exploitation de la mine, et qu'ils ne pourraient justifier d'aucun préjudice, ils acceptent tacitement les indemnités offertes ou proposées d'office comme une offrande gratuite des concessionnaires.

Ils ont cru jusqu'ici que la concession d'une mine ne comprenait que la substance minérale, comme s'il était possible d'extraire cette substance du sein de la terre sans disposer du terrain lui-même ; ils ne voient pas leur expropriation dans la concession *pour tout ce qui est en dehors* des lieux réservés ou exceptés par la loi ou par l'acte de concession.

Aussi n'ont-ils jamais pensé que l'indemnité offerte par les demandeurs en concession ou proposée d'office par les ingénieurs des mines, dût être le prix du tréfonds des terrains minéraux dont la concession est sollicitée.

Cependant l'instruction ministérielle du 3 août 1810 déclare que le Conseil de préfecture est appelé à donner son avis sur la suffisance ou l'insuffisance de ce prix.

« S'il y a, dit cette instruction, DISCUSSION entre les PROPRIÉTAIRES DES TERRAINS et le DEMANDEUR *en concession*, relativement AUX INDEMNITÉS AUTORISÉES par les articles 6 et 42 de la loi, ou réclamation à *l'égard* DES REDEVANCES *proposées* par l'ingénieur des mines, *ces objets* SERONT SOUMIS *au Conseil de préfecture.* »

Là, devant le Conseil de préfecture, une *discussion* sérieuse est engagée sur le plus ou moins grand préjudice que la concession des terrains peut causer aux propriétaires.

Sur quoi pourrait porter la discussion entre les propriétaires des *terrains à concéder* et le demandeur en concession, si ce n'était sur le prix du tréfonds des terrains eux-mêmes?

Comment pourrait-on discuter sur les indemnités offertes ou proposées, s'il s'agissait d'un dommage ou d'une chose inconnue, et quelle autre discussion pourrait être soumise au Conseil de préfecture, s'il ne s'agissait pas d'apprécier le préjudice qui résultera pour le propriétaire de la séparation du tréfonds?

Du reste, quand on se reporte au jour de la concession, à l'époque où les indemnités de tréfonds sont à régler, on acquiert la certitude que la propriété de la surface, quoique séparée du tréfonds, a doublé et au-delà de la valeur que le terrain avait à ce moment.

Cette augmentation de valeur de la propriété de la surface ne saurait être niée, parce que c'est là un ré-sultat incontestable; des villages et des villes s'élèvent au milieu de véritables déserts, et des sommes consi-dérables y sont apportées chaque année, non-seule-ment des pays voisins, mais de toutes les contrées de la France où les produits des terrains minéraux sont transportés.

Aussi, au moment des recherches d'une mine, tous les propriétaires des terrains fouillés font des vœux pour le succès de l'entreprise et s'intéressent ensuite à l'exploitation, qui, faisant la fortune du pays, ferait leur fortune privée.

Qu'on examine les avantages qui résultent de l'ex-ploitation d'une mine pour les propriétaires de la surface, pour ceux-là mêmes qui, prétextant un in-convénient chimérique ou réel, viennent apporter des entraves à cette exploitation et la paralyser.

Que seraient, en effet, les terrains sur lesquels se sont élevées trois communes du département de Saône-et-Loire, le Creusot, Montchanin-les-Mines et Mont-ceau-les-Mines, sans l'exploitation des mines de la contrée?

On voit par là qu'il n'est interdit de bâtir que lorsque les constructions *peuvent paralyser l'exploitation* sou-terraine ou à ciel ouvert; mais il y a toujours, dans les grandes concessions, des terrains qu'*on appelle*

terrains à bâtir, sur lesquels on peut asseoir des constructions *par tolérance* (1) et qui doivent néanmoins
être respectées, si elles ne reposent pas sur le roc ou
la couche ou filon de la substance à extraire.

Une autre preuve que l'exploitation d'une mine
apporte la richesse et le bien-être sur la surface, c'est
que si cette exploitation cessait, malgré le préjudice
causé au propriétaire de la surface par la défense qui
lui est faite de bâtir là où gît la substance à extraire,
cette cessation serait peut-être pour lui une cause de
ruine. Nous avons été témoin d'une émeute qu'avait
soulevée l'abandon momentané d'une exploitation.

Que faut-il de plus pour établir que l'exploitation
de la mine apporte la richesse dans la contrée ; qu'elle
double le revenu de la surface et que la propriété de
cette surface, quoique séparée du tréfonds, augmente
de valeur ?

On ne devrait pas ignorer que les propriétaires de
la surface spéculent sur l'exploitant de la mine et lui
font payer leurs propriétés au triple de leur valeur,
sans que le statu-quo qu'on leur impose, là où la
substance est à la surface, soit une cause de préjudice,
puisque, dans les concessions d'une certaine étendue,
il se trouve toujours des terrains à bâtir où la substance à extraire ne se rencontre pas ou ne se rencontre qu'à 7 ou à 800 mètres de profondeur.

_____

(1) Voir, page 216, n° 4.

CHAPITRE V.

INSTRUCTION DE LA DEMANDE EN CONCESSION.

L'instruction d'une demande en concession de mine démontre toute l'importance et toute la gravité de cette demande; on peut facilement l'assimiler à une procédure en expropriation forcée par les nombreuses formalités qui y sont prescrites ; ainsi :

LA DEMANDE EN CONCESSION est enregistrée sur un registre tenu à cet effet à la préfecture, afin d'assurer la priorité au premier demandeur.

LE PRÉFET doit prendre un arrêté dans les dix jours de la demande pour ordonner qu'elle sera AFFICHÉE, PUBLIÉE et INSÉRÉE DANS LES JOURNAUX conformément à la loi, et envoyer les pièces à l'ingénieur en chef des mines.

L'INGÉNIEUR en chef des mines propose au préfet et au directeur général les affiches conformément, 1º à l'article 24 du décret du 18 novembre 1810 ; 2º à la circulaire du directeur général du 24 juillet 1834 ; 3º à la circulaire du 31 octobre 1837, nº 2.

LES AFFICHES doivent rester *en permanence pendant quatre mois*, et les publications doivent être faites au moins une fois par mois, le dimanche, pendant la durée des affiches, à la diligence des sous-préfets et des maires.

LES CERTIFICATS attestant l'apposition des affiches et les publications sont rédigés par les maires et sont envoyés par eux au sous-préfet, qui les fait parvenir ensuite au préfet.

L'INSERTION dans les journaux du département doit être certifiée par l'imprimeur, dont la signature est légalisée par le maire de la commune de son domicile.

LES OPPOSITIONS faites à la demande en concession doivent être enregistrées à la préfecture, comme l'a été la demande, et sont notifiées aux parties intéressées ; elles sont ensuite envoyées par le préfet à l'ingénieur en chef.

L'INGÉNIEUR *ordinaire*, auquel tout le dossier est remis par l'ingénieur en chef, vérifie le plan joint à la demande et le certifie, fait les reconnaissances et les opérations nécessaires, soit pour s'assurer de la présence de la substance minérale, soit pour fixer les limites de la concession des terrains demandés, soit pour régler la redevance qui formera le prix de la concession ; il doit enfin se mettre à même de fournir tous les renseignements nécessaires, et notamment indiquer le mode général d'exploitation, régler les conditions qui seront exigées par l'acte de concession. Sur tout cela, un rapport est dressé, qui est soumis à l'ingénieur en chef.

L'INGÉNIEUR *en chef* joint son avis au rapport et l'envoie au préfet avec le dossier.

LES DISCUSSIONS qui peuvent s'élever entre les propriétaires des terrains demandés en concession et les demandeurs en concession, sur les indemnités ou redevances accordées comme prix du tréfonds des terrains, en conformité des articles 6 et 42 de la loi de 1810, sont soumises par le préfet au Conseil de préfecture.

LE CONSEIL *de préfecture* ne donne qu'un avis sur le chiffre de la redevance, et le Conseil d'Etat statue définitivement par l'acte de concession.

LE PRÉFET, lorsque l'instruction est complète, donne son opinion sur la demande comme sur toutes les difficultés, et transmet toutes les pièces de dossier au ministre des travaux publics.

Dans la pratique, l'envoi se fait au directeur général des mines, qui remet le dossier à l'inspecteur divisionnaire ayant dans sa division le département où gît la mine. Cet inspecteur fait un rapport auquel est joint un projet de décret de concession et de cahier des charges. Ces pièces sont ensuite soumises au conseil des mines, qui délibère et donne son avis, et les pièces retournent au directeur général qui les envoie ensuite au ministre des travaux publics.

LE MINISTRE en donne communication au Conseil d'Etat, qui délibère et statue sur la demande, aux termes des articles 5 et 28 de la loi de 1810.

LE DÉCRET de l'Empereur qui accorde la concession est ensuite notifié au concessionnaire, publié et affiché dans toutes les communes sur lesquelles les terrains concédés sont situés.

Telle est, en résumé, la procédure ou l'instruction qui est suivie après la découverte de la substance minérale pour arriver à l'expropriation ou concession des terrains minéraux, qui ne laisse au propriétaire exproprié, en dehors des lieux réservés, que la surface qui couvre les terrains concédés.

TITRE SIXIÈME.

CONCESSION DE LA PROPRIÉTÉ DES MINES.

Tous les jurisconsultes, même les meilleurs esprits, sont interdits à cette simple question: *Qu'est-ce que la propriété d'une mine?* Nul ne se prononce, tous cherchent. — Mais nul n'hésite à répondre à cette autre question: *Qu'est-ce que la propriété de la surface* et quels sont les droits du maître de cette propriété? — On ne voit pas la différence qui existe entre la propriété d'une mine et la substance minérale que recèle le terrain. — L'acte de concession d'une mine est un contrat ordinaire qui transmet une propriété immobilière ou immuable. — La prise de possession de la propriété d'une mine s'opère de plein droit pour le tréfonds; pour la surface, *la nécessité doit être vérifiée* et l'indemnité préalable. — La propriété d'une mine est *inviolable* et *sacrée;* elle n'est soumise à aucune éventualité et n'a rien d'hypothétique.

CHAPITRE Ier.

QU'EST-CE QUE LA PROPRIÉTÉ D'UNE MINE?

Tous les jurisconsultes, même les meilleurs esprits, sont interdits à cette simple question: Qu'est-ce que la propriété d'une mine? Nul ne se prononce et ne la résout, comme fit l'Empereur, dans la séance du Conseil d'État du 8 avril 1809, lorsqu'il dit qu'une mine *est de même nature* qu'une carrière de pierre, dont l'exploitation n'appartient qu'au propriétaire du terrain.

La mine est un nom générique qui désigne la pro-

priété renfermant la substance minérale à extraire,
comme la *houille*, le *fer*, l'*or*, l'*argent*, etc. , et il
en est de même de la carrière d'où l'on extrait la
pierre, le *marbre*, le *grès*, etc.

La propriété d'une mine est une propriété territoriale, qui se compose de la terre métallique dans
laquelle gît la substance minérale qui a donné lieu à
la concession, et cette propriété comprend tous les
terrains qui se trouvent dans l'étendue du périmètre
concédé, sous les restrictions portées par l'article 11
de la loi de 1810 ou les réserves accordées par l'acte
de concession (1).

DENISART, procureur au Châtelet de Paris, nous
dit (2) :

« On nomme mine, UN LIEU *d'où* L'ON TIRE des diamants, des
pierres précieuses, etc., ou bien *où* SE FORME *quelque métal*, comme
de l'or, de l'argent, du cuivre, du fer, etc., ou *quelque minéral*, tel
que le vitriol, l'antimoine, etc.

» LES MINES *font naturellement* PARTIE DE LA TERRE, dit Coquille
» sur la Coutume de Nivernois; *elles sont formées* DE SA SUBSTANCE,
» *ainsi leur* PROPRIÉTÉ *suit* CELLE DE LA TERRE. »

On nomme mine *le lieu d'où l'on tire* les diamants,
les métaux et les minéraux ; les mines *font partie de
la terre*; elles sont formées de sa substance, et leur
propriété suit celle de la terre. C'est là ce qu'écrivaient,
il y a 100 et 300 ans, les plus célèbres jurisconsultes.

Nul ne conteste que le concessionnaire n'ait le droit
d'exploiter *perpétuellement* sa propriété, et néanmoins
on ne croit pas à la *concession perpétuelle du terrain*
qui est inséparable de la substance minérale, quoique

(1) Voir, page 447, *section* 2.
(2) 6ᵐᵉ Édition, T. II, 2ᵐᵉ partie, page 210.

cette concession soit écrite dans la dernière disposition de l'article 12 de la loi de 1810, interdisant à l'ancien propriétaire des recherches *dans le terrain concédé!*

Cependant, quand on consulte les documents législatifs, auxquels on ne saurait trop revenir, on y voit que le législateur a reconnu la nécessité de concéder le terrain minéral.

Voici ce qu'on lit dans le procès-verbal de la séance du Conseil d'État du 10 octobre 1809 :

« M. le comte FOURCROY fait lecture du titre II, de la PROPRIÉTÉ et de l'EXPLOITATION *des mines*, minières et carrières.

» La SECTION 1re, *des mines*, est soumise à la discussion. L'article 5 est discuté. Il est ainsi conçu :

» Les mines sont des propriétés *dont on ne peut* JOUIR *et* USER qu'en se conformant AUX RÈGLES *et* AUX CONDITIONS IMPOSÉES PAR LE GOUVERNEMENT POUR LEUR EXPLOITATION.

» M. le comte DEFERMON dit :

» Ce n'est pas pour *la jouissance*, mais pour l'EXPLOITATION DU TERRAIN QUI RENFERME UNE MINE, que le propriétaire doit avoir besoin de concession.

» M. le comte Fourcroy répond :

» L'article *est rédigé* DANS CE SYSTÈME. Il n'exige la concession (du terrain) que pour l'exploitation de la mine, et laisse le propriétaire JOUIR DU TERRAIN, LE CULTIVER *et en* PRENDRE LA RÉCOLTE, *suivant les règles du droit commun.* »

Si l'on passe ensuite au procès-verbal du 13 février 1810, après qu'il fut bien d'accord, bien compris qu'il y aurait concession *du terrain qui renferme la substance minérale*, on voit que l'on aurait voulu, quand le propriétaire du terrain obtient la concession, établir une différence entre lui et le concessionnaire ordinaire.

A ce sujet nous ferons encore remarquer que M. le comte Jaubert dit que, lorsque la concession serait accordée au propriétaire du terrain, l'acte ne lui conférerait pas une propriété qu'il possède déjà, et demanda qu'on fît à l'article 7 la suppression de ces mots :

« L'acte de concession DONNE LA PROPRIÉTÉ DE LA MINE. »

M. le comte Jaubert pensait que le propriétaire du terrain n'avait besoin que d'*une autorisation* d'exploiter la substance et proposa un amendement à l'article 7, ainsi conçu :

» L'acte de concession NE LUI TRANSFÈRE PAS UNE PROPRIÉTÉ, mais lui accorde seulement l'AUTORISATION D'EXTRAIRE LES SUBSTANCES. ›

Il s'agissait, d'après M. Jaubert, d'établir une distinction entre la propriété du terrain et la substance à extraire, mais l'Empereur n'admit pas la distinction et combattit l'amendement, en disant :

« LA CONCESSION FORME UNE PROPRIÉTÉ NOUVELLE, et MÊME, dans la main DU PROPRIÉTAIRE DU SOL, LE DROIT D'EXPLOITATION *est une richesse* NOUVELLE ; dès-lors il faut, à son égard, SE SERVIR DES MÊMES EXPRESSIONS qu'à l'égard de *tout autre concessionnaire*.

» Il lui faut aussi UN ACTE QUI LUI CONFÈRE CE DROIT ET LUI DONNE LA PROPRIÉTÉ *de la concession;* cette mesure est dans son intérêt ; car, PROPRIÉTAIRE DU SOL et DE LA MINE RÉUNIS, il peut cependant vouloir ne conserver qu'UNE des DEUX PROPRIÉTÉS ; il peut vouloir les séparer, EN VENDRE UNE.

» Il faut qu'il ait UN TITRE QUI RÉGLERA LE SORT DE CELUI QUI DEVIENDRA PROPRIÉTAIRE DU SOL OU DE LA MINE. »

Il faut, disait l'Empereur, que le propriétaire du terrain ait *un titre qui réglera le sort* de celui qui deviendra propriétaire *de la surface* ou *de la mine,* parce qu'il y a concession réelle du terrain minéral désigné sous le nom *de propriété de la mine.*

Mais la concession du terrain était tellement dans la pensée de l'Empereur, qu'en mettant fin à la discussion sur la solution *du problème* tant cherché pendant quatre années, et que lui-même appelait un secret, il dit :

« Ainsi se concilient LES DEUX dispositions du code Napoléon (article 552) qui accordent au propriétaire DU DESSUS la propriété DU DESSOUS, et fait UNE MODIFICATION A LA GÉNÉRALITÉ DES CONSÉQUENCES DE CE PRINCIPE. »

Concéder la propriété du dessous et déterminer la séparation entre celle du dessus, c'eût été chose facile ; en effet, il eût suffi de dire à quelle profondeur se trouverait la séparation ; mais comment arriver à la propriété du dessous ?

De quel droit le concessionnaire du dessous eût-il pu s'emparer de la propriété du dessus, soit pour *une exploitation à ciel ouvert,* soit pour y établir à perpétuelle demeure des bâtiments, machines, puits, galeries et autres travaux déclarés immeubles par l'article 8 de la loi de 1810 ?

Il y avait là une grande difficulté à surmonter, puisqu'on ne voulait pas obliger le concessionnaire à payer, au moment de la concession, *le prix de la propriété concédée ;* c'était là en effet un problème que le génie de Napoléon a résolu.

On a d'abord réservé au propriétaire de la surface ses maisons ou lieux d'habitation, ses enclos murés, cours ou jardins, et les terraints attenants, jusqu'à 100 mètres de distance, tant *autour* qu'*au-dessous.*

On lui a laissé ensuite, en dehors des lieux réservés, *la propriété de la surface,* pour *la cultiver* et en prendre *la récolte,* jusqu'au moment des besoins de l'exploitation.

Ceci fait, il a été dit que le prix du terrain serait réglé, savoir: pour le tréfonds, *par l'acte de concession,* et pour la surface, *d'après le produit net* au moment de la prise de possession; le tout en conformité des articles 6, 42, 43 et 44 de la loi de 1810.

Puis M. Regnault de Saint-Jean-d'Angély, comme président de la Commission intérieure du Conseil d'État et orateur du gouvernement devant le Corps législatif, prononça ces mémorables paroles:

« IL EST POUR LES EMPIRES DES ÉPOQUES MÉMORABLES *où le progrès* DES LUMIÈRES, *les besoins* DE LA SOCIÉTÉ, *le changement* DES MŒURS, *la variation* DES RAPPORTS COMMERCIAUX, *l'intérêt* DES MANUFACTURES ET DES ARTS, COMMANDENT UNE RECONSTRUCTION ENTIÈRE DE L'ÉDIFICE DES LOIS NATIONALES.

» En établissant LE PRINCIPE DE LA PROPRIÉTÉ, le code Napoléon, article 552, avait en quelque sorte POSÉ LA PREMIÈRE PIERRE d'un autre monument législatif, SUR LEQUEL DEVAIT REPOSER LE GRAND INTÉRÊT DE L'EXPLOITATION DES MINES....

» On a reconnu qu'attribuer la propriété de la mine à celui qui POSSÈDE LE DESSUS, c'était lui reconnaître, *d'après la définition de la loi,* LE DROIT D'USER ET D'ABUSER, DROIT DESTRUCTIF de tout moyen d'*exploitation* UTILE, PRODUCTIF et ÉTENDU ; DROIT OPPOSÉ A L'INTÉRÊT DE LA SOCIÉTÉ, qui est de *multiplier les objets de* CONSOMMATION, DE REPRODUCTION, DE RICHESSE;

» DROIT QUI SOUMETTAIT AU CAPRICE D'UN SEUL la disposition de toutes les propriétés environnantes de nature semblable; DROIT QUI PARALYSERAIT tout autour de celui qui l'exercerait, QUI FRAPPERAIT de stérilité TOUTES LES PARTIES DE MINES qui seraient dans son voisinage.

» POUR que LES MINES SOIENT BIEN EXPLOITÉES, POUR qu'elles SOIENT L'OBJET DE SOINS ASSIDUS de celui qui les occupe, POUR qu'il MULTIPLIE LES MOYENS D'EXTRACTION, POUR qu'il NE SACRIFIE pas à l'intérêt du présent l'*espoir* DE L'AVENIR, *l'avantage* DE LA SOCIÉTÉ à ses spéculations, IL FAUT QUE LES MINES CESSENT D'ÊTRE des propriétés PRÉCAIRES, INCERTAINES, NON DÉFINIES.

» Il faut en faire DES PROPRIÉTÉS auxquelles TOUTES LES DÉFINITIONS DU CODE NAPOLÉON *puissent s'appliquer.*

» Il faut que ces masses de richesses DEVIENNENT, *par l'intervention du gouvernement* et en vertu d'UN ACTE SOLENNEL, UN ENSEMBLE DONT L'ÉTENDUE SERA RÉGLÉE...!

» Dans cette création, LE DROIT du propriétaire de la surface NE DOIT PAS ÊTRE MÉCONNU NI OUBLIÉ; il faut au contraire qu'il soit consacré POUR ÊTRE PURGÉ et RÉGLÉ, POUR ÊTRE ACQUITTÉ, afin que LA PROPRIÉTÉ, que l'acte du gouvernement DÉSIGNE, DÉFINIT et LIMITE en vertu de la loi, SOIT D'AUTANT PLUS INVIOLABLE, PLUS SACRÉE!

» Ainsi les mines sont désormais *une propriété* PERPÉTUELLE, disponible, transmissible, lorsqu'un acte du gouvernement *aura consacré cette propriété* PAR UNE CONCESSION QUI RÉGLERA LE DROIT DE CELUI AUQUEL APPARTIENT LA SURFACE. »

De telles paroles n'ont pas besoin de commentaire.

M. Stanislas de Girardin, comme président de la Commission intérieure du Corps législatif et rapporteur du projet de loi, dit à son tour :

« L'exposé des motifs du projet de loi sur les mines, dit-il, DÉVELOPPE *avec clarté, méthode* et *précision*, LE SYSTÈME ENTIER DE LA LOI...

» L'ORATEUR *du gouvernement*, chargé de vous présenter cet exposé, l'a fait avec ce talent fécond, facile et brillant, qui étonne même les personnes le plus à portée d'en être habituellement témoins. Il a donc laissé peu de chose à dire...

» *Pour exploiter* UNE MINE AVEC AVANTAGE, D'UNE MANIÈRE RÉGULIÈRE ET DURABLE, IL FAUT LA TRAITER EN MASSE, DANS DES SECTIONS D'UNE CERTAINE ÉTENDUE....

» La largeur et l'inclinaison d'un filon varient et changent; ILS SE SUBDIVISENT quelquefois EN PORTIONS QUI S'ÉCARTENT, se RÉUNISSENT et se RAMIFIENT en plusieurs filets; ET SI LE TERRAIN DANS LEQUEL on suivait le filon vient à changer de nature, l'ESPÉRANCE S'ÉVANOUIT, les dépenses restent, et le moyen de les couvrir a disparu.

» Ce qu'il faut réunir de capitaux POUR ÉTABLIR DES TRAVAUX RÉGULIERS EST CONSIDÉRABLE..... Les compagnies assez puissantes pour entreprendre l'exploitation des mines n'existent que dans les États riches et florissants.

» Les auteurs du projet soumis aujourd'hui à votre délibération paraissent avoir reconnu avec votre commission que LA SOCIÉTÉ CRÉE

SEULE LA PROPRIÉTÉ dont elle SEULE *assure l'exercice;* qu'elle peut LE RÉGLER ou LE RESTREINDRE, *suivant son plus* GRAND AVANTAGE.

» Ainsi ELLE OBLIGE LE PROPRIÉTAIRE A CÉDER TOUT OU PARTIE DE SA POSSESSION, *lorsqu'elle est réclamée* AU NOM DE L'UTILITÉ GÉNÉRALE.

» POUR SOUTENIR UN SIÈGE, ON DÉTRUIT LES FAUBOURGS *d'une ville;* DES MAISONS SONT DÉMOLIES pour rectifier l'alignement d'un grand chemin; DES MOULINS SONT ABATTUS pour faciliter le dessèchement d'un marais ou l'écoulement des eaux.

» C'est pour LE PROFIT DE LA COMMUNAUTÉ qu'elle soumet à de certaines règles LE DROIT DE PROPRIÉTÉ. Celui de SÉPARER LES MINES DE LA SURFACE paraissait présenter le plus d'avantage....

» Cette MODIFICATION (au droit de propriété) OFFRAIT UN PROBLÈME DIFFICILE à résoudre; *il a été résolu* de la manière la plus satisfaisante, puisqu'elle est LA PLUS UTILE *à l'intérêt* DE LA SOCIÉTÉ; il l'a été en déclarant que LES MINES NE PEUVENT ÊTRE EXPLOITÉES qu'en vertu d'un acte de concession délibéré au Conseil d'État.

» Mais cet acte réglera LES DROITS DES PROPRIÉTAIRES de la surface *sur le produit* DES MINES CONCÉDÉES.

» Vous aurez sans doute saisi, Messieurs, LA DIFFÉRENCE que nous venons d'établir ENTRE UNE CONCESSION MÊME PERPÉTUELLE ET LA PROPRIÉTÉ DE LA MINE !

» LA CONCESSION n'était proprement qu'UNE AUTORISATION, UN BAIL, UN PRIVILÈGE; elle donnait le droit d'appliquer son *travail*, ses *capitaux*, son *industrie* A L'EXPLOITATION D'UNE MINE DONT LA PROPRIÉTÉ RÉSIDAIT EN D'AUTRES MAINS.

» LES MINES CONCÉDÉES A PERPÉTUITÉ n'étaient donc pas de VÉRITABLES PROPRIÉTÉS; mais du moment où la loi proposée.... à l'instant où la loi sera publiée, les concessionnaires deviennent PROPRIÉTAIRES INCOMMUTABLES; LEUR PROPRIÉTÉ EST ENTIÈREMENT DÉTACHÉE DE LA SURFACE. »

Et en parlant des anciens concessionnaires et de leurs concessions, M. de Girardin ajouta :

« Ils accueilleront donc avec reconnaissance les dispositions d'UNE LOI LIBÉRALE, qui, DE FERMIERS qu'ils étaient, LES REND DÉSORMAIS PROPRIÉTAIRES.

» L'on a été généreux envers les concessionnaires et juste envers les propriétaires. Ils n'auront point à se plaindre, PUISQUE LEUR CONDITION RESTERA LA MÊME.... (1). »

(1) LOCRÉ, page 425, les premières lignes.

La société, disait M. de Girardin, crée seule la propriété, dont elle règle seule l'exercice *selon son plus grand avantage;* au nom de l'utilité générale, elle oblige le propriétaire *à céder tout ou partie* de sa possession, et c'est pour le profit de la communauté qu'elle soumet *à de certaines règles* le droit de propriété.

Pour exploiter une mine avec avantage, d'une manière régulière et durable, il faut, ajoutait-il, *la traiter en masse, dans des sections d'une certaine étendue,* afin que si le terrain dans lequel on suivrait la substance ou le filon vient à changer de nature, l'espérance ne s'évanouisse pas; la modification qu'il s'agit d'apporter au droit de propriété *est un problème* difficile à résoudre.

Il a cependant été résolu, disait-il encore, de la manière la plus utile à l'intérêt de la société, puisque les anciennes concessions, même perpétuelles, n'étaient qu'une *autorisation,* un *bail,* un *privilège* d'exploiter une propriété qui *résidait en d'autres mains;* tandis que, *de fermiers qu'ils étaient,* les concessionnaires seront désormais propriétaires.

Nonobstant cette déclaration solennelle, sortie de la bouche du législateur lui-même, le droit de propriété du concessionnaire de la mine est méconnu, parce que celui du propriétaire de la surface n'est pas défini dans la loi. On voulut un instant le définir; mais on dit qu'il fallait *être prudent,* s'abstenir *de toute définition* et n'insérer dans la loi que des articles d'exécution (1).

(1) Voir, page 308, séance du 9 janvier 1810.

Mais quand le législateur de 1810 disait que la
société crée seule la propriété dont elle seule règle
l'exercice, n'indiquait-il pas qu'il s'agissait alors d'un
grand acte législatif, qui, en reconstruisant l'édifice
de nos lois, devait modifier le droit de propriété dans
l'intérêt général? C'est là un point digne de l'attention
du lecteur.

Nous allons passer maintenant en revue les articles
1er, 5, 6, 7, 8, 9, 10, 11, 12, 15, 17, 18, 19, 20,
21, 23, 24, 26, 29, 30, 33, 34, 42, 43 et 44, afin
d'établir, par le texte même de la loi, que la propriété
minérale c'est le terrain minéral lui-même, et nous
démontrerons en même temps que la propriété de
la surface, en dehors des lieux réservés, est réduite
à un droit de culture.

« Art. 1er. Les masses de substances minérales ou fossiles REN-
FERMÉES DANS LE SEIN DE LA TERRE ou EXISTANTES A LA SURFACE,
sont classées sous les TROIS QUALIFICATIONS DE mines, minières et
carrières. »

Cet article mérite de fixer les regards du lecteur : les
terrains qui renferment ou sur lesquels gisent des
substances minérales doivent être qualifiés de mines,
minières et carrières, et la propriété d'une mine se
compose du terrain qui a dans son sein ou à la surface
de l'or ou de l'argent, du fer ou de la houille; du
jour de la concession d'une mine, le terrain est rayé
du langage; il y a deux propriétés dans un même
terrain : Celle de la mine et celle de la surface.

« Art. 5. LES MINES ne peuvent être exploitées qu'en vertu d'un
acte de concession délibéré au Conseil d'État. »

C'est-à-dire que les mines sont seules concessibles,

et que les minières et les carrières peuvent être exploitées sans concession, quoique de même nature ; mais on sait que la *carrière* et la *minière* ne peuvent être exploitées que par le propriétaire du terrain, et c'est pourquoi on concède le terrain de la *mine*.

« Art. 6. L'acte de concession *règle les droits des propriétaires* DE LA SURFACE SUR LE PRODUIT DES MINES CONCÉDÉES. »

L'acte de concession doit régler le prix du tréfonds du terrain, qui change de nom et qui est appelé *la mine*, dont la surface est laissée au propriétaire, qui change aussi de qualification ; il n'est plus propriétaire que *de la surface* de la mine.

« Art. 7. L'acte de concession DONNE LA PROPRIÉTÉ PERPÉTUELLE DE LA MINE, laquelle est dès-lors *disponible* et *transmissible* comme tous autres biens, et dont on ne peut être EXPROPRIÉ que dans les cas et selon les formes prescrites pour les autres propriétés.

» Toutefois, UNE MINE ne peut être vendue par lots ou partagée sans une autorisation du gouvernement. »

La rédaction de cet article est claire et précise, l'acte de concession confère *la propriété* perpétuelle *de la mine*, de laquelle le concessionnaire ne peut être exproprié que dans les cas et selon les formes prescrites pour les autres propriétés ; seulement elle ne peut être partagée ni vendue par lots sans une autorisation du gouvernement. Cette restriction prouve encore que la règle commune s'applique à cette propriété et qu'il s'agit de la propriété du terrain qui seul pourrait être partagé comme une propriété ordinaire.

» Art. 8. Sont immeubles (ou immuables) LES BATIMENTS, *machines*, *puits*, *galeries* et AUTRES TRAVAUX ÉTABLIS A DEMEURE, conformément à l'article 524 du code Napoléon. »

Et l'article 524 du code Napoléon, auquel renvoie l'article 8 de la loi de 1810, porte :

« Les objets que le propriétaire d'un fonds y a placés pour l'exploitation de ce fonds sont immeubles par destination... »

Ainsi, est immeuble tout ce que le propriétaire d'une mine a placé à perpétuelle demeure *sur sa propriété*, et l'on dit néanmoins que sa propriété ne consiste que dans la substance à extraire, comme si cette substance était immuable et pouvait être réputée immeuble.

« Art. 9. Sont meubles LES MATIÈRES extraites, les approvisionnements et autres objets mobiliers. »

Sont meubles *les matières* extraites ; la loi établit ici une distinction entre la propriété minérale et les substances qui sont meubles après leur extraction, mais qui, avant leur extraction, sont considérées comme les fruits pendant par les racines des autres propriétés.

« Art. 10. NUL NE PEUT FAIRE des recherches pour découvrir des mines, enfoncer des sondes ou tarières SUR UN TERRAIN QUI NE LUI APPARTIENT PAS, que du consentement du propriétaire ou avec UNE PERMISSION *du gouvernement*. »

Il faut être propriétaire d'un terrain ou avoir *le consentement* du propriétaire, ou enfin *une permission* du gouvernement, pour faire des recherches d'une substance minérale ; mais *la permission* du gouvernement et *la concession* de la propriété du terrain subissent l'une et l'autre des restrictions, ainsi qu'il suit :

« Art. 11. NULLE PERMISSION de recherches NI CONCESSION de mines NE POURRA, *sans le consentement* FORMEL *du propriétaire de la surface*, DONNER LE DROIT DE FAIRE des sondes et d'ouvrir des puits ou

GALERIES, ni celui d'établir des machines ou MAGASINS dans les enclos murés, cours ou jardins, ni dans les terrains attenant aux habitations ou clôtures murées, dans la distance de 100 mètres desdites clôtures ou des habitations. »

Cet article est clair pour qui voit dans la concession de la propriété d'une mine l'*expropriation* du terrain minéral; mais on n'est pas dans ces idées, et nous avons rencontré jusqu'à huit modes de jurisprudence sur l'interprétation de cette disposition de la loi; il découle naturellement de notre système que cet article est une restriction à la concession et une réserve pour le propriétaire exproprié.

« Art. 12. LE PROPRIÉTAIRE POURRA FAIRE des recherches, *sans formalité préalable*, dans les lieux réservés par l'article 11, comme dans les autres parties de sa propriété; MAIS IL SERA OBLIGÉ d'obtenir une concession avant d'y établir une exploitation. DANS AUCUN CAS *les recherches ne pourront être autorisées* DANS UN TERRAIN DÉJA CONCÉDÉ. »

La *première disposition* de cet article confirme le droit du propriétaire; la *seconde* le restreint et la *troisième* le supprime; après la concession de son terrain le propriétaire n'est plus *autorisé par la loi* à faire des recherches dans la propriété concédée, il fouillerait la propriété d'autrui; le droit de faire des recherches n'appartient qu'au propriétaire (1) ou au gouvernement, *dont le droit d'expropriation* existe sur toutes les propriétés.

« Art. 15. Le concessionnaire doit aussi, le cas arrivant de travaux à faire SOUS DES MAISONS ou LIEUX D'HABITATION..., donner caution de payer toute indemnité en cas d'accident. »

Voici les motifs qui ont fait édicter cet article: dans

(1) Voir, page 407, 3ᵐᵉ alinéa et les suivants.

la séance du Conseil d'État du 13 février 1810 , M. le comte Réal demanda :

« Si la prohibition de former des ouvertures à une certaine distance des lieux clos ou des maisons empêche de poursuivre la recherche SOUS CES LIEUX, lorsque l'ouverture a été pratiquée à la distance prescrite par la loi. »

M. Regnault de Saint-Jean-d'Angély répondit :

« Il doit être permis de suivre le filon dans toute sa direction ; LES RÈGLEMENTS *ne l'ont jamais prohibé* ; LES ACCIDENTS *sont peu à redouter*, PARCE QUE LES GALERIES SONT A UNE GRANDE PROFONDEUR. »

M. le comte Defermon dit :

« CETTE QUESTION *est cependant d'une* GRANDE IMPORTANCE pour les mines de houille , DONT SOUVENT LES SUBSTANCES SONT A LA SURFACE DU SOL , et qui n'exigent pas d'*excavations*. »

C'est alors que l'Empereur fit observer :

« Que, pour prévenir *toute entreprise* NUISIBLE AUX VOISINS , on pourrait astreindre l'exploitant à *donner* CAUTION *des dommages* que son entreprise peut occasionner , toutes les fois qu'un PROPRIÉTAIRE VOISIN craindrait que les fouilles ne VINSSENT ÉBRANLER LES FON-DEMENTS DE SES ÉDIFICES... »

Si, moyennant caution de payer les dommages causés à une maison , l'exploitant de mines pouvait occa-sionner la chute de cette maison en pratiquant des galeries sous les fondations , sans observer la distance de 100 mètres au-dessous de l'édifice , la protection de l'article 11 serait illusoire ; mais le règlement administratif du 3 août 1810 est venu interpréter l'article 11.

« Tout concessionnaire , dit ce règlement, doit s'abstenir de faire aucun sondage, d'ouvrir des puits, NI DE COMMUNIQUER PAR DES GALERIES DANS LES TERRAINS FAISANT PARTIE d'enclos murés, cours ou jardins, ni dans les terrains attenant aux habitations ou clôtures, DANS LA DISTANCE de 100 mètres. »

En effet , permettre les galeries sous les fondements

d'un édifice ou à quelques mètres de la surface d'un jardin ou d'un enclos, c'est autoriser ce que la loi défend, parce que l'édifice, le jardin ou l'enclos seront renversés et détruits de fond en comble, et c'est mettre en danger la vie du propriétaire de la surface jusque dans son habitation.

« Art. 17. L'acte de concession, fait après l'accomplissement des formalités prescrites, purge, en faveur du concessionnaire, tous les droits du propriétaire de la surface... *après qu'ils auront été* ENTENDUS ou APPELÉS *légalement*, ainsi qu'il sera ci-après réglé (art. 23 et 24).

Cet article indique que le terrain concédé *est purgé* des droits du propriétaire de la surface après qu'il a été *entendu* ou *appelé légalement*.

« Art. 18. LA VALEUR DES DROITS RÉSULTANT *en faveur du propriétaire de la surface*, en vertu de l'article 6 de la présente loi, DEMEURERA RÉUNIE à la valeur de ladite surface, ET SERA AFFECTÉE *avec elle* AUX HYPOTHÈQUES prises par les créanciers du propriétaire. »

Le prix *des droits purgés* par l'acte de concession *de la propriété* de la mine est réuni à la propriété de la surface avec laquelle il est immobilisé (1).

« Art. 19. Du moment où UNE MINE (la propriété) sera concédée, MÊME AU PROPRIÉTAIRE de la surface, CETTE PROPRIÉTÉ SERA DISTINGUÉE de celle de la surface et DÉSORMAIS CONSIDÉRÉE COMME PROPRIÉTÉ NOUVELLE, sur laquelle de nouvelles hypothèques pourront être assises.....

« SI LA CONCESSION EST FAITE AU PROPRIÉTAIRE de la surface, LA REDEVANCE SERA ÉVALUÉE *pour l'exécution* de l'article 18. »

Cette dernière disposition n'est que la reproduction des paroles de l'Empereur, lorsqu'il dit qu'il faut que le propriétaire de la surface ait un titre qui *réglera le sort* de celui qui sera propriétaire *de la mine* ou *de la*

1) Voir, page 39, 1er alinéa, et page suivante.

surface, quand la concession sera accordée au propriétaire de la surface.

« Art. 20. UNE MINE CONCÉDÉE (la propriété) pourra être affectée, par privilège, en faveur de ceux qui, par acte public et sans fraude, justifieraient avoir fourni les fonds pour les recherches de la mine, ainsi que POUR LES TRAVAUX DE CONSTRUCTION ou confection de machines nécessaires à *son exploitation*, à la charge de se conformer aux articles 2103 et autres du code Napoléon, relatifs aux privilèges.

» Art. 21. Les autres droits de privilèges et d'hypothèque pourront être acquis SUR LA PROPRIÉTÉ DE LA MINE, aux termes et en conformité du code Napoléon, COMME SUR LES AUTRES PROPRIÉTÉS IMMOBILIÈRES. »

Nous poserons ici cette simple question : est-ce sur *la substance minérale* ou sur *la propriété minérale* immuable que des privilèges ou des hypothèques peuvent être accordés ? La Cour impériale de Dijon, par arrêt du 21 août 1856, a dit que c'était sur la substance, qui à elle seule formait la propriété immobilière du concessionnaire, et la Cour de cassation, Chambre des requêtes, a confirmé cet arrêt en rejetant le pourvoi (1).

Ainsi *la propriété perpétuelle du mineur* peut, d'après la Cour de Dijon, être passée au creuset ou au laminoir ou réduite en cendre, si elle ne consiste que dans l'or, l'argent, le fer ou le charbon, extraits ou à extraire.

« Art. 23. Les affiches (de demandes en concession de mines) AURONT LIEU PENDANT QUATRE MOIS, DANS le chef-lieu du département, DANS celui de l'arrondissement *où la mine est située*, DANS le lieu du domicile du demandeur, et DANS TOUTES LES COMMUNES DANS LES TERRITOIRES *desquelles la concession peut s'étendre*. Elles seront insérées dans les journaux du département.

« Art. 24. Les publications de demandes en concession de mines

_____

(1) Voir ci-après, page 490, 4ᵐᵉ alinéa, et pages suivantes.

AURONT LIEU DEVANT LA PORTE de la *Maison-Commune* et des *églises paroissiales* et *consistoriales*, A LA DILIGENCE DES MAIRES, A L'ISSUE DE L'OFFICE, UN JOUR DE DIMANCHE, et au moins une fois par mois *pendant la durée des affiches*. Les maires seront tenus de certifier ces publications. »

Ces formalités sévères indiquent quel est l'objet de la concession, et les rédacteurs de la loi avaient tellement dans l'idée qu'il s'agissait de la concession *du terrain minéral,* qu'on voulait, dans cette circonstance, appliquer les formalités suivies pour la vente des objets saisis (1).

« Art. 26. LES OPPOSITIONS FORMÉES à la demande en concession seront admises devant le préfet, *jusqu'au dernier jour* DU QUATRIÈME MOIS, à compter de la date de l'affiche, et seront notifiées, par acte extra-judiciaire, à la préfecture du département, où elles seront enregistrées sur le registre prescrit par l'article 22. Elles seront (encore) notifiées aux parties intéressées, et le registre sera ouvert à tous ceux qui en demanderont communication. »

Par qui les oppositions peuvent-elles être formées? Il est évident que nul autre que le propriétaire du terrain demandé en concession ne peut s'opposer à la demande, et il ne peut empêcher que la concession de son terrain ; mais, comme on ne croit pas à la concession du terrain, il n'est pas d'exemple qu'une opposition ait jamais été motivée pour demander la distraction d'une partie du terrain, objet de la concession sollicitée.

« Art. 29. L'ÉTENDUE DE LA CONCESSION SERA DÉTERMINÉE par l'acte de concession ; ELLE SERA LIMITÉE par des points fixes pris à la surface du sol, et *passant par des plans verticaux* MENÉS DE CETTE SURFACE dans l'intérieur de la terre A UNE PROFONDEUR INDÉFINIE. »

« Art. 30. UN PLAN RÉGULIER DE LA SURFACE, EN TRIPLE *expédition,*

(1) Voir, page 433, 3me et 4me alinéa.

et sur une échelle de dix millimètres pour cent mètres, SERA ANNEXÉ à *la demande*.

» CE PLAN devra être DRESSÉ ou VÉRIFIÉ PAR LES INGÉNIEURS des mines et CERTIFIÉ PAR LE PRÉFET du département. »

On n'a jamais fait attention *aux prescriptions* de ces deux articles, ni à la différence qui existe *dans ce qui est demandé* par l'un et par l'autre.

L'un dit que l'*étendue* de la propriété concédée doit être *déterminée* par l'acte de concession ; qu'elle doit être *limitée* par des points fixes établis sur la surface, partant de cette surface jusqu'à une profondeur indéfinie, et qu'elle doit comprendre *en bloc* tout le terrain ainsi limité.

L'autre exige un plan *régulier de la surface*, en triple expédition, *dressé* par les ingénieurs des mines et *certifié* par le préfet ; ce plan *désigne* les enclos murés, cours ou jardins, ainsi que les terrains attenant aux habitations ou clôtures murées, *exclus de la concession par l'article* 11, et en limite naturellement l'application *à ce qui existe à la surface* lors de la concession du terrain.

« Art. 33. LES PROPRIÉTAIRES de mines sont tenus de payer à l'État UNE REDEVANCE FIXE et UNE REDEVANCE PROPORTIONNELLE.

» Art. 34. *La redevance* FIXE sera annuelle et réglée D'APRÈS L'ÉTENDUE DE LA CONCESSION. *La redevance* PROPORTIONNELLE sera une contribution annuelle *à laquelle les mines* SERONT ASSUJETTIES SUR LEUR PRODUIT. »

La propriété d'une mine est frappée d'un double impôt : l'impôt *territorial*, d'après l'*étendue* de la propriété, et l'impôt *proportionnel*, d'après le revenu de cette propriété ; le premier est dû lors même que la propriété n'est pas exploitée (1).

(1) Voir, page 37, 1er alinéa.

« Art. 42. LE DROIT *attribué* par l'article 6 de la présente loi aux propriétaires de la surface SERA RÉGLÉ *à une somme* DÉTERMINÉE PAR L'ACTE DE CONCESSION. »

Cet article veut que le prix de la concession de la mine soit déterminé par une somme à payer au propriétaire exproprié, comme dans le cas d'une expropriation ordinaire ; mais outre ce prix, le concessionnaire ou propriétaire de la mine doit encore payer le prix de la surface au moment de la prise de possession de celle-ci, en conformité de l'article suivant :

« Art. 43. Les propriétaires de mines SONT TENUS DE PAYER LES INDEMNITÉS dues au propriétaire de la surface sur laquelle ils établiront leurs travaux.

» Si les travaux NE SONT QUE PASSAGERS, et si le sol peut être remis en culture comme il l'était auparavant, l'indemnité sera réglée au double de ce qu'aurait PRODUIT NET LE TERRAIN *endommagé.*

» Art. 44. *Lorsque l'occupation* des terrains PRIVE *les propriétaires du sol* DE LA JOUISSANCE DU REVENU au-delà du temps D'UNE ANNÉE, ou lorsqu'après les travaux, les terrains NE SONT PLUS PROPRES À LA CULTURE, on peut exiger des propriétaires de mines l'acquisition des terrains à *l'usage de l'exploitation.*

» L'évaluation du prix sera faite au double de la valeur que le terrain avait avant l'exploitation de la mine. »

L'article 43, en réglant l'indemnité à payer au propriétaire de la surface quand il est dépossédé pour l'établissement des travaux d'exploitation de la propriété minérale, consacre le droit qu'a le concessionnaire de s'emparer *de la surface de sa propriété* pour tous les besoins de ses travaux.

L'article 44 prévoit deux cas : si le propriétaire de la surface de la mine *est privé du revenu* de sa propriété depuis plus d'un an, ou si celle-ci *n'est plus propre à la culture*, il peut en exiger l'achat au double.

Mais, qu'on le remarque bien, cet achat ne peut

être exigé que lorsque le propriétaire est privé du revenu ou *de la récolte* de sa propriété, ou quand celle-ci n'est plus propre *à la culture*, et de là il résulte qu'il n'a droit qu'à la récolte de sa propriété, indépendamment de son droit sur le produit des mines, qui l'associe à l'exploitation.

En résumé, toutes les dispositions de la loi de 1810 admettent tacitement la définition de la propriété des mines, telle qu'elle a été faite au XVIe et au XVIIIe siècle par *Coquille* et *Denizart*, à savoir qu'on nomme mine *le lieu d'où l'on tire* les métaux et les minéraux, ou les diamants, et que les mines *font partie de la terre* dont elles sont inséparables (1).

Rien n'a été changé quant à cette définition; non-seulement tous les articles de la loi partent de ce point qu'il y a *concession du terrain*, mais l'article 29 sépare *matériellement* la propriété de la mine des autres propriétés territoriales par des points fixes, *à partir de la surface* jusqu'à une profondeur indéfinie.

Et l'article 30, en prescrivant un plan *régulier de la surface*, exige par là que les lieux réservés par l'article 11 y *soient figurés*, pour que la protection de cet article ne soit accordée qu'à *ce qui existait* sur la surface lors de la concession et non aux établissements ou bâtiments créés après la concession (2).

Du reste, jamais un doute ne se serait élevé sur la concession du terrain, écrite dans la dernière disposition de l'article 12, et notamment dans un décret

(1) Voir, page 460, 2me alinéa et suiv.
(2) Voir, pages 68, 4me alinéa, et 70, 4me alinéa.

du 14 février 1814 (1), si le législateur n'eût dispensé le concessionnaire de payer le prix du terrain au moment de la concession et n'eût employé *un mode d'expropriation inusité.*

Mais si, avant la loi de 1810, on nommait déjà mine *le lieu d'où l'on tire* les métaux et les minéraux, en autorisant la concession perpétuelle *de la propriété d'une mine*, cette loi n'a pas donné et ne pouvait pas donner une autre définition à ce genre de propriété.

SECTION UNIQUE.

Droits inhérents à la propriété des mines.

Après avoir défini la propriété des mines et démontré qu'on nomme *mine* le terrain *d'où l'on tire* les diamants, les métaux et les minéraux, et que leurs substances sont inséparables de la terre dont elles font partie, on arrive à cette conclusion, que la concession *de la propriété* d'une mine donne le droit d'exploiter cette propriété pour en extraire le produit.

Le droit d'exploitation du concessionnaire est perpétuel, comme sa propriété, et s'étend à toutes les parties de celle-ci; il ne s'arrête qu'aux limites données à la concession, et il ne subit d'autres restrictions que celles édictées dans l'article 11 ou écrites dans le titre de propriété, et désignées sur le plan (2).

Au-dessous des lieux réservés ou distraits de la concession, le droit du concessionnaire ne commence

(1) Voir, page 406, 4ᵐᵉ alinéa et suiv.
(2) Voir, page 476, 2ᵐᵉ, 3ᵐᵉ et 4ᵐᵉ alinéa.

qu'à 100 mètres de profondeur (1) ; mais dans toutes les parties du périmètre concédé où l'article 11 ne prohibe pas l'exploitation, ce droit commence à la surface, jusqu'à une profondeur indéfinie.

La prohibition de l'article 11 confirme le droit, comme l'exception confirme la règle, et partout où la loi ni l'acte de concession n'interdisent les travaux d'exploitation, elle les permet implicitement.

La propriété d'*une mine* ne diffère sous aucun rapport des autres propriétés territoriales, notamment *d'une carrière* d'où l'on tire la pierre ou d'*une minière* d'où l'on tire le minerai de fer d'alluvion.

Mais, quelle que soit la nature de la propriété d'une mine, elle n'en confère pas moins *un droit perpétuel*, un droit qui, en dehors des lieux qui sont exclus de la concession, permet au propriétaire de la mine d'extraire *perpétuellement la substance* métallique ou minérale que contient sa propriété.

C'est là un droit que personne ne conteste et ne peut contester, parce que ce serait la négation de la loi, et par là nous arrivons à cette conclusion, qu'à partir du jour où le droit du concessionnaire est acquis, il est interdit au propriétaire de la surface de pratiquer des travaux nuisibles à l'exploitation de la mine (2).

On ne se préoccupe jamais de la propriété concédée, ni des droits inhérents à cette propriété, quoiqu'ils aient pour base l'*intérêt de la société*, le bien-être

(1) Voir, page 161, § 4.
(2) Voir, page 81, 2me alinéa.

général, et quoique la propriété de la surface ne soit, après tout, que d'un intérêt secondaire, puisque le propriétaire de cette surface peut être dépossédé moyennant indemnité.

On ne remarque pas ce droit prépondérant de la propriété *de la mine* sur la propriété *de la surface*, et cependant, après avoir été discuté entre les plus éminents jurisconsultes, il a été consacré solennellement par la Cour suprême, Chambre civile et Chambres réunies, le 18 juillet 1837 et le 3 mars 1841 (1).

Mais aujourd'hui on méconnaît ces importantes décisions, où les droits du propriétaire de mines *ont été définis*, et où ceux du propriétaire de la surface n'ont été maintenus qu'à la condition *de ne pas nuire* à l'exploitation de la mine.

Contrairement aux arrêts de la Chambre civile et des Chambres réunies, c'est la propriété des mines qui ne peut être exploitée qu'à la condition de ne pas miner ou excaver le terrain concédé, sans prévoir que de nouvelles constructions ou autres établissements pourront être placés au-dessus des excavations.

On impose à l'exploitant d'éloigner ses travaux à 100 mètres de distance des nouvelles constructions ou autres établissements qu'il plaira au propriétaire de la surface d'élever sur la propriété de la mine.

Car, condamner le propriétaire de la mine à payer les dégâts causés à de nouvelles constructions placées imprudemment sur un terrain miné, au-dessus d'excavations souterraines, comme vient de le faire la

(1) Voir, page 67, à partir du 1er alinéa à la page 83.

Cour impériale de Dijon, dont l'arrêt a été confirmé par la Chambre des requêtes de la Cour suprême (1), c'est interdire les excavations, et par conséquent l'extraction de la substance minérale.

Le condamner également à payer les dégâts *causés* aux nouvelles constructions établies sur la mine, c'est le forcer *à éloigner* son exploitation de ces constructions ; c'est lui imposer l'obligation *de subir* la perte de toutes les parties de terrain occupées par les constructions nouvelles jusqu'à 100 mètres de distance, tant au-dessous qu'à l'entour ; c'est le contraindre *à abandonner* sa propriété, tant à la surface que dans le tréfonds ; c'est *interdire* l'exploitation, non-seulement à ciel ouvert, mais jusqu'à 100 mètres de profondeur, et *c'est sacrifier* l'intérêt public à l'intérêt privé.

Cependant, tout indique que la loi, en réservant au propriétaire de la surface ses maisons, ses cours, ses jardins, ses enclos murés et ses terrains attenant à ses enclos et à ses maisons, ne peut être appliquée qu'à ce qui existait *au moment de la concession de la mine*.

C'est là, du reste, ce qui a été *formellement* décidé par la Chambre civile (2), dont la décision a été confirmée par les Chambres réunies, et néanmoins la Chambre des requêtes décide aujourd'hui le contraire !

---

(1) Voir ci-après, page 490 et page suivante.
(2) Voir, page 70, 4me alinéa.

CHAPITRE II.

QU'EST-CE QUE LA PROPRIÉTÉ DE LA SURFACE ?

La loi de 1810, en autorisant la concession d'une mine et en donnant à l'ancien propriétaire du terrain cette nouvelle qualification de propriétaire *de la surface*, restreint son droit de propriété et désigne ainsi celle qui lui est laissée en jouissance après la concession de la mine.

On n'a jamais réfléchi à cette nouvelle qualification de propriétaire *de la surface* (1); on croit que la surface est synonyme de terrain, et l'on est loin de soupçonner que la propriété de la surface ne se compose que de *la terre végétale* qui couvre *la surface* de la propriété de la mine.

Cependant, lorsque le législateur a séparé la propriété *de la surface*, qu'il l'a ainsi *qualifiée* et *désignée*, il a défini ce genre de propriété; *toute autre définition eût été superflue.*

Et quand il a établi une propriété *à la surface*, qu'il a séparé cette propriété du sein de la terre, il est manifeste que le propriétaire *de cette surface* n'a rien à voir ni à prétendre au-dessous de sa propriété, chez son voisin des régions souterraines.

Pourquoi d'ailleurs lui eût-on donné cette qualification de propriétaire *de la surface*, s'il n'était apporté, par la concession du dessous, aucune modification à ses droits? Pourquoi est-il dit dans l'article 552

(1) Voir, pages 336, section 4, et 337, § 1er.

du code Napoléon, que le propriétaire du sol ne jouira de sa propriété que *sauf les modifications résultant des lois et règlements relatifs aux mines* (1)?

Mais ce qui prouve encore que la propriété de la surface ou de la superficie ne se compose que de *la terre végétale*, là où il y en a, c'est que les rédacteurs de la loi ont dit qu'elle serait laissée en jouissance au propriétaire pour *la cultiver* et en prendre *la récolte*.

D'autre part, s'agit-il de déterminer la valeur de la propriété de la surface ou du règlement de l'indemnité à payer au propriétaire, le législateur a posé une base fixe pour l'indemnité : *le double du produit net*.

De telle sorte que, s'il n'existe point *de terre végétale à la surface* de la mine, si cette surface ne produit rien ou n'est pas susceptible de produire, l'indemnité n'ayant ni base ni cause d'un préjudice quelconque, le propriétaire de la mine n'a rien à payer, en vertu des articles 43 et 44 de la loi de 1810.

Seulement, le propriétaire exproprié de son terrain, reste associé à l'exploitation de son ancienne propriété, *qui était sans valeur* avant cette exploitation, et il perçoit une redevance *annuelle* et *perpétuelle* sur le produit de la mine, laquelle est réglée conformément aux prescriptions des articles 6 et 42 de la même loi.

La loi crée pour lui des droits nouveaux, qui, bien compris, bien entendus, indiquent que son droit de propriétaire *de la surface* ne lui laisse que la jouissance de cette surface, qui est une propriété précaire,

_____

(1) Voir, pages 414, 1er alinéa, et 464, 4me alinéa.

conditionnelle, subordonnée à tous les besoins de l'exploitation de la mine.

L'article 6 accorde au propriétaire *de la surface d'une mine* une redevance annuelle et perpétuelle sur les produits de cette mine, laquelle doit, aux termes de l'article 42, être fixée *à une somme déterminée* par l'acte de concession.

L'article 11 désigne les lieux et les terrains qui sont exclus de la concession jusqu'à 100 mètres de profondeur, et dont le propriétaire *de la surface* ne peut être dépossédé sans son consentement formel et moyennant indemnité.

L'article 15 autorise le propriétaire de la surface, malgré la distance de 100 mètres de profondeur, à exiger caution quand la mine est exploitée sous sa maison ou son habitation, ou quand les travaux, *établis sur un héritage voisin*, viennent jusque contre sa maison ou son habitation.

L'article 30 veut qu'un plan *régulier de la surface* du périmètre concédé constate, par une désignation précise, les bâtiments, cours ou jardins, et les enclos murés, ainsi que les terrains attenant auxdits bâtiments et enclos, réservés au propriétaire de la surface ou exclus de la concession par l'article 11, afin d'éviter toute difficulté ultérieure sur ce qui existait à la surface *avant la concession ou l'exploitation de la mine*.

L'article 43 règle l'indemnité à payer au propriétaire de la surface lors de sa dépossession, d'après le *produit net de la propriété*, qui lui est laissé en jouissance au moment de la concession du terrain ou de la mine.

L'article 44 dit que, lorsque le propriétaire de la surface est privé *du revenu* de sa propriété, ou quand elle lui est rendue impropre *à la culture*, il peut en exiger l'achat, *valeur avant l'exploitation de la mine*, et c'est encore là ce que le lecteur doit bien remarquer.

On s'est mépris jusqu'ici sur les dispositions de ces deux articles 43 et 44; on croit qu'ils donnent au concessionnaire le droit de s'emparer des terrains nécessaires à son exploration ou à son exploitation, droit qu'il tient au contraire de sa concession.

On ne voit pas notamment que ces articles définissent implicitement la propriété de la surface en déterminant les droits du propriétaire de cette surface quand il vient à en être dépossédé par le concessionnaire du terrain.

N'accorder pour toute indemnité que le double *du produit net* du terrain, cette indemnité cessant quand le terrain est remis en culture, ou ne donner la faculté d'exiger l'achat du terrain que lorsque le propriétaire de la surface est privé *de son revenu* depuis un an, ou quand le terrain n'est plus propre *à la culture*, c'est reconnaître qu'il n'a que le droit de cultiver son champ et d'en prendre la récolte, et c'est confirmer les paroles des rédacteurs de la loi.

SECTION UNIQUE.

Droits inhérents à la propriété de la surface.

En partant de ce point, qui est la base de toute interprétation de la loi de 1810, à savoir que le terrain concédé *change de nom*; qu'il forme désormais deux propriétés : celle *de la mine* et celle *de la surface*, tout démontre que celle-ci , *par sa position* , doit être soumise à toutes les éventualités de l'exploitation de la mine , dont les produits gisent à la surface comme dans le tréfonds de la terre.

Avant de s'occuper des intérêts de la propriété de la surface, si ce n'est pour faire respecter les lieux réservés et accorder au propriétaire les indemnités auxquelles il a droit, il faut d'abord constituer la propriété de la mine, qui a pour cause l'intérêt général.

Il faut ensuite donner au propriétaire de la mine toutes les facilités, lui accorder tout ce dont il a besoin pour exploiter sa propriété, *moyennant indemnités ;* et de là, en reconnaissant son droit de préférence, on arrive à cette conséquence incontestable, que les droits inhérents à la propriété de la surface sont subordonnés à ceux de la propriété de la mine.

Et du jour où l'on comprendra le but des indemnités payées au propriétaire de la surface et les paroles prononcées dans la séance du Conseil d'État du 10 octobre 1809, par MM. Defermon et Fourcroy, déclarant que le terrain concédé est laissé en jouissance au propriétaire *pour le cultiver* et *en prendre la récolte* , on trouvera dans les articles 43 et 44 de la loi de 1810 la définition des droits inhérents à la propriété de la surface.

En effet, il suffit de lire avec attention ces deux articles (1), pour reconnaitre que le propriétaire de la

(1) Voir, page 477, 3ᵐᵉ alinéa, et les suivants.

surface n'a droit à une indemnité ou au prix double du *terrain concédé* que lorsqu'il est privé *de son revenu* ou quand sa propriété n'est plus propre *à la culture ;* ce qui établit qu'il n'a plus droit qu'au revenu et qu'à la culture de sa propriété, s'il faut suivre la logique en matière de mines.

De là résulterait, ainsi que nous l'avons déjà fait observer, que, lorsque la surface est sans valeur, qu'elle n'est ou ne peut être susceptible d'*aucun produit*, et que les art. 43 et 44, qui règlent l'indemnité, sont inapplicables, le concessionnaire du terrain ou de la mine n'a rien à payer en prenant possession de cette surface dont l'abandon a lieu de fait de la part du propriétaire.

Dans ce cas, le prix payé pour le tréfonds devrait désintéresser le propriétaire exproprié ; c'est là du reste une proposition qui sera examinée au *titre septième ;* il nous suffit de résumer ici les droits inhérents à la propriété de la surface, et d'établir qu'ils ne consistent, en dehors des lieux réservés, que dans *le produit de cette propriété ;* c'est encore là ce qu'il faut bien remarquer.

Mais dans les cas ordinaires, en laissant au propriétaire de la surface toute la terre végétale, on lui laisse tout ce qu'il y a d'utile, de productif, on ne lui ôte rien pour ainsi dire ; on donne même une valeur plus considérable à sa propriété, et il jouit encore d'un autre revenu sur le produit d'une richesse qui lui était inconnue.

D'autre part, il lui est encore permis de bâtir et de

former de nouveaux enclos murés à titre de tolérance (1), pourvu que la position du concessionnaire
de la mine n'en soit pas aggravée et que ·la nouvelle
entreprise ne nuise en rien à l'exploitation de la
mine *à ciel ouvert*, ni à l'établissement des travaux
de secours et autres sur la surface ; c'est là une *transaction* dont les bases ont été posées par la Cour
suprême en audience solennelle (2).

CHAPITRE III.

DIFFÉRENCE QUI EXISTE ENTRE LA PROPRIÉTÉ DE LA MINE
ET LA SUBSTANCE MINÉRALE.

La propriété de la mine et la substance minérale
diffèrent en ce que l'une comprend le terrain, et que
l'autre n'est que le produit de la propriété (3).

On refuse d'admettre cette distinction, parce qu'on
dit que la propriété d'une mine est dans la substance
qu'elle produit, et cependant, quand il s'agit de la
propriété d'une carrière, on fait une distinction entre
la carrière et la pierre ; la carrière reste et la pierre
est enlevée.

Si la loi autorisait la concession de la propriété des
carrières, on n'oserait pas dire que la concession de
cette propriété ne comprend ou ne donne que le droit
d'extraire la pierre, et l'on vient dire que la concession de la propriété d'une mine ne donne que le
droit d'extraire la mine, c'est-à-dire la substance.

(1) Voir, page 216, n° 4.
(2) Voir, page 81, 2ᵐᵉ alinéa.
(3) Voir, pages 260, n° 1; 261, n° 2, et 328 § 1ᵉʳ.

On commet la même erreur quand il s'agit de la propriété et de l'exploitation d'une mine, ainsi que de la compétence administrative ou judiciaire.

Il y a confusion entre la propriété et la substance d'une mine, confusion entre la propriété et l'exploitation, et confusion entre les pouvoirs administratifs et judiciaires; en voici la preuve :

La Cour impériale de Dijon a confirmé, le 21 août 1856, un jugement rendu par le tribunal d'Autun le 19 février précédent, en ces termes :

« Attendu que LA CONCESSION D'UNE MINE NE DONNE au concessionnaire que LA PROPRIÉTÉ DE LA MINE, c'est-à-dire DE LA SUBSTANCE MINÉRALE exploitable...

» Que tout ce qui n'est pas LA MINE, AU TRÉFONDS comme A LA SURFACE, demeure la propriété LIBRE DU MAÎTRE DE LA SURFACE....

» QUE TOUS TRAVAUX DE CONSTRUCTION (du maître de la surface) NE CONSTITUENT QU'UN USAGE NATUREL DU SOL et se trouvent dès-lors protégés, SANS DISTINCTION D'ÉPOQUE, par les dispositions qui, dans un intérêt de sécurité publique, IMPOSENT AU CONCESSIONNAIRE, comme condition première de son exploitation, LE DEVOIR PERPÉTUEL et ABSOLU DE MAINTENIR LA SOLIDITÉ DU TOIT DE LA MINE et de prévenir les affaissements du sol.

» D'où il suit que, lorsque des dégradations se manifestent dans un édifice de la surface, et que LA CAUSE EN PEUT ÊTRE JUSTEMENT ATTRIBUÉE AUX EXCAVATIONS DE LA MINE (*quoique antérieure à l'édifice*), le concessionnaire doit réparation de ces dommages, SANS QU'IL Y AIT LIEU DE DISTINGUER si l'édifice ainsi détérioré a été construit AVANT ou APRÈS la concession (*ou les excavations*), puisque, en le construisant, le maître du sol n'a fait, dans tous les cas, *qu'user d'un droit* INHÉRENT à la propriété de la surface (1). »

Cette décision non-seulement consacre une théorie repoussée par la Cour suprême en audience solennelle, mais elle n'admet pas la définition de la propriété des

_____
(1) Voir, page 280, lire tout l'arrêt.

mines telle qu'elle a été définie par la Cour de Dijon *elle-même* dans un arrêt qu'elle a rendu le 29 mars 1854 ; par l'*Empereur*, devant le Conseil d'État, le 8 avril 1809 ; par *Guy-Coquille*, et par *Denizart*, il y a des siècles (1).

Elle n'admet pas non plus la définition écrite dans la dernière disposition de l'article 12 de la loi de 1810 et dans un grand nombre de documents législatifs (2).

D'autre part, il est interdit à l'exploitant de mines d'excaver le terrain qui lui a été concédé, si les excavations empêchent de bâtir au-dessus ; il a vainement excipé de son droit, la Cour de Dijon lui a répondu :

« Que, lors même qu'il serait vérifié et qu'*il serait constant* QUE L'EXPLOITATION AURAIT EU LIEU AVANT LA CONSTRUCTION DES BATIMENTS, il n'en résulterait pas que le propriétaire de la mine *ne serait pas en faute* S'IL N'A PAS CONSOLIDÉ LES GALERIES D'EXPLOITATION. »

Ce n'est pas tout, elle a encore nommé des experts, parmi lesquels deux architectes, à l'effet :

« D'INDIQUER LES TRAVAUX à faire dans les galeries souterraines POUR SOUTENIR LE TOIT DE LA MINE et le sol qui porte les bâtiments dont s'agit, de manière à prévenir tout nouvel affaissement de terrain. »

Le pourvoi en cassation dirigé contre l'arrêt de la Cour de Dijon a été rejeté par la Chambre des requêtes le 17 juin 1857, en ces termes :

« *Sur le premier moyen :*
« Attendu que le concessionnaire d'une mine DOIT USER de sa concession de manière à ne porter AUCUNE ATTEINTE À L'USAGE *légitime de la propriété de la superficie* (3) ; qu'au nombre et au premier rang de

(1) Voir, pages 140, 1er alinéa ; 306, 3me alinéa. et 160, 2me alinéa.
(2) Voir, page 406, avant-dernier alinéa, et page suivante.
(3) Les droits sont ici renversés ; voir, page 81, 2me alinéa.

ses obligations il faut placer le devoir de donner AU TOIT DE MINE (1) toute la solidité nécessaire à la sécurité des constructions élevées à la surface, sans qu'il y ait lieu à distinguer ENTRE LES CONSTRUCTIONS ANTÉRIEURES et CELLES POSTÉRIEURES SOIT *à la concession*, SOIT *à l'exploitation de la mine*; la situation des parties étant la même quant au devoir du concessionnaire de la mine de respecter le droit du propriétaire du sol et d'y asseoir des bâtiments (2).

» *Sur le deuxième moyen :*

» Attendu que le droit de police et de surveillance que la loi du 21 avril 1810 confère à l'administration dans un intérêt général, ne fait pas obstacle à ce que les tribunaux saisis d'une demande en réparation du préjudice causé par les travaux d'exploitation d'une mine, ordonnent, dans un intérêt privé en souffrance, les mesures propres à prévenir le retour du dommage.

» Que le pouvoir des tribunaux ne saurait sans doute aller jusqu'à prescrire des mesures contraires à celles que l'administration croira devoir commander dans l'intérêt général dont le soin lui est exclusivement réservé ; mais que, dans l'espèce, cette contrariété est d'autant moins à craindre que l'arrêt s'est borné à ordonner, par avant dire droit, que les lieux seraient visités et *que les mesures propres à* SOUTENIR LE TOIT *de la mine*, et LE SOL SUR LEQUEL *reposent les bâtiments endommagés*, de manière à prévenir tout nouvel affaissement du sol, SERAIENT INDIQUÉS PAR TROIS EXPERTS, dont l'un est ingénieur ordinaire des mines.

» Que ces mesures encore inconnues, dont l'accomplissement n'a pas encore été ordonné, ne sauraient fournir le prétexte d'aucun reproche d'incompétence contre l'arrêt attaqué, qui laisse aux magistrats qui l'ont rendu, la liberté la plus complète de choisir parmi les mesures qui seraient indiquées et de n'ordonner aucune de celles qui leur paraîtraient constituer un empiètement sur les droits de l'administration.

» REJETTE, etc. »

D'après cet arrêt, confirmant celui de la Cour de Dijon, il n'y a plus de propriété de mines en France.

En effet, en donnant son approbation à l'arrêt de Dijon, la Cour suprême a décidé :

1° Qu'une mine n'est pas un lieu ou une propriété

___

(1) Voir, page 175, § 5.

(2) La Cour de Dijon a condamné l'exploitant de mines à payer les dégâts éprouvés par les bâtiments placés au-dessus d'excavations.

d'*où l'on tire* les métaux ou les minéraux, et que
la propriété perpétuelle d'une mine ne se compose
que de la substance à extraire ou extraite, c'est-à-dire
du droit d'exploiter cette substance, *si cela est possible*
ou lorsque cela ne gênera pas le droit du propriétaire
de la surface.

2° Que l'exploitation de la mine *à ciel ouvert* est
interdite partout où le propriétaire de la surface aura
bâti ou voudra bâtir après la concession, et que l'exploitation *par galeries souterraines* est également
interdite, sous peine de dommages-intérêts, si les
excavations sont un obstacle aux nouvelles constructions du propriétaire de la surface.

3° Que les tribunaux ont le droit d'ordonner une
vérification dans les galeries souterraines et de nommer
des experts à l'effet d'indiquer les travaux de consolidation nécessaires pour soutenir le sol et les bâtiments
établis au-dessus des excavations.

Toutes ces erreurs seraient évitées si l'on admettait
que la désignation du *terrain* concédé change; qu'on
le nomme *la mine*, et que lorsqu'il y a concession de
la mine, il y a concession du terrain.

Tout cela est grave et mérite un examen sérieux
de la part du gouvernement.

SECTION 1re.

Ancienne et nouvelle législation des mines.

Avant la loi de 1810, les concessions de mines
n'étaient qu'une permission d'exploiter la substance
minérale dans la propriété d'autrui; les concession-

naires étaient des fermiers, tandis qu'ils sont aujour-
d'hui propriétaires, et l'on ne fait pas attention à cette
distinction qui a été faite par le législateur dans l'interprétation qu'il a donnée lui-même à la loi (1).

SECTION 2.

Conséquences de la concession de la propriété d'une mine.

La concession de la propriété d'une mine a pour
conséquences de changer la désignation *du terrain*
concédé et de diviser horizontalement la terre du
périmètre concédé, savoir :

Dans les lieux réservés par l'acte de concession ou
par l'article 11, à 100 mètres de profondeur, lors
même que la substance existerait sur la surface ou à
une profondeur moindre de 100 mètres; elle ne peut
y être recherchée ni exploitée sans le consentement
du propriétaire de la surface.

En dehors des lieux réservés, la loi ne laisse au
propriétaire de la surface que la terre végétale pour
la cultiver et en prendre la récolte, et elle lui interdit
tous travaux nuisibles à l'exploitation de la mine (2).

La division horizontale avait été consacrée par la
Cour impériale de Dijon, par arrêt de la première
Chambre du 29 mars 1854, quand la seconde a décidé
le contraire le 21 août 1856.

L'une décide qu'il y a deux propriétés parfaitement
distinctes : *celle de la surface*, qui continue à reposer
sur la tête du propriétaire du sol, et *celle du tréfonds*,

(1) Voir, page 466, avant-dernier alinéa.
(2) Voir, page 81, 2ᵐᵉ alinéa.

qui passe entre les mains du concessionnaire de la mine ; en ajoutant que la concession de la mine comprend également la propriété de la surface, pour éviter les lenteurs de l'expropriation pour cause d'utilité publique (1).

Tandis que l'autre déclare qu'il n'y a point de séparation entre la mine et la surface, et que la concession ne comprend que la substance ; elle est ainsi revenue à la jurisprudence de l'arrêt du 25 mai 1838, cassé en audience solennelle par la Cour suprême (2).

Mais on vient de voir que cette jurisprudence, quoique repoussée par les Chambres réunies, est aujourd'hui admise par la Chambre des requêtes.

Telles sont les dissidences qui existent dans le sein de la Cour impériale de Dijon et de la Cour de cassation elle-même.

SECTION 3.

Exploitation des mines considérée comme un dépôt public.

La concession de la propriété d'une mine est accordée dans l'intérêt de la société, et le concessionnaire doit l'exploiter, parce que c'est là une des conditions premières de son contrat (3).

On a vu que M. Sauzet, rapporteur du projet de la loi de 1838, devant la Chambre des députés, disait :

« Le concessionnaire *doit exploiter* DANS L'INTÉRÊT PUBLIC, et si *l'intérêt public* est compromis, le gouvernement LE PROTÈGE....

» Le concessionnaire *a reçu* UN DÉPÔT, *il doit* LE FÉCONDER, et

(1) Voir, page 50, 4ᵐᵉ alinéa et suiv.
(2) Voir, page 73, 2ᵐᵉ alinéa et suiv.
(3) Voir, page 187, n° 2.

l'État, qui le lui confia, veille toujours *pour l'y contraindre*. Il ne reste plus qu'à savoir QUEL DOIT EN ÊTRE LE MOYEN ! »

M. d'Argout, rapporteur du même projet devant la Chambre des Pairs, dit :

« L'EXPROPRIATION POUR CAUSE D'UTILITÉ PUBLIQUE s'exerce sur un propriétaire qui jouit conformément à son titre, et elle ne s'exerce que *pour changer* LA NATURE DE LA PROPRIÉTÉ et *pour l'affecter à un* USAGE PUBLIC. »

Et en parlant de la concession *de la propriété* d'une mine, **M.** d'Argout ajouta qu'elle est conférée sous la condition d'être exploitée *dans l'intérêt général* DE LA SOCIÉTÉ.

L'exploitant de mines n'est donc pour ainsi dire que l'agent de la société, l'intermédiaire entre le consommateur, et c'est l'intérêt public qui est sacrifié lorsqu'on sacrifie celui de l'exploitant.

Il ne faudrait pas oublier que *toute transaction* entre le propriétaire de la mine et le propriétaire de la surface, dans le but de restreindre l'étendue de la concession ou de l'exploitation, *est interdite*, parce qu'elle serait contraire à l'intérêt public.

Mais a-t-on jamais fait attention à ces paroles que M. d'Argout prononça devant la Chambre des Pairs, à l'occasion de la loi de 1838 *sur les mines :* « *L'expropriation* pour cause d'utilité publique s'exerce sur un propriétaire, et ne s'exerce que pour changer *la nature* de la propriété et pour l'affecter *à un usage public !...* »

Pour échapper à l'application de ces principes, on nie la concession *de la propriété* d'une mine, et l'on ne voit pas que cette concession est une expropriation pour cause d'utilité publique, quand des indemnités de toutes sortes sont accordées au propriétaire exproprié.

Quoique nous défendions souvent dans ces pages la cause de l'intérêt public, il semble à certaines personnes que, par les conséquences de notre système, nous serions entraîné à le méconnaître. Voici ce que nous écrit à ce sujet, le 18 juin 1857, un homme de mérite, occupant une éminente position dans l'industrie :

« J'AI LU avec le plus grand intérêt *le titre supplémentaire* de l'ouvrage que vous m'avez communiqué sur la propriété des mines. *C'est un travail* CONSCIENCIEUX, *qui fera passer* vos convictions dans l'esprit de ceux qui le liront; ESPÉRONS-LE, du moins, dans l'intérêt de la production minière, *qui, plus que jamais, a* BESOIN DE PROTECTION ET DE SECOURS.

» Votre livre oppose aux arguties qui ont tant de fois égaré les tribunaux appelés à juger les différends entre l'exploitant et le propriétaire de la surface, la véritable interprétation de la loi du 21 avril 1810, interprétation basée sur les discussions qui ont précédé la rédaction des articles. On applique trop souvent la loi sans s'inquiéter de l'esprit qui l'a dictée.

» UN SEUL ORDRE d'idées me paraît manquer à ce livre : C'EST CELUI DE L'INTÉRÊT PUBLIC, qui doit bien être pris en considération, lorsque les articles d'une loi sont assez vagues pour qu'on puisse en tirer, ainsi que cela arrive, les conclusions les plus opposées.

» La loi de 1810 FUT UNE LOI D'INTÉRÊT PUBLIC. Elle *fut dictée* PAR LA NÉCESSITÉ d'une constitution de la propriété minière et d'une organisation administrative destinée à stimuler et protéger les exploitations, de sorte que LE PUBLIC *pût obtenir des mines que* RENFERME NOTRE SOL *les produits abondants et* AU MEILLEUR MARCHÉ POSSIBLE.

» Pour apprécier si la loi de 1810 *est réellement* BIEN APPLIQUÉE, *si l'esprit* EN A ÉTÉ CONSERVÉ, il faut donc examiner si l'application en est faite AU POINT DE VUE DE L'INTÉRÊT PUBLIC.

» Or, il faut le dire avant tout autre argument, il n'en est pas ainsi, *l'intérêt des exploitations*, qui est bien celui que *la loi a voulu protéger*, EST CONSTAMMENT SACRIFIÉ ET MÉCONNU ; l'intérêt prépondérant est partout celui du propriétaire de la surface.

» PLUS ON GRÈVE les exploitations minières de redevances, d'entraves, de procès, d'indemnités à la double valeur, qui, dans la pratique, devient quadruple, et au-delà, PLUS ON ÉLÈVE *le prix des produits* obtenus , et PLUS L'INTÉRÊT PUBLIC EN SOUFFRE. En résumé , l'exploitant n'est qu'UN *intermédiaire*, UN *ouvrier* chargé de subir les chances de la production, MAIS QUI NE PEUT *que par exception* EXTRAIRE et VENDRE *à perte*, et que les consommateurs doivent par conséquent indemniser de toutes les charges qu'on lui impose.

» Le bassin houiller de la Loire paie aux propriétaires de la surface DES REDEVANCES QUI ATTEIGNENT aujourd'hui DEUX MILLIONS DE FRANCS PAR ANNÉE ; les redevances à l'État dépassent CINQ CENT MILLE FRANCS ; quant aux indemnités pour dommages causés *à la surface* et aux constructions, quant aux dépenses imposées par LES INNOMBRABLES PROCÈS QUI GRÈVENT *les exploitations*, nous ne saurions les traduire en chiffres, mais elles ne PÈSENT PAS MOINS que les redevances SUR LE PRIX DE REVIENT DE L'EXTRACTION.

» Dans de pareilles conditions d'exploitation, le bassin houiller de la Loire EST-IL A L'INTÉRÊT PUBLIC CE QU'ON POUVAIT ESPÉRER QU'IL SERAIT? Peut-il alimenter, à des prix réduits, les fourneaux, les forges et les usines de toute nature, dont LA PROSPÉRITÉ DU COMMERCE, DES MANUFACTURES *et* DES ARTS EXIGE LE CHARBON *à bon marché*? Enfin, les interprétations de la loi qui ENTRAVENT les *exploitations* et *aggravent* LE PRIX DE REVIENT *ne sont-elles pas*, dans ce cas, FUNESTES A L'INTÉRÊT PUBLIC ?

» En suivant LA DISCUSSION *de la loi de* 1810, on voit constamment le désir DE DONNER *à l'industrie* des mines une impulsion puissante et DE METTRE LA FRANCE AU NIVEAU DE L'ANGLETERRE.

» L'application de la loi organisée par la Restauration a PARALYSÉ LES INTENTIONS *qui devaient être* SI PROFITABLES AU PAYS (1).

» Pourquoi est-on si généralement hostile aux intérêts des mines? Il faut que vous ayez le courage de le dire, c'est que la législation des mines n'est pas étudiée, et l'œuvre du législateur de 1810 n'a pas été bien comprise ; c'est que les propriétaires de la surface en sont encore à regarder la loi de 1810 comme une loi qui les a dépouillés de leurs droits. Cela n'est pas, et cette opinion, que l'on trouve dans bien des provinces, doit être combattue par tous les moyens possibles. Le meilleur de ces moyens EST TOUJOURS L'UTILITÉ PUBLIQUE, QUI A ÉTÉ LA BASE de la loi, et que les tribunaux oublient peut-être lorsqu'ils ont à l'interpréter.

» Une autre considération vient encore à l'appui des réclamations

(1) A la Restauration, au moment où la loi de 1810 venait d'être promulguée, avant même qu'on en eût fait l'application, les hommes d'État qui l'ont rédigée et votée ont été éloignés des affaires.

générales des exploitants : LA FRANCE ne doit pas être administrée seulement en vue de son commerce intérieur ; elle se trouve en lutte industrielle sur son propre territoire avec l'*Angleterre*, la *Belgique* et l'*Allemagne*.

» Or, les interprétations que subit aujourd'hui la loi de 1810 placent nos exploitations minières dans des conditions tellement défavorables, *comparativement aux exploitations anglaises*, par exemple, QU'IL Y A NÉCESSITÉ ABSOLUE D'Y REMÉDIER.

» En amenant les tribunaux, interprètes de nos lois, *à envisager ces questions* DE HAUTE ADMINISTRATION ET D'UTILITÉ PUBLIQUE, VOUS AUREZ RENDU SERVICE *à l'exploitation des mines*, SI ESSENTIELLE A LA PROSPÉRITÉ DU PAYS !

» En résumé, je crois devoir vous présenter cette critique, parce que si, d'une part, les interprétations de la loi en faveur de la propriété de la surface contre la propriété du tréfonds sont contre l'intérêt public ; d'autre part, il ne faut pas se dissimuler que si l'on interprétait la loi, ainsi que vous le faites, *d'une manière* TROP ABSOLUE contre les propriétaires de la surface, L'INTÉRÊT PUBLIC *se trouverait également* LÉSÉ.

» C'est donc UNE INTERPRÉTATION DE TRANSACTION *qui me paraît devoir être cherchée* COMME LA MEILLEURE ET LA PLUS PRATIQUE. »

Toutes les conséquences que nous tirons de la concession de la propriété d'une mine sont justes, nous dit-on : l'intérêt public seul les motive ; mais ces conséquences seraient trop rigoureuses, et nous léserions l'intérêt public lui-même si nous ne trouvions *une transaction* pour concilier les intérêts du propriétaire de la mine avec ceux du propriétaire de la surface.

Une transaction ! C'est là en effet ce qui mettrait, comme toujours, l'accord sur toutes les questions ; mais ne l'avons-nous pas trouvée cette transaction, en démontrant que le *statu-quo* n'est pas imposé à la surface d'une manière absolue.

Du reste, les bases d'une transaction ont été posées par la Cour de cassation dans l'arrêt solennel du

3 mars 1841, réservant au propriétaire de la surface tous les droits inhérents à sa propriété, sous la seule condition de ne pas nuire à l'exploitation de la mine.

Voici comment la Cour suprême s'est exprimée sur ce point :

« Que si, nonobstant la concession de la mine, *les droits inhérents* à la propriété de la surface *restent entiers*, conformément à l'article 544 du code Napoléon, il ne s'ensuit pas que le propriétaire de la surface ait LE DROIT DE PRATIQUER DES TRAVAUX NUISIBLES à l'exploitation de la mine *dans l'étendue de son périmètre.* »

Qu'on maintienne donc, qu'on observe fidèlement ces prescriptions, puisqu'elles émanent de la Cour suprême tout entière, et qu'on interdise au propriétaire de la surface *tous travaux nuisibles* à l'exploitation de la mine; il n'y aura plus de difficultés.

SECTION 4.

Transaction sur le statu-quo imposé sur la surface d'une concession de mines.

Les bâtiments, cours ou jardins, enclos murés, ainsi que les terrains attenant auxdits bâtiments et enclos qui existent sur la surface d'une concession de mines, au jour de la concession, sont régulièrement constatés par un plan figuratif dressé à ce moment.

Ce plan est pour ainsi dire calqué sur le cadastre, c'est-à-dire qu'il doit indiquer ce qui existe sur la mine concédée; il doit être *dressé* ou *vérifié* par les ingénieurs des mines et *certifié* par le préfet, pour lui donner le caractère d'authenticité, et il prend date certaine par l'annexe qui en est faite à la minute de l'acte de concession.

Le *plan régulier* de ce qui existe sur la surface de la mine au jour de la demande en concession est indispensable pour éclairer le gouvernement et lui permettre de vérifier si le concessionnaire aura la faculté d'*asseoir* l'exploitation de la mine sur *une étendue de terrain suffisante* (1).

Mais, après cette vérification, après la concession *de la propriété de la mine*, et de ce moment, deux intérêts distincts étant en présence, le droit concédé est définitivement et irrévocablement acquis au concessionnaire; le *statu-quo* est imposé par la nécessité sur la surface de la mine concédée.

Empêcher de bâtir sur la mine, en dehors des réserves, n'est pas frapper d'interdit la propriété de la surface, c'est imposer seulement le respect de la propriété d'autrui, puisque le propriétaire de la surface jouit de sa propriété après comme avant la concession du terrain.

Permettre de bâtir sur la mine, sur les terrains livrés à l'exploitation du concessionnaire, c'est au contraire empêcher toute exploitation; c'est frapper d'interdit la propriété de la mine au-dessous et aux abords des constructions, jusqu'à 100 mètres de distance, et c'est étendre les réserves et restreindre la concession.

Nous reconnaîtrons, avec l'arrêt solennel de la Cour suprême du 3 mars 1841, que le *statu-quo* ne doit être imposé que lorsque les nouvelles constructions sont nuisibles à l'exploitation de la mine.

(1) Voir, page 430, 3ᵐᵉ alinéa.

La loi de 1810 n'a pas posé de règle sur ce point ; elle ne pouvait pas *interdire* ni *autoriser* les constructions sur la surface du périmètre concédé, parce que l'interdiction dépend des gisements métalliques ou minéralogiques ; c'est la nécessité qui impose à la surface d'une mine le *statu-quo*.

Dans le périmètre d'une vaste concession de mines il se trouve toujours des terrains qu'on appelle vulgairement *terrains à bâtir*, où la substance métallique ou minérale n'existe pas ou n'existe qu'à 500 mètres ou à *un kilomètre de profondeur*.

Le concessionnaire de la mine, n'ayant aucun intérêt à s'opposer aux nouvelles constructions du propriétaire de la surface, lorsqu'elles ne lui font aucun tort ou ne le privent d'aucune partie de sa concession, est dès-lors sans droit pour les empêcher.

Mais quand la substance gît à la surface ou à quelques mètres de profondeur, et qu'elle ne peut être extraite que par tranchée à ciel ouvert (1), ou quand les nouvelles constructions sont un obstacle à l'établissement des travaux d'extraction par galeries souterraines, *ouvertures* de puits ou de galeries, pose de *machines*, *magasins*, *chemins*, etc., on comprend qu'il ne peut être permis de bâtir sur la mine et d'en paralyser l'extraction.

De même, lorsque la substance a été extraite à une petite profondeur de la surface, sans avoir endommagé la terre végétale, ou que le dommage a été

_____

(1) Voir, pages 153, § 3, et 157, n° 1.

payé, on comprend encore que le propriétaire de la surface ne peut bâtir au-dessus des excavations qu'à ses risques et périls.

Le *statu-quo* dépend donc d'une appréciation de fait et ne doit pas être imposé d'une manière générale dans l'étendue du périmètre concédé ; mais la nécessité l'impose dès que la nouvelle entreprise du propriétaire de la surface *vient interdire l'exploitation de la mine.*

Il ne peut être juste ni équitable de frapper d'interdit par de nouvelles constructions l'extraction du métal ou du minéral qui se trouverait à fleur de terre au-dessous de ces constructions ou à quelques mètres de profondeur.

Il serait encore plus injuste de rendre le propriétaire de la mine responsable de constructions placées imprudemment au-dessus d'excavations pratiquées à quelques mètres au-dessous du sol (1).

Et l'injustice serait d'autant plus évidente que le propriétaire de la mine, dans l'intérêt public, est tenu d'*excaver* et de *miner* le terrain qui lui a été concédé, partout où il n'y a point de réserves, pour en extraire la substance métallique ou minérale.

Mais les tribunaux ne veulent pas admettre que la propriété de la mine exerce tous ses droits au préjudice de la propriété de la surface moyennant indemnité.

Ils ne voient pas que c'est au propriétaire de la surface, qui veut bâtir, de consulter les gardes-mines, les ingénieurs et même les plans de la mine ; que c'est à lui de s'assurer qu'il n'y a au-dessous du sol

_____

(1) Voir, page 491, 3ᵐᵉ alinéa et les suivants.

où il veut bâtir ni *substance* ni *excavations* rapprochées de la surface, et qu'à part cette seule précaution, tous ses droits lui sont maintenus; la concession de la mine, loin de lui causer un tort quelconque, double, triple et au-delà le revenu de sa propriété détachée du tréfonds.

Il n'est interdit au propriétaire de la surface qu'une seule chose: nuire à l'exploitation de la mine; ne pas nuire à autrui, et c'est une obligation qui pèse sur lui comme sur tout autre.

Mais, nous le répétons, il existe dans toutes les grandes concessions des *terrains à bâtir*, c'est-à-dire des régions où le métal ou le minéral ne se rencontre pas, ou ne se rencontre qu'à une très-grande profondeur; là, rien ne s'oppose aux constructions, si les travaux à la surface ne sont pas paralysés; d'autre part, on peut toujours bâtir dans les lieux réservés, ainsi que le long des routes impériales ou départementales, des chemins communaux ou vicinaux et des rivières ou cours d'eau, au-dessous et aux abords desquels les excavations sont interdites.

En somme, le propriétaire de la surface conserve la faculté de faire tout ce qui est utile à sa propriété, tout ce qui lui convient, *pourvu qu'il ne nuise pas à l'exploitation de la mine.*

C'est là *une règle invariable* d'éternelle justice, dont la Cour de cassation a fait l'application au propriétaire de la surface dans son arrêt solennel du 3 mars 1841. Telle est la seule *transaction* possible.

Mais quelle transaction peut-on faire avec le propriétaire de la surface, lorsque l'étendue de la concession n'a qu'un ou deux hectares, même quatre?

Dans le département de Saône-et-Loire il y a trois concessions qui n'ont ensemble qu'une étendue de 8 hectares 07 ares, savoir :

1º Celle accordée à la COMMUNE DE ROMANÈCHE, appelée *Réserve-de-l'Église*, dont l'étendue est de. . . . . 1 h. 77 a.

2º Celle accordée à MM. CHAMUSSY ET Cie, appelée *La Vieille-Cure*, dont l'étendue est de. 2   30

3º Celle accordée à MM. MAZOYER ET CADOT, appelée *Le Grand-Filon*, dont l'étendue est de. 4   »

TOTAL. . . . . 8 h 07 a.

La loi de 1810, notamment l'article 11, s'applique aux petites comme aux grandes concessions, et l'on a vu que MM. Mazoyer et Cadot, qui n'ont qu'une concession de *quatre hectares*, avaient été condamnés par le tribunal de Mâcon à supprimer l'ouverture d'un puits, qui n'était pas à distance de 100 mètres des maisons des sieurs Raclet et Lachaume (1).

Dans ce cas, il faut au moins interdire de bâtir dans l'étendue du périmètre concédé, et reconnaître, *en principe*, qu'on ne peut frapper d'interdit l'exploitation de la mine.

Mais pourquoi n'interdirait-on pas de bâtir sur une mine qui doit être exploitée *à ciel ouvert* ou dont toute la surface doit être occupée par l'établissement des travaux d'exploitation souterraine?

Si une carrière était concédée par le propriétaire, et que la carrière dût être exploitée *à ciel ouvert*, ce propriétaire, après la concession, pourrait-il bâtir sur

(1) Voir, page 353, 3me alinéa, et T. 1er, page 368.

la carrière? évidemment non ! Dès-lors, pourquoi la propriété de la mine serait-elle moins respectée que celle de la carrière?

On ne remarque point assez qu'une mine est de même nature qu'une carrière, et que l'une et l'autre ont une surface qui forme une propriété particulière, quand la mine ou la carrière n'est pas exploitée à ciel ouvert, ou quand l'exploitation souterraine peut se faire sans endommager la surface ou sans l'occuper par l'établissement des travaux.

Aussi est-il manifeste que *la surface* d'une concession de mines d'*un* hectare, même de *quatre* ou de *dix*, *quinze* ou *trente* hectares (1), *doit rester libre* de toutes constructions ou autres empêchements à l'exploitation de la propriété concédée.

CHAPITRE IV.

FORME DU DÉCRET ET FORMALITÉS INDISPENSABLES POUR ÉTABLIR LES DROITS DU CONCESSIONNAIRE.

La forme du décret de concession est celle d'un acte ordinaire de transmission de propriété territoriale ; il énonce la *nature* et la *situation* de cette propriété ; il exprime son *étendue*, et il indique les *limites* déterminées par lignes droites, partant de points fixes, et un plan régulier de la surface *désigne* les lieux réservés par l'article 11 de la loi de 1810.

Toutes les dispositions de cette loi s'inscrivent d'elles-mêmes dans l'acte de concession ; il n'y a que le prix de la mine qui est soumis à l'arbitrage du

(1) Voir, page 155, le tableau des concessions.

gouvernement ; le prix de la surface est fixé d'après les bases indiquées par la loi, et les réserves accordées au propriétaire de la surface sont également désignées par elle à l'aide du plan qu'elle prescrit.

Pour l'exécution de la loi, l'instruction ministérielle du 3 août 1810 nous dit :

Quant à la demande en concession,

« Elle doit indiquer la désignation précise *du lieu* DE LA MINE, *la nature* DU MINERAI *à extraire*, l'ÉTENDUE DE LA CONCESSION demandée, LES INDEMNITÉS OFFERTES aux propriétaires DES TERRAINS....

» Il devra être joint à la pétition UN PLAN RÉGULIER DE LA SUR-FACE, EN TRIPLE *expédition*, et sur une échelle de dix millimètres pour cent mètres, qui présente l'étendue de la concession, et les limites déterminées *le plus possible* PAR DES LIGNES DROITES menées d'un point à un autre, en observant de diriger les lignes de préférence SUR DES POINTS IMMUABLES.

» S'il y a discussion entre LES PROPRIÉTAIRES DES TERRAINS (1) et le demandeur en concession, relativement aux indemnités autorisées par les articles 6 et 42 de la loi, ou réclamation de sa part à l'égard des redevances proposées par l'ingénieur des mines, ces objets seront soumis à l'avis du Conseil de préfecture. »

Quant au décret de concession,

« Il énonce les prénoms, noms, qualités et domicile du concessionnaire ou des concessionnaires, LA NATURE et LA SITUATION de l'objet concédé.

» Il DÉSIGNE LES LIMITES de la concession accordée, EXPRIME L'ÉTENDUE (en hectares ou) en kilomètres carrés, FIXE LES INDEMNITÉS à payer envers qui de droit.

» Il DÉTERMINE LE MODE d'exploitation que devra être suivi par le concessionnaire, et notamment les galeries d'écoulement et autres grands moyens d'épuisement, d'aérage ou d'extraction des minerais, qui devront être exécutés POUR L'EXPLOITATION LA PLUS ÉCONOMIQUE....

» Enfin, l'OBLIGATION D'ACQUITTER LES REDEVANCES GÉNÉRALES, aux termes de la loi : il indique l'époque à partir de laquelle la rede-

---

(1) Avant les concessions, les propriétaires des terrains conservent leurs qualifications de PROPRIÉTAIRES DES TERRAINS.

vance proportionnelle commencera à être percevable, et l'obligation aussi d'acquitter ENVERS LES PROPRIÉTAIRES DE LA SURFACE (1) LES INDEMNITÉS qui seront fixées ou qui seraient dues, aux termes des articles 6, 42, 51, 53, 55 et 43, 44, 45 et 46.

» UN PLAN DE LA CONCESSION RESTE JOINT à la minute DU DÉCRET.

» S'il y avait DES CHANGEMENTS à opérer, en vertu du décret sur les plans fournis, CES CHANGEMENTS seraient exécutés SOUS LA SURVEIL- LANCE de l'administration GÉNÉRALE DES MINES, et LES PLANS seraient, à cet égard, CERTIFIÉS PAR LE CHEF de l'administration et VISÉS PAR LE MINISTRE DE L'INTÉRIEUR (2).

» Le décret de concession est adressé par le ministre au préfet du département, qui le notifie sans délai au concessionnaire, et qui en ordonne les PUBLICATIONS et AFFICHES DANS LES COMMUNES SUR LESQUELLES S'ÉTEND LA CONCESSION.

» LA DIVISION D'UNE MINE entraînerait le plus souvent la ruine de l'entreprise. LE PARTAGE donnerait lieu à des EXTRACTIONS PARTIELLES, toujours plus nuisibles qu'elles ne peuvent être utiles. »

Voyons maintenant si l'instruction du ministre est en harmonie avec la loi, et ce qui résulte de leur ensemble.

SECTION 1re.

Étendue de la surface de la concession.

La loi de 1810, par une disposition spéciale de l'article 29, veut que l'étendue de la concession d'une mine soit déterminée par le décret de concession.

« L'ÉTENDUE DE LA CONCESSION, dit la loi, SERA DÉTERMINÉE par l'acte de concession. »

Et, sur ce point, l'instruction ministérielle dit que le décret de concession doit exprimer l'étendue en kilomètres carrés, ou en hectares si la concession est d'une petite étendue.

(1) C'est après la concession que les PROPRIÉTAIRES DES TERRAINS ne sont plus que PROPRIÉTAIRES DE LA SURFACE.

(2) Aujourd'hui des travaux publics.

On a vu que trois concessions de manganèse du département de Saône-et-Loire n'ont qu'une étendue totale de *huit hectares* 07 *ares*.

Section 2.

Limites de la concession en lignes droites partant de points immuables.

L'article 29 de la loi de 1810, après avoir dit que l'*étendue de la concession* sera déterminée par l'acte même de concession, ajoute :

« ELLE SERA LIMITÉE par des points fixes pris à la surface du sol, et, *passant par des plans verticaux*, MENÉS DE CETTE SURFACE DANS L'INTÉRIEUR de la terre, *à une* PROFONDEUR INDÉFINIE. »

L'instruction ministérielle porte que les limites seront déterminées, autant que possible, *par des lignes droites*, menées d'un point à un autre, en choisissant de préférence *des points immuables*.

Mais ce qui est à remarquer, c'est que la loi dit que les limites de la concession sont prolongées *verticalement* de la surface à l'intérieur de la terre, *à une profondeur indéfinie*, et qu'un plan serait complètement inutile pour fixer les limites de la propriété concédée, puisqu'elles sont fixées par des lignes droites aboutissant à des *points immuables*.

Il y a plus, le cahier des charges, article 1er, de toute concession de mines, prescrit, à la diligence des préfets, une *plantation de bornes* ou une reconnaissance des limites de la concession, dont procès-verbal est dressé par les ingénieurs des mines ; une expédition du procès-verbal est déposée à la préfecture et aux mairies des communes sur lesquelles s'étend la concession.

SECTION 3.

Plan régulier de la surface, désignant les lieux réservés par l'article 11.

Il ne suffisait pas de déterminer l'étendue de la propriété de la mine en hectares ou en kilomètres carrés, ni d'indiquer les limites de cette propriété par des lignes droites, partant de points *fixes*, il fallait encore désigner les réserves auxquelles l'article 11 doit être appliqué.

C'est dans ce but que l'article 30 prescrit un plan *régulier de la surface* au moment de la demande en concession.

« Un plan régulier DE LA SURFACE, en triple *expédition*, et sur une échelle de dix millimètres pour cent mètres, sera annexé à la demande.

» Ce plan devra être DRESSÉ ou VÉRIFIÉ par les ingénieurs des mines et CERTIFIÉ par le préfet du département. »

Primitivement cet article avait été rédigé ainsi :

‹ Ce plan devra être certifié *par les ingénieurs des mines*, et VISÉ par le préfet du département. »

Mais une grande importance est attachée à ce plan ; M. *Locré* nous dit que, dans la séance du Conseil d'État du 13 février 1810, l'Empereur ordonna qu'il fût *certifié* par le préfet, et voici ce qu'on lit dans le procès-verbal de cette séance :

« L'Empereur ORDONNE de mettre à l'article 30 *que le plan* sera CERTIFIÉ PAR LE PRÉFET. »

Règle générale : lorsqu'on vend ou concède une propriété, on dit d'abord en quoi elle consiste, et l'on indique ensuite la *situation*, l'*étendue* et les *limites* de la propriété ; *un plan* ne sert qu'à désigner ce qui existe à la surface sur chaque parcelle.

Or, quand il s'agit de la concession de la propriété d'une mine, on a vu que l'instruction du ministre dit que le décret énonce la *nature* et la *situation* de la propriété, exprime son *étendue* et indique ses *limites*.

D'où il suit que le plan de la mine serait inutile si le gouvernement n'avait pas à vérifier ce qui existe *à la surface*, et s'il ne devait pas constater qu'*en dehors des lieux réservés* il reste une étendue de terrain suffisante pour asseoir une exploitation par les moyens les plus économiques (1), et que les bâtiments ou habitations, les enclos murés, cours ou jardins, exclus de la concession par l'article 11, ne sont pas un obstacle à l'établissement des travaux du concessionnaire.

Ce plan est ensuite annexé à la minute du décret de concession, et s'il y a des changements à faire, l'instruction du ministre exige encore plus de solennité pour ces changements.

§ 1er.

Plan annexé à la minute du décret de concession.

Si, pendant le délai de quatre mois prescrit pour les affiches et publications de la demande en concession, les propriétaires des terrains n'ont pas fait opposition, et si, avant la concession, ils n'ont pas réclamé contre

---

(1) Voir, page 430, 3me alinéa.

les réserves désignées au plan (1), les droits du concessionnaire sont irrévocablement acquis sur tous les
terrains qui sont en dehors des réserves.

Tout ce qui est désigné sur le plan est présumé
inscrit dans l'acte de concession : ce plan dispense
d'énumérer les lieux réservés par l'article 11 et indique
les terrains livrés à l'*exploitation perpétuelle* du concessionnaire.

Des erreurs auraient pu s'introduire dans la rédaction du décret de concession, quant à la désignation
des lieux réservés, et compromettre de graves intérêts, tandis que le plan dressé par les ingénieurs et
certifié par le préfet, et qui reste annexé à la minute
du décret, *est invariable.*

Mais on ne s'est jamais rendu compte de l'utilité de
ce plan ; on ne le consulte pas, et il n'en est pas même
donné copie à la suite du décret de concession.

Cependant, dans des cas analogues, les plans sont
d'une grande utilité pour reconnaître l'état des lieux,
et, à cet égard, un ingénieur des ponts-et-chaussées
a bien voulu nous dire :

« J'ai lu avec beaucoup d'intérêt la partie que vous m'avez fait l'hon-
neur de me communiquer, du tome II de votre important ouvrage sur
la propriété des mines.

» J'ai eu souvent à m'occuper d'affaires contentieuses et à discuter
des indemnités de dommages d'un chiffre assez élevé, et *j'ai reconnu
combien* IL ÉTAIT UTILE dans ces circonstances DE TROUVER DES PLANS
EXACTS FAISANT CONNAÎTRE L'ÉTAT DES LIEUX ANTÉRIEUREMENT AUX
TRAVAUX dont on se plaignait.

» LE PLAN RÉGULIER DE LA SURFACE annexé à la demande en concession, et *faisant connaître* L'ÉTAT EXACT DES LIEUX *avant l'exploitation,*

_____
(1) Voir, page 447, section 2.

me paraît donc, comme à vous, UNE PIÈCE *d'une très-grande utilité,* à laquelle il est indispensable de revenir en cas de difficultés soulevées POSTÉRIEUREMENT à la concession par les propriétaires de la surface. »

Le plan prescrit par la loi devrait donc être consulté par les tribunaux toutes les fois qu'il y a lieu à indemnité pour dégâts causés à la surface, afin d'établir *une distinction* entre les lieux réservés et les terrains livrés à l'exploitation de la mine.

§ 2.

Changements à opérer sur les plans fournis.

L'instruction du ministre, après avoir dit qu'*un plan de la concession reste joint à la minute du décret,* ajoute :

« S'il y avait DES CHANGEMENTS *à opérer,* EN VERTU DU DÉCRET sur les plans fournis (1), CES CHANGEMENTS seraient exécutés SOUS LA SURVEILLANCE *de l'administration* GÉNÉRALE *des mines,* et LES PLANS seraient, à cet égard, CERTIFIÉS PAR LE CHEF de l'administration et VISÉS PAR LE MINISTRE de l'intérieur. »

Ces plans ont donc une importance telle, que les changements qu'on veut y opérer doivent être exécutés sous la surveillance de l'administration générale des mines, *certifiés* par le chef de cette administration et *visés* par le ministre lui-même.

S'il ne s'agissait que de plans destinés à fixer l'étendue et les limites de la concession, chose *superflue* d'après les énonciations qui sont prescrites par le décret et le cahier des charges, sous le rapport des limites et du bornage, on n'eût pas *ordonné* autant de garantie pour l'authenticité de ces plans.

(1) Sur la demande primitive et celles en concurrence.

Mais sans un plan *régulier de la surface*, au moment de la concession de la mine, comment pourrait-on distinguer les établissements qui existaient *alors* d'avec ceux qui ont été formés *depuis ?*

Il fallait cependant empêcher qu'*une vaste surface*, libre de toutes constructions au moment de la concession, ne fût plus tard couverte de nouvelles constructions paralysant l'exploitation de la mine concédée.

Il fallait aussi empêcher que le propriétaire d'*une habitation isolée* de toute attenance pût, par l'acquisition des terrains qui entourent son habitation, frapper d'interdit l'exploitation de la mine tout autour, jusqu'à 100 mètres de distance, ni étendre ses enclos murés.

Pour résoudre ces difficultés, la loi prescrit donc un plan *indicatif* de ce qui existe à la surface, et la Cour de cassation, Chambre civile, décide que l'article 11 de la loi de 1810 ne s'applique qu'à ce qui *existait* au moment de la concession (1).

SECTION 4.

Définition d'une mine, par Guy-Coquille et Denizart, par la loi elle-même et par d'autres documents.

On ne saurait trop rappeler que Guy-Coquille, sur la définition des mines, disait :

« LES MINES *font naturellement* PARTIE DE LA TERRE; elles sont formées *de sa substance*, ainsi LEUR PROPRIÉTÉ *suit celle* DE LA TERRE. »

Denizart, rapportant cette définition, ajoute :

« ON NOMME MINE UN LIEU d'où l'on tire des diamants, des pierres

(1) Voir, pages 68, 4me alinéa, et 70, 4me alinéa.

précieuses , etc., ou bien où se forme quelque métal, comme de l'or,
de l'argent, du cuivre, du fer, etc., ou quelque minéral, tel que le
vitriol, l'antimoine, etc. (1). »

On dit *la mine*, comme on dit *la minière* d'où l'on
tire le minerai de fer d'alluvion, ou bien *la carrière*,
d'où l'on tire la pierre, le plâtre, le marbre, etc.

Et l'on nomme *mine* le terrain d'où l'on tire une
substance métallique ou minérale, comme on nomme
bois ou *pré* le terrain sur lequel croît le bois ou
l'herbe, comme on nomme *vigne* le lieu où l'on récolte
le raisin.

Nier la concession du terrain, c'est nier tout le
système de la loi de 1810, et c'est nier jusqu'aux
remarquables paroles qui ont été prononcées par le
commissaire du gouvernement devant le Corps législatif et par le rapporteur du projet (2).

On a vu que le droit de rechercher une mine
inconnue *dans un terrain déjà concédé* appartient
exclusivement au concessionnaire (3).

Sur *la nouvelle découverte* la loi ne dit rien, mais
l'instruction ministérielle du 3 août 1810 porte :

« Si le concessionnaire VIENT A DÉCOUVRIR, dans l'étendue de sa concession , UNE SUBSTANCE MINÉRALE d'une autre espèce que celle pour
laquelle il lui a été accordé une concession, *il en demandera* UNE
PARTICULIÈRE pour cet objet, S'IL VEUT L'EXPLOITER. »

La préférence est encore accordée au concessionnaire du terrain, lorsqu'*il veut exploiter* la substance
par lui découverte *dans l'étendue de sa concession* (4).

---

(1) Voir, page 460, 2ᵐᵉ, 3ᵐᵉ et 4ᵐᵉ alinéa.
(2) Voir, page 464, 3ᵐᵉ alinéa et pages suivantes.
(3) Voir, page 407, 1ᵉʳ et 3ᵐᵉ alinéa.
(4) Voir, page 253, tout le § 13.

En résumé, la mine c'est le terrain, comme *la propriété* d'une mine c'est *la propriété* du terrain dans lequel gît le minéral ou le métal à extraire, et, du jour où l'on sera d'accord sur ce point, on ne dira plus que la loi de 1810 est mal faite ; chacun, au contraire, avouera que les dispositions de cette loi sont un chef-d'œuvre.

SECTION 5.

Notifications, affiches et publications de l'acte de concession.

On a vu que l'instruction du ministre porte que le décret de concession est adressé au préfet pour le notifier sans délai au concessionnaire et en ordonner la *publication* et l'*affiche* dans toutes les communes sur lesquelles s'étend la concession (1).

En parlant des affiches et des publications qui doivent être faites, M. Cotelle nous dit :

« CELUI qui a obtenu LA CONCESSION *est intéressé à* LES REQUÉRIR et *à notifier* en outre INDIVIDUELLEMENT le décret AUX PARTIES INTÉRESSÉES ; autrement il risquerait de voir attaquer plus tard SON TITRE DE PROPRIÉTÉ, et de le voir déclarer NON AVENU *sur une opposition.* »

M. Cotelle fait ensuite observer que les propriétaires de la surface ont le droit de former opposition à la concession, par divers motifs :

« S'ils n'ont *pas obtenu*, par l'acte de concession, l'INDEMNITÉ *qui devait être réglée* EN LEUR FAVEUR, soit par omission de statuer, soit qu'ils soutiennent INSUFFISANTE l'*indemnité* qui leur est allouée.

» Ou bien ils croiront pouvoir soutenir que LE TITRE EST ILLÉGAL et ne peut les priver de leurs droits à la surface (2). »

Une ordonnance du 13 mai 1818, rendue après déli-

---

(1) Voir, page 508, 3me alinéa.

(2) COTELLE, *Cours de Droit administratif*, T. 2, pages 124 et 126.

béré au Conseil d'État, a , en effet, admis une opposition à un décret de concession, par les motifs que la
demande n'avait pas été publiée et affichée dans une
des communes sur lesquelles s'étendait la concession ;
elle a annulé la concession quant aux terrains situés
sur cette commune.

Le demandeur en concession doit donc veiller à
l'accomplissement des formalités prescrites, et après
la concession il devrait encore notifier le décret à tous
les propriétaires expropriés de leurs terrains ; c'est
alors que ceux-ci comprendraient la position qui leur
est faite par la concession.

Mais puisque les affiches et les publications prescrites
par les articles 23 et 24 de la loi de 1810 (1) suffisent
pour *appeler légalement* ces propriétaires, celles qui
sont faites dans la même forme , après la concession,
doivent aussi suffire pour consommer leur expropriation.

CHAPITRE V.

PRISE DE POSSESSION DE LA PROPRIÉTÉ D'UNE MINE.

On a vu qu'un terrain qui renferme un métal ou
un minéral *change de nom* par la concession qui en est
faite; qu'on le nomme *la mine*, afin d'en séparer la
terre végétale qu'on appelle *la surface*, et qu'en outre
de cette séparation la loi de 1810, article 11, retranche
de la concession certaines parties du terrain comprises
dans le périmètre concédé.

Néanmoins, la loi garde le silence sur la prise de

(1) Voir, page 474 , avant-dernier alinéa , et page suivante.

possession de la propriété de la mine, quoiqu'elle soit une propriété ordinaire; il est vrai qu'elle est *considérée* par la loi de 1810, article 19, comme propriété nouvelle, dont le concessionnaire est investi de droit et de fait par le décret de concession, et ce n'est que pour la prise de possession de la surface que les règlements prescrivent de nombreuses formalités.

On a vu également que le plan prescrit par l'article 30 de la loi *désigne la surface* qui fait partie de la concession et celle qui en est exclue, et que les droits du concessionnaire sont *définis* et *limités* par ce plan.

La prise de possession de la surface est *temporaire* ou *définitive*, selon qu'elle dure plus d'une année, ou qu'après les travaux d'occupation la surface n'est plus propre à la culture.

SECTION 1re.

Prise de possession temporaire de la surface.

La prise de possession de la propriété de la surface est toujours *présumée* n'être que temporaire au moment où le concessionnaire établit ses travaux, et l'indemnité à payer *avant la prise de possession* ne consiste que dans la valeur de la récolte endommagée par les travaux, et le dommage ne porte quelquefois que sur *une étendue de quelques centiares* de pré ou de terre.

Voici ce que porte l'article 43 de la loi de 1810 :

« Si les travaux ne sont que PASSAGERS et si le sol où ils ont été faits PEUT ÊTRE MIS EN CULTURE AU BOUT D'UN AN comme il l'était auparavant, L'INDEMNITÉ *sera réglée* AU DOUBLE DE CE QU'AURAIT PRODUIT NET LE TERRAIN endommagé. »

La rédaction de cet article, telle qu'elle fut soumise au Corps législatif, portait :

« L'indemnité sera toujours évaluée comme pour VINGT-CINQ ARES, même dans le cas où le dommage s'étendrait sur une surface moindre.»

La Commission du Corps législatif proposa la suppression de ce paragraphe par les motifs suivants :

« On propose cette suppression, parce qu'il suffit *pour l'indemnité* du propriétaire qu'il reçoive le double du *produit net* du terrain endommagé. C'EST UNE BASE FIXÉE PAR L'USAGE GÉNÉRAL et que la loi du 28 juillet 1791 avait adoptée.

» Il serait d'ailleurs injuste d'assujettir l'exploitant à payer une double indemnité pour *vingt-cinq ares*, TANDIS QUE, LE PLUS SOUVENT, IL N'EN AURAIT ENDOMMAGÉ QUE QUELQUES CENTIARES. »

On voit que l'indemnité à payer d'avance ne consiste jamais que dans la valeur de la récolte, et que cette indemnité ne consiste, *le plus souvent,* que dans le dommage de *quelques centiares* de pré ou de terre, comme quand il s'agit d'un fossé ou d'un chemin.

Mais le droit de prise de possession de la surface est acquis au concessionnaire du jour de sa concession ; de ce moment il a la faculté d'asseoir ses travaux sur toute l'étendue du périmètre qui lui a été concédé, sous les restrictions *portées* par l'article 11 et *désignées* dans le plan prescrit par l'article 30.

Toutefois, le concessionnaire doit, avant de prendre possession de la parcelle dont il a besoin pour établir ses travaux, en demander l'autorisation, dénoncer sa demande au propriétaire de la parcelle à occuper, obtenir un arrêté préfectoral, le signifier et payer l'indemnité préalable ; sinon il y a indue prise de possession et entreprise illégale sur la propriété d'autrui.

§ 1er.

Demande en autorisation de prise de possession de la surface.

Tout acte de concession interdit au concessionnaire d'entreprendre aucun travail à la surface de la mine, sans une autorisation spéciale du préfet.

Les articles 4, 5, 6 et 7 du cahier des charges de chaque concession portent :

« Art. 4. Sur le vu des pièces et sur le rapport des ingénieurs des mines, le préfet autorisera l'exécution du projet des travaux, S'IL N'EN DOIT RÉSULTER AUCUN DES INCONVÉNIENTS OU DANGERS énoncés dans le titre V de la loi du 21 avril 1810, ou dans les titres II et III du décret du 3 janvier 1813, et si le projet ASSURE AUX MINES UNE EXPLOITATION RÉGULIÈRE ET DURABLE.

» Art. 5. Il ne pourra ÊTRE PROCÉDÉ A L'OUVERTURE DE PUITS OU GALERIES, PARTANT DU JOUR pour être mis en communication avec les travaux existants, sans une AUTORISATION DU PRÉFET, accordée sur la demande du concessionnaire et sur le rapport des ingénieurs des mines.

» Art. 6. Lorsque le concessionnaire voudra OUVRIR UN NOUVEAU CHAMP D'EXPLOITATION, il adressera à ce sujet au préfet UN PLAN SE RATTACHANT AU PLAN GÉNÉRAL DE LA CONCESSION, et un mémoire indiquant son projet de travaux.

» Art. 7. Chaque année, dans le courant de janvier, le concessionnaire adressera au préfet LES PLANS et COUPES DES TRAVAUX exécutés dans le cours de l'année précédente. CES PLANS, dressés à l'échelle d'un millimètre (par cent mètres), de manière à pouvoir ÊTRE RATTACHÉS AUX PLANS GÉNÉRAUX DÉSIGNÉS dans les articles précédents. »

Ainsi, la demande en autorisation pour prendre possession de la surface d'une mine est imposée par la défense de n'entreprendre aucun travail *partant du jour* ou établi à la surface, sans que les travaux aient été eux-mêmes autorisés.

A cet effet, on adresse, en forme de requête, au préfet du département, une pétition à laquelle on doit joindre un plan de la parcelle à occuper, en rattachant ce plan *au plan général de la concession* prescrit par l'article 30 de la loi de 1810, et la requête doit contenir :

La nature des travaux projetés, la désignation du terrain, sa situation, l'étendue indispensable aux travaux, le numéro du cadastre et le nom du propriétaire de la surface.

§ 2.

Dénonciation de la demande au propriétaire de la surface.

La demande en autorisation de prise de possession de la surface doit être dénoncée par acte extra-judiciaire au propriétaire de la parcelle à occuper, afin de le mettre en demeure d'acquiescer ou de s'opposer à la prise de possession demandée pour les travaux projetés.

L'acte de dénonciation doit contenir l'exposé sommaire de la demande, avec déclaration que le plan de la parcelle réclamée et des terrains adjacents est joint à la pétition adressée à M. le préfet.

C'est sur cette dénonciation, s'il y a opposition à la prise de possession, que s'engage le débat sur l'application de l'article 11 de la loi de 1810, et cette observation démontre que les tribunaux sont incompétents pour statuer sur l'opposition formée à l'*ouverture d'un puits autorisé* ou d'une galerie, ou à tous autres travaux autorisés par le préfet dans la limite des droits qui lui sont attribués.

§ 3.

Arrêté préfectoral autorisant la prise de possession.

Le préfet ordonne que la demande qui lui est adressée soit communiquée, ainsi que les pièces à l'appui, aux ingénieurs des mines, qui, après examen des lieux, font un rapport, et, dans la pratique, préparent le projet de l'arrêté préfectoral.

Quelles que soient les difficultés qui peuvent surgir sur la prise de possession, il y est statué par le préfet dont le pouvoir est inattaquable devant les tribunaux ordinaires; ceux-ci ne peuvent, en aucun cas, ordonner la destruction de travaux dûment autorisés par l'administration, ni même suspendre l'exécution de l'arrêté préfectoral.

Néanmoins, par suite d'une erreur inconcevable, la Cour de cassation, par arrêt rendu en audience solennelle le 19 mai 1856, a ordonné la suppression de l'*ouverture d'un puits autorisée* par M. le préfet de la Loire (1), sans que l'administration ait songé à élever un conflit pour faire respecter ses décisions.

Chose encore plus regrettable, c'est que cet état de choses a toujours existé et que personne ne s'est aperçu de l'*incompétence* des tribunaux sur tout ce qui tient à l'exploitation des mines ou à l'établissement des travaux, quoique la Cour de cassation et le Conseil d'État aient déjà statué *pour* et *contre* sur cette exception (2).

(1) Voir, page 368, 1er alinéa.

(2) Voir, page 349, section 5, et § 1, 2 et 3.

Mais, outre que les tribunaux sont incompétents pour faire l'application de l'article 11 de la loi de 1810, il doit être prouvé maintenant que cet article n'a d'autre objet que de *désigner* les lieux réservés au propriétaire et non aux voisins, et que la Cour de cassation a consacré une grave erreur dans l'arrêt solennel du 19 mai 1856 (1).

§ 4.

Signification de l'arrêté préfectoral et offre de l'indemnité.

L'arrêté préfectoral, étant un acte de dépossession du propriétaire de la surface, doit lui être notifié avec offre de l'indemnité dont la base est fixée par l'article 43 de la loi de 1810.

On comprendra cependant qu'un arrêté administratif serait insuffisant pour prononcer l'*expropriation* du propriétaire de la surface, si cette expropriation ne résultait pas du décret de concession de la mine, et que ce décret doit, à l'aide d'un plan, *désigner* les terrains qui sont exclus de la concession ou de l'exploitation *perpétuelle* du concessionnaire, afin d'éviter toutes contestations ultérieures sur ce point.

Cet arrêté, en autorisant les travaux projetés, autorise implicitement l'occupation de la surface nécessaire aux travaux, et il n'y a autorisation explicite que lorsqu'il s'agit de l'établissement d'un chemin ou d'un magasin, etc., pour la desserte ou le service de travaux déjà autorisés.

S'il y a difficulté sur le règlement de l'indemnité,

(1) Voir, pages 357 à 374, sections 6, 7 et 8.

qui doit être préalable à la prise de possession de la surface, elle est portée par-devant le juge de paix (1).

Mais toute prise de possession, sans autorisation et sans règlement de l'indemnité préalable fixée par l'article 43, doit être déclarée illégale et donner lieu à des dommages-intérêts, comme toute indue entreprise sur la propriété d'autrui.

§ 5.

Indue prise de possession ou emparement illégal de la propriété de la surface.

Deux arrêts des Cours impériales de Bourges et de Dijon, du 20 avril 1831 et du 12 août 1853, ont décidé, l'un, qu'il y a *indue prise de possession*, et l'autre, qu'il y a *emparement illégal* de la propriété de la surface, si l'indemnité dont la base est fixée par l'article 43 de la loi de 1810, n'a pas été préalablement payée ou offerte.

Dans ce cas, l'exploitant ne peut se prévaloir des dispositions de l'article 43; il est tenu de payer *tout le préjudice* causé à la propriété par l'établissement de ses travaux. L'application de ce principe a été faite aux propriétaires de mines qui s'étaient emparés de la surface sans en payer le prix préalablement, et la Cour de cassation a donné son approbation à cette jurisprudence par arrêt du 8 novembre 1854.

1° Arrêt de la Cour impériale de Bourges :

« Considérant qu'aux termes de l'article 545 du code Napoléon, nul

(1) Voir, page 242, n° 14, et pages suivantes.

ne peut être contraint de céder sa propriété, *si ce n'est* POUR CAUSE D'UTILITÉ PUBLIQUE et moyennant *une juste et* PRÉALABLE INDEMNITÉ ;

» Que la loi du 21 avril 1810 sur les mines NE CONTIENT AUCUNE DÉROGATION A CE PRINCIPE; qu'il est même formellement exprimé dans l'article 10, et que s'il n'est pas reproduit dans les articles 43 et 44, ce n'est sans doute qu'à cause de l'inutilité de la répétition d'un principe de droit commun : qu'il a été consacré de nouveau par l'article 10 de la charte.

» Considérant que l'administration des mines de Decize l'a cependant méconnu, en s'emparant de plusieurs héritages appartenant à M. Pinet, SANS LUI AVOIR PAYÉ NI MÊME OFFERT UN DÉDOMMAGEMENT PRÉALABLE ;

» Qu'elle allègue vainement avoir sommé M. Pinet de nommer un expert, à l'effet de régler l'indemnité à lui due, puisque, dans les actes extra-judiciaires qu'elle représente, IL N'EST FAIT AUCUNE MENTION D'INDEMNITÉ PRÉALABLE, et que l'administration des mines l'entendait si peu de cette manière, qu'elle s'est mise en possession SANS AVOIR LÉGALEMENT FAIT FIXER L'INDEMNITÉ due à M. Pinet et SANS LUI EN AVOIR OFFERT LE MONTANT ;

» Que, plus vainement encore l'administration voudrait faire considérer la mine dont elle est concessionnaire comme une propriété enclavée, et les fouilles et excavations faites à la surface du terrain comme un simple passage prévu par l'article 682 du code Napoléon, et non sujet à l'indemnité préalable, puisque cette indemnité de passage est prescriptible ;

» Qu'il n'y a aucun point de contact ou de rapprochement entre les deux termes de comparaison, et qu'il suffit de remarquer quelle est la différence ENTRE L'ÉTABLISSEMENT D'UN PUITS, dont la durée est indécise, ET LE PASSAGE DANS UN HÉRITAGE, qui, le plus souvent, ne laisse point de traces sensibles, pour démontrer combien est fausse l'application que fait à sa cause l'administration des mines de l'article 682 du code Napoléon.

» Considérant que les conclusions reconventionnelles prises par l'administration des mines, et tendantes à la nomination d'experts, pour estimer le dédommagement dû à M. Pinet, changeant entièrement la demande principale, sont, par cela même, inadmissibles.

» Que M. Pinet NE RÉCLAME QUE DES DOMMAGES-INTÉRÊTS POUR L'EMPAREMENT ILLÉGAL DE SA PROPRIÉTÉ par l'administration des mines, et que, LE FAIT ÉTANT CONSTANT, la demande est suffisamment justifiée; mais qu'à défaut DE BASES PRÉCISES *et* CERTAINES *pour la fixation* DE CES DOMMAGES, il est indispensable d'en soumettre l'appréciation à un débat contradictoire.

» EN CONSÉQUENCE, sans s'arrêter ni avoir égard aux exceptions, fins et conclusions de l'administration des mines, dont elle est déclarée déboutée, LA CONDAMNE AUX DOMMAGES-INTÉRÊTS envers M. Pinet, A DONNER PAR ÉTAT. »

2º Arrêt de la Cour impériale de Dijon :

« Considérant qu'en s'emparant DU TERRAIN des sieurs Berrier et consorts, sans même les prévenir par un avertissement préalable, la compagnie de Blanzy N'A PAS SEULEMENT *contrevenu à la loi spéciale* DONT ELLE INVOQUE les dispositions aujourd'hui, *mais a* AUDACIEU-SEMENT VIOLÉ LE DROIT DE PROPRIÉTÉ placé sous la sauvegarde de la loi commune.

» QUE LA JUSTE PROTECTION ACCORDÉE par la législation de 1810 à *l'industrie* des mines ne saurait donc servir d'excuses ou seulement d'interprétation à la conduite tenue par les intimés, et que le seul fait de LEUR ENTREPRISE VIOLENTE ET DU TROUBLE *qu'il ont apporté à la* POSSESSION *des appelants*, ILS ONT ENCOURU LES DOMMAGES-INTÉRÊTS RÉCLAMÉS par ces derniers.

» Considérant QUE SI DEPUIS L'INDUE PRISE DE POSSESSION DE LEUR PROPRIÉTÉ, les consorts Berrier ont consenti à s'arranger amia-blement avec la compagnie, si cela était possible, on ne peut voir dans ce consentement conditionnel rien qui ressemble à un abandon de leur droit ou à une ratification de l'acte dont ils se plaignent.

» Que les dispositions conciliantes qu'ils ont montrées autorisent seulement les magistrats à ne pas prononcer contre la compagnie la suspension DE SES TRAVAUX, *et à confier à des experts* l'APPRÉCIA-TION DES DOMMAGES sur l'importance desquels les parties n'ont pu s'entendre.

» Considérant que *l'enlèvement des terres* qui AURAIENT été ou qui SERAIENT *employées* à la fabrication de gazons ou de briques, NE CONSTITUE QU'UN ACCESSOIRE DE L'EXPLOITATION DE LA MINE et doit être renvoyé à l'examen des experts comme l'un des éléments du travail dont ils sont chargés.

» PAR CES MOTIFS, met ce dont est appel à néant, en ce que les pre-miers juges auraient renvoyé la compagnie de Blanzy de la demande formée contre elle POUR INDUE PRISE DE POSSESSION DES TERRAINS, réformant quant à ce, et par nouveau jugement:

» Dit que les experts détermineront dans leur rapport les *dommages-intérêts dus* aux appelants pour *indue prise de possession des terrains* et pour tous autres préjudices à eux causés, MÊME EN DEHORS DES BASES FIXÉES par les articles 43 et 44 de la loi de 1810. »

La jurisprudence de ces arrêts prouve que les arti-

cles 43 et 44 de la loi de 1810 n'accordent pas une double indemnité, et que les concessionnaires de mines n'*ont le droit de prendre possession* de la surface qu'après avoir acquitté l'indemnité fixée à l'article 43.

En matière de mines, les tribunaux ne peuvent que réprimer les infractions à la loi, *sans jamais pouvoir suspendre les travaux;* mais, par cet arrêt, la Cour impériale de Dijon s'est mise en contradiction avec sa propre jurisprudence résultant d'une décision du 28 avril 1847, où elle avait dit :

« Que l'*indemnité* PRÉALABLE NE PEUT ÊTRE EXIGÉE par le propriétaire de la surface que dans le cas prévu par l'article 10 de la loi du 21 avril 1810, c'est-à-dire quand il s'agit *de faire des recherches* AVANT LA CONCESSION. »

C'était là une erreur sur laquelle elle s'est empressée de revenir ; nous verrons qu'elle ne s'est pas arrêtée à ce premier pas dans la voie de réformation.

SECTION 2.

Prise de possession définitive de la propriété de la surface.

La prise de possession de la propriété de la surface devient définitive lorsque le propriétaire exige, en vertu de l'article 44 de la loi de 1810, l'achat du terrain employé *à l'usage de l'exploitation ;* cet article porte :

« LORSQUE L'OCCUPATION des terrains, pour la recherche ou les travaux de mines, PRIVE les propriétaires de la surface de la jouissance DU REVENU AU-DELA DU TEMPS D'UNE ANNÉE, ou lorsqu'après les travaux les terrains NE SONT PLUS *propres à la* CULTURE, ON PEUT EXIGER DES PROPRIÉTAIRES DES MINES l'acquisition des terrains *à l'*USAGE *de l'exploitation...* »

Deux circonstances autorisent le propriétaire de la

34

surface à exiger l'achat de sa propriété : il faut qu'il soit privé de son revenu depuis plus d'une année ou que son terrain lui soit rendu, impropre à la culture, après l'*occupation des travaux* établis sur la surface.

Mais, qu'on le remarque, cet achat ne peut être exigé que *des propriétaires* de mines et non des explorateurs.

CHAPITRE VI.

EXPROPRIATION, PARTAGE OU VENTE PAR LOTS DE LA PROPRIÉTÉ D'UNE MINE.

La propriété d'une mine étant une propriété ordinaire, et n'étant soumise à aucune éventualité, n'a rien d'hypothétique ; elle est *inviolable* et *sacrée* comme toutes les autres propriétés territoriales, desquelles le propriétaire ne peut être *exproprié* que dans les cas et selon les formes prescrites par la loi.

Cette propriété est constituée par l'expropriation que subit le propriétaire par la concession de la mine, et c'est à cette occasion que l'Empereur, dans la séance du Conseil d'État du 18 novembre 1809, disait :

« Il y a un très-grand intérêt à imprimer AUX MINES le cachet de la PROPRIÉTÉ FONCIÈRE. *Si l'on n'en jouissait* QUE PAR CONCESSION, EN DONNANT A CE MOT SON ACCEPTION ORDINAIRE, il ne faudrait que rapporter le décret qui concède pour dépouiller les exploitants ; *au lieu que,* SI CE SONT DES PROPRIÉTÉS, ELLES DEVIENNENT INVIOLABLES.

» L'EMPEREUR *lui-même*, avec les nombreuses armées qui sont à sa disposition, *ne pourrait néanmoins* S'EMPARER D'UN CHAMP; CAR VIOLER *le droit de propriété* DANS UN SEUL, C'EST LE VIOLER DANS TOUS. Le *secret* ici est donc de faire des mines de VÉRITABLES PROPRIÉTÉS, *et de les rendre par là* SACRÉES DANS LE DROIT *et* DANS LE FAIT. »

Et lorsqu'il fut dit qu'il y aurait concession *de*

la propriété métallique ou minérale, c'est-à-dire du terrain qui renferme les substances à extraire, l'Empereur, dans celle du 3 février 1810, dit encore :

« Le concessionnaire ne doit être dépouillé de sa propriété QUE LORSQUE LUI-MÊME CONSENT A LA CÉDER. Il n'y a pas, ajoutait-il, *de différence* sous ce rapport ENTRE UNE MINE ET UNE FERME. »

Une mine est donc de même nature qu'*une ferme* ; ces deux propriétés ne diffèrent entre elles que par les produits.

Plus de doutes alors sur la disposition fondamentale de l'article 7 de la loi de 1810, disant :

« L'acte de concession donne LA PROPRIÉTÉ *perpétuelle* DE LA MINE, laquelle est dès-lors disponible et transmissible comme tous autres biens, et DONT ON NE PEUT ÊTRE EXPROPRIÉ que *dans les cas* et *selon les formes* PRESCRITES POUR LES AUTRES PROPRIÉTÉS, conformément au code Napoléon et au code de procédure civile. »

Il est tellement vrai que le propriétaire d'une mine a une propriété assimilée à une ferme comme à toute autre propriété territoriale, que la loi en interdit le partage ou la vente par lots, et que la Cour de cassation, Chambre civile et toutes Chambres réunies, décide qu'il ne peut être *exproprié* ni *privé* de sa propriété que pour cause d'utilité publique et moyennant *une juste indemnité* ; seulement l'indemnité ne doit pas être préalable (1).

SECTION Ire.

*Jurisprudence sur l'expropriation du propriétaire
d'une mine.*

La Cour suprême, Chambre civile, cassant un arrêt de la Cour de Lyon, et, toutes Chambres réunies, cas-

(1) Voir, page 80, fin de l'avant-dernier alinéa.

sant un arrêt solennel de la Cour de Dijon, a décidé que l'article 7 de la loi de 1810 déroge au droit de propriété conféré par l'article 552 du code Napoléon, et que le concessionnaire d'une mine ne peut être exproprié *pour cause d'utilité publique* sans une juste indemnité.

Voici les motifs de la décision solennelle prononcée par les Chambres réunies le 3 mars 1841 :

« Vu l'article 545 du code Napoléon, relatif à l'indemnité due à ceux qui sont dépossédés (de leur propriété) pour cause d'utilité publique ;

» Vu aussi l'article 1382 du même code ;

» Vu enfin l'article 7 de la loi du 21 avril 1810 sur les mines ;

» Attendu que, PAR DÉROGATION A L'ARTICLE 552 DU CODE NAPOLÉON, cet article 7 déclare que LES CONCESSIONS DE MINES EN CONFÈRENT LA PROPRIÉTÉ PERPÉTUELLE ;

» Que CETTE PROPRIÉTÉ est disponible et transmissible comme LES AUTRES IMMEUBLES, DONT NUL *ne peut être* EXPROPRIÉ *que* DANS LES CAS et *selon les formes prescrites* POUR LES AUTRES PROPRIÉTÉS, conformément au code Napoléon, C'EST-A-DIRE SANS INDEMNITÉ. »

Néanmoins, les propriétaires de la surface sont autorisés par les Cours impériales de Lyon et de Dijon à *couvrir* la propriété d'une mine par de nouvelles constructions, et à *exproprier* ainsi, même sans indemnité, le propriétaire de la mine.

SECTION 2.

Jurisprudence sur la privation d'une partie de la concession d'une mine.

Si, *pour cause d'utilité publique*, le propriétaire d'une mine *est privé* d'une partie de sa concession, il lui est dû une indemnité à raison du préjudice qu'il en éprouve : cette proposition a été résolue par la Chambre civile et par les Chambres réunies de la Cour suprême, contrairement aux décisions des Cours impériales de Lyon et de Dijon , en ces termes:

« Que la CONCESSION D'UNE MINE a pour objet l'*exploitation* de LA MATIÈRE MINÉRALE QU'ELLE RENFERME ; que le concessionnaire auquel cette *exploitation* EST INTERDITE POUR UN FAIT *à lui étranger* EST PRIVÉ DES PRODUITS de sa propriété et éprouve une véritable éviction DONT IL DOIT ÊTRE INDEMNISÉ ;

« Que la disposition (de l'article 50) n'altère en rien le droit de propriété du concessionnaire et *ne lui impose pas l'obligation* DE SUBIR LA PERTE D'UNE PARTIE de sa concession , A RAISON DE LA CRÉATION D'UN ÉTABLISSEMENT NOUVEAU , *sans une juste indemnité.* »

Dans l'espèce , il s'agissait d'un établissement d'utilité publique, et il a cependant été décidé :

1º Que le concessionnaire d'une mine *ne peut,* par un fait à lui étranger, *être privé* des produits de sa propriété *sans être indemnisé ;*

2º Qu'il ne doit pas *subir la perte* d'une partie de sa concession , à raison de la création d'un établissement nouveau , *sans une juste indemnité.*

Malgré des principes aussi nettement formulés, les Cours impériales de Lyon et de Dijon résistent et soutiennent que les propriétaires de la surface ont le droit de *créer* sur la mine concédée des établissements nouveaux et de *priver* le concessionnaire de la totalité ou d'une partie de sa concession , et la Chambre des requêtes confirme aujourd'hui leurs arrêts (1).

SECTION 3.

Défense de partager ou de vendre par lots la propriété d'une mine.

L'article 7 de la loi de 1810 , après avoir déclaré que la propriété d'une mine *est une propriété ordinaire,*

(1) Voir, pages 390 , 4ᵐᵉ alinéa , et 490 , 3ᵐᵉ alinéa et suiv.

régie par le code Napoléon et par le code de procédure
civile, apporte une seule modification à l'application
du droit commun : il est défendu *de partager* ou *de
vendre par lots* cette propriété sans une autorisation
du gouvernement (1).

Défendre de partager ou de vendre par lots la
propriété d'une mine, c'est reconnaître qu'elle est
susceptible d'être divisée comme toutes les autres
propriétés territoriales.

Cet article 7 *range* la propriété des mines *parmi les
propriétés ordinaires,* ainsi que la Cour de cassation
l'a reconnu par arrêt du 20 décembre 1837, en ces
termes :

« Que la loi du 21 avril 1810, art. 7, RANGE LES MINES CONCÉDÉES
PARMI LES PROPRIÉTÉS ORDINAIRES et déclare qu'elles sont *disponibles* et *transmissibles* comme tous autres biens ; qu'il en résulte que les
concessionnaires ONT LE DROIT D'EN DISPOSER *de la manière* LA PLUS
ABSOLUE, SAUF LES PROHIBITIONS portées par les lois et les règlements. »

Toutes les difficultés reposent donc uniquement sur
cette simple question : *Qu'est-ce que la propriété des
mines ?*

Or, comme la substance minérale ou métallique ne
peut faire l'objet d'un partage autorisé par le gouvernement, puisque, avant l'extraction, on ne sait ni
où elle est, ni en quoi elle consiste, et qu'après l'extraction elle est déclarée meuble par la loi, on voit
que cette autorisation n'est pas nécessaire pour diviser
ou partager les produits de la mine.

D'autre part, comment pourrait-on ranger cette

_____

(1) Voir, page 469, 3me et 4me alinéa.

substance parmi les propriétés *immobilières ordinaires,* et comment pourrait-on la grever d'hypothèques (1)?

L'instruction ministérielle du 3 août 1810, s'expliquant sur la défense de partager *la propriété* concédée, nous dit :

« Le partage de l'objet concédé donnerait lieu à des extractions partielles, toujours beaucoup plus nuisibles qu'elles ne peuvent être utiles. Il est donc indispensable, lorsque, par l'effet d'hérédité ou autrement, une mine ou une minière concédée se trouverait dans le cas d'être partagée, que la question du partage soit soumise au gouvernement. »

Cette instruction prouve encore que *la propriété* des mines, c'est le terrain lui-même, et que les mines, comme l'a dit Guy-Coquille, *font partie de la terre,* qu'elles sont formées *de sa substance,* et que leur propriété suit *celle de la terre.*

SECTION 4.

Jurisprudence qui met la propriété des mines hors la loi.

La propriété des mines est mise hors la loi lorsque, sans cause d'utilité publique et sans indemnité, le propriétaire d'une mine est obligé de subir la perte d'une partie de sa concession.

Les Cours impériales de Lyon et de Dijon, par arrêts des 23 mai et 21 août 1856, confirmés par deux décisions de la Chambre des requêtes de la Cour de cassation des 3 février et 17 juin 1857, accordent au propriétaire de la surface le droit de disposer du terrain concédé après comme avant la concession.

D'après la jurisprudence de ces deux Cours impé-

(1) Voir, page 474, les art. 20 et 21, ainsi que nos observations.

riales, le propriétaire de la surface a le droit de disposer du dessous comme du dessus, et il peut interdire
l'exploitation d'une mine *par tranchées à ciel ouvert*
ou *par galeries souterraines*, partout où il voudra
bâtir ou créer des édifices nouveaux.

On n'interdit pas, il est vrai, au propriétaire de la
mine, d'exploiter ni de rechercher la substance qui
a donné lieu à la concession ; mais on le contraint à
éloigner ses travaux de toutes les constructions ou
autres établissements qu'il plaît au propriétaire de la
surface de placer sur la mine.

Et si l'exploitation à ciel ouvert ou les excavations
souterraines *sont* ou *peuvent* devenir un empêchement
ou une cause de ruine pour les constructions ou
édifices *qui ont été* ou *qui seront* élevés après l'exploitation de la mine, les exploitants sont condamnés à
la réparation du préjudice causé.

Nous n'avons pas à discuter dans ce système la
position faite à la propriété des mines ; il n'y en a
plus, quoique l'article 7 de la loi de 1810 porte
textuellement que l'acte de concession la confère à
perpétuité et que nul ne peut en être exproprié que
dans les cas et *selon les formes* prescrites pour les
autres propriétés ; l'exploitation de la substance
concédée n'est même plus un droit.

Un remède doit donc être apporté à cet état de
choses, sinon la propriété des mines sera mise hors
la loi, et elle n'existera en France que par *le bon
plaisir* du propriétaire de la surface.

TITRE SEPTIÈME.

La propriété des mines doit à l'État, comme toute propriété territoriale, l'impôt foncier ordinaire ; elle est soumise à une contribution fixe, calculée sur l'étendue du périmètre du terrain concédé, et à une contribution proportionnelle basée sur le produit net de la propriété. — Les propriétaires expropriés par la concession du terrain ou de la mine perçoivent d'abord, *pour le tréfonds*, une redevance annuelle et perpétuelle fixée par le gouvernement dans l'acte même de concession, et ensuite, *pour la surface*, une autre redevance annuelle basée sur le double du produit net au moment de la dépossession du propriétaire, ou le prix double du terrain d'après l'évaluation qui en est faite, en suivant les règles établies par la loi du 16 septembre 1807 ; dans les deux cas le double n'est qu'*une base à forfait*.

CHAPITRE Ier.

CONTRIBUTIONS FONCIÈRES FIXES ET PROPORTIONNELLES ENVERS L'ÉTAT.

La propriété des mines est soumise par la loi de 1810 à l'impôt foncier envers l'État, comme les autres propriétés, et l'article 32 de cette loi déclare que l'exploitation des mines n'est pas considérée comme un commerce et qu'elle n'est pas sujette à patente.

Mais, d'après l'article 33 de la même loi, les propriétaires de mines sont tenus de payer deux sortes de contributions annuelles, désignées sous la qualification de *redevance fixe* et de *redevance proportionnelle*.

Devant le Conseil d'État, séance du 8 juillet 1809, une discussion s'engagea sur ce double impôt; M. Defermon disait :

« Si la PROPRIÉTÉ *des mines* paie LA CONTRIBUTION FONCIÈRE, on ne peut l'assujettir en outre *à une redevance* ANNUELLE. »

M. Regnault de Saint Jean-d'Angély fit observer qu'il fallait distinguer l'*impôt foncier*, juste tribut que la propriété doit à l'État, de la redevance qui est le prix de la *surveillance* et de l'*inspection* que l'exploitation nécessite.

« IL Y A, disait-il, DEUX OBJETS *très-distincts*, et chacun doit être imposé : LA CONTRIBUTION FONCIÈRE EST PERÇUE POUR LE TERRAIN, et la redevance annuelle POUR L'EXPLOITATION ; cette redevance est le prix de la *surveillance* et de l'*inspection* que l'exploitation nécessite.

» Cependant, si l'on croit convenable de les affranchir de l'un des droits, CE SERAIT LA TERRE UNE FOIS PAYÉE qu'il faudrait retrancher, LE DROIT ANNUEL *étant nécessaire* POUR LES DÉPENSES DE L'ADMINISTRATION. »

Les deux impôts ont néanmoins été maintenus ; mais, qu'on le remarque bien, l'*impôt proportionnel* est le prix de la *surveillance* et de l'*inspection* que doit l'administration dans l'exploitation des mines (1).

Cet impôt, qui est de 5 p. 0/0 sur le produit net des mines, permet aux exploitants de compter sur la surveillance de l'autorité, et ils ont le droit d'exiger le concours des ingénieurs des mines en cas de danger ou de péril imminent (2).

Mais, disait M. de Girardin, dans son rapport au Corps législatif :

« S'il est juste que les PROPRIÉTAIRES DE MINES paient UNE REDEVANCE *à titre* DE PROPRIÉTAIRES, il est nécessaire pour l'INTÉRÊT GÉNÉRAL

(1) Voir, page 377, tout le § 2.
(2) Voir, page 381, le dernier alinéa et pages suivantes

qu'elle soit EXTRÊMEMENT MODIQUE ; il est reconnu que tout impôt *qui pèse sur l'industrie* est beaucoup plus NUISIBLE QU'UTILE. »

Que le lecteur remarque encore ces paroles : *il est reconnu que tout impôt qui pèse sur l'industrie est beaucoup plus nuisible qu'utile*, et qu'il nous soit permis à ce sujet de rappeler ce qui nous a été dit par un homme très-compétent :

« PLUS ON GRÈVE LES EXPLOITATIONS miniers de *redevances*, d'*entraves*, de *procès*, d'*indemnités* à la DOUBLE VALEUR, qui, dans la pratique, devient QUADRUPLE et au-delà, PLUS ON ÉLÈVE le prix des produits obtenus et PLUS L'INTÉRÊT PUBLIC EN SOUFFRE (1). »

D'où il suit que, lorsqu'on sacrifie l'intérêt des exploitants de mines, c'est l'intérêt public qui est sacrifié et qui souffre ; mais les tribunaux sont loin d'être dans ces idées.

SECTION 1re.

Contribution territoriale de la propriété des mines.

La *propriété* des mines étant, ainsi que la Cour de cassation l'a reconnu, une propriété territoriale *ordinaire* (2), devait être imposée comme telle, et et l'impôt dont elle est grevée est dû, lors même que le terrain concédé n'est ni fouillé ni exploité (3).

La redevance fixe est une contribution foncière *établie à perpétuité* comme la propriété concédée ; l'étendue de cette propriété sert à calculer cette contribution, à raison de dix francs le kilomètre carré, et il n'y a point de distinction de classes, tout le terrain est de même nature.

(1) Voir, page 497, dernier alinéa.
(2) Voir, page 532, 2me alinéa.
(3) Voir, page 37, 3me alinéa.

SECTION 2.

Contribution sur l'exploitation de la propriété des mines.

L'*exploitation* des mines est grevée d'une contribution foncière, à raison de 5 p. 0/0 sur le produit
net de l'extraction, conformément aux dispositions de
l'article 35 de la loi de 1810.

Le règlement de cet impôt proportionnel se fait
d'après le produit des ventes de l'année précédente
ou d'après une estimation des matières, quand elles
ne sont pas encore vendues.

Une circulaire ministérielle du 12 avril 1849, revi-
sant celle du 26 mai 1812, indique les dépenses à
défalquer sur le montant du *produit brut*, ainsi qu'il
suit :

A. Salaires des ouvriers ;

B. Achat et entretien des chevaux servant à l'exploitation ;

C. Entretien de tous les travaux, puits, galeries et autres ouvrages
d'art ;

D. Mise en action et entretien des moteurs, machines, appareils, etc. ;

E. Entretien des bâtiments d'exploitation ;

F. *Idem* et renouvellement de l'outillage proprement dit ;

G. *Idem* des voies de communication, soit entre les différents centres
d'exploitation de la mine, soit entre LES CENTRES D'EXPLOITATION et
LES LIEUX *où s'opère la vente des produits* ;

H. Premier établissement des puits, galeries et autres ouvrages d'art ;

J. *Idem* des machines, appareils et moteurs ;

K. *Idem* des bâtiments d'exploitation ;

L. *Idem* des voies de communication ci-dessus ;

M. Frais de bureau AU SIÈGE *de l'exploitation.*

La circulaire n'est qu'indicative, et elle ne s'oppose
pas à ce que toutes les dépenses en général, telles
qu'indemnités de toute nature payées aux proprié-

taires de la surface, expertises, procès, etc., ne soient défalquées du *produit brut.*

En somme, la vraie règle à suivre consiste à défalquer tous les frais nécessités par l'exploitation.

D'autre part, comme les produits sont livrés au commerce et que la vente se fait à terme à un prix plus élevé, il faut encore retrancher du prix brut de vente les intérêts de ce prix ou l'escompte accordé à l'acheteur qui paie comptant; mais, en facilitant ainsi le commerce par une vente à terme, il y a des chances de pertes ou de faillites, et, dans ce cas, ce serait encore justice de défalquer ces pertes du produit brut.

§ 1er.

Assiette de la contribution proportionnelle.

Les exploitants, aux termes de l'article 27 du décret du 6 mai 1811, sont tenus de remettre au secrétariat de la préfecture, avant le 1er mai de chaque année, la déclaration détaillée du produit net imposable de leurs exploitations; faute de quoi, l'appréciation aura lieu d'office.

On suit, pour l'assiette de la contribution proportionnelle, ce qui est prescrit aux articles 16, 17, 18, 19, 20, 21, 22, 24, 25, 26, 28 et 29 dudit décret.

Quant au recouvrement, voici ce que porte l'art. 40 :

« Le recouvrement des redevances fixes et proportionnelles sera effectué par le percepteur des contributions de la commune où est située la mine. LORSQUE LE TERRAIN CONCÉDÉ embrassera plusieurs communes, le percepteur de la commune où seront situés les bâtiments, usines et maisons de direction, sera seul chargé du recouvrement. »

§ 2.

Demande en dégrèvement sur la contribution proportionnelle.

On suit, pour la demande en dégrèvement, la voie indiquée pour les autres contributions foncières ; les exploitants doivent, d'après l'article 47 du décret du 6 mai **1811**, se pourvoir devant le préfet.

« Le préfet, dit l'article 48, enverra les réclamations au sous-préfet de l'arrondissement, au directeur des contributions et à l'ingénieur des mines, pour avoir leur avis ; il enverra aussi au maire de la commune pour avoir l'avis des répartiteurs qui auront été entendus selon l'article 18, et il soumettra le tout au Conseil de préfecture, qui prononcera sur la réduction de la cote. »

Puis on statue, ainsi qu'il est dit aux articles 49 et 50, sur la difficulté qui s'est élevée à l'occasion de la demande en dégrèvement ; mais on procède de la même manière que s'il s'agissait de toute autre propriété territoriale.

CHAPITRE II.

REDEVANCES ANNUELLES ENVERS LE PROPRIÉTAIRE DE LA SURFACE, OU PRIX DU TERRAIN, SURFACE ET TRÉFONDS.

Quoique *considérée* comme propriété nouvelle, à cause des hypothèques dont elle pouvait être grevée avant la concession, la propriété d'une mine étant un démembrement de la propriété territoriale, il était juste d'indemniser le propriétaire exproprié.

Il reçoit d'abord une première redevance qui forme le prix du tréfonds du terrain qu'on nomme *la mine* ; puis il reçoit une seconde redevance qui s'applique à la terre végétale qu'on appelle *la surface*.

La redevance qui forme le prix de la mine est réglée

par le gouvernement dans le décret de concession, et celle qui forme le prix de la surface est réglée sur une base invariable, *fixée à forfait*, savoir : le double de ce qu'eût produit net la surface au moment de la prise de possession du concessionnaire.

Si la dépossession du propriétaire dure au-delà d'une année, ou si sa propriété *lui est rendue* impropre à la culture, il a le droit d'exiger l'achat du terrain *nécessaire* aux travaux au double de la valeur totale qu'il avait avant la séparation du tréfonds, *en échange des deux redevances*.

La loi prévoit ainsi toutes les hypothèses de la dépossession du propriétaire du terrain concédé.

SECTION 1re.

Règlement de la redevance annuelle et perpétuelle formant le prix de la mine.

L'acte de concession, dit l'article 6 de la loi de 1810, règle *les droits* des propriétaires de la surface sur le produit des mines concédées, et l'article 42 exige que ces droits soient liquidés à une somme déterminée par l'acte de concession.

Aussi l'article 17 déclare-t-il que cet acte *purge tous les droits* des propriétaires de la surface sur la mine concédée après qu'ils ont été *entendus* ou *appelés légalement*.

L'article 18 déclare encore que *la valeur* des droits accordés au propriétaire de la surface, comme prix du tréfonds ou de la mine *demeurera réunie à la valeur* de ladite surface, et *sera affectée* avec elle aux hypothèques prises par les créanciers du propriétaire.

L'article 19 confirme la séparation horizontale, en disant que, du jour de la concession du tréfonds ou de la mine, cette propriété est séparée de celle de la surface et devient propriété nouvelle, sur laquelle de nouvelles hypothèques peuvent être assises.

Viennent enfin les articles 20 et 21 qui règlent les privilèges et les hypothèques sur la propriété des mines comme sur les autres propriétés immobilières.

Quant au mode à suivre pour le règlement *des droits* des propriétaires de la surface, la loi ne dit rien, si ce n'est qu'ils doivent être réglés par l'acte de concession, après que ces propriétaires ont été *entendus* ou *appelés légalement*.

L'Empereur, dans la séance du Conseil d'État du 4 avril 1809, après avoir dit que les règles de la concession doivent être établies dans l'esprit *de favoriser* l'exploitation des mines *sans nuire* au droit de propriété, ajoutait:

« Que le demandeur en concession et le propriétaire du sol SOIENT DONC ENTENDUS CONTRADICTOIREMENT; que leurs intérêts SOIENT BALANCÉS et CONCILIÉS et que l'acte de concession *les détermine*. »

D'autre part, l'instruction ministérielle du 3 août 1810 porte que, s'il y a discussion sur le règlement des droits accordés par l'article 6 de la loi, elle est soumise au Conseil de préfecture (1).

Mais après que le demandeur en concession et le propriétaire du terrain ont été *entendus* et mis en présence, que leurs intérêts ont été *balancés* et *conciliés*, par l'acte de concession la propriété des mines est définitivement acquise au concessionnaire.

(1) Voir, page 454, 3ᵐᵉ alinéa.

Dans le département de la Loire, les redevances payées aux propriétaires de la surface sur le produit des mines s'élèvent aujourd'hui à DEUX MILLIONS de francs par année (1), et ceux-ci n'ont à supporter aucun préjudice sans être largement indemnisés.

En échange, on ne leur demande qu'une seule chose : *ne pas nuire à l'exploitation des mines.*

Après la concession d'une mine, l'ancien propriétaire du terrain concédé a deux propriétés disponibles : celle de la surface qu'il fait valoir et celle du tréfonds qu'on fait valoir pour lui, et chacune peut être vendue séparément, quoiqu'elles soient réunies l'une à l'autre par la loi au moment de la concession (2).

§ 1er.

Vente de la redevance du tréfonds avec réserve de la surface.

Dans la séance du Conseil d'Etat du 13 février 1810, après que l'Empereur eut établi la séparation des deux propriétés, et que les droits du propriétaire de la surface sur le tréfonds du terrain concédé eurent été réduits à une simple redevance, voici les observations qui furent faites et consignées sur le procès-verbal :

« M. le comte PELET demande si le propriétaire de la surface, qui n'est pas concessionnaire de l'exploitation, et qui par conséquent n'a plus droit qu'à une redevance, POURRA VENDRE SÉPARÉMENT LE SOL ET LA REDEVANCE ?

» M. le comte REGNAULT de Saint-Jean-d'Angély dit que, par l'article 22 (18 de la loi), LA REDEVANCE EST RÉUNIE à *la propriété du sol.*

» M. L'ARCHICHANCELIER dit que la redevance devrait être considérée

_____

(1) Voir, page 498, 1er alinéa.
(2) Voir, page 39, 1er alinéa·

35

comme un service foncier; la mine mise en œuvre est une propriété grevée d'une servitude au profit du propriétaire supérieur.

» M. le comte DEFERMON dit que la redevance est un paiement en argent; qu'elle ne peut être qualifiée de servitude; qu'on doit se borner à dire qu'elle appartient aux créanciers (en échange du tréfonds).

» M. le comte TREILHARD pense qu'on doit laisser au propriétaire LE DROIT DE VENDRE LA REDEVANCE, sauf les droits des créanciers, et même laisser aux concessionnaires LE DROIT DE S'AFFRANCHIR DE LA REDEVANCE EN REMBOURSANT LE CAPITAL.

» L'EMPEREUR APPROUVE *l'opinion émise par M. Treilhard.* »

Ainsi, d'un côté, le propriétaire peut *vendre la redevance* ou le tréfonds *séparément de la surface*, et de l'autre, le concessionnaire peut s'affranchir de la redevance, en en remboursant le capital, conformément à l'article 1911 du Code Napoléon.

Mais quand ce propriétaire a vendu la redevance imposée au tréfonds ou qu'il a été remboursé du capital, il ne peut plus disposer du tréfonds ni user de la surface de manière à nuire au tréfonds; cela est clair jusqu'à l'évidence.

De même, quand le propriétaire est concessionnaire de la mine, il peut vendre l'une ou l'autre de ces deux propriétés (1); mais lorsqu'il a vendu la propriété de la mine il ne peut en gêner l'exploitation ni la rendre impossible.

§ 2.

Vente de la surface avec réserve de la redevance du tréfonds.

On voit souvent le propriétaire de la surface, surtout dans le département de la Loire où la valeur de la redevance sur le tréfonds dépasse celle de la sur-

_____

(1) Voir, page 309, 7me alinéa.

face, vendre cette surface et se réserver la redevance.

Dans ce cas, l'acquéreur de la surface est suffisamment averti qu'il n'a aucun droit sur le tréfonds dont le prix de la concession est réservé au vendeur.

D'autre part, lorsque la redevance a été rachetée par le concessionnaire de la mine, lorsque le capital a été remboursé, le propriétaire de la surface ne peut plus vendre le tréfonds dont il a touché le prix (1).

On ne peut contester qu'après la concession d'une mine, le propriétaire de la surface n'ait deux propriétés distinctes et disponibles : *la surface* et *la valeur du tréfonds*, et qu'il n'ait le droit de disposer de l'une ou de l'autre et même des deux à la fois ; possesseur de ces deux propriétés, il ne peut en être privé que par la voie de l'expropriation forcée (2).

Mais lorsque le propriétaire de la surface vend la propriété qui lui est laissée en jouissance pour la cultiver et en prendre la récolte, il ne peut transmettre ni accorder plus de droit qu'il n'en a lui-même (3).

SECTION 2.

Règlement de la redevance annuelle formant le prix de l'occupation temporaire de la surface.

Les propriétaires de mines sont tenus, d'après l'article 43 de la loi de 1810, de payer les indemnités dues au propriétaire de la surface *sur laquelle* ils

(1) Voir, page 53, 2ᵐᵉ alinéa et suiv.
(2) Voir, page 39, 1ᵉʳ alinéa, jusqu'à la page 45.
(3) Voir, page 217, n° 5.

établiront leurs travaux , et ces indemnités sont basées sur le double *de ce qu'aurait produit net* le terrain endommagé par l'établissement des travaux.

Les termes de l'article 43 sont simples et très-explicites :

« Les propriétaires de mines SONT TENUS *de payer* les indemnités DUES *au propriétaire de la surface* SUR LE TERRAIN DUQUEL ILS ÉTABLIRONT LEURS TRAVAUX.

» Si LES TRAVAUX ENTREPRIS NE SONT QUE PASSAGERS , et si le sol où ils ont été faits peut être mis en culture, l'indemnité sera réglée AU DOUBLE DE CE QU'AURAIT PRODUIT NET le terrain endommagé. »

Ainsi, le double accordé par l'article 43 est simplement une base pour le règlement de l'indemnité à payer , et le propriétaire , dépossédé d'une parcelle de terrain au grand dommage du reste de sa propriété , et ne recevant pour tout dédommagement que le double de ce qu'eût produit cette parcelle , est loin , dans certains cas , de recevoir le double du dommage qui lui est causé (1).

Il suffit , disait la Commission du Corps législatif , que le propriétaire de la surface reçoive le double du produit net du terrain endommagé. *C'est une base*, ajoutait-elle, fixée par l'usage général et que la loi du **28 juillet 1791** avait adoptée (2).

Le législateur a voulu que le propriétaire de la mine pût connaître l'étendue de l'obligation qui résulte pour lui en s'emparant *forcément* (3) de la propriété d'autrui.

Si l'occupation *provisoire* se prolonge au-delà d'une

(1) Voir, page 524 , tout le § 5.
(2) Voir, page 519 , 4me alinéa.
(3) Voir, pages 187, no 2 , et 194 , no 2.

année, il s'établit un *quasi-contrat* entre les parties, conformément à l'article 1371 du code Napoléon, pendant la durée des travaux, et l'indemnité à payer annuellement forme le prix du bail.

M. Peyret-Lallier, sur le privilège qui est conféré au propriétaire de la surface par le bail qui résulte du *quasi-contrat*, s'exprime ainsi :

« L'occupation du terrain étant une espèce de bail, le propriétaire doit, pour le paiement de l'indemnité, QUI EST REPRÉSENTATIVE DES PRODUITS DU FONDS, *jouir du privilège conféré* par l'article 2102 du code Napoléon, AU PRIX DE FERME DES BIENS RURAUX, *sur tous les objets mobiliers* QUI SERVENT A L'EXPLOITATION *et sur les produits* (1). »

Quant à l'indemnité, elle est déterminée d'après la *nature*, la *classe* et l'*étendue* du terrain occupé, et elle est évaluée d'après le taux des mercuriales, conformément au § 3 de l'article 3 de la loi du 25 mai 1838, lequel porte :

« Si le prix principal du bail CONSISTE EN DENRÉES ou PRESTATIONS EN NATURE, appréciables d'après les mercuriales, l'évaluation sera faite sur celles du jour de l'échéance, lorsqu'il s'agira DU PAIEMENT DES FERMAGES ; dans tous les autres cas, elle aura lieu suivant les mercuriales de l'année courante MULTIPLIÉE PAR CINQ. »

Comme on ne peut contester que l'occupation ne soit un bail résultant du *quasi-contrat* dont parle l'article 1371 du code Napoléon, le prix du bail doit être réglé par le juge de paix d'après les prescriptions du troisième paragraphe de l'article 3 de la loi du 25 mai 1838, puisque l'indemnité ne consiste jamais que dans la valeur de la récolte endommagée au moment de la prise de possession du terrain (2).

---

(1) *Législation des Mines*, T. 1er, p. 521, no 421.
(2) Voir, page 242, no 14.

SECTION 3.

Règlement du prix du terrain concédé et rachat des redevances annuelles.

L'article 44 de la loi de 1810 contient cinq dispositions, dont les unes donnent lieu aux plus grandes controverses, et les autres sont *réputées non écrites* par les auteurs et les jurisconsultes, qui accusent le législateur d'*inadvertance*.

Cependant, si l'on donnait à la loi son véritable caractère d'expropriation pour cause d'utilité publique, et si l'on voyait dans la concession d'une mine la concession *de la propriété* du terrain qui renferme la substance à extraire, on saisirait mieux la pensée du législateur, disant :

LORSQUE L'OCCUPATION DES TERRAINS se prolonge au-delà du temps d'une année, le propriétaire de la surface peut exiger du propriétaire de la mine l'achat du terrain employé *à l'usage de l'exploitation.*

De même, SI LES TERRAINS, à la cessation des travaux, avant ou après une année d'occupation, SONT IMPROPRES *à la culture*, il peut également en exiger l'achat.

Et, dans les deux cas, si les pièces de terre sont *occupées* ou *endommagées* sur une trop grande partie de leur surface, il peut requérir l'achat de la totalité de ces pièces de terre.

L'ÉVALUATION *du prix* doit en être faite, QUANT AU MODE, EN SUIVANT LES RÈGLES ÉTABLIES par la loi du 16 septembre 1807 *sur le dessèchement des marais*, etc., TITRE XI.

Mais le terrain à acquérir doit toujours être estimé au double de la valeur totale qu'il avait AVANT L'EXPLOITATION DE LA MINE.

Ces dispositions font l'objet de cinq paragraphes.

§ 1er.

Occupation de la surface pendant plus d'une année.

On a vu que le propriétaire de la mine seulement, après avoir obtenu une autorisation administrative,

peut prendre possession de la propriété de la surface,
moyennant une indemnité préalable *réglée à forfait*
par l'article 43 de la loi de 1810.

Mais on n'a peut-être pas remarqué que l'article 43
exclut l'application de l'article 44, qui lui-même est
une exception à l'article 43, en ajoutant à cet article :

« Lorsque l'OCCUPATION *des terrains* PRIVE les propriétaires de la
surface de la jouissance du revenu *au-delà du temps d'une anné e*
ON PEUT EXIGER *des propriétaires de mines* L'ACQUISITION DES TERRAINS
à l'usage de l'exploitation. »

C'est là un choix qui est laissé au propriétaire de
la surface, entre la redevance annuelle et le prix d'a-
chat des terrains occupés par les travaux.

§ 2.

**Terrains rendus impropres à la culture par les travaux
extérieurs.**

Pendant toute la durée de l'occupation il s'établit
un *quasi-contrat* qui sert de bail, et ce bail semblerait
devoir être perpétuel, si le terrain était devenu impropre à la culture, puisque c'est priver le propriétaire du droit qui lui est laissé.

Dans ce cas, le propriétaire de la surface a encore
le choix entre l'*indemnité annuelle* et l'*achat du terrain*,
en vertu de la seconde disposition de l'article 44, ainsi
conçue :

« Lorsqu'après les travaux LES TERRAINS NE SONT PLUS PROPRES
à la culture, ON PEUT EXIGER *des propriétaires de mines* l'ACQUISITION
DES TERRAINS *à l'usage de l'exploitation.* »

Cette disposition : *lorsqu'après les travaux*, donne

lieu aux plus grandes controverses, parce qu'on en
induit qu'il s'agit des travaux *intérieurs* comme des
travaux *extérieurs*.

Cependant, si l'on réfléchit qu'elle complète les dispositions qui précèdent, il est facile de se convaincre
qu'il n'est question que des travaux *extérieurs* dont
parle l'article 43 et qui donnent lieu à l'occupation
dont parle ensuite l'article 44.

En effet, l'article 43 examine le cas où *les travaux
entrepris* sur la surface *ne sont que passagers*, et
l'article 44 dit que, si l'occupation dure plus d'une
année, ou que si, *après les travaux*, les terrains ne
sont plus propres à la culture, on peut exiger des
propriétaires de mines l'achat de ces terrains.

Or, dans cette double hypothèse, il ne s'agit toujours que des terrains *sur lesquels* des travaux ont été
entrepris ou *sur lesquels* l'occupation s'est prolongée
et qui ont été endommagés par les *travaux extérieurs*
établis sur la surface.

D'autre part, les travaux *extérieurs* seuls peuvent
prendre fin : les travaux *intérieurs* sont perpétuels et
sont présumés être toujours en permanence.

Mais on verra plus loin que l'intérêt du propriétaire
de la surface n'exige pas toujours l'achat du terrain
endommagé.

En effet, l'indemnité annuelle est réglée sur le
double de ce qu'aurait produit net le terrain endommagé, au moment de la prise de possession du concessionnaire, et le propriétaire de la surface jouit dans
ce cas de la plus-value donnée à sa propriété *depuis
l'exploitation de la mine*.

Tandis que, lorsqu'il exige l'achat du terrain occupé ou endommagé par les travaux d'occupation, le prix de ce terrain n'est réglé que sur le double de la valeur qu'il avait *avant l'exploitation de la mine* (1).

C'est là une dérogation au droit commun et une distinction qui est à faire entre les dispositions des articles 43 et 44; distinction qu'on n'a peut-être jamais remarquée.

§ 3.

Achat de la totalité des pièces de terre occupées ou endommagées par les travaux extérieurs.

La disposition de l'article 44 qui autorise à requérir des propriétaires de mines l'achat de la totalité des pièces de terre occupées ou endommagées par les travaux extérieurs, est ainsi conçue :

« Si le propriétaire de la surface le requiert, les pièces de terre trop endommagées ou dégradées sur une trop grande partie de leur surface, devront être achetées en totalité par les propriétaires de mines. »

Pour faire une juste interprétation de cette disposition, il ne faut pas la séparer des deux autres qui précèdent, et reconnaître que le législateur n'a entendu parler que des dommages causés par l'occupation.

Du reste, cette disposition ne peut être bien comprise qu'en remontant à l'article 43, qui tout d'abord règle l'indemnité d'occupation ; puis viennent les deux premières dispositions de l'article 44, portant que, lorsque l'occupation se prolonge au-delà du temps d'une année, ou lorsque les travaux *extérieurs* ont

---

(1) Voir ci-après, page 559, tout le § 5.

rendu les terrains impropres à la culture, on peut
en exiger l'achat, et enfin on arrive à cette troisième
disposition qui autorise à requérir l'achat *de la totalité*
des pièces de terre, si elles sont occupées ou endommagées sur une trop grande partie de leur surface.

C'est une mesure sage que cette disposition de la loi ;
elle oblige les propriétaires de mines à diriger l'établissement de leurs travaux de manière à n'endommager la propriété de la surface que le moins possible
et à ne pas trop morceler les pièces de terre sur lesquelles ils établissent leurs travaux d'exploitation.

D'où il résulte que ce n'est seulement que lorsque
le droit d'occupation est exercé ou lorsque les travaux
extérieurs autorisés ont endommagé la surface en la
rendant impropre à la culture, que l'achat peut être
exigé.

§ 4.

**Évaluation du prix des terrains d'après les règles établies par
la loi du 16 septembre 1807 sur le dessèchement des marais.**

Dans les trois hypothèses prévues par les premières dispositions de l'article 44 de la loi de 1810,
énumérées dans les trois premiers paragraphes de la
présente section, l'évaluation des terrains à acquérir
doit être faite, quant au mode, suivant les règles
établies par la loi du 16 septembre 1807 sur le dessèchement des marais, etc., titre XI.

Voici ce que porte la loi :

« L'évaluation du prix sera faite, quant au mode, suivant les règles
établies par la loi du 16 septembre 1807, sur le dessèchement des
marais, etc., titre XI. »

Ce renvoi à la loi du 16 septembre 1807 a été jusqu'ici un problème pour tout le monde et n'a par conséquent jamais été exécuté ; le titre **XI** dont s'agit est intitulé : *Des indemnités aux propriétaires pour occupation de terrain*, et les deux premiers articles de ce titre sont ainsi conçus :

« Art. 48. LORSQUE, pour exécuter UN DESSÈCHEMENT, l'ouverture d'une nouvelle navigation, un pont, *il sera question* DE SUPPRIMER LES MOULINS ET AUTRES USINES, de les déplacer, modifier, ou de réduire l'élévation de leurs eaux, LA NÉCESSITÉ EN SERA CONSTATÉE par les ingénieurs des ponts et chaussées. Le prix de l'estimation sera payé par....

» IL SERA D'ABORD EXAMINÉ SI L'ÉTABLISSEMENT *des moulins* et *usines* EST LÉGAL, ou si le titre d'établissement NE SOUMET PAS les propriétaires *à voir* DÉMOLIR LEURS ÉTABLISSEMENTS SANS INDEMNITÉ, SI L'UTILITÉ PUBLIQUE LE REQUIERT.

» Art. 49. LES TERRAINS NÉCESSAIRES *pour l'ouverture des canaux* DE DESSÈCHEMENT... et autres TRAVAUX *reconnus d'une* UTILITÉ GÉNÉRALE, seront payés à dire d'experts, *d'après leur valeur* AVANT L'ENTREPRISE DES TRAVAUX *et* SANS NULLE AUGMENTATION *du prix d'estimation*. »

Viennent ensuite les articles 50, 51, 52, 53, 54 et 55, qui n'ont rapport qu'à l'expropriation de terrains, de maisons à démolir ou de maisons démolies volontairement, puis les art. 56 et 57, dont voici la teneur :

« Art. 56. LES EXPERTS, pour l'évaluation des indemnités relatives à une occupation de terrain *dans les cas prévus* AU PRÉSENT TITRE, SERONT NOMMÉS, POUR LES OBJETS DE GRANDE VOIRIE, l'UN *par le propriétaire*, L'AUTRE *par le préfet*, et le tiers-expert sera de droit l'ingénieur en chef du département.

» QUANT AUX TRAVAUX DES VILLES, un expert sera nommé par le propriétaire, un par le maire et le tiers-expert par le préfet.

» Art. 57. Le contrôleur et le directeur des contributions donneront leur avis sur le procès-verbal d'expertise, qui sera soumis par le préfet à la délibération du Conseil de préfecture ; le préfet pourra, dans tous les cas, faire faire une nouvelle expertise. »

Faisons remarquer tout de suite que le renvoi ne peut, *en aucun cas*, s'appliquer aux articles 56 et 57,

puisque toutes les questions d'indemnités pour travaux
de mines *postérieurs à la concession* sont, aux termes
de l'article 46 de la loi de 1810, de la compétence des
tribunaux ordinaires, et que l'article 87 de la même
loi veut que pour les expertises on suive les formalités
prescrites par le code de procédure civile.

Néanmoins, le Gouvernement voulant faire exécuter la loi sur ce renvoi, un arrêté de M. le ministre
des travaux publics du 7 octobre 1837 et une circulaire
de M. le directeur général des mines du 5 novembre
suivant l'appliquèrent aux articles 56 et 57.

La Cour de cassation, appelée à se prononcer sur le
renvoi, a décidé, par arrêt du 8 août 1839, qu'il a
eu pour objet les articles 56 et 57, en les restreignant
toutefois au cas où l'Etat est en cause (1).

Mais le Conseil d'État, appelé à son tour à statuer
sur la même question, a été d'un avis contraire, et
par décision du 26 février 1846 a déclaré que les arti-
ticles 46 et 87 de la loi de 1810 s'opposent à ce que le
renvoi puisse s'appliquer aux articles 56 et 57.

D'autre part, M. Dufour, avocat au Conseil d'Etat et
à la Cour de cassation, *Traité du droit administratif*,
t. 3. p. 641, repousse l'interprétation du ministre et
du directeur général des mines, n'admettant pas non
plus celle de la Cour de cassation, et note que
MM. Delebecque et Delalleau n'hésitent pas à déclarer
que le renvoi est une *inadvertance* du législateur.

Quant à lui, il pense que la disposition du renvoi
doit être *réputée non écrite*.

(1) L'État ne peut jamais être en cause.

Si MM. Delebecque et Delalleau, ainsi que M. Dufour, eussent étudié avec soin les documents législatifs, ils auraient vu que le renvoi au titre XI de la loi de 1807 a fait l'objet d'un amendement proposé par M. Regnault de Saint-Jean-d'Angély dans la séance du Conseil d'Etat du 27 juin 1809 ; que la proposition fut admise et renvoyée à l'examen de la Commission intérieure, qu'elle fut définitivement adoptée dans la séance du 24 octobre suivant, maintenue dans celle du 24 février 1810, puis amendée encore par la Commission du Corps législatif le 17 mars suivant, et que le 21 avril 1810, date de la loi, le rapporteur, mettant la dernière main à l'œuvre, dit en parlant du double prix :

« CETTE DISPOSITION, UN PEU RIGOUREUSE PEUT-ÊTRE, EST ADOUCIE PAR L'APPLICATION DES RÈGLES ÉTABLIES DANS LA LOI DU 16 SEPTEMBRE 1807. »

Toutes ces discussions prouvent que le renvoi au titre XI de la loi de 1807 a été l'objet d'un examen sérieux ; on doit donc s'occuper d'en rechercher le but, et pour nous nous croyons que, ne pouvant s'appliquer aux articles 56 et 57, le législateur n'a pu avoir en vue que les articles 48 et 49, dont l'un implique le *statu-quo* et l'autre le règlement des indemnités sur une *base à forfait*.

Mais alors on est forcé de reconnaître avec l'article 48 que, si l'utilité publique le requiert, toutes les constructions élevées après la concession de la mine, étant *illégales* ou établies à titre de tolérance, doivent être démolies sans indemnité.

Il faut admettre, avec l'article 49, que les terrains nécessaires pour l'ouverture des travaux de mines,

comme les travaux d'utilité générale, doivent être
payés suivant l'estimation d'experts, d'après leur valeur
avant l'entreprise et sans nulle augmentation du prix
d'estimation.

D'ailleurs, en appliquant le renvoi à l'article 48, on
est d'accord avec un arrêt de la Chambre civile de la
Cour de cassation, confirmé par les Chambres réunies,
par lequel il a été décidé que les établissements formés
après la concession de la mine *ne sont pas protégés*
par l'article 11 de la loi de 1810, et que les propriétaires de mines ne peuvent être privés d'une partie
de leur concession *à raison de la création* d'un établissement nouveau.

En l'appliquant encore à l'article 49, on est d'accord
avec un arrêt de la Cour impériale de Dijon, décidant
que les indemnités accordées par les articles 43 et 44
de la même loi doivent être *réglées sur une base fixée
à forfait.*

Mais ni les décisions de la Chambre civile et des
Chambres réunies de la Cour suprême, ni celle de la
Cour impériale de Dijon, ne sont acceptées par la
Chambre des requêtes, et l'on continue d'être en
désaccord sur l'une des dispositions les plus importantes
de la loi de 1810.

Du reste, que faut-il penser quand on voit le Gouvernement, la Cour de cassation et le Conseil d'État
se contredire sur la même question, et les auteurs et
les jurisconsultes, au lieu d'avouer leur impuissance,
venir accuser le législateur d'*inadvertance* et dire que
la loi *doit être réputée non écrite?*

Il faut cependant s'arrêter à un système : on ne peut pas admettre que les tribunaux, sur chaque question qui leur est présentée, décident suivant l'inspiration du moment et sans s'inquiéter de régler une jurisprudence durable.

La loi ne peut être réputée non écrite ; il faut que chacun se le persuade, et pour sortir *du chaos* il faut qu'on s'entende, qu'on finisse par donner une solution vraie et définitive des difficultés.

1° *Application du renvoi à l'article 48 de la loi de* 1807.

On a vu que l'article 48 de la loi de 1807 porte que si, pour exécuter des travaux d'utilité générale, il est question de supprimer des constructions, il sera d'abord examiné si leur établissement *est légal* et si elles ne doivent pas être *démolies sans indemnité.*

On a vu également que l'article 11 de la loi de 1810 oblige l'exploitant de mines d'éloigner ses travaux des habitations et des enclos murés, et que la Cour de cassation a décidé d'abord que cet article ne peut être appliqué aux établissements *formés* APRÈS *la concession* du terrain métallique ou minéral, puis, que le concessionnaire ne peut être privé d'une partie de sa concession à raison de la création d'un établissement nouveau, et qu'on ne peut nuire à sa propriété (1).

Dès-lors l'article 48, comme les arrêts de la Cour suprême, s'oppose à ce que l'on comprenne dans les terrains à payer pour les travaux de mines les constructions élevées après la concession ; elles doivent être

_____

(1) Voir, pages 69 et 80, les deux arrêts.

démolies sans indemnité, si l'intérêt public attaché à l'exploitation des mines le requiert.

2° *Application du renvoi à l'article* 49 *de la loi de* 1807.

On a vu d'autre part que l'article 49 de la loi de 1807 porte que les terrains nécessaires pour les travaux d'utilité générale doivent être payés d'après leur valeur avant l'entreprise, *sans nulle augmentation* du prix d'estimation.

On a vu enfin que la Cour impériale de Dijon, par arrêt du 29 mars 1854, a déclaré que les terrains nécessaires pour l'exploitation des mines doivent être payés sur une *base à forfait*, et que les tribunaux ne peuvent l'augmenter ni la réduire selon qu'elle leur paraîtrait *inférieure* ou *supérieure* à la valeur du préjudice éprouvé (1).

3° *Conclusion à tirer du renvoi aux articles* 48 *et* 49 *de la loi de* 1807.

La conclusion à tirer du renvoi aux articles 48 et 49 de la loi de 1807, c'est que le *statu-quo* sur la surface des terrains livrés à l'exploitation des mines n'est levé qu'aux risques et périls du propriétaire de cette surface, puisqu'il peut être obligé *de démolir sans indemnité* les constructions par lui établies sur la mine, si l'utilité publique le requiert.

Ainsi, par la force des choses, nous arrivons, la loi à la main et appuyé sur les arrêts solennels de la justice, à absoudre le législateur de toute accusation

---

(1) Voir ci-après, page 568, dernier alinéa.

d'*inadvertance* et à faire ressortir de là une preuve triomphante de la justesse de nos idées.

Il suffit donc d'admettre que le renvoi s'applique aux articles 48 et 49 de la loi de 1807, pour reconnaître que, lorsque la loi dit : *la mine*, elle sous-entend *le périmètre* du terrain concédé.

Interprétée ainsi, la loi de 1810 ne sera plus un problème, et nous ne verrons plus le Gouvernement, la Cour de cassation, le Conseil d'État, ainsi que les auteurs et les jurisconsultes, dans l'impossibilité d'interpréter l'une des dispositions les plus importantes de cette loi.

§ 5.

Valeur du terrain avant l'exploitation de la mine.

On a vu que le propriétaire de la surface, dans deux circonstances, est autorisé à exiger l'achat du terrain occupé par les travaux de mines ou endommagé par l'occupation, et qu'il peut même exiger l'achat de la totalité de la pièce de terre.

On a vu également que, pour le règlement du prix du terrain, le second paragraphe de l'article 44 de la loi de 1810 porte :

« L'évaluation du prix sera faite, quant au mode, suivant les règles établies par la loi du 16 septembre 1807, sur le dessèchement des marais, etc., titre XI ; MAIS LE TERRAIN à *acquérir* SERA TOUJOURS estimé au double de la valeur qu'il avait AVANT L'EXPLOITATION DE LA MINE. »

Les auteurs n'ont pas examiné cette disposition : *valeur avant l'exploitation de la mine* ; n'admettant pas le renvoi, ils n'ont pas vu l'analogie avec la disposition de la loi de **1807** : *valeur avant l'entreprise des travaux.*

La Cour de cassation, appelée à interpréter la disposition portant que le terrain à acquérir sera toujours estimé au double de la valeur qu'il avait *avant l'exploitation de la mine*, a décidé, par arrêt du **22** décembre **1852**, qu'il faut entendre : *l'exploitation au moment où le dommage est causé.*

C'est là, selon nous, une interprétation erronée de la loi, parce qu'il est de droit naturel de payer un dommage au moment où il est causé, et que ce n'est pas là ce que le législateur a voulu dire.

Il faut remarquer qu'il a voulu déroger au droit commun ; que le renvoi à la loi du 16 septembre **1807**, comme a dit M. de Girardin, est *un adoucissement* au double prix, et que la disposition qui suit ce renvoi n'en est que le complément.

Si le renvoi était une *inadvertance* du législateur, et qu'il dût être *réputé non écrit*, il faudrait en dire autant du complément, *valeur avant l'exploitation de la mine*, et, par le fait, l'interprétation donnée au complément par la Cour de cassation serait une adhésion implicite à ce qui a été dit du renvoi.

Si, au contraire, le renvoi doit être exécuté et qu'il ait pour objet les articles 48 et 49 de la loi de **1807**, il faut appliquer aux terrains miniers les prescriptions de ces deux articles, comme quand il s'agit de terrains à payer par l'État, pour dessèchement de marais et autres travaux d'utilité publique.

M. Delalleau, sur cet article 49, dans son Traité

de l'expropriation pour cause d'utilité publique, t. 1er, page 329, nous dit :

« L'art. 49 de la loi du 16 septembre 1807 prescrit d'estimer les terrains d'après leur valeur *avant l'entreprise des travaux*. Souvent les travaux exécutés par l'administration donnent une nouvelle valeur aux propriétés au milieu desquelles ils se font ; mais il ne serait pas juste de faire payer à l'État cette plus-value dont les propriétaires lui sont redevables.

» C'est surtout quand les travaux durent plusieurs années qu'il devient important de distinguer la valeur *avant l'entreprise des travaux* et la valeur au moment de l'estimation. Il en est de même quand les travaux exécutés par l'État ont fait naître d'autres entreprises qui ont à leur tour amené une augmentation dans la valeur des propriétés. »

M. Delalleau, page 337, no 428, ajoute :

« Les constructions et plantations ont souvent donné lieu à des fraudes très-préjudiciables aux intérêts du trésor. Des propriétaires, qui savaient que, d'après LA DIRECTION ADOPTÉE POUR LES TRAVAUX, l'administration SERAIT OBLIGÉE D'ACQUÉRIR LEUR PROPRIÉTÉ, y commençaient des constructions plus ou moins considérables, en annonçant qu'ils voulaient élever une maison, une usine, un château, ou bien y dessinaient un jardin et en commençaient les plantations. Ces propriétaires réclamaient ensuite des indemnités énormes, sous prétexte qu'on les privait d'un terrain qui allait avoir une grande valeur.... »

A l'appui de l'opinion de M. Delalleau, nous citerons deux décisions rendues par le Conseil d'État, le 24 octobre 1832 et le 30 juin 1841 (*Annale des ponts et chaussées*, 1833, p. 86, *et* 1841, p. 274).

Or, nous ferons remarquer que le même paragraphe de l'article 44 de la loi de 1810, qui renvoie aux articles 48 et 49 de la loi de 1807, ajoute que le terrain sera payé au double de la valeur qu'il avait *avant l'exploitation de la mine*, et l'on vient de voir que la Cour de cassation, appelée à donner une interprétation à cette disposition, a décidé qu'on doit entendre *l'exploitation au moment où le dommage est causé*.

Règle générale : on paie un terrain valeur au moment où il est acheté, ou au moment de la prise de possession, soit encore au moment où il a été endommagé, si l'achat est exigé, parce que ce terrain a été rendu impropre à la culture.

D'où il résulte que le législateur, en disant que le terrain sera estimé ou payé valeur qu'il avait *avant l'exploitation de la mine*, n'a pu dire et n'a pas voulu dire que le terrain serait estimé valeur au moment de la prise de possession, ou valeur au moment où il a été endommagé par ces travaux.

La Cour de cassation a donc mal interprété cette disposition ; nous le faisons ressortir de l'*inutilité* de la disposition et du texte même de l'article 598 du code Napoléon, lequel est ainsi conçu :

« L'usufruitier jouit de la même manière que le propriétaire DES MINES et carrières QUI SONT EN EXPLOITATION à *l'ouverture de l'usufruit;* et néanmoins, S'IL S'AGIT D'UNE EXPLOITATION qui ne puisse, etc.....

» Il n'a aucun droit AUX MINES et carrières NON ENCORE OUVERTES, ni aux tourbières DONT L'EXPLOITATION N'EST POINT ENCORE COMMENCÉE. »

Dès-lors, quand il s'agit de déterminer les droits d'un usufruitier, la Cour de cassation peut-elle dire qu'une mine n'est pas présumée en exploitation dans toute l'étendue du périmètre concédé, quand il n'y a de travaux que sur un point?

N'est-il pas évident, au contraire, qu'*une mine est en exploitation* dès qu'elle *est ouverte* sur un point quelconque de son périmètre, et que l'usufruitier a le droit d'exploiter la substance que renferme tout le périmètre, *quand l'exploitation est commencée.*

Il faut donc entendre de l'*exploitation à son origine*, quand le législateur a dit dans la loi de 1810 que le terrain minéral sera payé *valeur qu'il avait avant l'exploitation de la mine*.

En reconnaissant qu'il s'agit de l'exploitation à son origine, *avant l'ouverture de la mine*, on est d'accord avec la disposition de l'article 49 de la loi de 1807, portant que le terrain sera payé valeur qu'il avait *avant l'entreprise des travaux*, disposition qui est l'équivalent de celle-ci : *avant l'exploitation de la mine*.

D'autre part, si l'on admettait que lorsque la loi dit : *la mine*, elle sous-entend *le périmètre* du terrain concédé, toute difficulté cesserait, et l'on reconnaîtrait que le législateur de 1810 a entendu la valeur du terrain tel qu'il existait *avant l'exploitation de la mine* ou de la concession du terrain.

Est-ce à dire que, parce qu'on ne veut pas admettre la concession *du terrain*, quoique cette concession soit énoncée dans l'article 12 de la loi de 1810 (1), il faille tronquer et torturer la loi pour lui faire dire ce que le législateur n'y a pas écrit?

On a vu, quant à ce renvoi au titre XI de la loi de 1807, que nul n'en a compris la portée, parce qu'on est bien loin de voir dans la concession d'une mine la concession ou l'expropriation *du terrain* minéral.

Aussi ne s'aperçoit-on pas de l'analogie qui existe entre l'*expropriation* des terrains pour les travaux de dessèchement de marais ou d'utilité générale et

---

(1) Voir, page 406, 6me alinéa.

l'*expropriation* des terrains pour les travaux de
mines; et comme la Cour de cassation, Chambre des
requêtes, n'admet pas cette expropriation, elle n'a
pas saisi l'intention du législateur ni dans le renvoi,
ni dans la disposition : *valeur avant l'exploitation de
la mine.*

Quoique le rapporteur de la loi de 1810 ait dit que
le double prix du terrain était *adouci* par l'application
des règles établies par la loi du 16 septembre 1807 (1),
les exploitants de mines n'ont pas jusqu'ici joui de
cet adoucissement, et n'en jouiront pas si l'on interprète la loi autrement pour eux que pour l'État.

1° *Terrains expropriés pour les travaux d'utilité publique.*

Lorsque l'État exproprie des terrains pour l'ouverture de canaux et rigoles de dessèchement, de
canaux de navigation, de routes, de rues, la formation
de places et autres travaux d'utilité générale, il ne
doit, aux termes de l'article 49 de la loi de 1807,
payer que les *terrains nécessaires* et d'après leur
valeur *avant l'entreprise des travaux*, et sans nulle
augmentation du prix d'estimation.

On a vu ce qui a été dit à ce sujet par M. Delalleau,
et l'on sait que, par décision du 24 octobre 1832, le
Conseil d'État a annulé l'expertise de terrains destinés
à l'exécution de travaux accessoires du pont de
Roanne, par le motif que les experts avaient pris
pour base la *valeur nouvelle* des immeubles, et non

_____

(1) Voir, page 555, 2ᵐᵉ alinéa.

leur valeur *avant l'entreprise des travaux*, ce qui faisait supporter à l'État l'augmentation de valeur provenant *de l'exécution de ce pont et des quais, du canal latéral à la Loire,* et *des chemins de fer de Saint-Étienne à Roanne.*

Par une autre décision du 30 juin 1841, le Conseil d'État a dit que, lors même que l'augmentation de valeur ne proviendrait pas de l'exécution des travaux, mais du seul mouvement commercial et industriel, c'est encore sur la valeur *avant l'entreprise des travaux* qu'il faudrait se baser.

Ainsi, quand il s'agit de terrains à payer par l'État, il ne faut considérer que la valeur qu'ils avaient avant l'entreprise des travaux.

2o *Terrains expropriés pour les travaux d'exploitation des mines.*

Si l'on admet que l'article 44 de la loi de 1810 renvoie aux articles 48 et 49 de la loi de 1807, quand il s'agit de l'évaluation des terrains à acquérir pour les travaux d'exploitation des mines, il faut aussi admettre que les propriétaires de mines sont en droit d'invoquer les dispositions de cet article 49, ainsi que les décisions du Conseil d'État qui en ont prescrit l'exécution.

Alors, plus de doutes sur l'interprétation de ces expressions : *valeur que le terrain avait avant l'exploitation de la mine ;* elles sont, comme nous l'avons dit, synonymes de : *valeur avant l'entreprise des travaux.*

Mais, quand la loi prescrit un plan *indicatif* du

terrain concédé, qu'elle oblige le propriétaire de la mine à s'éloigner à 100 mètres des habitations et des clôtures murées, et que la Cour de cassation, par arrêt de la Chambre civile, confirmé en audience solennelle, toutes Chambres réunies, décide que les dispositions de la loi ne s'appliquent pas aux établissements *créés* APRÈS *la concession*, et que le concessionnaire ne peut être privé d'*une partie* de sa concession par la création d'un établissement nouveau (1), ne doit-on pas *démolir* ou supprimer cet établissement *sans indemnité*, si la nécessité des travaux de mines l'exige ?

La réponse affirmative ne peut être douteuse, et par là nous justifions encore la disposition qui n'oblige le propriétaire de mine à payer *le double* prix du terrain que d'après la valeur qu'il avait *avant la concession du terrain* ou *l'exploitation de la mine*.

Il a voulu empêcher qu'on spéculât sur les exploitations de mines et autoriser les concessionnaires à ne payer le terrain qui leur est nécessaire que d'après la valeur qu'il avait *avant la mieux-value donnée par l'exploitation de la mine*.

C'est là ce que le législateur a entendu quand il a dit que l'application des règles établies par la loi de 1807 était *un adoucissement* au double prix, et c'est là ce qu'il faut qu'on comprenne bien, si l'on veut s'arrêter à une interprétation judicieuse de la loi de 1810.

---

(1) Voir, pages 70, 4me alinéa, et 81, 1er alinéa.

D'ailleurs, rien ne peut obliger le propriétaire de la surface à vendre sa chose ; il a droit au double du revenu du terrain occupé, *valeur au moment de la prise de possession;* c'est à lui à choisir entre ce double revenu et le double du prix *valeur avant l'exploitation de la mine.*

SECTION 4.

Base à forfait pour l'amodiation de la surface et l'acquisition du terrain, surface et tréfonds.

On ne saurait trop rappeler qu'une mine, c'est *l'intérieur* de la terre d'où l'on tire *les substances* minérales ou métalliques, et que la Cour impériale de Dijon, par arrêt du 29 mars 1854, a déclaré qu'une mine se compose *du tréfonds* de la terre (1).

Le tribunal d'Alais, par jugement du 1er avril 1857, a également déclaré que tout acte de concession de mines a pour effet *de diviser le terrain compris dans le périmètre concédé* en zônes horizontales et de constituer deux propriétés distinctes, savoir :

« L'UNE, COMPOSÉE DE LA SURFACE, continuant à résider sur la tête du propriétaire du sol.

» L'AUTRE, COMPRENANT LE TRÉFONDS, passant entre les mains du concessionnaire moyennant certaines indemnités réglées conformément aux prescriptions des articles 6 et 42 de la loi de 1810. »

Plus loin, ce tribunal ajoute :

« Que le concessionnaire, TRAVAILLANT DANS SES GALERIES, N'OCCUPE POINT EN RÉALITÉ LA PROPRIÉTÉ D'AUTRUI ET NE SORT POINT DE SON DOMAINE (2). »

Mais par le partage *horizontal* qui résulte de la

(1) Voir, page 50, 4me alinéa et suiv.
(2) Voir ci-après, titre huitième, chapitre 1er, section 2.

concession du tréfonds de la terre, la nouvelle propriété, qui constitue celle des mines, est placée en
état d'enclave, et cet *enclave* eût rendu *stérile* la
propriété des mines, si la concession n'eût donné au
concessionnaire le droit *de s'emparer* de la propriété
de la surface pour *tous les besoins* de ses travaux.

Aussi, après avoir réglé le mode de paiement du
tréfonds de la terre, qui forme la propriété de la
mine, et désigné *les lieux réservés* au propriétaire de
la surface, le législateur, en livrant pour l'exploitation
de la mine *tout le surplus* de la surface du périmètre
concédé, avait encore à régler le mode de paiement
de la propriété de la surface, et c'est dans ce but qu'il
a édicté les articles 43 et 44.

La Cour impériale de Dijon, par son arrêt du
29 mars 1854, établissant que le tréfonds de la
terre constitue la propriété des mines, reconnaît que
la surface, en dehors des lieux réservés, fait partie
de la concession, et dit :

« Que le législateur, EN PRÉSENCE DE CETTE NÉCESSITÉ et afin
d'échapper aux lenteurs SI PRÉJUDICIABLES DE L'EXPROPRIATION
POUR CAUSE D'UTILITÉ PUBLIQUE, a déterminé *d'une* MANIÈRE FIXE *et*
POUR TOUS LES CAS, QUELS QU'ILS FUSSENT, LA RÈGLE D'APRÈS
LAQUELLE SERAIENT ÉVALUÉES LES INDEMNITÉS dues au propriétaire de
la surface, soit pour PRISE DE POSSESSION TEMPORAIRE, soit pour
PRISE DE POSSESSION DÉFINITIVE ;

» Que tel a été le but des articles 43 et 44 de la loi du 21 avril 1810 ;
qu'aux termes de ces articles, le propriétaire de la surface doit recevoir, en cas d'*occupation* TEMPORAIRE, LE DOUBLE DU REVENU NET, et
en cas d'*occupation* DÉFINITIVE, LE DOUBLE DE LA VALEUR VÉNALE
(avant l'exploitation de la mine), sans qu'il soit loisible aux tribunaux
d'*augmenter* cette indemnité ou de *la réduire*, SELON QU'ELLE LEUR
PARAÎTRAIT INFÉRIEURE OU SUPÉRIEURE *à la valeur* DU PRÉJUDICE
ÉPROUVÉ ;

» Qu'on doit d'autant moins hésiter à le décider ainsi, qu'il est hors de doute que le législateur, en élevant l'indemnité AU DOUBLE *de la valeur vénale ou du produit*, a pris en considération LA DÉPRÉCIATION QUE L'OCCUPATION *même d'une parcelle* POUVAIT FAIRE ÉPROUVER *au surplus* DU DOMAINE, et que c'est précisément ce genre de préjudice qu'il a entendu *régler à* FORFAIT ;

» Considérant QUE CES PRINCIPES, SI CLAIREMENT EXPRIMÉS dans les articles 43 et 44, *ont été méconnus* par les experts Suchet, Zolla et Bertrand, et par le jugement qui a homologué leur rapport et qui s'en est dès-lors APPROPRIÉ LES ERREURS ;

» Qu'en effet les experts, après avoir déterminé le revenu net des terrains occupés par la compagnie, ont ensuite ajouté 50 p. 0/0 *à leur évaluation*, COMME INDEMNITÉ DE LA DÉPRÉCIATION *éprouvée* par le domaine en général ;

» Que le tribunal, en doublant cette évaluation déjà augmentée de 50 p. 0/0, *a accordé* UNE INDEMNITÉ TRIPLE, contrairement à la prescription des articles 43 et 44, QUI FIXE PAR UN VÉRITABLE FORFAIT l'indemnité au double du revenu net ou de la valeur vénale. »

Ainsi, pour la prise de possession *temporaire* ou *définitive*, qu'on peut qualifier d'*amodiation* ou d'*acquisition*, la loi détermine aux articles 43 et 44 la base d'après laquelle doit être réglé le prix annuel d'amodiation ou le prix d'acquisition des terrains de la surface nécessaire aux travaux.

Dans certains cas, la base *à forfait* établie par les articles 43 et 44 est plus avantageuse que l'application du droit commun, et, dans d'autres cas qui se présentent le plus souvent, les propriétaires de la surface réclament de préférence l'application du droit commun, selon la nature du préjudice causé.

En effet, lorsque des travaux sont établis au centre d'une grande pièce de terre ou au milieu d'une vaste propriété, la surface occupée n'étant que de quelques centiares, et que le propriétaire ne reçoit que le double de ce qu'aurait produit net la parcelle ou les

parcelles endommagées par l'occupation, il est évident que, dans le sens propre du mot, ce n'est pas là
une double indemnité.

De même, quand la pièce de terre occupée par les
travaux n'est pas endommagée sur une trop grande
partie de la surface, et que le propriétaire ne peut
exiger l'achat que de la partie qui est occupée ou
endommagée par l'occupation, s'il ne peut prétendre qu'au double de la *valeur avant l'exploitation
de la mine,* ce n'est pas là non plus une double
indemnité.

Dans ces deux hypothèses, il arrive quelquefois que
le propriétaire de la surface n'est pas même indemnisé
au simple ; il ne reçoit pas ce qu'on appelle une juste
indemnité à laquelle il aurait droit si les articles 43 et 44
ne dérogeaient pas au droit commun.

Aussi nous avons vu des propriétaires de la surface
refuser *la double indemnité* des articles 43 et 44, et ne
réclamer, d'après le droit commun, qu'*une simple
indemnité*, en soutenant que les propriétaires de mines
ne pouvaient, dans l'espèce, invoquer la *base à
forfait* fixée par les articles 43 et 44, ni la disposition : *valeur avant l'exploitation de la mine.*

Les Cours impériales de Bourges et de Dijon ont,
en effet, été appelées à statuer sur le refus de ces
propriétaires réclamant *une simple indemnité* réglée
d'après le droit commun, de préférence à *une double
indemnité* réglée d'après les articles 43 et 44 ; par
arrêts du 20 avril 1830 et du 12 août 1853, elles
ont fait droit à la demande en accordant la réparation

du dommage en dehors des bases fixées par les articles 43 et 44.

C'est en vain que les propriétaires de mines ont invoqué les dispositions des articles 43 et 44; ils ont été déclarés déchus du bénéfice de ces articles par ce seul motif qu'*ils n'avaient pas réglé d'avance* l'indemnité d'occupation ou du dommage causé par l'établissement de leurs travaux (1).

Ils se sont pourvus en cassation contre l'arrêt de la Cour impériale de Dijon ; mais leur pourvoi a été rejeté le 8 novembre 1854, et ils ont dû payer tout le préjudice causé à la propriété en général par leurs travaux.

Les rédacteurs de la loi, dans la prévision que l'achat de la totalité de la terre ne serait requis que dans des cas exceptionnels, voulaient pour l'achat, comme pour le règlement de l'indemnité annuelle (2), que le terrain occupé fût toujours compté pour vingt-cinq ares, lors même que la surface du terrain à acquérir serait plus petite.

Mais la Commission du Corps législatif demanda la suppression de cette disposition par les raisons suivantes :

« On demande la suppression de cet article, parce qu'il devient inutile si les articles proposés sont adoptés. On a cru qu'il y aurait trop d'inconvénients d'assujettir les exploitants à acquérir à un prix double de la valeur, vingt-cinq ares, LORSQU'ILS N'ONT BESOIN QUE DE QUELQUES PERCHES, soit pour OUVRIR UN CHEMIN, soit pour CREUSER UNE FUITE D'EAU.

» Dans les EXPROPRIATIONS *forcées pour cause d'utilité publique*, on ne paie que le TERRAIN NÉCESSAIRE et au prix ordinaire. L'EXPLOITATION DES MINES tient en quelque sorte à *l'utilité* PUBLIQUE. »

(1) Voir, page 524, tout le § 5.
(2) Voir, page 519, 4ᵐᵉ alinéa.

Il résulte donc encore du texte primitif de la loi, comme des observations de la Commission du Corps législatif sur cette disposition, et même sur une disposition analogue que portait l'article 43, que le double prix de la parcelle occupée ou endommagée par les travaux n'est qu'*une base à forfait*.

Puis il faut se rappeler que **M. Regnault** de Saint-Jean-d'Angély, en parlant des indemnités envers les propriétaires de la surface, disait :

« LES RÈGLES DE CES INDEMNITÉS SONT ÉTABLIES *de manière à* DÉSINTÉRESSER les PROPRIÉTAIRES SANS GREVER LA CONDITION DES EXPLOITANTS. »

Il ne s'agit donc, pour les indemnités accordées par les articles 43 et 44, que de *désintéresser* les propriétaires *sans grever la condition* des exploitants, et non d'accorder le double du préjudice causé ; le législateur ne l'a point voulu, on voulait au contraire favoriser les exploitants (1).

En résumé, tout démontre que le double accordé par les articles 43 et 44 n'est qu'une base établie pour le règlement de l'indemnité due au propriétaire de la surface, quand il est dépossédé de la propriété qui lui est laissée en jouissance après la concession de la mine.

Disons en terminant sur ce point, que la Cour impériale de Dijon partageait l'*erreur commune* sur la double indemnité, quand elle a réformé sa propre jurisprudence, en se plaçant en contradiction avec la Cour suprême, après avoir été la première à lui faire partager cette même jurisprudence.

_____

(1) Voir, pages 225 et 226, nᵒˢ 1 et 2.

Mais, pour éviter les erreurs quant à l'application des articles 43 et 44, et surtout afin de distinguer le double accordé par l'un et le double accordé par l'autre, nous ferons remarquer que l'article 43 ne règle que le prix d'*amodiation* de la surface, tandis que l'article 44 règle le prix d'*acquisition* du terrain, surface et tréfonds.

§ 1er.

Amodiation de la surface nécessaire aux travaux de mines.

Lorsque la prise de possession de la surface n'est que *temporaire*, et qu'à l'expiration de la première année ou pendant les années subséquentes, le propriétaire *de la surface occupée* par les travaux de mines n'exige pas l'achat du terrain, il s'établit une sorte de bail ou d'*amodiation* dont le prix annuel est réglé conformément aux prescriptions de l'article 43 de la loi de 1810 (1).

Avant la prise de possession de la surface *nécessaire* à ses travaux, le propriétaire de la mine est tenu de remplir certaines formalités, sinon il peut être puni avec toute la rigueur des lois (2).

Par là on voit déjà que l'article 43 ne peut être appliqué que lorsqu'il y a *prise de possession* de la surface et que cette prise de possession a été préalablement et régulièrement autorisée.

D'autre part, cet article, réglant le prix d'un *quasi-contrat*, ne peut être appliqué à un *quasi-délit* résultant des travaux intérieurs de la mine.

(1) Voir, page 545, toute la section 2.
(2) Voir, page 518, la section 1re, plus spécialement page 524, § 5.

§ 2.

Acquisition du terrain, surface et tréfonds employés à l'usage de l'exploitation de la mine.

Lorsque, au contraire, la prise de possession est *définitive*, c'est-à-dire lorsque le propriétaire de la surface a le droit d'exiger l'*acquisition* du terrain, surface et tréfonds (1), on suit pour l'évaluation du prix les règles établies par la loi du 16 septembre 1807, *sur le dessèchement des marais*, ETC., titre XI, ainsi qu'il est prescrit au second paragraphe de l'article 44 de la loi de 1810 (2).

Quant à cette disposition : *valeur avant l'exploitation de la mine*, elle a fait l'objet d'une dissertation qui est de la plus haute importance à cause de l'interprétation que nous lui donnons et des conséquences qui en découlent (3).

Si l'on arrive à admettre nos idées, peu de propriétaires de la surface exigeront l'achat de leur terrain, et les propriétaires de mines ne seront plus victimes *des spéculations* de leur voisin de la surface.

Nous avons en faveur de cette interprétation non-seulement le texte de la loi, mais encore les paroles du législateur énonçant sa volonté, lorsqu'il dit que l'application des règles établies par la loi du 16 septembre 1807 *est un adoucissement* au double prix.

(1) Voir, page 548, toute la section 2.
(2) Voir, page 552, tout le § 5.
(3) voir, page 559, § 5.

TITRE HUITIÈME.

APPLICATION DU DROIT COMMUN AUX DOMMAGES CAUSÉS PAR LES TRAVAUX INTÉRIEURS.

Les dommages causés à la propriété de la surface par les travaux intérieurs de l'exploitation des mines ou les excavations souterraines peuvent être de bien des natures diverses, et ils varient à l'infini : ici, c'est un pré légèrement affaissé ; là, c'est une terre fissurée de quelques centimètres, et plus loin c'est un bois effondré ; d'autre part, c'est un mur lézardé ou renversé, une maison endommagée et une source tarie, et c'est enfin partout un préjudice à réparer d'après le droit commun. — Une erreur générale s'est introduite dans l'opinion publique, soit sur l'interprétation, soit sur l'application des articles 43 et 44 de la loi de 1810, parce qu'il n'est point exact de dire que ces articles accordent une double indemnité, même en cas de prise de possession de terrains, et qu'ils ne peuvent, dans tous les cas, être appliqués qu'aux terrains employés à l'usage de l'exploitation des mines ; ils ont une application spéciale à laquelle il ne peut être dérogé.

CHAPITRE Ier.

SURFACE DE LA MINE ENDOMMAGÉE PAR LES TRAVAUX INTÉRIEURS.

Les propriétaires ou exploitants de mines avaient d'abord prétendu que la redevance payée au propriétaire de la surface, conformément aux prescriptions des articles 6 et 42 de la loi de 1810, les exonérait de toutes indemnités pour dégâts causés par les travaux *intérieurs* à la propriété de la surface, lorsqu'ils avaient exploité selon les règles de l'art ; n'ayant fait, disaient-ils, que ce qu'ils avaient le droit de faire.

Cette prétention fut admise par deux arrêts de la

37

Cour impériale de Lyon du 21 août 1828 et du 17 janvier 1833 (1) : mais elle fut repoussée par la Cour impériale de Nismes, par la Cour de cassation, puis, plus tard, par la Cour impériale de Lyon elle-même, dont la décision a été confirmée par la Cour suprême le 20 juillet 1842, en ces termes :

« Que, lorsque LES MOYENS ORDINAIRES NE SUFFISENT PAS pour soutenir le sol, le concessionnaire doit EN EMPLOYER D'EXTRAORDINAIRES, MÊME FAIRE UNE VOUTE, si cela est indispensable. »

Il est encore dit dans l'arrêt de la Cour suprême que l'exploitant est toujours présumé coupable, et qu'il doit la réparation du dommage causé à la surface, en application des articles 1382 et 1383 du code Napoléon (2).

Si cette énergique décision a mis fin aux prétentions exagérées des propriétaires de mines, elle a soulevé celles des propriétaires de la surface, qui ne se contentent plus de la juste réparation réglée par le droit commun.

Ils font à la fois une fausse interprétation et une fausse application des articles 43 et 44 de la loi de 1810, et, confondant l'occupation d'où résulte un *quasi-contrat* avec les accidents causés par les travaux intérieurs, réputés *quasi-délit*, ils exigent le double du préjudice résultant d'un fait pour lequel on ne peut invoquer que les articles 1382 et 1383 précités.

Néanmoins, cette injuste réclamation a été accueillie d'abord par les Cours impériales et ensuite par la Cour de cassation, alors qu'on croyait généralement que les

(1) Voir, page 109, la section 2.
(2) Voir, page 122, 5ᵐᵉ alinéa.

articles 43 et 44 de la loi de 1810 accordaient le double de la réparation de toute espèce de dommage.

Mais la Cour impériale de Dijon, qui, la première, avait accordé la double indemnité dans le sens propre du mot, même au cas de simples dommages, a été aussi la première à reconnaître son erreur.

Elle condamne aujourd'hui sa propre jurisprudence, quoiqu'elle ait pour appui celle de la Cour de cassation, et elle décide d'une manière invariable que tous dommages causés par les travaux intérieurs doivent être réglés d'après le droit commun.

Les principaux jurisconsultes du barreau de Paris, MM. BILLAUT, CADRÈS, DE VATIMESNIL, DUVERGIER, HORSON, MARIE, PAILLET et SÉNARD, appelés *séparément,* en 1851, à donner leur avis sur la distinction qui est à faire entre les dommages causés par les travaux extérieurs et ceux causés par les travaux intérieurs, ont bien été unanimes sur cette distinction, mais ils ont partagé l'erreur commune en voyant dans les articles 43 et 44 une double indemnité au lieu d'une base à forfait.

Cette erreur a peut-être été l'un des principaux motifs pour lesquels la Cour impériale de Riom et la Cour de cassation ont, en 1852, refusé d'admettre la distinction qu'on leur a demandé d'établir.

De telle sorte qu'aujourd'hui les tribunaux et les Cours impériales sont divisés sur ce point ; de là résultent les plus grandes controverses sur l'allocation de l'indemnité au double de toute espèce de préjudice causé par les travaux de mines.

SECTION 1re.

Opinions des principaux jurisconsultes du barreau de Paris sur les articles 43 et 44.

Pour apprécier l'opinion des jurisconsultes et saisir la distinction qui est à faire entre les dommages causés par les travaux extérieurs et les dommages causés par les excavations souterraines, il faut d'abord connaître la nature des travaux que l'exploitation des mines entraîne.

Les *travaux extérieurs* établis sur la surface, soit pour une exploitation *par tranchée à ciel ouvert*, soit pour une exploitation par puits et *galeries souterraines*, demandent un grand nombre d'ouvriers, nécessitent la pose de machines, la construction de magasins de dépôts, l'ouverture de chemins, etc., au milieu de la propriété envahie, et dont le propriétaire est complètement dépossédé.

Les *travaux intérieurs*, au contraire, pratiqués dans les entrailles de la terre, quelquefois même à l'insu du propriétaire de la surface, n'ont pas les mêmes inconvénients; s'ils donnent lieu à des affaissements, des fissures ou des effondrements, causant un dommage plus ou moins considérable, le propriétaire *de la surface endommagée* n'éprouve qu'un préjudice et n'est point dépossédé de sa propriété; celle-ci n'est point *morcelée* par une dépossession provisoire ou définitive.

Dans le premier cas, la loi prévoit la prise de possession *de la surface nécessaire* à l'établissement des travaux, elle protège l'exploitant de mines et elle détermine les bases de l'indemnité due au propriétaire dépossédé en vertu du *quasi-contrat* qui se forme entre les parties, conformément à l'article 1371 du code Napoléon.

Dans le second cas, la loi ne protège plus l'exploitant de mines ; il n'est point autorisé à troubler le propriétaire de la surface dans la jouissance qui lui est laissée, et c'est un *quasi-délit* qui doit être réparé d'après le droit commun, selon le dommage causé.

Telles sont les circonstances qui établissent une différence entre un *quasi-contrat* résultant d'un fait autorisé, même commandé, et un *quasi-délit* résultant d'un fait accidentel et qu'on peut parfois éviter.

Cette question de différence que nous cherchons à poser ici, a été examinée par les hommes les plus distingués du barreau de Paris : tous ont bien en effet été unanimes sur la distinction qui est à faire entre les deux sortes de dommages.

Mais ils n'ont pas bien saisi les dispositions des articles 43 et 44, ni remarqué que ces articles n'accordent point une double indemnité dans le sens propre du mot, et que, s'ils étaient sainement appliqués, les propriétaires de la surface ne les invoqueraient jamais ; tous, au contraire, demanderaient l'application du droit commun, surtout quand ils sont dépossédés d'une parcelle de leur propriété.

Aussi, du jour où la loi de 1810 sera bien comprise et qu'elle sera judicieusement interprétée, on ne plaidera plus pour avoir la double indemnité accordée par les articles 43 et 44 ; chaque propriétaire de la surface préférera être indemnisé de *tout le préjudice* à lui causé, sans *base* ni *forfait* (1), lorsqu'il y a *indue* prise de possession des terrains.

M. Cadrès, dans sa consultation du 14 août 1851, en parlant des articles 43 et 44, s'est exprimé ainsi :

Ces articles embrassent LES DIFFÉRENTES NATURES DE TRAVAUX *qui peuvent* ÊTRE NÉCESSAIRES *pour arriver à l'exploitation d'une mine,* et prévoient les cas D'UNE OCCUPATION TEMPORAIRE et D'UNE OCCUPATION PERPÉTUELLE DE LA SURFACE.

» Dans le premier cas, le propriétaire de la surface a droit à une indemnité égale AU DOUBLE *de la valeur* DU PRÉJUDICE qu'il a éprouvé ou du profit dont il a été privé.

» Dans le second cas, il a droit AU DOUBLE *du prix du terrain* dont s'est emparé le concessionnaire de la mine.

» Cette surtaxe DU DOUBLE DU DOMMAGE que le concessionnaire de la mine doit payer au propriétaire de la surface, et qui se rencontre pour la première fois dans nos lois, a été l'objet de convoitises ; mais une étude un peu réfléchie du texte des articles 43 et 44 de la loi de 1810, et de l'esprit qui a présidé à leur rédaction, suffit pour se convaincre qu'ils ne peuvent être invoqués que lorsqu'il s'agit de terrains occupés pour et dans l'intérêt de l'exploitation de la mine, et nullement lorsqu'il est question d'apprécier le dommage causé à des terrains à l'occasion de cette exploitation.

» S'il pouvait rester quelque doute sur le sens des expressions dont se sert le législateur dans les articles 43 et 44, pour désigner les terrains qui doivent être payés le double de leur valeur, nous ferions observer que les terrains dont parlent ces articles diffèrent de ceux qui peuvent être endommagés accidentellement, à l'occasion de l'exploitation de la mine, sous plusieurs rapports qui ne permettent d'établir entre eux aucune analogie.

» Les premiers ne dépendent ni du caprice des parties, ni du hasard, ni même d'un cas de force majeure; ils sont indiqués d'une manière absolue par le gisement ou l'allure de la mine.

» Les seconds se révèlent par le fait d'un accident, d'une catastrophe, quelquefois aussi d'une imprudence, dans lesquels jouent toujours un rôle le hasard et la force majeure. »

_____

(1) Voir, page 524, § 5, les arrêts des Cours impériales de Bourges et de Dijon, où cette préférence s'est déjà manifestée.

2⁰ M. Paillet, dans sa consultation du 15 août 1851, dit :

« L'indemnité double accordée par les articles 43 et 44 a pour objet de prévenir de la part de l'exploitant les envahissements abusifs ou exagérés ; elle est aussi comme une délibation sur ses bénéfices présumés, sur cette espèce de trésor qu'il recherche et découvre dans le fonds d'autrui : toutes considérations absolument étrangères aux ébranlements, aux altérations involontaires de propriétés riveraines, et, par suite, aux pertes accidentelles qui peuvent en résulter pour lui, en dehors de sa spéculation originaire.

» L'indemnité au double est tellement limitée à la sphère d'exploitation, que, pour toutes les autres questions de dommage, la loi de 1810 s'empresse de revenir au droit commun, ainsi qu'on le voit dans les articles 15 et 45. »

3⁰ M. Marie, dans sa consultation du 18 août 1851, justifie la double indemnité, en disant :

« Le mineur soumet la propriété d'autrui aux besoins de son industrie ; il l'absorbe, pour ainsi dire, dans son industrie, il s'en fait un auxiliaire ; ON COMPREND, dans ce cas, QUE LE PROPRIÉTAIRE AINSI EXPROPRIÉ profite de cette sorte d'association forcée, sinon des personnes, du moins des choses, pour demander tout à la fois *une rétribution* FONCIÈRE et *une rétribution* INDUSTRIELLE, celle-ci représentée par le double de la valeur.

» Mais, lorsque le dommage est un résultat *indirect* et *involontaire*, accidentel de l'exploitation, il n'en est plus ainsi, et le propriétaire voisin n'a plus aucun motif raisonnable pour spéculer sur ce qui n'est qu'un accident, quand, en définitive, cet accident pèse sur le mineur aussi bien que sur lui. »

4⁰ M. Billault, dans sa consultation du 19 août 1851, a examiné deux hypothèses :

« Celle de l'OCCUPATION D'UN TERRAIN pour la recherche et les travaux de mines, occupation *directe* opérée *volontairement* par l'exploitant dans son intérêt.

» Celle du DOMMAGE *indirectement* et *involontairement* CAUSÉ à *des voisins* dont on n'a nullement occupé le sol pour LE SONDER ou l'EXPLOITER.

» La première de ces hypothèses est la seule à laquelle s'applique l'article 43 de la loi de 1810 ; c'est la seule pour laquelle il prescrive l'indemnité au double.

» La seconde, celle d'un dommage involontaire et indirectement causé au voisinage, il n'en dit rien ; il la laisse sous l'empire du droit commun. »

5° M. Duvergier, dans sa consultation du 20 août 1851, voyant une double indemnité dans les articles 43 et 44, la refuse au cas de simple dommage, en ces termes :

« Donner à celui qui a subi la perte plus que la perte qu'il a subie, est au premier coup-d'œil une criante injustice. Si, dans quelques occasions rares, un excédant de dédommagement est alloué, c'est, on doit en convenir, par exception.

» Les articles 43 et 44 de la loi de 1810, qui ordonnent, en effet, de donner plus que le dommage souffert, beaucoup plus, le double, sont donc des dispositions exceptionnelles ; et jamais, on le comprend, la règle qui veut que ces exceptions soient renfermées dans leurs limites, n'a dû recevoir son application avec plus de sévérité que dans l'espèce actuelle.

» Or, les termes de ces deux articles SUPPOSENT L'OCCUPATION DES TERRAINS. Donc, c'est au cas d'*occupation* qu'il faut rigoureusement restreindre l'application de ces articles.

» Le législateur a pu vouloir, *pour l'indemnité* DES TERRAINS OCCUPÉS, accorder ce qu'il n'a pas songé à donner *pour l'indemnité* DES TERRAINS ENDOMMAGÉS. »

6° M. de Vatimesnil, dans sa consultation du 23 août 1851, résout la question comme il suit :

« Il nous paraît que, soit d'après le texte, soit d'après l'esprit des articles 43 et 44 de cette loi, ils ne concernent que LES TERRAINS SOUMIS A UNE OCCUPATION, et non à des terrains engloutis ou bouleversés par un accident quelconque résultant de l'exploitation intérieure.

» Dans le premier cas, l'exploitant agit à l'extérieur et s'empare de terrains appartenant à autrui.

» Dans le second cas, il ne s'empare pas dès terrains, mais les excavations qu'il pratique en occasionnent la ruine.

» Non-seulement ces deux faits ne sont pas identiques, mais encore les motifs qui ont déterminé le législateur à établir UNE INDEMNITÉ DOUBLE, relativement à l'un, sont étrangers à l'autre.

» Pourquoi accorde-t-on au propriétaire de la surface UNE INDEMNITÉ DOUBLE DANS LE CAS D'OCCUPATION ? C'est, 1° parce que l'exploitant s'empare spontanément d'un terrain qui lui est d'une grande utilité, et qu'il est naturel qu'on lui fasse payer la convenance ; 2° et parce que, comme le disent MM. Richard et Delebecque, cette fixation rend les exploitants plus scrupuleux et moins avides de porter atteinte à la propriété d'autrui.

» Ces raisons sont les seules qui puissent justifier la disposition anormale des articles 43 et 44, mais aucune des deux ne s'applique à un dommage causé par accident. Il n'y a pas plus de motif POUR DOUBLER LE DOMMAGE en cas d'éboulement ou de glissement de terrain causé *par les travaux d'une mine* qu'en cas d'éboulement ou de glissement de terrain causé *par les travaux d'une carrière.* »

6° M. HORSON, dans sa consultation du 23 août 1851, après avoir fait remarquer que la loi de 1810 est une exception au droit commun et qu'il ne faut pas l'étendre arbitrairement d'un cas à un autre, ajoute :

« Le motif de dispositions en apparence si étranges se comprend à la réflexion ; l'explorateur abuse pour ainsi dire du droit de recherche que la loi lui confère, et il cause véritablement un préjudice au propriétaire du sol dans le but de se préparer à lui-même un bénéfice, qui, si sa tentative réussit, peut devenir pour lui très-considérable, lui assurer peut-être une grande fortune: le législateur a voulu que le propriétaire du sol dont il s'empare, participât, dans une certaine limite, à cette éventualité qui ne peut se réaliser qu'à ses dépens.

» C'est aller bien loin que d'étendre par interprétation ce droit d'une indemnité double au cas où des travaux volontaires d'exploitation ou d'amélioration, de la part d'un exploitant de mine, occasionneraient un préjudice de voisinage, sans qu'ils fussent accompagnés du fait de l'occupation.

» Mais l'étendre aussi au cas où, comme dans l'espèce, il ne s'agit pas de travaux faits volontairement et dans le but d'augmenter les profits de l'exploitation, c'est dénaturer, fausser, étendre arbitrairement le sens et le texte des articles 43 et 44 de la loi de 1810, et c'est, par suite, violer les articles 1382 et 1149 du code Napoléon. »

8° Enfin, M. SÉNARD, dans sa consultation du 24 novembre 1851, après avoir admis la double indemnité en cas d'occupation, se résume ainsi :

« Il était juste de soumettre LE DROIT D'EXPROPRIATION accordé à des entreprises de cette nature à des conditions exceptionnelles. Il était juste que le spéculateur qui vient prendre la propriété d'un citoyen pour l'exploiter à son profit singulier, ne fût autorisé à le faire que sous la condition d'une indemnité qui contienne à la fois et la valeur de la propriété elle-même et une part des profits que la spéculation doit en tirer.

» Mais autant l'INDEMNITÉ AU DOUBLE EST JUSTE et RAISONNABLE, appliquée aux propriétés que les concessionnaires de mines croient devoir prendre dans l'intérêt de leur entreprise, autant elle serait ABSURDE et INJUSTIFIABLE appliquée aux dommages que leur exploitation peut occasionner.

» Celui qui cause à autrui un dommage doit le réparer: la réparation doit être égale au préjudice causé; c'est la règle de la raison et de l'équité, en même temps que c'est la règle écrite dans la loi.

» Il y a un grand nombre d'industries dont l'exploitation est une occasion de dommage et quelquefois de ruine pour les propriétés voisines: les tribunaux veillent à ce que l'indemnité soit toujours l'équivalent de la perte éprouvée: mais jamais personne ne s'est avisé de prétendre qu'elle dût être supérieure et que le propriétaire lésé pût se trouver *enrichi* par l'événement dont il se plaint....

» Nous avons interrogé l'esprit de la loi, et nous avons trouvé, dans toutes les idées qui ont préoccupé le législateur, le droit d'affirmer qu'il n'avait pu vouloir accorder l'indemnité au double qu'aux propriétaires dont les concessionnaires de mines prennent les terrains pour les occuper ou pour y établir leurs travaux. »

On voit par ces consultations, puisqu'elles émanent des premiers jurisconsultes de France, combien l'étude de la loi de 1810 est difficile et combien cette loi est peu connue des avocats; ils n'ont pas vu que la double indemnité, telle qu'elle est *composée et accordée* par les articles 43 et 44, est une dérogation au droit commun *en faveur* des propriétaires de mines (1).

Ils n'ont pas compris le but du législateur, qui, *en posant les bases* de l'indemnité à payer, a voulu soustraire ces propriétaires à une évaluation arbitraire *basée sur le préjudice réel* causé à la propriété par l'occupation des travaux.

(1) Voir ci-après, pages 601, section 1re, et 605, section 2.

En partant de ce point que les articles 43 et 44 accordent le double de toute espèce de préjudice causé à la propriété de la surface par les travaux *extérieurs*, ils ont ensuite éprouvé un grand embarras pour légitimer cette double indemnité.

Reconnaissant qu'une double indemnité est due quand le droit d'occupation est exercé, et tombant ainsi dans l'erreur commune, ils se sont placés dans une telle position, qu'il leur devenait difficile d'établir une distinction entre le dommage causé par les travaux *extérieurs* et le dommage venant des travaux *intérieurs*.

On pourrait dire que l'opinion de ces jurisconsultes a entraîné peut-être à une erreur dans la question soumise aux tribunaux, parce que la conscience du magistrat résiste et n'admet pas que, dans un cas analogue à celui où l'on reconnaît qu'une double indemnité est due, on puisse établir une distinction et ne payer qu'une simple indemnité.

De là découlent toutes les difficultés et de là aussi toutes les divergences dans l'opinion d'hommes consciencieux : les uns comprenant bien le texte et l'esprit de la loi, et les autres pensant qu'il importe peu que le dommage ait été causé par des travaux *extérieurs* ou *intérieurs*, puisque le préjudice est le même.

Les tribunaux sont donc ainsi induits en erreur quand on leur dit que dans tel cas il est dû une double indemnité, et que dans tel autre l'indemnité n'est due qu'au simple, quelle que soit l'analogie des dommages.

Il faudrait, au contraire, les convaincre qu'en aucun

cas la loi de 1810 n'accorde une double indemnité et qu'il s'est introduit dans l'opinion générale une erreur qui malheureusement a prévalu jusqu'ici ; ils verraient alors que la Cour de cassation elle-même s'est trompée, quand elle a dit que la loi ne distingue pas entre les deux dommages.

La Cour impériale de Dijon, en réformant elle-même ses arrêts sur ce point et en se plaçant en lutte contre la Cour de cassation, après lui avoir inspiré sa jurisprudence, a tracé des principes remarquables dans un arrêt rendu le 29 mars 1854, sur la propriété des mines et sur le règlement des indemnités (1).

Nous pensons que la Cour de cassation suivra cet exemple lorsqu'il lui sera démontré que le double accordé par les articles 43 et 44 de la loi de 1810 n'est pas, dans certains cas, *une juste indemnité*, et qu'on a vu des propriétaires de la surface réclamer cette juste indemnité d'après le droit commun, au lieu de la prétendue double indemnité réglée d'après les articles 43 et 44 (2).

Elle devrait songer que la distinction qui a été faite par quelques tribunaux entre les deux sortes de dommages eût certainement été repoussée par tous, si réellement ces articles 43 et 44 eussent accordé une double indemnité pour toute espèce de préjudice ; la faute en est donc aux jurisconsultes qui n'étudient pas la loi de 1810.

---

(1) Voir, page 50, 4ᵐᵉ alinéa et les suivants.

(2) Voir, page 524, tout le § 5.

Section 2.

État de la jurisprudence sur les articles 43 et 44.

La jurisprudence des tribunaux est fort incertaine sur l'application des articles 43 et 44 de la loi de 1810.

La distinction que nous désirons faire prévaloir a été admise pour la première fois par le tribunal d'Autun, le 17 mars 1846, en ces termes.

« Attendu que les experts, en présence des parties et assistés d'indicateurs, ont examiné avec le plus grand soin les trois héritages dont il s'agit au procès, et ont procédé d'après les bases exactes du dommage causé dans les deux premiers héritages des demandeurs, par suite de l'extraction des mines faite par les défendeurs.

» Attendu que les articles 43 et 44 de la loi de 1810 ne sont point applicables à la cause, *parce qu'il ne s'agit* que de travaux souterrains et non de travaux pratiqués sur la surface des mêmes héritages.

» Attendu donc qu'on ne doit allouer aux demandeurs que le montant des estimations faites par lesdits experts, etc. »

Il y eut appel de ce jugement, mais l'appelant s'est désisté et a payé les dépens.

Qu'on remarque toutefois que, dans cette affaire, les experts avaient eu le bon esprit de s'en tenir à estimer le dommage, sans s'occuper si la loi de 1810 accorde ou non le double du préjudice causé.

Dans une autre affaire portée devant le tribunal de Chalon-sur-Saône, les experts, s'érigeant en jurisconsultes et jugeant que les articles 43 et 44 imposaient une double indemnité, estimèrent le dommage causé par les travaux *intérieurs* au double du préjudice causé, et ce tribunal, par jugement du 24 mai 1848, homologua purement et simplement leur rapport.

Sur l'appel, la Cour impériale de Dijon, par arrêt du 30 mars 1849, confirma le jugement du tribunal de Chalon-sur-Saône, par les motifs :

« Que, d'après les dispositions combinées des articles 43 et 44 de la loi de 1810, les indemnités dues par les concessionnaires de mines aux propriétaires de la surface, DOIVENT S'APPLIQUER A TOUS LES TERRAINS *qui ont été endommagés ou détériorés* PAR LES TRAVAUX DE L'EXPLOITATION.

» Que les fissures et éboulements constatés au rapport des experts sont un dommage incontestablement causé par une exploitation mauvaise ou imprudente, et qui doit en conséquence être réparé par la compagnie de Blanzy.

» Que ces FISSURES et ÉBOULEMENTS, suite de l'exploitation de la mine, SONT UNE VÉRITABLE OCCUPATION DE TERRAIN, QUI N'EN PRIVENT PAS MOINS le propriétaire de la surface *que s'ils avaient pour cause* LES TRAVAUX EXTÉRIEURS.

» Que les évaluations qui ont servi de base au travail des experts paraissent justes, et qu'il convient de les adopter ; mais que, cependant, pour tenir compte de l'usage plus ou moins profitable que pourront faire les consorts Fricaud des terrains affaissés qui leur resteront en toute propriété, IL EST ÉQUITABLE DE DIMINUER l'*estimation totale d'*UN CINQUIÈME. »

Le pourvoi en cassation dirigé contre cet arrêt a été rejeté par la Cour suprême, dans un arrêt du 23 avril 1850, décidant :

« Que la Cour d'appel, s'appuyant sur le rapport des experts, déclare que les fissures et les éboulements dont il s'agit ont été occasionnés par une exploitation mauvaise et imprudente ; qu'ils ont pour le propriétaire LE MÊME RÉSULTAT QU'UNE VÉRITABLE OCCUPATION DE TERRAIN, puisque ces éboulements et ces fissures n'en privent pas moins le propriétaire de la surface, QUE S'ILS AVAIENT POUR CAUSE DES TRAVAUX EXTÉRIEURS.

» Que la Cour déclare aussi que les évaluations qui ont servi de base aux experts lui paraissent justes, et considérant cependant que les consorts Fricaud, conservant la propriété des terrains affaissés, peuvent en faire un usage profitable, a réduit sur ce point d'un cinquième les évaluations des experts.

» Qu'il est dès-lors INEXACT DE PRÉTENDRE, à l'égard de ces fissures et de ces terrains affaissés, que la Cour ait fixé l'indemnité à payer au double du produit net de ces terrains ; — REJETTE. »

Par cet arrêt, la Cour suprême semblait s'être prononcée contre l'application de la double indemnité pour les terrains simplement fissurés et éboulés, puisqu'elle n'avait fait que rappeler les motifs de la Cour de Dijon, finissant par dire que l'indemnité n'avait pas été fixée au double.

C'était là une erreur, puisqu'on n'avait retranché de l'indemnité au double que la valeur du terrain qui est resté en toute propriété aux consorts Fricaud.

Quoi qu'il en soit, nous inspirâmes à la compagnie du Creusot, de réclamer encore contre l'interprétation qu'on faisait des articles 43 et 44, et la même question fut de nouveau soumise au tribunal d'Autun, qui, par jugement du 1er avril 1851, décida conformément à nos idées, par les motifs :

« Que, d'après les principes du droit commun, lorsqu'une indemnité est due, elle se compose de la perte éprouvée et du gain dont a été privé celui qui a droit à cette indemnité ;

» Que la loi du 21 avril 1810 sur les mines a dérogé aux principes généraux et crée UNE EXCEPTION EN FAVEUR DES PROPRIÉTAIRES DE LA SURFACE qui ont souffert d'un dommage causé par les propriétaires de mines ;

» Qu'il est de règle élémentaire que toute dérogation au droit commun doit être circonscrite dans ses limites ; plutôt restreinte qu'étendue ;

» Que l'article 43 de la loi du 21 avril n'a d'application qu'en cas d'indemnité due POUR DES TRAVAUX ÉTABLIS A LA SURFACE, et que la réparation dont il s'explique ne consiste que dans la valeur portée AU DOUBLE DU PRODUIT NET *qu'aurait donné le terrain endommagé ;*

» Que l'article 44 de la même loi dispose également pour des cas d'OCCUPATION *à la surface,* et que sa rédaction qui s'harmonie et s'identifie avec celle de l'article 43, ne peut prêter à interprétation ;

» Que l'article 15, qui prévoit le cas d'accident pouvant résulter des travaux souterrains, ne parle pas d'une indemnité qui devra être portée au double, mais emploie *ces expressions* : TOUTE *indemnité*, qui s'entend d'une indemnité réparatoire.

» Qu'étendre aux indemnités dues par suite de dommages résultant de travaux souterrains l'application des articles 43 et 44, ce serait aller contre le texte et l'esprit de la loi. »

De graves intérêts dépendaient du sort de cette affaire; on demandait une indemnité dont le chiffre, porté au double, s'élevait à 50,000 francs, et quoique l'expertise ne portât le dommage qu'à 12,300 francs, la compagnie du Creusot, désirant une transaction amiable, avait offert une somme de 19,000 francs (1) qui avait été refusée.

Les offres furent retirées; on plaida, et le tribunal d'Autun, sur les conclusions conformes de M. Cival (2), n'adjugea pour toute indemnité que les 12,300 francs.

Il n'y a pas eu appel du jugement du tribunal d'Autun, tous les motifs ont paru inattaquables.

Mais le tribunal de Montluçon était entré dans une voie opposée et avait admis la jurisprudence du tribunal de Chalon-sur-Saône, de la Cour impériale de Dijon et de la Cour de cassation; par jugement du 7 décembre 1850, il accorda la double indemnité, en ces termes :

« Attendu, en ce qui touche la question de savoir si l'article 43 de la loi du 21 avril 1810, qui fixe au double l'indemnité due au propriétaire POUR LES TERRAINS OCCUPÉS par les concessionnaires de mines, est applicable au cas de destruction et de dégradation d'un terrain causées PAR LES TRAVAUX INTÉRIEURS de la mine, qu'il est indifférent que les fouilles aient été autorisées ou commandées par l'admi-

(1) L'avocat et l'avoué du Creusot étaient persuadés que le double était dû.
(2) Ce magistrat, auquel nous avions communiqué nos idées, dit que, si quinze jours avant il avait conclu *en faveur de la double indemnité*, ses recherches l'avaient depuis convaincu que la double indemnité n'était pas due dans ce cas.

nistration supérieure ; qu'il n'en résulte pas moins que ces travaux souterrains ont occasionné les crevasses et affaissements.

» Que c'est en vain que l'on veut assimiler ces entreprises à un accident ordinaire ne constituant pas une dépossession, et soumis seulement à l'action prévue par l'article 1382 du code Napoléon.

» Qu'en semblable matière il faut envisager principalement le résultat ; que peu importe que la compagnie des mines se soit emparée superficiellement de la propriété ou en ait, par des fouilles ou des travaux souterrains, amené l'anéantissement ; que nos lois ne s'interprètent pas *judaïquement*: qu'il ne faut pas donner à l'expression: occupé, qui se trouve dans la loi du 21 avril 1810, une portée qui ne pouvait être dans l'esprit du législateur. »

C'est sur ce jugement que les principaux jurisconsultes de Paris furent appelés à donner chacun séparément leur avis ; mais leur erreur, en voyant dans les articles 43 et 44 l'allocation d'une double indemnité, fut peut-être cause que la Cour impériale de Riom prononça la confirmation pure et simple du jugement, par arrêt du 31 janvier 1852.

Un pourvoi en cassation ayant été dirigé contre cet arrêt, la Cour suprême le rejeta le 22 décembre suivant, par les motifs :

« Qu'il résulte des articles 43 et 44 de la loi de 1810 que les propriétaires de mines sont tenus de payer les indemnités dues AUX PROPRIÉTAIRES DE LA SURFACE SUR LE TERRAIN DUQUEL ILS ÉTABLISSENT LEURS TRAVAUX, et que, lorsqu'après les travaux les terrains ne sont plus propres à la culture, on peut exiger des propriétaires des mines l'acquisition DES TERRAINS A L'USAGE DE L'EXPLOITATION.

» Qu'il en est de même des pièces de terre trop endommagées ou dégradées sur une trop grande partie de la surface, et que, dans ce cas, les terrains à acquérir seront toujours estimés au double de la valeur *qu'ils pouvaient avoir avant l'exploitation de la mine.*

» QUE CES ARTICLES NE DISTINGUENT PAS entre l'occupation des terrains pour la recherche et les travaux de mines, et le cas de destruction et de dégradation d'un terrain causées par les travaux intérieurs de la mine.

» Que, *dans ce dernier cas*, IL Y A, *comme dans le premier*, OCCU-

38

PATION DU TERRAIN d'autrui par le fait de l'exploitation de la mine, et privation pour le propriétaire de la surface de son terrain ; que LE RÉSULTAT ÉTANT LE MÊME, L'INDEMNITÉ DOIT DONC ÊTRE AUSSI LA MÊME, et telle qu'elle est déterminée *par la loi spéciale de la matière*, et non par les règles ordinaires du droit commun. — REJETTE. »

La Cour de cassation s'est ici placée en contradiction : d'une part, avec son arrêt rendu le 4 janvier 1841, sur le rapport de M. Duplan, disant que *toute autre chose est l'indemnité résultant des travaux d'occupation, de la dégradation* ou *de la destruction* (1); d'autre part, avec un arrêt du 20 juillet 1842, disant que les dégâts causés par les travaux souterrains tombent sous l'application des articles 1382 et 1383 du code Napoléon (2).

Quoi qu'il en soit, nous soumîmes de nouveau la question au tribunal de Chalon-sur-Saône, qui, par jugement du 27 juillet 1853, refusa d'admettre une distinction entre les travaux d'occupation et les travaux souterrains ; il persista dans sa jurisprudence avec d'autant plus d'énergie, qu'elle avait été confirmée et approuvée par la Cour de Dijon et par la Cour de cassation.

Mais, sur l'appel de ce jugement, la Cour impériale de Dijon, par arrêt du 29 mars 1854, réforma elle-même son arrêt du 30 mars 1849, et dit ensuite :

« QU'IL RÉSULTE CLAIREMENT des articles 43 et 44 de la loi de 1810 que le législateur, en les édictant, n'a eu en vue que le règlement d'indemnité due au propriétaire de la surface, PAR SUITE DE L'OCCUPATION TEMPORAIRE ou DÉFINITIVE DES TERRAINS dont le concessionnaire de la mine PREND POSSESSION, soit pour continuer des recherches, soit pour les besoins de son exploitation.

(1) Voir, page 117, 4ᵐᵉ alinéa
(2) Voir, page 122, avant-dernier alinéa.

» Qu'étendre les dispositions de ces articles à l'évaluation du préjudice que le propriétaire de la surface PEUT ÉPROUVER PAR SUITE D'ACCIDENTS *survenus dans le cours de l'exploitation*, SERAIT *en faire* UNE FAUSSE APPLICATION et dépasser le but que le législateur s'est proposé.

» Qu'il importe de remarquer que, si l'indemnité due au propriétaire de la surface dans le cas d'occupation a pu être *basée sur le* PRODUIT NET DES TERRAINS, C'EST PARCE QU'IL S'ÉTABLIT, PAR LA FORCE MÊME DE LA LOI ET PAR LE SEUL FAIT DE LA PRISE DE POSSESSION, UNE SORTE DE LOCATION au profit du concessionnaire dont il n'y a plus qu'à déterminer le prix.

» Mais qu'on ne comprendrait pas qu'une indemnité annuelle, *basée sur le* PRODUIT NET, pût être accordée au propriétaire de la surface *lorsque son terrain* N'EST PAS OCCUPÉ par le concessionnaire de la mine, lorsqu'il ne cesse pas de le détenir légalement, bien qu'il ne puisse en tirer aucun profit, lors enfin que le préjudice qu'il éprouve provient d'une toute autre cause que celle de la dépossession.

» Que si la superficie vient à être détruite ou endommagée par suite d'effondrements et de fissures, ou simplement dépréciée, il faut, sans contredit, que le préjudice qui en résulte pour le propriétaire du sol soit largement réparé ; qu'il est facile de le faire sans s'écarter des principes du droit commun et sans recourir à une législation exceptionnelle, d'autant moins applicable qu'il ne s'agit dans ce cas ni d'occupation prise en vue de bénéfice à faire, ni de régler une indemnité dont le concessionnaire pourrait toujours s'affranchir en rendant les lieux à leur ancienne destination.

» QUE LE DROIT COMMUN SERA GÉNÉRALEMENT PLUS FAVORABLE *au propriétaire de la surface* QUE LE DROIT EXCEPTIONNEL INVOQUÉ par les consorts Fricaud. (Voir, page 524, § 5.)

» Qu'il est certain, en effet, que *des dommages-intérêts* FIXÉS AU DOUBLE DU PRODUIT NET *des terrains* soustraits à la culture par suite d'effondrements ou de fissures, SERAIENT SOUVENT INSUFFISANTS pour indemniser complètement le propriétaire de la surface du préjudice que de tels accidents lui occasionnent et de la dépréciation qui en résulte pour son domaine.

» Que c'est donc à tort que les premiers juges ont évalué les dommages-intérêts dus aux consorts Fricaud pour préjudice résultant d'éboulements, de fissures et de dépréciation, d'après les bases posées dans les articles 43 et 44 de la loi de 1810, et qu'ils ont *converti ces dommages-intérêts* EN UNE RENTE ANNUELLE.

» Que, sous ce rapport, le jugement du 27 juillet 1853 doit donc être réformé. »

Par cet arrêt, la Cour impériale de Dijon montre une courageuse résolution et une profonde conviction dans les principes nouveaux qu'elle adopte contrairement à sa propre jurisprudence et à celle de la Cour de cassation.

Mais lorsque cette Cour change de jurisprudence et qu'elle résiste à la Cour suprême, le tribunal d'Autun, au contraire, cesse toute résistance et se conforme aux arrêts de la Cour de cassation, en donnant pour motifs dans un jugement du 16 avril 1856 :

« Qu'en imposant aux concessionnaires de mines l'obligation d'acheter en totalité, s'ils en sont requis, les pièces de terre trop endommagées, l'article 44 de la loi de 1810 dispose d'une manière générale, sans distinguer si les dommages proviennent de l'occupation superficielle ou s'ils sont la conséquence des fouilles souterraines.

» Que si *dans le premier cas* il y a DÉPOSSESSION du propriétaire de la surface, il y a pour lui *dans le second cas* une PRIVATION de jouissance qui équivaut à ladite dépossession ; que LE RÉSULTAT EST DONC LE MÊME, et que, dès-lors, *ainsi que l'a proclamé la Cour suprême*, L'INDEMNITÉ DOIT ÊTRE LA MÊME, telle qu'elle est déterminée *par la loi spéciale de la matière*, et non par les règles ordinaires du droit commun. »

Le tribunal d'Autun n'a tenu aucun compte de ses propres jugements, ni des arrêts de la Cour impériale de Dijon dont il relève; il a transcrit dans son jugement les motifs de la Cour suprême. La Cour de Dijon, par arrêt du 21 août 1856, a mis à néant la nouvelle jurisprudence de ce tribunal, en ces termes :

« Considérant que les articles 43 et 44 de la loi de 1810 excluent toute autre hypothèse que celle de l'occupation de la surface ; qu'en effet les dispositions successives desdits articles n'ont trait qu'aux indemnités dues *au propriétaire* SUR LE TERRAIN DUQUEL *sont établis les travaux.*

» Qu'en conséquence la loi règle d'abord l'indemnité pour le cas dans lequel le sol *où les travaux* ONT ÉTÉ FAITS peut être remis en culture au bout d'un an ; qu'à l'article 44, *le mot* OCCUPATION se lit en toutes lettres ; que c'est uniquement dans le cas d'occupation, et si cette occupation a duré plus d'un an, qu'on peut obliger *les propriétaires de la mine* à l'acquisition des terrains *à l'usage de leur exploitation.*

» Que la phrase qui suit (immédiatement et sans alinéa) se réfère évidemment à ce qui précède, et par conséquent à l'acquisition *des terrains* OCCUPÉS en partie par les travaux ; que toute autre interprétation ferait violence à l'enchaînement logique des dispositions de la loi comme au sens naturel des termes.

» Considérant que la loi de 1810 déroge au droit commun ; qu'il est de principe que les exceptions législatives doivent être rigoureusement circonscrites dans les cas par elles prévus, et qu'en conséquence on ne peut, en dehors du droit commun, argumenter par analogie d'un cas à un autre.

» Considérant, au surplus, qu'il paraît résulter de la discussion du Conseil d'État qu'il aurait été formellement proposé par M. Vincent Marniola d'assimiler AU CAS D'OCCUPATION *tous les cas où*, d'une façon quelconque, *le propriétaire de la surface* viendrait à être privé de sa chose par le fait de la mine, mais qu'il n'aurait pas été donné suite à cette proposition.

» Qu'on s'explique même qu'il en ait été ainsi ; qu'en effet, lorsqu'il accordait à des tiers le droit exorbitant d'occuper la surface pour leurs recherches ou pour leurs dépôts, le législateur a dû chercher à prévenir LES PRISES DE POSSESSION TEMPORAIRES en imposant à l'occupant l'obligation d'indemniser au double le propriétaire dépossédé, mais que la même considération ne s'applique point à des accidents qui n'ont rien de prémédité.

» Qu'assurément les accidents en question doivent être largement réparés, mais qu'à cet égard les dispositions du droit commun suffisent ; que LE DROIT COMMUN EST MÊME, *en certains cas*, PLUS FAVORABLE au propriétaire dépossédé, puisqu'au lieu de lui adjuger UNE INDEMNITÉ A FORFAIT, comme le font les articles 43 et 44, IL PERMET DE PROPORTIONNER L'INDEMNITÉ AU DOMMAGE, et par conséquent d'*élever en certains cas* CETTE INDEMNITÉ AU-DELA DU DROIT DOUBLE. »

Cet arrêt a été déféré à la censure de la Cour suprême ; le pourvoi a été admis par la Chambre des requêtes, et l'affaire est pendante en ce moment devant la Chambre civile ; le rapporteur désigné est M. le conseiller Leroux de Bretagne.

D'autre part, le tribunal d'Alais, par jugement du 26 février 1856, a refusé d'appliquer les articles 43 et 44 de la loi de 1810 à une demande en dommages-intérêts pour préjudice causé par le *tarissement d'une source ;* mais la Cour impériale de Nismes, par arrêt du 10 février 1857, a réformé ce jugement et a accordé le double du préjudice causé, par les motifs :

« Que, pour être SAINEMENT INTERPRÉTÉS, les articles 43 et 44 de la loi de 1810 doivent être entendus en ce sens, que tous les travaux qui font disparaître une partie de la chose, constituent pour le concessionnaire de la mine l'obligation de payer au propriétaire de la surface UNE INDEMNITÉ DOUBLE DE LA PERTE SUBIE !

» Que ces articles ne distinguent pas entre l'occupation des terrains pour les travaux de la mine et le cas de la détérioration et de la dégradation de ces terrains causées par les travaux intérieurs de la mine.

» Que, dans ce dernier cas, il y a, comme dans le premier cas, privation pour le propriétaire d'une partie de sa chose, et que LE RÉSULTAT ÉTANT LE MÊME, L'INDEMNITÉ DOIT ÊTRE AUSSI LA MÊME, telle qu'elle est déterminée par *la loi spéciale sur la matière,* etc...

» DÉCLARE *que l'indemnité de*....., POUR DIMINUTION DE LA SOURCE, DOIT ÊTRE ÉLEVÉE AU DOUBLE.... »

La Cour impériale de Nismes, en faisant l'application des articles 43 et 44 *à une source* et *en doublant le dommage,* a commis une grave erreur, parce que ces articles ne doublent que le revenu ou que le prix d'un terrain, et elle s'est d'ailleurs mise en contradiction avec son arrêt du 30 juillet 1838 (1).

Aussi le tribunal d'Alais n'a point adopté cette jurisprudence, et, par jugement du 1ᵉʳ avril 1857, il a maintenu la sienne, quoique ses décisions relèvent de

(1) Voir, page 113, la section 3, et spécialement page 117, 4ᵐᵉ alinéa.

la Cour impériale de Nismes ; il a, au contraire, adopté les motifs de l'arrêt de la Cour impériale de Dijon du 29 mars 1854 (1), et a dit :

« Attendu QUE, POUR APPRÉCIER SAINEMENT le mérite des prétentions des parties qui réclament une double indemnité, il convient de rechercher quelle est la véritable portée des articles 43 et 44 de la loi de 1810 ;

» Attendu que tout acte de concession de mines a pour effet DE DIVISER LES TERRAINS COMPRIS DANS LE PÉRIMÈTRE CONCÉDÉ en zônes horizontales et de constituer DEUX PROPRIÉTÉS DISTINCTES :

» L'une, composée DE LA SURFACE, continuant de résider sur la tête du propriétaire du sol ;

» L'autre, comprenant LE TRÉFONDS, passant entre les mains du concessionnaire, moyennant certaines indemnités réglées conformément aux prescriptions des articles 6 et 42 de la loi précitée.

» Attendu QUE CETTE DIVISION placerait la propriété minérale en état d'enclave et la rendrait stérile dans les mains du concessionnaire, si le législateur ne venait en aide à ce dernier en contraignant le propriétaire de la surface à lui fournir LES TERRAINS NÉCESSAIRES à l'exploitation.

» Attendu, d'autre part, qu'il eût été dangereux d'accorder au concessionnaire de mines le droit de dépouiller, à volonté et selon son caprice, le propriétaire de la surface ; qu'une pareille faculté aurait rendu la propriété de la surface, comprise dans le périmètre concédé, précaire dans les mains des détenteurs et mis une entrave sérieuse au développement du progrès agricole.

» Attendu qu'il fallait donc restreindre les occupations extérieures aux surfaces strictement nécessaires à l'extraction de la richesse minérale, et que tel est le motif pour lequel, tout en déterminant les règles précises d'après lesquelles le propriétaire de la surface pourrait être dépossédé, le législateur a voulu que les indemnités dues soit pour OCCUPATION TEMPORAIRE, soit pour OCCUPATION DÉFINITIVE, fussent portées tantôt au double du revenu net, tantôt au double de la valeur DES TERRAINS OCCUPÉS.

» Attendu que tel paraît être le motif pour lequel le législateur s'est écarté des règles du droit commun dans la fixation des indemnités dues pour occupation de la surface et pour tous les dommages

_____

(1) Voir les motifs rapportés, page 568, 2ᵐᵉ alinéa.

qui en sont la suite ; mais que le texte des articles 43 et 44 ne permet pas d'étendre cette règle au cas où les dommages *sont le résultat* DE TRAVAUX PRATIQUÉS À L'INTÉRIEUR DE LA MINE.

» Attendu, en effet, que le concessionnaire, TRAVAILLANT DANS SES GALERIES, N'OCCUPE POINT EN RÉALITÉ LA PROPRIÉTÉ D'AUTRUI ET NE SORT POINT DE SON DOMAINE, et qu'il est vrai de dire sous ce rapport qu'il existe une différence fondamentale entre les dommages causés *par l'occupation extérieure* et ceux qui *proviennent de travaux souterrains.*

» Que, dans le premier cas, le propriétaire de la surface se trouve dépouillé par un acte volontaire prémédité, tandis que, dans le second, il souffre un préjudice purement accidentel, involontaire, imprévu.

» Attendu que, en analysant les dispositions des articles 43 et 44, il est aisé de reconnaître qu'elles s'appliquent seulement aux indemnités dues au propriétaire SUR LE TERRAIN DUQUEL SONT ÉTABLIS *les travaux.*

» Le législateur règle d'abord l'indemnité pour le cas où le sol peut être remis en culture au bout d'un an, comme il l'était auparavant, et qu'ainsi l'article 43 SE TROUVE LIMITÉ PAR SES TERMES RIGOUREUX AUX DOMMAGES *résultant de travaux établis* SUR LE TERRAIN du propriétaire de la surface, dans le cas où le sol, temporairement occupé, peut être rendu à sa destination.

» Attendu qu'il existe une corrélation évidente entre l'article 44 et l'article 43 ; qu'après avoir réglé l'indemnité due à raison de l'occupation temporaire, le législateur devait prévoir la nécessité d'occupation prolongée ou définitive, et prévoir aussi le cas où l'occupation, seulement temporaire, aurait eu pour résultat de dénaturer le sol et de le rendre impropre à la culture ; mais l'article 44, comme le précédent, s'est uniquement préoccupé des dommages résultant des occupations à la surface.

» Que toute autre interprétation FERAIT VIOLENCE à *l'enchaînement* LOGIQUE des dispositions de la loi, comme au sens naturel des termes.

» Attendu qu'il ne faut point oublier que la loi de 1810, dérogeant au droit commun, doit être circonscrite dans les cas qu'elle prévoit, et qu'il ne serait point juridique *d'étendre à toute sorte* DE DOMMAGES *causés par l'exploitation d'une mine* DES règles établies *en vue d'actes* SPÉCIAUX *minutieusement* ÉNUMÉRÉS.

» Attendu, sous un autre rapport, que l'assimilation des dégâts résultant de travaux souterrains à ceux qui proviennent de l'occupation, entraînerait les conséquences LES PLUS GRAVES, LES PLUS CONTRAIRES *au but du législateur.*

» Qu'en effet, si tout dommage occasionné par les travaux souterrains constituait une occupation et devait être réglé par les dispositions des articles 43 et 44, l'on devrait aussi, par analogie, rechercher
si ce dommage est temporaire ou permanent, si l'occupation ou le
dommage dure plus ou moins d'une année, et que, dans ce cas, *le
propriétaire* DE LA SURFACE ENDOMMAGÉE aurait le droit d'exiger
l'acquisition......

» Qu'en conséquence le dommage réclamé par le demandeur doit être
réglé par les dispositions de l'article 1382 du code Napoléon. »

Le tribunal d'Alais, après avoir reconnu, comme
la Cour de Dijon, qu'il y a *concession du terrain* par
la concession d'une mine, dit que le concessionnaire,
lorsqu'il travaille *dans ses galeries*, n'occupe point
la propriété d'autrui et ne sort point de son domaine.

Par la force des choses, on est donc invinciblement conduit à ce résultat, que le concessionnaire
d'une mine est propriétaire de l'intérieur du terrain
où il travaille, et que les articles 43 et 44 ne règlent
que le prix du terrain.

CHAPITRE II.

ERREUR GÉNÉRALE SUR L'INTERPRÉTATION ET SUR L'APPLICATION
DES ARTICLES 43 ET 44 DE LA LOI DE 1810.

Il est un point fondamental posé dans l'article 552
du code Napoléon, rappelé d'abord par l'Empereur,
puis par M. Regnault de Saint-Jean-d'Angély (1) et
consacré par la Cour impériale de Dijon et par le
tribunal d'Alais (2), c'est que, du jour de la concession
d'une mine, le périmètre du terrain concédé est
divisé en zónes horizontales.

(1) Voir, pages 463, 1er alinéa, et 464, 4me alinéa.
(2) Voir, pages 50, 6me et 7me alinéa, et 597, 2me, 3me et 4me alinéa

Deux propriétés distinctes existent alors dans un même périmètre de terrain : celle de la surface et celle du tréfonds, *toutes deux indispensables* au concessionnaire de la mine.

Par suite, le législateur de 1810, en donnant le droit au gouvernement de concéder dans un but d'utilité générale la propriété d'autrui, a commencé par désigner les lieux d'où le propriétaire ne pourrait être dépossédé sans son consentement formel ; c'est ce qui résulte de l'article 11 de la loi.

Il s'est ensuite occupé du règlement du prix des deux propriétés séparées et des deux réunies, puis a déterminé *le mode* de paiement de chacune d'elles et des deux réunies ; c'est ce qu'indiquent les articles 6, 42, 43 et 44.

Le PRIX *de la propriété du tréfonds*, désignée par la loi de 1810 sous le nom de *mines* (1), est réglé par l'acte de concession, conformément aux prescriptions des articles 6 et 42.

Le PRIX *de la propriété de la surface* n'est réglé qu'au moment de la prise de possession ; il s'établit alors *un quasi-contrat* qui oblige le concessionnaire à payer une indemnité annuelle, sorte d'*amodiation*, dont la base est fixée par l'article 43.

Le PRIX *de la propriété entière*, surface et tréfonds, est fixé, quand le propriétaire de la surface est autorisé à en exiger l'achat, en suivant les règles établies par la loi du 16 septembre 1807, auxquelles la seconde disposition de l'article 44 renvoie, en disant

---

(1) Voir, page 459, chapitre Ier.

que le terrain sera payé d'après la *valeur qu'il avait avant l'exploitation de la mine.*

Néanmoins on ne veut pas croire qu'il y a concession *de la propriété* du terrain par la concession *d'une mine* ; c'est là ce qui fait que la Cour de cassation, les Cours impériales et les jurisconsultes n'ont jamais bien compris l'article 11 de la loi de 1810 dans les *restrictions* qu'il apporte à la concession (1).

Il ne faut donc pas s'étonner qu'il en soit de même des articles 43 et 44, et qu'on ait vu le gouvernement, la Cour de cassation et le Conseil d'État ne pas saisir l'objet *du renvoi* à la loi du 16 septembre 1807.

On soutient que les articles 43 et 44 ont pour objet de régler toute espèce de préjudice causé à la propriété de la surface, en disant que la loi ne distingue pas !

Une loi ou une disposition de la loi, dérogeant au droit commun et dont l'application est spéciale, n'a point à distinguer et ne doit pas porter qu'elle n'est applicable qu'au cas qu'elle prévoit ; c'est là un principe élémentaire.

SECTION 1re.

Dérogation au droit commun par les articles 43 et 44 en faveur des exploitants de mines.

On vient de voir que les articles 43 et 44 de la loi de 1810 ne peuvent être appliqués que lorsqu'il y a *prise de possession* de la surface du terrain concédé, et l'on a vu que cette prise de possession doit être

(1) Voir, page 370, la section 8.

autorisée, et que l'indemnité fixée par l'article 43
doit être *préalablement* acquittée (1).

D'autre part, on doit tenir pour constant, et c'est là
un point digne de remarque, que toute dérogation
apportée au droit commun par la loi de 1810 a pour
objet de favoriser les exploitants de mines.

Il est non moins certain que le législateur de 1810,
en édictant les articles 43 et 44, a voulu, par cette
dérogation au droit commun, soustraire les propriétaires de mines à des évaluations arbitraires quand
ils *prennent possession* des terrains nécessaires à leurs
exploitations.

Mais quand une question est douteuse pour les
tribunaux, ils devraient toujours se souvenir que
l'Empereur, dans la séance du Conseil d'État du
18 janvier 1810, disait :

« La loi sur les mines doit avoir POUR OBJET DE FAVORISER LES
EXPLOITANTS...., car l'intention DU CHEF du gouvernement EST DE
FAVORISER LES MINEURS et non de gêner leurs travaux.

» La législation doit toujours ÊTRE EN FAVEUR DU CONCESSIONNAIRE;
il faut qu'il ait du bénéfice dans ses exploitations, parce que sans
cela il abandonnera ses entreprises. »

Ils devraient aussi se souvenir que M. Regnault de
St-Jean-d'Angély, présentant au Corps législatif le
projet de la loi de 1810, disait, au sujet des indemnités à payer au propriétaire de la surface :

« LES RÈGLES DE CES INDEMNITÉS SONT ÉTABLIES *de manière à*
DÉSINTÉRESSER LES PROPRIÉTAIRES, SANS GREVER LA CONDITION
des exploitants. »

On est bien loin aujourd'hui *de la faveur* dont
parlait l'Empereur et que témoignent encore les paroles

_____
(1) Voir, pages 523, § 4, et 524, § 5.

de M. Regnault de Saint-Jean-d'Angély , car on augmente les charges des exploitants par des indemnités au double !

Cependant, quand on voit les propriétaires de la surface s'opposer eux-mêmes à l'application des articles 43 et 44 et insister au contraire pour l'application du droit commun, quelle preuve plus forte faut-il pour être convaincu que ces articles n'accordent point une double indemnité? On ne peut supposer qu'ils aient plaidé pour ne recevoir que moitié de ce qu'on leur offrait devant les Cours impériales de Bourges et de Dijon (1).

On devrait donc reconnaître que les articles 6, 42, 43 et 44 de la loi de 1810 dérogent au droit commun pour le règlement du prix du terrain concédé, et que le législateur, loin d'aggraver la condition du concessionnaire, a, au contraire, adouci le prix de la concession comme conséquence *de la faveur* accordée aux exploitants de mines.

§ 1er.

Dérogation au droit commun pour le paiement du tréfonds du terrain.

Le législateur, lorsqu'il a employé cette expression : *la mine*, a voulu qualifier le lieu ou le terrain concédé, en le séparant de *la terre végétale* qu'il appelle la surface (2).

Cette ingénieuse séparation entre les deux pro-

(1) Voir, page 524 , tout le § 5.

(2) Voir, page 483 , chapitre II.

priétés a pour effet de ne déposséder le propriétaire
du terrain que du tréfonds au moment de la concession
et de lui laisser la jouissance de la surface pour la
cultiver et en prendre la récolte (1).

Par ce moyen le concessionnaire ne paie que le
tréfonds, et l'acte de concession en règle le prix en
une redevance annuelle qui est perçue *sur le produit
de la mine*, en conformité des articles 6 et 42 de la loi
de 1810 (2); c'est là, on ne peut en disconvenir,
une dérogation en faveur du concessionnaire.

§ 2.

**Dérogation au droit commun pour le paiement de la surface
du terrain.**

Outre que le prix de la propriété de la surface ne
doit être payé qu'à la prise de possession, le paiement
ne consiste qu'en une redevance annuelle dont la
base, fixée par l'article 43 de la loi de 1810, est
évaluée au double de ce qu'aurait produit net le terrain
occupé ou endommagé par l'établissement des travaux.

De telle sorte qu'il s'établit une espèce d'*amodiation*
qui exclut l'application de l'article 43 pour tous dommages qui ne viennent pas de l'occupation du terrain
amodié en vertu du *quasi-contrat* qui résulte de la
prise de possession et de l'art. 1371 du code Nap.

Il ne paie, dans ce cas, que la parcelle de terrain
occupée, sans dédommagement pour le surplus ni
pour le tort que le propriétaire peut éprouver par

(1) Voir, page 9, avant-dernier alinéa.
(2) Voir, page 541, section 1re.

l'établissement des travaux ; c'est encore là une dérogation tout en faveur du concessionnaire.

§ 3.

Dérogation au droit commun pour le paiement du terrain entier, surface et tréfonds.

Lorsque le propriétaire d'une mine est contraint, en vertu de l'article 44 de la loi de **1810**, d'acquérir le terrain qu'il occupe par ses travaux, il ne paie le terrain au double que d'après la valeur qu'il avait *avant l'ouverture* ou l'*exploitation de la mine* (1).

De même que l'État ne paie lui-même le terrain nécessaire aux travaux de dessèchement des marais et d'utilité générale que d'après la valeur qu'il avait *avant l'entreprise des travaux*.

Le double accordé en matière de mines n'est qu'une *base à forfait* (2) pour le règlement du prix et non une double indemnité ; c'est une dérogation au droit commun en faveur du propriétaire de la mine.

SECTION 2.

Valeur du terrain frappée de statu-quo.

Du jour de la concession d'une mine ou du terrain qui constitue la propriété de cette mine, la valeur de ce terrain est frappée de *statu-quo* par les articles **48** et **49** de la loi du **16** septembre **1807** et par deux arrêtés du Conseil d'État du **24** octobre **1832** et du **30** juin **1841** (3).

(1) Voir, page 559, § 5.
(2) Voir, page 567, section 4.
(3) Voir, pages 564 et 565, nᵒˢ 1 et 2.

Le législateur, en obligeant le concessionnaire d'exploiter *sans cesse* et en le contraignant d'établir ses travaux partout où la *nécessité* l'exige, devait limiter l'étendue de ses obligations et ne pas l'exposer à une ruine certaine, en le laissant à la merci des propriétaires de la surface, quant au prix du terrain concédé.

A cet effet, la loi renvoie à ce qui est usité pour les travaux d'utilité publique, où l'État ne paie le terrain que : valeur *avant l'entreprise des travaux*, et veut que, pour l'évaluation du prix du terrain minéral, on suive, *quant au mode*, les règles établies par la loi du **16** septembre **1807**.

Dès-lors, quand la loi, outre qu'elle renvoie *à ce mode* d'évaluation, ordonne encore de se reporter au moment de la concession, *avant l'exploitation de la mine*, pourquoi ne serait-elle pas obéie?

Mais on est loin de ces idées, car les auteurs accusent le législateur d'*inadvertance* et disent que le renvoi *doit être réputé non écrit*; le Gouvernement, la Cour de cassation et le Conseil d'État n'ont même pas pu s'entendre sur l'objet du renvoi, et quant à la disposition : valeur avant l'exploitation de la mine, elle est mal interprétée par la Cour de cassation (1) !

On ne voit pas la preuve de la concession du terrain dans la dernière disposition de l'article **12**, ni celle de la séparation de la terre végétale dans les articles **18** et **19**, et celle du partage *horizontal*, à **100** mètres de profondeur, dans l'article **11**.

_____

(1) Voir, pages 552, § 4, et 559, § 5.

TITRE NEUVIÈME.

DE LA SURVEILLANCE ET DE L'INSPECTION DES MINES ;
DES MESURES DE SURETÉ ET DE LEUR EXÉCUTION D'OFFICE
PAR L'ADMINISTRATION.

La surveillance et l'inspection de l'administration sur les mines sont
exercées par les gardes-mines, les ingénieurs ordinaires et les ingénieurs en chef, placés sous les ordres des préfets ; un Conseil des
mines, un directeur-général et des inspecteurs ont aussi pour
mission de veiller sur les mines. — L'administration prescrit seule
les mesures de sûreté pour la conservation *des hommes* et *des
choses* ; les arrêtés préfectoraux doivent être approuvés par le ministre
compétent. — Les mesures de sûreté, prescrites par l'administration
peuvent être *exécutées d'office*, aux frais des exploitants, par les soins
des ingénieurs dont la présence est essentielle pour *indiquer* et
diriger au besoin les ouvrages à effectuer pour prévenir un danger.

CHAPITRE Ier.

SURVEILLANCE ET INSPECTION DE L'ADMINISTRATION
SUR LES MINES.

Nous avons fait connaître, en traitant du droit de
l'autorité administrative et de l'autorité attribuée au
Corps impérial des mines et aux gardes-mines (1),
l'étendue des pouvoirs que la loi, les décrets, les
ordonnances et les règlements confèrent à l'administration sur l'exploitation des mines, en ce qui concerne
la *surveillance* et l'*inspection* des travaux.

La surveillance et l'inspection qui sont confiées à

(1) Voir, pages 349, section 5, et 377, § 2.

l'administration sur les mines sont exercées par les
gardes-mines, les ingénieurs ordinaires et les ingénieurs en chef, placés sous les ordres des préfets,
conformément aux articles 47 et 48 du titre V de la
loi de 1810.

L'administration nomme encore un conseil des
mines, un directeur-général et des inspecteurs généraux et divisionnaires, placés sous les ordres du
ministre des travaux publics..

L'impôt proportionnel, fixé à 5 p. 0/0, qui est
perçu sur le produit des mines, forme le prix de la
surveillance et de l'inspection dont est chargée l'administration pour le compte des propriétaires de mines.

On a vu, en effet, que, dans la séance du Conseil
d'État du 8 juillet 1809, M. Regnault de Saint-Jean-
d'Angély, justifiant la nécessité d'un double impôt sur
la propriété des mines, disait :

« Il y a DEUX OBJETS très-distincts, et chacun doit être imposé:
la contribution FONCIÈRE *est perçue* POUR LE TERRAIN et la redevance
proportionnelle POUR L'EXPLOITATION; cette redevance EST LE PRIX
DE LA SURVEILLANCE ET DE L'INSPECTION QUE L'EXPLOITATION
NÉCESSITE. »

Au moyen de cette redevance proportionnelle, les
exploitants ou propriétaires de mines sont déchargés
de la surveillance des travaux, en ce qui concerne les
mesures de sûreté publique, et c'est à l'administration
à veiller sur la conservation des hommes et des choses.

L'exercice de cette surveillance est réglé non-seulement par la loi de 1810, aux articles 47 et 48, mais
encore par le décret du 18 novembre 1810, aux
articles 18, 19, 20, 21, 22, 28, 29, 30, 31 et 32,

et par le décret du 3 janvier 1813, aux articles 5, 6, 23 et 24 (1).

Une circulaire de M. le directeur-général des mines, du 30 janvier 1837, réglemente la surveillance des ingénieurs ainsi qu'il suit :

« IL EST INDISPENSABLE que MM. les ingénieurs, en même temps qu'*ils apportent* LES PLUS GRANDS SOINS *à la visite des mines*, CONSIGNENT DANS LEURS PROCÈS-VERBAUX tous les détails qui ont dû *frapper* leur attention....

» POUR ÊTRE COMPLET LE PROCÈS-VERBAL DE VISITE DOIT TOUJOURS FAIRE CONNAÎTRE :

» 1° LE JOUR et le lieu où il a été dressé ; — 2° LE NOM et l'emploi de la personne qui, aux termes de l'article 24 du décret du 3 janvier 1813, *a dû accompagner* L'INGÉNIEUR *pendant la durée de sa visite* ; — 3° L'HEURE à laquelle cet ingénieur est descendu dans les travaux, et le temps qu'il a consacré à leur examen ; — 4° L'INDICATION des parties de ces travaux qu'il a parcourues ; — 5° LES FAITS principaux qu'il a observés, particulièrement ceux qui sont survenus dans l'intervalle d'une visite à l'autre ; — 6° L'ÉTAT DES PLANS et l'indication des améliorations et des additions que ces plans peuvent exiger ; — 7° L'ÉTAT DES REGISTRES dont la tenue est prescrite par les articles 6, 26 et 27 du décret de 1813.....

» Afin de satisfaire à l'article 6 du même décret et à l'article 48 de la loi du 21 avril 1810, IL EST INDISPENSABLE que MM. les ingénieurs JOIGNENT A LEURS PROCÈS-VERBAUX des observations détaillées *sur la conduite des travaux.*

» LE PROCÈS-VERBAL et LES OBSERVATIONS DOIVENT, aux termes de l'article 6 déjà cité du décret de 1813, ÊTRE INSCRITS SUR LE REGISTRE D'AVANCEMENT JOURNALIER DES TRAVAUX.

» Conformément au même article, l'ingénieur DOIT LAISSER en outre à l'exploitant, toutes les fois qu'il le jugera utile, UNE INSTRUCTION ÉCRITE sur ce registre, CONTENANT LES MESURES *à prendre* à l'effet de pourvoir à la SURETÉ DES HOMMES et à celle DES CHOSES.

» Ces instructions ne doivent pas être confondues avec les rapports que MM. les ingénieurs auraient à remettre à MM. les préfets, conformément à l'article 7 du même décret. »

Un arrêté de M. le ministre des travaux publics,

(1) Voir, pages 378, 3ᵉ et 4ᵉ alinéa ; 380, 5ᵉ alinéa, et 382, 3ᵉ alinéa.

du 18 février 1840, en instituant le corps des gardes-mines, détermine également leurs fonctions (1).

Enfin, outre les lois, les décrets, les ordonnances et les règlements, qui soumettent les exploitants de mines à une obéissance passive, les cahiers des charges de toutes concessions de mines contiennent encore, aux articles 11, 14, 15, 16 et 18, les prescriptions qui suivent :

« Art. 11. Le concessionnaire devra exploiter de manière à ne pas compromettre la sûreté publique, celle des ouvriers, etc..... IL SE CONFORMERA, A CET EFFET, AUX INSTRUCTIONS qui lui seront données par l'administration et par les ingénieurs des mines, d'après les observations AUXQUELLES LA VISITE ET LA SURVEILLANCE des mines POURRONT DONNER LIEU.

» Art. 14. Le concessionnaire SERA TENU DE SE CONFORMER AUX MESURES QUI SONT PRESCRITES par l'administration pour prévenir les dangers résultant de l'inflammation du gaz hydrogène (grisou) et de son explosion dans les mines, et DE SUPPORTER LES CHARGES QUI POUR-RAIENT A CET EFFET LUI ÊTRE IMPOSÉES.

» Art. 15. En exécution de l'art. 14 du 21 avril 1810, le concessionnaire ne pourra confier la direction de ses mines qu'à un individu QUI AURA JUSTIFIÉ DE LA CAPACITÉ SUFFISANTE pour bien conduire les travaux, et de se conformer à l'article 25 du décret du 3 janvier 1813.

» Art. 16. En exécution des décrets du 18 novembre 1810 et 3 janvier 1813, le concessionnaire tiendra constamment en ordre et à jour sur chaque mine :

» 1º Les plans et coupes des travaux souterrains...;

» 2º Un registre constatant l'avancement journalier des travaux...;

» 3º Un registre de contrôle journalier des ouvriers.

» Il communique ses plans et registres aux ingénieurs des mines en tournée, afin que ces ingénieurs PUISSENT Y INSCRIRE LES PROCÈS-VERBAUX, OBSERVATIONS ET INSTRUCTIONS dont il est fait mention dans le décret du 3 janvier 1813.

» Art. 18. Si le concessionnaire ne suivait pas le mode d'exploitation qui aura été autorisé conformément à ce qui est spécifié aux articles 5 et 6 (1), SES EXPLOITATIONS SERAIENT REGARDÉES COMME POUVANT

(1) Voir, page 384, 7ᵐᵉ alinéa et suiv.

COMPROMETTRE LA SURETÉ PUBLIQUE ou la concession de la mine ; et il y sera pourvu en exécution de l'article 50 de la loi de 1810.

En conséquence, la contravention ayant été constatée par un procès-verbal de l'ingénieur des mines, LA MINE SERA MISE EN SURVEILLANCE SPÉCIALE, et il sera placé, aux frais du concessionnaire, un garde-mine ou tout autre préposé, nommé par le préfet à l'effet de lui rendre un compte journalier de l'état des travaux et de proposer telle mesure de police qu'il jugera nécessaire.

« Sur ces propositions et sur le rapport de l'ingénieur des mines, le préfet pourra ordonner l'exécution des travaux reconnus nécessaires à la sûreté publique ou à la conservation de la mine et à la suspension ou l'interdiction des ouvrages reconnus dangereux. »

On voit qu'il est dit à l'article 14 des cahiers des charges que le concessionnaire *sera tenu de se conformer* à ce qui lui aura été prescrit par l'administration *pour prévenir l'inflammation du gaz* (grisou), et l'on a vu que défense implicite lui est faite, aux articles 3 du décret de 1813 et 1er de l'ordonnance de 1843, de prendre aucune mesure de sûreté ; il est seulement tenu d'*avertir* du danger (1).

D'autre part, l'administration chargée de la surveillance et de l'inspection des travaux conserve les procès-verbaux de visites de ses agents ; copie doit seulement en être insérée sur le registre que les exploitants ont constamment à jour, en exécution de l'article 6 du décret de 1813, ainsi conçu :

« Il sera tenu *sur chaque mine* UN REGISTRE *et* UN PLAN CONSTATANT *l'avancement* JOURNALIER *des travaux* et les circonstances de l'exploitation dont il sera utile de conserver le souvenir.

» L'INGÉNIEUR DES MINES DEVRA, *à chacune de ses tournées*, se FAIRE REPRÉSENTER CE REGISTRE *et* CE PLAN ; y INSÉRERA le procès-verbal de visite et *ses* OBSERVATIONS *sur la conduite des travaux*.

» IL LAISSERA *à l'exploitant*, dans tous les cas où il le JUGERA *utile*, UNE INSTRUCTION ÉCRITE SUR LE REGISTRE, contenant les mesures à prendre SUR LA SURETÉ *des hommes et des choses*. »

(1) Voir, pages 381, dernier alinéa, et 383, 8me alinéa.

A l'administration seule appartient donc le droit de *veiller* sur l'exploitation des mines et de *prescrire* les mesures à prendre sur la sûreté *des hommes et des choses*; à elle aussi revient toute la responsabilité. Elle reçoit en quelque sorte, pour cette responsabilité, *une prime* par l'impôt proportionnel auquel sont soumis les propriétaires de mines.

CHAPITRE II.

MESURES DE SURETÉ ET APPROBATION DU MINISTRE.

Le droit de surveillance réservé à l'autorité administrative sur l'exploitation des mines étant absolu, l'article 50 de la loi de 1810 et l'article 4 du décret du 3 janvier 1813 autorisent les préfets, sur le rapport des ingénieurs des mines, à prendre telle mesure qu'ils jugent utile pour la sécurité publique, et les exploitants ou propriétaires de mines sont tenus de s'y conformer.

Une simple infraction aux prescriptions de l'autorité est punie sévèrement, et, en cas de récidive, la peine peut être portée *à mille francs* d'amende et à cinq années d'emprisonnement !

Une ordonnance royale du 18 avril 1842 enjoint à tout concessionnaire de mines d'*élire un domicile* où seront notifiées les prescriptions de l'autorité sur les mesures de sûreté.

Suivent les motifs et le dispositif de cette ordonnance :

« Vu les dispositions de la loi du 21 avril 1810 et celles du décret du 3 janvier 1813, et la loi du 27 avril 1838, QUI ONT CHARGÉ L'ADMINISTRATION D'UNE SURVEILLANCE SPÉCIALE SUR LES MINES » l'appellent, en diverses circonstances, *à faire des* NOTIFICATIONS *aux concessionnaires;*

» Considérant que, pour *assurer l'exercice* DE CETTE SURVEILLANCE, tout concessionnaire de mines *doit indiquer* UN DOMICILE *où puissent lui être adressés* LES ACTES ADMINISTRATIFS *qu'il y aurait lieu de lui* NOTIFIER en sa qualité de concessionnaire ;

» Qu'il en doit être de même lorsque la concession passe en d'autres mains, à quelque titre que ce soit ;

» Que ces formalités, en même temps qu'elles sont d'ordre public, importent aux concessionnaires eux-mêmes, *puisqu'elles* ONT POUR OBJET *de les mettre en mesure* DE SE FAIRE ENTENDRE *lorsqu'il s'agit d'appliquer à leur égard* LES DISPOSITIONS *prescrites par la loi ;*

» Notre Conseil d'État entendu,

» Nous avons ordonné et ordonnons ce qui suit :

» Art. 1er. Tout concessionnaire de mines devra élire un domicile, qu'il fera connaître par une déclaration adressée au préfet du département où la mine est située.

» Art. 2. En cas de transfert DE LA PROPRIÉTÉ DE LA MINE, à quelque titre que ce soit, l'obligation énoncée en l'article précédent est également imposée au nouveau propriétaire.

» Art. 3. Notre ministre-secrétaire d'État au département des travaux publics est chargé de l'exécution de la présente ordonnance. »

Cette ordonnance met les propriétaires de mines en rapport avec l'administration ; chaque propriétaire est appelé lorsque des mesures de sûreté sont proposées par les ingénieurs des mines, surtout quand il est question d'interdire les travaux.

L'article 4 du décret du 3 janvier 1813 indique en effet que l'exploitant ou propriétaire de mines doit être appelé.

« LE PRÉFET, *après avoir entendu* l'exploitant, ou ses ayant-cause DUMENT APPELÉS, PRESCRIRA LES DISPOSITIONS CONVENABLES *par un arrêté* QUI SERA ENVOYÉ *au directeur-général* POUR ÊTRE APPROUVÉ, s'il y a lieu, *par le ministre* de l'intérieur (aujourd'hui des travaux publics).

» En cas d'urgence, l'ingénieur en fera *mention* SPÉCIALE dans son rapport, et le préfet POURRA ORDONNER que son arrêté soit *provisoirement* exécuté. »

Et si l'urgence est telle qu'il y ait péril en la demeure, l'ingénieur peut, aux termes de l'article 5 dudit décret, faire, sous sa responsabilité, les réquisitions nécessaires pour qu'il y soit pourvu sur-le-champ.

Mais, dans les cas ordinaires, les arrêtés préfectoraux concernant les mesures de sûreté ne sont exécutoires qu'après l'approbation du ministre compétent.

Malgré les dispositions de l'article 4 du décret de 1813, prescrivant l'approbation du ministre pour tous les arrêtés, *sans distinction*, le tribunal d'Autun, par jugement du 15 avril 1854, et le tribunal d'appel de Chalon-sur-Saône, par jugement du 3 juin suivant, avaient décidé que cet article ne soumet à l'approbation du ministre que les dispositions réglementaires qui s'appliquent à toutes les mines.

Sur le pourvoi en cassation, la Cour suprême, par arrêt du 28 juillet de la même année, a cassé le jugement du tribunal supérieur de Chalon-sur-Saône, par les motifs :

« Que l'article 4 du décret de 1813, en confirmant et développant le droit de réglementation antérieurement conféré aux préfets (par l'art. 50 de la loi de 1810) POUR GARANTIR LA SURETÉ DES EXPLOITATIONS et CELLE DES OUVRIERS, soumet les arrêtés pris par eux dans cette matière qui touche à d'importants intérêts, à l'approbation du ministre compétent, à moins que l'exécution provisoire n'en ait été ordonnée pour cause d'urgence.

» Que cette disposition est générale et qu'elle s'applique à tous les arrêtés, sans distinction, pris en ces cas par les préfets....

» La Cour, sans qu'il soit besoin de s'occuper des autres moyens de cassation, *casse et annule* le jugement rendu le 3 juin dernier par le tribunal correctionnel supérieur de Chalon-sur-Saône. »

La Cour impériale de Dijon, saisie par le renvoi

après cassation du jugement du tribunal de Chalon-sur-Saône, a, par arrêt du 1er septembre de la même année, statué en ces termes :

« Considérant qu'aux termes de l'article 4 du décret du 3 janvier 1813, les arrêtés pris par les préfets POUR RÉGLEMENTER LES EXPLOITATIONS *des mines et* GARANTIR LA SURETÉ DES OUVRIERS qui y sont employés, doivent être soumis à l'approbation du ministre compétent, à moins que l'exécution provisoire n'en ait été ordonnée pour cause d'urgence ;

» Considérant que cette disposition du décret précité est générale, ainsi que l'a reconnu la Cour de cassation, et qu'elle s'applique à tous les arrêtés, sans distinction, pris par les préfets dans les cas qui y sont déterminés ;

» Considérant en fait que l'arrêté du préfet de Saône-et-Loire du 8 février 1847 n'a pas reçu d'approbation ministérielle ; qu'il ne fait aucune mention de l'urgence et qu'il ne prescrit pas d'exécution provisoire ;

» Que, dans ces circonstances, le tribunal d'Autun ne pouvait le sanctionner, et que c'est *en interprétant* FAUSSEMENT *les lois de la matière* qu'il a prononcé des condamnations contre les prévenus par son jugement du 15 avril 1854. »

Il est donc désormais jugé que tout arrêté préfectoral, ayant pour objet des mesures de sûreté, doit être approuvé par le ministre compétent, s'il n'a pas été déclaré exécutoire *provisoirement.*

C'est là une garantie pour les exploitants, si les ingénieurs se trompent dans leurs rapports aux préfets, et si leurs observations n'ont pas été justement accueillies.

D'autre part, on a vu que l'arrêté du préfet prescrivant des mesures de sûreté est d'ordre public : qu'il doit être envoyé *au directeur-général* des mines, et que ce n'est que sur son avis que le ministre approuve ou rejette les mesures.

Toutes ces formalités indiquent surabondamment

que l'exploitation des mines doit être considérée comme un dépôt public (1) que la loi confie au concessionnaire et que l'administration a pour mission de protéger et de surveiller.

En résumé, comme nous dit un homme occupant une éminente position dans l'industrie, l'exploitant de mines *est un ouvrier* chargé d'extraire et de vendre, travaillant dans l'intérêt de la société (2).

Aussi ne doit-on pas lui demander compte d'un accident survenu dans son exploitation, s'il s'est conformé aux prescriptions de l'autorité et s'il n'est pas coupable, dans les termes du droit commun, sur un fait personnel.

CHAPITRE III.

EXÉCUTION D'OFFICE DES MESURES DE SURETÉ ET MISE EN SURVEILLANCE SPÉCIALE D'UNE MINE.

On vient de voir que la surveillance et l'inspection des travaux de mines sont exclusivement réservées à l'autorité administrative, et que c'est aux ingénieurs des mines à *indiquer* et à *diriger*, au besoin, les ouvrages qui doivent prévenir les accidents.

La circulaire de M. le directeur-général des mines, adressée à MM. les préfets le **10 mai 1843**, est précise sur ce point :

« La présence des ingénieurs est essentielle pour INDIQUER et DIRIGER AU BESOIN les ouvrages à effectuer, quand une invasion subite des eaux, quand DES GAZ DÉLÉTÈRES OU INFLAMMABLES, des éboulements, viennent mettre LA VIE DES OUVRIERS EN PÉRIL (3) !....

(1-2) Voir, pages 395, section 3, et 498, 1re ligne, fin de l'alinéa de la page 497.
(3) Voir, page 610, 3me alinéa, art. 14.

» Bien des malheurs auraient pu être évités sans doute si l'on n'eût pas NÉGLIGÉ *de les* AVERTIR lorsqu'il était temps encore DE PRÉVENIR LE DANGER. L'intérêt de l'exploitant est ici d'accord avec son devoir !

» Aux termes des articles 2 et 3 (de l'ordonnance du 26 mars 1843), l'ingénieur des mines, ou, en son absence, le garde-mines, se transportera sur les lieux. Il dressera procès verbal qu'il transmettra au préfet, EN INDIQUANT LES MESURES qui lui paraîtront devoir être prises.

» L'arrêté du préfet est notifié au concessionnaire ; s'il n'y obtempère pas, il y est, d'après l'article 4 de l'ordonnance, POURVU D'OFFICE à ses frais et PAR LES SOINS *des ingénieurs des mines.*

» C'est l'autorité administrative QUI DOIT PRESCRIRE ET FAIRE EXÉCUTER D'OFFICE LES MESURES NÉCESSAIRES pour garantir la sûreté publique. L'article 50 et les autres dispositions contenues dans le titre V de la loi de 1810 l'ont chargée de VEILLER à tout ce qui peut INTÉRESSER LA CONSERVATION DES HOMMES et DES CHOSES.

» Mais en même temps, si le danger qui s'est manifesté provient d'UNE CONTRAVENTION, S'IL Y A EU INFRACTION AUX RÈGLEMENTS, des poursuites doivent être exercées devant les tribunaux pour la RÉPARATION *des dommages* et la RÉPRESSION *des délits.*

» C'est ainsi que la loi du 27 avril 1838 donne aux préfets la faculté d'INTERDIRE *tout travail* CONTRAIRE AUX RÈGLEMENTS *sur les mines,* sans préjudice également de l'application du titre X de la loi du 21 avril 1810. »

Les motifs de cette circulaire sont puisés dans les articles 47 et 48 de la loi de 1810, et s'appuient nonseulement sur la loi de 1838, mais encore sur l'article 6 du décret de 1813 ; les moyens d'exécution sont puisés dans l'article 10 du même décret, lequel porte :

« Les actes administratifs concernant la police des mines et minières SERONT NOTIFIÉS AUX EXPLOITANTS, afin qu'ils s'y conforment dans les délais prescrits.

» A défaut de quoi, les CONTRAVENTIONS SERONT CONSTATÉES PAR PROCÈS-VERBAUX des ingénieurs des mines, gardes-mines, etc..., et les dispositions qui auront été prescrites SERONT EXÉCUTÉES D'OFFICE AUX FRAIS DES EXPLOITANTS. »

D'autre part, l'article 4 de l'ordonnance du 26 mars 1843 porte :

« Si le concessionnaire, SUR LA NOTIFICATION qui lui sera faite de l'arrêté du préfet, N'OBTEMPÈRE pas à cet arrêté, IL Y SERA POURVU D'OFFICE A SES FRAIS PAR LES SOINS *des ingénieurs des mines*. »

Ajoutons que, dans ce cas, l'article 18 des clauses générales de tout acte de concession de mines, autorise l'administration à mettre une mine en surveillance spéciale aux frais du concessionnaire (1), et que la moindre contravention aux règlements de police sur les mines est punie sévèrement.

L'administration est armée de grands pouvoirs en ce qui concerne l'exploitation des mines, parce qu'il s'agit de sauvegarder les intérêts de la société, et la moindre infraction donne lieu à des peines sévères.

Si elle n'est pas obéie, elle fait exécuter d'office, et en toute circonstance les ingénieurs *indiquent* et *dirigent*, au besoin, les travaux à effectuer quand il s'agit de la sûreté publique.

Mais on verra au titre dixième ci-après que l'exploitant, qui prend des mesures de sûreté *sans avertir* l'ingénieur des mines du danger et *sans autorisation* spéciale de l'administration, *est en contravention* aux règlements de police sur les mines.

Du reste, on a vu que les propriétaires de mines paient le prix de la surveillance et de l'inspection de leurs travaux.

(1) Voir, page 611, 1er alinéa.

TITRE DIXIÈME.

DES CONTRAVENTIONS OU INOBSERVATIONS DES RÈGLEMENTS, DES ACCIDENTS QUI ARRIVENT DANS LES MINES ET DE LA RESPONSABILITÉ DES EXPLOITANTS.

Les contraventions ou inobservations des règlements de police sur les mines ou des prescriptions de l'autorité administrative sont de la compétence des tribunaux correctionnels, et sont, en cas de récidive, punies de toutes les rigueurs de la loi. — Les accidents qui arrivent dans les mines sont considérés comme produits par une force majeure échappant à toute prévision humaine toutes les fois que la cause ne peut en être justement attribuée à une contravention ou infraction des règlements ou des prescriptions de l'autorité. — Les exploitants ou propriétaires de mines ne sont responsables que des accidents qui sont le résultat d'*un fait personnel* établi contre eux.

CHAPITRE Ier.

CONTRAVENTIONS OU INOBSERVATIONS DES RÈGLEMENTS DE POLICE SUR LES MINES.

La loi de 1810, en réservant à l'administration l'exercice de la surveillance sur les mines et en lui donnant le droit d'*autoriser* ou d'*interdire* les travaux, de prescrire et de faire exécuter d'office les mesures de sûreté pour la conservation des hommes et des choses, n'avait point dérogé au droit commun, en ce qui concerne les *contraventions* ou *infractions* commises par les exploitants de mines.

D'après le code pénal, articles 471, 474, 475, 478, 479 et 482, toutes contraventions ou inobservations

des règlements de police ne sont punies que de
un à cinq francs, de *six à dix* et de *onze à quinze*;
en cas de récidive, de *un à trois* jours de prison,
et de *un à cinq* jours.

Mais, en 1813, des accidents très-graves survenus
dans les mines provoquèrent un décret qui fut rendu
le 3 janvier dans le but de prévenir le retour de ces
malheurs par des mesures *spécialement applicables*
aux exploitations des mines.

Le préambule du décret de 1813 rendu par l'Empereur est ainsi motivé :

« Les événements survenus récemment dans l'exploitation des mines
de quelques départements de la France, ayant excité d'une manière
particulière notre sollicitude en faveur de nos sujets occupés journellement aux travaux de mines, nous avons reconnu que ces
accidents peuvent provenir :

» 1° DE L'INEXÉCUTION DES CLAUSES du cahier des charges IMPOSÉES
aux concessionnaires pour la solidité de leurs travaux;

» 2° DU DÉFAUT DE PRÉCAUTION contre les inondations souterraines
et l'inflammation des vapeurs méphytiques et délétères;

» 3° DU DÉFAUT DE subordination des ouvriers;

» 4° DE LA NÉGLIGENCE des propriétaires de mines à leur porter les
secours nécessaires;

» Et voulant prévenir, autant qu'il est en nous, le retour de ces
malheurs *par des mesures* DE POLICE SPÉCIALEMENT APPLICABLES *à
l'exploitation des mines;* — notre Conseil d'État entendu; — nous
avons décrété, etc.

Toutes les dispositions de ce décret, ainsi qu'on l'a
vu (1), placent les exploitants de mines dans une
position d'*obéissance passive*; et les mesures de sûreté,
comme la surveillance, sont réservées à l'administration; mais l'article 22 porte que, si un accident
vient d'une contravention des exploitants, les dispo-

(1) Voir, page 381, dernier alinéa, et les articles suivants.

sitions des articles 318 et 320 du code pénal leur seront appliquées, *s'il y a lieu*.

La disposition pénale du décret est toute dans l'article 31, ainsi conçu :

« Les CONTRAVENTIONS AUX DISPOSITIONS DE POLICE CI-DESSUS, *lors même* QU'ELLES N'AURAIENT PAS ÉTÉ SUIVIES D'ACCIDENTS, seront poursuivies et jugées conformément *au titre X* de la loi du 21 avril 1810 sur les mines, minières et usines. »

Le titre X de la loi de 1810 : « *de la police et de la juridiction relatives aux mines*, » se compose de quatre articles, lesquels portent :

« Art. 93. Les contraventions des propriétaires de mines exploitants, *non encore concessionnaires*, ou autres personnes, aux *lois et règlements*, seront dénoncées et constatées comme les contraventions en matière de voirie et de police.

» Art. 94. Les procès-verbaux contre les contrevenants seront affirmés dans les formes et délais prescrits par les lois.

» Art. 95. Ils seront adressés en originaux aux procureurs près les tribunaux, qui seront tenus de poursuivre d'office contre les contrevenants devant les tribunaux de police correctionnelle, *ainsi qu'il est* RÉGLÉ et USITÉ POUR LES DÉLITS FORESTIERS, et sans préjudice des dommages-intérêts des parties.

» Art. 96. Les peines seront d'une amende de 500 francs au plus et de 100 francs au moins ; au double, en cas de *récidive*, et d'une détention qui ne pourra excéder la durée fixée par le code de police correctionnelle (de 5 ans). »

On voit qu'en cas de récidive une simple contravention ou inobservation des règlements de police sur les mines, édictés par le décret de 1813, peut être punie d'une amende de *mille francs* et d'une détention de *cinq années*, lors même que la contravention n'a pas été suivie d'accident.

Il faut remarquer que, dans ce cas, la loi est plus sévère pour une contravention en matière de mines que pour un meurtre involontaire ; mais il le fallait pour empêcher ou prévenir les accidents.

Avant le décret de 1813 , complété par l'ordonnance de 1843 , les exploitants de mines ne pouvaient être punis que d'après le droit commun , selon que par un fait personnel ils étaient coupables de contravention ou de meurtre involontaire.

Ainsi les contraventions aux règlements de police sur les mines diffèrent des contraventions aux règlements de police ordinaire ; on suit pour les premières les formes usitées pour les délits forestiers et elles sont du ressort des tribunaux correctionnels , tandis que les autres sont de la compétence des juges de paix.

SECTION UNIQUE.

De la récidive en cas de contravention aux règlements de police sur les mines.

On a vu quelle est la peine encourue en cas de récidive ; mais dans quel cas y a-t-il récidive en matière de police sur les mines ?

Les cas et délais de la récidive ne sont pas déterminés par la loi du 21 avril 1810 ; l'article 96 dit bien quelle est la peine encourue en cas de récidive , mais il ne dit pas , à l'exemple des articles 58 et 483 du code pénal et 200 du code forestier , quelles sont les circonstances qui en autorisent l'application.

Le législateur , aux articles 58 , 483 du code pénal et 200 du code forestier , a déterminé la peine de la récidive comme suit , savoir :

Par l'article 58 du code pénal , lorsque le coupable

a été condamné à un emprisonnement de plus d'une année ;

Par l'article 483 du même code , lorsque , *dans les douze mois précédents*, le contrevenant a été condamné pour contravention de police dans le ressort du même tribunal ;

Et par l'article 200 du code forestier , lorsque , *dans les douze mois précédents* , il a été rendu contre le délinquant ou le contrevenant un premier jugement pour délit ou contravention en matière forestière.

Le tribunal d'Autun , par jugement du 15 avril 1854 , a refusé , après un intervalle de sept années entre la première et la seconde contravention , de faire l'application de la récidive à un directeur de travaux de mines , par le motif qu'elle ne doit être appliquée que lorsque le *même fait* , commis de nouveau , a été puni une première fois.

Le tribunal d'appel de Chalon--sur-Saône , par jugement du 3 juin 1854 , a ensuite décidé :

« Qu'il y a récidive toutes les fois qu'il existe une condamnation précédente pour une contravention quelconque, pourvu seulement qu'elle se rapporte aux lois sur la police des mines. »

Par suite , il a fait l'application de la peine de la récidive , quoique la première contravention remontât à plus de sept années.

Sur le pourvoi en cassation , la Cour suprême a cassé ce jugement par arrêt du 28 juillet 1854, par les motifs que la contravention n'existait pas, et n'a point statué sur la question de la récidive.

De telle sorte que la question dont il s'agit est restée

controversée ; mais nous croyons qu'il a été mal jugé par le tribunal d'Autun comme par celui de Chalon-sur-Saône.

Il y a en effet récidive, comme l'a décidé le tribunal de Chalon - sur - Saône , toutes les fois qu'une condamnation a été prononcée précédemment pour une contravention quelconque à des règlements de police sur les mines ; mais il faut reconnaître en même temps que l'article 96 de la loi de 1810 n'a pas dérogé aux règles de la récidive.

Rien n'indique que le législateur ait voulu sur ce point déroger au droit commun qui détermine l'application de la peine de la récidive ; il faut donc opter entre l'article 200 du code forestier et l'article 483 du code pénal.

Il est vrai qu'au sujet de l'application de l'article 200 du code forestier on peut objecter que, le 21 avril 1810, cet article n'était pas édicté, puisque le code forestier n'a été promulgué qu'en 1827 ; mais on peut répondre à cela que l'article en question , n'étant qu'une disposition réglementaire, doit être appliqué aux contraventions ou délits assimilés aux délits forestiers.

L'article 95 de la loi de 1810 porte en effet que les contrevenants doivent être poursuivis devant les tribunaux correctionnels, *ainsi qu'il est réglé et usité pour les délits forestiers.*

Mais , persistât-on dans l'objection, il faudrait toujours en arriver à l'article 483 du code pénal, dont les dispositions sont analogues à celles de l'article 200

du code forestier, et reconnaître que l'article 96
de la loi de 1810 n'a nullement dérogé, pour les
contraventions à la police des mines, aux règles de
la récidive, quand il s'agit de contravention à la
police administrative ordinaire.

CHAPITRE II.

ACCIDENTS CAUSÉS PAR UNE FORCE MAJEURE.

En principe, lorsqu'un accident arrive dans les
mines et que la cause ne peut en être justement
attribuée à une contravention ou infraction des règlements de police sur les mines ou des prescriptions de
l'autorité administrative, cet accident est considéré
comme produit par une force majeure agissant en
dehors de toute prévision humaine.

En effet, quand d'un côté l'administration *surveille*
et *inspecte* les travaux qu'elle a autorisés, indiquant le
mode à suivre en toutes circonstances, et que de l'autre
le directeur des travaux chargé de faire exécuter les
règlements de police et les prescriptions de l'autorité a
fidèlement rempli ses devoirs, à qui pourrait-on
reprocher la cause de l'accident?

Dans ce cas, la justice n'a qu'un seul devoir à remplir,
c'est de rechercher si cet accident est l'effet d'une
maladresse, *imprudence*, *inattention*, *négligence* ou
inobservation des règlements, dont tout individu, aux
termes des articles 319 et 320, est responsable sur un
fait personnel et dont il doit rendre compte devant
les tribunaux.

Au-delà, c'est un malheur à déplorer en silence, et

l'on ne saurait en faire peser la faute sur le propriétaire de la mine ou sur le directeur des travaux.

On a vu avec quelle sollicitude l'administration *veille* sur les exploitations de mines, et quels sont les pouvoirs qui lui sont donnés par la loi, les décrets et les ordonnances.

On a vu aussi que les exploitants de mines ou directeurs des travaux sont tenus de se conformer *rigoureusement* aux règlements et aux prescriptions de l'administration, et qu'ils sont placés dans une position d'obéissance passive, presque en tutelle, jusque dans les conditions de leur titre de propriété (1).

Pour prévenir les accidents, les exploitants de mines ou les directeurs des travaux d'exploitation sont tenus d'*avertir* les ingénieurs des mines dès qu'une cause de danger se manifeste, et de se conformer aux règlements de police sur les mines.

« La présence des ingénieurs, disait M. le directeur-général des mines dans sa circulaire à MM. les préfets, du 10 mai 1843, est essentielle pour *indiquer* et *diriger* au besoin les ouvrages à effectuer, quand une invasion subite des eaux, quand des gaz délétères ou inflammables, des éboulements, viennent mettre la vie des ouvriers en péril.

» Bien des malheurs, ajoutait-il, auraient pu être évités sans doute si l'on n'eût pas négligé de les *avertir* lorsqu'il était temps encore de prévenir le danger. L'intérêt de l'exploitant est ici d'accord avec son devoir. »

_____

(1) Voir, page 610, 1er alinéa et les suivants.

On a vu que, se reportant à l'article 50 et aux autres dispositions contenues dans le titre V de la loi de 1810, il disait encore que c'est l'autorité administrative qui doit *prescrire* et faire *exécuter d'office* les mesures nécessaires pour garantir la sûreté publique et veiller à tout ce qui peut intéresser la conservation des hommes et des choses.

Nous nous rangeons donc à l'avis de M. le directeur-général, lorsque nous disons que les exploitants doivent se conformer aux règlements de police et aux prescriptions de l'autorité ayant pour but de prévenir le danger.

La loi ne se fie point à la science des exploitants; elle n'exige d'eux qu'une obéissance passive, en ce qui concerne les mesures de sûreté, et les directeurs des travaux ne sont jamais, *en leur qualité de directeurs*, responsables d'un accident.

Mais si l'accident vient d'une *contravention*, s'il y a eu *infraction* aux règlements, des poursuites doivent être exercées pour la répression du délit et la réparation des dommages, et l'exploitation de la mine peut être frappée d'interdiction !

CHAPITRE III.

RESPONSABILITÉ SUR UN FAIT PERSONNEL.

On vient de voir au chapitre qui précède que, lorsqu'un accident arrive dans les mines et que la cause ne peut en être justement attribuée à une contravention ou inobservation des règlements ou des prescriptions de l'administration, cet accident est censé le résultat d'une force majeure, et que nul ne peut être réputé coupable si *un fait personnel* n'est établi contre lui.

Aux termes des articles 319 et 320 il faut que, *par un fait personnel*, il y ait maladresse, imprudence, inattention, négligence ou inobservation des règlements, pour qu'une condamnation puisse être prononcée en cas d'accident dans les mines.

Néanmoins, l'on a commis et l'on commet encore sur ce point de graves erreurs, qui ont entraîné les tribunaux à prononcer des peines sévères.

Nous citerons un exemple :

Trois accidents, dont deux successifs, ont·eu lieu dans les mines de Blanzy, par l'inflammation du gaz hydrogène appelé *grisou*, pendant que M. Siraudin était directeur des travaux, les 25 avril 1851, 9 et 29 septembre 1853.

Le premier accident est dû à l'imprudence d'un ouvrier qui a ouvert sa lampe, et qui a mis la flamme en contact avec le gaz. — Le deuxième est dû à la maladresse d'un ouvrier qui a percé d'un coup de pic le tissu métallique de sa lampe. — Le troisième, en raisonnant par analogie, du connu à l'inconnu, ne peut être attribué qu'à une autre imprudence ou à une autre maladresse.

Après le premier accident, l'ingénieur des mines se rendit sur les lieux, fit un rapport dans lequel il constata la cause de l'accident. — Après le second, l'ingénieur des mines se rendit encore sur les lieux, fit un nouveau rapport dans lequel il constata la cause de ce nouvel accident. — Après le troisième, même formalité ; mais, cette fois, l'ingénieur en chef proposa des mesures de sûreté à M. le préfet, qui en référa au ministre.

Le 10 mai 1854, M. le préfet prit un arrêté dont voici la copie :

« Vu le RAPPORT que M. l'ingénieur en chef des mines nous a adressé sur les MESURES A PRESCRIRE pour prévenir le retour d'accidents tels que ceux qu'on a eu à déplorer dans les mines de Blanzy, les 9 et 29 septembre 1853, par suite de l'explosion du grisou ;

» VU les lois et règlements sur la police des mines ;

» VU la LETTRE que M. le ministre de l'agriculture, du commerce et des travaux publics nous a ÉCRITE sous la date du 3 courant;

» Considérant que les moyens D'AÉRAGE employés dans les puits Ravez et Cinq-Sous, concession de Blanzy, SONT INSUFFISANTS, et que *le percement des remontages en cul-de-sac* EST TOUJOURS *un travail* DANGEREUX dans les mines à grisou, où la ventilation n'est pas assez active et convenablement dirigée ;

ARRÊTONS :

« ARTICLE PREMIER. Les concessionnaires des mines de Blanzy sont » tenus de fournir, dans les huit jours de la notification qui leur aura » été faite du présent arrêté, un projet de mesures convenables pour » pourvoir à l'aérage des puits Ravez et Cinq-Sous.

» ART. 2. *Provisoirement*, et jusqu'à décision sur le projet qui fait l'objet de l'article 1er, *le percement des remontages en cul-de-sac* dans la concession de Blanzy EST INTERDIT.

» ART. 3. Le présent arrêté sera notifié sans retard aux concessionnaires des mines de Blanzy, etc. »

Interdire provisoirement le percement des remontages en cul-de-sac, c'est là tout ce que l'autorité administrative a jugé à propos pour éviter les accidents qu'on a eu à déplorer.

Du reste, M. le directeur-général des mines l'avait dit dans sa circulaire du 10 mai 1824, adressée à MM. les préfets et ingénieurs des mines :

« L'AÉRAGE et l'éclairage de l'intérieur des mines PRÉSENTENT DE GRANDES DIFFICULTÉS, contre lesquelles viennent quelquefois ÉCHOUER TOUS LES SECOURS de la science, TOUTES LES RESSOURCES de l'industrie et TOUTES LES PRÉCAUTIONS de la prudence humaine.

» NOUS NE RÉPÉTONS PAS ICI quelles précautions doivent être prises CONTRE TOUS CES ACCIDENTS, ni quels autres soins, non moins indispensables, doivent être apportés pour entretenir une circulation d'air continuelle et empêcher toutes les explosions que pourraient produire beaucoup de causes tout-à-fait étrangères aux lampes de sûreté.

» IL NOUS SUFFIRA DE RAPPELER que quand l'air d'une mine est mélangé de gaz inflammable, LA LAMPE OFFRE LE DOUBLE AVANTAGE DE GARANTIR LE MINEUR DES CHANCES DE DÉTONATION qui sont les

plus ordinaires et les plus fréquentes, et de lui SIGNALER tous les
autres dangers, en lui démontrant que l'air est devenu explosible.

» C'est à sa PRUDENCE à les PRÉVENIR ou à les ÉVITER! »

Puis, après avoir indiqué les moyens de prévenir
l'explosion du gaz, moyens laissés à la prudence du
mineur, M. le directeur-général des mines ajoutait :

« Tels sont les moyens principaux dont on s'est servi depuis longtemps pour garantir les mineurs des dangers AUXQUELS ILS SONT
MALHEUREUSEMENT EXPOSÉS dans les mines, où il se développe une
grande quantité de gaz méphytiques ou inflammables.

» Mais, il faut l'avouer, quelques soins qu'on ait mis..., ils n'ont
pas toujours eu le succès qu'on avait droit d'en attendre.

» L'approche imprudemment faite d'une seule lumière dans un angle
de galerie où il s'était amassé un mélange d'air commun et de gaz
hydrogène, a suffi parfois pour produire en un instant une explosion
générale et ruiner la mine la MIEUX *conduite*, la MIEUX *aérée*, la
MIEUX *exploitée!* »

Plus loin, M. le directeur-général des mines, en
parlant des lampes de sûreté, disait encore :

« Leur *sûreté cesse* SI ON LES OUVRE! si elles SONT TROUÉES et
déchirées! si des imprudents ESSAIENT D'ALLUMER LEUR PIPE, en
appuyant le tabac sur l'enveloppe de la lampe! »

Malgré cela, après le troisième accident, M. Siraudin
a été poursuivi, comme *directeur* des travaux, pour
avoir laissé le gaz dans les galeries ou percement des
remontages en cul-de-sac !

Traduit devant le tribunal d'Autun pour maladresse,
négligence, inattention, quoiqu'il fût en congé au
moment du dernier accident, il a été condamné
à *quatre mois de prison* par jugement du 3 août 1854.

Les motifs de ce jugement sont :

« Que c'était à M. Siraudin à prévoir le danger et à PRESCRIRE *les
mesures de sûreté*, sachant que le gaz hydrogène existait dans les
travaux ;

» Qu'il a eu tort de pousser des galeries *en cul-de-sac* sans moyen de

ventilation, ALORS QU'IL ÉTAIT AVERTI DU DANGER PAR LES INGÉ-
NIEURS et LES GARDES-MINES.

» Et qu'en admettant même que les deux accidents du mois de septembre *aient eu pour cause* déterminante l'imprudence de quelques
ouvriers, il n'y aurait pas moins maladresse, imprudence et négligence
de sa part. »

Ainsi, c'était à M. Siraudin à *prescrire* les mesures
de sûreté, alors qu'il était *averti* par les ingénieurs et
les gardes-mines !

On voit que le tribunal d'Autun a renversé les rôles,
en violant les articles 3 et 4 du décret de 1813 et les
articles 1 et 2 de l'ordonnance de 1843 (1) ; cependant
son jugement a été confirmé par le tribunal supérieur
de Chalon-sur-Saône, le 25 novembre 1854, en ces
termes :

« Attendu que, s'il est vrai que, dans leur rapport, les experts, avec
la réserve que commandait la nature de leur mission, ont déclaré que
les moyens d'aérage indiqués AURAIENT BIEN PU NE PAS EMPÊCHER LES
ACCIDENTS QUI SE SONT PRODUITS, il ne s'ensuit pas que le prévenu AIT
PU IMPUNÉMENT RESTER DANS L'INACTION en face d'un danger toujours
imminent dans les puits Ravez et Cinq-Sous, où des explosions avaient
déjà été pour lui de terribles avertissements ;

» Qu'il n'est pas possible de l'excuser de n'avoir pris aucune des
précautions commandées par la prudence, parce que, dans son opinion,
il n'était pas sûr que les moyens à sa disposition eussent pu prévenir
tous dangers ;

» Que, si ce qu'on lui reproche de ne pas avoir fait, AURAIT BIEN PU
(ne pas) EMPÊCHER LES MALHEURS QUI SE SONT PRODUITS, il n'en est
pas moins COUPABLE DE N'AVOIR PRIS AUCUNE DES MESURES *que l'on*
doit CONSIDÉRER avec juste raison comme SUSCEPTIBLES d'*avoir*
PRÉVENU les *événements* que l'on déplore, et que *c'est précisément ce*
défaut ABSOLU DE PRÉCAUTION QUI CONSTITUE L'IMPRUDENCE et LA
NÉGLIGENCE que l'on impute au prévenu ;

» Attendu que le défaut d'aérage dans les galeries en cul-de-sac ne
provenait pas seulement de ce qu'aucun moyen artificiel de ventilation

(1) Voir, pages, 381, dernier alinéa, et 383, 8ᵐᵉ et 9ᵐᵉ alinéa.

n'y avait été établi, mais encore de ce que ces galeries avaient été poussées trop avant, sans communications transversales ou *recoupes*, tellement que l'aérage naturel ne pouvait s'y produire convenablement; qu'enfin il résulte encore des faits de la cause que la surveillance était insignifiante dans les puits *Ravez* et *Cinq-Sous*, pour que l'on puisse être averti de l'apparition du gaz et se précautionner contre son envahissement, ce qui ajoute encore aux faits d'imprudence, de négligence et d'inattention déjà articulés;

» Attendu que, d'après toutes ces considérations, les premiers juges ont sainement apprécié les faits de la cause et sagement interprété la loi en déclarant le prévenu atteint et convaincu d'avoir, les 9 et 29 septembre 1853, par *maladresse, imprudence, inattention* ou *négligence*, involontairement occasionné la mort de plusieurs personnes, en sorte qu'il y a lieu de confirmer le jugement dont est appel dans toutes ses dispositions, même en ce qui concerne la pénalité.... »

Le pourvoi en cassation dirigé contre ce jugement a été rejeté par arrêt de la Cour suprême du 20 avril 1855, motivé ainsi qu'il suit :

« LA COUR; — en ce qui touche le moyen fondé sur la fausse application, et, par suite, sur la violation de l'art. 319 du code pénal dont l'application aurait été faite alors, d'une part, qu'il n'y aurait pas eu inobservation des règlements, et, d'autre part, qu'il ne serait pas certain qu'il y eût eu maladresse, imprudence, inattention ou négligence;

» Attendu que la décision attaquée N'A POINT pour base l'inobservation des règlements; qu'il résulte expressément de cette décision que le prévenu A ÉTÉ EXONÉRÉ DE CE CHEF de poursuite; mais qu'il n'en résulte pas que cette CONSTATATION, EN POINT DE FAIT, *ait rendu*, EN POINT DE DROIT, l'article 319 inapplicable;

» Qu'il faudrait, en effet, pour qu'il en fût ainsi que l'article 22 du décret du 3 janvier 1813, qui prévoit les conséquences pénales de tout accident survenu aux ouvriers, *faute de s'être conformé aux prescriptions réglementaires*, eût réduit ces conséquences à cette inobservation en abrogeant les autres dispositions de l'article 319;

» Que, bien loin qu'il y ait eu abrogation dudit article, il ressort au contraire du texte même de l'article 22 précité, qui le maintient et s'y réfère pour laisser subsister tout ensemble les conditions de prudence spéciale et les conditions d'adresse, de PRUDENCE, d'ATTENTION, de VIGILANCE *qui sont de règle générale* et de droit commun;

» Attendu d'un autre côté, et en ce qui concerne LA CONSTATATION

DES FAITS d'*imprudence*, de *négligence*, d'*inattention*, que cette constatation, qui rentre dans les attributions souveraines des juges du fait
et ÉCHAPPE *au contrôle de la Cour*, ressort expressément des divers
motifs de leur sentence ;

» D'où il suit que l'application au prévenu de l'article 319 ci-dessus
visé est justifiée en point de droit et souverainement établie en point
de fait; — REJETTE. »

La Cour de cassation a bien reconnu que M. Siraudin
a été exonéré *du chef* d'inobservation des règlements,
mais elle a décidé en même temps qu'il ne résulte pas
que cette *constatation*, en point de fait, ait rendu, en
point de droit, l'article 319 du code pénal inapplicable : oui, lorsqu'un fait coupable est prouvé.

Mais, si l'on ne peut imputer au *directeur* des
travaux aucune contravention aux règlements, il ne
peut y avoir de sa part, comme nous l'avons déjà
fait remarquer, *maladresse*, *imprudence*, *négligence*
ou inattention, que lorsqu'un fait personnel lui est
reproché et prouvé contre lui.

Il faut, à son égard, les mêmes preuves qu'à
l'égard de tout autre individu ; à défaut de preuves,
rien ne l'indique à la justice comme le seul coupable.

L'unique question qui était à examiner *en point de*
droit, était de savoir si M. Siraudin *pouvait*, sans
autorisation ou sans prescription de l'autorité administrative, *ordonner des mesures de sûreté*, lorsque
dans son opinion elles étaient inutiles, alors surtout
qu'après les accidents l'autorité ne les a point prescrites ?

Si même, en les faisant exécuter sans *prescriptions*
de l'autorité, il ne se serait pas rendu coupable d'infraction aux règlements ?

On a vu que les articles 3 du décret de **1813** et 1er

de l'ordonnance de 1843 exigent seulement que les ingénieurs soient *avertis* du danger, et que c'est là tout ce qui est imposé aux *propriétaires* ou *concessionnaires* de mines, lorsque la sûreté publique ou celle des ouvriers est menacée d'un danger (1).

Mais si M. Siraudin, au lieu d'*avertir*, avait fait exécuter des mesures de sûreté, et que, malgré ces précautions, on ait eu à déplorer des malheurs, aurait-il été à l'abri des poursuites autorisées par l'article 22 du décret?

D'autre part, si, après avoir *donné avis* du danger et sans attendre les prescriptions de l'autorité, il avait fait exécuter des mesures fausses ou nuisibles, qui eussent hâté les accidents ou qui les eussent aggravés, n'aurait-il pas été coupable de maladresse, d'imprudence et d'infraction aux règlements?

Et s'il eût pris des mesures de sûreté pour prévenir les accidents, qu'il les eût en réalité prévenus sans *avertir* qui de droit du danger qui a nécessité ces mesures, eût-il été à l'abri des poursuites autorisées par l'article 31 du décret?

Disons en réponse à cette dernière question qu'après avoir *averti* du danger, les directeurs des travaux doivent attendre les prescriptions de l'autorité, et même, *en cas d'urgence*, ils ne peuvent rien faire que sous leur propre responsabilité.

Nous croyons donc que M. Siraudin a été frappé injustement et que sa condamnation est une de ces erreurs qu'on a quelquefois à déplorer!

Voir, pages 381, dernier alinéa, et 383, 8ᵐᵉ alinéa.

TITRE ONZIÈME.

DE LA COMPÉTENCE ADMINISTRATIVE ET JUDICIAIRE
EN MATIÈRE DE MINES.

Les Conseils de préfecture sont seuls compétents pour le règlement des indemnités dont la cause est *antérieure* à la concession de la mine, et les préfets sont seuls chargés de veiller à l'exécution de la loi de 1810. — Les tribunaux ordinaires ne sont appelés à statuer que sur les questions de propriété ou de règlement des indemnités respectives, entre les propriétaires du dessus et du dessous, et sur la répression des contraventions et la réparation des dommages en cas d'accidents. — Les juges de paix règlent les indemnités pour dommages causés aux champs, fruits et récoltes, à quelque somme que la demande puisse s'élever. — La Cour de cassation interprète souverainement la loi sur toutes les règles des intérêts particuliers, lorsque le législateur n'a pas dérogé expressément au droit commun.

CHAPITRE Ier.

COMPÉTENCE DES CONSEILS DE PRÉFECTURE ET DES PRÉFETS.

En matière de mines, une distinction est à faire entre la compétence des conseils de préfecture et celle des préfets : les conseils de préfecture statuent sur toutes les questions d'indemnité *antérieures* à l'acte de concession, et les préfets sont chargés de l'exécution de la loi de 1810 pour tout ce qui a rapport à l'exploitation des mines.

SECTION 1re.

Indemnités réglées par les Conseils de préfecture.

Les indemnités qui doivent être réglées par les Conseils de préfecture sont d'abord celles pour dégâts causés à la surface par les travaux d'exploitation *avant* la concession, puis celles relatives au prix du terrain minéral concédé.

Nous avons développé précédemment ces propositions, il nous suffira de renvoyer à ce que nous en avons dit (1).

SECTION 2.

Autorité attribuée aux préfets en matière de mines.

L'article 50 de la loi de 1810, complété par l'article 4 du décret de 1813 et par l'article 3 de l'ordonnance de 1843, confère aux préfets un pouvoir absolu sur tout ce qui tient à l'exploitation des mines, sauf approbation ou recours au ministre des travaux publics ou au Conseil d'État (2).

Ces magistrats sont exclusivement chargés de l'exécution de la loi de 1810 et de toutes les dispositions législatives concernant les travaux de mines; ils les *autorisent* ou les *interdisent*, et prescrivent les mesures de sûreté pour la conservation des hommes et des choses, ainsi qu'on vient de le voir aux titres neuvième et dixième qui précèdent.

CHAPITRE II.

COMPÉTENCE DES TRIBUNAUX CIVILS ET CORRECTIONNELS.

En matière de mines, les tribunaux civils sont compétents sur toutes les questions d'indemnités dues aux propriétaires des terrains concédés, et les tribunaux

(1) Voir, pages 240 et 241, nᵒˢ 12 et 13; 248, nᵒ 15, et 453, section 3.
(2) Voir, page 349, section 5, et les § 1, 2 et 3 de cette section.

correctionnels ne sont appelés qu'à statuer *sur les contraventions* aux lois et aux règlements.

Pour bien apprécier ce qui est du ressort des tribunaux ordinaires, nous ferons remarquer que l'instruction du 3 août 1810 porte :

1º Au § *De la surveillance administrative* :

« L'objet de l'administration des mines est, 1º d'assurer l'exécution des lois *tant sous les rapports* DE SURETÉ PUBLIQUE et PARTICULIÈRE que sous ceux des besoins de la consommation générale et ceux de la conservation des exploitations ; 2' de donner à cette branche *importante d'industrie* NATIONALE LA DIRECTION LA PLUS UTILE.... »

2º Au § *Action de l'autorité judiciaire* :

« Toutes discussions relatives à la propriété des mines, minières, usines et carrières, toutes celles ayant pour objet l'acquittement des indemnités déterminées par le décret de concession ou de permission, ainsi que les contestations sur les dédommagements pour dégâts occasionnés à la surface des terrains, SONT DU RESSORT DES TRIBUNAUX ORDINAIRES.

» LES CONTRAVENTIONS aux lois et aux règlements à cause des exploitations illicites, sont dénoncées et constatées comme en matière de voirie et de police, suivies comme *pour les délits forestiers*, et jugées par *les tribunaux de police correctionnelle*, sans préjudice des dommages et intérêts des parties. »

Ainsi, la circulaire du 3 août 1810 établit une complète séparation des pouvoirs administratifs et judiciaires.

A l'administration seule il appartient d'ordonner et de prescrire tout ce qui concerne l'exploitation des mines, et les tribunaux ordinaires ne sont appelés à statuer que sur les indemnités *après* la concession et sur les contraventions aux lois et aux règlements.

Néanmoins, on a vu que les tribunaux correctionnels se sont immiscés dans la surveillance des mines et ont statué sur les mesures de sûreté, c'est-à-dire sur la question de savoir si l'emploi de telles ou telles mesures aurait pu prévenir les accidents arrivés dans les mines.

D'autre part, on a vu que le tribunal civil d'Autun, par jugement du 19 février 1856, confirmé par arrêt de la Cour impériale de Dijon le 21 août suivant, a nommé des experts, dont deux architectes, à l'effet :

« D'indiquer *les travaux à faire* DANS LES GALERIES SOUTERRAINES pour soutenir LE TOIT de la mine et LE SOL qui porte les bâtiments dont s'agit, de manière à *prévenir* TOUT NOUVEL AFFAISSEMENT de terrain. »

L'arrêt de la Cour impériale de Dijon, confirmant cette disposition, a lui-même été approuvé par la Cour suprême, qui, par décision du 17 juin 1857, a rejeté le pourvoi dirigé contre cet arrêt (1).

Une autre erreur non moins grave doit être signalée : les tribunaux ordinaires sont chaque jour appelés à statuer sur l'application de l'article 11 de la loi de 1810, et la Cour de cassation elle-même, par arrêt solennel du 19 mai 1856 a ordonné la suppression d'un puits, tandis que les travaux d'ouverture étaient dûment autorisés par M. le préfet de la Loire (2).

La faute doit en être attribuée aux jurisconsultes qui soumettent de semblables questions aux tribunaux ordinaires, sans voir qu'elles sont du ressort de l'autorité administrative.

L'administration, de son côté, ne s'aperçoit pas que l'autorité judiciaire va jusqu'à réformer ses décisions

(1) Voir, page 490, 3me alinéa, jusqu'à la page 493.
(2) Voir, page 368, 1er alinéa et les suivants.

et qu'en cela elle commet un abus de pouvoir ; il y a dans ce cas, ainsi que nous l'avons dit (1), violation du pouvoir administratif par les tribunaux.

CHAPITRE III.

COMPÉTENCE DES JUGES DE PAIX EN MATIÈRE DE MINES.

Les juges de paix sont compétents sur toute demande personnelle qui n'excède pas **200** francs, et sur toute action pour dommages faits *aux champs*, fruits et récoltes, à quelque valeur que la demande puisse s'élever.

Nous avons déjà démontré, quant à la compétence illimitée des juges de paix pour dommages aux champs, fruits et récoltes, que les dispositions de l'article 10 de la loi de 1790, reproduites dans l'article 5 de la loi du 25 mai 1838, sont générales et ne comportent pas d'exceptions (2).

Nous avons cité en même temps l'article 27 de la loi sur les mines du 28 juillet 1791, lequel porte :

« *Toutes contestations* RELATIVES AUX MINES, *demandes en règlement d'indemnités* et toutes autres SERONT PORTÉES PAR-DEVANT LES JUGES DE PAIX ou les tribunaux de districts, suivant l'ordre de compétence.... »

D'autre part, M. Regnault de St-Jean-d'Angély, en présentant le projet de la loi de 1810, a dit :

« La loi sur les mines *renvoyant au droit commun* SUR TOUTES LES RÈGLES *des intérêts particuliers*, ON EST DÉBARRASSÉ POUR SA RÉDACTION de toutes les difficultés que présentaient LES EXCEPTIONS MULTIPLIÉES.... »

L'intention des rédacteurs de la loi de 1810 est

(1) Voir, page 355, § 3.
(2) Voir, page 242, n° 14, 1er alinéa et suivants.

41

manifeste ; on a renvoyé au droit commun *sur toutes les règles* des intérêts particuliers.

D'ailleurs, il est de principe élémentaire que toute dérogation au droit commun, comme toute abrogation d'une loi, doit être expresse ou implicite, en vertu d'une disposition contraire édictée dans une loi postérieure.

Or, la loi de 1810, soit expressément, soit implicitement, n'a apporté, quant à la compétence des tribunaux, qu'une seule dérogation lorsqu'il s'agit du règlement des indemnités pour dommages causés *antérieurement* à la concession de la mine ; cette dérogation est inscrite dans l'article 46, en ces termes :

« Toutes LES QUESTIONS d'*indemnités* à payer par les propriétaires de mines, *à raison des recherches ou travaux* ANTÉRIEURS *à l'acte de concession*, seront décidées conformément à l'article 4 de la loi du 28 pluviôse an VIII. »

Cet article déroge en effet au droit commun et abroge l'article 27 de la loi de 1791, en renvoyant aux Conseils de préfecture le règlement des indemnités dues à l'occasion des recherches ou travaux *antérieurs* à l'acte de concession ; mais, au-delà, la compétence des juges de paix, comme celle des tribunaux de première instance, a été maintenue.

Sur ce point nous sommes d'accord avec MM. Carré, professeur de droit à Rennes ; Carou, ancien juge de 1re instance, juge de paix à Nantes, et Bioche, docteur en droit, avocat à la Cour impériale de Paris (1).

La Cour impériale de Dijon, par arrêt du 28 janvier 1856, n'a pas voulu admettre la compétence des juges

_____

(1) Voir, page 246, dernier alinéa, et pages suivantes.

de paix pour dommages faits aux champs, fruits et récoltes par un propriétaire de mines ; elle a déclaré à cet égard :

« Que la loi du 21 avril 1810 est une loi tout-à-fait spéciale, qui contient des dispositions auxquelles il ne peut être dérogé à moins d'*une abrogation* EXPRESSE PAR UNE LOI POSTÉRIEURE.

» Que la loi du 25 mai 1838, en ce qui concerne les actions pour dommages-intérêts attribuées aux juges de paix pour dégradations et détériorations occasionnées aux champs, fruits et récoltes par le fait de l'homme ou des animaux, n'a apporté aucune innovation à la législation antérieure.

» Qu'elle n'a fait que donner plus d'extension à la compétence des juges de paix, mais n'a pas étendu leur juridiction à raison de la matière, notamment par rapport à l'exploitation des mines ; que rien dans la discussion de cette loi, ni dans son texte, n'en établit la preuve.

» Que la question soulevée par la compagnie de Blanzy se réduit au point de savoir si, d'après la loi de 1810, les actions en indemnités pour préjudice causé aux champs par les travaux de mines doivent être soumises aux tribunaux de première instance.

» Que les dispositions des articles 87, 88 et 89 de cette loi résolvent la question d'une manière positive ; qu'il résulte clairement de leur ensemble que *toute action* POUVANT DONNER LIEU *à une expertise*, DOIT ÊTRE PORTÉE *par-devant le tribunal de première instance.*

» Qu'on comprend en effet que, pour bien apprécier les faits dommageables occasionnés par l'exploitation des mines, il est indispensable d'avoir des connaissances plus étendues que celles que l'on trouve ordinairement chez les juges de paix, et d'appeler l'attention du ministère public sur une matière qui intéresse à un point si considérable la fortune publique.

» Qu'il suit de là que l'action portée, etc. »

La Cour impériale de Dijon dit, comme on le voit, qu'il résulte des articles 87, 88 et 89 de la loi de 1810 que toute action *pouvant donner lieu* à une expertise doit être portée par-devant le tribunal de première instance, et elle ajoute que les dommages occasionnés par l'exploitation des mines exigent plus de connaissances que celles que l'on trouve ordinairement chez les juges de paix.

Mais si la Cour de Dijon eût réfléchi plus mûrement sur les articles dont il s'agit, elle eût remarqué qu'ils appartiennent au titre *des expertises*, et que les rédacteurs de la loi de **1810** n'ont point entendu, dans les articles 87, 88 et 89 déroger à la compétence des juges de paix, pas plus qu'à celle des Conseils de préfecture.

On voulait, à l'origine de la discussion du projet de la loi de **1810** devant le Conseil d'État, introduire dans cette loi *un titre particulier* pour les expertises et déterminer un mode pour *la nomination des experts*, de gré à gré, ou d'office par les préfets ou par les tribunaux, suivant la nature *des objets à examiner*.

Dans la séance du Conseil d'État du 21 octobre **1808, M.** le comte Fourcroy, présentant la seconde rédaction du projet de loi, fit remarquer que ce projet, *depuis deux ans*, avait fait l'objet des études de la section de l'intérieur, et, arrivant au titre des *expertises*, il dit :

« *Les expertises*, si souvent nécessaires dans ces questions, doivent être réglées par la loi, et l'on a cru devoir *leur destiner* UN TITRE PARTICULIER. On y détermine *la nomination des experts* de gré à gré ou d'office par les préfets ou les tribunaux, SUIVANT LA NATURE DES OBJETS A EXAMINER. »

Séance du 8 avril 1809. « **M.** le comte FOURCROY, dit Locré, fait lecture du titre X, *des expertises* : il est ainsi conçu :

« Art. 94. *Corresp. à l'art.* 87 *de la loi.* Dans tous les cas prévus par la présente loi et autres naissant des circonstances où il y aura lieu à expertise, les parties conviendront de gré à gré du choix d'experts·

» Art. 95. *Corresp. à l'art.* 87 *de la loi.* Si les experts nommés par les parties ou PAR L'AUTORITÉ COMPÉTENTE ne s'entendent pas, *l'autorité* NOMMERA un tiers-expert.

» Art. 96. Les procès-verbaux d'expertise seront rapportés, *suivant les cas*, au Conseil de préfecture ou au tribunal. Dans certains cas d'expertise, il pourra être nommé ou délégué un commissaire pour assister aux opérations des experts.

» Art. 97. *Corresp. à l'art.* 88 *de la loi.* Les experts seront pris parmi les hommes notables et expérimentés dans le fait des mines et de leurs travaux. *Les ingénieurs ne pourront être nommés experts.*

» Art. 98. *Corresp. à l'art.* 89 *de la loi.* Les ingénieurs des mines donneront leur avis sur toutes les expertises contentieuses... »

Séance du 11 juillet 1809. « M. le comte FOURCROY fait lecture du titre IX, *des expertises* ; il est ainsi conçu :

« Art. 99. *Cet article est le même que l'art.* 94 *présenté dans la séance du* 8 *avril* 1809.

» Art. 100. *Corresp. à l'art.* 87 *de la loi.* Si les parties n'ont pu s'entendre sur la nomination des experts, *le tribunal* les nommera d'office dans les dix jours de la demande...

» Art. 101. Les procès-verbaux d'expertise seront rapportés, *suivant les cas*, au tribunal qui statuera.... Dans certains cas d'expertise, il pourra être nommé ou délégué un commissaire pour assister aux opérations des experts, en dresser procès-verbal et entendre les parties.

» Art. 102. *Cet article est le même que l'art.* 97 *présenté dans la séance du* 8 *avril* 1809.

» Art. 103. *Corresp. à l'art.* 89 *de la loi.* Le procureur impérial sera toujours entendu, et avant de donner ses conclusions il devra prendre l'avis des ingénieurs conservateurs des mines, et le faire connaître au tribunal, lors même que sa réquisition sera contraire. »

Séance du 11 novembre 1809. « M. le comte Fourcroy fait lecture du titre IX, *des expertises*. Les articles 108, 109 et 110 sont adoptés sans observations dans les termes suivants :

« Art. 108. *Corresp. à l'art.* 87 *de la loi.* Dans tous les cas prévus par la présente loi et autres naissant des circonstances où IL Y AURA LIEU A EXPERTISE, les dispositions du titre XIV du code de procédure civile, articles 303 à 323, seront exécutées.

» Art. 109. *Corresp. à l'art.* 88 *de la loi.* Les experts seront pris parmi les hommes notables et expérimentés dans le fait des mines et de leurs travaux.

» Art 110. *Corresp. à l'art.* 89 *de la loi.* Le procureur impérial sera toujours entendu, et donnera ses conclusions sur le rapport des experts. »

Ces trois articles passèrent ensuite dans la loi sous les nos **87**, **88** et **89**, et à partir de ce moment il n'en fut plus question dans la discussion.

Ainsi, dans tous les cas *où il y a lieu à expertise*, on doit, aux termes de l'article **87** de la loi de 1810, suivre *pour la nomination des experts* ce qui est prescrit au titre **XIV** du code de procédure civile, articles **303** à **323**; mais il n'est pas nécessaire que cette expertise soit ordonnée par un jugement du tribunal de **1re** instance, puisque l'article **302** *est exclu du renvoi.*

La Cour impériale de Dijon, en rendant son arrêt du **28** janvier 1856, n'a peut-être pas remarqué que le titre **XIV** du code de procédure civile comprend l'article **302** et que cet article *a été exclu du renvoi*; il porte :

« Lorsqu'*il y aura lieu* A UN RAPPORT D'EXPERTS, *il sera ordonné* PAR UN JUGEMENT, lequel énoncera clairement *les objets de l'expertise.* »

Exclure du renvoi l'article qui prescrit *un jugement*, n'est-ce pas indiquer que le renvoi ne porte que sur les formes à suivre pour les expertises, dans les cas où *il y a lieu à rapport d'experts?*

Aller au-delà et conclure que par ce renvoi le législateur a entendu déroger au droit commun et abroger l'article 27 de la loi de 1791, c'est donner à l'article 87 de la loi de 1810 une interprétation contraire à son vrai sens, puisque cet article renvoie lui-même au droit commun pour les expertises.

D'autre part, il y a des cas où une expertise est inutile et où il n'y a pas lieu à rapport d'experts, comme cela arrive lorsque la justice examine et apprécie elle-même le dommage et qu'elle détermine le chiffre de l'indemnité.

La justice d'ailleurs n'est point liée par le rapport des experts qu'elle a nommés ; elle est autorisée par l'article 323 du code de procédure civile à ne pas suivre l'avis des experts, *si sa conviction s'y oppose*.

Quant aux conclusions du procureur impérial, ce magistrat ne peut les donner sur le rapport des experts que dans les affaires qui sont portées devant le tribunal où il siège.

Nous croyons avoir suffisamment justifié par toutes ces remarques notre critique de l'arrêt de la Cour impériale de Dijon, voyant une dérogation au droit commun et une abrogation de l'article 27 de la loi de 1791 dans les articles 87, 88 et 89 de la loi de 1810.

Mais nous pouvons nous prévaloir encore contre cette Cour d'un arrêt rendu par la Cour impériale de Douai le 20 mai 1856.

La Cour de Douai n'a point vu une dérogation au droit commun, ni une abrogation à l'article 27 de la loi de 1791, dans les articles 87, 88 et 89 de la loi de 1810 ; mais elle a repoussé la compétence des juges de paix dans les termes suivants :

« Considérant que les conclusions du demandeur Dolfénis tendent à

obtenir contre la compagnie des mines d'Anzin, non pas une indemnité
annuelle et passagère pour dommages faits aux champs, mais à la faire
condamner (à une indemnité) pour détérioration au sol, pour diminution de sa valeur *intrinsèque*, *vénale et productive*, c'est-à-dire pour
atteinte à l'essence même de la propriété.

» Qu'une action de cette nature rend évidemment inapplicable à
l'espèce l'article 5 de la loi du 25 mai 1838, invoqué par la compagnie
défenderesse comme moyen d'incompétence *ratione materiæ*, puisque
cette loi ne s'occupe que de simples dommages aux champs, fruits ou
récoltes. Par ces motifs, etc..... »

Les juges de paix ont été déclarés incompétents par
cet arrêt, parce que la demande en indemnité avait
pour cause la détérioration du sol et qu'il s'agissait de
la réparation d'un dommage qui avait diminué la
valeur *intrinsèque*, *vénale* et *productive* du terrain,
portant atteinte à l'essence même de la propriété.

Mais, quand la loi du 25 mai 1838, article 4, autorise
les juges de paix à accorder des indemnités jusqu'au
taux de la compétence en dernier ressort des tribunaux
de 1re instance (1500 francs), et qu'à l'article 5,
quand il s'agit de dommages aux champs, elle
étend leur compétence *à une somme indéterminée*,
peu importe donc la nature du dommage, puisqu'ils
peuvent accorder 100,000 fr., 200,000 fr., même
un million.

L'arrêt de la Cour impériale de Douai et celui de la
Cour impériale de Dijon ont été déférés à la censure
de la Cour suprême.

M. Paul Fabre, chargé de soutenir le pourvoi de la
compagnie des mines d'Anzin contre l'arrêt de la
Cour de Douai, après avoir démontré que la loi
n'admet pas la distinction que cette Cour a établie, a

dit que la jurisprudence et la doctrine n'ont pas cru devoir distinguer.

« Ainsi, a-t-il dit, la Cour de cassation a jugé, le 18 novembre 1817 (Delorme, S. 18, 1. 73), que le fait par des propriétaires d'avoir levé les écluses de leur prise d'eau en temps d'orage, ne s'opposait pas, malgré son caractère de nocuité médiat, à ce que la question d'indemnité fût portée devant le juge de paix.

» Jugé de même le 19 juillet 1826 (Lebel, S. 27. 1. 236), que les dommages causés aux champs par l'établissement d'une fabrique, rentraient dans la compétence du juge de paix.

» Jugé de même le 2 janvier 1833 (Riboulet, S. 47. 1. 145), que le juge de paix est compétent pour connaître de l'action en indemnité, à raison du dommage causé par la rupture des digues d'un étang.

» Jugé enfin, le 27 avril 1853 (Nicolas. S. 53. 1. 523), que le juge de paix est compétent pour connaître de l'action en indemnité à raison de travaux nouvellement exécutés, qui ont fait déverser sur un fonds les eaux d'une propriété voisine.

» Dans le même sens, Curasson, t. 1er, p. 465 et 471; — Carou, Des juges de paix, t. 1er, no 302; — Rodière, proc. civ., t. 1er, p. 57.

» Peu importe encore, à un autre point de vue, que la cause du dommage soit *momentanée* ou *permanente*, que ce dommage soit le résultat d'*un fait subit* et violent ou d'*une action lente* et successive.

» Ainsi, dans l'un des arrêts précités du 2 janvier 1833, la Cour de cassation a jugé que l'indemnité, à raison du dommage causé par les exhalaisons d'un établissement insalubre, devait être appréciée par le juge de paix.

» De même, dans l'arrêt précité du 27 avril 1853, la Cour de cassation a proscrit toute distinction entre *le dommage permanent* et *le dommage temporaire.*

» Les principes posés et la portée de la loi ainsi déterminée, il ne nous reste plus qu'à en faire l'application à notre espèce.

» Que réclame-t-on à la compagnie d'Anzin? Une indemnité pour détérioration du sol : en d'autres termes, l'indemnité d'un dommage aux champs.

» La compétence du juge de paix était donc certaine.

» Elle est niée cependant par la Cour de Douai, et l'objection qui sert de base à son arrêt est la première que nous devions réfuter. Cette objection, quelle est-elle? Suivant l'arrêt, l'indemnité réclamée serait :

« Non pas une indemnité annuelle et passagère pour dommages faits » aux champs, mais une indemnité pour détérioration au sol, pour

» diminution de sa valeur intrinsèque, vénale et productive, c'est-à-
» dire pour atteinte à l'essence même de la propriété. »

» Il n'en faut pas davantage, suivant l'arrêt, pour rendre inapplicable
la loi de 1838, puisque cette loi ne s'occupe que de simples dommages
aux champs, fruits et récoltes.

» Mais, lorsqu'à côté du dommage aux fruits et récoltes, le législateur a placé le dommage aux champs, c'est qu'il entendait étendre la
compétence du juge de paix au-delà même de ces dégradations passa-
gères qui n'atteignent que les fruits et non le fonds; il y avait à ses
yeux identité de motifs.

» Le motif, en effet, qui a porté le législateur à soumettre au juge
de paix toutes les contestations relatives aux dommages causés aux
champs, quelle que fût la cause de la réclamation, c'est sans doute
l'espoir d'une appréciation plus sûre et moins dispendieuse du dommage
par le juge de la localité.... »

M. Paul Fabre examine ensuite les motifs de l'arrêt rendu par la Cour impériale de Dijon, et dit:

« La Cour de Dijon, dans un arrêt du 28 janvier 1856, rendu sur
une espèce analogue à la nôtre, déféré aujourd'hui à la censure de la
Cour suprême, a vu dans les articles 87, 88 et 89 de la loi de 1810 une
dérogation aux règles de compétence tracées par le droit commun et
par l'article 27 de la loi de 1791.

» De ces articles, des exigences qu'ils renferment, des formalités
qu'ils prescrivent, la Cour de Dijon conclut à l'abrogation du droit
commun et à la compétence absolue des tribunaux civils.

» Cette conclusion n'est pas logique. — Elle n'est pas même, selon
nous, spécieuse.

» Elle est repoussée, en effet, par la rubrique même sous laquelle
les trois articles qu'on invoque se trouvent placés dans la loi de 1810.
Cette rubrique est celle-ci : DES EXPERTISES.

» Et, bien évidemment, elle eût été tout autre, si la pensée du
législateur eût été de choisir cette place pour apporter en matière de
mines une dérogation aux règles générales sur la compétence. Il se
fût bien gardé surtout de donner au chapitre une rubrique dont la
première conséquence logique devait être de faire restreindre cette
prétendue compétence exceptionnelle *au seul cas où il pouvait y avoir
lieu à expertise.*

» Mais la proposition de la Cour de Dijon n'est pas condamnée seulement par la rubrique du titre IX de la loi de 1810. — ELLE A LE TORT
DE PROUVER TROP *pour prouver quelque chose.*

» S'il est vrai, en effet, que parce que la loi exige, *en cas d'expertise* dans un litige relatif aux mines, l'observation de certaines formalités, l'intervention des ingénieurs et surtout l'audition du procureur impérial, on en doit conclure qu'elle entend refuser le droit de connaître de ces litiges à toute juridiction autre que les tribunaux d'arrondissement, *ce ne sont plus seulement* LES JUGES DE PAIX *qui vont* SE TROUVER ÉCARTÉS, *mais aussi* LES CONSEILS DE PRÉFECTURE *qui n'ont pas plus de* PROCUREURS IMPÉRIAUX *attachés à leur juridiction* QUE LES JUGES DE PAIX.

» Pareille pensée est-elle déjà venue à l'idée de personne!

« Évidemment donc, les articles 87, 88 et 89 qu'on invoque, en réglant la forme des expertises dans le cas le plus ordinaire, celui où le litige est porté devant le tribunal civil, n'entendent ni s'occuper des compétences, *lesquelles sont réglées par les lois générales*, ni même, en ce qui concerne les expertises, faire autre chose qu'*indiquer une procédure* TYPE DONT TOUTES LES JURIDICTIONS *devront tendre à se rapprocher* DANS LA MESURE DU POSSIBLE.

» C'est ce qu'a très-bien compris le Conseil d'État, lorsqu'il a imposé au Conseil de préfecture, dans une affaire où celui-ci avait dû faire expertiser des dommages causés par des travaux *antérieurs à la concession*, l'obligation de se conformer aux règles tracées par l'article 87 de la loi de 1810, en tant que ces règles s'accordent avec l'organisation des tribunaux administratifs (Conseil d'État, 24 juillet 1825, Bazouin-Lebon, page 491).

Passant à d'autres considérations, M. Paul Fabre ajoute :

» Qu'il nous soit permis en terminant d'appeler l'attention de la Cour sur les conséquences du système des arrêts de Douai et de Dijon, comparées aux conséquences du système invoqué par les pourvois.

» Dans les trois années 1853, 1854 et 1855, il s'est élevé 283 réclamations contre la compagnie d'Anzin, à raison des dommages causés aux champs et aux récoltes. Le total des indemnités réglées à l'amiable entre les exploitants et les propriétaires s'élève à 24,218 fr. 73.

» La moyenne est de 90 fr. par réclamation, et de 31 ares par surface dégradée.

» Si l'on suppose qu'à raison de ces 283 réclamations le tribunal ait été saisi de 283 demandes d'indemnité et que chacun des procès ait coûté 500 francs, le montant des sommes déboursées par la compagnie se serait élevé à 141,500 fr., c'est-à-dire au sextuple environ de la somme réglée à l'amiable.

» Aujourd'hui, sous l'influence de la jurisprudence qui tend à prévaloir, les demandes exagérées se multiplient et les arrangements diminuent.

» N'y a-t-il pas dans ce résultat du système des arrêts des Cours de Douai et de Dijon un encouragement à l'esprit de chicane, contraire à l'intention du législateur et peu digne de la protection du magistrat ?

Tels sont les principaux moyens présentés à l'appui des deux pourvois en cassation dirigés contre les arrêts des Cours de Douai et de Dijon.

Saisie de ces pourvois, la Cour suprême, en déclarant que les articles 87, 88 et 89 de la loi de 1810 dérogent au droit commun et abrogent l'article 27 de la loi de 1791, les a rejetés le 14 janvier 1857, par deux arrêts dont les motifs sont identiques :

« Attendu qu'aux termes des lois invoquées, les juges de paix connaissent des actions pour dommages faits aux champs, fruits et récoltes ; que la généralité de ces expressions pourrait obliger à rechercher si elles comprennent non-seulement les dommages causés aux champs par des actes extérieurs et visibles, mais encore ceux qui seraient le résultat possible d'actes latents et secrets opérés dans le tréfonds (comme le cheminement des galeries de mines), faits spéciaux dont l'exploration et l'étude exigent le concours de la science minéralogique, et dont les effets peuvent être la suppression en tout ou partie du sol producteur.

» Mais, attendu que les lois spéciales dérogent aux lois générales, non seulement lorsqu'elles abrogent textuellement ces dernières, *mais encore lorsque leurs dispositions sont* INCOMPATIBLES OU CONTRADICTOIRES *avec le droit commun* (1).

» Attendu que la loi du 21 avril 1810, substituée à la loi des 12-28 juillet 1791, *reconnue inexécutable*, constitue la législation spéciale des mines ; que si l'on consulte l'esprit et le texte de cette loi, on demeure convaincu que les contestations soulevées dans les cas qu'elle prévoit, doivent être soumises à la juridiction des tribunaux de première instance (2).

(1) Les articles 87, 88 et 89 de la loi de 1810 n'ont rien d'incompatible ou de contradictoire avec le droit commun, puisqu'ils y renvoient pour les expertises.

(2) La preuve contraire résulte de l'exclusion de l'article 302 du code de procédure civile qui veut qu'une expertise soit ordonnée *par un jugement*.

» Attendu, en effet, que l'importance des questions qui pouvaient naître de la constitution d'UN NOUVEAU DROIT DE PROPRIÉTÉ RIVAL DU DROIT DE PROPRIÉTÉ DE LA SURFACE, du conflit des intérêts publics et privés, surtout lorsque les conséquences pouvaient aller jusqu'à la *suspension* PROVISOIRE *de l'exploitation des mines* (1), ne permettait pas au législateur de soumettre ces questions à la compétence d'un juge unique et *amovible* comme le juge de paix.

» Attendu que le texte n'est pas moins contraire à la prétention du pourvoi ; que si l'on ne trouve dans la loi de 1810 aucun chapitre ou section relatif à la compétence, cette irrégularité de rédaction ne porte aucune atteinte à l'énergie de ses autres dispositions.

» Que la compétence des Conseils de préfecture, en certains cas, n'est pas moins incontestable pour être déterminée sous la rubrique des obligations des propriétaires de mines (2), et qu'on peut trouver celle des tribunaux d'arrondissement sous la rubrique des expertises.

En effet, l'article 87 de la loi de 1810, renvoyant aux articles 303 à 323 du code de procédure civile, incorpore ces articles dans la loi et organise une procédure pour l'instruction des demandes en indemnités : or, cette procédure exige le concours des avoués, du président du tribunal, d'un juge commissaire, et, enfin, celui du ministère public, qui sera toujours entendu.

» Attendu que de semblables dispositions législatives, qui doivent être observées dans l'espèce du pourvoi, sont incompatibles avec la constitution des tribunaux de paix, et entraînent nécessairement la compétence des tribunaux de première instance.

» Que si la jurisprudence administrative a emprunté quelques formes à la loi de 1810 pour procéder devant les Conseils de préfecture, il n'en saurait être de même devant les justices de paix, parce que la compétence de ces conseils est *clairement* et *expressément* déterminée, tandis que la juridiction invoquée par le pourvoi n'est ni nommée, ni désignée dans tout le cours de la loi. — REJETTE. »

A propos de la loi de **1810**, on a dit souvent que là où elle ne distingue pas, il ne faut pas distinguer ; c'est là une erreur profonde, parce que la loi de **1810**

(1) Les tribunaux n'ont pas le droit d'ordonner la suspension de l'exploitation des mines.

(2) La compétence administrative est clairement exprimée au titre des obligations des propriétaires, tandis que la loi ne dit rien quant à la compétence des tribunaux au titre des expertises.

est une loi d'exception qui déroge à la règle commune, et que partout où elle est muette il faut recourir au droit commun.

Dès-lors elle n'avait pas besoin de désigner les juges de paix, ni de proclamer leur compétence.

Enfin, on vient de voir que la Cour de cassation, par son arrêt de rejet, semble condamner la jurisprudence de la Cour de Douai dans la distinction qu'elle a voulu établir entre un dommage passager et un dommage perpétuel ; mais elle a admis la jurisprudence de la Cour de Dijon, en décidant que la loi de 1810 déroge à la compétence des juges de paix.

Elle a posé en principe que l'article 87 de la loi de 1810, « *renvoyant aux articles* 303 *à* 323 *du code de procédure civile, incorpore ces articles dans la loi et organise une procédure pour l'instruction des demandes en indemnités.* »

Nous croyons avoir démontré, en rapportant la discussion qui a eu lieu devant le Conseil d'État, non-seulement que le législateur avait voulu établir *un titre particulier* (1) pour les expertises et avait fini par renvoyer au droit commun *pour la nomination des experts*, mais encore que l'article 87 de la loi de 1810, en excluant du renvoi l'article 302 du code de procédure civile (2), détruit tout le système de la Cour de cassation.

En effet, si le législateur eût voulu déroger à la compétence des juges de paix, il n'eût pas exclu du

(1) Voir, page 642, 4me alinéa.
(2) Voir, page 644, 6me alinéa.

renvoi cet article 302, qui prescrit que, « *lorsqu'il y aura lieu à rapport d'experts, il sera ordonné par un jugement.*

Pourquoi eût-il retranché cet article qui est en tête du titre XIV du code de procédure civile, et qui prescrit que toute expertise soit ordonnée *par un jugement*, s'il eût voulu attribuer aux tribunaux de 1re instance l'examen de toutes les demandes en indemnité en matière de mines?

N'est-il pas évident qu'il n'a voulu régler par là que la forme à suivre *pour la nomination des experts*, et nullement la compétence des tribunaux ordinaires ou la compétence administrative.

Cela résulte clairement d'ailleurs de cette déclaration de M. Fourcroy, disant que les expertises, si souvent nécessaires dans ces questions, doivent être réglées par la loi (sur les mines), et qu'on a cru devoir *leur destiner un titre particulier* où l'on détermine la nomination des experts de gré à gré ou d'office par les préfets ou les tribunaux, *suivant la nature des objets à examiner.*

Nous reproduisons ici les paroles mêmes des rédacteurs de la loi, indiquant de la manière la plus formelle qu'il ne s'agissait nullement de déroger à la compétence des juges de paix, ni à celle des Conseils de préfecture, mais seulement d'établir une forme particulière pour les expertises.

Mais, ainsi que la Cour de Dijon l'a dit elle-même, n'est-il pas de règle qu'il ne peut être dérogé au droit commun qu'en vertu d'une loi spéciale ou

d'une abrogation expresse résultant d'une loi postérieure ?

Or, peut-on voir une abrogation expresse dans
le renvoi qui est indiqué par l'article **87** de la loi
de **1810**?

Rappelons les termes de cet article :

> « DANS TOUS LES CAS prévus par la présente loi et autres naissant
> des circonstances *où il y a lieu à expertises*, les dispositions du
> titre XIV du code de procédure civile, articles 303 à 323, seront
> exécutées (pour la nomination des experts). »

Nous ajoutons : *pour la nomination des experts*, parce
que ce complément a été indiqué par les rédacteurs
de la loi, et qu'on peut dire qu'il est sous-entendu
dans cet article.

Qu'on remarque encore, l'article **87** ne renvoie
aux articles **303** à **323** que dans les circonstances *où
il y a lieu à expertises*; or, peut-on jamais savoir,
quand une action en indemnité est intentée, si le
juge ordonnera une expertise?

Ne peut-il pas trouver dans la discussion de la cause,
dans l'aveu des parties ou dans leurs accords sur
certains points, des éléments suffisants pour statuer
sur le chiffre de l'indemnité sans expertise?

Il peut aussi se transporter sur les lieux et fixer la
valeur lui-même de l'indemnité, surtout quand il ne
s'agit que de dommages faits aux champs, fruits ou
récoltes.

D'ailleurs on ne saurait, dans la prévision d'une
expertise, déroger à la compétence des juges de paix,
quand le droit commun et une disposition spéciale de

la loi chargent ces magistrats du règlement des indemnités en matière de mines concurremment avec les tribunaux de 1re instance, *suivant l'ordre de leur compétence* (1).

Que la Cour de Dijon et la Cour de cassation remarquent donc encore que le renvoi aux articles 303 à 323 du code de procédure civile n'a lieu que lorsque les experts *sont nommés*, qu'une expertise n'est jamais imposée aux tribunaux et qu'ainsi le renvoi *n'est que conditionnel*.

Dès-lors nous sommes fermement convaincu sur ce point, et en cela nous nous rangeons à l'avis des auteurs (2), que l'intention du législateur n'a point été comprise par les Cours impériales de Dijon et de Douai et par la Cour de cassation ; aussi engageons-nous les exploitants à défendre toujours la compétence des juges de paix. D'autant mieux que, dans certains cas, le dommage à réparer peut ne pas dépasser *deux francs*, ainsi que nous allons le faire voir dans la section qui suit.

SECTION 1re.

Dommage causé par l'établissement des travaux de la surface.

Le dommage causé par l'établissement des travaux d'exploitation sur la surface est plus ou moins considérable, selon l'étendue et la nature du terrain occupé, et la réparation ne consiste jamais que dans la récolte endommagée au moment de la *prise de possession* du terrain.

(1) Voir, page 242, l'article 27 de la loi de 1791.
(2) Voir, page 246, 4e alinéa et les suivants.   42

Là, c'est un coin de terre traversé par un chemin ou par un fossé creusé pour une fuite d'eau, occupant une surface de 15 à 20 centiares : plus loin, sur la terre d'un autre propriétaire, c'est l'ouverture d'un puits occupant, avec la machine, les magasins de dépôt, etc., une surface de 25 à 30 ares.

Dans les deux cas il y a une indemnité à payer *avant l'occupation ;* cette indemnité est déterminée par l'article 43 de la loi de 1810, sur une base à forfait (1), *le double de ce qu'aurait produit net le terrain endommagé.*

Mais le plus souvent, comme le faisait remarquer la commission du Corps législatif (2), il ne s'agit que de *quelques centiares* ou de *quelques perches* de terrain ; chaque année, si l'occupation se prolonge, c'est une sorte d'amodiation (3), dont le prix est réglé d'après le taux des mercuriales, conformément au § 3 de l'article 3 de la loi du 25 mai 1838 (4).

Dans ce cas, comme il ne s'agit que d'apprécier la valeur de la récolte dont est privé le propriétaire de la surface, le juge de paix est seul compétent pour fixer l'indemnité basée sur le double du revenu du terrain occupé.

Or, quand on calcule que *le revenu annuel d'un hectare* de terrain ne peut jamais s'élever à plus de 150 francs, ce qui à 3 pour 0/0 donne une valeur

(1) Voir, page 567, section 4.

(2) Voir, pages 519, 5me alinéa, et 571, avant-dernier alinéa.

(3) Voir, page 573, § 1er.

(4) Voir, page 545, section 2, et 547, 1er alinéa et suiv.

de 5000 francs en capital, on voit que *le revenu d'un are* ou de 100 centiares n'est que d'*un franc* 50 c., et qui, porté au double, ne donne que 3 francs!

Ainsi, en supposant une occupation de 30 ares, l'indemnité à payer est de 90 francs : mais bien peu de terrains miniers valent 5000 fr. l'hectare; leur valeur moyenne n'est guère que de 1000 fr., dont le revenu à 3 pour 0/0 est de 30 francs et au double de 60 francs.

Dans la prévision que l'exploitant de mines n'aurait besoin *le plus souvent* que de *quelques centiares* de terrain, la teneur primitive des articles 43 et 44 de la loi de 1810 portait qu'il paierait néanmoins comme pour 25 ares (1).

Mais on a vu que la commission du Corps législatif a demandé la suppression des deux dispositions insérées aux articles précités et n'a voulu faire payer à l'exploitant de mines que l'étendue de la surface occupée (2).

Dès-lors, si celui-ci occupe 25 ares et que le terrain ait une valeur de 1000 francs l'hectare, il doit payer 15 francs; mais, s'il n'occupe que 25 centiares, l'indemnité à payer est de *quinze centimes!*

Veut-on porter tous les terrains miniers à 5000 fr. l'hectare, l'indemnité sera alors de *soixante-quinze centimes!*

Voilà ce qu'on n'a pas remarqué et ce que tout le

---

(1) Voir, pages 519, 1er alinéa, et 559, 3me alinéa du § 5.
(2) Voir, pages 519, 5me alinéa, et 571, 5me alinéa.

monde peut cependant vérifier à l'aide d'un calcul bien simple ; mais l'art d'exploiter les mines est peu connu.

Il est peut-être ignoré de ceux qui sont appelés à examiner toutes les questions qui s'y rattachent, puisqu'il semble ne pas savoir que *le plus souvent* l'indemnité à payer peut ne pas s'élever au-delà de *quinze* ou de *soixante-quinze centimes*, et qu'en moyenne elle ne dépasse presque jamais *quatre-vingt-dix fr.* (1).

D'où résulte la preuve certaine que le législateur n'a jamais eu l'intention de déroger à la compétence des juges de paix, ni d'exiger l'intervention des tribunaux de 1re instance, d'experts, d'avoués et des procureurs impériaux, quand il ne s'agit que d'une indemnité de 15 ou de 75 centimes.

SECTION 2.

Dommage causé à la surface par un affaissement de terrain.

On a vu que les dommages causés à la surface par un affaissement de terrain, suite naturelle des excavations souterraines, varient à l'infini, et qu'ils sont de différentes natures.

Ici c'est une terre légèrement fissurée, là c'est un effondrement, quelquefois même c'est la destruction complète du terrain dont le prix doit être payé d'après le préjudice causé ; dans ce cas il n'y a point de base pour le règlement et l'indemnité.

La loi de 1810 n'a pas prévu, aux articles 43 et 44 la nature de ce dommage ; il doit être réglé d'après le droit commun, et cette circonstance démontre encore

_____

(1) Voir, page 649, 8e alinéa.

que le juge de paix est seul compétent pour régler l'indemnité.

Les dispositions de l'article 5 de la loi du 25 mai 1838, comme celles de l'article 10 de la loi d'août 1790, sont générales ; elles sont d'ordre public , et le propriétaire d'un champ ne peut en être privé quand le dommage a été causé à sa propriété ou à sa récolte par un exploitant de mines ; la compétence des juges de paix est fixée par *la nature* du dommage et non par *les circonstances ou la cause* qui a occasionné le dommage.

CHAPITRE IV.

DE L'AUTORITÉ DES ARRÊTS DE LA CHAMBRE DES REQUÊTES DE LA COUR DE CASSATION.

La Cour de cassation , Chambre civile , est spécialement chargée de maintenir l'observation rigoureuse des lois et des formes tutélaires de la propriété en général.

Ses arrêts servent de règle et imposent une jurisprudence aux tribunaux et même à la Chambre des requêtes de cette Cour , qui , à l'origine de son institution , a été dénommée : *Bureau des requêtes* ou *Bureau d'examen* ; elle est chargée d'accorder les permis d'assigner devant la Chambre civile.

Dès-lors , quel que soit notre respect pour les décisions de la Chambre des requêtes, nous croyons qu'elle ne peut, en dehors de la Chambre civile , décider sur les questions les plus neuves et les plus délicates.

C'est en vain qu'on dit , ainsi que nous l'avons déjà fait remarquer, que les arrêts de la Chambre des requêtes ne font pas jurisprudence, puisqu'ils sont souvent contredits par la Chambre civile (1); ils n'en émanent pas moins de la Cour suprême, et ils exercent la même influence que ceux de la Chambre civile.

Nous citerons à ce sujet un exemple : tout récemment, au Creusot, un propriétaire de la surface, malgré la défense qui lui avait été signifiée par huissier, a bâti au-dessus d'un terrain *miné* par l'extraction de la substance minérale, et ses constructions, comme on devait s'y attendre, se sont écroulées.

L'accident était prévu; néanmoins, en application de la jurisprudence des tribunaux, approuvée par la Chambre des requêtes de la Cour de cassation, qui rend le propriétaire de la mine responsable des constructions imprudemment établies au-dessus d'excavations souterraines et qui le condamne au double du dommage causé, les exploitants du Creusot ont dû payer *deux fois* les sommes dépensées pour les constructions : car le tribunal d'Autun, en suivant la jurisprudence de la Cour de Nismes (2), vient encore, par jugement du 11 novembre 1857, d'accorder le double du préjudice causé par le *tarissement d'un puits !*

Telle est la position qui est faite aux propriétaires de mines par la dernière jurisprudence de la Chambre des requêtes de la Cour suprême, et ce n'est plus la propriété de la surface qui est soumise à l'exploitation des mines, c'est l'exploitation des mines qui est, au contraire, subordonnée à toutes les éventualités et à tous les besoins de la surface.

(1) Voir page 390, 4me alinéa, jusqu'à la page 397.
(2) Voir pages 491, dernier alinéa, 591, 4me alinéa, et 596, 1er alinéa.

TITRE DOUZIÈME.

DE LA LIQUIDATION DES DÉPENS SUR LE RÈGLEMENT DES INDEMNITÉS ET DES HYPOTHÈQUES JUDICIAIRES.

Les dépens faits sur le règlement des indemnités dues par les propriétaires de mines *pour occupation de terrains* à la surface, doivent être supportés ou répartis conformément à l'article 40 de la loi du 3 mai 1841 sur l'expropriation pour cause d'utilité publique. — Ceux faits sur les demandes en indemnités pour dégâts occasionnés *par les affaissements de terrains*, doivent être répartis ou supportés d'après le droit commun, conformément à la seconde disposition de l'article 131 du code de procédure civile. — Les jugements qui règlent les indemnités dues pour occupation temporaire, en vertu de l'article 43 de la loi de 1810, ne confèrent l'hypothèque judiciaire que *pour ce qui est exigible* au moment de l'inscription.

CHAPITRE Ier.

DÉPENS FAITS SUR LE RÈGLEMENT DES INDEMNITÉS LORS DE LA PRISE DE POSSESSION PROVISOIRE OU DÉFINITIVE DES TERRAINS CONCÉDÉS.

Nul ne peut contester que le concessionnaire d'une mine n'ait le droit de prendre possession du périmètre à lui concédé, depuis la surface jusqu'au centre de la terre, et d'établir ses travaux d'exploitation partout où la nécessité l'exige.

Ce droit qu'on appelle *exorbitant* n'est cependant que la conséquence naturelle du droit de propriété accordé au concessionnaire de la mine par suite de l'*expropriation pour cause d'utilité publique* que subit le propriétaire de la surface par la concession de son terrain en dehors des lieux réservés.

De là résulte que si, au moment de la prise de possession *effective* de la propriété concédée, il y a désaccord entre les parties *sur le règlement des indemnités* à payer par le concessionnaire au propriétaire exproprié, et que la difficulté soit portée devant les tribunaux, l'instance qui est introduite n'est que le complément de l'expropriation.

Dans ce cas, les frais et dépens de cette instance doivent être réglés et répartis entre le concessionnaire et le propriétaire exproprié, conformément à l'article 40 de la loi du 3 mai 1841, sur l'expropriation pour cause d'utilité publique, lequel porte :

« Si l'indemnité réglée par le jury ne dépasse pas les offres de l'administration, les parties qui l'auront refusée seront condamnées aux dépens.

» Si l'indemnité est égale à la demande, l'administration sera condamnée aux dépens.

» Si l'indemnité est supérieure à l'offre de l'administration et inférieure à la demande des parties, les dépens seront compensés de manière à être supportés par les parties et l'administration, dans les proportions de leur offre ou de leur demande, avec la décision du jury. »

Cette disposition de la loi est basée sur les principes d'équité qui, en toute circonstance, doivent servir de règle, et sous ce rapport on devrait en faire l'application même aux cas analogues à ceux prévus par la loi d'expropriation pour cause d'utilité publique.

Dès-lors et à plus forte raison doit-on en faire l'application quand il s'agit de régler le prix de l'expropriation prononcée contre le propriétaire de la surface en vertu de la loi de 1810.

Cette mesure aurait pour effet de contraindre le propriétaire de la surface à ne point former une demande exagérée, et le concessionnaire à faire des offres suffisantes ; par là on éviterait bien des procès et l'on mettrait fin à ces luttes perpétuelles qui les divisent sur l'exécution de la loi de 1810.

CHAPITRE II.

DÉPENS FAITS SUR LE RÈGLEMENT DES INDEMNITÉS POUR DÉGATS CAUSÉS A LA SURFACE PAR LES TRAVAUX INTÉRIEURS.

C'est en vain que l'on dit toujours aux exploitants de mines : *Respectez la propriété;* on devrait comprendre qu'il leur est impossible de fouiller les entrailles de la terre sans causer des dégâts à la surface.

On ne peut, en effet, exploiter les régions souterraines sans que les excavations pratiquées pour en extraire les substances minérales ou métalliques ne produisent des affaissements du sol.

Si les prescriptions de la loi de 1810, notamment de l'article 11, et des arrêtés administratifs ont été fidèlement observées, les exploitants sont à l'abri de tout reproche ; ils ont droit dès-lors à la protection de la justice, et ils ne doivent que la réparation du préjudice causé, puisqu'ils travaillent dans l'intérêt public.

Mais les propriétaires de la surface, dans l'ignorance où ils sont, qu'*en dehors des lieux réservés* leur propriété est livrée à l'exploitation des mines, crient à la violation de leurs droits et réclament justice à grands frais.

C'est en vain qu'on leur offre la juste réparation du dommage ; ils veulent mieux, mais ils n'osent formuler une demande, et ils s'adressent aux tribunaux pour que l'indemnité soit fixée par experts.

Dans cette circonstance, les exploitants n'ont aucun moyen pour arrêter l'instance qui est introduite à grands frais contre eux, puisqu'on refuse même l'intervention du juge de paix !

On a vu cependant que le dommage peut être extrêmement minime ; mais le propriétaire de la surface refuse de faire connaître ses prétentions, il veut une expertise.

Il n'y a dès-lors qu'un seul moyen pour empêcher ces procès si dispendieux pour les exploitants ; il faut que, d'un côté, le demandeur soit tenu de fixer le chiffre de l'indemnité qu'il réclame ; de l'autre, que le défendeur fasse des offres, et que la justice prononce sur les prétentions respectives ainsi formulées par les deux parties.

A leur tour, les tribunaux doivent faire une rigoureuse application de l'article 131 du code de procédure civile, lequel est ainsi conçu :

« LES JUGES POURRONT COMPENSER LES DÉPENS EN TOUT OU EN PARTIE, si les parties *succombent* RESPECTIVEMENT sur quelques chefs. »

Cette disposition du code de procédure civile est en harmonie avec les dispositions impératives de l'article 40 de la loi du 3 mai 1841, qui prescrivent le règlement des dépens ainsi qu'il suit :

» Si l'indemnité offerte est déclarée suffisante, la partie qui l'a refusée est condamnée aux dépens.

» Si l'indemnité demandée est accordée, la partie qui n'y a pas adhéré est condamnée aux dépens.

» Mais, si d'un côté les offres sont insuffisantes, et si de l'autre la demande est exagérée, LES DÉPENS DOIVENT ÊTRE COMPENSÉS de manière à être supportés par les parties *dans les proportions* DE LEUR OFFRE OU DE LEUR DEMANDE, avec la décision qui fixe l'indemnité. »

Ces dispositions de la loi de 1841, sur le règlement des dépens en matière d'expropriation pour cause d'utilité publique, sont puisées dans l'article 131 du code de procédure civile, qui laisse aux juges la faculté de *compenser les dépens* lorsque les parties succombent respectivement.

Maintenant, nous demanderons pourquoi cet article 131 ne serait pas interprété et appliqué en toutes circonstances comme la loi de 1841 l'exige?

C'est là une question que nous soumettons à la sagesse des tribunaux ; s'ils font une application stricte et rigoureuse de cet article en matière de mines, la compétence des juges de paix ne sera plus déniée par les propriétaires de la surface.

CHAPITRE III.

HYPOTHÈQUES JUDICIAIRES SUR LES MINES.

La propriété d'une mine est susceptible d'hypothèques conventionnelles, légales ou judiciaires comme les autres immeubles, et elle peut être grevée en vertu d'un jugement qui prononce une condamnation contre le concessionnaire ou propriétaire de la mine.

Mais un jugement qui liquide ou règle l'indemnité accordée par l'article 43 de la loi de 1810 pour occupation *provisoire* de la surface, peut-il autoriser le propriétaire de la surface occupée à capitaliser cette indemnité et à prendre inscription sur tous les biens

présents et à *venir* du propriétaire de la mine pour
assurer le service de la redevance, si l'occupation se
prolonge au-delà d'une année?

On a vu que l'indemnité est réglée sur une base fixe
et que cette indemnité ne s'applique qu'à la prise de
possession *provisoire* (1).

Le règlement s'en fait amiablement ou judiciaire-
ment, selon qu'il y a ou non accord entre les parties;
mais, si une instance est introduite et qu'il y ait lieu à
expertise, le jugement qui intervient ensuite fixe seulement l'indemnité à payer.

En fait comme en droit, ce jugement n'est ni un
titre de créance, ni la reconnaissance d'une obligation
à terme ou conditionnelle; il liquide le passé ou fixe
l'indemnité à payer avant la prise de possession provisoire et peut servir de base pour l'avenir si l'occupation
dure plus d'une année.

Mais il ne peut conférer une hypothèque judiciaire
que pour ce qui est dû au moment de la condamnation,
s'il y a condamnation, et non pour ce qui sera dû si
l'occupation se prolonge au-delà des années liquidées
par cette condamnation.

En dehors du règlement qui a donné lieu à l'instance
et à l'expertise, il n'y a ni promesse ni engagement de
part et d'autre. Le propriétaire, n'ayant consenti à
rien, peut, après une année d'occupation, exiger
l'achat de son terrrain et mettre ainsi fin à l'occupation
provisoire, comme l'exploitant peut aussi faire cesser
cette occupation en rendant le terrain.

(1) Voir, page 518, section 1re.

On peut donc soutenir avec raison que les jugements qui règlent les indemnités dues pour occupation *temporaire*, en vertu de l'article 43 de la loi de **1810**, ne confèrent l'hypothèque judiciaire que *pour ce qui est exigible* au moment de l'inscription.

Supposons qu'une contestation s'élève entre un locataire et le propriétaire d'une maison au sujet du chiffre annuel à payer, et qu'un jugement ait déterminé ce chiffre, le propriétaire de la maison pourrait-il prendre inscription sur tous les biens *présents* et à *venir* de son locataire pour sûreté des annuités du bail ?

Nous n'avons pas besoin de démontrer que le jugement intervenu dans cette circonstance n'est point un jugement de condamnation, et qu'il ne fait que régler le différend qui divisait les parties.

De là résulte que, quand il s'agit de l'indemnité pour occupation provisoire à régler en vertu de l'article 43 de la loi de **1810**, le jugement ne fixe la somme à payer que pour ce qui est exigible, sans rien préjuger pour l'avenir.

Cependant, le tribunal de Chalon-sur-Saône, par jugement du **20 mai 1851**, en a décidé autrement par les motifs qui suivent :

« Attendu que toutes condamnations prononcées par jugement donnent lieu, en faveur de celui qui les a obtenues, à l'hypothèque judiciaire consacrée par l'article 2123 du code Napoléon, et que, par le jugement du 24 mai 1848, confirmé par arrêt du 30 mars 1849, la compagnie des mines de Blanzy, ayant été condamnée à payer aux défendeurs des annuités s'élevant à 649 fr. 52 cent., réduites par conventions subséquentes à 352 fr. 72 cent., plus une somme principale de 2,437 fr. 04 cent., les créanciers ont eu le droit de prendre inscription pour assurer le paiement des sommes dues.

« Attendu que si ces inscriptions doivent être radiées en ce qui concerne la somme capitale de 2,437 fr. 04 cent., dont le paiement a été effectué, elles n'en doivent pas moins continuer de subsister pour les sommes dues annuellement, parce qu'elles constituent une créance conditionnelle ou seulement éventuelle, émanant d'une décision judiciaire, dont les créanciers ont le droit d'assurer l'exécution au moyen d'une inscription hypothécaire. »

Le tribunal de Chalon-sur-Saône n'a pas bien jugé, selon nous, parce que le jugement du **24** mai **1848**, qu'il vise, ne pouvait pas accorder et n'a point accordé des annuités au-delà de ce qui était exigible à cette époque.

Quelle était la difficulté qui lui a été soumise? Il y avait désaccord entre les parties sur le revenu des terrains *occupés provisoirement*, et ce tribunal n'a été appelé qu'à en fixer le montant.

Mais si un chiffre eût été formulé dans la demande et que le défendeur y eût acquiescé, le demandeur eût-il pu exiger un jugement ou une hypothèque pour sûreté des annuités, en cas d'occupation au-delà du temps d'une année?

Tout démontre donc que c'est à tort que le tribunal de Chalon-sur-Saône a maintenu l'inscription prise pour un capital nécessaire au service d'une rente annuelle et perpétuelle sur les biens de la Compagnie des mines de Blanzy, alors qu'il ne s'agissait que d'une indemnité *payable d'avance* pour occupation provisoire ou amodiation de terrain.

TITRE ADDITIONNEL.

DE LA NÉCESSITÉ DE COMPLÉTER L'ENSEIGNEMENT SUR LA LÉGISLATION DES MINES.

Pour bien comprendre la loi de 1810, pour en faire une étude approfondie, il faudrait être tout à la fois jurisconsulte et ingénieur des mines, c'est-à-dire avoir l'habitude d'interpréter les lois et connaître l'art d'exploiter les mines.

Notre ancienne position d'avoué et celle que nous occupons au milieu des exploitants depuis 1842, suite naturelle d'anciens rapports d'affaires remontant à 1826, nous placent en quelque sorte, depuis plus de trente années, dans cette double condition.

Ainsi, on ne peut nous contester que nous n'ayons un peu d'aptitude à l'étude des lois et que nous n'ayons consacré toute notre existence à cette branche si importante de la législation; on ne peut non plus nier que nous ne soyons à même d'apprécier les difficultés que l'on rencontre pour arriver à la saine interprétation de la loi.

Sur ce point on a vu qu'un magistrat d'une Cour impériale, après nous avoir dit que notre travail fera prévaloir les *véritables principes* de la loi de 1810, s'est exprimé ainsi :

« Cette loi, BIEN COMPRISE, SAINEMENT APPLIQUÉE, *est un véritable* BIENFAIT, puisqu'elle sauvegarde PAR LA PERPÉTUITÉ et l'indivisibilité de la concession CETTE RICHESSE TRÉFONCIÈRE sans laquelle il n'eût pas été *possible* de donner à l'industrie de notre pays *cet immense développement* qui porte LE BIEN-ÊTRE *dans toutes les classes de la société.* »

Dans les Écoles de Droit on n'a jamais examiné ni résolu ces questions principales :

Qu'est-ce que la propriété des mines ?

Qu'est-ce que la propriété de la surface ?

Quels sont les droits inhérents à ces deux propriétés ?

Et quelle est celle qui a des droits perpétuels sur l'autre ?

Il est pourtant impossible de comprendre la législation des mines avant d'être d'accord sur ces différentes questions ; aussi a-t-on vu la Cour impériale de Dijon et le tribunal d'Alais commencer par résoudre les deux premières avant d'interpréter les articles 43 et 44 de la loi de 1810 (1).

On discute souvent sur la propriété des mines et nul ne cherche à se rendre compte de la nature de cette propriété dont les droits sont déclarés perpétuels par l'article 7 de la loi précitée.

Et quand, sur un grand nombre des articles de la loi, on rencontre tant de divergences, non-seulement dans les opinions des auteurs et dans la jurisprudence, mais jusque dans le sein d'un même tribunal, n'est-on pas autorisé à faire appel à la sollicitude du gouvernement sur une matière aussi importante.

Mais ces questions, quoiqu'elles importent à la prospérité du pays tout entier, n'intéressent qu'un très-petit nombre de personnes, et l'on n'a jamais pensé à en faire l'objet d'une étude spéciale.

_____

(1) Voir, page 50, 6me alinéa ; 568, 3me alinéa, et 607 3me alinéa.

Toutefois, lors de la publication du premier volume de cet ouvrage, on nous a dit :

« Des ordres seront donnés pour que ce livre soit examiné avec le sérieux intérêt qu'il comporte, et il sera apprécié notamment s'il n'y aurait pas lieu d'*appeler l'attention* de M. le ministre de l'instruction publique SUR LA LACUNE *que vous croyez exister* DANS L'ENSEIGNEMENT DU DROIT *en cette matière.* »

Ces paroles sont, jusqu'à un certain point, une reconnaissance de l'insuffisance de l'enseignement ou tout au moins l'aveu d'un doute.

D'autre part, on a vu cet accord unanime, sorti de tous les rangs de la haute magistrature, à reconnaître que la législation des mines, malgré son importance, *est la moins cultivée*, et qu'il n'existe en France aucun traité sur cette matière, quoiqu'on ait essayé bien souvent de l'entreprendre (1).

Croyant sans doute que notre travail pourrait remplir cette lacune, on nous a encouragé à le terminer en nous disant :

« Vous *aurez rendu un véritable service* à la science du droit dans l'une de ses branches LES PLUS IMPORTANTES et LES MOINS CULTIVÉES; c'est là un traité qui manquait en France, et qui, déjà essayé bien souvent, n'avait point à proprement parler encore été fait. »

Un président d'une Cour impériale nous disait encore :

« LE TITRE SEUL de *l'ouvrage* auquel vous avez consacré votre longue expérience NE PEUT MANQUER D'EXCITER VIVEMENT l'intérêt des *propriétaires*, des *hommes d'industrie*, des *magistrats* et des *jurisconsultes*..... »

Si la propriété des mines est une propriété territoriale ordinaire, et si celle-ci ne diffère de la pro-

(1) Voir, page 200, 1er alinéa et suivants.

priété d'une carrière que par les produits, elle est conséquemment régie par le code Napoléon et par le code de procédure civile, ainsi qu'il est dit à l'article 7 de la loi de 1810.

De là résulte que la loi de 1810 complète le code Napoléon, qu'elle doit y prendre place au titre de la propriété, et que l'étude de cette loi est le complément de l'étude du code Napoléon.

Du reste, nous ne sommes pas seul de cet avis ; car, nous avons déjà eu l'occasion de le faire remarquer, un grand dignitaire de l'Empire nous a dit :

« L'ÉTUDE de la loi de 1810 EST, *comme vous le dites*, LE COMPLÉMENT DE L'ÉTUDE du code Napoléon SUR LA PROPRIÉTÉ, et le conseil d'État ne peut qu'accueillir avec intérêt tous les travaux qui ont *pour objet cette* GRAVE *et* DIFFICILE *matière.* »

On a vu encore qu'un ingénieur, appartenant au Corps impérial des mines, nous a dit aussi :

« En France, LES MINES *viennent de* NAÎTRE pour ainsi dire : *les questions* LÉGALES que soulève leur existence *ont été peu* ÉTUDIÉES ; cependant *leur prospérité* IMPORTE BEAUCOUP au pays tout entier, et *elles ne peuvent prospérer* QUE SI LEURS DROITS *sont bien définis.*

» Aussi les hommes qui, comme vous, tendent à ce but, rendent à notre pays des *services inestimables.* »

Le bâtonnier des avocats de l'un des grands centres des exploitations houillères de France, reconnaît que la loi de 1810 est un *problème*, et qu'on a décidé jusqu'ici sur les questions de mines sans trop savoir pourquoi ni comment.

« Votre livre, dit-il, a ce mérite d'amener SOIT *la jurisprudence*, SOIT *les jurisconsultes*, à réviser, ou pour mieux dire *à examiner* DES PROBLÈMES qui jusqu'alors avaient été résolus, SANS TROP SAVOIR *pourquoi* ni *comment*, au profit de la surface, et en raison de je ne sais quel droit de préférence. »

Nous l'avons déjà dit, ce n'est point par un sentiment de vanité que nous reproduisons ces documents, mais il importe qu'on sache bien quelle est l'opinion de la magistrature et des hommes compétents sur la matière qui nous occupe.

———

En résumé, quelles que soient les opinions diverses formulées jusqu'ici sur la loi de 1810, on n'a pas voulu voir qu'elle autorise le gouvernement, lorsque *les besoins* de la société l'exigent, à exproprier le propriétaire du sol, sous *les restrictions* édictées dans l'article 11 et moyennant *les indemnités* prévues aux articles 6, 42, 43 et 44.

On semble même ne pas s'apercevoir que la concession d'une mine, *en dehors des lieux réservés,* donne le droit perpétuel d'exploiter le terrain concédé dans tous les sens, *depuis la surface jusqu'à une profondeur indéfinie*, et que, lorsque le gouvernement concède une mine à perpétuité, c'est comme s'il concédait perpétuellement une carrière pour extraire de la pierre.

On ignore généralement que la propriété de la surface, pour tout ce qui est en dehors *des restrictions* apportées par la loi ou *des réserves* accordées par l'acte de concession, devient une propriété précaire, conditionnelle, sur laquelle tous travaux, chemins ou établissements d'exploitation de mines *sont permis*, et où tous travaux du propriétaire de la surface, nuisibles à cette exploitation, *sont interdits*.

Enfin, on ne voit pas que le propriétaire de la surface, dans l'intérêt de l'agriculture (1), est laissé en possession de la partie *utile* et *productive* de la propriété concédée, pour la cultiver et en prendre la récolte comme par le passé, à la charge de respecter pour l'avenir la propriété de la mine.

Aussi les contradictions les plus flagrantes règnent dans la jurisprudence des tribunaux sur l'interprétation des articles 11, 43 et 44, parce qu'on n'en comprend ni le but ni la portée.

Nous avons indiqué, sur l'article 11, qu'une lutte est engagée depuis bien des années, d'abord entre les Cours impériales et la Cour de cassation, puis entre les auteurs ; mais nous avons dit en même temps que, d'un côté comme de l'autre, on n'avait pas examiné la véritable question (2).

Sur les articles 43 et 44, on ne voit pas que, si l'article 43 accorde le double du revenu du terrain, valeur *au moment de la prise de possession*, l'article 44 n'autorise le propriétaire de la surface à en exiger l'achat au double prix que d'après la valeur qu'il avait *avant l'exploitation de la mine* (3), et au sujet de ces deux articles une erreur inconcevable s'était introduite dans tous les esprits.

Un débat judiciaire sur l'un des articles de la loi de 1810 n'est, selon nous, possible que lorsqu'il a pour base la concession du *terrain métallique* ou *minéral* et qu'on est d'accord qu'une mine c'est le

(1) Voir, page 227, 2me alinéa.
(2) Voir, page 370, toute la section 8.
(3) Voir, page 567, 1er alinéa.

lieu on le terrain d'où l'on tire les *métaux* ou les *minéraux* (1).

Mais, pour bien comprendre cette loi et pour arriver à l'interpréter sagement, il faudrait qu'on n'accordât la concession d'une mine que lorsque, en réalité, *les besoins de la société l'exigent.*

Il faudrait aussi que l'étendue de la concession fût fixée d'après *les gisements* des minéraux ou des métaux à extraire, et que l'on prît en considération *la nature* des terrains à concéder, pour ne pas créer des droits inutiles ou exproprier le propriétaire sans une absolue nécessité et sans une *juste indemnité* réglée conformément aux prescriptions des articles 6 et 42.

Il faudrait enfin que l'on comprît bien l'utilité du *plan régulier de la surface* des terrains demandés en concession, prescrit par l'article 30, lequel devrait indiquer tout à la fois les lieux *réservés* par la loi et la surface *livrée* à l'exploitation de la mine (2).

C'est là un point qui a été recommandé par le gouvernement lui-même dans l'instruction du 3 août 1810, afin de s'assurer que les localités offrent la certitude des moyens d'exploitation, et que le concessionnaire aura la faculté d'asseoir ses travaux sur une étendue de terrain suffisante (3).

En effet, ce n'est qu'à l'aide du plan régulier de la surface qu'il peut vérifier s'il y a certitude des moyens d'exploitation et faculté d'asseoir cette exploitation

(1) Voir, page 514, section 4.
(2) Voir, pages 510 à 514, section 3, § 1er et 2e.
(3) Voir, page 430, 1er alinéa et suivants.

sur un vaste terrain, *pour qu'elle soit suivie par les moyens les plus économiques.*

Cette vérification faite, l'état des lieux ne peut plus être changé; du jour de la concession du terrain, *deux propriétés distinctes* sont en présence, dont l'expropriation de l'une est prononcée au profit de l'autre par l'acte de concession de la mine.

Nous devons ajouter que notre opinion *sur la question de propriété* est conforme aux arrêts de la Chambre civile et des Chambres réunies de cette Cour; mais que cette jurisprudence, après avoir été acceptée implicitement par les Cours impériales de Lyon, d'Angers et de Dijon, dans leurs arrêts des 11 juillet 1846, 5 mars 1847 et 29 mars 1854, ne l'est plus aujourd'hui par celles de Lyon et de Dijon, ni par la Chambre des requêtes.

Ici se termine la tâche longue et laborieuse que nous avons entreprise un peu témérairement; espérons, toutefois, qu'en nous présentant comme homme spécial, et qu'en nous armant des arrêts de la Chambre civile et des Chambres réunies de la Cour de cassation et des suffrages qui nous ont été adressés de toute part, on pourra prendre en sérieuse considération le résultat des longues veilles que nous avons consacrées à une cause qui intéresse au plus haut degré le bien-être général. Nos vœux seraient comblés si notre système, soumis à l'examen d'une commission spéciale, était discuté en dehors d'un débat judiciaire.

FIN DU DEUXIÈME VOLUME.

TABLE.

FIN DE LA TABLE.